中國古代史學叢書

漢書補注

拾貳

[漢]班固 撰 [清]王先謙 補注
上海師範大學古籍整理研究所 整理

西域傳第六十六上〔一〕　　漢書九十六上

〔一〕師古曰：自烏孫國已後，分爲下卷。【補注】徐松曰：史記大宛傳「匈奴奇兵時時遮擊使西國者」。古音「國」讀如「域」。廣雅釋詁：「域，國也。」後書烏桓傳有東域，西南夷傳有南域，此城郭國，界中國之西，故曰西域。太初三年，貳師誅宛王，漢始通西域，在史記後。史公但作大宛傳，班分大宛傳爲張騫李廣利傳，又採録舊文，益以城郭諸國，刱爲西域傳。

西域以孝武時始通，〔一〕本三十六國，〔二〕其後稍分至五十餘，〔三〕皆在匈奴之西，烏孫之南。〔四〕南北有大山，〔五〕中央有河，〔六〕東西六千餘里，南北千餘里。〔七〕東則接漢，〔八〕阸以玉門、陽關，〔九〕西則限以葱嶺。〔一〇〕其南山，東出金城，與漢南山屬焉。〔一一〕其河有兩原：一出葱嶺山，〔一二〕一出于闐。〔一三〕于闐在南山下，〔一四〕其河北流，與葱嶺河合，〔一五〕東注蒲昌海。〔一六〕蒲昌海，一名鹽澤者也，〔一七〕去玉門、陽關三百餘里，〔一八〕廣袤三百里。〔一九〕其水亭居，冬夏不增減，〔二〇〕皆以爲潛行地下，南出於積石，爲中國河云。〔二一〕

〔一〕【補注】徐松曰：海内東經「國在流沙外者，大夏、月支之國」。逸周書王會解載伊尹獻令「正北大夏、莎車」。是西域建國，昉乎夏殷。張騫所遣使通大厦之屬者，皆頗與其人俱來，於是西北國始通於漢。

〔二〕【補注】齊召南曰：荀紀列三十六國名目，王應麟謂傳既言三十六國皆在匈奴之西，烏孫之南，則烏孫不與矣。又康居大月氏、安息、罽賓、烏弋之屬，皆以絶遠，不在數中。難兜屬罽賓，亦不在數中，大率祇就屬都護者計之也。徐松曰：此本其初言之，匈奴傳「樓蘭、烏孫、呼揭及其旁二十六國，皆已爲匈奴」。其時蓋已有三十六國，歸匈奴者，樓蘭之外，惟二十六國也。荀紀載西域三十六國：婼羌、沮沫、精絶、戎盧、渠勒、皮山、烏秅、西夜、蒲犂、依耐、無雷、捐毒、桃槐、休循、疏勒、尉頭、烏貪、卑陵、渠類谷、隋立師、單桓、蒲類、西沮彌、劫、狐胡、山、車師，凡二十七國，小國也，小者七百户，大者千户。扜彌、于闐、難兜、莎車、温宿、龜茲、尉犂、危須、焉耆九國，次大國，小者千餘户，大者六七千户。今案：荀説國名與漢書異，卑陵即卑陸，渠類谷即卑陸國所治之番，渠類谷誤數爲國。此傳所載國五十二，附見之國如條支、奄蔡、犂靬、天篤不與焉。傳言三十六國在烏孫之南，則烏孫不在數中。又言宣帝時，破姑師，分以爲車師前後王及山北六國，則孝武時有姑師國，而無車師前後國〔即〕〔及〕山北六國。車師都尉國、車師後城長國、烏貪訾離亦建國元帝時，罽賓、烏弋山離、安息、大月支、康居五國不屬都護，捷枝、輪臺皆漢所滅，小金附國，漢不禁車師之伐，不屬漢可知，皆所不數。蓋三十六國者：婼羌國、樓蘭國、且末國、小宛國、精絶國、戎盧國、扜彌國、渠勒國、于闐國、皮山國、烏秅國、西夜國、子合國、蒲犂國、依耐國、無雷國、難兜國、大宛國、桃槐國、休循國、捐毒國、莎車國、疏勒國、尉頭國、姑墨國、温宿國、龜茲國、尉犂國、危須國、焉耆國、姑師國、墨山國、劫國、狐胡國、渠犂國、烏壘國也。王氏不數難兜，以爲屬罽賓，傳明言屬都護，知其説非。

〔三〕師古曰：司馬彪續漢書云至于哀、平，有五十五國也。【補注】徐松曰：分者，如姑師分爲車師及山北六國，車師分爲前後國，車師後國又分爲烏貪訾離國，且彌國分爲東西，蒲類分爲蒲類後國，卑陸分爲卑陸後國之類。

〔四〕【補注】徐松曰：孝武時，匈奴東境有河西四郡，南境至南山下。張騫傳「並南山，欲從羌中歸爲匈奴所得」是也。故三十六國在其右部西，其後漢置四郡，取姑師、樓蘭，則三十六國在匈奴之南矣。三十六國，今回疆地。匈奴右部，今外喀爾喀部落及科布多城、塔爾巴哈台城地。烏孫國在西域北山之陽。先謙曰：後書西域傳云，其東北與匈奴、烏孫相接。

〔五〕【補注】徐松曰：通鑑胡注「南山在于闐之南，東出金城與漢南山接。北山在車師之北，即唐志所謂西州交河縣北柳谷、金沙嶺等」是。以今地理證之，西藏部阿里屬之達克喇城東北三百十里有岡底斯里，即古崑崙，釋氏謂之阿耨達其山。分四幹：向北者曰僧格喀巴布，譯言獅子口，當和闐正南。僧格喀巴布分二支，一支東趨爲張騫傳及此傳所稱南山，以在西域之南也。一支過和闐，西北趨千六百餘里，發爲齊齊克里克嶺、喀什塔什嶺，又西爲和什庫珠克嶺，而北折爲吉布察克山，又折而東爲阿喇古山，復東爲喀克善山，環千八百餘里，統名蔥嶺。蔥嶺又東趨爲天山，過回疆，北至巴里坤東北而止，是爲西域之北山。蓋西域三面皆山，惟東面缺。西域南面大山，今葉爾羌南之密爾岱山、英額齊盤山、庫克雅爾山，和闐南之哈朗歸山、克勒底雅山是。北面大山，今烏什北之貢古魯克山，阿克蘇北之木素爾嶺，庫車之汗騰格里山，哈喇沙爾北之博羅圖山、察罕通格山、裕勒都斯山，吐魯番北之博克達山，巴里坤南之庫舍圖嶺是。

〔六〕【補注】徐松曰：即塔里木河，河東流亘西域中。

〔七〕【補注】徐松曰：今回疆輿地，以鳥道法計之，南北兩山閒千二百餘里，西自和什庫珠克嶺，東至黨河，五千餘里。漢書據步測言也。

〔八〕【補注】徐松曰：此據置敦煌(邯)〔郡〕後言之，始則限匈奴。

〔九〕孟康曰：陽關皆在敦煌西界。師古曰：阸，塞也。【補注】徐松曰：敦煌郡有敦煌縣、龍勒縣，今之敦煌縣治以北爲漢敦煌縣地，縣治以南爲漢龍勒縣地，地理志云龍勒縣有玉門、陽關。後魏改龍勒爲壽昌，正義引括地志云「陽關在壽昌縣西六里，玉門關在縣西北百十八里」。是二關皆在今敦煌縣治之西南，肅州志云「敦煌縣西南一百五十餘里有廢陽關」是也。玉門關唐時移於晉昌縣，元和志「玉門關在晉昌縣東二十步」。晉昌與瓜州同治，在今安西州城西南。故高居誨使于闐記云「肅州渡金河百里出天門關，又西百里出玉門關，又西至瓜州、沙州，又西渡都鄉河出陽關」。先謙曰：官本注「陽」作「二」，是。

〔一〇〕師古曰：西河舊事云葱嶺其山高大，上悉生葱，故以名焉。【補注】徐松曰：今伊犂西南境善塔斯嶺，即葱嶺之一山，山上悉生野葱。

〔一一〕師古曰：屬，聯也，音之欲反。【補注】徐松曰：葉爾羌、和闐境南諸山，自和闐南復東出，經羅布淖爾南，又東經安西州南，又東經青海甘州、涼州、蘭州南，又東經渭水之南，爲武功太乙諸山，又東至西安府長安縣南五十里，爲終南山，言西域南山至此而終也。金城郡，昭帝始元六年置，今甘肅蘭州府西界。

〔一二〕【補注】先謙曰：後書云一出葱嶺東流，水經河水下云「崑崙墟在西北，其高萬一千里，河水出其東北陬，又從葱嶺出而東北流」，即此傳所云「一出葱嶺山」也。酈注分見各國下，一自捐毒國列敘入西海之水也，一東流自捐毒國列敘而下，有葱嶺南河、葱嶺北河之異。南爲葉爾羌河，長二千一百餘里；北爲喀什噶爾河，長二千七百餘里，合爲一河，班以爲一原，蓋考之未詳。葱嶺河又東合于闐河，長千一百里，又東合阿克蘇河，長九百餘里。酈注所謂北河枝水也。見「温宿」下。河源紀略云「會處四水交貫，形如井欄」。

〔一三〕師古曰：闐字與寘同，音徒賢反，又音徒見反。【補注】先謙曰：水經河水下云「其一源出于闐國南山，北流與葱嶺所出河合」者也。

〔一四〕【補注】徐松曰：南山者，今諺稱密克瑪克曲底雪山，在和闐額里齊城南五百八十里。先謙曰：徐氏西域水道記云「西域記謂之雪山，記中有雪山，有大雪山，大雪山蓋僧格喀巴布山，河水注謂之仇摩置，漢書特言南山，以別葱嶺」。通鑑胡注「南山在于闐之南」。馬氏文獻通考言「于闐都葱嶺北二百餘里」。誤以葱嶺爲南山。

〔一五〕【補注】先謙曰：詳見于闐國下，其合流在噶巴克阿克集之地。

〔一六〕【補注】徐松曰：和闐河與葱嶺南北河既合，又會阿克蘇河東流，是爲塔里木河。又東克勒底雅河自南來會，又東至庫車城東南，有庫車河自北來會，又東至哈喇沙爾城西南，有博斯騰淖爾水自東北來會，又東至哈喇沙爾城東南，入於羅布淖爾，即蒲昌海也。自和闐河、葱嶺河合流之地，至蒲昌海千四百餘里。

〔一七〕【補注】先謙曰：河水注「河水又東注於泑澤，即經所謂蒲昌海也。水積鄯善之東北，龍城之西南。龍城地廣千里，皆爲鹽而剛堅，行人所經，畜産皆布氈臥之。掘發其下，大鹽方如巨枕，以次相累，類霧起雲浮，寡見星日，少禽多鬼。西接鄯善，東連三沙，爲海之北隘矣。故蒲昌亦有鹽澤之稱也」。史記正義引括地志云「蒲昌海一名泑澤，一名鹽澤，一名輔日海，一名牢蘭，亦名臨海，在沙州西南」。説文「泑澤在昆侖下」。今回部語謂之羅布淖爾。

〔一八〕【補注】王念孫曰：戴震水地記云「玉門關在故壽昌縣西百一十八里，陽關在縣西六里。壽昌本漢龍勒縣地，今安西府西百五十里有壽昌城。鹽澤去玉門千三百餘里，前、後書皆脱去『千』字」。念孫案：郭璞西山經注及爾雅音義引漢書見釋水釋文。皆無「千」字，蓋後人據漢書删之也。漢紀孝武紀作「去陽關三千餘里」，即千三百餘里之誤。河水注作「東去玉門、陽關一千三百里」。以二書考之，則漢書原有「千」字明矣。徐松曰：玉門、陽關在今色爾騰海之東，羅布淖爾在今吐魯番城西南，自色爾騰海西北至羅布淖爾，相去千餘里，不得云三百餘里，明傳寫奪「千」字。

〔一九〕師古曰：袤，長也，音茂。【補注】王念孫曰：「三百里」，本作「三四百里」，謂澤之廣袤，不能知其確數，大約在三四百里之閒也。河水注無「四」字，亦後人據漢書删之。御覽地部三十七引水經注作「廣輪四百里」，又脱去「三」字，然據此知水經注原有「四」字也。漢紀作「廣長三四百里」，西山經注及通典州郡四竝作「廣袤三四百里」，郭璞爾雅音義引漢書作「廣輪三四百里」，禹貢正義及史記大宛傳正義、爾雅釋水疏竝引作「廣袤三四百里」，則今本脱去「四」字明矣。徐松曰：今測淖爾東西二百餘里，北有圓池三，南有方橢池四。

〔二〇〕【補注】徐松曰：郭璞山海經注云「其水停，冬夏不增減」。水經注「其水澂渟，冬夏不減」。初學記引此傳作「其水渟，冬夏不減」。文選李善注引倉頡篇曰「亭，定也」，又曰「停與亭同，古字通」。説文有亭字，無停、渟字。

〔二一〕【補注】徐松曰：羅布淖爾水，潛於地下，東南行千五百餘里，至今敦煌縣西南六百餘里之巴顏哈喇山麓，伏流始出，山麓有巨石高數丈，山崖土壁，皆黄赤色。蒙古語謂石爲齊老，謂北極星爲噶達素，謂黄金爲阿勒坦。山麓之石遠望如北極星，故蒙古名其地曰阿勒坦噶達素齊老。伏流自壁上天池湧出，散爲百道，皆黄金色，東南流爲阿勒坦河，又東北流三百里，入鄂敦塔拉中，其泉數百泓，即元史所謂火敦腦兒，譯言星宿海者也。又東南流百三十里，瀦爲札淩淖爾，又出淖爾東南流，折而南五十里，瀦爲鄂淩淖爾，又自淖爾東北出，東流五十里，折而東南百四十里，又南流二百六十里，折而東南三百里，又東北二百四十里，經阿木奈瑪勒占木遜山南麓，即大積石山。漢書地理志「金城郡河關縣積石山在西南羌中」。今在西寧府西南邊外五百三十餘里，即禹貢導河之地。自古言河源者多不了，獨此傳綜括詳盡，蓋孟堅迎北單于，親至私渠海，定遠道長西域，本其家乘，以爲國史，故所言地形，與今若合符節。惟謂重源出於積石，仍因山海經之訛，而後儒異議，有指河州之小積石爲禹貢之積石，轉以班所言積石爲妄，又謂載張騫窮河源事，乃意度之，非實見。蒲昌海與積石通流，繆悠之論，不足依據。唐辨機西域記云「阿那婆答多池北面頗胝師子口，流出徙多河，繞池一帀，入東北海。或曰潛流地下，出積石山，即徙多河之流，爲中國之河源云」。蓋初唐人猶祖班説也。

自玉門、陽關出西域有兩道。〔一〕從鄯善傍南山北，波河西行至莎車，爲南道；〔二〕南道西踰葱嶺則出大月氏、安息。〔三〕自車師前王廷〔四〕隨北山，波河西行至疏勒，爲北道；〔五〕北道西踰葱嶺則出大宛、康居、奄蔡焉耆。〔六〕

〔一〕【補注】徐松曰：隋書裴矩傳「自敦煌至於西海，凡爲三道：北道從伊吾經蒲類海鐵勒（布）〔部〕突厥可汗庭，度北流河，至拂菻國，達於西海；其中道從高昌、焉耆、龜茲、疏勒，度葱嶺，又經鏺（汁）〔汗〕蘇對沙那國、康國、曹國、何國、大小安國、穆國至波斯，達於西海；其南道從鄯善、于闐、朱俱波、喝槃陀，度葱嶺，又經護密、吐火羅、挹怛、忛延、漕國，至北婆羅門，達於西海」。與此兩道異者，漢時兩道皆在天山南山，北爲匈奴，故無道也。隋既有山南之兩道，又增山北一道。漢、隋之南道，今不置驛。漢之北道，隋之中道，今謂之南道，往回疆者由之。隋之北道，今亦謂之北道，往烏魯木齊、伊犂者由之。後魏書西域傳又言：「出西域本有二道，後更爲四：出自玉門，渡流沙，西行二千里至鄯善爲一道；自玉門渡流沙，北行二千二百里至車師爲一道；從莎車西行一百里，至蔥嶺，蔥嶺西一千三百里至伽倍爲一道；自莎車西南五百里，蔥嶺西南一千三百里至波路爲一道。」案：至鄯善、至車師特入西域者，經行之處，漢書所不數。其餘二道，皆經莎車，即漢之南道。是言四出者，實惟一道而已。兩道分自敦煌，李廣利傳「起敦煌西，爲人多，道上國不能食，分爲數軍，從南北道」。

〔二〕師古曰：波河，循河也。鄯音上扇反。傍音步浪反。波音彼義反。此下皆同也。【補注】徐松曰：南山北者，密爾岱山、英額齊盤山、庫克雅爾山及和闐諸山之北。張騫傳，並南山，謂此也。始皇本紀「並勃海以東」，正義「並白浪反。並、傍皆傍之假借字」。波義亦近傍，後書班超傳注「波，傍也，音詖」。段玉裁以波爲陂之假借字。李廣利傳「從泝河山」，顔注「泝，逆流而上」。則此云循河者，亦沿泝之意。河水東注西行者，泝塔里木河、葉爾羌河之南岸，以達葉爾羌境。後漢紀作渡，則謂渡蔥嶺南河，義亦通。先謙曰：後書兩「波」字，皆作「陂」，段説是也。章懷引史記曰「陂山通道」。李光廷漢西域圖考云「敦煌以北爲鄯善，當漢衝，出西域者，胥由此自鄯善而西，由且末、精絶、打彌至于窴，又西北至莎車，所謂傍南山，波河行，此南道也。其出陽關不經鄯善，西自婼羌、小苑、戎盧至渠勒，又南道之南，所謂僻南不當孔道者也」。

〔三〕師古曰：氏音支。【補注】先謙曰：由莎車而西爲大月氏，在大宛南，此蔥嶺西國也。其南爲罽賓、爲高附，更西南爲烏弋山離、爲安息，是爲蔥嶺西南諸國。

〔四〕【補注】王先慎曰：匈奴傳作「王庭」，庭、廷通用。本傳下文亦作「車師前王庭」。

〔五〕【補注】徐松曰：隨北山者，烏什、阿克蘇、庫車、哈喇沙爾諸境之北山，路出山之南也。波河西行至疏勒者，沿塔里木河北岸，過阿克蘇，則沿烏蘭烏蘇河以至今喀什噶爾境。案，蔥嶺南北二河，至阿克蘇合爲塔里木河，以注蒲昌海，故此傳於山有傍南山、北山之別，於河則但曰波河，不分南北，明西域中央止一大河。先謙曰：西域圖考云「自鄯善而北至伊吾，爲今哈密地。自北而西，由狐胡至車師前王廷，經山國、危須、尉犂、烏壘、渠犂、焉耆、龜茲、姑墨、温宿、尉頭至疏勒，所謂隨北山，波河行，此北道也。其自伊吾而北，至蒲類，又西爲車師後庭，經卑陸、單桓、烏貪訾離至烏孫，又北通郁立師、卑陸後國、劫國，則北道之北，亦不當孔道也。至疏勒之西，爲捐毒、休循，已入蔥嶺，于寘之西，自皮山、西夜、子合以至烏秅，又皆蔥嶺之國，爲通西南諸國之孔道」。

〔六〕【補注】王念孫曰：景祐本無「者」字是也。「焉」字絶句，「焉」下「者」字，則後人妄加之也。大宛、康居、奄蔡，皆在蔥嶺之西，自都護治所西至大宛四千三十一里，至康居五千五百五十里，又自康居西北至奄蔡可二千里，竝見下文。故曰「西踰蔥領出大宛、康居、奄蔡」也，若焉耆則在蔥領之東，且在都護治所之東北四百里，亦見下文。豈得云西踰蔥領出焉耆乎？漢紀孝武紀、後漢書西域傳、通典邊防七「焉」下皆有「者」字，此後人依誤本漢書加之耳。通鑑漢紀無「者」字，與景祐本同，則北宋本尚未誤也。故知諸書内「者」字皆後人所加。先謙曰：由疏勒而西爲大宛，在大月氏北，亦蔥嶺西國也。其北爲康居，爲奄蔡，又極西北爲條支，是爲蔥嶺西北諸國。又極西爲大秦。陳湯傳云「從南道踰蔥嶺，徑大宛」。是大宛亦可從南道踰嶺，後稍迤而北耳。

西域諸國大率土著，〔一〕有城郭田畜，與匈奴、烏孫異俗，故皆役屬匈奴。〔二〕匈奴西邊日逐王〔三〕置僮僕都尉，使領西域，〔四〕常居焉耆、危須、尉黎間，賦稅諸國，取富給焉。〔五〕

〔一〕師古曰：言著土地而有常居，不隨畜牧移徙也。著音直略反。【補注】徐松曰：大率者，不盡之詞，以有休循、捐毒諸塞種，故不盡爲土著。

〔二〕師古曰：服屬於匈奴，爲其所役使也。【補注】徐松曰：有城郭，故謂之城郭國。今天山南回部，皆有城郭田畜，同漢時西域國。天山北蒙古部落，事游牧，同漢時匈奴、烏孫俗。

〔三〕【補注】徐松曰：匈奴傳「狐鹿姑單于始以左賢王子先賢撣爲日逐王」。蓋置在太始時，西邊者，匈奴右部，界西域。

〔四〕【補注】沈欽韓曰：僮僕都尉，蓋主簡閱人口。徐松曰：匈奴左右大都尉在二十四長之列，二十四長又各置相都尉，通鑑胡注「匈奴蓋以僮僕視西域也」。禮記樂記注「領猶治理也」。

〔五〕師古曰：給，足也。【補注】徐松曰：三國在西域北道，而東西適中，故僮僕都尉治之。

自周衰，戎狄錯居涇渭之北。〔一〕及秦始皇攘卻戎狄，築長城，界中國，〔二〕然西不過臨洮。〔三〕

〔一〕師古曰：錯，雜也。【補注】徐松曰：涇水北，今慶陽府、延安府鄜州地；渭水北，今鞏昌府、平涼府邠州地，在周時爲西戎、白翟、義渠所居。

〔二〕師古曰：爲中國之竟界也。【補注】先謙曰：官本注「竟」作「境」。

〔三〕師古曰：洮音土高反。【補注】徐松曰：地理志隴西郡有臨洮縣。故城在今臨洮府西南二百二十里。始皇紀「西至臨洮、羌中」，正義引括地志「臨洮即今洮州，在京西千五百五十里，從臨洮西南芳州扶松府以西，並古諸羌地」。

漢興至于孝武，事征四夷，〔一〕廣威德，而張騫始開西域之迹。〔二〕其後驃騎將軍擊破匈奴右地，降渾邪、休屠王，〔三〕遂空其地，〔四〕始築令居以西，〔五〕初置酒泉郡，〔六〕後稍發徙民充實之，分置武威、張掖、敦煌，〔七〕列四郡，據兩關焉。〔八〕自貳師將軍伐大宛之後，西域震懼，多遣使來貢獻，〔九〕漢使西域者益得職。〔一〇〕於是自敦煌西至鹽澤，往往起亭，〔一一〕而輪臺、渠犁皆

有田卒數百人，〔一二〕置使者校尉領護，〔一三〕以給使外國者。〔一四〕

〔一〕【補注】徐松曰：謂以征伐爲事。

〔二〕【補注】先謙曰：見騫傳。

〔三〕師古曰：屠音除。【補注】先謙曰：霍去病傳「元狩二年」。

〔四〕【補注】徐松曰：史記大宛傳「渾邪王率其民降漢，而金城、河西西，並南山至鹽澤，空無匈奴」。

〔五〕師古曰：令音鈴。【補注】宋祁曰：集韻令音連。云令居，縣名，在金城郡。徐松曰：令、連雙聲字。匈奴傳「漢渡河自朔方以西至令居」。

〔六〕【補注】徐松曰：地理志「酒泉郡，武帝太初元年開」。匈奴傳「漢置酒泉郡，以隔絶胡與羌通之路」。今肅州地。

〔七〕師古曰：敦音徒門反。【補注】徐松曰：地理志「張掖郡，故匈奴昆邪王地，武帝太初元年開」。「武威郡，故匈奴休屠王地，武帝太初四年開」。「敦煌郡，武帝後元元年，分酒泉置」。案：武威，今涼州府。張掖，今甘州府。敦煌，今肅州敦煌縣。

〔八〕【補注】徐松曰：陽關在南，玉門在北，大率出南北道者分由之。傳言「出陽關自近者始，曰婼羌」，婼羌在南道也。武帝時，圍車師，出玉門迎軍。元始中，車師後王國開新道，通玉門。李廣利傳「伐大宛，天子使使遮玉門」。車師、大宛在北道也，而去胡來王，亦守玉關。傳又言「自玉門、陽關出南道，歷鄯善」。是兩關仍得相通。

〔九〕【補注】徐松曰：貳師破大宛，在太初三年。至天漢二年，渠黎六國使使來獻，是因伐宛而震懼。李廣利傳「貳師將軍之東，諸所過小國聞宛破，皆使其子弟從入貢獻」。

〔一〇〕師古曰：賞其勤勞，皆得拜職也。【補注】先謙曰：胡注「顔説非也。此言漢使入西域諸國，不敢輕忽，爲得其職耳。得職者，不失其職也」。王念孫云：「胡解職字亦未了，職非職事之職，職猶所也。言自大宛王以殺漢使見誅，西域諸國皆不敢輕忽漢使，故漢之使西域者，皆得其所也。哀十六年左傳『克則爲卿，不克則烹，固其所也』。

史記五子胥傳作『固其職也』。是職與所同義。景紀『令亡罪者失職』，武紀『有冤失職，使者以聞』，宣紀『其加賜鰥寡孤獨高年帛，毋令失職』，管子明法解篇『孤寡老弱，不失其職』，失職皆謂失所也。故得其所亦謂之得職。趙廣漢傳『廣漢爲京兆尹，廉明，威制豪彊，小民得職』，師古注：『得職，各得其常所也。』是其證。」高五王傳「朱虛侯章忿劉氏不得職」，鹽鐵論輕重篇「衆人未得其職」。

〔一一〕【補注】徐松曰：今自哈喇淖爾至羅布淖爾有二道：一由哈喇淖爾北，一由哈喇淖爾南，皆經羅布淖爾，南至塔里木河之南岸巴罕噶順，凡千八百餘里，地皆沙漠。亭謂如下傳「至校尉府脅諸亭」之亭，非秦法十里一亭也。

〔一二〕【補注】徐松曰：此據昭帝時言之，李廣利傳注「輪臺，國名」。渠犂，武紀臣瓚注「西域胡國名」。蓋西域小國，漢滅之，以置田卒。渠犂田士千五百人，今分田輪臺，故各數百人。

〔一三〕師古曰：統領保護營田之事也。【補注】徐松曰：西域屯田之官皆爲校尉，此秩尊，加使者以別之。亦稱使者，史記「置使者護田積粟」是也。鄭吉以後，改爲都護，遂無使者校尉之名，而其副猶稱副校尉。後書云「武帝置校尉，領護西域，宣帝改曰都護」。即謂此使者校尉也。通鑑注引此注「營田」作「屯田」。

〔一四〕師古曰：收其所種五穀以供之。【補注】徐松曰：據傳有「樓蘭負水儋糧送迎漢使」。又曰「驢畜負糧，須諸國稟食」，又曰「南道八國給使者往來人馬驢橐駝食」，又曰「漢使至，非以幣物不得食」，皆漢使因糧外國之證。所以省齎糧之勞費，得積穀以威西國也。使外國者，通考引作「外國使者」，或西域貢獻之使漢，以此爲稟給，義亦通。

至宣帝時，遣衞司馬〔一〕使護鄯善以西數國。〔二〕及破姑師，未盡殄，〔三〕分以爲車師前後王及山北六國。〔四〕時漢獨護南道，未能盡并北道也，然匈奴不自安矣。〔五〕其後日逐王畔單于，將衆來降，護鄯善以西使者鄭吉迎之。既至漢，封日逐王爲歸德侯，吉爲安遠侯。〔六〕是歲，神爵三年也。〔七〕乃因使吉并護北道，故號曰都護。都護之起，自吉置矣。〔八〕僮僕都尉由此罷，〔九〕匈奴益弱，不得近西域。〔一〇〕於是徙屯田，田於北胥鞬，〔一一〕披莎車之地，〔一二〕屯田校尉始屬都護。〔一三〕都護督察烏孫、康居諸外國〔一四〕動靜，〔一五〕有變以聞。可安輯，安輯之；可擊，擊之。〔一六〕都護治烏壘城，〔一七〕去陽關二千七百三十八里，〔一八〕與渠犂田官相近，土地肥饒，〔一九〕於西域爲中，故都護治焉。〔二〇〕

〔一〕【補注】徐松曰：元紀注「衞司馬即衞尉八屯之衞司馬」。鄭吉傳「以侍郎遷衞司馬」。

〔二〕【補注】徐松曰：吉傳「使護鄯善以西南道」。

〔三〕師古曰：雖破其國，未能滅之。【補注】錢大昕曰：集解徐廣注「姑師即車師，車、姑聲近」。徐松曰：宣紀「神爵二年秋，吉破車師」。

〔四〕【補注】徐松曰：山，天山也，今博羅圖山。姑師地正今吐魯番及奇臺縣、阜康縣境。分姑師爲車師前後國、且彌東西國、卑陸前後國、蒲類前後國共八國。後書以前後部及東且彌、卑陸、蒲類、移支爲車師六國，不數西且彌與卑陸後國者，或已爲他國所併。周壽昌曰：此都護分之也。後書云「哀平閒「自相分割爲五十五國」，非也。觀五十國皆屬都護，惟五國不屬，可證。此番之分，即三十六國分爲五十餘國之漸。匈奴分爲五單于而匈奴遂衰，西域分爲五十五國，而西域遂弱，此亦衆建而小其力之義也。

〔五〕【補注】徐松曰：史記樂毅傳索隱「護謂總領之也」。匈奴傳「單于病歐血，罷兵，使題王都犂胡次等入漢請和親」。

〔六〕【補注】先謙曰：詳吉傳。

〔七〕【補注】齊召南曰：案宣紀是神爵二年事，此「三」字訛。通鑑考異已辨之。

〔八〕師古曰：都猶總也，言總護南北之道。

〔九〕【補注】先謙曰：胡注「日逐王既降，西域諸國屬於漢，故僮僕都尉罷」。

〔一〇〕【補注】徐松曰：是時匈奴内亂，五單于爭立，是益弱。

〔一一〕師古曰：胥鞬，地名也。胥音先餘反。鞬音居言反。【補注】徐松曰：下言「披莎車」，是地近莎車。故水經注以爲自輪臺徙莎車。第通檢漢書，絶不見莎車屯田之事，且遠於烏壘千餘里，非都護與田官相近之意，疑莎車爲車師之訛。徙田北胥鞬，即下傳「別田車師」，特水經注已然，是酈氏所見漢書已同今本。

〔一二〕師古曰：披，分也。【補注】徐松曰：左傳「披其地以塞夷」，庚杜注「披猶分也」。

〔一三〕【補注】徐松曰：即下傳三校尉。

〔一四〕師古曰：督，視也。【補注】徐松曰：兼護北道，故特言北道國。

〔一五〕【補注】徐松曰：二字當屬上爲句。

〔一六〕師古曰：輯與集同。【補注】徐松曰：謂得便宜行事。

〔一七〕【補注】宋祁曰：「烏壘」下，監本有「孫」字。宋白曰：伊州伊吾郡，漢伊吾盧地。宣帝時，鄭吉爲西域都護，治烏壘城即此。齊召南曰：案本傳言烏壘城去陽關二千七百三十八里，而車師國西南至都護治所千八百七里，龜茲國東至都護治所三百五十里，則烏壘尚在車師西南，與龜茲相近，非伊州伊吾地在車師之東者也。伊吾地，即今哈密城，後漢永平中始置，宜禾，都尉在前漢未聞其名，宋説非也。徐松曰：今庫車城屬策特爾軍臺及其東車爾楚軍臺，皆烏壘城地。監本有「孫」字，蓋因烏孫致誤。

〔一八〕【補注】徐松曰：舉陽關以該玉門。河水注引作玉門、陽關。

〔一九〕【補注】徐松曰：渠犂西濱龜茲東川，東濱敦薨溢出之河，南濱塔里木大河北岸，故土地肥饒。自車爾楚南至河岸二百里。

〔二〇〕【補注】徐松曰：吉傳「中西域而立莫府」。

至元帝時，復置戊己校尉，〔一〕屯田車師前王庭。〔二〕是時匈奴東蒲類王茲力支將人衆千七百餘人降都護，〔三〕都護分車師後王之西爲烏貪訾離地以處之。〔四〕

〔一〕【補注】徐松曰：百官表「戊己校尉，元帝初元元年置，有丞、司馬各一人，候五人，秩比六百石」。後書西域傳序「元帝置戊己二校尉」。據傳序言校尉有二人，據表言校尉似衹一人。偏檢前書，如徐普、刁護、敦欽皆稱戊己，無言戊校尉、己校尉者，獨烏孫傳有己校。吳仁傑謂特兵有戊校、己校之分，尉則兼戊己爲稱。吳氏又言兩都設官之制不同。先漢有戊校、己校兵，而尉之官稱，則兼戊己。後漢有戊己校尉、戊校尉、己校尉，各以校兵爲名。顏於表下注云「有戊校尉、己校尉」。亦誤。至戊己之名，顏説有二義，一説戊己校尉，鎮安西域，無常治處，猶甲乙等各有方位，而戊與己四季寄王，故以名官。一説戊己位在中央，今所置校尉處，三十六國之中。胡三省以爲車師不當三十六國之中，顏前説爲是。吳又引馬融傳注謂戊己居中，爲中堅，二校之説，取其居屯田之中。又引王彥賓説，戊己，土也。屯田以耕土爲事，故取爲名。案：諸説皆非。校尉屯田車師，亦非無常治者。顏前説亦不爲得，唯漢官儀厭勝之説爲近。蓋屯田校尉所以攘匈奴而安西域，西域在西爲金，匈奴在北爲水，戊己生金而制水耳。周壽昌曰：匈奴傳云「日上戊己」，元帝置戊己校尉以制匈奴而護西域，其特名曰戊己者，用匈奴所上者以制之，亦即厭勝之義也。

〔二〕【補注】徐松曰：後王庭近匈奴，故不可田。考漢時屯田，常在渠犂，昭帝時分置輪臺，宣帝時別田車師，皆不久即罷。至元帝時屯田車師前王庭，方罷渠犂之屯，故陳湯傳言「發車師戊己校尉屯田吏士」，不言渠犂。

〔三〕【補注】徐松曰：匈奴傳「擊匈奴蒲類澤，得單于使者蒲陰王」。蒲陰謂在蒲類之陰，即蒲類王也。茲力支不見功臣表，蓋未侯。周壽昌曰：率衆降，蓋無不侯者，他匈奴降侯者可證，特封侯不見表者，亦有如趙充國傳「封若零、弟澤爲帥衆王，離留且種二人爲侯，陽雕爲言兵侯」。匈奴傳「匈奴民題除渠堂亡降漢言狀，漢以爲言兵鹿奚盧侯」。

烏孫國傳「元始中，封卑爰疐爲歸義侯」。表皆未見。史表云「御史大夫陽陵侯岑邁」，而侯表無之，戾太子傳「女尚平輿侯嗣子」，平輿侯姓名，表中俱無考也。

〔四〕【補注】徐松曰：蒲類王舊在車師後國東，今移於西，蓋界烏孫，都護得兼護之。

自宣、元後，單于稱藩臣，西域服從，其土地山川王侯户數道里遠近翔實矣。〔一〕

〔一〕師古曰：翔與詳同，假借用耳。【補注】徐松曰：漢吴仲山碑「出入敖詳」亦借詳爲翔。

出陽關，自近者始，〔一〕曰婼羌。〔二〕婼羌國王號去胡來王。〔三〕去陽關千八百里，〔四〕去長安六千三百里，〔五〕辟在西南，不當孔道。〔六〕户四百五十，口千七百五十，勝兵者五百人。〔七〕西與且末接。〔八〕隨畜逐水草，不田作，〔九〕仰鄯善、且末穀。〔一〇〕山有鐵，自作兵，兵有弓、矛、服刀、劍、甲。〔一一〕西北至鄯善，乃當道云。〔一二〕

〔一〕【補注】徐松曰：傳敍諸國，以南道始，北道終。自鄯善至烏弋山離，南道也。以次而西南，其道經蔥嶺東南，以至嶺之西南，由烏弋山離轉北而東，至蔥嶺西，得安息四國。東入蔥嶺，經嶺中休循、捐毒二國。莎車傍蔥嶺西山之東，不當烏弋山離道，故下蔥嶺，經其國。自南道北行，至北道，得疏勒。以次東北至焉耆，焉耆之北即天山，車師地於此終焉。先謙曰：官本「出陽關」提行，不連上文。

〔二〕孟康曰：婼音兒。師古曰：音而遮反。【補注】先謙曰：御覽引説文「羌，西婼羌戎，牧羊人，從人牧羊」。韋玄成傳云「起敦煌、酒泉、張掖，以鬲婼羌，裂匈奴之右臂」。羌種繁多，單舉婼言，知當時爲諸羌首帥，或單言婼。趙充國傳云「婼、月氏」。論衡云「方今哀牢、鄯善、婼，降附歸德也」。西域圖考云「婼羌當在陽關之西，小宛之東，今淪爲戈壁」。

〔三〕師古曰：言去離胡戎來附漢也。【補注】先謙曰：去胡來王唐兜見下卷，亦見匈奴傳。

〔四〕【補注】宋祁曰：越本「八」作「六」。徐松曰：傳言去陽關者十四，婼羌爲最近。鄯善爲西域門户，烏壘爲建治之所，縣度爲極險之地。五翎侯五小王所處不一，皆特言陽關，記其道里，其餘往來孔道，兩關得通，故不言，校以樓蘭去陽關、長安里數，作「八」者是，越本非。

〔五〕【補注】徐松曰：傳特於婼羌、樓蘭兩國標去陽關、去長安，知陽關之去長安四千五百里。

〔六〕師古曰：辟讀曰僻。孔道者，穿山險而爲道，猶今言穴徑耳。【補注】王念孫曰：顔説甚迂，孔道猶言大道，謂其國僻在西南，不當大道也。老子道經「孔德之容」，河上公注「孔，大也」。太玄羨次五曰「孔道夷如，蹊路微如」。孔字亦作空，張騫傳「樓蘭姑師小國當空道」是也。説文「孔，通也」，故大道亦謂之通道，今俗語猶云通衢大道矣。徐松曰：趙充國傳「狼何、小月氏種在陽關西南」。蓋與婼羌雜處者。

〔七〕【補注】徐松曰：勝音升。胡注「勝，任也。勝兵者，謂能操五兵而戰也」。傳惟罽賓、安息、烏弋山離三國不言户口兵數。

〔八〕師古曰：且音子餘反。【補注】徐松曰：傳或言接，或言通，或言至。案于闐，言北與姑墨接；而姑墨，言南至于闐；龜茲，言西與姑墨接；而姑墨，言東通龜茲。是因地爲文，非有異義。先謙曰：後書西羌傳「南接蜀漢徼外蠻夷，西北〔接〕鄯善車師諸國」。

〔九〕【補注】徐松曰：後書西羌傳「所居無常，依隨水草，地少五穀，以産牧爲業」。

〔一〇〕師古曰：賴以自給也。仰音牛向反。【補注】徐松曰：鄯善亦仰穀旁國，此蓋由鄯善以資且末。

〔一一〕劉德曰：服刀，拍髀也。師古曰：拍音貊。髀音俾，又音陛。【補注】沈欽韓曰：釋名「短刀曰拍髀，帶時拍髀旁也」。徐松曰：御覽引作「自作兵甲，有弓矛、服刀、劍」。汪校本「弓」下無「矛」字。

〔一二〕【補注】徐松曰：婼羌種與西域別，班不立西羌傳，故因西域道里所經，並言之。先謙曰：後書云出玉門，首經鄯善。

鄯善國，〔一〕本名樓蘭，〔二〕王治扜泥城，〔三〕去陽關千六百里，〔四〕去長安六千一百里。〔五〕户千五百七十，口萬四千一百，勝兵二千九百十二人。輔國侯、〔六〕卻胡侯、〔七〕鄯善都尉、〔八〕擊車師都尉、〔九〕左右且渠、〔一〇〕擊車師君各一人，〔一一〕譯長二人。〔一二〕西北去都護治所千七百八十五里，〔一三〕至山國千三百六十五里，〔一四〕西北至車師千八百九十里。〔一五〕地沙鹵，少田，〔一六〕寄田仰穀旁國。〔一七〕國出玉，〔一八〕多葭葦、檉柳、胡桐、白草。〔一九〕民隨畜牧逐水草，〔二〇〕有驢馬，多橐它。〔二一〕能作兵，與婼羌同。

〔一〕【補注】先謙曰：官本提行，是。後書云「鄯善先併小宛、精絶、戎盧、且末四國」。亦見于闐、莎車傳下。三國、晉、魏仍爲鄯善，唐書號納縛波。西域圖考云「唐書地理志『鄯善在蒲昌海南三百里』」。而後書云「自敦煌西出玉門、陽關，涉鄯善，北通伊吾千餘里，此西域之門户」。則蒲昌海以東皆其地，今噶順之千里戈壁皆其地。河水注「南河自且末國來，東爲注濱河，又東逕鄯善國北，又東注泑澤。北河自墨山國來，東逕注濱城南，蓋即以注濱河得名，南北河合流在此。又東逕樓蘭城南而東注，蓋墢田士所屯，故城禪國名耳。河水又東入泑澤，彼俗謂是澤爲牢蘭海，即蒲昌海也。水連鄯善之東北，龍城之西南，西接鄯善，東連三沙，爲海北隘。河水下入地理志敦煌郡」。西域水道記云「塔里木河自庫爾勒莊東行二百里，逕哈喇沙爾城南，又東二百餘里逕博斯騰淖爾南，又東匯於羅布淖爾。回語羅布者，謂匯水之區」。吐魯番回部傳云「羅布淖爾鄰吐魯番，爲巨澤，葉爾羌、喀什噶爾諸境水六十餘匯之是也。其受水之口，今惟一處。水經注以爲南北二河，各自注澤」。案：漢書分兩道，顯言南山、北山，不見分波南河、北河之文，知一川渠并，振古如茲，酈君所説，容有未審。大淖爾旁，有小淖爾環之，北則圓淖爾三，南則方橢淖爾四，地當哈喇沙爾城東南五百里，吐魯番鎮城西南九百餘里。鎮城曰廣安，唐之安樂城。其東七十里曰元火州治，今曰喀喇和卓。又東五十里曰魯克沁，東漢之柳中城也。廣安城西二十里，爲漢交河城。

〔二〕【補注】先謙曰：河水注「泑澤在樓蘭國北扜泥城，故彼俗謂是澤爲牢蘭海」。海因國得名，牢、樓一聲之轉。徐松云，匈奴傳「單于遺漢書曰樓蘭、烏孫」，是未改國名之證。

〔三〕師古曰：扜音一胡反。【補注】徐松曰：御覽注云扜音烏。河水注謂之東故城。蓋以伊循爲新城也。魏書云所都城方一里。

〔四〕【補注】徐松曰：魏書「自玉門渡流沙，西行二千里至鄯善」。先謙曰：婼羌傳云去陽關千八百里，此云千六百，則視婼羌爲近矣。上云自近者始首舉婼羌，疑「千六百里」傳寫有誤，魏書出玉門二千里爲得之。

〔五〕【補注】徐松曰：傳凡言去長安者四十九。

〔六〕【補注】徐松曰：西域置輔國侯者二十二國，凡二十三人。

〔七〕師古曰：卻音丘略反，其字從卩。卩音節。下皆類此。【補注】徐松曰：凡言卻胡、擊胡者，皆近匈奴之國。焉耆與鄯善有卻胡侯，疏勒、龜茲有擊胡侯，龜茲有卻胡都尉、卻胡君，危須、焉耆有擊胡都尉，危須又有擊胡君。

〔八〕【補注】徐松曰：西域置都尉者三十一國，惟此與精絶繫國名爲官。

〔九〕【補注】徐松曰：西域凡置二人，一在龜茲。

〔一〇〕【補注】徐松曰：此因匈奴官名。匈奴傳注且音子餘反，分左右爲二人。

〔一一〕【補注】徐松曰：西域凡置二人，一在焉耆，蓋鄯善、龜茲、焉耆皆近車師。

〔一二〕【補注】徐松曰：西域凡置三十九人，猶今之通事。凡譯長二人者，蓋亦分左右。案，諸國官皆用其國人爲之，而佩漢印綬，猶今之回部伯克第官制。亦非定於一時，鄯善之名定於元鳳閒，其前不得有鄯善都尉，車師破於宣帝時，其後不得有擊車師之稱。

〔一三〕【補注】徐松曰：即烏壘城也。凡傳言去都護治者，五十一國。

〔一四〕師古曰：此國山居，故名山國也。【補注】王念孫曰：案山國當作墨山國，寫者脱「墨」字。漢紀及後漢書西域傳作山國，皆後人依顔本漢書改之。河水注「扜泥城西北去烏壘千七百八十五里，上文云都護治烏壘城。至墨山國千八百六十五里，本傳「八」作「三」，未知孰是。西北去車師千八百九十里」。皆本此傳。墨山，山名也，因以爲國名。若但云山國，則不知爲何山矣。而師古云此國山居，故名山國，則曲爲之説也。下文山國王同。先謙曰：辨見山國王下。

〔一五〕【補注】徐松曰：其地相接，故漢每使樓蘭擊車師。

〔一六〕【補注】徐松曰：佛國記「鄯善國，其地崎嶇薄瘠」。

〔一七〕師古曰：寄於它國種田，又糴旁國之穀也。仰音牛向反。【補注】徐松曰：蓋寄田且末。

〔一八〕【補注】徐松曰：今未聞。

〔一九〕孟康曰：白草，草之白者。胡桐似桑而多曲。師古曰：檉柳，河柳也，今謂之赤檉。白草似莠而細，無芒，其乾孰時正白色，牛馬所嗜也。胡桐亦似桐，不類桑也。蟲食其樹而沫出下流者，俗名爲胡桐淚，言似眼淚也，可以汗金銀也，今工匠皆用之。流俗語訛呼淚爲律。檉音丑成反。【補注】宋祁曰：注文「工」字，別本作「匠」。沈欽韓曰：嶺表録異「胡桐淚出波斯國，是胡桐樹脂也」。象胥録「撒馬兒罕貢物有胡桐鹻七十一」。西域録云「胡桐譯言柴也，其樹徧滿沙灘，不任器用，僅可取作燒柴。夏日炎蒸，其津液自樹杪流出，凝如琥珀者，爲胡桐淚，自樹身流出色白如粉者，名胡桐鹻」。徐松曰：此數種，偏西域有之，不獨鄯善。説胡桐形狀，孟説爲近。淚者樹之汁，非必蟲食，其性大寒，治口齒，可已馬疾。白草顔説是，春發新苗，與諸草無異，冬枯而不萎，高三四尺，性至堅韌，以之織物，其用如竹。惟哈喇沙爾城東特伯勒古地產者最堅，實心，可爲箸。汪校本「銀」下無「也」字、「今」字。

〔二〇〕【補注】徐松曰：魏書「地多沙鹵，少水草」。

〔二一〕師古曰：它，古他字也，音徒何反。

初，武帝感張騫之言，甘心欲通大宛諸國，〔一〕使者相望於道，一歲中多至十餘輩。樓蘭、姑師當道，苦之，〔二〕攻劫漢使王恢等，〔三〕又數爲匈奴耳目，令其兵遮漢使。〔四〕漢使多言其國有城邑，兵弱易擊。〔五〕於是武帝遣從票侯趙破奴將屬國騎〔六〕及郡兵數萬擊姑師。王恢數爲樓蘭所苦，上令恢佐破奴將兵。破奴與輕騎七百人先至，〔七〕虜樓蘭王，遂破姑師，〔八〕因暴兵威以動烏孫、大宛之屬。〔九〕還，封破奴爲浞野侯，恢爲浩侯。〔一〇〕於是漢列亭障至玉門矣。〔一一〕

〔一〕【補注】先謙曰：詳騫傳。

〔二〕師古曰：每供給使者受其勞費，故厭苦之。【補注】先謙曰：胡注「漢出西域有兩道，南道從樓蘭，北道從車師，故二國當漢使空道」。

〔三〕【補注】朱一新曰：此與大行王恢別。

〔四〕【補注】先謙曰：並詳大宛傳。

〔五〕【補注】徐松曰：如騫傳言「諸嘗使宛姚定漢等言，宛兵弱，漢兵不過三千人，强弩射之，即破宛」之類。

〔六〕師古曰：屬國，謂諸外國屬漢也。【補注】徐松曰：元狩二年，置五屬國，以處昆邪休屠降衆也。先謙曰：案官本注在「姑師」下。「也」當作「者」。

〔七〕【補注】徐松曰：大宛傳作「七百餘」。

〔八〕【補注】徐松曰：功臣表「王恢以捕得車師王，侯」。是樓蘭、車師二王皆被虜。

〔九〕師古曰：暴謂顯揚也。【補注】徐松曰：史記「暴」作「舉」，「動」作「困」。案是時惟大宛未通，烏孫已與漢和親，不得言舉兵困之，漢書義長。

〔一〇〕蘇林曰：浩音昊。

〔一一〕【補注】徐松曰：史記作「酒泉列亭障至玉門」，言自酒泉郡列亭障，至敦煌郡之玉門關也。亭障者，猶貀道有密艾亭，廣至有昆侖障之類。

樓蘭既降服貢獻，匈奴聞，發兵擊之。於是樓蘭遣一子質匈奴，一子質漢。後貳師軍擊大宛，〔一〕匈奴欲遮之，貳師兵盛不敢當，即遣騎因樓蘭候漢使後過者，欲絶勿通。〔二〕時漢軍正任文將兵屯玉門關，〔三〕爲貳師後距，〔四〕捕得生口，知狀以聞。上詔文便道引兵捕樓蘭王。將詣闕，〔五〕簿責王，〔六〕對曰：「小國在大國間，不兩屬無以自安，願徙國入居漢地。」上直其言，遣歸國，〔七〕亦因使候司匈奴。〔八〕匈奴自是不甚親信樓蘭。

〔一〕【補注】先謙曰：据武紀、廣利傳，再出兵在太初三年。

〔二〕【補注】徐松曰：因樓蘭者，使漢不覺。

〔三〕【補注】徐松曰：任文見匈奴傳。是年擊右賢王，救酒泉、張掖者。

〔四〕師古曰：後距者，居後以距敵。【補注】徐松曰：距，抵拒也。説文無「拒」字，依許義「距」當作「歫」。

〔五〕【補注】徐松曰：太初二年，漢以貳師將軍伐大宛，使李陵將五校兵隨後，見李廣傳。任文之後距，蓋亦隨貳師軍後，故便道至樓蘭。

〔六〕師古曰：以文簿一一責之。簿音簿户反。【補注】先謙曰：官本注「户」上「簿」作「步」，是。
〔七〕師古曰：以其言爲直。
〔八〕【補注】先謙曰：「司」，官本作「伺」。

征和元年，樓蘭王死，國人來請質子在漢者，欲立之。質子常坐漢法，下蠶室宮刑，故不遣。報曰：「侍子，天子愛之，不能遣。其更立其次當立者。」樓蘭更立王，〔一〕漢復責其質子，〔二〕亦遣一子質匈奴。〔三〕後王又死，匈奴先聞之，遣質子歸，得立爲王。〔四〕漢遣使詔新王，令入朝，天子將加厚賞。樓蘭王後妻，故繼母也，〔五〕謂王曰：「先王遣兩子質漢皆不還，〔六〕奈何欲往朝乎？」王用其計，謝使曰：「新立，國未定，願待後年入見天子。」然樓蘭國最在東垂，近漢，當白龍堆，乏水草，〔七〕常主發導，〔八〕負水儋糧，送迎漢使，〔九〕又數爲吏卒所寇，懲艾不便與漢通。〔一〇〕後復爲匈奴反間，〔一一〕數遮殺漢使。〔一二〕其弟尉屠耆降漢，具言狀。〔一三〕

〔一〕【補注】徐松曰：即傳所謂後王。
〔二〕【補注】徐松曰：據下傳文，立王弟尉屠耆在漢者。傳介子傳作「前太子質在漢者」，即尉屠耆。
〔三〕【補注】徐松曰：即安歸也。
〔四〕師古曰：匈奴在漢前聞樓蘭王死，故即遣質子還也。
〔五〕【補注】徐松曰：樓蘭用匈奴俗。
〔六〕【補注】徐松曰：據此則安歸、尉屠耆於後王爲昆弟，故水經注亦稱尉屠耆爲前王質子。
〔七〕【補注】徐松曰：案即今噶順，沙積千餘里，無水草。先謙曰：後魏書「樓蘭北，即白龍堆」。

〔八〕【補注】徐松曰：大宛傳「爲發導譯，抵康居」，索隱「發導，謂發譯令人導引」。

〔九〕【補注】徐松曰：今經沙漠者，皆預儲糧水。韋昭齊語注「背曰負，肩曰儋」。

〔一〇〕師古曰：艾讀曰乂。【補注】徐松曰：淮陽憲王欽傳「懲艾霍氏」，顏注「艾，創也」。

〔一一〕師古曰：閒音居莧反。

〔一二〕【補注】徐松曰：傅介子傳「樓蘭王殺漢使者衞司馬安樂、光禄大夫忠、期門郎遂成三輩」。

〔一三〕【補注】徐松曰：匈奴謂賢曰屠耆，蓋以匈奴語爲名。久在漢，故曰降。王先慎曰：尉屠耆質於漢不得歸，而匈奴遣其兄安歸立爲君，故遂降漢耳。徐謂「久在漢故曰降」，非也。

元鳳四年，大將軍霍光白遣平樂監傅介子往刺其王。〔一〕介子輕將勇敢士，齎金幣，揚言以賜外國爲名。既至樓蘭，詐其王欲賜之，王喜，與介子飲，醉，將其王屏語，〔二〕壯士二人從後刺殺之，貴人左右皆散走。介子告諭以「王負漢罪，天子遣我誅王，當更立王弟尉屠耆在漢者。漢兵方至，毋敢動，自令滅國矣！」介子遂斬王嘗歸首，〔三〕馳傳詣闕，〔四〕縣首北闕下。〔五〕封介子爲義陽侯。乃立尉屠耆爲王，更名其國爲鄯善，〔六〕爲刻印章，〔七〕賜以宮女爲夫人，備車騎輜重，〔八〕丞相率百官送至橫門外，〔九〕祖而遣之。〔一〇〕王自請天子曰：「身在漢久，今歸，單弱，而前王有子在，恐爲所殺。〔一一〕國中有伊循城，〔一二〕其地肥美，願漢遣一將屯田積穀，〔一三〕令臣得依其威重。」於是漢遣司馬一人、吏士四十人，田伊循以填撫之。〔一四〕其後更置都尉，〔一五〕伊循官置始此矣。〔一六〕

〔一〕【補注】徐松曰：詳介子傳。平樂監，功臣表作平樂廄監。

〔二〕【補注】先謙曰：屏人私語。

〔三〕師古曰：嘗歸者，其王名也。昭紀言安歸，今此作嘗歸，紀傳不同，當有誤者。【補注】徐松曰：介子傳兩見皆作安歸，或因詔有「安歸嘗爲匈奴閒侯」之語，連文致誤。

〔四〕師古曰：傳音張戀反。

〔五〕【補注】徐松曰：北闕，未央宫之北門，在北司馬門之北。匈奴傳「南越王頭已懸於漢北闕下」。而陳湯傳言「斬郅支首，懸頭槀街蠻夷邸閒」。黄圖以蠻夷邸在長安城内。或槀街即北闕下之街。

〔六〕【補注】徐松曰：説文「鄯善，西胡國也」。段玉裁云此時初製「鄯」字。周壽昌曰：後漢西域傳無樓蘭國名，班超傳亦然，而班勇傳云「勇至樓蘭，以鄯善歸附」。河水注云「行貳師將軍索勱將兵千人至樓蘭屯田」。又云「召鄯善、龜茲、焉耆」云云。是國號更新，地名尚存其舊也。

〔七〕【補注】徐松曰：衛宏漢舊儀「匈奴單于黄金印，槖駞紐，文曰『章』」。此蓋寵異之，比於單于。周壽昌曰：舊儀所説恐誤，非兩漢制也。匈奴傳宣帝甘露三年，賜呼韓邪單于黄金璽盭綬。又曰「漢賜單于印，言『璽』不言『章』，又無『漢』字，諸王以下乃有『漢』言『章』。自王莽遣將椎璽後，始改用印章」。又曰「更始二年冬，漢遣中郎將等使匈奴，授單于舊制璽綬」。後書和帝紀「永光四年，遣大將軍耿夔授北匈奴單于於渠鞬璽綬」。則仍用璽不用印，此之印章，特比之匈奴諸王，非比單于也。

〔八〕師古曰：重音直用反。

〔九〕孟康曰：横音光。【補注】先謙曰：官本「相」下有「將軍」二字，引宋祁曰，淳化本作「丞相將軍百官」。景德監本及浙本作「承相率百官」，無「將軍」字。今越本作「丞相將軍率百官」。錢大昭云：「閩本作『丞相將軍』，無『率』字。南監本『丞相』下有『將軍率』三字」。王先慎云御覽四夷部引有「將軍」二字。

〔一〇〕師古曰：爲設祖道之禮也。

〔一一〕【補注】徐松曰：通考引「殺」作「拒」。

〔一二〕【補注】徐松曰：馮奉世傳「使大宛，經鄯善伊脩城」，脩、循二字相亂。河水注「河水逕伊循城北，又東注澤，澤在扜泥城」。是伊循在樓蘭國西界。

〔一三〕【補注】先謙曰：官本「二」作「一」，是。

〔一四〕師古曰：填音竹刃反。

〔一五〕【補注】徐松曰：都尉秩尊於司馬，此漢官與鄯善都尉異。

〔一六〕【補注】徐松曰：河水注言鄯善國治伊循城，蓋以地肥美徙都之。

鄯善當漢道衝，西通且末七百二十里。〔一〕自且末以往，〔二〕皆種五穀，土地草木，畜産作兵，略與漢同，有異乃記云。

〔一〕【補注】先謙曰：唐書西域傳「古且末東行，又千里至古樓蘭」。則不止七百二十里。

〔二〕【補注】徐松曰：且末以西入今和闐境。

且末國，〔一〕王治且末城，〔二〕去長安六千八百二十里。〔三〕户二百三十，口千六百一十，勝兵三百二十人。〔四〕輔國侯、左右將、〔五〕譯長各一人。西北至都護治所二千二百五十八里，北接尉犂，〔六〕南至小宛可三日行。〔七〕有蒲陶諸果。西通精絶二千里。〔八〕

〔一〕【補注】先謙曰：後書云「出玉門經鄯善至且末」，又云「且末爲鄯善所併，後國復立」。梁書稱末國。魏書仍稱且末。西域圖考云「且末在尉犂之南，今淪爲戈壁」。唐辨機西域記云「于寘東行入流沙，沙礫流漫，行人迷路，莫知所指。行四百餘里至覩貨羅故國，從此東行六百餘里，至折摩馱那故國，即沮末城也。城郭巋然，人烟斷絶。從此東行千餘里至納縛波國，即樓蘭也。是知沙磧二千里，國久空蕪。晉法顯經行已繞道傿彝國，即喀喇沙。魏宋雲所見有左末，即且末。末、捍麼三城，至唐康豔典築城樓蘭，開鎮且末，今亦不知何在矣」。河水注「南河自精絶國來，東逕且末國北，又東右會阿耨達大水。西域記曰『阿耨達大山西北有大水，北流注牢蘭海者也』。南河下入鄯善國，阿耨達大水北流逕且末南山，又北逕且末城西，又東北流逕且末北，又流而左會南河」。董祐誠水經圖說云「隋志『且末郡在古且末城，有且末水』。唐志『渡且末河至且末城』。蓋皆指阿耨達大水。以此注推之，當在蒲昌海西南大戈壁中。今自和闐以東，塔里木河之南，西藏北山之北，東至青海西北境，數千里水皆流入沙中，別無大川。左會塔里木河者，以理推之，流沙之地，古今互易，漢代城郭，玄奘西域記唐時已爲無人之境，今則唐代諸鎮城並淪沙磧，水泉之匯爲淖爾者以十數，皆潛行入沙矣」。

〔二〕【補注】先謙曰：後魏西域傳同。

〔三〕【補注】徐松曰：且末至鄯善七百二十里，鄯善至長安六千一百里，故且末去長安六千八百二十里。其去陽關當二千三百二十里。

〔四〕【補注】徐松曰：漢紀以爲小國。

〔五〕【補注】徐松曰：西域置左右將者十九國，凡四十人。

〔六〕【補注】徐松曰：且末北界且末河，蓋與尉犂以河爲界。尉犂云南接鄯善、且末，是尉犂在且末東北界。

〔七〕【補注】徐松曰：張騫傳注云「不知其道里多少，故以日數言之」。案傳有言馬行若干日者，此當爲步行。據小宛去長安里數，則且末至小宛三百九十里，是步行可三日也。

〔八〕【補注】徐松曰：俗本作「三千」。案下精絶國言去長安八千八百二十里，則且末通精絶正二千里也。魏書云「且末西北方，流沙數百里，夏日有熱風，爲行旅之患。風之所至，唯老駝豫知之，即鳴而聚立，埋其口鼻於沙中，人每以爲候，亦即將氈擁蔽鼻口。其風迅駛，斯須過盡，若不防者，必至危斃」。是即通精絶之路也。

小宛國，〔一〕王治扜零城，〔二〕去長安七千二百一十里。〔三〕户百五十，口千五十，勝兵二百人。輔國侯、左右都尉各一人。〔四〕西北至都護治所二千五百五十八里，〔五〕東與婼羌接，辟南不當道。〔六〕

〔一〕【補注】先謙曰：後書云「小宛爲鄯善所并，後復立」。魏志注「西戎傳，三國時屬鄯善」。後無攷。

〔二〕師古曰：扜音烏。

〔三〕【補注】徐松曰：去陽關當二千七百一十里。

〔四〕【補注】徐松曰：西域置左右都尉者十九國，凡四十人。

〔五〕【補注】徐松曰：以在且末南，故遠三百里。

〔六〕師古曰：辟讀曰僻。下皆類此。【補注】徐松曰：戎盧、于闐、難兜三國，皆云南接婼羌，而此與渠勒獨言東西者，蓋小宛、渠勒二國所據之山谷近於南，其實羌包有南山，此亦當云南也。

精絶國，〔一〕王治精絶城，去長安八千八百二十里。〔二〕户四百八十，口三千三百六十，勝兵五百人。〔三〕精絶都尉、左右將、譯長各一人。北至都護治所二千七百二十三里，〔四〕南至戎

盧國四日行，地阸陿，〔五〕西通扜彌四百六十里。〔六〕

〔一〕【補注】先謙曰：後書云「出玉門經鄯善、且末至精絶」。又云「精絶爲鄯善所并，後復立」。魏志注「三國時屬鄯善」。水經圖説云當在今和闐極東大戈壁中。河水注「南河自扜彌國來東，逕精絶國北下，入且末國」。

〔二〕【補注】徐松曰：去陽關當四千三百二十里。

〔三〕【補注】徐松曰：漢紀以爲小國。

〔四〕【補注】徐松曰：河水注「南河又東逕精絶國北」。傳又言渠犂南接精絶。是精絶北境以河爲界，過河即渠犂與都護治。

〔五〕【補注】徐松曰：説文阸下云塞也，陜下云隘也，陋下云阸陜也。是漢時有此語。

〔六〕師古曰：扜音烏。【補注】徐松曰：不言東者，與且末互文見義。案龜茲云東南接且末，南接精絶。渠犂亦曰東南接且末，南接精絶。渠犂西至龜茲五百八十里，是知精絶國境東西長也。

戎盧國，〔一〕王治卑品城，去長安八千三百里。〔二〕户二百四十，口千六百一十，勝兵三百人。〔三〕東北至都護治所二千八百五十八里，東與小宛、南與婼羌、西與渠勒接，辟南不當道。〔四〕

〔一〕【補注】先謙曰：後書云「戎盧爲鄯善所并，後復立」。魏志注「三國屬于闐」。西域圖考云「在渠勒之東，今淪爲戈壁」。

〔二〕【補注】徐松曰：去陽關當三千八百里。

〔三〕【補注】徐松曰：漢紀以爲小國。傳凡無官之國十三。僻遠國小，故所不具，車師都尉及後城長不爲國，故亦無官。

〔四〕【補注】徐松曰：傳言不當道之國三，皆與婼羌相屬。

扜彌國，〔一〕王治扜彌城，去長安九千二百八十里。〔二〕户三千三百四十，口二萬四十，勝兵三千五百四十人。〔三〕輔國侯、左右將、左右都尉、左右騎君各一人，〔四〕譯長二人。東北至都護治所三千五百五十三里，南與渠勒、東北與龜茲、西北與姑墨接，〔五〕西通于闐三百九十里。〔六〕今名寧彌。〔七〕

〔一〕【補注】徐松曰：史記作「扞罙」，索隱曰「扞罙，國名也」。案扞即扜字之訛。彌、罙音同。先謙曰：後書有傳，改號拘彌。又云「出玉門經鄯善、且末、精絶三千餘里至拘彌。」又見莎車傳下。三國時屬于寘，見魏志注。晉時號拘睒彌，見釋法顯佛國記。唐稱憍賞彌，見大唐西域記。又作倶密，即拘彌之變字也，見唐書西域傳。河水注「南河自于闐國來，東北逕扜彌國北，下入精絶國」。案于闐下，南北河已合矣，此引酈注仍南北分敘，亦便尋檢左右諸國疆域。西域水道考云「于闐河合蔥嶺南北河而東流，克勒底雅河從南來注之，水出克勒底雅山北流，逕和闐屬之克勒底雅城東」。西域記云「瞿薩旦那城東南百餘里有大河，西北流」，即此河也。唐書云「于闐東三百里有建德力河，河東有建德力城，亦曰拘彌城，即寧彌故城」。今河在城東，城郭遷移，不足爲異。河北流三百里入大河。

〔二〕【補注】徐松曰：扜彌至精絶四百六十里，精絶至長安八千八百二十里，故扜彌去長安九千二百八十里也。去陽關當四千七百八十里。

〔三〕【補注】徐松曰：漢紀以爲次大國。

〔四〕【補注】徐松曰：西域置騎君者十一國，二十一人。

〔五〕師古曰：龜音丘。茲音慈。

〔六〕【補注】徐松曰：集解引徐廣曰「漢紀，拘彌去于窴三百里」。先謙曰：後書及河水注與此同。

〔七〕【補注】先謙曰：官本考證云「案此孟堅自据作史時言也」。後書「拘彌國王居寧彌城」。

渠勒國，〔一〕王治鞬都城，〔二〕去長安九千九百五十里。〔三〕户三百一十，口二千一百七十，勝兵三百人。〔四〕東北至都護治所三千八百五十二里，東與戎盧、西與婼羌、北與扜彌接。〔五〕

〔一〕【補注】先謙曰：後書云「渠勒爲于窴所統，後復立」。魏志注「三國時屬于窴」。西域圖考云今淪爲戈壁。

〔二〕師古曰：鞬音居言反。

〔三〕【補注】徐松曰：去陽關當五千四百五十里。

〔四〕【補注】徐松曰：漢紀以爲小國。

〔五〕【補注】徐松曰：不言南者，戎盧在東，于闐在西，皆南接婼羌，此南亦婼羌可知。

于闐國，〔一〕王治西城，〔二〕去長安九千六百七十里。〔三〕户三千三百，口萬九千三百，勝兵二千四百人。〔四〕輔國侯、〔五〕左右將、左右騎君、東西城長、〔六〕譯長各一人。東北至都護治所三千九百四十七里，〔七〕南與婼羌接，〔八〕北與姑墨接。〔九〕于闐之西，水皆西流，注西海；〔一〇〕

其東，水東流，注鹽澤，河原出焉。〔一一〕多玉石。〔一二〕西通皮山三百八十里。〔一三〕

〔一〕【補注】先謙曰：後漢有傳，亦見魏志注。晉、梁、後魏、周、隋、後晉、漢、宋、明紀傳皆作于闐，或作于寘。唐書西域傳「于闐或曰瞿薩旦那，亦曰渙那，曰屈丹，北狄曰于遁，諸胡曰豁旦」。今爲和闐直隸州。

〔二〕【補注】徐松曰：後魏書云「其地方亘千里，連山相次，所都城方八九里」。新唐書「其居曰西山城」。

〔三〕【補注】徐松曰：于闐去扜彌三百九十里，扜彌去長安九千二百八十里，故于闐去長安九千六百七十里也。去陽關當五千一百七十里。

〔四〕【補注】徐松曰：漢紀以爲次大國。案新唐書言勝兵四千人。蓋其時並有戎盧、扜彌、渠勒、皮山五國地，故兵强也。

〔五〕【補注】徐松曰：後書西域傳有輔國侯仁。

〔六〕【補注】徐松曰：後魏書「于闐部内有大城五」，又云「城東有大水，城西亦有大水」。然則于闐所治之西城，爲今額里齊城，其東城或玉隴哈什城歟？東西城長，蓋分治之。

〔七〕【補注】徐松曰：後魏書「東去鄯善千五百里」。

〔八〕【補注】徐松曰：後魏書「于闐在蔥嶺之北二百餘里。今之雪山婼羌，蓋在南山中也」。

〔九〕【補注】徐松曰：今南北二河皆逕和闐北界，姑墨在北河之北也。後魏書「北去龜茲千四百里」。

〔一〇〕【補注】徐松曰：西域記言「覩貨邏國南北千餘里，東西三千餘里。東扼蔥嶺，西接波剌斯南大雪山，北據鐵門，縛芻大河中境西流」。案，大雪山在于闐南山之南，又東扼蔥嶺，是覩貨邏地在蔥嶺西南，縛芻在其中境，正當蔥嶺西矣。先謙曰：河水注「西域記曰『蜺羅跂禘出阿耨達山之北西，逕于闐國』。漢書西域傳曰『于闐之西，水皆西流，注西海』。蜺羅跂禘水下入安息」。水經圖説云「蔥嶺西流之水，盤曲山中，其西北入達里岡阿鄂謨者，北流較近，與安息入海之文不合。今巴達克山南有水出雅布塔爾，西流東南合厄爾古水，又西屈東流合達里木水，皆出蔥嶺中，三水合而西流，逕科克倫回部南，又西逕哈扎爾巴什紅帽回部南，南合一水，西北流，又南合一大水，又西北逕布哈爾部落西南，又北流入騰吉斯鄂謨與北注西流之河較合。騰吉斯鄂謨周圍數千里，疑即雷翥海。蓋其時突厥西境至此，合西域傳與酈注證之，休循爲今巴達克山北境，難兜爲其南境。痕都斯坦北境爲罽賓，科克倫諸部落爲大月氏，布哈爾諸部落爲安息也」。又云「蔥嶺西流之水，南合二水，其源出和斯替恒占諸部落，皆不逕于闐。于闐西、南二面，蔥嶺環帶，亦無西流之水。蜺羅跂褅，無可指證」。

〔一一〕蘇林曰：即中國河也。【補注】先謙曰：河水注「南河自皮山國來，東與于闐河合，又東逕于闐國北。漢書西域傳曰『于闐已東，水皆東流』。南河下入扜彌國。于闐河出于闐南山仇摩置，北流，逕于闐國西，又西北流注於南河」。西域水道記云「于闐河二源，西源曰哈喇哈什河，東源曰玉隴哈什河，俱自南山出，東北流各百里」。後魏書云「于闐城東二十里有大水北流，號樹枝水，後周書作樹拔水，北史作首拔河。即黃河也。一名計式水。城西五十五里上「五」字衍，周書、北史作「城西十五里」。亦有大水，名達利水，與樹枝水會，俱北流。蓋樹枝即東源，達利爲西源矣。一過和闐額里齊城東，一過城西北，各東流二百餘里而合於額克里雅爾，回語，額克里，不正也。地形不正，且臨坎，故名。名于闐河。又東北逕卡塔里齊山之東，又東北逕塔克三克爾之東，又東北逕巴什博克巴之東，地皆沙磧，凡四百餘里，合於南河」。水經圖說云「南河，今葉爾羌河也。和闐河回語爲和闐達里雅，今葉爾羌河右合和闐河，即左與北河會，通爲塔里木河。而注敘南河合北河在合且末水之下，與今水道不合。蓋塔里木河所經皆戈壁沮洳之地，水道或有改易矣」。

〔一二〕師古曰：玉石，玉之璞也。一曰石之似玉也。【補注】先謙曰：西域水道記云「梁書西南夷傳有于闐玉河。高居誨使于闐記云『于闐河分爲三：東曰白玉河，西曰緑玉河，又西曰烏玉河』。張匡鄴行程記云『白玉河在城東三十里，緑玉河在城西二十里，烏玉河在緑玉河西七里。其源雖一，其玉隨地而變』。據斯以言，白者玉隴，緑者哈喇，烏者爲阜窪勒。軍臺東之阜窪勒河，未聞出玉，差爲異矣」。又云「唐西域記言産白玉、鷖玉。今和闐采玉皆於水，所采皆璞，顔前説是」。先謙案：官本注無「玉石」二字。

〔一三〕【補注】徐松曰：唐西域記「斫句迦國東八百餘里爲于闐」。後魏書「蒲山國在于闐南」。疑「南」爲「西」之訛。

皮山國，〔一〕王治皮山城，〔二〕去長安萬五十里。〔三〕户五百，口三千五百，勝兵五百人。〔四〕左右將、左右都尉、騎君、譯長各一人。東北至都護治所四千二百九十二里，西南至烏秅國千三百四十里，〔五〕南與天篤接，〔六〕北至姑墨千四百五十里，〔七〕西南當罽賓、烏弋山離道，〔八〕西北通莎車三百八十里。〔九〕

〔一〕【補注】先謙曰：後書云「皮山爲于闐所統，後復立」。亦見于寘德若傳下。後魏書作蒲山，屬于闐。河水注「南河自蒲犂國來，東逕皮山國北，下入于闐國」。水經圖説云「唐書地理志『于闐西南三百八十里，有皮山城』」。當在今葉爾羌之東南，和闐之西」。

〔二〕【補注】徐松曰：後魏書「蒲山國居皮城」，是皮山城亦曰皮城。先謙曰：西域圖考云「自皮山國始上葱嶺，今噶勒察回之乾竺特部東境也。宋雲言自子合始上葱嶺。今以輿圖考之，僧格喀巴部山當和闐正南，西北趨千六百餘里，發爲齊齊里克嶺、喀什塔什嶺，又西爲和什庫珠克嶺，即哈喇庫勒所發也。則于闐之西，即是大山，蓋葱嶺所該者廣，宋雲之言，指其至高者耳。自此南西諸國，皆在葱嶺中矣」。

〔三〕【補注】徐松曰：于闐去長安九千六百七十里，皮山去于闐三百八十里，故去長安一萬零五十里也。去陽關當五千五百五十里。

〔四〕【補注】徐松曰：漢紀以爲小國。

〔五〕鄭氏曰：烏秅音鷃拏。師古曰：烏音一加反。秅音直加反。急言之聲如鷃拏耳，非正音也。【補注】徐松曰：顔讀烏爲鵶，鵶與鷃雙聲字。皮山去都護四千二百九十二里，烏秅去都護四千八百九十二里，是烏秅遠於皮山僅六百里，此言兩國相去千三百四十里疑有誤。

〔六〕【補注】先謙曰：張騫傳作身毒。李奇注「一名天篤，浮屠胡」是也。後漢桓紀作天竺。杜篤傳作天督。魏志注，三國時屬大月氏。亦見晉、宋、齊、梁、陳、北魏、唐、宋紀、傳中。北天竺見梁書，西南天竺見後魏書，五天竺見唐書。又云「天竺或曰摩伽佗、曰婆羅門」。宋史亦稱東印度，明史「榜葛剌則東印度也」。西域記云「或曰賢豆，今從正音宜云印度」。皮山南即天竺，隔雪山，不通行。

〔七〕【補注】徐松曰：河水注「河水自蒲犂國東逕皮山國北，亦與姑墨以河分界也」。

〔八〕【補注】徐松曰：後魏書「蒲山國西南三里有凍淩山」。案子合云東接皮山，西接烏秅；罽賓云東至烏秅，西南接烏弋山離。是由皮山至罽賓，必先經子合與烏秅，不言者略也。

〔九〕【補注】徐松曰：子合云北接莎車。子合在皮山之西，故皮山西北通莎車。

烏秅國，〔一〕王治烏秅城，〔二〕去長安九千九百五十里。〔三〕户四百九十，口二千七百三十三，勝兵七百四十人。〔四〕東北至都護治所四千八百九十二里，北與子合、蒲犂，〔五〕西與難兜接。〔六〕山居，田石間。〔七〕有白草。〔八〕累石爲室。〔九〕民接手飲。〔一〇〕出小步馬，〔一一〕有驢無牛。其西則有縣度，〔一二〕去陽關五千八百八十八里，〔一三〕去都護治所五千二〔百〕〔十〕里。〔一四〕縣度者，石山也，〔一五〕谿谷不通，〔一六〕以繩索相引而度云。

〔一〕【補注】先謙曰：後書德若傳下云「自皮山西南經烏秅，涉懸度」。後魏爲權於摩國，見西域傳。唐爲烏篤，通典「烏篤在中天竺南，一云烏荼」，見大唐西域記。篤、荼皆秅之同音變字。皇清通考云「當今巴達克山地，在葱嶺西」。

〔二〕【補注】劉敞曰：秅當作秏。

〔三〕【補注】徐松曰：皮山之去長安已萬五十里，烏秅遠於皮山，不容去長安反近，疑有誤。

〔四〕【補注】徐松曰：漢紀以爲小國。

〔五〕【補注】徐松曰：蒲犂云南接子合。是蒲犂又在子合北。

〔六〕【補注】徐松曰：縣度亦在國西，或與難兜爲界歟。

〔七〕【補注】徐松曰：河水注作「佃于石壁間」。唐西域記「達摩悉鐵帝國在兩山間，堆埠高下，沙石流漫，寒風淒烈。雖植麥豆，少樹林，乏花果」。

〔八〕【補注】徐松曰：後書云「西夜國生白草，有毒，國人煎以爲藥，傅箭鏃，所中即死」。案此非鄯善國之白草，故別言之。

〔九〕【補注】沈欽韓曰：即今之碉房，後書西南夷傳謂之邛籠。

〔一〇〕師古曰：自高山下谿澗中飲水，故接連其手，如蝯之爲。

〔一一〕孟康曰：種小能步也。師古曰：此説非也。小，細也。細步能蹀足，即今所謂百步千跡者也，豈謂其小種乎？【補注】沈欽韓曰：孟説是也。明史西域傳「納失者罕，馬有數種，最小者高不過三尺」，蓋小步馬。師古云百步千跡者，史傳所未見。徐松曰：依顔説，今俗謂之碎走，但馬之能步驟，各有不同，豈一國所出，盡能如一？案唐西域記言「此多出善馬，馬形雖小，而耐馳涉」。則孟説不爲非也。先謙曰：官本注「細步」下，有「言其」二字。

〔一二〕師古曰：縣繩而度也。縣，古懸字耳。【補注】先謙曰：河水注引郭義恭曰「烏秅之西，有縣度之國，山谿不通，引繩而度，故國得其名也」。又云「釋法顯又言度河便到烏長國，烏長國即是北天竺，佛所到國也」。先謙案：「烏長」疑即「烏秅」，音近字異也。

〔一三〕【補注】徐松曰：陽關之與都護相去二千餘里，而此縣度去陽關都護道里差相似者，蓋縣度與陽關皆偏南，故雖遠而路徑直也。去長安當一萬三百八十八里。

〔一四〕【補注】徐松曰：據此文是烏秅城至縣度山一百二十八里。

〔一五〕【補注】沈欽韓曰：魏書「阿鉤羌國在莎車西南，西有縣度山，其間四百里中，往往有棧道，人行以繩索相持而度，因以名之」。釋法顯西域傳曰「度蔥嶺已入北天竺境，於此順嶺西南行十五日，其道艱阻，崖岸險絕，其山惟石，壁立千仞，臨之目眩，下有水名新頭河通典「越底延國理辛頭河北」。昔人有鑿石通路，施倚梯者，凡度七百梯，通典「陁羅伊羅在烏茶國北，大雪山坡上，緣梯登山，接七百梯方到其國」。度已，躡懸絙過河，河兩岸相去咸八十步，九譯所絕，漢之張騫、甘英，皆不至也」。酈道元云即罽賓之境。郭義恭曰「烏秅之西有懸度之國」。案，罽賓正是漢所往來，何云張騫未至乎？通典云「今案懸度、蔥嶺，迤邐相屬，郵置所絕，道阻且長，故行人由之，莫能分別」。然法顯、宋雲所經，即懸度山也。徐松曰：石山，通典引作名山，云在渴槃陀國南四百里。

〔一六〕【補注】徐松曰：「谿谷」御覽引作「谷磎」。

西夜國，王號子合王，〔一〕治呼犍谷，〔二〕去長安萬二百五十里。〔三〕户三百五十，口四千，勝兵千人。〔四〕東北到都護治所五千四十六里，東與皮山、〔五〕西南與烏秅、北與莎車、〔六〕西與蒲犂接。〔七〕蒲犂反依耐、無雷國〔八〕皆西夜類也。〔九〕西夜與胡異，〔一〇〕其種類羌氐行國，〔一一〕隨畜逐水草往來。而子合土地出玉石。〔一二〕

〔一〕【補注】先謙曰：後書西夜有傳，云「一名漂沙。漢書中誤云西夜、子合是一國，今各自有王」。亦見莎車傳下。徐松云：「考傳文依耐、無雷、烏秅言子合不言西夜，莎車言西夜不言子合，此傳亦明言西夜與胡異，復別言子合出玉石，截然爲二國。惟蒲犂下兼言西夜、子合，而河水注所引仍無『西夜』二字，且漢書之例，固有連言二國者，如烏弋山離云與黎軒、條支接，尉犂、山國云與鄯善、且末接，豈以文義相屬，遂指爲一國乎？此傳所言地理，證以他書，皆是子合之事，蓋漢書『西夜國王號子』下，有戶口兵數及四至之文，傳本奪爛，因以『號子』與『子合』牽連爲一，范氏之論，爲不察矣。後魏書云『其王號子，治呼犍』，是號子者，其王之稱。徐氏管城碩記云『西夜國王號』爲句，『子合王治呼犍谷』爲句，是猶未考後魏書也。」周壽昌云：「兩國雖共壤，實一行國，一土著，班並未誤爲一國，范偶未審耳。本書各國俱未稱王名，何獨西夜有號子之稱？後魏書云『悉居半國，故西夜國也，一名子合，其王號子，治呼犍谷』。是西夜子合已併一國，號子或當魏時國王之名，相去數百年，不得引此作證。」先謙案：後書又云「自于寘經皮山至西夜、子合、德若」。魏志注「三國時，西夜屬疏勒」。子合見佛國記。後魏、唐時爲朱居槃，亦爲朱俱波，並見西域傳，併有西夜、蒲犂、依耐、德若四國地。西域圖考云「西夜在皮山西，今乾竺特之西境。宋雲往天竺由皮山取道於此。子合在西夜西，德若又在其西。今噶勒察回之博洛爾部南境」。

〔二〕師古曰：犍音鉅言反。【補注】徐松曰：後書「犍」作「鞬」。佛國記「子合南行四日，入蔥嶺山」。新唐書「子合在蔥嶺北三百里」。是呼犍爲蔥嶺中谷名。

〔三〕【補注】徐松曰：去陽關當五千七百五十里。

〔四〕【補注】徐松曰：漢紀以爲小國。

〔五〕【補注】徐松曰：佛國記「法顯自于闐行二十五日到子合國」。蓋于闐西通皮山，由皮山以達子合。

〔六〕【補注】徐松曰：後魏書「渠沙國居故莎車城，在子合西北」。

〔七〕【補注】徐松曰：蒲犂言南接子合，則此爲西北也。

〔八〕師古曰：耐音奴代反。【補注】錢大昭曰：「反」當作「及」，閩本不誤。先謙曰：官本「反」作「及」。
〔九〕【補注】徐松曰：五國同類，故壤相接。
〔一〇〕【補注】徐松曰：臣瓚武紀注「渠犂，西域胡國名」。是漢時名西域爲胡，故後書梁冀傳、馬援傳皆稱西域賈胡，説文謂之西胡，段氏云説文西胡凡三見，言西胡以別匈奴之北胡。
〔一一〕師古曰：言不土著也。【補注】徐松曰：商頌箋「氐羌，夷狄國在西方者」。蓋羌與氐爲一。
〔一二〕【補注】徐松曰：特言之，以別西夜。

蒲犂國，〔一〕王治蒲犂谷，〔二〕去長安九千五百五十里。〔三〕户六百五十，口五千，勝兵二千人。〔四〕東北至都護治所五千三百九十六里，〔五〕東至莎車五百四十里，〔六〕北至疏勒五百五十里，〔七〕南與西夜、子合接，〔八〕西至無雷五百四十里。〔九〕侯、都尉各一人。寄田莎車。〔一〇〕種俗與子合同。〔一一〕

〔一〕【補注】先謙曰：後書云「莎車國西經蒲犂」，漢後無考。河水注「南河自依耐國來，東逕蒲犂國北，下入皮山國」。水經圖説云「在今英吉沙爾、葉爾羌之閒，分流之水，當自此東流，至葉爾羌合葉爾羌河」。
〔二〕【補注】徐松曰：蓋亦葱嶺谷。先謙曰：西域圖考云在今乾竺特部北境。
〔三〕【補注】徐松曰：去陽關當五千五十里。
〔四〕【補注】徐松曰：漢紀以爲小國。
〔五〕【補注】徐松曰：蒲犂由莎車至都護治當作二千三百一十二里。

〔六〕【補注】徐松曰：子合云西接蒲犂，北接莎車。此云東至莎車，蓋東北也。「五」當作「七」。

〔七〕【補注】徐松曰：疏勒在莎車北，蒲犂在莎車西，故得北至疏勒。

〔八〕【補注】徐松曰：河水注引，無「西夜」二字。

〔九〕【補注】徐松曰：蒲犂在無雷東北。「西」下當奪「南」字。

〔一〇〕【補注】徐松曰：蓋越依耐以耕。

〔一一〕【補注】徐松曰：上言蒲犂類西夜，此言種俗同子合，互文見義。

依耐國，〔一〕王治〔二〕去長安萬一百五十里。〔三〕户一百二十五，口六百七十，勝兵三百五十人。〔四〕東北至都護治所二千七百三十里，〔五〕至莎車五百四十里，〔六〕至無雷五百四十里，〔七〕北至疏勒六百五十里，〔八〕南與子合接，俗相與同。〔九〕少穀，寄田疏勒、莎車。〔一〇〕

〔一〕【補注】先謙曰：魏志注「三國時屬疏勒」。今爲英吉沙爾直隸廳。河水注「南河自無雷國來，東流逕依耐國北，下入蒲犂國」。水經圖説云「當在今英吉沙爾南界中」。西域圖考云「今薄洛爾北境，西夜、子合、蒲犂、依耐，唐爲朱俱波國」。

〔二〕【補注】王念孫曰：案上文皆言某國王治某城，此下不言某城者，闕文。

〔三〕【補注】徐松曰：去陽關當五千六百五十里。

〔四〕【補注】徐松曰：漢紀以爲小國。

〔五〕【補注】徐松曰：依耐由蒲犂至都護治當作二千五百餘里。

〔六〕【補注】徐松曰：依耐北接疏勒，莎車西接疏勒，是莎車在依耐東北，故蒙上爲文。

〔七〕【補注】徐松曰：依耐南接子合，子合西南接烏秅，西接難兜，難兜西至無雷。是無雷在依耐西南，傳文奪之，無雷距蒲犂五百四十里，依耐在二國適中，里數疑有誤。

〔八〕【補注】徐松曰：河水注「河水自無雷東流，逕依耐國北」。是與疏勒以河爲界。

〔九〕師古曰：與子合同風俗也。

〔一〇〕【補注】徐松曰：東北二境與二國接壤，故得寄田。

無雷國，〔一〕王治盧城，〔二〕去長安九千九百五十里。〔三〕户千，口七千，勝兵三千人。〔四〕東北至都護治所二千四百六十五里，〔五〕南至蒲犂五百四十里，〔六〕南與烏秅、〔七〕北與捐毒、西與大月氏接。〔八〕衣服類烏孫，俗與子合同。〔九〕

〔一〕【補注】先謙曰：後書云「莎車國西經蒲犂至無雷」。漢後無考。河水注「河水自葱嶺分源，以上見捐毒國下。東逕迦舍羅國，逕岐沙谷，出谷分爲二水，一水東流逕無雷國北，是爲南河，下入依耐國」。水經圖説云「迦舍羅國當在今喀什噶爾極西葱嶺中，大唐西域記稱噶盤陀國大厓，東北至奔攘舍羅，當即迦舍羅矣。無雷當今西布魯特部落之南，博羅爾部落之北，喀什噶爾西邊地。分流之水當即傍山東南流逕其北也」。西域圖考云「國在依耐西，今噶勒察回之八達克山東北境也，葱嶺之脊，其南爲唐喝盤陀國」。西域水道考云「葉爾羌河二源，西源出喀楚特城南大山，東北流逕塞勒庫勒莊，齊齊克里克嶺水注之，又東爲托里布隆河，又東南流，折而東北，又折而西北，凡數百里，逕密爾岱山北，即玉山也。河水又折而東北，流逕英額齊盤山，爲澤勒普善河，又東北流逕葉爾羌城南，又東北渟爲洗泊水草之交，是爲黑水，回人稱曰喀喇烏蘇，又東北與東源會。東源出庫克雅爾山，在和闐西，與其南山厲水北流至沙圖城北，分爲二，行百八十里復合，東行百里爲聽雜阿布河。唐書『于闐西五十里有葦關，又西經瀚海，西北渡緊館河』，或即聽雜阿布歟？河水又東北爲哈爾噶里克河，又東北爲沁達勒河，又東北至葉爾羌城東二百里之莫克里特莊西，與西源會，是爲蔥嶺南河」。

〔二〕【補注】王念孫曰：此本作無雷國王治無雷城，猶之且末國王治且末城，精絕國王治精絕城也。隸書「盧」字作「⿱雨皿」，其上半與「雷」相似，故「雷」譌作「盧」，周官「職方氏其浸盧維」，鄭注「盧維」當爲「雷雍」，字之誤也。又脱「無」字耳。御覽四夷部十八引此正作無雷城。周壽昌曰：河水注「一水東流，逕無雷國北治盧城」。與此書合，與其遷就其説以從御覽，何如徑據水經注之爲愈也。

〔三〕【補注】徐松曰：去陽關當五千四百五十里。

〔四〕【補注】徐松曰：漢紀以爲小國。

〔五〕【補注】徐松曰：無雷由依耐、蒲犂至都護治當作二千八百五十二里。

〔六〕【補注】徐松曰：無雷之東爲難兜，難兜之東爲烏秅，烏秅之北爲蒲犂，在無雷東北，當蒙上東北爲文，「南」字衍也。

〔七〕【補注】徐松曰：烏秅境蓋與婼羌犬牙相錯，故得越難兜而接無雷。

〔八〕師古曰：捐毒即身毒、天篤也，本皆一名，語有輕重耳。【補注】齊召南曰：案天篤即天竺也。下文罽賓傳曰「塞種分散，往往爲數國」。師古曰「塞種即所謂釋種者也」，蓋即浮屠氏國，其種分散遍於諸國，故又云「自疏勒以西北，休循、捐毒之屬，皆故塞種」。後書傳之天竺，即此傳之捐毒，而後世又曰印度國也。徐松曰：捐毒在蔥嶺東，爲今布魯特地。身毒在南山南，爲五印度地。二國絕遠，顔比而同之，斯爲誤矣。水經注亦誤以身毒爲捐毒。

〔九〕【補注】徐松曰：不言寄田者，去莎車、疏勒遠。

難兜國，〔一〕王治〔二〕去長安萬一百五十里。〔三〕户五千，口三萬一千，勝兵八千人。〔四〕東北至都護治所二千八百五十里，西至無雷三百四十里，〔五〕西南至罽賓三百三十里，〔六〕南與婼羌、〔七〕北與休循、〔八〕西與大月氏接。〔九〕種五穀、蒲陶諸果。有銀銅鐵，作兵與諸國同，屬罽賓。〔一〇〕

〔一〕【補注】先謙曰：後漢以下不見於史。河水注「西河自休循國來，西逕難兜國北，下入罽賓國」。西域圖考云「國在蔥嶺西，再西出蔥嶺，則大月氏界也。今巴達克山部西境」。

〔二〕【補注】王念孫曰：不言治某城，闕文。王先慎曰：御覽四夷部引有「難兜城」三字。

〔三〕【補注】徐松曰：去陽關當五千六百五十里。

〔四〕【補注】徐松曰：漢紀以爲次大國。

〔五〕【補注】先謙曰：難兜國境不與無雷接。董祐誠以爲此傳「無雷」誤字也。

〔六〕【補注】先謙曰：河水注「三十」作「四十」。

〔七〕【補注】劉奉世曰：案婼羌小國，最近陽關，去長安六千里耳，在都護之東。而此渠勒、于闐、難兜之類，去長安且萬里，東北行數千里乃至都護，安得與婼羌相接？必誤。徐松曰：通典云「敦煌西域之南山中，從婼羌西至蔥嶺數千里，有月氏餘種，曰蔥茈羌、白馬羌、黃牛羌，各有酋豪，北與諸國接，皆不知其道里廣狹」。蓋同爲羌種，故傳以婼羌目之，劉氏以爲誤，非也。先謙曰：西域圖考云「婼羌西與且末接，而小宛、戎盧、渠勒、于闐、難兜皆南接婼羌，此不可解」。十三州志云「婼羌國帶南山，西有蔥嶺，餘種或虜或羌，户口甚多，强則分種爲豪酋，更相鈔暴，是知沿山布谷，種類實繁，其附近陽關，止去胡來王一種，國無治所，又不列傳，諸傳亦未指明」。後書西羌傳亦云「濱于賜支，至于河首，綿地千里，南接蜀、漢」。但似未至難兜耳。

〔八〕【補注】徐松曰：河水注言河水自休循又經難兜國北，是休循在難兜東北。

〔九〕【補注】徐松曰：難兜西至無雷，而二國皆西接大月氏，是無雷之北有大月氏境。

〔一〇〕【補注】徐松曰：唐西域記「烏剌尸國、半笯蹉國、曷邏闍補羅國無大君長，皆役屬迦濕彌羅國」。王先慎曰御覽引「銀」上有「金」字。

罽賓國，〔一〕王治循鮮城，〔二〕去長安萬二千二百里。〔三〕不屬都護。戶口勝兵多，〔四〕大國也。〔五〕東北至都護治所六千八百四十里，東至烏秅國二千二百五十里，〔六〕東北至難兜國九日行，〔七〕西北與大月氏、〔八〕西南與烏弋山離接。〔九〕

〔一〕【補注】先謙曰：後書德若傳下云「自皮山西南經烏秅，涉懸度，歷罽賓」。魏志注「三國時，屬大月氏」。後魏、唐仍爲罽賓。隋爲漕國。明爲撒馬兒罕。又唐書箇失密傳「箇失密或曰迦釋彌邏」。西域記「迦濕彌邏國舊曰罽賓，或當時分爲二國」。西域圖考云「今爲阿富汗地」。朱一新云：「明史以賽馬爾堪爲罽賓，非也。賽馬爾堪在敖罕，今爲布哈爾所并。漢時屬大宛，非罽賓。」徐松云：「舊唐書作在葱嶺南。當以南爲是。」河水注「西河自難兜國來，西逕罽賓國北，下入月氏國」。

〔二〕【補注】徐松曰：後魏書「都善見城」，隋書「都城方四里」。「循鮮」，御覽引作「脩鮮」。先謙曰：唐書罽賓傳「顯慶三年，以其地爲脩鮮都督府」。册府元龜亦云「中宗神龍元年，拜罽賓王脩鮮等十一州諸軍事脩鮮都督」。則作「脩鮮」者是，脩、循以形近誤也。

〔三〕【補注】徐松曰：去陽關當七千七百里。

〔四〕【補注】徐松曰：隋書「勝兵者萬餘人」。

〔五〕【補注】徐松曰：唐西域記「迦濕彌羅國周七千餘里，自古鄰敵，無能攻伐」。

〔六〕【補注】徐松曰：烏秅在難兜東，難兜言東北，而烏秅反言東者，無雷言南接烏秅，蓋難兜之南有烏秅地，正在罽賓東境。

〔七〕【補注】先謙曰：上文云難兜至罽賓三百三十里，則不須九日行，「九」字蓋誤。

〔八〕【補注】徐松曰：與大月氏中隔雪山。

〔九〕【補注】徐松曰：後魏書「罽賓居在四山中，其地東西八百里，南北三百里」。

昔匈奴破大月氏，大月氏西君大夏，而塞王南君罽賓。〔一〕塞種分散，往往爲數國。〔二〕自疏勒以西北，休循、捐毒之屬，皆故塞種也。

〔一〕師古曰：君謂爲之君也。塞音先得反。【補注】徐松曰：塞王，大夏之王也。案史記大夏在大宛西南二千餘里，則罽賓在東，不專於南。

〔二〕師古曰：即所謂釋種者也，亦語有輕重耳。【補注】徐松曰：張騫傳注「塞，西域國名，即佛經所謂釋種者，塞、釋聲相近，本一姓」。案梁荀濟論佛教表言「漢書西域傳塞種，本允姓之戎，世居敦煌，爲月氏迫逐，遂往葱嶺南奔」。又謂「懸度、賢豆、身毒、天毒，仍訛轉以塞種爲釋種」。説與顔別。然考牟子書言「孝明時，夜夢神人，身有日光，明日博問羣臣，通人傅毅對曰『臣聞天竺有道者號曰佛，輕舉能飛身，有日光，殆將其神也』。於是遣羽林將軍秦景、博士弟子王遵等十二人之大月氏國，寫取佛經四十二部，在蘭臺石室」。是釋氏之法實出於大月氏，大月氏國即塞王故地也。元和姓纂亦云「塞姓，天竺胡人之釋後，即釋種也」。

罽賓地平，温和，有目宿，〔一〕雜草奇木，〔二〕檀、櫰、梓、竹、漆。〔三〕種五穀、蒲陶諸果，糞治園田。地下溼，〔四〕生稻，〔五〕冬食生菜。〔六〕其民巧，雕文刻鏤，〔七〕治宮室，〔八〕織罽，〔九〕刺文繡，好治食。〔一〇〕有金銀銅錫，以爲器。市列。〔一一〕以金銀爲錢，文爲騎馬，幕爲人面。〔一二〕出封牛、水牛、象、大狗、沐猴、孔爵、〔一三〕珠璣、珊瑚、虎魄、璧流離。〔一四〕它畜與諸國同。

〔一〕【補注】徐松曰：史記大宛傳「馬嗜苜蓿，漢使取其實來」。案今中國有之，惟西域紫花爲異。

〔二〕【補注】徐松曰：隋書「漕國出安息、青木等香，石蜜，半蜜，黑鹽，阿魏，〔没〕藥，白附子」。一切經音義云鬱金出罽賓國。

〔三〕師古曰：櫰音懷。即槐之類也，葉大而黑也。【補注】徐松曰：顔以雅訓爲説。案廣韻櫰下引山海經云「中曲山有木如棠，而圓葉，赤實如木瓜，食之多力」。則櫰别是一木。惟玉篇云「櫰，槐别名」。後魏書載此文即作「櫰槐」，是顔所本。

〔四〕【補注】徐松曰：都城西臨信度大河，故下溼。

〔五〕【補注】徐松曰：食貨志注「五穀謂黍、稷、麻、麥、豆」。是五穀不數稻，故别言之。王文彬曰：稻宜下溼，故别言之，後烏弋山離亦云暑溼田稻，而於五穀仍特别之。

〔六〕【補注】徐松曰：舊唐書「其地暑溼，草木凌寒不死」。

〔七〕【補注】徐松曰：罽賓，今痕都斯坦，其地鏤玉有鬼工。

〔八〕【補注】徐松曰：隋書「葱嶺山有順天神者，儀制極華，金銀鍱爲屋，以銀爲地，亦治宮室之事」。

〔九〕【補注】徐松曰：一切經音義引字林「罽之方文者曰㲣」。又引通俗文「織文曰罽，邪交曰㲣」。案説文「罽，魚网也。𦇧，西胡毳布也」。則「罽」當作「𦇧」。廣韻亦云「𦇧，氈類。織毛爲之」。

〔一〇〕【補注】王念孫曰：案治食二字，義無所取。通典邊防八「治」作「理」，避高宗諱也。則唐本漢書已誤作「治」。漢紀作「好酒食」，是也。下文「大宛俗耆酒」，義與此同。今本「酒」作「治」者，涉上文「治園田」、「治宮室」而誤。

〔一一〕師古曰：市有列肆，亦如中國也。【補注】王念孫曰：通典同。案「市列」上脱「有」字，則文不成義。漢紀作「有市肆」。肆，即列也。徐松曰：河水注「罽賓土地和平，無所不有，金銀珍寶，異畜奇物，踰於中夏大國也」。

〔一二〕張晏曰：錢文面作騎馬形，漫面作人面目也。如淳曰：幕音漫。師古曰：幕即漫耳，無勞借音。今所呼幕皮者，亦謂其平而無文也。【補注】徐松曰：通雅云「錢面、錢幕，幕謂背也」，故扁鵲傳爪幕謂按背穴。王先慎曰：今西洋銀錢，猶沿其製。

〔一三〕師古曰：封牛，項上隆起者也。郭義恭廣志云「罽賓大狗大如驢，赤色，數里摇鞉以呼之。沐猴即獮猴也」。【補注】錢大昭曰：爾雅「犦牛」，郭注「即犎牛也。領上肉犦胅起，高二尺許，狀如橐駞肉窐一邊。健行者日三百餘里，今交州合浦徐聞縣出此牛」。徐松曰：後書西域傳「封牛」。一切經音義引作「犎」，又云周成難字作「犎」，音妃封反。今有此牛，形小，膞上有犎。王氏廣雅疏證云「彌猴聲轉爲母猴，説文曰爲母猴也，又轉爲沐猴」。御覽引魏文帝與朝臣詔曰「前于闐王所上孔雀，尾萬枝，文采五色」。罽賓近于闐，故亦有之，今回疆有孔雀。

〔一四〕孟康曰：流離青色如玉。師古曰：魏略云「大秦國出赤、白、黑、黄、青、緑、縹、紺、紅、紫十種流離」。孟言青色，不博通也。此蓋自然之物，采澤光潤，踰於衆玉，其色不恒。今俗所用，皆銷冶石汁，加以衆藥，灌而爲之，尤虚脆不貞，實非真物。【補注】沈欽韓曰：後魏書「大月氏國人商販京師，自云能鑄石爲五色瑠璃，於是採礦山中，於京師鑄之，既成，光澤乃美於西方來者。乃詔爲行殿，容百餘人，光色映徹，觀者見之，莫不驚駭，以爲神明所作」。然大月氏既曉鑄作之法，則知本非自然之物。徐松曰：説文「璣，珠之不圓者」。一切經音義引字林「璣，小珠也」。廣雅「虎魄，生地中，其上及旁不生草，深者八九尺，大如斛，削去皮成虎魄如斗，初時如桃膠，凝堅乃成璧流離」。梵書作「吠瑠璃」。一切經音義「舊言鞞稠利夜，亦言鞞頭梨，或云毗瑠璃，亦作鞞瑠璃，皆梵音訛轉，從山爲名。鞞頭梨山出此寶，青色，一切寶皆不可壞，亦非烟焰所能鎔鑄，唯有鬼神有道力者，能破之爲物。或云金翅鳥卵殼」。説文云，珋璧，珋石之有光者也。段氏謂璧珋即此傳之璧流離。漢武梁祠堂畫及吴國山碑皆有璧流離。

今本漢書注脱「璧」字，讀者誤以璧與流離爲二物矣。璧與吠音相近。又案元應所説孟言青色，蓋有據也。先謙曰：官本注「洽」作「治」。疑是治字。

自武帝始通罽賓，自以絶遠，漢兵不能至，其王烏頭勞數剽殺漢使。〔一〕烏頭勞死，子代立，遣使奉獻。漢使關都尉文忠送其使。〔二〕王復欲害忠，忠覺之，乃與容屈王子陰末赴〔三〕共合謀，攻罽賓，殺其王，〔四〕立陰末赴爲罽賓王，授印綬。〔五〕後軍候趙德使罽賓，與陰末赴相失，〔六〕陰末赴鎖琅當德，〔七〕殺副已下七十餘人，遣使者上書謝。孝元帝以絶域不録，放其使者於縣度，〔八〕絶而不通。

〔一〕師古曰：剽，劫也，音頻妙反。【補注】徐松曰：據隋書其王姓昭武。唐西域記云土俗輕僄。

〔二〕【補注】先謙曰：百官表「關都尉，武帝初置」。

〔三〕【補注】徐松曰：容屈王，蓋其國小王，如康居五王。

〔四〕【補注】徐松曰：所殺者烏頭勞之子。通鑑注以爲殺烏頭勞，非是。

〔五〕【補注】徐松曰：蓋外國王惟漢立者，有印綬。

〔六〕師古曰：相失意也。

〔七〕師古曰：琅當，長鎖也，若今之禁繫人鎖矣。琅音郎。【補注】王念孫曰：案「琅當」上本無「鎖」字，乃後人誤取注文加之也。古者以鐵連環係罪人，謂之琅當。説文作「鋃鐺」，云瑣也。瑣，古鎖字。琅當德，即鎖德也。故師古云「琅當，長鎖也」。不得又於「琅當」上加「鎖」字。

〔八〕【補注】徐松曰：縣度在烏秅國西百二十餘里，罽賓東至烏秅二千二百五十里，則縣度在罽賓東北境二千一百餘里。

成帝時，復遣使獻，謝罪，漢欲遣使者報送其使，〔一〕杜欽説大將軍王鳳〔二〕曰：「前罽賓王陰末赴本漢所立，後卒畔逆。〔三〕夫德莫大於有國子民，罪莫大於執殺使者，所以不報恩，不懼誅者，自知絶遠，兵不至也。有求則卑辭，無欲則嬌嫚，〔四〕終不可懷服。凡中國所以爲通厚蠻夷，〔五〕懕快其求者，爲壤比而爲寇也。〔六〕今縣度之阸，非罽賓所能越也。〔七〕其鄉慕，不足以安西域；〔八〕雖不附，不能危城郭。〔九〕前親逆節，〔一〇〕惡暴西域，〔一一〕故絶而不通；今悔過來，〔一二〕而無親屬貴人，奉獻者皆行賈賤人，〔一三〕欲通貨市買，以獻爲名，故煩使者送至縣度，恐失實見欺。〔一四〕凡遣使送客者，欲爲防護寇害也。起皮山南，更不屬漢之國四五，〔一五〕斥候士百餘人，五分夜擊刀斗自守，〔一六〕尚時爲所侵盜。驢畜負糧，須諸國稟食，得以自贍。〔一七〕國或貧小不能食，〔一八〕或桀黠不肯給，〔一九〕擁彊漢之節，餒山谷之間，〔二〇〕乞匄無所得，〔二一〕離一二旬則人畜棄捐曠野而不反。〔二二〕又歷大頭痛、小頭痛之山，〔二三〕赤土、身熱之阪，令人身熱無色，頭痛嘔吐，驢畜盡然。〔二四〕又有三池、〔二五〕盤石阪，〔二六〕道陿者尺六七寸，長者徑三十里。〔二七〕臨峥嶸不測之深，〔二八〕行者騎步相持，繩索相引，二千餘里乃到縣度。〔二九〕畜隊，未半阬谷盡靡碎；〔三〇〕人墮，執不得相收視。〔三一〕險阻危害，不可勝言。聖王分九州，制五服，〔三二〕務盛内，不求外。今遣使者承至尊之命，送蠻夷之賈，勞吏士之衆，涉危難之路，罷弊所恃以事無用，〔三三〕非久長計也。〔三四〕使者業已受節，可至皮山而還。」〔三五〕於是鳳白從欽言。罽賓實利賞賜賈市，其使數年而壹至云。

〔一〕【補注】徐松曰：通鑑繫此事於河平四年。

〔二〕【補注】徐松曰：欽傳「徵詣大將軍莫府，國家政謀，鳳常與欽慮之」。

〔三〕師古曰：卒，終也。

〔四〕【補注】先謙曰：嬌，驕之借字。

〔五〕【補注】王念孫曰：「爲」字涉下爲字而衍。徐松曰：通考引無「以」字。

〔六〕師古曰：比，近也，爲其土壤接近能爲寇也。㥦音苦頰反。比音頻寐反。【補注】徐松曰：通考引「求」作「欲」。俗本「寇」下有「也」字。

〔七〕【補注】徐松曰：唐西域記「烏剌尸國東南，登山履險度鐵橋，行千餘里，至迦濕彌羅國」。即罽賓也。

〔八〕師古曰：鄉讀曰嚮。

〔九〕師古曰：城郭，總謂西域諸國也。【補注】徐松曰：陳湯傳注謂西域國爲城郭者，言不隨畜牧遷徙，以別於匈奴也。

〔一〇〕【補注】徐松曰：謂親爲逆節。

〔一一〕師古曰：暴謂章露也。

〔一二〕【補注】王念孫曰：「悔過來」本作「悔過來順」，「順」字與上文逆字相應，而今本脱之，則語意不完。通鑑漢紀二十三已與今本同，後漢書西域傳注引此正作「悔過來順」。

〔一三〕【補注】徐松曰：所謂西域賈胡。

〔一四〕【補注】徐松曰：非奉獻之實。

〔一五〕師古曰：言經歷不屬漢者凡四五國也。更音工衡反。【補注】徐松曰：皮山南即天篤印度境，時不屬漢。

〔一六〕師古曰：夜有五更，故分而持之也。刀斗，解在李廣傳。【補注】徐松曰：五更之義，顏氏家訓云「假令正月建寅，斗柄夕則指寅，曉則指午。自寅至午，凡歷五辰，冬夏之月，雖復長短參差，然長閒遼濶，盈不過六，縮不至四，進退常在五者之閒。更，歷也，經也。故曰五更」。李廣傳注「孟康曰刁斗，以銅作鐎，受一斗，晝炊飯食，夜擊持行，故名曰刁斗」。蘇林曰形如銷，無緣。師古曰溫器也。銷即銚，今俗或呼銅銚。先謙曰：官本注「刀」並作「刁」。

〔一七〕師古曰：稟，給也。贍，足也。食讀曰飤。次下並同。【補注】先謙曰：官本「次」作「以」。

〔一八〕【補注】徐松曰：言不能供億。

〔一九〕【補注】徐松曰：如李廣利傳所謂當道小國，各堅城守，不肯給食也。

〔二〇〕師古曰：餧，飢也，音能賄反。

〔二一〕師古曰：匄亦乞也，音工大反。【補注】徐松曰：乞有汔音，與匄轉注。

〔二二〕師古曰：離亦歷也。曠，空也。

〔二三〕【補注】沈欽韓曰：通典「山在渴槃陀國西南」。宋膺異物志云「山皆在渠搜之東，疏勒之西，夏不可行，行則致死。惟冬乃可行，尚嘔吐，山有毒藥，氣之所爲也」。唐書「喝槃陀都城（員）〔負〕徒多河西南，即頭痛山」。

〔二四〕師古曰：嘔音一口反。【補注】徐松曰：謂驢畜皆病。

〔二五〕【補注】徐松曰：北史「波知國有三池，傳曰大者有龍王，次者有龍婦，小者有龍子。行人經之，設祭乃得過，不祭多值風雪之困」。

〔二六〕【補注】徐松曰：西域記「呾叉始羅國東南行二百餘里，度大石門」。

〔二七〕【補注】徐松曰：唐西域記「四境負山，山極峭峻，雖有門徑，而復隘狹」。

〔二八〕師古曰：崢嶸，深險之貌。崢音仕耕反。嶸音宏。【補注】徐松曰：後魏書「其閒四百里中，往往有棧道，下臨不測之淵」。周壽昌曰：據顔注「崢嶸，深險之貌」，則下文不得復云深也，深本淵字，唐人避諱改之。後魏書作「不測之淵」，可證。

〔二九〕【補注】徐松曰：佛國記云「順蔥嶺西南行十五日，其道艱阻，崖岸險絶，其山惟石，壁立千仞，臨之目眩，欲進則投足無所，下有水名新頭河，昔人有鑿石通路，施旁梯者，凡度七百，度梯已，躡懸絙過河，河兩岸相去，減八十步」。先謙曰：河水注云「罽賓之境，有盤石之隥，道狹尺餘，行者騎步相持，絙橋相引，二十許里方到懸度」。即本漢書。官本考證云「千」字誤，當以「十」爲正。

〔三〇〕師古曰：墜亦墮也。靡，散也。隊音直類反。靡音縻。【補注】徐松曰：極言阬谷之深。先謙曰：注「墜」當作「隊」。

〔三一〕【補注】徐松曰：言彼此不得救援。

〔三二〕師古曰：九州：冀、兖、豫、青、徐、荆、楊、梁、雍也。五服：侯、甸、綏、要、荒。【補注】徐松曰：通鑑胡注引顔注而益之曰，此言禹迹也。周職方九州有幽、并，無徐梁。又分爲九服。

〔三三〕師古曰：罷讀曰疲。所恃，謂中國之人也。無用，謂遠方蠻夷之國。

〔三四〕【補注】徐松曰：通考引作「之計」。

〔三五〕師古曰：言已立計遣之，不能即止，可至皮山也。【補注】徐松曰：注「遣」一作「道」。通鑑注引及汪校皆作「遣之」。先謙曰：官本作「道」。

烏弋山離國，王〔一〕去長安萬二千二百里。〔二〕不屬都護。户口勝兵，〔三〕大國也。東北至都護治所六十日行，東與罽賓、〔四〕北與撲挑、西與犂靬、條支接。〔五〕

〔一〕【補注】先謙曰：陳湯傳作山離烏弋。後書德若傳下云「烏弋山離國，地方數千里，時改名排持」。西域圖考云「在今波斯國南境給爾滿、句。法爾斯、句。古爾斯丹、句。刺郡四部地」。

〔二〕【補注】徐松曰：去陽關七千七百里。陳湯傳服虔注「山離烏弋不在三十六國中，去中國二萬里」。

〔三〕【補注】先謙曰：「户口勝兵」語意不完，以上罽賓例之，兵下有「多」字而脱之也。

〔四〕【補注】徐松曰：罽賓言西南與烏弋山離接，蓋互文見義。先謙曰：後書「自皮山西南經烏秅，涉懸度，歷罽賓，六十餘日，行至烏弋山離國」。

〔五〕師古曰：撲音布木反。犂讀與驪同。靬音鉅連反，又鉅言反。【補注】宋祁曰：景本「挑」作「桃」。徐松曰：顔注「布木」當作「普木」，或「撲」爲「樸」之訛。後書「大月氏滅濮達、罽賓，悉有其地」。案，達有唐割反之音，與桃雙聲，「濮達」疑即「撲桃」。沈欽韓曰：通典「撲挑」作「樸桃」，傳中無撲挑國，疑「桃槐」之誤。先謙曰：犂靬，張騫傳作犛靬，後書作犂鞬。西域圖考云「犂靬，即後書之大秦，兼有今歐羅巴一洲之地，國都羅馬。拓地直至土耳其東境，與安息鄰。後書云『從安息陸路，繞海北行，出海西，至大秦，十里一亭，三十里一置』。又云『有飛橋數百里，可渡海北諸國』。其繞黑海之南，出海及渡海，即渡他大尼里峽，由黑海通地中海處，闊僅數里者也，過峽爲土耳其西土，則入歐羅巴洲境矣。犂靬爲蔥嶺極西之國」。

行可百餘日，乃至條支。〔一〕國臨西海，〔二〕暑溼，田稻。〔三〕有大鳥，卵如甕。〔四〕人衆甚多，〔五〕往往有小君長，安息役屬之，以爲外國。〔六〕善眩。〔七〕安息長老傳聞條支有弱水、西王母，亦未嘗見也。〔八〕自條支乘水西行，可百餘日，近日所入云。〔九〕

〔一〕【補注】先謙曰：後書「烏弋山離國復西南馬行百餘日，至條支」。案魏後無條支之名，梁書始見波斯。後魏波斯傳云「波斯國都宿利城，在忸密西古條支國也」。隋書「波斯國都達曷水之西蘇藺城，即條支之故地也」。

〔二〕【補注】先謙曰：後書條支傳云「國城在山上，周回四十餘里，臨西海，海水曲環其南及東北，唯西北得通陸道」。又云「班超遣甘英使大秦，抵條支，臨大海欲渡，而安息西界船人謂英曰『海水廣大，往來者逢善風三月乃得渡，若遇遲風，亦有二歲者，故入海人，皆齎三歲糧，海中善使人思土戀慕，數有死亡者』。英聞之乃止」。隋書云「條支國去西海數百里」。西域圖考云「條支在今俄羅斯極南之擣里達部地。西海，黑海也。蓋其國當時兼得俄羅斯高加薩五部地，東界裏海，南通安息。甘英使大秦，由安息抵條支，臨黑海東岸，故安息人得沮之。漢時大秦國都在意大里亞之羅馬，拓土而東，與安息鄰，經其國行程及萬里，故由海往。徐繼畬以天方當之，不知海水之環，指城而言，天方闢境數千，何止四十，且西北所通，亦非一隅，其臨海句，不能解，良由未審地形也。條支爲葱嶺極西北之國」。

〔三〕【補注】徐松曰：後魏書云「氣候暑熱，地多沙磧，引溉灌其五穀，惟無稻及黍稷，是與漢時異」。王先慎曰：御覽四夷部「田」下有「宜」字。

〔四〕師古曰：甕，汲水瓶也，音於龍反。【補注】徐松曰：應劭以爲卵大如一二石甕，顔駁之曰鳥卵如汲水之甕耳，無一二石也。見張騫傳注。後魏書云「鳥形如橐駝，有兩翼，飛而不能高，食草與肉，亦能噉火」。唐杜環大食國經行記云「有駝鳥，高四尺以上，脚似駝蹄，頸項勝得人騎行五六里，其卵大如三升」。先謙曰：後書「出師子、犀牛、封牛、孔雀、大雀，大雀其卵如甕」。

〔五〕【補注】徐松曰：隋書「勝兵二萬餘人」。

〔六〕師古曰：安息以條支爲外國，如言蕃國也。【補注】先謙曰：後書「安息後役屬條支，爲置大將監領諸小城焉」。又云「安息王獻條支大鳥，時謂之安息雀」。

〔七〕師古曰：眩讀與幻同。解在張騫傳。【補注】沈欽韓曰：列子周穆王篇「西極之國有化人來」，張湛曰「化，幻人也」。又「老成子學幻於尹文先生，深思三月，遂能存亡自在，幡校四時，冬起雷，夏造冰，飛者走，走者飛」。魏書「悅般國真君，九年遣使送幻人，稱能割人喉脈令斷，擊人頭令骨陷，皆血出盈斗，以草藥納其口中，令嚼咽之，須臾血止，養瘡一月復常」。又言「其國有大術者，蠕蠕來抄掠，術人能作霖雨狂風大雪，蠕蠕凍死者十二三」。徐松曰：後書西域傳注引魏略曰「大秦國俗多奇幻，口中出火，自縛自解，跳十二丸，巧妙非常」。

〔八〕師古曰：玄中記云「昆侖之弱水，鴻毛不能起」也。爾雅曰「觚竹、北户、西王母、日下謂之四荒」也。【補注】沈欽韓曰：舊唐書高仙芝傳「仙芝討小勃律至坦駒嶺婆夷河，即古之弱水也。不勝草芥毛髮」。畢沅校山海經「據寰宇記，延州保安軍之吃莫河，以爲弱水，非也。弱水不當在中國」。徐松曰：史記索隱引魏略云「弱水在大秦西」。又引括地象云「崑崙弱水非乘龍不至，有三足神鳥，爲王母取食」。後魏書「大秦西海水之西有河，河西南流。河西有南、北山，山西有赤水，西有白玉山，西有王母山，玉爲堂云」。「長老」一本作「長者」。

〔九〕【補注】先謙曰：後書大秦國下云「或云其國西有弱水流沙，近西王母所居處，幾於日所入也。漢書云『從條支西行二百餘日，近日所入』，則與今書異矣。前世漢使皆自烏弋以還，莫有至條支者」。先謙案：據後書，此文「可」字是「二」字之譌，河水注引作「可」。

烏弋地暑熱莽平，〔一〕其草木、畜產、五穀、果菜、〔二〕食飲、宮室、市列、〔三〕錢貨、兵器、〔四〕金珠之屬〔五〕皆與罽賓同，而有桃拔、師子、犀牛。〔六〕俗重妄殺。〔七〕其錢獨文爲人頭，幕爲騎馬。〔八〕以金銀飾杖。〔九〕絕遠，漢使希至。〔一〇〕自玉門、陽關出南道，歷鄯善而南行，〔一一〕至烏弋山離，南道極矣。轉北而東得安息。〔一二〕

〔一〕師古曰：言有草莽而平坦也。一曰莽莽平野之貌。【補注】徐松曰：顏此傳及下烏孫國莽平同用此注。案下文有草木，不必複言草莽。莊子釋文云「莽蒼，近郊之色」。莽即莽蒼，後説爲長。

〔二〕【補注】徐松曰：唐杜環大食國經行記云「粳米白麪，不異中華。其果有偏桃、千年棗，其蔓菁根大如斗而圓，味甚美，餘菜亦與諸國同。葡萄大者如雞子。香油貴者二，一名耶塞蔓，一名没匪師。香草貴者有二，一名查塞華。一名莢蘆茇」。

〔三〕【補注】徐松曰：大食國經行記云「四方輻輳，萬貨豐賤，錦繡珠貝滿於市肆，駝馬驢騾充於街巷，刻石密爲廬舍。」

〔四〕【補注】徐松曰：唐書「大食國兵刃勁利」。

〔五〕【補注】徐松曰：北史「波斯國，古條支國，土地平坦，出金鍮石、珊瑚、琥珀、車渠、瑪瑙，多大真珠、頗梨、琉璃、水晶、瑟瑟、金剛、火齊、鑌、鐵、銅、錫、朱砂、水銀」。

〔六〕孟康曰：桃拔一名符拔，似鹿，長尾，一角者或爲天鹿者，兩角或爲辟邪。師子似虎，正黄有頓耏，尾端茸毛大如斗。師古曰：師子即爾雅所謂狻猊也。狻音酸。猊音倪。拔音步葛反。耐亦頰旁毛也，音而。茸音人庸反。【補注】沈欽韓曰：後書「符拔形似麟而無角」，與孟説異，蓋亦駮類。徐松曰：後書章帝紀「月氏、安息各獻師子、扶拔」。班超傳大月氏亦獻符拔，不獨烏弋有也。先謙曰：注「者兩角」，官本作「兩角者」，是。

〔七〕師古曰：重，難也，言其仁愛不妄殺也。【補注】徐松曰：烏弋已入北天竺境，故雜浮圖道。後書云天竺國修浮圖道，不殺伐，遂以成俗。

〔八〕【補注】徐松曰：言獨者，諸國同罽賓，惟此正異。寰宇記「條支市列錢貨，其文爲人，幕爲騎馬」。蓋引此傳而奪「頭」字。

〔九〕師古曰：杖謂所持兵器也，音直亮反。【補注】先謙曰：官本注無「兵」字。

〔一〇〕【補注】徐松曰：後書云「前世漢使皆自烏弋以還」。

〔一一〕【補注】徐松曰：蓋西南也。

〔一二〕【補注】先謙曰：後書「條支轉北而東，復馬行六十餘日，至安息」。西域圖考云「安息在其北，則烏弋山離在南也。漢通道盡此。今南尚有俾路芝，直至小西洋，漢未通」。

安息國，〔一〕王治番兜城，〔二〕去長安萬一千六百里。〔三〕不屬都護。北與康居、東與烏弋山離、〔四〕西與條支接。〔五〕土地風氣，物類所有，民俗與烏弋、罽賓同。亦以銀爲錢，文獨爲王面，幕爲夫人面。〔六〕王死輒更鑄錢。有大馬爵。〔七〕其屬小大數百城，地方數千里，最大國也。〔八〕臨媯水，〔九〕商賈車船行旁國。〔一〇〕書革，旁行爲書記。〔一一〕

〔一〕【補注】先謙曰：後書有傳，亦見後魏、周、隋、唐紀、傳。後魏時，爲忸密，隋稱安國，唐書，安亦曰布豁又曰捕喝。西域記喝捍國，此言東安，捕喝國此言中安，伐地國此言西安。西域圖考云「今波斯國北八部之境，惟南四部不入」。罽賓、高附、烏弋山離、安息，爲蔥嶺西南諸國。河水注「西河自月氏國來，西逕安息國，南與蜺羅跂禘水同注雷翥海。蜺羅跂禘水自于闐國來，西逕揵陀衞國，北至安息，注雷翥海」。先謙案：西河，即阿母河。雷翥海，即鹹海也。

〔二〕蘇林曰：番音盤。【補注】先謙曰：番兜後書作和櫝。又云「其東界木鹿城號爲小安息」。後魏書云都蔚搜城。隋書云城有五重，環以流水。

〔三〕【補注】徐松曰：傳言大月氏西至安息四十九日行，今二國去長安里數正同。當有誤字。

〔四〕【補注】徐松曰：「東」當從後書作「南」。

〔五〕【補注】先謙曰：西域圖考云「後書云，自安息西行三千四百里至阿蠻國，此今東土耳其地。統六部。從阿蠻西行三千六百里，至斯賓國，此今中土耳其地。統五部。從斯賓國南行渡河，即渡他大尼里峽。又西南至于羅國九百六十里，此今西土耳其地。統八部。安息西道極矣。由羅美里亞西南至日薩壹爾而渡海，通大秦，此地通羅馬，本有陸路，惟爲亞得亞海所隔，須繞北，經奥大里亞南境至意大里亞北境，又折東南，始至羅馬。不如至此南乘海，越亞得亞海而即至也。甘英得之安息人之言，而按之千年後之輿圖，毫髮不爽如此」。

〔六〕【補注】徐松曰：此又與烏弋異。

〔七〕師古曰：廣志云「大爵，頸及膺身，蹄似橐駝，色蒼，舉頭高八九尺，張翅丈餘，食大麥」。【補注】宋祁曰：注文「張翅」下當有「舉」字。王念孫曰：「爵」上亦有「大」字，而今本脱之，則爲不詞矣。御覽四夷部十四引此正作「有大馬大爵」。漢紀孝武紀、通典邊防八竝同。沈欽韓曰：通典「吐火羅國，高宗永徽初，遣使獻大馬爵，高七尺，足如駝，鼓翅而行，日三百里，能噉鐵，夷俗謂爲駝鳥」。徐松曰：史記正義亦引此文，有「卵大如甕」四字。御覽引突厥本末記云「短人國有大鳥，高七八尺，恒伺短人，啄而食之，短人皆持弓矢以爲之備」。

〔八〕【補注】徐松曰：河水注引竺芝扶南記曰「安息國去私訶條國二萬里，國土臨海上，即漢書天竺安息國也。戶近百萬，最大國也」。先謙曰：西域圖考云蔥嶺極西之國。

〔九〕【補注】徐松曰：嬀水，即河水注所謂發原身毒之河水。安息都城南臨嬀水，通考云今謂烏滸河。

〔一〇〕【補注】徐松曰：安息西界臨雷翥海，又有陸道繞海北行，出海西至大秦，故車船輻輳。

〔一一〕服虔曰：橫行爲書記也。師古曰：今西方胡國及南方林邑之徒，書皆橫行，不直下也。革爲皮之不柔者。【補注】王念孫曰：上「書」字本作「畫」，胡脈反。謂畫革爲字，而旁行之，以爲書記也。顔注今西方云云，釋「旁行爲書記」五字，非釋「書革」也。今作「書革」者即涉下文書記而誤。漢紀、通典作「書革」，皆後人以誤本漢書改之。史記大宛傳作「畫革」。索隱「畫音獲」，引韋昭漢書注爲解，不言漢書作「書革」也。御覽四夷部十四引漢書正作「畫革」，河水注同。先謙曰：今西洋文字猶如此。

武帝始遣使至安息，王令將將二萬騎迎於東界。東界去王都數千里，行比至，過數十城，人民相屬。〔一〕因發使隨漢使者來觀漢地，以大鳥卵及犂靬眩人獻於漢，〔二〕天子大說。〔三〕安息東則大月氏。

〔一〕師古曰：屬，聯也，音之欲反。【補注】徐松曰：事見史記大宛傳。

〔二〕【補注】沈欽韓曰：通典「武帝時，安息獻犂靬幻人二，皆蹙眉峭鼻，亂髮拳須，長四尺五寸」。徐松曰：黃圖云「奇華殿在建章宮旁，四海夷狄器服珍寶，火浣布、切玉刀，巨象、大雀，師子、宮馬充塞其中」。

〔三〕師古曰：説讀曰悦。【補注】徐松曰：張騫傳注「鄧太后時，西夷檀國來朝賀，詔令爲之，而諫大夫陳禪以爲夷狄僞道不可施行。後數日，尚書陳忠案漢〔舊〕書，乃知世宗時犛靬獻見幻人，天子大悦，與俱巡狩，乃知古有此事」。

大月氏國，〔一〕治監氏城，〔二〕去長安萬一千六百里。〔三〕不屬都護。戶十萬，口四十萬，勝兵十萬人。〔四〕東至都護治所四千七百四十里，〔五〕西至安息四十九日行，南與罽賓接。土地風氣，物類所有，民俗錢貨，與安息同。〔六〕出一封橐駝。〔七〕

〔一〕【補注】先謙曰：月支國見海內東經，即月氏也。逸周書王會解「正北月氏」。後漢有傳，云莎車西經蒲犂、無雷至大月氏。三國、後魏時，仍爲月氏。魏源海國圖志云「大月氏今爲愛烏罕、布哈爾二國分得其地」。一統志以布哈爾爲難兜國地。案，難兜乃小國，不足當之。徐繼畬瀛寰志略云「月氏既在嬀水之北，嬀水即今阿母河，則月氏乃今之布哈爾，非愛烏罕也」。案，今布哈爾地甚廣，爲回部最大之國，難兜與大月氏無妨同在其地，李光廷以爲布哈爾國南境也。月氏、大宛爲蔥嶺西國，河水注「西河自罽賓國來，西逕月氏國南下，入安息國」。

〔二〕【補注】錢大昭曰：後書作藍氏。徐松曰：史記大宛傳「大夏民多，可百餘萬，其都曰藍市城」，即藍氏也。後魏書作盧監氏。先謙曰：官本「治」上有「王」字，是。

〔三〕【補注】徐松曰：據改定龜茲里數積算，大月氏當去長安一萬二千二百一十二里。去陽關七千七百一十二里。改定里數見焉耆下。

〔四〕【補注】徐松曰：史記正義引萬震南州志曰「大月氏地高燥而遠，國王稱天子，國中騎乘當數十萬匹，城郭宮殿與大秦國同。人民赤白，便習弓馬，土地所出及奇瑋珍物，被服鮮好，天竺不及也」。

〔五〕【補注】徐松曰：當作四千九百七十四里。

〔六〕【補注】先謙曰：山海經郭注「月氏國多好馬、美果，有大尾羊，如驢尾，即羬羊也」。玄中記「瑪瑙出大月氏，又有牛名曰及，今日取其肉，明日瘡愈」。通典「大月氏國人乘四輪車，或四牛、六牛、八牛輓之，在車大小而已」。

〔七〕師古曰：脊上有一封也。封言其隆高若封土也。今俗呼爲封牛。封音峯。【補注】沈欽韓曰：魏書「迷密國遣使獻一封黑槖駝」。通典，杜環經行記云「大食國其駝小而緊，背有孤峯，良者日馳千里」。蓋駝皆兩封，故以一封爲貴，師古不知其故，又非封牛也。

大月氏本行國也，隨畜移徙，與匈奴同俗。控弦十餘萬，〔一〕故彊輕匈奴。〔二〕本居敦煌、祁連閒，〔三〕至冒頓單于攻破月氏，〔四〕而老上單于殺月氏，〔五〕以其頭爲飲器，月氏乃遠去，過大宛，西擊大夏而臣之，〔六〕都嬀水北爲王庭。〔七〕其餘小衆不能去者，保南山羌，號小月氏。〔八〕

〔一〕【補注】徐松曰：匈奴傳注「控，引也。控弦謂能引弓者」。

〔二〕師古曰：自恃其彊盛而輕易匈奴也。【補注】徐松曰：通考引作「故恃彊」，顏注恃與輕對舉，是舊本有「恃」字。

〔三〕【補注】徐松曰：據隋書「月氏王姓溫，居祁連山北之昭武城」。史記正義云「初月氏居敦煌以東，祁連山以西」。案張氏蓋以今甘州南山爲祁連也。河西四郡未開時，武威、張掖諸郡皆匈奴地，月氏安得居之？故顏張騫傳注易之曰「祁連山以東，敦煌以西」。

〔四〕【補注】徐松曰：匈奴傳冒頓使右賢王擊走月氏事，蓋在孝文二三年閒。

〔五〕【補注】王念孫曰：「月氏」下脱「王」字，當依張騫傳補。徐松曰：河水注引作「殺其王」。通考引作「殺月氏王」。

〔六〕師古曰：解在張騫傳。

〔七〕【補注】徐松曰：史記云「大夏在大宛西南二千餘里，嬀水南」。蓋大夏時都水南，大月氏徙治水北也。先謙曰：西域圖考云「嬀水，唐之烏滸河，亦名縛芻河，今爲阿母河，西北流入布哈爾西之鹹池」。

〔八〕【補注】先謙曰：趙充國傳「匈奴使人至小月氏，傳告諸羌」。後書西羌傳「湟中月氏胡，其先大月氏之別也，舊在張掖、酒泉地。月氏王爲匈奴所殺，餘種分散，西踰葱嶺，其羸弱者南入山阻，依諸羌居止，遂與共婚姻。霍去病取西河地，開湟中，月氏來降，與漢人錯居在張掖者，號曰義從胡，靈帝紀所稱北宮伯玉與先零羌叛者也」。又後魏書「小月氏國都富樓沙城，其王本大月氏王寄多羅子也。寄多羅爲匈奴所逐，西徙後，令其子守此城，因號小月氏。先居西平、張掖之閒，被服頗與羌同，其俗以金銀錢爲貨，隨畜牧移徙，亦類匈奴。其城東十里，有佛塔，周三百五十步，高八十丈，所謂百丈佛圖也」。小月氏可考見者如此。

大夏本無大君長，城邑往往置小長，民弱畏戰，故月氏徙來，皆臣畜之，〔一〕共稟漢使者。〔二〕有五翖侯：〔三〕

〔一〕【補注】徐松曰：史記云大夏民多可百餘萬。

〔二〕師古曰：同受節度也。【補注】王鳴盛曰：月氏既不屬都護，豈有遠還大夏反受節度之理？稟當爲廩給之義。共與供同。徐松曰：即上文所謂「須諸國稟食」也。

〔三〕師古曰：翖即翕字。【補注】徐松曰：張騫傳有傅父布就翖侯。李奇曰：翖侯，烏孫，官名。匈奴傳「康居與諸翕侯計」，是烏孫、康居皆有翖侯。匈奴傳又言「小王趙信爲翕侯」。先謙曰：後書云「初月氏爲匈奴所滅，遂遷於大夏，分其國爲休密、雙靡、貴霜、肸頓、都密，凡五部翖侯」。

一曰休密翎侯，〔一〕治和墨城，〔二〕去都護二千八百四十一里，去陽關七千八百二里；〔三〕

〔一〕【補注】徐松曰：數翎侯以東爲上也。先謙曰：官本「一曰」至「五曰」，皆不提行，連上爲文。

〔二〕【補注】先謙曰：後魏書「伽倍國，故休密翎侯，人居山谷閒」。

〔三〕【補注】徐松曰：五翎侯道里最爲紛舛，據去都護言之，則休密去雙靡九百里，雙靡去貴霜二千一百九十九里，貴霜去肸頓二十二里，肸頓去高附七十九里。據去陽關言，則休密去雙靡二十里，雙靡去貴霜二百里，貴霜去肸頓二百二十里，肸頓去高附一千八十一里。而休密去陽關轉較雙靡爲遠，古籍流傳，宜有訛奪。今各以後魏書校正，後魏書云，休密翎侯在大月氏東一千五百里，是。當作「去都護三千四百七十四里，去陽關六千二百一十二里」。

二曰雙靡翎侯，治雙靡城，〔一〕去都護三千七百四十一里，去陽關七千七百八十二里；〔二〕

〔一〕【補注】先謙曰：後魏書「折薛莫孫國，故雙靡翎侯，在伽倍國西，人居山谷」。

〔二〕【補注】徐松曰：據後魏書「雙靡」在休密西五百里，當作「去都護三千九百七十四里，去陽關六千七百一十二里」。

三曰貴霜翎侯，治護澡城，〔一〕去都護五千九百四十里，去陽關七千九百八十二里；〔二〕

〔一〕師古曰：澡音藻。【補注】先謙曰：後書云「後百餘歲，貴霜翎侯丘就卻攻滅四翎侯，自立爲王，號貴霜王，侵安息，取高附地，滅濮達、罽賓、天竺諸國，稱貴霜王。漢本其故號，言大月氏」云。後魏書「鉗敦國，故貴霜翎侯，在折薛莫孫西，人居山谷閒」。

〔二〕【補注】徐松曰：據後魏書「貴霜」在雙靡西六十里，當作去都護四千三十四里，去陽關六千七百七十二里。

四曰肸頓翖侯，〔一〕治薄茅城，〔二〕去都護五千九百六十二里，去陽關八千二百二里；〔三〕

〔一〕師古曰：肸音許乙反。

〔二〕【補注】先謙曰：後魏書「弗敵殺國」，故肸頓翖侯，在鉗敦西，居山谷間。

〔三〕【補注】徐松曰：據後魏書，肸頓在貴霜西一百里，當作去都護四千一百三十四里，去陽關六千八百七十二里。

五曰高附翖侯，治高附城，〔一〕去都護六千四十一里，去陽關九千二百八十三里。〔二〕凡五翖侯，皆屬大月氏。〔三〕

〔一〕【補注】先謙曰：後書云「高附國在大月氏西南，亦大國也。其俗似天竺，所屬無常，天竺、罽賓、安息三國，强則得之，弱則失之，而未嘗屬月氏。漢書以爲五翖侯，數非其實也。後屬安息，及月氏破安息，始得高附」。後魏書云「闔浮謁國，故高附翖侯，在弗敵沙南，居山谷間」。西域圖考云「高附在月氏西南，安息東，罽賓西北。當在今阿母河南，布哈爾南境，阿富汗之西北境也」。

〔二〕【補注】徐松曰：據後魏書「高附在肸頓南一百里，當作去都護四千二百三十四里，去陽關六千九百七十二里，若以偏南不當孔道，則去陽關或近數十里」。

〔三〕【補注】徐松曰：高附之去大月氏，約七百餘里。

康居國，〔一〕王冬治樂越匿地。〔二〕到卑闐城。〔三〕去長安萬二千三百里。〔四〕不屬都護。至越匿地馬行七日，〔五〕至王夏所居蕃内九千一百四里。〔六〕户十二萬，口六十萬，勝兵十二萬

人。〔七〕東至都護治所五千五百五十里。與大月氏同俗。〔八〕東羈事匈奴。〔九〕

〔一〕【補注】先謙曰：逸周書王會解有康民，孔晁注康亦西戎之別名也。後魏西域傳「康國者，康居之後也」。隋、唐書同，是前後皆有康國之稱。魏志、晉書仍爲康居，又後魏有者舌國，云故康居國，又有悉萬斤國，唐書以爲即康居，蓋後分裂國名。唐書康國傳「康一名薩末鞬，亦曰颯秣建」。西域圖考云今爲哈薩克右部地。

〔二〕師古曰：樂音來各反。【補注】徐松曰：傳蓋言康居國王治卑闐城，至冬所居樂越匿地，馬行七日，至夏所居蕃內，九千一百四里。以下去長安、去都護皆據卑闐城言之，傳文疑有奪誤。先謙曰：官本「慝」作「匿」，下文竝同。本書慝、匿字同，作「匿」爲正。

〔三〕師古曰：闐音徒千反。【補注】徐松曰：大宛國言「至康居卑闐城」，是卑闐爲城名。陳湯傳「涉康居界至闐池西」，疑城因池爲名，此建治之地，而其王冬夏皆不居之，猶今哈薩克部以塔什干城爲都會，其汗王冬夏各有游牧之所，惟死則反葬於塔什干城也。哈薩克部即古之康居。通考引作「治樂越匿地卑闐城」，以卑闐在樂越匿地，誤。唐西域記「颯秣建國都城周二十餘里，極險固，多居人」。

〔四〕【補注】徐松曰：據下去都護里數，當作「去長安一萬二千七百八十八里」，去陽關當是八千二百八十八里。

〔五〕【補注】徐松曰：奪「樂」字。

〔六〕師古曰：王每冬寒夏暑，則徙別居，不一處。【補注】徐松曰：蕃內地大約在卑闐城之西，烏孫在其東，言去蕃內地五千里，不得去卑闐轉九千餘里也。唐西域記云「颯秣建國周千六七百里，東西長，南北狹」。

〔七〕【補注】徐松曰：國小於烏孫而大於大月氏。

〔八〕【補注】徐松曰：大月氏在南道，康居在北道，而俗同者，後魏書云「康國者，康居之後，王本月氏人，被匈奴所破，西踰蔥嶺，遂有其國，支庶各分王，故俗同於月氏也」。

〔九〕師古曰：爲匈奴所羈牽也。【補注】先謙曰：顧炎武云「言不純臣，但羈縻事之，與烏孫羈屬同意」。當用彼注，刪此注。

宣帝時，匈奴乖亂，五單于並爭，漢擁立呼韓邪單于，而郅支單于怨望，殺漢使者，西阻康居。〔一〕其後都護甘延壽、副校尉陳湯發戊己校尉西域諸國兵至康居，誅滅郅支單于，語在甘延壽、陳湯傳。是歲，元帝建昭三年也。

〔一〕師古曰：依其險阻以自保固也。【補注】先謙曰：詳匈奴傳。

至成帝時，康居遣子侍漢，〔一〕貢獻，〔二〕然自以絶遠，獨驕嫚，不肯與諸國相望。〔三〕都護郭舜數上言：〔四〕「本匈奴盛時，非以兼有烏孫、康居故也；及其稱臣妾，非以失二國也。〔五〕漢雖皆受其質子，〔六〕然三國内相輸遺，交通如故，〔七〕亦相候司，見便則發；〔八〕合不能相親信，離不能相臣役。以今言之，結配烏孫竟未有益，反爲中國生事。〔九〕然烏孫既結在前，今與匈奴俱稱臣，義不可距。〔一〇〕而康居驕黠，訖不肯拜使者。〔一一〕都護吏至其國，坐之烏孫諸使下，王及貴人先飲食已，乃飲啗都護吏，〔一二〕故爲無所省以夸旁國。〔一三〕以此度之，何故遣子入侍？其欲賈市爲好，辭之詐也。〔一四〕匈奴百蠻大國，〔一五〕今事漢甚備，聞康居不拜，且使單于有自下之意，〔一六〕宜歸其侍子，絶勿復使，〔一七〕以章漢家不通無禮之國。〔一八〕敦煌、酒泉小郡及南道八國，給使者往來人馬驢橐駝食，皆苦之。〔一九〕空罷耗所過，送迎驕黠絶遠之國，〔二〇〕非至計也。」漢爲其新通，重致遠人，〔二一〕終羈縻而未絶。〔二二〕

〔一〕【補注】先謙曰：通鑑繫於元延二年，胡注「元帝時，康居遣子入侍，陳湯上言其非王子，今復遣子入侍」。

〔二〕【補注】先謙曰：胡注「既遣子入侍，而又奉貢也」。

〔三〕【補注】徐松曰：不肯視同諸國。

〔四〕【補注】徐松曰：舜爲都護，當在永始中。周壽昌曰：段會宗傳贊，郭舜以廉平著，他無所見。

〔五〕【補注】先謙曰：胡注言匈奴之强弱，不繫二國之叛服。

〔六〕【補注】徐松曰：匈奴傳「鴻嘉元年，搜諧單于遣子左祝都韓王昫留斯侯入侍」。案烏孫小昆彌時，亦有侍子在京師。

〔七〕【補注】先謙曰：三國：匈奴、烏孫、康居。

〔八〕【補注】徐松曰：三國見有便宜，互相侵略。

〔九〕【補注】先謙曰：胡注謂自武帝以來，宗室女下嫁烏孫也。

〔一〇〕【補注】徐松曰：服而絶之，於義不順。

〔一一〕師古曰：訖，竟也。

〔一二〕師古曰：飲音於禁反。啗音徒濫反。【補注】徐松曰：都護吏，謂若丞以下。康居自以不屬都護，慢易其使。

〔一三〕師古曰：言故不省視漢使也。【補注】先謙曰：胡注「夸者，自矜耀其能傲漢也。旁國，鄰國也」。

〔一四〕【補注】先謙曰：胡注謂特欲行賈以市易，其爲好辭者，詐也。

〔一五〕師古曰：於百蠻之中最大國也。【補注】徐松曰：蠻者，夷狄通稱，故匈奴亦謂之蠻。匈奴傳「故有威於百蠻」，又云「於是而安，何以復長百蠻」？

〔一六〕師古曰：言單于見康居不事漢，以之爲高，自以事漢爲太卑，而欲改志也。

〔一七〕師古曰：不通使於其國也。

〔一八〕【補注】先謙曰：胡注「章，顯著也」。

〔一九〕師古曰：言二郡八國皆以此事爲困苦。【補注】徐松曰：敦煌郡户萬一千有奇，酒泉郡户萬八千有奇，故爲小郡。康居在北道，而蘇巔奧鞬已入吐火羅境，在葱嶺西南，故得從南道。「苦之」，通考作「苦乏」。

〔二〇〕師古曰：所過，所經過之處。驕黠，謂唐居使也。罷讀曰疲。耗音呼到反。【補注】王先慎曰：康居不拜使者，坐都護吏於烏孫使下，欲賈市，詐爲好辭，是謂驕黠之國，非謂康居使者也。顔説誤。

〔二一〕師古曰：以此聲名爲重也。

〔二二〕【補注】徐松曰：漢官儀「馬曰羈，牛曰縻，言制四夷如牛馬之受羈縻也」。

其康居西北可二千里，有奄蔡國。〔一〕控弦者十餘萬大。與康居同俗。〔二〕臨大澤，無崖，蓋北海云。〔三〕

〔一〕【補注】先謙曰：後書有傳，改名阿蘭聊，屬康居。魏志注稱阿蘭，後魏西域傳「粟特國在葱嶺之西，古之奄蔡，一名温那沙」。周書同。西域圖考云「奄蔡屬今俄羅斯東境西伯利部，自哈薩克右部而北，即俄羅斯之多僕斯科，再北爲德波爾斯科，即臨北海者也」。後書有嚴國，又在奄蔡北，且言奄蔡小國，蓋傳聞不同。後書有粟弋，是其屬國。康居、奄蔡爲葱嶺西北國。

〔二〕【補注】徐松曰：史記正義引漢書解詁云「奄蔡即闔蘇也」。魏略云「西與大秦通，東南與康居接，其國多貂，畜牧水草」。括地志云「奄蔡，酒國也」。先謙曰：官本「大」作「人」，是。

〔三〕【補注】徐松曰：説文「崖，高邊也」。言遠望不見高岸，舉高以該卑。後魏書「粟特居於大澤」。匈奴傳「留郭吉不歸，遷辱之北海上」。先謙曰：魏源云「此北海，疑即今所謂裏海，東岸本俄羅斯屬地也」。河水注謂之雷翥海，徐繼畬云「雷翥海乃鹹海，非裏海也」。此北海當爲裏海無疑。

康居有小王五：〔一〕

〔一〕【補注】徐松曰：陳湯傳有康居副王抱闐，副王殆即小王。

一曰蘇䪥王，治蘇䪥城，〔一〕去都護五千七百七十六里，〔二〕去陽關八千二十五里；〔三〕

〔一〕師古曰：䪥音下戒反。【補注】徐松曰：新唐書「史國或曰佉沙，曰羯霜那，居獨莫水南。康居小王蘇薤城故地，有鐵門山，左右巉峭，石色如鐵」。西域記「羯霜那國周千四五百里，西南行二百餘里入山，山路崎嶇，谿徑危險，既絶人理，又少水草。東南山行三百餘里入鐵門。鐵門者，左右帶山，山極峭峻，雖有狹徑，加之險阻，兩旁石壁，其色如鐵。既設門扉，又以鐵錮，多有鐵鈴，懸諸門扇，因其險固，遂以爲名。出鐵門至覩貨邏國」。案此在康居極南境。先謙曰：官本「一曰」至「五曰」並不提行，連上爲文，是。晉書四夷傳「康居國在大宛西北，可二千里，與粟弋、伊列鄰接，其王居蘇薤城，地和暖，饒桐柳蒲萄，多牛羊，出好馬」。是晉時康居統於蘇薤矣。

〔二〕【補注】徐松曰：去康居二百二十里。隋書云「史國北去康國二百四十里」。

〔三〕【補注】徐松曰：較以去都護里數，去陽關當八千四百六里，此不同者，蘇䪥在蔥嶺西南，入蔥嶺山南道，徑達陽關也。

二曰附墨王，治附墨城，〔一〕去都護五千七百六十七里，去陽關八千二十五里；〔二〕

〔一〕【補注】徐松曰：唐書「何國或曰屈霜你迦，曰貴霜匿，即康居小王附墨城故地」。西域記「屈霜你迦國周千四五百里，東西狹，南北長」。案此在康居極東境。

〔二〕【補注】徐松曰：蘇䪥極南，附墨極東，而去陽關正同，去都護惟差九里，疑有誤。

三曰窳匿王，〔一〕治窳匿城，〔二〕去都護五千二百六十六里，去陽關七千五百二十五里；〔三〕

〔一〕師古曰：窳音庾。

〔二〕【補注】徐松曰：唐書「石國或曰柘支，曰柘折，曰赭時，治柘折城，故康居小王窳匿城地。西南有藥殺水，入中國謂之真珠河，亦曰質河。東南有大山生瑟瑟」。西域記「赭時國周千餘里，西臨葉河，東西狹，南北長」。案此在康居極北境。先謙曰：隋、唐書以赭時爲大宛，蓋又爲大宛所并。

〔三〕【補注】徐松曰：唐書言石國南五百里爲康居，則當作去都護六千五十里，去陽關八千六百八十里。

四曰罽王，治罽城，〔一〕去都護六千二百九十六里，去陽關八千五百五十五里；〔二〕

〔一〕【補注】徐松曰：唐書「安國一曰布豁，又曰捕喝，西瀕烏滸河，治阿濫謐城，即康居小君長罽王故地」。西域記「捕喝國周千六七百里，東西長，南北狹」。案此在康居東境。

〔二〕【補注】徐松曰：西域記「自屈霜你迦國西二百餘里至喝捍國，又西四百餘里至捕喝國」。是罽城在附墨西六百餘里。傳文去都護之數相距五百二十九里，似近之，去陽關則相距千三十里，疑誤。

五曰奥鞬王，〔一〕治奥鞬城，〔二〕去都護六千九百六里，去陽關八千三百五十五里。〔三〕凡五王，屬康居。

〔一〕師古曰：奥音於六反。鞬音居言反。

〔二〕【補注】徐松曰：唐書「火尋或曰貨利習彌伽，曰過利，居烏滸水之陽，康居小王奥鞬城故地」。西域記「貨利習彌伽國順縛芻河兩岸，東西二三千里，南北五百餘里」。案此在康居東南境。

〔三〕【補注】徐松曰：西域記「捕喝國又西四百餘里至伐地國，又西南五百餘里至貨利習彌伽國，又西南三百餘里至羯霜那國」。是較蘇巃近三百餘里，而傳紀都護之數遠於蘇巃千一百三十里，陽關之數遠於蘇巃三百三十里，即核之闕城，惟都護之數以爲相距六百十里者近之，其陽關又轉近二百里，誤尤顯然。

大宛國，〔一〕王治貴山城，去長安萬二千二百五十里。〔二〕戶六萬，口三十萬，勝兵六萬人。〔三〕副王、〔四〕輔國王各一人。東至都護治所四千三十一里，〔五〕北至康居卑闐城千五百一十里，〔六〕西南至大月氏六百九十里。〔七〕北與康居、南與大月氏接，〔八〕土地風氣物類民俗與大月氏、安息同。〔九〕大宛左右以蒲陶爲酒，富人藏酒至萬餘石，久者至數十歲不敗。〔一〇〕俗耆酒，馬耆目宿。〔一一〕

〔一〕【補注】先謙曰：後書見莎車傳下，亦見魏、晉、後魏、隋、唐紀、傳。後魏爲洛那，隋唐爲石國，或曰柘支，曰柘折，曰赭時。西域圖考云「由疏勒而西，出蔥嶺爲大宛、月氏。大宛在北，今浩罕八城皆其地，今敖罕地，元時所謂賽馬爾罕城也。其西北境兼有今布哈爾之地，見四裔考，及海國圖志。敖罕近爲布哈爾所并」。

〔二〕【補注】錢大昭曰：「二百」，南監本、閩本作「五百」。徐松曰：據改定龜茲里數積算，當去長安一萬一千五百二十二里，去陽關七千三十二里。先謙曰：官本作「五百」，御覽引亦作「五百」。

〔三〕【補注】徐松曰：國又小於大月氏。

〔四〕【補注】徐松曰：康居有副王，後書班超傳，月氏有副王。

〔五〕【補注】徐松曰：當作四千二百八十里。

〔六〕【補注】徐松曰：卑闐城在蔥嶺西北，故以大宛爲南。若以蘇薤、奧鞬論之，則大宛在西。

〔七〕【補注】徐松曰：休循言西北至大宛，西至大月氏，是大月氏在西南。

〔八〕【補注】徐松曰：三國境相接，故張騫自匈奴亡，嚮月氏西走，乃至大宛。言造意至月氏，不知向西南，而直西行，誤至大宛，大宛乃送之康居，康居傳至大月氏也。

〔九〕【補注】徐松曰：安息俗同罽賓、烏弋。罽賓云「種五穀，地下溼，生稻」。烏弋山離亦云「暑溼，田稻」。故史記大宛傳云「大宛俗，土著耕田，田稻麥」。大月氏與安息同俗，大宛同安息，是以與大月氏同也。

〔一〇〕【補注】徐松曰：御覽載魏文帝詔羣臣曰：「中國珍果甚多，且復爲説葡萄，當其朱，夏涉秋，尚有餘暑，醉酒宿醒，掩露而食，甘而不餶，脆而不酸，冷而不寒，味長汁多，除煩解餶。又釀以爲酒，甘於麴蘗，善醉而易醒，道之固以流涎咽唾，況親食之！即他方之果，寧有疋者？」又引後涼録曰：「呂光入龜茲城，胡人奢侈，富於生養，家有蒲萄酒或至千斛，經十年不敗。」

〔一一〕師古曰：耆讀曰嗜。【補注】徐松曰：「俗」，通考作「人」。今西域回人無不嗜酒者，種苜蓿如中國種桑麻。四月以後，馬噉苜蓿，尤易壯健。

宛別邑七十餘城，〔一〕多善馬。〔二〕馬汗血，〔三〕言其先天馬子也。〔四〕

〔一〕【補注】徐松曰：史記云「其屬邑大小七十餘城，衆可數十萬」。

〔二〕【補注】徐松曰：通考引朱膺異物志曰「大宛馬有肉角數寸，或有解人語，及知音舞與鼓節相應者」。又引隋西域圖記云「其馬騮馬、烏馬多赤耳；黄馬、赤馬多黑耳。唯耳色別，自餘毛色，與常馬不異」。

〔三〕【補注】沈欽韓曰：後書東平王蒼傳「宛馬血從前髆小孔中出」。徐松曰：藝文類聚引神異經云「西南大宛宛邱有良馬，其大二丈，鬣至膝，尾委於地，蹄如升，腕可屈，日行千里，至日中而汗血」。武紀應劭注「大宛舊有天馬種，蹋石汗血，從前肩髆出，如血，號一日千里」。案，今伊犁馬之强健者，前髆及脊往往有小瘡，出血，名曰傷氣。必在前肩髆者，以用力多也。前賢未目驗，故不知其審。

〔四〕師古曰：言大宛國有高山，其上有馬不可得，因取五色母馬置其下，與集生駒，皆汗血，因號曰天馬子云。【補注】沈欽韓曰：通典「吐火羅國城北有頗黎山，山南崖穴中有神馬，國人每牧馬於其側，時產名駒，皆汗血焉」。其北界則漢時大宛之地」。先謙曰：官本「師古」作「孟康」。

張騫始爲武帝言之，〔一〕上遣使者持千金及金馬，以請宛善馬。〔二〕宛王以漢絶遠，大兵不能至，愛其寶馬不肯與。漢使妄言，〔三〕宛遂攻殺漢使，取其財物。於是天子遣貳師將軍李廣利〔四〕將兵前後十餘萬人伐宛，連四年。〔五〕宛人斬其王毋寡首，〔六〕獻馬三千匹，〔七〕漢軍乃還，語在張騫傳。〔八〕貳師既斬宛王，更立貴人素遇漢善者名昧蔡爲宛王。〔九〕後歲餘，宛貴人以爲昧蔡諂，使我國遇屠，〔一〇〕相與兵殺昧蔡，立毋寡弟蟬封爲王，〔一一〕遣子入侍，質於漢，漢因使使賂賜鎮撫之。又發數十餘輩，抵宛西諸國〔一二〕求其物，因風諭以代宛之威。〔一三〕宛王蟬封與漢約，歲獻天馬二匹。漢使采蒲陶、目宿種歸。〔一四〕天子以天馬多，又外國使來衆，益種蒲陶、目宿離宮館旁，極望焉。〔一五〕

〔一〕【補注】徐松曰：史記「漢使者往既多，其少從率多進熟於天子，言曰宛有善馬在貳師城」。是言者非一，特自騫始也。

〔二〕【補注】徐松曰：據張騫傳「漢使壯士車令等往」。

〔三〕師古曰：謂詈辱宛王。

〔四〕【補注】徐松曰：廣利傳「期至貳師城，取善馬，故號貳師將軍」。唐書云「東曹居悉波山之陰，漢貳師城地」。

〔五〕【補注】徐松曰：伐宛始於太初元年秋，至四年春，乃斬宛王。

〔六〕【補注】徐松曰：陳湯傳作毋鼓。寡，古音讀如鼓。

〔七〕【補注】徐松曰：廣利傳「漢取善馬數十匹，中馬以下牝牡三千餘匹」。

〔八〕【補注】徐松曰：當作張騫李廣利傳。

〔九〕師古曰：昧音秣。蔡音千曷反。【補注】徐松曰：史記索隱「昧蔡，大宛將」。

〔一〇〕師古曰：讇古諂字。【補注】徐松曰：說文「讇，諛也。或從臽」。史記作「諛」。

〔一一〕【補注】先謙曰：蜀本「兵」作「共」，是。

〔一二〕師古曰：抵，至也。【補注】錢大昭曰：「數」，閩本、南監本作「使」。先謙曰：官本作「使」，是。

〔一三〕師古曰：風讀曰諷。【補注】錢大昭曰：「其」當作「奇」。「代」當作「伐」。先謙曰：官本「其」作「奇」、「代」作「伐」。

〔一四〕【補注】徐松曰：齊民要術引陸機與弟書曰「張騫使外國十八年，得苜蓿歸」。大宛傳作「取其實來」。

〔一五〕師古曰：今北道諸州，舊安定、北地之境，往往有目宿者，皆漢時所種也。【補注】徐松曰：西京雜記云「樂遊苑中，自生玫瑰樹下，多目宿、一名懷風。時或謂光風，風在其間，常肅肅然，照其光彩，故曰苜蓿懷風。茂陵人謂爲連枝草」。述異記曰「張騫苜蓿園，今在洛中，苜蓿本胡中菜，騫始於西國得之。」「離宮館」傳作「離宮別觀」，李善文選注「離，別，非一所也」。

自宛以西至安息國，〔一〕雖頗異言，然大同，自相曉知也。其人皆深目，多須頿。善賈市，〔二〕爭分銖。〔三〕貴女子；女子所言，丈夫乃決正。〔四〕其地皆絲漆，〔五〕不知鑄鐵器。〔六〕及漢使亡卒降，教鑄作它兵器。〔七〕得漢黃白金，輒以爲器，不用爲幣。〔八〕

〔一〕【補注】徐松曰：歷大月氏、康居，不斥言者，康居偏北，大月氏偏南。

〔二〕【補注】徐松曰：今安集延種人近之。

〔三〕【補注】徐松曰：律曆志「一龠容千二百黍，重十二銖」。是百黍爲銖，故説文云十絫黍之重。

〔四〕【補注】徐松曰：以爲正而斷決從之。

〔五〕【補注】王念孫曰：「皆」本作「無」。無絲漆，不知鑄鐵器，皆言其與中國異也。今作其地皆絲漆者，涉上文「其人皆深目」而誤。通典邊防八正作「無絲漆」。

〔六〕【補注】吳仁傑曰：史記作「鑄錢器」，詳下文，謂當從史記爲正。罽賓傳有「金銀銅錫爲器，金銀爲錢」。則錢、器自是兩事。馮奉世言羌衆弓，矛之兵耳。器不鋒利，器謂兵器也。大宛諸國但有弓矛，下文所謂他兵器者，謂凡弓矛之外者也。所謂得黃白金以爲器者，黃金謂銅，白金謂銀錫，皆可作兵器者。婼羌傳云「山有鐵，自作兵」，難兜傳云「有銀銅鐵作兵」。案越絶書「赤堇之山，破而出錫，若邪之谷，涸而出銅，歐冶子因以爲劍」。郭景純謂古者通以錫雜銅爲兵器是也。若曰彼不知鑄作之利，當併舉諸金言之，又豈止一物而已哉？

〔七〕師古曰：漢使至其國，及有亡卒降其國者，皆教之也。

〔八〕【補注】徐松曰：黃金即漢所賜大宛幣。

自烏孫以西至安息，近匈奴。〔一〕匈奴嘗困月氏，〔二〕故匈奴使持單于一信到國，〔三〕國傳送食，〔四〕不敢留苦。〔五〕及至漢使，非出幣物不得食，不市畜不得騎，〔六〕所以然者，以遠漢，而

漢多財物，〔七〕故必市乃得所欲。及呼韓邪單于朝漢後，咸尊漢矣。〔八〕

〔一〕【補注】徐松曰：匈奴傳「北服渾窳、屈射、丁零」，又言「益西近烏孫」。案丁零爲今俄羅斯國，臨西海，是得至安息。

〔二〕師古曰：困，苦也。【補注】徐松曰：即謂冒頓老上事。

〔三〕【補注】徐松曰：信如外國之傳箭。周壽昌曰：信即古之符契也。平紀「漢律，諸乘傳者，持尺五轉信」。司馬相如傳「故遣信使，曉諭百姓，或以繒帛書分持之，或用木爲之」。

〔四〕師古曰：言畏之甚也。食讀曰飤。

〔五〕師古曰：不敢留連及困苦之也。

〔六〕【補注】徐松曰：畜謂馬也。

〔七〕師古曰：遠音于萬反。

〔八〕【補注】徐松曰：神爵後，西域無侵軼事。

桃槐國，王去長安萬一千八十里。〔一〕户七百，口五千，勝兵千人。〔二〕

〔一〕師古曰：槐音回。【補注】徐松曰：計其道里，蓋亦蔥嶺西小國。案西域記「覩貨邏國東扼蔥嶺，自覩貨邏西至呾密國，其國東西六百餘里；又東至赤鄂衍那國，其國東西四百餘里；又東至忽露摩國，其國東西百餘里；又東至愉漫國，其國東西四百餘里；又東至鞠和衍那國，其國東西二百餘里；又東至鑊沙國，其國東西三百餘里；又東至珂咄羅國，其國東西千餘里；東接蔥嶺」。是蔥嶺西多小國，桃槐即其類歟？王先慎曰：不言治所，與敘婼羌同。先謙曰：後書以下無考，唐書地理志有桃槐州，注「以阿臘城置隸月支都督府」。

〔三〕【補注】徐松曰：漢紀以爲小國。案此下疑有奪文。

休循國，〔一〕王治鳥飛谷，〔二〕在蔥嶺西，〔三〕去長安萬二百一十里。〔四〕戶三百五十八，口千三十，勝兵四百八十人。〔五〕東至都護治所三千一百二十一里，〔六〕至捐毒衍敦谷二百六十里，〔七〕西北至大宛國九百二十里，〔八〕西至大月氏千六百一十里。〔九〕民俗衣服類烏孫，因畜隨水草，〔一〇〕本故塞種也。

〔一〕【補注】徐松曰：後漢紀作休修。先謙曰：河水注「西河自捐毒國來，西逕休循國，南下入難兜國」。案休循，後書以下不見。西域水道記云「洛陽伽藍記載魏宋雲云『入漢盤陀國界，西行六日，登蔥嶺山，自此以西，山路欹側，長坂千里，懸崖萬仞，極天之阻，實在於斯』。漢盤陀國，今之阿賴地也，喀爾提錦部布魯特居之」。捐毒傳云「西上蔥嶺，則休循是矣」。又云「哈喇庫勒大池互見疏勒。西流，其沿水西出之岸百里曰布魯滿，又西四百六十里曰大河橋梁，枝流出焉，又西百九十里爲什克南城，其南又有一水西流」。西域記云「西派一大流，西至達摩悉鐵帝國東界，與縛芻河合而西流。蓋哈喇庫勒西流之水，下流仍合爲一，其一水即縛芻河也」。西域圖考云「哈喇庫勒西南流之支，必匯巴達克山之水，同入阿母河以注鹹海無疑。惟哈喇庫勒尚有一支，經喀爾提錦而西流者，或北歸那林河，或即南流同入伊西弭庫爾，尚無確據」。

〔二〕【補注】先謙曰：西域記云達摩悉鐵帝國，又言護密。新唐書「護密，元魏所謂鉢和，顯慶時，以地爲鳥飛州」。疑以鳥飛谷得名，然則休循更名護密與？

〔三〕【補注】徐松曰：唐西域記「蔥嶺者，據贍部洲中，南接大雪山，北至熱池千泉，西至活國，東至烏鎩國，東西南北各數千里，崖嶺數百重，幽谷險峻，恒積冰雪，寒風勁烈。多出葱，故謂葱嶺，又以山崖葱翠，遂以名焉」。河水注引郭義恭廣志曰「休循國居葱嶺，其山多大葱」。御覽引西域諸國志曰「葱嶺高，行十二日可至頂」。先謙曰：西域圖考云「其南哈喇庫勒，即唐龍池水，東流爲雅瑪雅爾河，即葱嶺北河之南源，唐之波謎羅川也」。唐書西域傳云「南有商彌，地大，東北踰山七百里至波謎羅川」。與西域記同。其云南有孛露，即今之布魯特。

〔四〕【補注】徐松曰：據改定龜茲里數積算，當作「去長安一萬六百二里，去陽關六千一百二里」。

〔五〕【補注】徐松曰：漢紀以爲小國。

〔六〕【補注】徐松曰：當作三千三百六十四里。

〔七〕【補注】徐松曰：與葱嶺隔西岡。

〔八〕【補注】徐松曰：較捐毒近百一十里。

〔九〕【補注】徐松曰：大宛東南爲休循，西南爲大月氏，在休循西。休循倚葱嶺，大月氏出嶺外，故傳言「踰葱嶺，出大月氏」。

〔一〇〕【補注】錢大昭曰：「因」當作「田」。王先慎曰：「因畜隨水草」當作「隨畜逐水草」，傳寫者誤「逐」爲「隨」，校者未審，改上「隨」字爲「因」字。本傳屢言「隨畜逐水草」可證。錢氏就字形改字，不知休循即今布魯特，山峻多雪，不可耕作，與尉頭國異，不得云田也。

捐毒國，〔一〕王治衍敦谷，〔二〕去長安九千八百六十里。〔三〕戶三百八十，口千一百，勝兵五百人。〔四〕東至都護治所二千八百六十一里。〔五〕至疏勒。〔六〕南與葱領屬，〔七〕無人民。西上葱

領，則休循也。〔八〕西北至大宛千三十里，北與烏孫接。〔九〕衣服類烏孫，隨水草，依蔥領，〔一〇〕本塞種也。〔一一〕

〔一〕【補注】先謙曰：後書無捐毒，有天竺，云一名身毒，或遂以爲即捐毒，誤也。天竺自是今之五印度，在蔥嶺東南。捐毒與休循接壤，在北道之西，迥不相涉。西域圖考云「今巴爾琿之南地，屬薩爾巴噶什布魯特部」。河水注「河水重源有三，一西出捐毒國蔥嶺之上，河源潛發分爲二水，一下西入休循國，一下東入無雷國」。水經圖說云「西布魯特部落，西南至喀什噶爾之西，葉爾羌之西南，博洛爾、拔達克山、鄂爾善諸部落皆在蔥嶺閒」。捐毒當今西布魯特地。其西流之水自指拔達克山以南之水，西北流至布哈爾部落，入騰吉斯鄂謨者」。

〔二〕【補注】徐松曰：西域記言奔壤舍羅爲蔥嶺東岡，此其西岡之谷歟？

〔三〕【補注】徐松曰：據改定龜茲里數積算，當作「去長安一萬三百四十二里，去陽關五千八百四十二里」。

〔四〕【補注】徐松曰：漢紀以爲小國。

〔五〕【補注】徐松曰：當作三千一百四里。

〔六〕【補注】徐松曰：傳言自疏勒以西北休循捐毒，是蒙上東至爲文。

〔七〕師古曰：屬，聯也，音之欲反。【補注】徐松曰：蔥領無南面，此居蔥領中，蓋近北也。先謙曰：西域圖考云「此今西布魯特地，與休循共之。捐毒、休循爲北道西國」。

〔八〕【補注】徐松曰：河水注「河水西逕休循國，蔥領(云)西水皆西流」。是知休循在蔥領外。先謙曰：河水注「西去休循二百餘里」。

〔九〕【補注】徐松曰：與大宛、烏孫皆隔蔥領。

〔一〇〕【補注】徐松曰：唐西域記「波謎羅川據大蔥領內」。

〔一一〕【補注】徐松曰：休循、捐毒二國爲今東西布魯特種人，山峻，多雪，不可耕，故逐水草居。

莎車國，〔一〕王治莎車城，〔二〕去長安九千九百五十里。〔三〕户二千三百三十九，口萬六千三百七十三，勝兵三千四十九人。〔四〕輔國侯、左右將、左右騎君、備西夜君各一人，〔五〕都尉二人，譯長四人。東北至都護治所四千七百四十六里，〔六〕西至疏勒五百六十里，〔七〕西南至蒲犁七百四十里。〔八〕有鐵山，出青玉。〔九〕

〔一〕【補注】先謙曰：後書有傳，魏志注三國時屬疏勒，後魏爲渠莎國，今爲莎車直隸州。河水注「北河枝水自疏勒國來，東逕莎車國，南下入温宿國」。水經圖説云「此言枝河東逕莎車國，南則漢莎車城，在葉爾羌北境，並在北河之北，當今葉爾羌屬巴爾楚克諸地，其境則南有葉爾羌地，故疏勒南至莎車也」。西域圖考云「地跨有葱嶺，南河即唐之徙多河，西有塞勒庫勒，爲外藩總匯之區，殆即漢南通蒲犁之路」。

〔二〕【補注】徐松曰：後魏書「渠莎國居故莎車城」。

〔三〕【補注】徐松曰：據蒲犁去長安減之，當作「去長安八千八百十里，去陽關四千三百十里」。

〔四〕【補注】徐松曰：漢紀以爲次大國。

〔五〕【補注】徐松曰：南接西夜，故備之。

〔六〕【補注】徐松曰：以去陽關數減之，當作一千五百七十二里。

〔七〕【補注】徐松曰：疏勒又言南至莎車，互文以明西北也。先謙曰：後書云「莎車東北至疏勒」疑有誤。

〔八〕【補注】徐松曰：至莎車歷蒲犁、依耐、無雷，皆迤邐而西南。

〔九〕【補注】徐松曰：今葉爾羌河所經密爾岱山出青玉。穆天子傳曰「天子西征至剞閭氏，乃命剞閭氏供養六師之人於鐵山之下，天子祭鐵山」。御覽以爲即莎車國鐵山。

宣帝時，烏孫公主小子萬年，〔一〕莎車王愛之。莎車王無子死，死時萬年在漢。〔二〕莎車國人計欲自託於漢，又欲得烏孫心，即上書請萬年爲莎車王。漢許之，遣使者奚充國送萬年。萬年初立，暴惡，國人不說。〔三〕莎車王弟呼屠徵殺萬年，并殺漢使者，自立爲王，約諸國背漢。〔四〕會衞候馮奉世〔五〕使送大宛客，即以便宜發諸國兵擊殺之，更立它昆弟子爲莎車王。還，拜奉世爲光禄大夫。〔六〕是歲，元康元年也。〔七〕

〔一〕【補注】徐松曰：楚主之子元貴靡及大樂，皆長於萬年。
〔二〕【補注】徐松曰：漢外孫也。
〔三〕師古曰：說讀曰悦。
〔四〕【補注】先謙曰：詳馮奉世傳，此蓋地節三四年事。
〔五〕【補注】徐松曰：衞尉屬官有諸屯衞候。
〔六〕【補注】徐松曰：據奉世傳，以爲光禄大夫水衡都尉。
〔七〕【補注】徐松曰：據後書，漢末有莎車王延，天鳳五年死，謚忠武王，子康代立。

疏勒國，〔一〕王治疏勒城，〔二〕去長安九千三百五十里。〔三〕户千五百一十，口萬八千六百四十七，勝兵二千人。〔四〕疏勒侯、擊胡侯、輔國侯、都尉、〔五〕左右將、左右騎君、左右譯長各一人。〔六〕東至都護治所二千二百一十里，〔七〕南至莎車五百六十里。〔八〕有市列，〔九〕西當大月氏、

大宛、康居道也。〔一〇〕

〔二〕【補注】徐松曰：莽曰世善，見後漢紀。先謙曰：後漢有傳，亦見魏志注，西戎傳，後魏、隋、唐紀、傳。唐書云一曰佉沙。西域記「佉沙國舊謂疏勒者，乃稱其城號，正言宜云室利訖栗多底，今爲疏勒直隸廳」。河水注「北河自岐沙谷東分南河，以上見無雷國。又東北枝流出焉。北河自疏勒流逕南河之北，下入温宿國。北河枝水上承北河於疏勒之東，西北流逕疏勒國南，又東北與疏勒北山水合，下入莎車國。北山水出北溪，東南流逕疏勒城下，入枝水」。水經圖説云，唐書地理志「疏勒鎮三面皆山」，又云「疏勒西南入蔥嶺，即今喀什噶爾也。葉爾羌河即注之南河，喀什噶爾河即注之北河，二水異源，而注稱一水所分，與今水道不合。今喀什噶爾自西迤南至英吉沙爾，西迆東南至葉爾羌西南之山，回語呼爲塔爾塔什達巴罕，即古蔥嶺岐沙谷，當在喀什噶爾西蔥嶺中。自此東出山，即平地，英吉沙爾民多引渠以灌田，或舊有水傍山東下，與葉爾羌河相通，後更湮塞與」？西域圖考云「疏勒西當大月氏、大宛、康居孔道，河曰赫色勒河，爲北河之北源，唐之赤河也」。唐志「疏勒西、南、北三面有山，城在水中，赤河來自疏勒西葛祿嶺，至城西分流，合於城東，句。北入據史德城」。城在龜茲境孤石山上，今屯珠素山，在烏什正南二百里。西域水道記云「喀什噶爾河二源，北源爲烏蘭烏蘇河，自赫色勒嶺東流，逕別什托海，會通布倫嶺水，爲得爾必楚克河。又東南流逕哈朗歸卡倫與卡倫西小水會爲烏蘭烏蘇河。蒙古語謂赤爲烏蘭，回語謂赤爲赫色勒也。又東南流合木什水，又東南分爲渠，又東南至喀什噶爾城，又東南與雅璊雅爾河會。南源雅璊雅爾河出自哈喇庫勒池，池在和什庫珠克嶺東，周數百里」。唐書高仙芝傳云「登蔥嶺，涉播密川」。西域記云「波謎羅川東西千餘里，南北百餘里，川中有大龍池，東西三百餘里，南北五十餘里」。案，播密川即波謎羅川之異音。哈喇庫勒池即大龍池也。西域記又云「池西派一大流，西至達摩悉鐵帝東界，與縛芻河合而西流。互見捐毒。池東派一大流，東至佉沙國界，與徙多河合而西流。佉沙即疏勒也。雅璊雅爾河水自庫勒出而東流爲圖巴里克河，又東逕塔什巴里克莊，北爲雅瑀雅爾謌斯騰。瀋成之河曰謌斯騰也。又東爲台里布楚克河，又東北與烏蘭烏蘇河會於喀什噶爾城南，是爲喀什噶爾河，即蔥嶺北河也」。西域記云東派一大流，即雅瑀雅爾河，所云徙多河，即烏蘭烏蘇也。

〔二〕【補注】徐松曰：新唐書「王居迦師城」。後書班超傳，疏勒有盤槖城、烏即城、損中城，又有兩城。損中又作楨中、頓中。隋書云都城方五里。案後書耿恭傳之疏勒城，非疏勒國地。

〔三〕【補注】徐松曰：疏勒遠於莎車五百六十里，此五十當作七十，去陽關當四千八百七十里。

〔四〕【補注】徐松曰：漢紀以爲小國。

〔五〕【補注】徐松曰：後書班超傳有都尉黎弇、番辰。

〔六〕【補注】徐松曰：譯長言左右，惟此與卑陸。

〔七〕【補注】徐松曰：當作二千一百三十二里。

〔八〕【補注】徐松曰：實東南也。後魏書「疏勒國南有黃河」。先謙曰：後書云「莎車東北至疏勒」。

〔九〕【補注】徐松曰：後魏書云「土多稻、粟、麻、麥、銅、鐵、錫、雌黃、錦、綿」。唐西域記「佉沙國周五千餘里，稼穡殷盛，花果繁茂，出絹氎氈，工織細氎氍毹」。

〔一〇〕【補注】徐松曰：後魏書云「西帶蔥嶺」，故踰蔥嶺者由之。

尉頭國，〔一〕王治尉頭谷，〔二〕去長安八千六百五十里。〔三〕戶三百，口二千三百，勝兵八百人。〔四〕左右都尉各一人，左右騎君各一人。東至都護治所千四百一十一里，〔五〕南與疏勒接，山道不通，〔六〕西至捐毒千三百一十四里，徑道馬行二日。〔七〕田畜隨水草，〔八〕衣服類烏孫。

〔一〕【補注】先謙曰：後書云「疏勒東北至尉頭」。亦見班超傳。後魏時屬龜茲，見西域傳。西域圖考云「在今喀克善山之南，奇里克布魯特部地也」。準其地望，應至今烏什地。下文云至疏勒，山道不通，據後書疏勒傳云「東北經尉頭、温宿、姑墨、龜茲以至焉耆」。是開道而南矣。今爲烏什直隸廳。

〔二〕【補注】徐松曰：蓋白山之谷。

〔三〕【補注】徐松曰：據改定龜茲里數積算，當作「去長安九千二十八里，去陽關四千五百二十八里」。

〔四〕【補注】徐松曰：漢紀以爲小國。

〔五〕【補注】徐松曰：當作「千七百九十里」。

〔六〕【補注】徐松曰：疏勒都白山南，故以爲阻。先謙曰：魏書西域傳「在温宿北」。水經圖說云「温宿、疏勒東西相距約千里，今烏什至喀什噶爾略同。其中大山緜亘，尉頭在温宿之西北，故與疏勒山道不通」。今固勒扎巴什諸山是也。

〔七〕【補注】徐松曰：徑道，山徑之道也。今自烏什至喀什噶爾，驛程二千二百二十里，而沿烏蘭烏蘇徑路凡六百餘里，殆猶是歟。

〔八〕【補注】徐松曰：城郭國，故田畜；近烏孫，故隨水草。

西域傳第六十六下

漢書九十六下

烏孫國、〔一〕大昆彌〔二〕治赤谷城，〔三〕去長安八千九百里。〔四〕戶十二萬，口六十三萬，勝兵十八萬八千八百人。〔五〕相，大祿，〔六〕左右大將二人，〔七〕侯三人，大將都尉各一人，〔八〕大監二人，大吏一人，舍中大吏二人，騎君一人。東至都護治所千七百二十一里，〔九〕西至康居蕃內地五千里。〔一〇〕地莽平。多雨，寒。山多松樠。〔一一〕不田作種樹，〔一二〕隨畜逐水草，與匈奴同俗。國多馬，富人至四五千匹。民剛惡，貪狠無信，〔一三〕多寇盜，最爲彊國。故服匈奴，〔一四〕後盛大，〔一五〕取羈屬，不肯往朝會。〔一六〕東與匈奴、〔一七〕西北與康居、〔一八〕西與大宛、〔一九〕南與城郭諸國相接。〔二〇〕本塞地也，大月氏西破走塞王，塞王南越縣度，大月氏居其地。〔二一〕後烏孫昆莫擊破大月氏，〔二二〕大月氏徙西臣大夏，〔二三〕而烏孫昆莫居之，故烏孫民有塞種、大月氏種云。〔二四〕

〔一〕【補注】先謙曰：後書云「班勇擊降焉耆，於是龜茲等十七國服從，而烏孫葱領已西遂絶」。故後書無考。後魏書云「其國數爲蠕蠕所侵，西徙葱嶺」。西域圖考云「在今阿克蘇北境木素爾嶺之北，伊犂南境特克斯河之南」。當今特克斯臺、沙圖臺兩臺地。下文云「漢徙己校尉屯姑墨，欲候便討焉」。是近姑墨。唐書地理志云「大石城又曰温肅州，西北三十里至粟樓峯，又四十里度拔達嶺，即木素爾嶺。又五十里至頓多城，烏孫所治赤山城也。又三十里度真珠河」。足知其地河即特克斯河矣。蓋自今小裕勒都斯河而西，南阻天山，北距伊犂河，伊犂北境爲伊列國，尚屬匈奴，至伊犂河爲界，南屬烏孫也。兼布魯特北境，與霍罕哈薩克爲界，南北不過千里，東西數千里。

〔二〕【補注】徐松曰：未稱昆彌時，稱烏孫王。匈奴傳「以翁主妻烏孫王」。

〔三〕師古曰：烏孫於西域諸戎，其形最異。今之胡人青眼赤須狀類彌猴者，本其種也。【補注】徐松曰：焦氏易林云「烏孫氏女深目黑醜」。是其形異也。神爵中，分小昆彌别爲部，大昆彌仍其舊治。後魏書云「居赤谷城，後西徙葱嶺中」。是烏孫在山南之證。今阿克蘇城北鹽山土色純赤，疑是其地。陳湯傳「郅支擊烏孫，深入至赤谷城」。

〔四〕【補注】徐松曰：温宿之去長安當八千七百二十八里，烏孫在温宿北，故里數略同。

〔五〕【補注】徐松曰：西域最大國。

〔六〕【補注】徐松曰：傳有中子大禄。

〔七〕【補注】宋祁曰：楊本無「左右」二字。徐松曰：傳有大樂爲左大將，馮夫人爲右大將妻，則楊本非也。

〔八〕【補注】宋祁曰：楊本「大將」作「大夫」。徐松曰：各一人者，有左右也。傳有左右大將都尉，楊本似誤。

〔九〕【補注】徐松曰：以去長安較之，當作千六百六十二里，但言東，知非在山北。

〔一〇〕【補注】徐松曰：陳湯傳「郅支借康居兵擊烏孫，烏孫不敢追，西邊空虚不居者且千里」。是蕃内地在康居境内四千餘里。

〔一一〕師古曰：莽平，謂有草莽而平坦也，一曰莽莽，平野之貌。樠，木名，其心似松，音武元反。【補注】徐松曰：烏孫之境，西自捐毒之北，東迄焉耆之北，旁白山之陽，亘三千五百餘里，故曰地莽平。倚山，故多雨雪而寒。樠有二訓：一曰松心，一曰木名。言松心者，莊子所謂液樠；言木名者，此傳及左傳樠木之下。馬融廣成頌「履修樠」

也，諸書惟廣韻不誤。今本說文云「樠，松心木」，段氏以爲有奪誤，顏所據蓋同今本說文。左傳音義「樠，郎蕩反，又莫昆、武元二反」。馬融傳注音莫寒反。周壽昌曰：洪亮吉雜録云「萬松塘在天山下，即詣巴里坤要道也。細驗之，實非松，乃松心木耳。說文、玉篇皆云『樠，松心木』，高誘淮南王書注『樠讀如姓樠氏之樠』。考竟陵縣武來山，一名樠木山，樂史稱，郡國志云楚武王即卒此山」。洪又云「曾在萬松塘一宿，土人尚呼爲樠木也。音讀若門」。

〔一二〕師古曰：樹，植也。【補注】徐松曰：近山故不田作。

〔一三〕【補注】先謙曰：官本「狠」作「狼」。

〔一四〕師古曰：故，謂舊時也。服，屬於匈奴也。【補注】徐松曰：史記言單于令昆莫長守於西域。

〔一五〕【補注】徐松曰：大宛傳「昆莫收養其民，攻旁小邑，控弦數萬，習攻戰」。

〔一六〕師古曰：言纔羈縻屬之而已。【補注】徐松曰：匈奴傳「歲正月，諸長少會單于祠。五月，大會龍城，祭其先、天地、鬼神。秋，馬肥，大會蹛林，課校人畜計」。是匈奴朝會事。

〔一七〕【補注】徐松曰：烏孫之地，蓋並天山之陽直至焉耆以北，其東則車師，是與匈奴接。

〔一八〕【補注】徐松曰：言西面北面皆接康居，故傳又言北附康居。

〔一九〕【補注】徐松曰：捐毒、休循北境皆烏孫地，故大宛在正西。

〔二〇〕【補注】王念孫曰：「相」字後人所加，傳凡言某國與某國接者，「接」上皆無「相」字，則此亦當然。漢紀孝武紀、通典邊防八竝作「南與城郭諸國接」，無「相」字。徐松曰：謂姑墨、温宿、龜茲、焉耆。

〔二一〕【補注】徐松曰：南越者，第謂南走，縣度在西南也。

〔二二〕【補注】徐松曰：張騫傳「烏孫王號昆莫，昆莫父難兜靡本與大月氏俱在祁連、敦煌閒，小國也。大月氏攻殺難兜靡，奪其地，人民亡走匈奴。子昆莫新生，(傳)〔傅〕父布就翎侯抱亡置草中，爲求食，還，見狼乳之，又烏銜肉翔其旁，以爲神，遂持歸匈奴，單于愛養之。及壯，以其父民衆與昆莫，使將兵，數有功。時月氏已爲匈奴所破，西擊塞王。塞王南走遠徙，月氏居其地。昆莫既健，自請單于報父怨，遂西攻破大月氏」。

〔二三〕【補注】徐松曰：據張騫傳昆莫蓋殺月氏王，其夫人臣大夏也。顔注以大夏爲臣。

〔二四〕【補注】徐松曰：皆其民，去之不盡者。

始張騫言烏孫本與大月氏共在敦煌間，〔一〕今烏孫雖彊大，可厚賂招，令東居故地，〔二〕妻以公主，與爲昆弟，〔三〕以制匈奴。語在張騫傳。武帝即位，令騫齎金幣往。〔四〕昆莫見騫如單于禮，〔五〕騫大慙，謂曰：〔六〕「天子致賜，王不拜，則還賜。」〔七〕昆莫起拜，其它如故。〔八〕

〔一〕【補注】徐松曰：敦煌之置，在元鼎元年，騫時無此郡。

〔二〕【補注】徐松曰：史記作「招以益東居故渾邪之地」。

〔三〕【補注】徐松曰：匈奴傳「劉敬奉宗室女翁主爲單于閼氏，約爲兄弟以和親」。今用其法於烏孫也。

〔四〕【補注】劉敞曰：衍「位」字。徐松曰：騫傳言「拜爲中郎將，〔二〕〔將〕三百人，馬各二匹，牛羊以萬數，齎金幣帛直數千鉅萬」。

〔五〕師古曰：昆莫自比於單于。

〔六〕【補注】徐松曰：大宛傳騫知蠻夷貪，故謂之。

〔七〕師古曰：還賜，謂將賜物還歸漢也。

〔八〕【補注】徐松曰：其它仍用單于禮。

初，昆莫有十餘子，中子大祿彊，善將，〔一〕將衆萬餘騎別居。大祿兄太子，太子有子曰岑陬。〔二〕太子蚤死，〔三〕謂昆莫曰：「必以岑陬爲太子。」昆莫哀許之。大祿怒，乃收其昆弟，將衆畔，謀攻岑陬。〔四〕昆莫與岑陬萬餘騎，〔五〕令別居，昆莫亦自有萬餘騎以自備。國分爲三，大總羈屬昆莫。騫既致賜，諭指曰：〔六〕「烏孫能東居故地，則漢遣公主爲夫人，結爲昆弟，共距匈奴，不足破也。」烏孫遠漢，未知其大小，〔七〕又近匈奴，服屬日久，其大臣皆不欲徙。昆莫年老，〔八〕國分，不能專制，乃發使送騫，〔九〕因獻馬數十匹報謝。其使見漢人衆富厚，歸其國，其國後乃益重漢。

〔一〕師古曰：言其材力優彊，能爲將。【補注】徐松曰：大祿者，居大祿之官。

〔二〕師古曰：岑音仕林反。陬音子侯反。【補注】徐松曰：史記作「岑娶」。

〔三〕師古曰：蚤，古早字。

〔四〕【補注】徐松曰：史記作「謀攻岑陬及昆莫」。

〔五〕【補注】徐松曰：史記作「昆莫老，常恐大祿殺岑娶」。

〔六〕【補注】徐松曰：以天子意指曉告之。

〔七〕師古曰：遠音于萬反。

〔八〕【補注】徐松曰：冒頓死於孝文六七年閒，昆莫生於冒頓未破月氏之前，至元鼎時，年蓋六十餘。

〔九〕【補注】徐松曰：大宛傳作「送騫還」。案，騫使烏孫，歸在元鼎二年，明年騫卒。

匈奴聞其與漢通，怒欲擊之。〔一〕又漢使烏孫，乃出其南，抵大宛、月氏，相屬不絕。〔二〕烏孫於是恐，〔三〕使使獻馬，〔四〕願得尚漢公主，爲昆弟。〔五〕天子問羣臣，議許，曰：「必先內聘，〔六〕然後遣女。」烏孫以馬千匹聘。〔七〕漢元封中，遣江都王建女細君爲公主，以妻焉。〔八〕賜乘輿服御物，爲備官屬宦官侍御數百人，〔九〕贈送甚盛。〔一〇〕烏孫昆莫以爲右夫人。匈奴亦遣女妻昆莫，昆莫以爲左夫人。〔一一〕

〔一〕【補注】徐松曰：是時匈奴伊穉斜單于死，子烏維立爲單于。

〔二〕師古曰：抵，至也。屬音之欲反。【補注】徐松曰：烏孫在北山下，漢使之由南道者，並南山下，由北道者，沿塔里木河北岸，皆在烏孫境南。

〔三〕【補注】徐松曰：漢通大宛、月氏，則出烏孫後。

〔四〕【補注】徐松曰：張騫傳「得烏孫馬好，名曰『天馬』」。

〔五〕【補注】徐松曰：事在元封初。

〔六〕【補注】徐松曰：内讀曰納。

〔七〕師古曰：入聘財。

〔八〕【補注】先謙曰：王建以淫暴自殺，江都國除，至此十四五年。

〔九〕【補注】徐松曰：劉昭百官志「諸公主每主家令一人，丞一人」。注又引漢官曰「主簿一人、僕一人、私府長一人、家丞二人、直吏三人、從官二人」。此有宦官侍御數百人者，皆特置，異於常制。

〔一〇〕【補注】徐松曰：玉臺新咏，石崇王昭君辭序「昔公主嫁烏孫，令琵琶馬上作樂，以慰其道路之思」。沈欽韓曰：舊唐書音樂志「琵琶四弦漢樂也。初，秦長城之役，有弦鼗而鼓之者，及漢武帝嫁宗女於烏孫，乃裁箏、筑爲馬上樂，以慰其鄉國之思。通典樂部引傅玄琵琶賦同。今清樂奏琵琶，俗謂之『秦漢子』。圓體修頸而小，疑是弦鼗之遺制。其他皆兑上充下，曲項，形制稍大，疑此是漢制。兼似兩制者，謂之『秦漢』，蓋謂通用秦漢之法。

〔一一〕【補注】徐松曰：匈奴傳常以太子爲左屠耆王，是匈奴尚左，昆莫先匈奴女者，仍畏匈奴也。

公主至其國，自治宮室居，〔一〕歲時一再與昆莫會，置酒飲食，以幣帛賜王左右貴人。昆莫年老，語言不通，公主悲愁，自爲作歌曰：「吾家嫁我兮天一方，遠託異國兮烏孫王。穹廬爲室兮旃爲牆，〔二〕以肉爲食兮酪爲漿。〔三〕居常土思兮心內傷，〔四〕願爲黃鵠兮歸故鄉。」〔五〕天子聞而憐之，間歲遣使者持帷帳錦繡給遺焉。〔六〕

〔一〕【補注】徐松曰：烏孫雖逐水草而有城郭，故得建宮室。玉臺新咏引作「自治室宮」。

〔二〕【補注】徐松曰：匈奴傳注「穹廬，旃帳也。其形穹隆，故曰穹廬」。案周禮「共其毳毛爲氈」。旃爲氈之假借字，玉臺新咏作「氈」。

〔三〕師古曰：食謂飯，音飤。【補注】王念孫曰：「肉」上本無「以」字，後人以上下文皆八字爲句，而此句獨少一字，故加「以」字耳。不知「穹廬爲室旃爲牆，肉爲食酪爲漿」，皆相對爲文，不得獨於「肉」上加「以」字也。御覽樂部八所引已誤，北堂書鈔樂部二、藝文類聚樂部三、文選答蘇武書注所引，皆無「以」字。徐松曰：玉臺新咏亦無「以」字。

〔四〕師古曰：土思，謂憂思而懷本土。

〔五〕師古曰：鵠音下督反。【補注】徐松曰：玉臺新咏作「願爲飛黃鵠兮還故鄉」。案謝莊懷園引「漢女悲而歌飛鵠」。是古本有「飛」字。

〔六〕師古曰：間歲者，謂每隔一歲而往也。

昆莫年老，欲使其孫岑陬尚公主。公主不聽，上書言狀，天子報曰：「從其國俗，欲與烏孫共滅胡。」〔一〕岑陬遂妻公主。昆莫死，岑陬代立。岑陬者，官號也，〔二〕名軍須靡。昆莫，王號也，名獵驕靡。後書「昆彌」云。〔三〕岑陬尚江都公主，生一女少夫。〔四〕公主死，〔五〕漢復以楚王戊之孫解憂爲公主，〔六〕妻岑陬。〔七〕岑陬胡婦子泥靡尚小，岑陬且死，以國與季父大祿子翁歸靡，〔八〕曰：「泥靡大，以國歸之。」〔九〕

〔一〕【補注】徐松曰：言此者，以慰喻公主。

〔二〕【補注】徐松曰：官號不見前者，或尊官不常置。

〔三〕師古曰：昆莫本是王號，而其人名獵驕靡，故書云昆彌。昆取昆莫，彌取驕靡。彌、靡音有輕重耳，蓋本一也。後遂以昆彌爲其王號也。【補注】錢大昕曰：顔説非也。昆彌即昆莫，彌、莫聲相轉，猶宛王毋寡一作毋鼓，鼓寡聲相轉，其實一耳。莫之爲彌，譯音有輕重，而名號未改，非取王名之一字而沿以爲號也。徐松曰：案烏孫人名多有靡字，是其語音如此，昆彌亦仍其語音，未必取意，昆莫、驕靡也。

〔四〕師古曰：名少夫。

〔五〕【補注】徐松曰：公主在烏孫僅四五年而死。

〔六〕【補注】先謙曰：楚王戊，景帝三年反，誅。

〔七〕【補注】徐松曰：在太初中。

〔八〕【補注】徐松曰：季父大祿，即前中子大祿。

〔九〕【補注】錢大昭曰：言俟泥靡長大，以國歸之，故後云「烏孫貴人共從本約，立泥靡」也。

翁歸靡既立，號肥王，復尚楚主解憂，生三男兩女：長男曰元貴靡；次曰萬年，爲莎車王；〔一〕次曰大樂，爲左大將；〔二〕長女弟史爲龜茲王絳賓妻；小女素光爲若呼翖侯妻。〔三〕

〔一〕【補注】徐松曰：莎車傳言小子萬年，此云次子，互異。爲王在地節中，傳終言之。
〔二〕【補注】徐松曰：下又作左大將樂。
〔三〕師古曰：弟史、素光皆女名。【補注】徐松曰：烏孫有布就翎侯，見張騫傳。此若呼翎侯，蓋如五翎侯之比。

昭帝時，公主上書，言「匈奴發騎田車師，〔一〕車師與匈奴爲一，〔二〕共侵烏孫，唯天子幸救之！」漢養士馬，議欲擊匈奴。會昭帝崩，〔三〕宣帝初即位，公主及昆彌皆遣使上書，〔四〕言「匈奴復連發大兵侵擊烏孫，取車延、惡師地，〔五〕收人民去，使使謂烏孫趣持公主來，〔六〕欲隔絶漢。昆彌願發國半精兵，自給人馬五萬騎，〔七〕盡力擊匈奴。唯天子出兵以救公主、昆彌」。漢兵大發十五萬騎，〔八〕五將軍分道並出。語在匈奴傳。〔九〕遣校尉常惠使持節護烏孫兵，昆彌自將翎侯以下五萬騎從西方入，至右谷蠡王庭，〔一〇〕獲單于父行及嫂、居次、名王、犁汙〔一一〕都尉、千長、騎將以下四萬級，〔一二〕馬牛羊驢橐駝七十餘萬頭，〔一三〕烏孫皆自取所虜獲。還，封惠爲長羅侯。是歲，本始三年也。〔一四〕漢遣惠持金幣賜烏孫貴人有功者。〔一五〕

〔一〕【補注】徐松曰：匈奴使四千騎田之，見下傳。
〔二〕【補注】徐松曰：言二國併力。
〔三〕【補注】徐松曰：匈奴傳「烏孫公主上書，下公卿議救，未決，昭帝崩」。
〔四〕【補注】徐松曰：常惠傳「本始二年，遣惠使烏孫」。公主及昆彌皆遣使，因惠言。
〔五〕【補注】徐松曰：車延、惡師二地名，功臣表「下摩侯冠支將家屬闌入惡師居」。即此地。案匈奴傳以此事屬於昭帝公主上書時，與此異。

〔六〕師古曰：趣讀曰促。【補注】徐松曰：常惠傳作「使使脅求公主」。匈奴傳「范明友乘烏桓敝，擊之，匈奴繇是恐，不能出兵。即使使之烏孫求欲得漢公主」。

〔七〕【補注】徐松曰：烏孫勝兵十八萬，此五萬騎，是未得半，故宣紀但言國精兵。

〔八〕【補注】先謙曰：本作「漢大發兵」，「兵」字誤倒在上。

〔九〕【補注】徐松曰：案宣紀本始二年秋，調兵。三年春，乃出兵。

〔一〇〕【補注】徐松曰：匈奴傳「右王將居西方，直上郡，以西接氐羌」。後書班超傳注「南面以西爲右」。匈奴之西方，接烏孫。案匈奴傳「蒲類將軍兵當與烏孫合擊匈奴蒲類澤，烏孫先期至」。是從西方入者，即自蒲類之西矣。宣紀注引服虔曰谷音鹿。後書杜篤傳作「鹿蠡」，蓋音同假借字。又後書和帝紀注「庭謂單于所居」。此言庭者，匈奴以左右賢王、左右谷蠡爲最大，故亦言庭。

〔一一〕【補注】徐松曰：匈奴傳言右賢王犂汙王四千騎，分三隊。又有左犂汙王咸、南犂汙王，蓋次於賢王者。左犂汙，「左」或作「右」。案在匈奴西，以右爲正。

〔一二〕【補注】徐松曰：常惠傳作「三萬九千人」。匈奴傳作「三萬九千餘級」。

〔一三〕【補注】徐松曰：常惠傳作「得馬、牛、驢、驘、橐佗五萬餘匹，羊六十餘萬頭」。

〔一四〕【補注】徐松曰：功臣表長羅侯以本始四年四月封，傳因敘用兵事，併言之。

〔一五〕【補注】徐松曰：時公主亦應有賜。後書耿恭傳「大昆彌遣使奉宣帝時所賜公主博具」。

元康二年，〔一〕烏孫昆彌因惠上書：「願以漢外孫元貴靡爲嗣，得令復尚漢公主，結婚重親，〔二〕畔絶匈奴，願聘馬驘各千匹。」詔下公卿議，大鴻臚蕭望之〔三〕以爲「烏孫絶域，變故難保，不可許」。上美烏孫新立大功，〔四〕又重絶故業，〔五〕遣使者至烏孫，先迎取聘。〔六〕昆彌及太子、〔七〕左右大將、都尉皆遣使，凡三百餘人，入漢迎取少主。〔八〕上乃以烏孫主解憂弟子相夫爲公主，〔九〕置官屬侍御百餘人，舍上林中，學烏孫言。〔一〇〕天子自臨平樂觀，會匈奴使者、外國君長大角抵，設樂而遣之。使長盧侯光祿大夫惠爲副，〔一一〕凡持節者四人，送少主至敦煌。未出塞，〔一二〕聞烏孫昆彌翁歸靡死，烏孫貴人共從本約，〔一三〕立岑陬子泥靡代爲昆彌，號狂王。〔一四〕惠上書：「願留少主敦煌，惠馳至烏孫責讓不立元貴靡爲昆彌，〔一五〕還迎少主。」事下公卿，望之復以爲「烏孫持兩端，難約結。〔一六〕前公主在烏孫四十餘年，恩愛不親密，邊竟未得安，〔一七〕此已事之驗也。今少主以元貴靡不立而還，信無負於夷狄，中國之福也。少主不止，繇役將興，〔一八〕其原起此」。天子從之，徵還少主。

〔一〕【補注】徐松曰：通鑑考異以蕭望之於神爵元年爲大鴻臚，傳文有大鴻臚蕭望之，則元康爲神爵之誤。今案本始四年距神爵二年，凡十一年，烏孫有大功，不應十一年乃往賜之，不足據一也；常惠傳「惠因便道擊龜茲，宣帝不許，大將軍霍光風惠以便宜從事」，霍光薨於地節二年，若至神爵，光死已八年，不足據二也；且傳敘龜茲事云，常惠斬姑翼時，烏孫公主正遣女至京，比自京還龜茲，又得請於元康元年來朝。常惠傳明言斬姑翼而還，未言復至烏孫，不應烏孫是時遣女入京，而惠遲至神爵，不足據三也；即以蕭望之傳推之，傳云遷大鴻臚，先是烏孫昆彌翁歸靡因常惠上書，詔下公卿議，望之以爲非長策，天子不聽，神爵二年送公主配元貴靡，未出塞，翁歸靡死，惠上書云云，望之復以爲不可，蓋先是云者，追敘以起復爲不可之詞，非直謂爲大鴻臚時也，此傳因之，始云大鴻臚望之，舍本傳而用此傳，不足據四也。合諸傳考之，蓋惠於本始四年賜烏孫，地節元年即斬姑翼還京，至元康二年，詔遣常惠將兵揚威武車師旁，其時車師王在烏孫，故烏孫因惠上書，是元康不誤。

〔二〕【補注】徐松曰：謂結兩重姻親。

〔三〕【補注】徐松曰：元康二年，望之自少府遷左馮翊，云大鴻臚，誤。

〔四〕【補注】徐松曰：元康二年去本始三年僅六年，故曰新。

〔五〕師古曰：重，難也。故業，謂先與烏孫婚親也。

〔六〕【補注】徐松曰：取聘財。

〔七〕【補注】徐松曰：太子即元貴靡。

〔八〕【補注】王文彬曰：取讀曰娶。

〔九〕【補注】宋祁曰：越本「弟」字下無「子」字。徐松曰：弟子謂弟之子，蓋楚王延壽之女弟行，與宣帝爲姑也。楚主在烏孫已四十年，不應尚有少弟。

〔一〇〕師古曰：舍，止也。【補注】何焯曰：先是細君以語言不通而悲愁，故學烏孫言，而後遣嫁。徐松曰：舍苑中以其容車騎。

〔一一〕【補注】錢大昭曰：「盧」當作「羅」。功臣表、匈奴傳竝作「羅」。先謙曰：蕭望之傳同官本作「羅」。

〔一二〕【補注】徐松曰：出塞，出玉門、陽關也。趙充國傳「自敦煌至遼東萬一千五百餘里，乘塞列隧」。

〔一三〕【補注】徐松曰：從岑陬之約。蕭望之傳作背約，謂背翁歸靡之約。

〔一四〕【補注】徐松曰：蓋以不與主和號曰狂。周壽昌曰：此從後號之也，下云「暴惡失衆」，又云「爲烏孫所患苦」，明不止不與主和一事。

〔一五〕【補注】徐松曰：蕭望之傳作「責以負約，因立元貴靡」。

〔一六〕【補注】徐松曰：蕭望之傳作「亡堅約」。

〔一七〕師古曰：竟讀曰境。

〔一八〕【補注】徐松曰：蓋公主在絶域，贈送之使興發勞人。

狂王復尚楚主解憂，生一男鴟靡，不與主和，又暴惡失衆。漢使衛司馬魏和意、副候任昌送侍子，〔一〕公主言狂王爲烏孫所患苦，易誅也。遂謀置酒會，罷，使士拔劍擊之。劍旁下，〔二〕狂王傷，上馬馳去。其子細沈瘦〔三〕會兵圍和意、昌及公主於赤谷城。數月，都護鄭吉發諸國兵救之，乃解去。〔四〕漢遣中郎將張遵持醫藥治狂王，賜金二十斤，采繒。〔五〕因收和意、昌係瑣，從尉犂檻車至長安，斬之。〔六〕車騎將軍長史張翁〔七〕留驗公主與使者謀殺狂王狀，〔八〕主不服，叩頭謝，張翁捽主頭罵詈。〔九〕主上書，翁還，坐死。副使季都別將醫養視狂王，〔一〇〕狂王從十餘騎送之。〔一一〕都還，坐知狂王當誅，見便不發，下蠶室。〔一二〕

〔一〕【補注】徐松曰：通鑑注「候，衛候也，爲和意之副」。侍子，前所送在京者。

〔二〕師古曰：不正下之。【補注】先謙曰：官本「之」作「也」，是。

〔三〕師古曰：瘦音搜。【補注】徐松曰：蓋先娶胡婦子。

〔四〕【補注】徐松曰：通鑑繫此事於甘露元年，非也。蓋在五鳳中。

〔五〕【補注】王念孫曰：案下文「賜姑莫匿等金人二十斤，繒三百匹」。則此文「采繒」下亦當有匹數，而今本脱之也。

〔六〕【補注】徐松曰：和意、昌蓋縶在烏壘，故從尉犂行，觀此知漢北道近河北岸，在今道之南也。

〔七〕【補注】徐松曰：百官表前後左右將軍皆有長史。

〔八〕【補注】徐松曰：期門中郎將秩比二千石，將軍長史秩千石，蓋張翁爲遵之副，遵送和意等還長安，故翁留也。下副使季都，蓋亦同時使者。

〔九〕師古曰：捽，持其頭，音材兀反。【補注】錢大昭曰：説文「捽，持頭髮也」。

〔一〇〕【補注】徐松曰：醫養，謂知醫者及廝養。

〔一一〕【補注】徐松曰：但言送都，是翁時已還，故上言別將。

〔一二〕【補注】徐松曰：公主和意謀殺狂王，固漢意也，特以不死委罪和意耳。張翁、季都之獲罪，皆不知朝廷之意。

初，肥王翁歸靡胡婦子烏就屠，狂王傷時驚，與諸翎侯俱去，居北山中，〔一〕揚言母家匈奴兵來，〔二〕故衆歸之。後遂襲殺狂王，自立爲昆彌。漢遣破羌將軍辛武賢將兵萬五千人至敦煌，遣使者案行表，〔三〕穿卑鞮侯井以西，〔四〕欲通渠轉穀，積居廬倉以討之。〔五〕

〔一〕【補注】徐松曰：即今冰嶺以東至博羅圖山，所謂天山，以在烏孫北，故曰北山。此又烏孫在山南之證。

〔二〕【補注】徐松曰：北山之陰爲今伊犂、烏魯木齊境，皆匈奴也。

〔三〕【補注】何焯曰：溝洫志「令齊人水工徐伯表」，注謂表記之。今之豎標是。

〔四〕孟康曰：大井六通渠也，下泉流湧出，在白龍堆東土山下。【補注】徐松曰：胡注謂時立表穿渠於卑鞮侯井以西。案今敦煌縣引黨河穿六渠，經縣西下流入疏勒河，歸哈喇淖爾，淖爾西即大沙磧。豈古六通渠遺跡歟？先謙曰：官本「西」作「面」，引宋祁曰「面」當作「西」。

〔五〕【補注】錢大昭曰：「倉」，閩本作「舍」。徐松曰：通渠轉穀，欲水運也。廬倉謂建倉。國朝雍正中，大將軍岳鍾琪於黨河議行水運，詳見西域水道記中。先謙曰：積居猶積貯。

初，楚主侍者馮嫽〔一〕能史書，習事，〔二〕嘗持漢節爲公主使，行賞賜於城郭諸國，敬信之，〔三〕號曰馮夫人。爲烏孫右大將妻，右大將與烏就屠相愛，都護鄭吉〔四〕使馮夫人説烏就屠，以漢兵方出，必見滅，不如降。烏就屠恐，曰：「願得小號。」〔五〕宣帝徵馮夫人，自問狀。遣謁者竺次、期門甘廷壽爲副，送馮夫人。馮夫人錦車持節，〔六〕詔烏就屠詣長羅侯赤谷城，〔七〕立元貴靡爲大昆彌，烏就屠爲小昆彌，〔八〕皆賜印綬。破羌將軍不出塞還。〔九〕後烏就屠不盡歸諸翖侯民衆，〔一〇〕漢復遣長羅侯惠將三校屯赤谷，因爲分别其人民地界，〔一一〕大昆彌户六萬餘，小昆彌户四萬餘，〔一二〕然衆心皆附小昆彌。

〔一〕師古曰：音了。嫽者，慧也，故以爲名。【補注】徐松曰：詩陳風「佼人僚兮」，傳「僚，好貌」。釋文「僚本亦作嫽」。説文「嫽，女字也」。「僚，好貌」。方言「釥嫽，好也」。蓋僚、嫽通，婦人以爲美稱。顏訓慧，未知所出。

〔二〕【補注】徐松曰：胡注「内習漢書，外習西域諸國事也」。

〔三〕【補注】王先慎曰：當重「諸國」二字。

〔四〕【補注】徐松曰：段會宗傳「爲西域都護，三歲，更盡還」。如淳曰「邊吏三歲一更」。今鄭吉自神爵二年爲都護，至甘露元年已八年，不更者，或吉時未定此制。

〔五〕【補注】徐松曰：願得小昆彌之號。

〔六〕服虔曰：錦車，以錦衣車也。【補注】徐松曰：通鑑引此注作應劭。「錦車」，漢紀作「軺車」。

〔七〕【補注】錢大昭曰：「焉」字衍。徐松曰：烏就屠或仍居北山中，常惠蓋與辛武賢同討，而獨至烏孫也。先謙曰：官本無「焉」字。

〔八〕【補注】徐松曰：以長幼爲大小。

〔九〕【補注】徐松曰：以上甘露元年事。

〔一〇〕【補注】徐松曰：烏就屠前與諸翖侯俱去。

〔一一〕【補注】徐松曰：慶忌傳「爲右校丞隨常惠屯田烏孫赤谷城，與翎侯戰，陷陣卻敵」。蓋分其人民有不從者，故與之戰。

〔一二〕【補注】徐松曰：是時户不足十二萬也。以上當爲二年事。

元貴靡、鴟靡皆病死，公主上書言年老土思，願得歸骸骨，葬漢地。天子閔而迎之，公主與烏孫男女三人俱來至京師。〔一〕是歲，甘露三年也。〔二〕時年且七十，賜以公主田宅奴婢，〔三〕奉養甚厚，朝見儀比公主。後二歲卒，〔四〕三孫因留守墳墓云。〔五〕

〔一〕【補注】王念孫曰：「烏」字涉上下文烏孫而衍。「孫男女三人」者，公主之孫男、孫女共三人也。「孫」上不當有「烏」字。下文「公主卒，三孫留守墳墓」，是其證。漢紀有「烏」字，亦後人依誤本漢書加之。御覽禮儀部三十二引此無「烏」字。

〔二〕【補注】徐松曰：案宣紀公主歸於三年冬。

〔三〕【補注】宋祁曰：舊本「主」作「第」。

〔四〕【補注】徐松曰：蓋黄龍元年。

〔五〕【補注】徐松曰：劉昭百官志云「公主子孫奉墳墓於京都者，亦隨時見會，位在博士議郎下。」

元貴靡子星靡代爲大昆彌，弱，〔一〕馮夫人上書，願使烏孫〔二〕鎮撫星彌。〔三〕漢遣之，卒百人送烏孫焉。〔四〕都護韓宣〔五〕奏，烏孫大吏、大禄、大監，皆可以賜金印紫綬，〔六〕以尊輔大昆彌，漢許之。後都護韓宣復奏，星靡怯弱，可免，〔七〕更以季父左大將樂代爲昆彌，漢不許。〔八〕後段會宗爲都護，〔九〕招還亡畔，安定之。〔一〇〕

〔一〕師古曰：言其尚幼少。【補注】錢大昭曰：弱與健對，下文「後都護韓宣復奏，星靡怯弱，可免」，又云「時大昆彌雌栗靡健，翖侯皆畏服之」是也。顏説非。周壽昌曰：段會宗爲都護，當竟寧元年，時星靡死，子雌栗靡代立，星靡父元貴靡死，當甘露三年，星靡立，幾二十年而死，已有子代立且健矣，則代爲大昆彌時，必非幼少也。

〔二〕【補注】徐松曰：馮夫人或隨公主來歸。

〔三〕【補注】錢大昭曰：「彌」當作「靡」。閩本不誤。先謙曰：官本作「靡」。

〔四〕【補注】宋祁曰：越本、邵本無「烏孫」字。錢大昭曰：閩本無「烏孫」字。

〔五〕【補注】徐松曰：宣代鄭吉，當在元帝初。

〔六〕【補注】徐松曰：胡注「漢列侯金印紫綬，今特賜之」。

〔七〕【補注】沈欽韓曰：免王也。

〔八〕【補注】宋祁曰：「大將樂代爲昆彌」，當作「代將樂大爲昆彌」。先謙曰：宋説疑誤。

〔九〕【補注】徐松曰：會宗傳「竟寧中，以杜陵令五府舉爲西域都護」。案竟寧元年，封騎都尉甘延壽爲列侯，蓋延壽更還，會宗代之。

〔一〇〕師古曰：有人衆亡畔者，皆招而還之，故安定也。【補注】徐松曰：衆附小昆彌，故亡畔。

星靡死，子雌栗靡代，小昆彌烏就屠死，子拊離代立，〔一〕爲弟日貳所殺。漢遣使者立拊離子安日爲小昆彌。〔二〕日貳亡，阻康居。〔三〕漢徙己校屯姑墨，〔四〕欲候便討焉。〔五〕安日使貴人姑莫匿等三人詐亡從日貳，刺殺之。〔六〕都護廉褒〔七〕賜姑莫匿等金人二十斤，繒三百匹。〔八〕

〔一〕師古曰：拊讀與撫同。【補注】徐松曰：説文「拊，揗也」。段玉裁云「古作拊揗，今作撫循，是拊、撫古今字」。事在成帝建始初。

〔二〕【補注】徐松曰：會宗傳「安日爲會宗所立」。

〔三〕【補注】徐松曰：陳湯傳「西域都護段會宗爲烏孫兵所圍」，即日貳攻圍之事。會宗以竟寧元年爲都護，此事在建始元二年。

〔四〕師古曰：有戊、己兩校兵，此直徙己校也。【補注】徐松曰：屯姑墨爲近烏孫。

〔五〕【補注】徐松曰：以上爲建始二年事。

〔六〕師古曰：詐畔亡而投之，因得以刺殺。

〔七〕【補注】徐松曰：段會宗以建始二年更盡，褒當以三年代。褒見公卿表。又傳常鄭甘陳段傳贊云「廉褒以恩信稱」。

〔八〕【補注】徐松曰：以上爲建始、河平閒事。

後安日爲降民所殺，〔一〕漢立其弟末振將代。〔二〕時大昆彌雌栗靡健，翎侯皆畏服之，告民牧馬畜無使入牧，〔三〕國中大安和翁歸靡時。〔四〕小昆靡末振將恐爲所并，〔五〕使貴人烏日領詐降刺殺雌栗靡。〔六〕漢欲以兵討之而未能，遣中郎將段會宗〔七〕持金幣與都護圖方略，〔八〕立雌栗靡季父公主孫伊秩靡爲大昆彌。〔九〕漢沒入小昆彌侍子在京師者。〔一〇〕久之，大昆彌翎侯難栖殺末振將，〔一一〕末振將兄安日子安犂靡代爲小昆彌。〔一二〕漢恨不自責誅末振將，〔一三〕復使段會宗即斬其太子番丘。〔一四〕還，賜爵關內侯。是歲，元延二年也。〔一五〕

〔一〕【補注】徐松曰：安日之立蓋已十二三年。段會宗傳「小昆彌爲國民所殺，諸翎侯大亂」。

〔二〕【補注】徐松曰：段會宗傳「徵會宗爲左曹中郎將光祿大夫，使安輯烏孫，立小昆彌兄末振將」。案，會宗凡再爲都護，後又四使西域，此爲使西域之一，在永始二年。「漢立其弟」，會宗傳作「兄」，以下文及會宗傳「末振將兄子」校之，是「兄」字誤。

〔三〕師古曰：勿入昆彌牧中，恐其相擾也。【補注】徐松曰：入牧，疑當謂入所牧爲稅，猶今哈薩克部入内地牧馬，每馬百收租馬一之類。

〔四〕師古曰：勝於翁歸靡時也。【補注】先謙曰：依顏注「和」蓋「加」之誤。

〔五〕【補注】先謙曰：官本「靡」作「彌」，是。

〔六〕【補注】徐松曰：案段會宗傳在立末振將之明年，是永始三年事。

〔七〕【補注】徐松曰：會宗傳不載此事，此爲使西域之二。

〔八〕【補注】徐松曰：會宗之再爲都護，更盡於鴻嘉二年，自鴻嘉三年至永始四年凡六歲，當有二都護。案傳於康居下有都護郭舜，據傳贊敘郭舜於廉襃後，孫建前，則舜正在永始時，此云都護或即舜歟？

〔九〕【補注】徐松曰：伊秩靡或大樂子。

〔一〇〕【補注】徐松曰：爲其有罪。

〔一一〕【補注】徐松曰：段會宗傳載末振將病死與此異。

〔一二〕師古曰：末振將之兄名安日，安日之子名安犂靡。【補注】徐松曰：段會宗傳作烏犂靡。

〔一三〕【補注】宋祁曰：越本無「責」字。錢大昭曰：閩本無「責」字。徐松曰：汪校亦無。

〔一四〕師古曰：番音盤。

〔一五〕【補注】徐松曰：詳會宗傳。此爲會宗使西域之三。

會宗以翖侯難栖殺末振將，雖不指爲漢，合於討賊，奏以爲堅守都尉。〔一〕責大禄、大吏、大監以雌栗靡見殺狀，奪金印紫綬，更與銅墨云。〔二〕末振將弟卑爰疐〔三〕本共謀殺大昆彌，將

衆八萬餘口北附康居，〔四〕謀欲藉兵〔五〕兼并兩昆彌。〔六〕兩昆彌畏之，親倚都護。〔七〕

〔一〕【補注】何焯曰：因而旌之，則恩威皆歸於漢。徐松曰：以賞功特置此官。

〔二〕【補注】徐松曰：劉昭輿服志注引東觀書云「公侯金印紫綬，中二千石至四百石皆銅印墨綬」。

〔三〕師古曰：疐音竹二反。【補注】徐松曰：匈奴傳「哀建平二年，烏孫庶子卑援疐翎侯人衆，入匈奴西界，寇盜牛畜，頗殺其民，單于聞之，遣左大當户烏夷泠將五千騎擊烏孫，殺數百人，略千餘人，毆牛畜去。卑援疐恐，遣子趨逯爲質匈奴」。即其人也。爰、援通。息夫躬傳注「蘇林曰：疐音欬嚏之疐。晉灼曰：音詩『載疐其尾』之疐」。匈奴傳注，服虔音獻捷之捷。顔云晉音是。

〔四〕【補注】徐松曰：以番丘見誅。

〔五〕師古曰：藉，借也。【補注】徐松曰：古多以藉爲借。

〔六〕【補注】徐松曰：息夫躬傳「烏孫兩昆彌弱，卑爰疐强盛，居彊煌之地，擁十萬之衆，東結單于，遣子往侍」。

〔七〕師古曰：倚，依附也，音於綺反。【補注】徐松曰：段會宗傳「漢復遣會宗使安輯，與都護孫建並力」。

哀帝元壽二年，大昆彌伊秩靡與單于並入朝，漢以爲榮。〔一〕至元始中，卑爰疐殺烏日領以自效，漢封爲歸義侯。兩昆彌皆弱，〔二〕卑爰疐侵陵，〔三〕都護孫建襲殺之。〔四〕自烏孫分立兩昆彌後，漢用憂勞，且無寧歲。〔五〕

〔一〕【補注】徐松曰：哀紀「二年正月，匈奴單于、烏孫大昆彌來朝」。案匈奴傳是時爲烏珠留若鞮單于。

〔二〕【補注】徐松曰：王莽傳言大昆彌中國外孫，是伊秩靡至始建國時猶存。

〔三〕【補注】徐松曰：謂侵陵兩昆彌。

〔四〕【補注】徐松曰：段會宗傳稱都護孫建在建平中，不應元始中尚在西域，或再任也。

〔五〕師古曰：言或鎮撫，或威制之，故多事也。【補注】徐松曰：王莽傳「始建國五年，烏孫大小昆彌遣使貢獻。莽見匈奴諸邊益侵，意欲得烏孫心，乃遣使者引小昆彌使，置大昆彌使上。保成師友祭酒滿昌劾奏使者曰：『夷狄以中國有禮誼，故詘而服從。大昆彌，君也，今序臣使於君使之上，非所以有夷狄也。奉使大不敬。』莽怒，免昌官，西域諸國以莽積失恩信，焉耆先畔，殺都護但欽」。

姑墨國，〔一〕王治南城，〔二〕去長安八千一百五十里。〔三〕户三千五百，口二萬四千五百，勝兵四千五百人。〔四〕姑墨侯、輔國侯、都尉、左右將、左右騎君各一人，譯長二人。東至都護治所一千二十一里，〔五〕南至於闐〔六〕馬行十五日，〔七〕北與烏孫接。〔八〕出銅、鐵、雌黄。〔九〕東通龜茲六百七十里。〔一〇〕王莽時，姑墨王丞殺温宿王，并其國。〔一一〕

〔一〕【補注】徐松曰：莽曰積善，見袁宏紀。先謙曰：後書云「自莎車東北，經尉頭、温宿至姑墨」。亦見莎車傳下。魏志注「後屬龜茲」。後魏書作姑默。唐書「自龜茲贏六百里，踰小沙磧，有跋禄迦，小國也，一曰亟墨，即漢姑墨國。横六百里，縱三百里，今爲拜城縣」。西域水道記云「哈喇裕勒衮台之東百二十里，爲滴水崖，皆沙磧，唐書之小沙磧，謂此也」。河水注「北河自温宿國來，東逕姑墨國南，合姑墨川水，下入龜茲國。姑墨川水導源姑墨西北，歷赤沙山東南流，逕姑墨國西，又東南流，右注北河」。西域圖考云「姑墨，今阿克蘇屬之哈喇裕勒衮軍台地，姑墨川水今阿爾巴特河，唐之撥換河也」。唐志「姑墨南臨渾河，即阿克蘇河下流，今名渾巴什河」。西域水道記云「阿爾巴特河亦曰阿察哈喇河，出阿克蘇城北瑪咱爾溝山中，東南流繞鹽山之東，即赤沙山也，又南入沙而伏，長凡三百里，不入北河」，與酈注異。又云「大河合克勒底雅河後，又東過布古斯孔郭爾郭境，北爲額爾勾河，準語謂河流回抱爲額爾勾也」。唐志云「姑墨州南臨思渾河」。是其異名矣，與李説不同。

〔二〕【補注】徐松曰：後書班超傳「姑墨有石城」。唐西域記「跋禄迦國大都城，周五六里」。

〔三〕【補注】徐松曰：據改定龜茲里數積算，當作去長安八千四百五十八里，去陽關三千九百五十八里。

〔四〕【補注】徐松曰：漢紀不言，當爲次大國。

〔五〕【補注】宋祁曰：監本作「千二十里」。晏本作「二千二十里」。徐松曰：今以改定里數較之，當作「千二百二十里」。先謙曰：官本作「二千二十一里」。

〔六〕【補注】錢大昭曰：「於」，南監本、閩本作「于」。先謙曰：官本作「于」，是。

〔七〕【補注】徐松曰：自姑墨南行，度額爾勾河，經大沙磧，至于闐。沙行往往失路，難以里計。先謙曰：今阿克蘇城距烏什里數略同。水經圖説云「自阿克蘇城南渡河，循和闐河，有道通和闐城」。即馬行十五日之道。

〔八〕【補注】徐松曰：姑墨之北山，皆烏孫地，蓋今拜城北也。

〔九〕【補注】徐松曰：今滴水崖地有上下銅廠。

〔一〇〕【補注】徐松曰：唐西域記「跋禄迦國，土宜氣序，人性風俗，文字法則，同屈支國」。蓋壤地相接故同。

〔一一〕【補注】徐松曰：亦以壤地接，故并之。

温宿國，〔一〕王治温宿城，〔二〕去長安八千三百五十里。〔三〕户二千二百，口八千四百，勝兵千五百人。〔四〕輔國侯、左右將、左右都尉、左右騎君、譯長各二人。東至都護治所二千三百八十里，〔五〕西至尉頭三百里，〔六〕北至烏孫赤谷六百一十里。〔七〕土地物類所有與鄯善諸國同。〔八〕東通姑墨二百七十里。〔九〕

〔一〕【補注】先謙曰：後書云「自莎車東北，經尉頭至温宿」。後屬龜茲，見魏志注及北魏西域傳。西域圖考云今阿克蘇境。先謙案：今爲温宿直隸州。

〔二〕師古曰：今雍州醴泉縣北有山名温宿嶺者，本因漢時得温宿國人，令居此地田牧，因以爲名。【補注】沈欽韓曰：隋書地理志醴泉縣有温秀嶺，恐不緣温宿國人得名也。此方俗鄙談，宋次道作長安志采其語，允爲無識。徐松曰：地理志張掖郡有居延縣，安定（縣）〔郡〕有月氏道，上郡有龜茲縣，蓋亦類此。先謙曰：河水注「北河自疏勒國來，暨於温宿之南，左合北河枝水，下入姑墨國。北河枝水自莎車國來，東逕温宿國南，右入北河」。水經圖說云「喀什噶爾河自喀什噶爾城南東流，逕巴爾楚克城南，入烏什界，別無支流」。據注當自喀什噶爾城南分枝，水北流，又東隨山麓東行，逕巴爾楚克城諸地，至烏什南界，合爲一，古今或有變徙也。西域水道記云「阿克蘇近漢温宿地，城西二百四十里爲烏什城，烏什西北有蔥嶺支山，曰喀克善山，阿克蘇河西支發焉。合北來一水爲畢底爾河，又東經烏什城北，河之北岸二百里，大山自西而東縣亘不絕，其水入阿克蘇境爲托什干河，又東與東支水會。東支出楚克達爾山，爲瑚瑪喇克河，又南合湯那哈克河，又東至阿克蘇城，西南與西支水會。又東六十里分爲二，西支爲艾柯爾河，又東南流與東支會。東支東南流爲渾巴什河，又東南與西支會，爲哈喇塔勒河。又南至噶巴克阿克集北境，合蔥嶺北河，凡長九百餘里。酈云枝河右入北河，即阿克蘇河也」。西域圖考云「唐代北河水入據史德城，地距烏什止二百里，其國蓋在兩河合口之北，今無城」。先謙案：北河於此已合南河，茲仍依酈注分承，以便尋檢左右諸國疆域。

〔三〕【補注】徐松曰：據改定龜茲里數積算，當作去長安八千七百二十八里，去陽關四千二百二十八里。

〔四〕【補注】徐松曰：漢紀以爲次大國。

〔五〕【補注】徐松曰：據改定里數當作一千四百九十里。

〔六〕【補注】徐松曰：後魏書尉頭在温宿北，蓋西兼北也。

〔七〕【補注】徐松曰：河水注「水導姑墨西北，歷赤沙山東南流，逕姑墨國西」。赤沙山疑即赤谷，今之鹽山。姑墨西北，正温宿之北。

〔八〕【補注】徐松曰：漸近鄯善也。

〔九〕【補注】徐松曰：後魏書温宿在姑墨西北。今阿克蘇城至滴水崖二百八十里。

龜茲國，〔一〕王治延城，〔二〕去長安七千四百八十里。〔三〕户六千九百七十，口八萬一千三百一十七，勝兵二萬一千七十六人。〔四〕大都尉丞、輔國侯、安國侯、擊胡侯、卻胡都尉、擊車師都尉、左右將、〔五〕左右都尉、左右騎君、左右力輔君各一人，東西南北部千長各二人，〔六〕卻胡君三人，譯長四人。〔七〕南與精絶、〔八〕東南與且末、〔九〕西南與扜彌、北與烏孫、西與姑墨接。〔一〇〕能鑄冶，〔一一〕有鈆。〔一二〕東至都護治所烏壘城三百五十里。〔一三〕

〔一〕【補注】先謙曰：後書「自莎車東北經尉頭、温宿、姑墨至龜茲」。亦見莎車國下，至宋仍爲龜茲。唐書一曰邱茲，一曰屈茲，唐西域記作屈支，皆語音變轉也。唐書又云「自焉耆步一百里，度小山，徑大河二，又步七百里乃至。横千里，縱六百里」。元號別失八里，明史「別失八里，西域大國也，或曰焉耆，或曰龜茲」。明一統志作亦力把力。北周書「國在白山之南一百七十里，東有輪臺，即漢貳師將軍所屠者。其南三百里有大水，東流號計戍水，即黄河也」。今爲庫車直隸廳。河水注「北河自姑墨國來，東逕龜茲國南，又左合龜茲川水，又東右合敦薨之水，見渠犂下。下入墨山國。龜茲川水二源，西源出北大山，南逕赤沙山東南流，枝水出焉，又東南水流三分，右二水注北河，東川水出龜茲東北，又南流，枝水右出，西南入龜茲城。東川水又東南流，逕輪臺之東，右會西川枝水，下入烏壘。西川枝水二源，俱受西川，東流逕龜茲城南，合爲一水，東南注東川」。西域水道記云「大河又東過沙雅爾城南，庫車屬城也。

庫車爲龜茲北境，額爾勾河逕城南百餘里，即魏書所云『龜茲國南三百里有大河，東流號計戍水』者也。唐書作『計舒河之南岸爲大磧，亂山糾紛，與羅布淖爾直，中隔千里，其山高舉崛起，凡六百餘里，以屬於巴顔哈喇嶺，即中國河源所自出矣。』大河又東爲塔里木河，又東渭干河從北來注之。西源出木素爾嶺，亦喀克善山支峯，故唐書以爲葱嶺北原也。嶺下有白龍口、黑龍口二水，匯爲木素爾河。西南流，折而東南爲木咱喇特河，又東折而南爲雅爾幹河，又東哈布薩朗河入之，又東木札特河入之，又東南湖水自西北來入之，又東會赫色勒河。赫色勒河出額什克巴什山，所謂白山也。隋書曰阿羯山，唐書曰阿羯田山。山有二水，會阿勒坦呼蘇山水南流，又會二水爲赫色勒河，是爲渭干河東源。又南逕千佛洞西緣山，會雅爾幹河，通爲渭干河。渭干河東流，折而南，凡四十餘里，逕丁谷山西，山上有石室五所，就壁鑿佛像數十，又有一區，是沙門題名，兩岸有故城。水經注引釋氏西域記曰『龜茲國北四十里山中，有寺名雀離大清淨』。辨機記亦云『屈支國城北四千餘里，接山阿，隔一河水，有二伽藍，同名昭怙釐，而東西隨稱，佛像莊飾，殆越人工，僧徒清肅，誠爲勤勵，今溯遺蹤，差存仿佛』。渭干河逕洞前南流八里，至山外疏爲五渠，又南流逕札依莊東和卓土拉斯莊西，庫車城西六十里。唐之白馬渡也。唐書地理志『安西西出板厥關，渡白馬河百八十里，西入俱毗羅磧，經苦井百二十里，至俱毗羅城。又六十里至阿悉言城』。俱毗羅磧，今之赫色勒沙磧；俱毗羅城，今賽喇木城；阿悉言城，今拜城也。渭干河又東南逕沙雅爾城北，爲鄂根河，回人謂之烏恰特河，又東逕沙哈里克湖南，又東南五里許，折而東，逕玉古爾莊南，入塔里木大河。水經注云『北河東逕龜茲國南，又東左合龜茲川水』是也。渭干河即龜茲西川矣。庫車西北六百餘里，通伊犂路，有庫克訥克嶺，嶺下水三支南流，又西南至博勒齊爾山後，左右分注，復匯爲一，西南流逕銅廠山西，至山外，逕破城東，復分爲三：最西者曰密爾特彦河，南流逕庫車東門，水經注所謂枝水入龜茲城也，又折而東南流，凡百八十餘里，入沙哈里克湖；次東者曰烏恰爾薩伊河，自分支後東南流，亦百八十餘里，入沙哈里克湖；最東者曰葉斯巴什河，自分支後東南流，凡五十餘里，入阿提委訥克湖，諺曰頭道、二道、三道河，即龜茲東川也。水經注曰『龜茲川水有二源：西源案當作西川水。出北大山南，其水南流逕赤沙山，阿克蘇鹽山。又出山東南流，枝水左派焉。又東南，水流三分，右二水俱東南流，注北河。東川水出龜茲東北，歷赤沙積梨南流，庫車銅廠山。枝水右出，東川分出一支。入龜茲城，其水又東南流，右會西川枝水。水入自城東出，自城南與西川未入河之左一支會。下文云「水有二源，俱受西川，東流逕龜茲城南，合爲一水」。即申明此句之文。二源東川之源，逕龜茲城南合爲一水者，即東川枝水右會西川枝水之事。其水東南注東川，兩枝水既合之水。又東南注大河』。酈作注時，西川分爲三，二支先入大河，一支逕城南會東川枝水入東川，東川達於河，東川入河處，在渠犁國西，漢書所謂渠犁西有河，至龜茲五百八十里者也。今則西川自入河，東川入湖後，無復餘水，不與河通」。

〔二〕【補注】錢大昭曰：後漢班超傳注「龜茲國居居延城」。徐松曰：唐書「王居伊邏盧城」。唐西域記「屈支國大都城，周十七八里」。後書班超及梁慬傳龜茲又有它乾城。案：唐書「自焉耆西南經二大河至龜茲」。二大河者，今海都河及舊時龜茲東川也。延城蓋在今渭干河北岸。先謙曰：西域圖考云「唐爲安西都護治，今庫車城南百四十里，沙雅爾城北四十里，南去渭干河三十里。河源西北木素爾嶺折東南流，會塔里木河入泊」。

〔三〕【補注】徐松曰：據改定里數，當作去長安七千七百八十八里，去陽關三千二百八十八里。

〔四〕【補注】徐松曰：漢紀以爲次大國。

〔五〕【補注】徐松曰：後書班超傳有左將軍。

〔六〕【補注】徐松曰：龜茲四達之國，故有四部。先謙曰：官本「二」作「一」。

〔七〕【補注】徐松曰：蓋亦分東西南北。

〔八〕【補注】徐松曰：亦隔河相接。

〔九〕【補注】徐松曰：後書班超傳注引作「東與且末」，奪「南」字。

〔一〇〕師古曰：杅音烏。【補注】徐松曰：杅彌云東與龜茲接。據後魏書「龜茲都城在白山南一百七十里，故并白山陽，烏孫得居之」。唐西域記「龜茲西行六百餘里，經小磧至跋祿迦國」。河水注「龜茲西去姑墨六百七十里」。

〔一一〕【補注】徐松曰：梁書劉之遴傳「外國澡灌一口，有銘云『元封二年龜茲國獻』」。是能鑄冶之證。

〔一二〕【補注】徐松曰：唐西域記「土產黃金、銅、鐵、鉛、錫」。

〔一三〕【補注】徐松曰：「三」蓋「五」字之訛，見下焉耆國注。以今道計之，凡六百餘里。

烏壘，〔一〕戶百一十，口千二百，勝兵三百人。〔二〕城都尉、〔三〕譯長各一人。與都護同治。〔四〕其南三百三十里至渠犂。〔五〕

〔一〕【補注】徐松曰：河水注云治烏壘城，今傳文奪之。周壽昌曰：徐引河水注爲誤證也。案，傳上特云都護治烏壘城，明此城爲都護專治，其國王附居城內，故此傳又云與都護同治也。每國傳皆云至都護治所若干里，龜茲國傳又申明之云「東至都護治所烏壘城三百五十里」。直以都護作準的，諸國恃爲地望，無有他屬，故於烏壘下不書王，亦不言治所也。先謙曰：後書莎車傳下云「莎車王賢分龜茲爲烏壘國，徙嬀塞王駟鞬爲烏壘王」。此未詳烏壘立國始末，似西漢專取爲都護治所，至東漢始立國，故本傳無「國王」兩字。唐置烏壘州，屬渠離都督府。今策持爾地，爲哈喇沙爾之屬境。水經圖說云「當在今庫車城東，西南接庫車河」。河水注「東川水自龜茲來，東南逕烏壘國南，又東南注北河。」先謙案：東川水今不與河通，說見上。

〔二〕【補注】徐松曰：亦小國。

〔三〕【補注】徐松曰：蓋掌一城之兵，烏壘、渠犂同置。

〔四〕【補注】徐松曰：雖言同治，應別有垣墉以處將吏，如今西域回城中別爲鎮城之類。據後傳都護在埒婁城，或別城名歟？

〔五〕【補注】徐松曰：河水注於渠犂下云「西北去烏壘三百三十里」。是酈氏所見漢書本此作「東南」也。先謙曰：董祐誠云「南至渠犂，南字當東字之誤」。先謙案：徐說較長，此傳蓋脱「東」字。

渠犂，〔一〕城都尉一人，〔二〕户百三十，口千四百八十，勝兵百五十人。東北與尉犂、〔三〕東南與且末、南與精絶接。〔四〕西有河，〔五〕至龜茲五百八十里。

〔一〕【補注】徐松曰：武紀「天漢二年，渠犂六國來獻」。鄭吉傳作渠黎。先謙曰：後書不載。

〔二〕【補注】徐松曰：河水注言「龜茲東川水與西川枝水合流，逕龜茲城南合爲一水，水間有故城，屯校所守也」。酈氏之意以水間故城，爲渠犂田官之城，是田官不與渠犂同城之證。第渠犂在龜茲東南，不應田官在龜茲之南。案後書云「班超定西域，居龜茲」。是故城或超所居耳。

〔三〕【補注】徐松曰：敦薨水自今博斯騰淖爾溢出之河，渠犂在河西，尉犂在河東。

〔四〕【補注】徐松曰：且末之通精絶二千里，故龜茲至渠犂皆接之。

〔五〕【補注】先謙曰：河水注「敦薨水自尉犂來，屈而南，逕渠犂國西，故史記曰『西有大河』，即斯水也。又東南流，逕渠犂國，又南流注於北河」。西域圖考云「今喀喇沙爾所屬策特爾車爾楚軍臺之南，南濱塔里木河，國城在東，海都河經其城西，合塔里木河。道元時，河水往西流，今移而東也。西境接玉古爾軍臺，爲輪臺地」。西域水道考云「海都河自車爾楚軍臺南而西，乃折而南行三百里。水經曰『其水屈而逕渠犂國西』。余證地形，渠犂爲尉犂之誤。龜茲東川入河故道在輪臺東，敦薨水不得越渠犂也。當其折處，水勢彎環。鄭吉傳云『迎日逐王至河曲』。以其曲折，斯有河曲之名矣。水又折而東入塔里木河」。先謙案：徐以渠犂西之河爲龜茲東川所注，見龜茲下。與董說異。

自武帝初通西域，置校尉，屯田渠犂。〔一〕是時軍旅連出，師行三十二年，〔二〕海内虚耗。

征和中，貳師將軍李廣利以軍降匈奴。上既悔遠征伐，而搜粟都尉桑弘羊與丞相御史〔三〕奏言：「故輪臺以東〔四〕捷枝、渠犂皆故國，〔五〕地廣，饒水草，有溉田五千頃以上，〔六〕處温和，田美，〔七〕可益通溝渠，種五穀，與中國同時孰。其旁國少錐刀，貴黃金采繒，可以易穀食，宜給足不可乏。〔八〕臣愚以爲可遣屯田卒詣故輪臺以東，置校尉三人分護，〔九〕各舉圖地形，通利溝渠，務使以時益種五穀。張掖、酒泉〔一〇〕遣騎假司馬爲斥候，〔一一〕屬校尉，〔一二〕事有便宜，因騎置以聞。〔一三〕田一歲，有積穀，募民壯健有累重敢徙者詣田所，〔一四〕就畜積爲本業，〔一五〕益墾溉田，稍築列亭，連城而西，以威西國，〔一六〕輔烏孫，爲便。〔一七〕臣謹遣徵事臣昌分部行邊，〔一八〕嚴敕太守都尉明逢火，〔一九〕選士馬，謹斥候，蓄茭草。〔二〇〕願陛下遣使使西國，以安其意。〔二一〕臣昧死請。」〔二二〕

〔一〕【補注】徐松曰：漢通西域在太初三年，鄭吉傳「自張騫通西域，李廣利征伐之後，初置校尉，屯田渠犂」。

〔二〕【補注】徐松曰：自元光二年誘單于，絶和親，爲用兵之始，至太初三年西域貢獻，凡三十二年。

〔三〕【補注】徐松曰：通鑑繫此事征和四年，其時丞相田千秋，御史大夫商丘成。

〔四〕【補注】宋祁曰：舊本「以東」有「以」字，元祐考異及越本無「以」字，當除之。徐松曰：輪臺國爲貳師所屠，故稱故。

〔五〕【補注】徐松曰：河水注「東川水逕龜茲東北，歷赤沙、積梨南流」。積梨當即捷枝，是渠犂在今庫車城東南，捷枝在庫車城東北。通考作接枝。

〔六〕【補注】徐松曰：皆引河水溉之。後魏書云「輪臺南三百里有大河東流，號計式水，即黃河也」。

〔七〕【補注】徐松曰：今回疆恒暖。

〔八〕師古曰：言以錐刀及黄金綵繒與此旁國易穀食，可以給田卒，不憂乏糧也。【補注】吴仁傑曰：「錐」當作「錢」，其偏旁轉寫以「戔」爲「隹」耳。周官泉府鄭司農云「故書泉作錢」，疏曰「泉與錢今古異名」。食貨志「錢輕重以銖，利于刀，流于泉」。如淳曰：名錢爲刀，以其利于民也。禮記正義「世猶呼錢爲錢刀」。古辭白頭吟「男兒欲相知，何用錢刀爲」，則錢刀之稱，從古固然，西域諸國如罽賓、烏弋、安息皆有錢貨，惟渠犂旁國少，此故貴黄金采繒，可以用此易五穀。史記「大宛以西，其地無絲漆，不知鑄錢器」。亦謂是也。錐刀字見左傳杜注「錐刀喻小事也」。若作少錐刀，恐無意義。又曰「實金謂之黄金，銅亦謂之黄金」。晉灼曰：諸賜言黄金，真金也；不言黄，謂錢也。此以實金爲黄金。舜典「金作贖刑」，孔傳曰「金，黄金也」。吕刑「其罰百鍰」，孔傳「鍰，黄鐵也」。孔穎達謂「古者金、銀、銅、鐵總名爲金，黄金、黄鐵，皆今之銅也」。此以銅爲黄金，然則西域傳所云黄金，漢紀所云黄鐵，皆指銅言。微荀氏之書，讀者不以是爲實金者幾希！先謙曰：顧炎武云「不可乏」當作「可不乏」。王念孫云「此承上文而言，既有美田可以種穀，又以錐刀、黄金、采繒易穀於他國，則食宜給足不乏也。「不乏」二字閒，不當有「可」字，此涉上文「可以易穀」而衍，顧説亦非。既言「宜給足」，又言「可不乏」，文義重複。先謙案，官本注「綵」作「采」。

〔九〕【補注】徐松曰：欲分田卒，故增置一校尉。漢紀作「二人」。

〔一〇〕師古曰：益，多也。【補注】先謙曰：官本顔注在「五穀」下。齊召南云監本及別本刊此注於下句「張掖酒泉」下，非也。「張掖酒泉」連下「遣騎假司馬爲斥候」讀，蓋以時益種五穀，指輪臺言，不指張掖酒泉言也。今從宋本移正。徐松云册府元龜引「益，多也」，在「酒泉」下。

〔一一〕【補注】徐松曰：案軍法，部有軍司馬，曲有軍候，又有軍假司馬、假候爲之副貳。胡注「斥，拓也。候，望也。言開拓道路候望也」。

〔一二〕【補注】徐松曰：斥候士皆領於校尉。

〔一三〕師古曰：騎置，即今之驛馬也。【補注】徐松曰：文紀注「置者，置傳驛之所，因名置也」。案，置傳驛者，謂分置傳與置驛，凡出使用車者，曰乘傳；用馬者，曰騎驛。又曰：據此，「騎置」猶說文言「置騎」。

〔一四〕師古曰：累重，謂妻子家屬也。累音力瑞反。重音直用反。【補注】徐松曰：趙充國傳「終不敢將其累重」，匈奴傳「匈奴悉遠其累重」。案劉屈氂傳「重馬傷耗」，顏注「重謂懷孕者也」。是人畜皆得稱重。魏、晉閒，又或稱爲累，如樂賁不得奉攜尊累是也。募民敢徙，如今新疆之客戶。

〔一五〕師古曰：畜讀曰蓄。【補注】徐松曰：即一歲所得之積穀。「本業」，漢紀作「産業」。

〔一六〕【補注】先謙曰：河水注「敦薨之水自尉犂國，又西出沙山鐵關谷，又西南流，逕連城別注，裂以爲田。桑弘羊云連城以西，可遣屯田，以威西國。即此處也」。董祐誠云「城當在今喀喇沙爾西南庫勒爾城之西。自連城西至輪臺，皆故屯田地」。

〔一七〕【補注】徐松曰：胡注「時烏孫王尚公主，故欲屯田列亭連城以輔之」。

〔一八〕師古曰：分音扶問反。行音下更反。【補注】徐松曰：昭紀有丞相徵事任宮，文穎注「徵事，丞相官屬，位差尊，掾屬也」。張晏曰：漢儀注「徵事比六百石，皆故吏二千石不以臧罪免者爲徵事，絳衣奉敕賀正月」。衞霍傳「郭昌，雲中人，以校尉從大將軍，元封四年，以太中大夫爲拔胡將軍，屯朔方，還擊昆明，無功奪印」。案，徵事以二千石不以臧罪免者爲之，則臣昌或即郭昌歟？

〔一九〕【補注】徐松曰：漢舊儀「邊郡太守各將萬騎行障塞，烽火追虜」。

〔二〇〕【補注】徐松曰：費誓「峙芻茭」，疏引鄭氏曰「茭，乾芻也」。

〔二一〕【補注】徐松曰：蓋以貳師降，恐西國畏匈奴不安。

〔二二〕【補注】徐松曰：獨斷云漢承秦法，羣臣上書皆言「昧死言」。王莽盜位，慕古法，去昧死，曰稽首。

上乃下詔，深陳既往之悔，曰：〔一〕「前有司奏，欲益民賦三十助邊用，〔二〕是重困老弱孤獨也。〔三〕而今又請遣卒田輪臺。輪臺西於車師千餘里，〔四〕前開陵侯擊車師時，〔五〕危須、尉犂、樓蘭六國子弟在京師者〔六〕皆先歸，發畜食迎漢軍，〔七〕又自發兵，凡數萬人，王各自將，〔八〕共圍車師，降其王。諸國兵便罷，力不能復至道上食漢軍。〔九〕漢軍破城，食至多，然士自載不足以竟師，〔一〇〕彊者盡食畜産，羸者道死數千人。朕發酒泉驢橐駝負食，出玉門迎軍。〔一一〕吏卒起張掖，不甚遠，〔一二〕然尚廝留甚衆。〔一三〕曩者，朕之不明，以軍候弘上書言『匈奴縛馬前後足，置城下，〔一四〕馳言「秦人，我匄若馬」』，〔一五〕又漢使者久留不還，〔一六〕故興師遣貳師將軍，〔一七〕欲以爲使者威重也。〔一八〕古者卿大夫與謀，〔一九〕參以蓍龜，不吉不行。〔二〇〕乃者以縛馬書徧視丞相御史二千石諸大夫郎爲文學者，〔二一〕乃至郡屬國都尉成忠、趙破奴等，〔二二〕皆以『虜自縛其馬，不祥甚哉！』〔二三〕或以爲『欲以見彊，〔二四〕夫不足者視人有餘』。〔二五〕易之，〔二六〕卦得大過，爻在九五，〔二七〕匈奴困敗。〔二八〕公車方士、太史治星望氣，及太卜龜蓍，皆以爲吉，〔二九〕匈奴必破，時不可再得也。〔三〇〕又曰『北伐行將，於鬴山必克』。〔三一〕卦諸將，貳師最吉。〔三二〕故朕親發貳師下鬴山，〔三三〕詔之必毋深入。今計謀卦兆皆反繆。〔三四〕重合侯毋虜候者，〔三五〕言『聞漢軍當來，匈奴使巫埋羊牛所出諸道及水上以詛軍。〔三六〕單于遺天子馬裘，常使巫祝之。縛馬者，詛軍事也』。又卜『漢軍一將不吉』。〔三七〕匈奴常言『漢極大，然不能飢渴，〔三八〕失一狼，走千羊』。〔三九〕乃者貳師敗，軍士死略離散，〔四〇〕悲痛常在朕心。今請遠田輪臺，欲起亭隧，〔四一〕是擾勞天下，非所以優民也。〔四二〕今朕不忍聞。大鴻臚等又議，欲募囚徒〔四三〕送匈奴使者，明封侯之賞以報忿，五伯所弗能爲也。〔四四〕且匈奴得漢降者，常提掖搜索，問以所聞。〔四五〕今邊塞未正，闌出不禁，障候長吏使卒獵獸，以皮肉爲利，卒苦而烽火乏，失亦上集不得，〔四六〕後降者來，若捕生口虜，乃知之。〔四七〕當今務在禁苛暴，〔四八〕止擅賦，〔四九〕力本農，〔五〇〕脩馬復令，〔五一〕以補缺，毋乏武備而已。郡國二千石各上進畜馬方略補邊狀，與計對。」〔五二〕由是不復出軍。而封丞相車千秋爲富民侯，以明休息，思富養民也。

〔一〕【補注】徐松曰：通鑑「見羣臣，上乃言曰『朕即位以來，所爲狂悖，使天下愁苦，不可追悔』」。

〔二〕師古曰：三十者，每口轉增三十錢也。【補注】徐松曰：高紀如淳注引漢儀注「民年十五以上至五十六，出賦錢人百二十，爲一算，治庫兵車馬」。惠紀應劭注「漢律，人出一算，算百二十錢，唯賈人與奴婢倍算」。今口增三十，是百五十爲一算，其時有司有此奏而未行，故蕭望之傳張敞曰「先帝征行三十餘年，百姓猶不加賦」。

〔三〕師古曰：重音直用反。

〔四〕【補注】徐松曰：以今道里計之，輪臺在車師前部西南一千三四百里。

〔五〕晉灼曰：開陵侯，匈奴介和王來降者。【補注】徐松曰：功臣表「開陵侯成娩，以故匈奴介和王將兵擊車師」。據後傳，事在征和四年。

〔六〕【補注】徐松曰：六國皆近車師者，三國外，或且末、山國、焉耆歟？子弟非必侍子。案征和元年，樓蘭請其侍子，以下蠶室，不遣。是別有子弟也。

〔七〕師古曰：畜謂馬牛羊等也。

〔八〕【補注】徐松曰：六國之王。

〔九〕師古曰：食讀曰飤。【補注】徐松曰：車師降後，便罷遣諸國兵，而諸國已匱乏，不能供億漢軍。

〔一〇〕師古曰：士雖各自載糧，而在道已盡。至於歸塗，尚苦乏食不足，不能終師旅之事也。【補注】徐松曰：謂漢破車師時，軍食尚多，而士所載以歸者，不足自給，言道遠。

〔一一〕【補注】徐松曰：明年始置敦煌郡，故第言酒泉。

〔一二〕【補注】徐松曰：遣酒泉吏卒出玉門迎軍，又使張掖吏卒至酒泉接應，二郡接壤，故言不甚遠。

〔一三〕師古曰：廝留，言其前後離廝，不相逮及也。廝音斯。【補注】沈欽韓曰：方言「㾷，披散也。東齊聲散曰㾷，器破曰披」。廝與㾷義同。宋本方言亦作「廝」。

〔一四〕【補注】徐松曰：城，蓋長城。

〔一五〕師古曰：謂中國人爲秦人，習故言也。匄，乞與也。若，汝也。乞音氣。【補注】徐松曰：胡注「據漢時匈奴謂中國人爲秦人，至唐及國朝則謂中國爲漢，如漢人、漢兒之類，皆習故而言」。馳言者，馳馬來言也。案匈奴傳「衞律謀鑿城藏穀，與秦人守之」。亦以漢降匈奴者，謂之秦人。

〔一六〕【補注】徐松曰：胡注「久留不還，謂蘇式等也」。

〔一七〕師古曰：興軍而遣之。【補注】錢大昭曰：閩本「故興」下無「師」字，尋注文則無者是。徐松曰：汪校「興」下無「師」字。

〔一八〕【補注】徐松曰：即留匈奴之使，欲使匈奴畏而歸之。

〔一九〕師古曰：與讀曰豫。

〔二〇〕師古曰：謂共卿大夫謀事，尚不專決，猶雜問蓍龜也。【補注】徐松曰：洪範所言者是。

〔二一〕師古曰：視讀曰示。爲文學，謂學經書之人。【補注】徐松曰：御史，謂御史大夫。二千石者，太子太傅、少傅、將作大匠、詹事、大長秋、典屬國、水衡都尉、京兆尹、左馮翊、右扶風，皆是。大夫郎者，郎中令屬官。大夫，謂太中大夫、中大夫、光禄大夫。郎，議郎、中郎、侍郎、郎中。文學，即大夫郎之堪備顧問者。武紀「日者淮南、衡山修文學」。

〔二二〕【補注】徐松曰：郡屬國都尉，謂郡守及郡與屬國之都尉。浞野侯以巫蠱事族，此趙破奴別是一人。

〔二三〕【補注】徐松曰：馬見縛，兵敗之兆。

〔二四〕師古曰：見，顯示。【補注】宋祁曰：別本「欲」字下有「式」字。劉蹟考異無「式」字，故除之。徐松曰：亦圍者箝馬秣之意。

〔二五〕師古曰：言其夸張也。視亦讀曰示。【補注】徐松曰：此申明見彊，以其見彊，知其不足也。

〔二六〕【補注】徐松曰：謂以易卜之，張騫傳曰「天子發書易」。

〔二七〕孟康曰：其繇曰「枯楊生華」，象曰「枯楊生華，何可久也！」謂匈奴破不久也。【補注】徐松曰：大過上五體震，五在震下爲馬足，巽爲繩，兩巽相承，縛馬之象。大過乾老坤生，坤爲鬼方，震爲驚走，故曰匈奴困敗。

〔二八〕【補注】王念孫曰：通典邊防七與此同。案「匈奴」上有「曰」字，今本脫之，則文義不明。曰者，衆人之言也。大過九五象傳曰「枯楊生華，何可久也！」故衆人皆曰匈奴必困敗矣。漢紀孝武紀有「曰」字。徐松曰：此占者之詞，凡對縛馬書者，有此三説。以下又雜考之星氣占筮也。

〔二九〕【補注】徐松曰：胡注「公車方士，方士之待詔公車者。太史，屬太常。治星，習爲天文之家；望氣，如周官之眡祲者，皆屬太史。太卜，屬太常，有令、丞。治，直之翻」。

〔三〇〕師古曰：今便利之，時後不可再得也。

〔三一〕師古曰：行將，謂遣將率行也。鬴山，山名也。鬴古釜字。【補注】徐松曰：説文以「鬴」爲「釜」之或字。

〔三二〕師古曰：上遣諸將，而於卦中貳師最吉也。【補注】王念孫曰：通典與此同。案師古所説，於文義不順。卦當作卜，言卜諸將孰吉，則貳師最吉也。下文云「卜漢軍一將不吉」，即其證。今作卦者，涉上下文「卦」字而誤，漢紀正作「卜」。

〔三三〕【補注】徐松曰：匈奴傳「漢遣貳師將軍七萬人出五原」。則郝山者，五原塞外山也。匈奴傳又云「使右大都尉與衞律要擊漢軍於夫羊句山狹」。

〔三四〕師古曰：言不效也。繆，安也。【補注】錢大昭曰：惠棟易漢學引程舜俞集筮法，師春曰：「大過，木兆卦也。外克内，應克世之兆，所以敗也。」惠氏又云「大過震游魂，故云木兆卦。五動又成震，初六辛丑，土乃震之財，故云外克内。然大過九四，丁亥水也，而受制於辛丑之土。九四立世，初六爲應，故云應克世」。當時諸臣以漢爲内卦，匈奴爲外卦，故皆云吉，而實反繆也」。

〔三五〕【補注】錢大昭曰：「毋」當作「得」，南監本、閩本不誤。徐松曰：是時重合侯莽通將四萬騎出酒泉千餘里。先謙曰：官本「毋」作「得」。

〔三六〕師古曰：於軍所行之道及水上埋牛羊。【補注】徐松曰：匈奴傳「衞律飭胡巫言先單于怒」。戾太子傳「炙胡巫上林中」。蓋匈奴有此巫蠱之術。

〔三七〕【補注】徐松曰：漢將尚有商丘成、莽通，惟貳師敗也。

〔三八〕師古曰：能音耐。【補注】徐松曰：鼂錯傳「風雨罷勞，飢渴不困，中國之人弗與也」。

〔三九〕【補注】徐松曰：此亦述匈奴之言，謂因失一狼，千羊亦不能自存。狼喻將帥，羊喻士卒。

〔四〇〕師古曰：言死及被虜略，并自離散也。

〔四一〕師古曰：隧者，依深險之處開通行道也。【補注】徐松曰：匈奴傳「起亭隧」，顔注「隧謂深開小道，而避敵鈔寇也」。依説文當作「𨺶」，謂塞上亭守逢火者也。後書西羌傳作「亭燧」。

〔四二〕【補注】徐松曰：詩大雅傳「優，渥也」，箋「寬也」。説文「優，饒也」。

〔四三〕【補注】徐松曰：公卿表「征和四年，淮陽太守田廣明爲大鴻臚」。

〔四四〕師古曰：伯讀曰霸。五霸尚恥不爲，況今大漢也。【補注】徐松曰：胡注「蓋欲使刺單于以報忿也」。

〔四五〕師古曰：搜索者，恐其或私齎文書也。【補注】徐松曰：胡注「提謂提挈之也。掖謂兩人夾持其兩掖。搜索者，恐其挾兵刃」。

〔四六〕師古曰：言邊塞有闌出逃亡之人，而止者不禁。又長吏利於皮肉，多使障候之卒獵獸，故令燧火有乏。又其人勞苦，因致奔亡。凡有此失，皆不集於所亡文書。【補注】沈欽韓曰：言上軍簿時，皆不能得其闌出之數，非謂守燧火之卒奔亡。徐松曰：武紀注「計者，上計簿使也。郡國每歲遣詣京師上之」。此上集，蓋即上計，漢之上計使，唐謂朝集使也。得者，登也。言上之簿亦不登載。得登雙聲字。先謙曰：官本注「止」作「主」，「令」作「今」，「亡」作「上」，是。

〔四七〕師古曰：既不上書，所以當時不知，至有降者來，及捕生口，或虜得匈奴人言之，乃知此事。【補注】徐松曰：生口虜，虜之生得者，不得分爲二也。

〔四八〕【補注】徐松曰：禁長吏苛暴者。

〔四九〕【補注】徐松曰：胡注「漢有擅賦法，今止不行」。

〔五〇〕【補注】徐松曰：謂勸農力本。

〔五一〕孟康曰：先是令長吏各以秩養馬，亭有牝馬，民養馬皆復不事。後馬多絕乏，至此復修之也。師古曰：此說非也。馬復，因養馬以免徭賦也。復音方目反。【補注】宋祁曰：注文「牝」應作「牡」。徐松曰：亭養牝馬，又見昭紀應劭注，顏說免徭賦即復不事之意，而以孟說爲非，未得其解。先謙曰：官本注文在「而已」下。

〔五二〕師古曰：與上計者同來赴對也。【補注】徐松曰：即所謂與計偕也。邊馬有額，馬死略盡，故補之。

初，貳師將軍李廣利擊大宛，還過杅彌，〔一〕杅彌遣太子賴丹爲質於龜茲。廣利責龜茲曰：「外國皆臣屬於漢，龜茲何以得受杅彌質？」〔二〕即將賴丹入至京師。昭帝乃用桑弘羊前議，〔三〕以扞彌太子賴丹爲校尉，〔四〕將軍田輪臺，輪臺與渠犂地皆相連也。〔五〕龜茲貴人姑翼謂其王曰：「賴丹本臣屬吾國，今佩漢印綬來，迫吾國而田，〔六〕必爲害。」王即殺賴丹，而上書謝漢，〔七〕漢未能征。

〔一〕【補注】徐松曰：貳師後行攻輪臺，還過龜茲。在北道而過扞彌者，扞彌東北接龜茲。

〔二〕【補注】徐松曰：匈奴背漢受樓蘭質子，龜茲疑於背漢。

〔三〕【補注】沈欽韓曰：鹽鐵論伐功篇，文學曰：「前君爲先帝畫匈奴之策，兵據西域奪之便勢之地，以候其變，上以爲然。用君之計，以搜粟都尉爲御史大夫，持政十有餘年，未見種蠡之功，而見靡弊之效，而反衰中國也」。西域篇，大夫曰：「羣臣議以爲匈奴困於漢兵，折翅傷翼，可遂擊服。會先帝棄羣臣，以故匈奴不革，譬如爲山，未成一簣而止，度功業而無斷成之理，是棄與胡而資强敵也」。徐松曰：武帝時，欲用未果，故皆議行之。

〔四〕【補注】徐松曰：即三校尉之一。

〔五〕【補注】徐松曰：渠犂在東，輪臺在西，皆傍塔里木河北岸。先謙曰：西域水道記云「塔里木河自玉古爾東流。庫車城東北三百二十里，爲玉古爾軍臺，臺南十里爲玉古爾回莊。玉古爾者，漢輪臺地，莊南四十里有故小城，又南二十里有故大城，又南百餘里，尤多舊時城郭，田疇阡陌，直達河岸，疑田官所治矣。河水又東二百里，逕策特爾軍臺南，又東一百六十里，逕車爾楚軍臺南，兩程之閒，平原衍沃。南近河者，渠犂故地，北近山者，烏壘故地，漢於此置都護，以爲西域之中。河水又東逕庫爾勒莊北。庫爾勒之境，東接哈喇沙爾城，西接玉古爾，東南至羅布淖爾五百餘里，北至多羅嶺二百里。玉古爾之境，西接庫車，東接庫爾勒，南至塔里木河二百四十里，北至阿依庫穆什山七十里」。

〔六〕【補注】徐松曰：輪臺爲今玉古爾地，在庫車城東三百二十里。庫車城南即龜茲故國。

〔七〕【補注】徐松曰：如陰末赴之爲。

宣帝時，長羅侯常惠使烏孫還，〔一〕便宜發諸國兵，〔二〕合五萬人攻龜茲，〔三〕責以前殺校尉賴丹。龜茲王謝曰：「乃我先王時爲貴人姑翼所誤，我無罪。」執姑翼詣惠，惠斬之。時烏孫公主遣女來至京師〔四〕學鼓琴，漢遣侍郎樂奉送主女，過龜茲。〔五〕龜茲前遣人至烏孫求公主女，未還。會女過龜茲，龜茲王留不遣，復使使報公主，主許之。後公主上書，願令女比宗室入朝，而龜茲王絳賓亦愛其夫人，上書言得尚漢外孫爲昆弟，〔六〕願與公主女俱入朝。元康元年，遂來朝賀。〔七〕王及夫人皆賜印綬。夫人號稱公主，〔八〕賜以車騎旗鼓，歌吹數十人，〔九〕綺繡雜繒琦珍凡數千萬。〔一〇〕留且一年，厚贈送之。後數來朝賀，樂漢衣服制度，歸其國，治宮室，作徼道周衞，出入傳呼，〔一一〕撞鐘鼓，〔一二〕如漢家儀。外國胡人皆曰：「驢非驢，馬非馬，〔一三〕若龜茲王，所謂驘也。」〔一四〕絳賓死，其子丞德自謂漢外孫，〔一五〕成、哀帝時往來尤數，漢遇之亦甚親密。

〔一〕【補注】徐松曰：事在地節元年。

〔二〕師古曰：以便宜擅發兵也。【補注】徐松曰：常惠傳「惠請便道擊之，宣帝不許，霍光風惠以便宜從事」。

〔三〕【補注】徐松曰：常惠傳「惠與吏士五百人俱至烏孫，還過，發西國兵二萬人，令副使發龜茲東國二萬人，烏孫兵七千人，從三面攻龜茲」。言五萬者，舉成數。

〔四〕【補注】徐松曰：楚主女弟史。

〔五〕【補注】徐松曰：至烏孫而過龜茲，是烏孫在天山南，龜茲北。

〔六〕【補注】徐松曰：言與主女爲昆弟，不敢質言壻也。

〔七〕【補注】徐松曰：劉昭禮儀志注引蔡質漢儀「正月旦，天子幸德陽殿，臨軒，公、卿、將、大夫、百官，各陪朝賀，蠻貊胡羌朝貢畢，見屬郡計吏，皆庭覲，庭燎，宫室諸劉雜會，萬人以上，立西面」。

〔八〕【補注】徐松曰：用公主之儀，當紫綬印，其金印歟？

〔九〕【補注】徐松曰：劉昭百官志「大將軍賜官騎三十人及鼓吹」。此蓋寵之如大將軍。歌吹者，横吹也。後書班超傳注引古今樂録「横吹，胡樂也。張騫入西域，傳其法於長安，乘輿以爲武樂」。

〔一〇〕師古曰：琦音奇。【補注】徐松曰：玉篇引埤蒼云「琦，瑋也」。後書仲長統傳「琦賂寶貨」，注引枹朴子曰「片玉可以琦」。數千萬者，言其直。

〔一一〕【補注】徐松曰：漢舊儀「皇帝起居儀，宫司馬内，百官案籍出入，營衛周廬，晝夜誰何。輦動，則左右侍帷幄者稱警，車駕，則衛官填街，騎士塞路，出殿則傳蹕，止人清道」。

〔一二〕【補注】徐松曰：劉昭禮儀志「諸行出入皆鳴鐘，皆作樂」。東京賦云「撞洪鐘，伐靈鼓」。先謙曰：官本「鐘」作「鍾」。

〔一三〕【補注】沈欽韓曰：楚策，史疾謂楚王曰：「此烏不爲烏，鵲不爲鵲也」。與此同意。

〔一四〕【補注】徐松曰：説文「贏，驢父馬母者也」。崔豹曰：驢爲牡，馬爲牝，即生騾。馬爲牡，驢爲牝，生駏驉。

〔一五〕【補注】徐松曰：弟史號稱公主，故其子自謂外孫。

東通尉犂六百五十里。〔一〕

〔一〕【補注】徐松曰：渠犂在烏壘東南，烏壘東至尉犂，止三百里，渠犂東通不得有六百餘也。疑「六」字有誤。或中隔敦薨溢出之水，而哈勒噶山中道險，故迂曲歟？

尉犂國，〔一〕王治尉犂城，去長安六千七百五十里。〔二〕戶千二百，口九千六百，勝兵二千人。〔三〕尉犂侯、安世侯、左右將、左右都尉、擊胡君各一人，譯長二人。西至都護治所三百里，〔四〕南與鄯善、且末接。

〔一〕【補注】先謙曰：後書見莎車、焉耆傳，亦見和帝紀。魏志注「三國時屬焉耆」。河水注「敦薨水自危須國來，溢爲西海，逕尉犂國，又西出沙山鐵關谷，又西南流逕連城別注，裂以爲田，下入渠犂」。水經圖説云「蓋在博斯騰淖爾之西，庫車之東。後漢班超討焉耆，自西而東，先至尉犂，焉耆絶葦橋以拒漢軍，今喀喇沙爾所屬布爾古城有葦湖，惟一土橋可渡，則尉犂正當今布古爾地。淖爾南出，西流，仍爲海都河，又西逕庫勒爾山北，山東接額爾格齊山，猶相傳曰沙山」。西域水道記云「博斯騰淖爾西南流數十里，經海都河之南，又西南行百里，折而南，入山，復南折而西，逕哈勒噶阿瑺軍臺南。晉書西戎傳『次焉耆，進屯鐵門，未(五)〔至〕十餘里，要之於遮留谷』。今自庫爾勒北二十里，至巖口，所謂遮留谷也。入山，徑路崎嶇，三十里越大石嶺，下逼海都河，地處要害，或曾置關，唐岑參有題鐵關關樓及宿鐵關西館詩。下嶺十里至哈勒噶阿瑺軍臺。河水又西行三十餘里出山，故水經注曰『又西出沙山鐵關谷』也。河水又南流二十餘里，逕庫爾勒莊與軍臺之閒，又西南漾爲葦蕩，凡七十里，又逕車爾楚軍臺南，凡三百里，仍爲海都河」。

〔二〕【補注】徐松曰：據傳鄭吉從尉犂至長安是正當烏壘孔道，去長安當作六千九百三十八里，去陽關當二千四百三十八里。

〔三〕【補注】徐松曰：漢紀以爲次大國。

〔四〕【補注】徐松曰：後魏書「龜茲在尉犂西北」。蓋龜茲國大，其境得至烏壘北。

危須國，〔一〕王治危須城，〔二〕去長安七千二百九十里。〔三〕戶七百，口四千九百，勝兵二千人。〔四〕擊胡侯、擊胡都尉、〔五〕左右將、左右都尉、左右騎君、擊胡君、譯長各一人。西至都護治所五百里，至焉耆百里。〔六〕

〔一〕【補注】先謙曰：後書見焉耆傳下。魏志注，三國時屬焉耆，又見晉書宣帝紀。河水注「敦薨水東源，東南流，分爲二水，自焉耆來，導於危須國西，又東南流，注於敦薨之藪。川流所積，潭水斯漲，溢流爲海，下入尉犂」。水經圖說云「海都河匯於喀喇沙爾之南，爲博斯騰淖爾，東西廣三百餘里，南北半之，即敦薨之藪也」。西域水道記云「博斯騰淖爾之側，産硝及鹽，水復自西南隅溢出，故水經注曰溢流爲海也」。

〔二〕【補注】徐松曰：危須城當在今博斯騰淖爾東南。

〔三〕【補注】徐松曰：以去都護里數計之，當作去長安六千七百三十八里，去陽關二千二百三十八里。

〔四〕【補注】徐松曰：漢紀以爲次大國。

〔五〕【補注】徐松曰：匈奴嘗在焉耆、危須、尉犂閒賦稅諸國，蓋三國鼎峙，故皆置擊胡官。

〔六〕【補注】徐松曰：據河水注文是焉耆在西，危須在東，傳不言西，蒙上爲文。河水注引此傳作「西至焉耆」。

焉耆國，〔一〕王治員渠城，〔二〕去長安七千三百里。〔三〕戶四千，口三萬二千一百，勝兵六千人。〔四〕擊胡侯、郤胡侯、輔國侯、〔五〕左右將、〔六〕左右都尉、擊胡左右君、擊車師君、歸義車師君各一人，〔七〕擊胡都尉、擊胡君各二人，〔八〕譯長三人。西南至都護治所四百里，〔九〕南至尉犂百里，〔一〇〕北與烏孫接。〔一一〕近海水多魚。〔一二〕

〔一〕【補注】先謙曰：後書有傳，又云「自莎車東北經尉頭、温宿、姑墨、龜茲至焉耆」。亦見莎車傳下。魏、晉、後魏、周、隋、唐仍爲焉耆，西域記作阿耆尼，語音有增減耳。晉書焉耆傳「地方四百里，四面有大山，道險隘，百人守之，千人不過」。唐書「横六百里，縱四百里，東高昌，西龜茲，南尉犂，北烏孫」。今爲喀喇沙爾直隸廳。

〔二〕師古曰：員音于權反。【補注】錢大昕曰：員渠即焉耆之轉，與尉犂國王治尉犂城，危須國王治危須城，初不異也。周壽昌曰：員渠城，後書作南河城，後漢紀作河南城，後魏書「太武太平真君七年，萬度歸討焉耆，入其界，進軍向員渠」。是尚名員渠也。先謙曰：河水注「敦薨水出焉耆北，敦薨山在匈奴之西，烏孫之東，二源俱導，西源東流，分二水，左水西南流，出焉耆之西，逕焉耆之野，屈而東南流，注敦薨之渚。右水東南流，分爲二，左右焉耆之國，城居四水之中，在河水之洲，南會二水，同注敦薨之浦。東源東南流，分二水，逕出焉耆之東，下入危須」。徐松云「案，敦薨水今曰海都河。海都河惟一水，注博斯騰淖爾，漢時入淖爾之處分爲二，又有一水自西北來，入於敦薨水，其會合之地，亦分爲二，員渠城正當其分處，故後書班超傳言『焉耆有葦橋之險，不欲令漢軍入國，超更從他道厲度到焉耆，去城二十里，正營大澤中』。可知城四面皆水，葦橋大澤均海都河所瀦也。今既無敦薨分出同入淖爾之水，又無西北來一水。海都河南四十里有舊城，雉堞猶存，周圍九里，俗曰四十里城，疑爲員渠遺址」。後魏書云「員渠城在白山南七十里」。隋書云「漢時舊國也」。西域記云「都城周六七里」。水經圖説云「今裕勒都斯河爲西源，出喀喇沙爾西北楚爾達山。哈布齊哈河爲東源，出喀喇沙爾地和屯博克塔山，皆天山正幹，即敦薨山也。山迆東爲鎮西府所屬，當漢匈奴蒲類王地。迆西爲伊犁所屬，當漢烏孫地」。西域水道記云「庫車城北汗騰格里山東百餘里，有地曰阿喇爾，湧泉百餘，會以東流，爲大裕勒都斯河，又東會二水，又東會小裕勒都斯河。小裕勒都斯河出自阿勒坦陰克遜之北，會四水，又西會烏里雅蘇台水，又西南會大裕勒都斯河，又二水東西來會，自哈爾噶圖山溝逕烏博木，萬壑爭流，百川迸集，有砥柱、巫峽之險。又東南分爲二，東行爲南北二支，東至達蘭嶺之陰，復合爲一。唐書回鶻傳言鷹娑川在焉耆西北，是其焉耆之野歟？河水又東南流，會烏蘭烏蘇河。烏蘭烏蘇二源，一博爾圖河，發自吐魯番托克遜軍臺之東南，西流逕博爾圖山口入焉。一哈布齊垓水，發自哈布齊垓山，有三水俱入烏蘭烏蘇，與裕勒都斯河會，而東南流爲海都河。又東南逕哈喇沙爾城西門外五里，兩岸置軍臺，河廣三里，諺曰通天河。自城西繞至城南，折而東北流百數十里，又東瀦爲大澤，曰博斯騰淖爾」。水經注曰：「敦薨之水，二源俱導，蓋以裕勒都斯爲西源，烏蘭烏蘇水爲東源。西源東流分二水，此大、小裕勒都斯既會以後。西南流出於焉耆之西，「西南」當作「東南」，下文又言「屈而東南」，則西南似指小裕勒都斯源處言之。逕流焉耆之野，屈而東南流，注於敦薨之渚。其時小裕勒都斯自入淖爾。右水東南流，又分爲二，此謂大裕勒都斯又分爲二。左右焉耆之國，南會兩水，同注敦薨之浦。南會兩水謂大裕勒都斯分流之兩水，至焉耆國而復會爲一也。東源東南流，分二水，逕焉耆之東，導於危須國西，又東南流，注敦薨之藪。」其時烏蘭烏蘇水自入淖爾。曰渚、曰浦、曰藪，皆謂淖爾也。淖爾西岸有故城，諺曰四十里城，言距鎮城四十里也。河水注「城居四水之中，在河水之洲」，是或員渠遺址歟？唐郭孝恪討焉耆，焉耆城四面皆水，孝恪命將士浮水而度，所謂四水之中矣。

〔三〕【補注】徐松曰：以去都護里數計之，當作去長安六千八百三十八里，去陽關二千三百三十八里。後魏書「焉耆東南去瓜州二千二百里」。案故瓜州在今安西州城西南八十里，陽關又在瓜州西南，故瓜州較近。

〔四〕【補注】徐松曰：漢紀以爲次大國。隋書「勝兵千餘人」。

〔五〕【補注】徐松曰：後書班超傳「有國相腹久」。

〔六〕【補注】徐松曰：班超傳有左將北鞬支、左候元孟。左候，蓋屬於左右將者。

〔七〕【補注】徐松曰：後魏書「焉耆國在車師南」。案，功臣表有匈奴歸義樓剸王伊即軒。又有匈奴歸義王次公。此稱歸義車師君，蓋車師人之降漢者，封爲歸義君，而處於焉耆。

〔八〕【補注】徐松曰：蓋亦分左右。

〔九〕【補注】徐松曰：西域記云「從焉耆西南行二百餘里，踰一小山，越二大河，西得平川，行七百餘里，至屈支國」。案踰一小山，當即阿勒噶山。越二大河，當即敦薨水。是焉耆至龜茲共九百餘里，焉耆至烏壘四百里，則烏壘至龜茲當五百五十里也。故據此以訂正之。

〔一〇〕【補注】徐松曰：班超傳「超自龜茲討焉耆，兵到尉犂界，焉耆王廣與其大人迎超於尉犂。」龜茲東北行，先至尉犂，後至焉耆，是尉犂在南。又案尉犂去烏壘三百里，危須經尉犂以至烏壘五百里，是危須去尉犂二百里。焉耆東南去危須百里，故西南去尉犂亦百里。

〔一一〕【補注】徐松曰：烏孫之東境止此。

〔一二〕【補注】先謙曰：此即河水注所云敦薨藪溢而爲海者。今之博斯騰淖爾是也。

烏貪訾離國，〔一〕王治于婁谷，〔二〕去長安萬三百三十里。〔三〕户四十一，口二百三十一，勝兵五十七人。〔四〕輔國侯、左右都尉各一人。東與單桓、南與且彌、西與烏孫接。〔五〕

〔一〕【補注】徐松曰：以下諸國爲車師及匈奴故地，皆旁天山，山路迂曲，里數難知，傳文不盡合也。周壽昌曰：上傳云「都護分車師後王之西爲烏貪訾離地，以處匈奴降王茲力支」。是其國爲都護所分置，並初立此地名也。蓋初本單桓國地，爲車師所得，漢復取之，於車師分置此國也。先謙曰：後書云「烏貪訾離爲車師所滅，後復立」。魏志注「三國時屬車師後部」。西域圖考云「在今綏來縣地」。

〔二〕【補注】徐松曰：以改定車師後國去長安里數計之，烏貪訾離在後國西千六百六十里。案，車師已分爲前、後及山北六國，不應其後國幅員尚千餘里。計車師分國卑陸、且彌相距不過百里，烏貪訾離以四十户小國，約在車師西三四百里耳，正當博克達山中，故王治谷中也。

〔三〕【補注】徐松曰：此里數有誤。

〔四〕【補注】徐松曰：漢紀以爲小國。傳言降衆千七百人，或都護散處之。

〔五〕師古曰：且音子余反。【補注】徐松曰：且彌在天山東，烏貪訾離南與之接，其去車師不過千里，若去長安萬里，則烏貪訾離去單桓千四百餘里，不得言接。且已過天山西，亦不能南接且彌。後書言「車師前部西通焉耆，後部西通烏孫」，是。今迪化州界有烏孫地，故烏貪訾離西與之接。

卑陸國，〔一〕王治天山東乾當國，〔二〕去長安八千六百八十里。〔三〕户二百二十七，口千三百八十七，勝兵四百二十二人。〔四〕輔國侯、左右將、左右都尉、左右譯長各一人。西南至都護治所千二百八十七里。〔五〕

〔一〕【補注】先謙曰：後書云「卑陸爲車師六國之一」。魏志注「三國時屬車師後部」。「卑」作「畢」，字形之誤。

〔二〕師古曰：乾音干。【補注】劉奉世曰：下「國」字當作「谷」。徐松曰：武紀注「晉灼曰，天山近蒲類國，去長安八千餘里」。顔云即祁連山」。後書竇固傳注以爲折羅漫山，在西州交河縣東北。又於班超傳注云「天山去蒲類海百里」。唐書地理志交河郡下既言「交河縣北天山」，又言「自西州西南，有南平、安昌兩城，百二十里至天山，西南入谷」。案：晉、顔不言所在，若班超傳注，則在今巴里坤，竇固傳注及唐志交河縣北之説，則在今吐魯番。唐志西南入谷之説，則在今哈喇沙爾城北。蒙古語謂天爲騰格里，今西域所稱汗騰格里山，即天山，則在庫車城北。考匈奴傳「重合侯兵道車師，北至天山」，是天山不在車師北之證。章懷竇固傳注及唐志交河郡、縣之説，非也。後書「蒲類國在柳中西北」。其非在蒲類海可知。近世相承，指巴爾庫勒淖爾南之山爲天山，蓋誤於章懷。余往來西域，登陟此山，雖云險峻，而高止十五里，不足當天山之目。是班超傳注亦未爲足據，尋校傳文。蓋漢時以今哈喇沙爾城北之博羅圖山爲天山，蜿蜒而北至博克達山以東，故匈奴傳云「票騎將軍出隴西，過焉耆山」。焉耆即哈喇沙爾，特標焉耆山，明其爲大山。御覽引西河舊事「匈奴歌曰『亡我祁連山，使我六畜不蕃息；失我焉支山，使我婦女無顔色』」。焉支即焉耆，別言祁連與焉支者，互文見義耳。河水注云「焉耆東北隔大山與車師接」。「大」或爲「天」字之訛，若以汗騰格里山當之，地既遠於車師，且此傳言蒲類國在天山西，西南至都護，可證天山實在烏壘東，儻在庫車北，是當烏壘西矣。唐書言「西州西南至天山」。博羅圖山正在古交河城西南三百餘里乾當谷，蓋與今阿拉癸山谷近。周壽昌曰：徐説雖辨，而祁連名既古，即汗騰格里語亦久，恐未能奪之。考各圖志及洪氏天山客話等書云，由西北各地邐迤至蘭州城，高出六百里，又由蘭州出關至天山下，更高出六百里，是平地已高一千二百里，仰望山頂，積雪不化，鳥飛至半空而墜。近日西征將士皆云四面皆以此山爲主名，無有峻於此者。徐或遠過其旁，未能細審。後書焉耆國傳「其國四面皆大山」，則河水注「焉耆東北隔大山」，「大」字恐非訛也。山屬焉耆，而卑陸依山爲治，故列於卑陸國。先謙曰：西域圖考云「今之阜康縣地」。

〔三〕【補注】徐松曰：以劫國計之，卑陸前、後國去長安約八千三四百里，乃得南接車師。

〔四〕【補注】徐松曰：漢紀以爲小國。

〔五〕【補注】徐松曰：與車師前國接，故去都護道里與前國差等。

卑陸後國，〔一〕王治番渠類谷，〔二〕去長安八千七百一十里。〔三〕户四百六十二，口千一百三十七，勝兵三百五十人。〔四〕輔國侯、都尉、譯長各一人，將二人。〔五〕東與郁立師、北與匈奴、〔六〕西與劫國、南與車師接。〔七〕

〔一〕【補注】徐松曰：分爲後國，猶烏孫之有大小昆彌。後書無後國，或已并之。先謙曰：西域圖考云「當今阜康城之東北」。

〔二〕師古曰：番音盤。

〔三〕【補注】徐松曰：去長安里數不足據，而就傳言之，是在卑陸西二十里。

〔四〕【補注】徐松曰：更小於卑陸國，户四百，疑誤。

〔五〕【補注】徐松曰：都尉、譯長皆少一人，將則同卑陸也。

〔六〕【補注】徐松曰：卑陸不言，是後國在北。後書言卑陸接匈奴，其時已并後國。

〔七〕【補注】徐松曰：蓋車師前國。

郁立師國，〔一〕王治内咄谷，〔二〕去長安八千八百三十里。〔三〕户百九十，口千四百四十五，勝兵三百三十一人。〔四〕輔國侯、左右都尉、譯長各一人。東與車師後城長、〔五〕西與卑陸、北與匈奴接。

〔一〕【補注】先謙曰：後書云「郁立爲車師所滅，後復立」。無「師」字，以後不見。西域圖考云「當今古城之西北」。

〔二〕師古曰：咄音丁忽反。【補注】徐松曰：諸不言天山者，略也。

〔三〕【補注】徐松曰：國在卑陸後國之東。「八百」疑作「三百」。

〔四〕【補注】徐松曰：漢紀以爲小國。

〔五〕【補注】徐松曰：以此傳言，是後城長在車師後國西。

單桓國，〔一〕王治單桓城，〔二〕去長安八千八百七十里。〔三〕户二十七，口百九十四，勝兵四十五人。〔四〕輔國侯、將、左右都尉、譯長各一人。

〔一〕【補注】徐松曰：霍去病傳「得單于單桓酋涂王」。張宴注「單桓、酋涂，皆胡王也」。蓋漢因其號以建國。先謙曰：後書云「單桓爲車師所滅，後復立」。魏志注「三國時屬車師」。西域圖考云「在烏魯木齊地」。

〔二〕【補注】徐松曰：不在山中，故言城。

〔三〕【補注】徐松曰：據改定車師後國里數，單桓在後國西二百里。

〔四〕【補注】徐松曰：聚落之小者，不足爲國。

蒲類國，〔一〕王治天山西疏榆谷，〔二〕去長安八千三百六十里。〔三〕户三百二十五，口二千三十二，勝兵七百九十九人。〔四〕輔國侯、左右將、左右都尉各一人。西南至都護治所千三百八十七里。〔五〕

〔一〕【補注】先謙曰：後書有傳「其王得罪匈奴，徙蒲類人六千餘口，内之匈奴右部阿惡地，號阿惡國」。又有「移支國居蒲類故地」。西域圖考云「在伊吾北，今爲巴里坤地。巴爾庫勒淖爾，即蒲類海也」。

〔二〕【補注】徐松曰：塞土宜榆，故古者樹榆爲塞，朔方有長榆塞，謂之榆中。西羌傳有大小榆谷。今新疆多榆，以榆名地如榆樹溝者，往往有之。

〔三〕【補注】徐松曰：後書言蒲類東南去長史所居千二百九十里，而長史去長安八千一百七十里，則蒲類去長安當作九千四百六十里。焉耆去柳中九百十五里，疏榆谷約在焉耆北三百七十餘里。

〔四〕【補注】徐松曰：漢紀以爲小國。後書作户八百餘。

〔五〕【補注】徐松曰：焉耆去烏壘四百里，此在焉耆西，里數懸絶，疑有誤字。後書云「廬帳而居，逐水草，頗知田作。有牛馬駱駝羊畜，能作弓矢，國出好馬」。

蒲類後國，〔一〕王，〔二〕去長安八千六百三十里。〔三〕户百，口千七十，勝兵三百三十四人。〔四〕輔國侯、將、左右都尉、譯長各一人。〔五〕

〔一〕【補注】徐松曰：傳有小蒲類國，或即後國歟？先謙曰：後書云「蒲類爲車師六國之二」。西域圖考云「後國又在蒲類海之北，逾後國爲車師後王庭」。

〔二〕【補注】徐松曰：前國尚知田作，故有治地，此則專逐水草也。王先慎曰：上文鄯善、西夜、大月氏、休循、捐毒、尉頭、烏孫諸國，皆逐水草，皆有治所，此奪治所，豈因逐水草遂無治地也？徐説非。

〔三〕【補注】徐松曰：當亦九千餘里，大抵在前國西。

〔四〕【補注】徐松曰：小於前國。後書云「移支國户千餘，口三千餘，勝兵千餘人。其人猛勇敢戰，以寇鈔爲事，皆被髮，隨畜逐水草，不知田作」。

〔五〕【補注】徐松曰：蒲類、且彌傍天山左右，當在今大小裕勒都斯地，土爾扈特、和碩特所游牧。

西且彌國，王治天山東于大谷，〔一〕去長安八千六百七十里。〔二〕户三百三十二，口千九百二十六，勝兵七百三十八人。〔三〕西且彌侯、左右將、左右騎君各一人。西南至都護治所千四百八十七里。〔四〕

〔一〕師古曰：且音子余反。【補注】徐松曰：「于大」，宋本一作「天大」。先謙曰：西域圖考云「兩且彌在今呼圖壁河至馬納斯河以南一帶」。

〔二〕【補注】徐松曰：西且彌距東且彌百里，當去長安九千七十里。

〔三〕【補注】徐松曰：大於東且彌。

〔四〕【補注】徐松曰：里數有誤，約八百里也。後書不言，疑爲東且彌所併。

東且彌國，〔一〕王治天山東兌虛谷，去長安八千二百五十里。〔二〕戶百九十一，口千九百四十八，〔三〕勝兵五百七十二人。〔四〕東且彌侯、左右都尉各一人。西南至都護治所千五百八十七里。〔五〕

〔一〕【補注】先謙曰：後書有傳，又云「東且彌爲車師六國之一」。魏志注「三國時屬車師後部，後魏時屬車師」。見後魏書。

〔二〕【補注】徐松曰：案後書「東且彌去柳中八百里」。是去長安八千九百七十里。

〔三〕【補注】徐松曰：「四十八」通考作「八十四」。

〔四〕【補注】徐松曰：漢紀以爲小國。案後書云「戶三千餘，口五千餘，勝兵二千餘人」。蓋并西且彌而强盛。

〔五〕【補注】徐松曰：里數有誤，約九百里也。後書云「廬帳居，逐水草，頗田作」。

劫國，〔一〕王治天山東丹渠谷，去長安八千五百七十里。〔二〕戶九十九，口五百，勝兵百一

十五人。〔三〕輔國侯、都尉、譯長各一人。西南至都護治所千四百八十七里。〔四〕

〔一〕【補注】先謙曰：唐時仍爲劫國，見西域傳及通典。西域圖考云「當今昌吉城之北。劫與車師後城長、郁立師、卑陸後國爲北道再北之國，今地多戈壁，疑皆行國」。

〔二〕【補注】徐松曰：去陽關四千七十里。

〔三〕【補注】徐松曰：漢紀以爲小國。

〔四〕【補注】徐松曰：在卑陸之西，則去都護當千或千一百也。

狐胡國，〔一〕王治車師柳谷，〔二〕去長安八千二百里。〔三〕户五十五，口二百六十四，勝兵四十五人。〔四〕輔國侯、左右都尉各一人。西至都護治所千一百四十七里，〔五〕至焉耆七百七十里。〔六〕

〔一〕【補注】王念孫曰：國名無上下二字同音者，「狐胡」當依御覽四夷部十八所引作「孤胡」，字之誤也。孤胡、龜茲皆國名之疊韻者。龜茲，應劭音邱慈。案古讀邱如欺。先謙曰：後書作「孤胡」，則王說是也。爲車師所滅，後復立，後無考。西域圖考云「由鄯善逾白龍堆爲狐胡國，今闢展西百二十里魯克沁地」。西距廣安城亦百二十里。

〔二〕【補注】齊召南曰：後漢班勇爲西域長史，屯柳中。後書西域傳諸國道里，俱以去長史所居爲率，疑即此柳谷也。王念孫曰：孤胡與車師異地，不當云「治車師柳谷」，「師」字蓋涉下文車師而衍。御覽作治車柳谷，無「師」字。徐松曰：唐書地理志「交河縣北入谷百三十里，經柳谷，渡金沙嶺」。是狐胡在前部北，後部南。

〔三〕【補注】徐松曰：交河城去長安八千九十里，入谷六十五里，至柳谷則去長安當作八千一百五十五里。

〔四〕【補注】徐松曰：漢紀以爲小國。

〔五〕【補注】徐松曰：據下至焉耆里數，「四十七」當作「七十」。

〔六〕【補注】徐松曰：不言西者，蒙上爲文。據此傳知狐胡去交河城六十五里。唐書言百三十者，謂至金沙嶺、柳谷，適當道里之中。

山國，王去長安七千一百七十里。〔一〕户四百五十，口五千，勝兵千人。〔二〕輔國侯、左右將、左右都尉、譯長各一人。西至尉犂二百四十里，〔三〕西北至焉耆百六十里，〔四〕西至危須二百六十里，〔五〕東南與鄯善、且末接。〔六〕山出鐵，民山居，〔七〕寄田糴穀於焉耆、危須。〔八〕

〔一〕師古曰：常在山下居，不爲城治也。【補注】王念孫曰：此山國亦當作墨山國，互見上卷。「王」下當有「治墨山城」四字。據河水注「國與城皆以墨山得名」。墨山國王治墨山城，猶上文之皮山國王治皮山城也。寫者脱之。若顔注遂云「常在山下居，不爲城治」，亦是曲説。徐松曰：以去尉犂計之，當作去長安六千六百九十八里。先謙曰：河水注「北河水自龜茲國來，東逕墨山國南治墨山城。北河下入鄯善」。先謙案：據酈注「山」上當有「墨」字，「王」下當有「治墨山城」四字，然後漢和帝紀及焉耆傳下兩見並作「山國」，則非寫脱，蓋所據本異也。魏志注「山王國屬焉耆」。西域圖考云「在今羅布淖爾之北，廣安城之西南山中國」。

〔二〕【補注】徐松曰：漢紀以爲小國。

〔三〕【補注】徐松曰：去都護當五百四十里。

〔四〕【補注】先謙曰：西域圖考云「當云三百六十里，乃與諸傳合」。

〔五〕【補注】徐松曰：墨山在尉犂東，則去危須近，而焉耆遠，里數有誤。

〔六〕【補注】徐松曰：墨山國在博斯騰淖爾南岸，東南濱蒲昌海，海南即鄯善、且末境。

〔七〕【補注】徐松曰：博斯騰淖爾南岸皆山。

〔八〕【補注】徐松曰：河水注言「龍城地廣千里，皆爲鹽而剛堅」。是其地不可耕，故寄田歟？

車師前國，〔一〕王治交河城。〔二〕河水分流繞城下，故號交河。〔三〕去長安八千一百五十里。〔四〕户七百，口六千五十，勝兵千八百六十五人。〔五〕輔國侯、安國侯、左右將、都尉、歸漢都尉、車師君、通善君、鄉善君各一人，〔六〕譯長二人。西南至都護治所千八百七里，〔七〕至焉耆八百三十五里。〔八〕

〔一〕【補注】先謙曰：後書有傳，亦見晉書載記、後魏傳，稱前部。西域圖考云「在今吐魯番廣安城西二十里」。

〔二〕【補注】沈欽韓曰：寰宇記「西州交河縣，本車師前王庭」。明史「吐魯番在火州西百里，唐西州交河縣安樂城也」。先謙曰：後魏西域傳前部王尚居交河城。

〔三〕【補注】徐松曰：唐書地理志「交河縣有交河水，源出縣北天山」。今吐魯番廣安城西二十里雅爾湖有故城，周七里，即古交河城，城北三里許有山谷，一谷出四泉，流逕城東；一谷出五泉，流逕城西，至城南三十餘里入沙而伏。

〔四〕【補注】徐松曰：交河城去柳中八十里，柳中去長安八千一百七十里。則交河城去長安八千二百五十里，去陽關三千七百五十里。

〔五〕【補注】徐松曰：漢紀以爲小國。後書云「領户千五百餘，口四千餘，勝兵二千人」。

〔六〕師古曰：鄉讀曰嚮。【補注】徐松曰：車師叛服不常，故名官多以降附爲義。

〔七〕【補注】徐松曰：據下至焉耆里數，焉耆去烏壘四百里，則此去都護當作千二百三十五里。

〔八〕【補注】徐松曰：亦蒙上西南爲文，以今驛程計之，則一千里。蓋因自博羅圖山改設臺站，故迂遠也。焉耆去柳中九百十五里，故後魏書云「焉耆國東去高昌九百里」。先謙曰：後書云「前部南通焉耆北道」。

車師後王國，〔一〕治務塗谷，〔二〕去長安八千九百五十里。〔三〕戶五百九十五，口四千七百七十四，勝兵千八百九十人。〔四〕擊胡侯、〔五〕左右將、〔六〕左右都尉、道民君、譯長各一人。〔七〕西南至都護治所千二百三十七里。〔八〕

〔一〕【補注】錢大昭曰：依前後例，當作「車師後國王」。先謙曰：官本作「後國王」，不誤。後書有傳，又云前後部及東且彌、卑陸、蒲類、移支爲車師六國。亦見魏志注稱後部。西域圖考云「今濟木薩地，其古城在今保惠城北二十里，亦名金滿城，唐北庭都護治也。後城長國在其東北」。

〔二〕【補注】徐松曰：後書云「自高昌壁北通後部金滿城五百里」。通鑑「貞觀十四年，平高昌，以其地爲西州，以可汗浮圖城爲庭州」。「浮圖」即「務塗」之轉音，此言務塗谷，蓋城在山中。今濟木薩城北五里，有破城，爲唐都護府遺址，而城南十五里入山，是今城在唐城之南，漢城又在今城之南也。後書班勇傳「後部有金且谷」。西域傳有且固城。

〔三〕【補注】徐松曰：後書「務塗谷去洛陽九千六百二十里」。案郡國志云「雒陽西至京兆尹九百五十里」。以此減之，則去長安當作八千六百七十里。

〔四〕【補注】徐松曰：蓋小於前國。後書云「領戶四千餘，口萬五千餘，勝兵三千餘人」。

〔五〕【補注】徐松曰：傳有輔國侯狐蘭支，則此當有輔國侯。後書後部有親漢侯。

〔六〕【補注】徐松曰：傳有右將股鞮，左將尸泥支。後書又有後部侯炭遮，蓋屬於左右將者。

〔七〕師古曰：道讀曰導。

〔八〕【補注】徐松曰：今驛程一千六百五十餘里，若漢時由前部以至後部，則當一千七百三十五里。案，當與前部互易。先謙曰：後書云「後部西通烏孫」。

車師都尉國，〔一〕户四十，口三百三十三，勝兵八十四人。

〔一〕【補注】徐松曰：此蓋漢置都尉監車師者。先謙曰：西域圖考云「廣安城東七十里喀喇和卓即車師都尉國治也。後漢戊己校尉居此，亦名高昌壁」。

車師後城長國，〔一〕户百五十四，口九百六十，〔二〕勝兵二百六十人。

〔一〕【補注】徐松曰：案傳，車師後王舉國降匈奴，匈奴與共寇殺後城長。是知後城長與車師都尉皆漢所置，以有人民，名之爲國耳。先謙曰：西域圖考云「在後庭之東北，當今奇台縣之北」。

〔二〕【補注】先謙曰：官本「九」作「五」。

武帝天漢二年，以匈奴降者介和王爲開陵侯，〔一〕將樓蘭國兵始擊車師，〔二〕匈奴遣右賢王將數萬騎救之，漢兵不利，引去。〔三〕征和四年，〔四〕遣重合侯馬通將四萬騎擊匈奴，〔五〕道過車師北，〔六〕復遣開陵侯將樓蘭、尉犂、危須凡六國兵別擊車師，勿令得遮重合侯。諸國兵共圍車師，車師王降服，臣屬漢。〔七〕

〔一〕【補注】徐松曰：功臣表言開陵侯不得封年。案傳文似以天漢二年封也。「開」，匈奴傳作「闓」，顔注闓讀與開同。

〔二〕【補注】徐松曰：元封三年，漢已破姑師，其時西域未通，非欲有其地，至是始與匈奴爭之，故言始。

〔三〕【補注】徐松曰：案匈奴傳「漢使貳師將軍擊右賢王於天山，匈奴大圍貳師，幾不得脱，漢兵物故十六七」。繼以李陵敗降，是漢兵不利也。此漢爭車師者一，漢未得車師。

〔四〕【補注】徐松曰：當從武紀、功臣表、李廣利傳作「三年」。

〔五〕【補注】徐松曰：是時貳師出五原，商邱成出西河，此獨言馬通，惟通出酒泉、過車師也。匈奴傳作莽通。

〔六〕【補注】徐松曰：今巴里坤至迪化州路。

〔七〕【補注】徐松曰：匈奴傳「重合侯軍至天山，匈奴使大將偃渠與左右呼知王將二萬餘騎要漢兵，見漢兵强，引去。闓陵侯别圍車師，盡得其王民衆而還」。此漢爭車師者二，漢得車師。

昭帝時，匈奴復使四千騎田車師。宣帝即位，遣五將將兵擊匈奴，〔一〕車師田者驚去，車師復通於漢。〔二〕匈奴怒，召其太子軍宿，欲以爲質。軍宿，焉耆外孫，不欲質匈奴，亡走焉耆。車師王更立子烏貴爲太子。及烏貴立爲王，與匈奴結婚姻，教匈奴遮漢道通烏孫者。〔三〕

〔一〕師古曰：謂本始二年御史大夫田廣明爲祁連將軍，後將軍趙充國爲蒲類將軍，雲中太守田順爲武牙將軍，及度遼將軍范明友、前將軍韓增，凡五將也。【補注】徐松曰：「武」本作「虎」，顔避唐諱改。

〔二〕【補注】徐松曰：此漢爭車師者三，車師復降漢。

〔三〕【補注】徐松曰：此本始三年至地節元年事，凡三年。

地節二年，漢遣侍郎鄭吉、校尉司馬憙〔一〕將免刑罪人〔二〕田渠犂，積穀，欲以攻車師。至秋收穀，〔三〕吉、憙發城郭諸國兵萬餘人，自與所將田士千五百人〔四〕共擊車師，攻交河城，破之。王尚在其北石城中，〔五〕未得，會軍食盡，吉等且罷兵，歸渠犂田。秋收畢，〔六〕復發兵攻車師王於石城。王聞漢兵且至，北走匈奴求救，匈奴未爲發兵。王來還，與貴人蘇猶議欲降漢，恐不見信。蘇猶教王擊匈奴邊國小蒲類，〔七〕斬首，略其人民，以降吉。車師旁小金附國〔八〕隨漢軍後盗車師，車師王復自請擊破金附。

〔一〕師古曰：憙音許吏反。【補注】徐松曰：鄭吉傳「吉以從軍數出西域爲郎」。憙、喜古今字。

〔二〕【補注】徐松曰：胡注云「罪人免其刑，使屯田」。

〔三〕【補注】徐松曰：據傳此爲地節二年秋，匈奴傳以爲事在三年，誤。

〔四〕【補注】徐松曰：下言三校尉，以五百人爲校。

〔五〕【補注】徐松曰：隋書「高昌北有赤石山，山北七十里有貪汗山，城在山中，壘石爲之」。案姑墨亦有石城，是知非城名。鄭吉傳「擊破車兜訾城」。或即其城歟？

〔六〕【補注】先謙曰：官本「秋收」二字倒。

〔七〕【補注】徐松曰：匈奴傳言左右賢王、左右谷蠡最大國，然則裨小王爲小國矣。諸小王亦稱諸侯，匈奴傳言匈奴西邊諸侯是也。匈奴有東蒲類王。

〔八〕【補注】徐松曰：今吐魯番有勝金口地。

匈奴聞車師降漢，發兵攻車師，吉、憙引兵北逢之，〔一〕匈奴不敢前。吉、憙即留一候〔二〕

與卒二十人留守王，〔三〕吉等引兵歸渠犂。車師王恐匈奴兵復至而見殺也，乃輕騎奔烏孫，吉即迎其妻子置渠犂。〔四〕東奏事，〔五〕至酒泉，有詔還田渠犂及車師，益積穀以安西國，侵匈奴。〔六〕吉還，傳送車師王妻子詣長安，賞賜甚厚，每朝會四夷，常尊顯以示之。〔七〕於是吉始使吏卒三百人別田車師。〔八〕得降者言，〔九〕單于大臣皆曰「車師地肥美，〔一〇〕近匈奴，使漢得之，多田積穀，必害人國，不可不爭也」。果遣騎來擊田者，吉乃與校尉〔一一〕盡將渠犂田士千五百人往田，〔一二〕匈奴復益遣騎來，漢田卒少，不能當，保車師城中。〔一三〕匈奴將〔一四〕即其城下謂吉曰：〔一五〕「單于必爭此地，不可田也。」圍城數日乃解。〔一六〕後常數千騎往來守車師，吉上書言：「車師去渠犂千餘里，〔一七〕間以河山，〔一八〕北近匈奴，漢兵在渠犂者埶不能相救，願益田卒。」公卿議以爲道遠煩費，可且罷車師田者。〔一九〕詔遣長羅侯〔二〇〕將張掖、酒泉騎出車師北千餘里，揚威武車師旁。胡騎引去，〔二一〕吉乃得出，歸渠犂，凡三校尉屯田。

〔一〕【補注】徐松曰：匈奴傳「勒兵逢擊烏孫」，顏注「以兵逆之」。

〔二〕【補注】徐松曰：所謂軍候。

〔三〕【補注】徐松曰：留守石城，備其王入匈奴。

〔四〕【補注】徐松曰：就屯校城。

〔五〕【補注】徐松曰：吉蓋奏車師之捷。

〔六〕【補注】徐松曰：吉行至酒泉得詔書，如此以吉傳推之，吉遷衞司馬，使護南道，當在此時。所謂「安西國」者，即令其護南道。

〔七〕【補注】徐松曰：此非本年事，傳終言之。

〔八〕【補注】徐松曰：别使吏卒之在渠犂者，非屯校兵也。案匈奴傳「地節三年，西域城郭共擊匈奴，取車師國，得其王及人衆而去。單于復以車師王昆弟兜莫爲車師王，收其餘民東徙，不敢居故地。而漢益遣屯士分田車師地以實之」。即此傳二年事也。此漢爭車師者四，車師復降漢，田車師始此。

〔九〕【補注】徐松曰：自此以下，據通鑑爲元康二年事。

〔一〇〕【補注】徐松曰：前國爲今吐魯番地，恒暖宜疏穀。

〔一一〕【補注】徐松曰：此校尉即司馬憙，非屯田之三校尉。

〔一二〕【補注】徐松曰：通鑑作「吉將渠犂田卒七千餘人」，即用此傳文，而訛「士」爲「七」，淺人又臆增「卒」字耳。若果七千人，下文不得言田卒少也。

〔一三〕【補注】徐松曰：蓋交河城。

〔一四〕【補注】徐松曰：左大將。

〔一五〕師古曰：即，就也。

〔一六〕【補注】徐松曰：匈奴傳「匈奴遣左右奧鞬各六千騎，與左大將再擊漢之田車師城者，不能下」。

〔一七〕【補注】徐松曰：前國去烏壘千二百餘里，渠犂在烏壘南三百餘里。

〔一八〕師古曰：間，隔也，音居莧反。【補注】徐松曰：河謂敦薨水、龜兹東川。山謂敦薨山、沙山鐵關谷。

〔一九〕【補注】徐松曰：魏相傳「元康中，匈奴遣兵擊漢屯田車師者，不能下。上與後將軍趙充國等議，欲因匈奴衰弱，出兵擊其右地，使不敢復擾西域。相上書諫，言願與平昌侯、樂昌侯、平恩侯及有識者詳議乃可，上從相言而止」。公卿者，魏相等也。

〔二〇〕師古曰：常，惠也。

〔一二〕【補注】宋祁曰：淳化本作「引兵去」，熙寧本及越本無「兵」字。

車師王之走烏孫也，〔一〕烏孫留不遣，遣使上書，願留車師王，備國有急，可從西道以擊匈奴。漢許之。〔二〕於是漢召故車師太子軍宿在焉耆者，立以爲王，〔三〕盡徙車師國民令居渠犂，遂以車師故地與匈奴。車師王得近漢田官，與匈奴絶，亦安樂親漢。〔四〕後漢使侍郎殷廣德責烏孫，〔五〕求車師王烏孫貴，將詣闕，〔六〕賜第與其妻子居。〔七〕是歲，元康四年也。其後置戊己校尉屯田，居車師故地。〔八〕

〔一〕【補注】先謙曰：「王」上當更有「車師」二字。

〔二〕【補注】徐松曰：匈奴傳「匈奴怨諸國共擊車師，遣左右大將各萬餘騎，屯田右地，欲以侵迫烏孫。」西域西道，即當右地者。

〔三〕【補注】徐松曰：據下傳蓋殺匈奴所立兜莫，而立軍宿。

〔四〕【補注】徐松曰：此漢爭車師者五，漢得其民，匈奴得其地。

〔五〕【補注】徐松曰：責其久留烏貴。

〔六〕師古曰：烏孫遣其將之貴者入漢朝。

〔七〕【補注】劉敞曰：漢求車師王耳，烏孫貴將反詣闕，又賜第與妻子居，非理也。案鄭吉傳「送車師王妻子詣長安」。今漢復責烏孫求車師王，故賜車師王第，使與妻子居耳。又當云「烏孫遣其貴人將詣闕」。錢大昕曰：烏貴者，車師王之名。是時車師已別立王，故稱其前王名以別之，當以「求車師王烏貴」六字爲句。「將詣闕」三字爲句，刊本誤衍「孫」字，顔不能校正，曲爲之説。劉知其未安，乃謂當云「烏孫遣其貴人將詣闕」，亦非也。徐松曰：將詣闕，猶鄭吉傳言「將詣京師」。此傳亦言「捕樓蘭王將詣闕」。周壽昌曰：此亦如上傳都護治烏壘城，宋監本作「烏壘孫城」，衍一「孫」字也。通鑑云「元康四年，車師王烏貴詣闕」，是通鑑已正此誤，删去「孫」字矣。錢駁正良是，第未檢通鑑耳。

〔八〕【補注】徐松曰：通鑑注「元康二年，以車師地與匈奴，今匈奴款附，故復屯田故地」。案，當并從還前王，而後國之建，疑亦於此時也。

元始中，車師後王國有新道，出五船北，通玉門關，往來差近，〔一〕戊己校尉徐普欲開以省道里半，避白龍堆之阸。〔二〕車師後王姑句〔三〕以道當爲拄置，〔四〕心不便也。地又頗與匈奴南將軍地接，〔五〕普欲分明其界然後奏之，召姑句使證之，不肯，繫之。〔六〕姑句數以牛羊賕吏，〔七〕求出不得。姑句家矛端生火，其妻股紫陬〔八〕謂姑句曰：〔九〕「矛端生火，此兵氣也，〔一〇〕利以用兵。前車師前王爲都護司馬所殺，〔一一〕今久繫必死，不如降匈奴。」即馳突出高昌壁，〔一二〕入匈奴。〔一三〕

〔一〕【補注】徐松曰：道近而易行，今小南路有小山五，長各半里許，頂上平而首尾截立，或謂是五船也。

〔二〕【補注】徐松曰：今哈密至吐魯番，經十三間房風戈壁，即龍堆北邊也。新道避之，又省道里之半，故普欲開之。

〔三〕師古曰：句音鉤。【補注】徐松曰：匈奴傳作「句姑」。

〔四〕師古曰：拄者，支拄也，言有所置立而支拄於己，故心不便也。拄音竹羽反，又音竹具反。其字從手，而讀之者或不曉，以拄爲梁柱之柱，及分破其句，言置柱於心，皆失之矣。【補注】劉敞曰：「道當爲拄置」者，新道出車師後王國，則漢使往來，後王主爲之供億，故心不便也。拄置猶言儲侍。宋祁曰：案通典「道」下有「通」字。徐松曰：釋言「揞，拄也」。說文作楮柱。拄置即揞拄，置爲揞之假借字耳。先謙曰：本書從木從手之字通，作拄、柱皆可，特不應失解耳。官本注「又」下無「音」字。

〔五〕【補注】徐松曰：在匈奴南，故與南將軍接。

〔六〕【補注】徐松曰：繫於校尉城。先謙曰：官本「繫」作「擊」。

〔七〕【補注】徐松曰：說文「賕，以財物枉法相謝也」。吕刑「五過之疵惟來」，馬本作「惟求」，云「有請求也」。段氏云「惟求者，今之枉法贓」。

〔八〕師古曰：陬音子侯反。

〔九〕【補注】徐松曰：蓋往告之。

〔一〇〕【補注】徐松曰：開元占經引地鏡曰「刀劍無故自拔出及光有聲者，憂兵傷君，有血污」。

〔一一〕【補注】徐松曰：事不見傳，前王謂兜莫。

〔一二〕【補注】齊召南曰：高昌壁始見於此。後書云「自敦煌西出玉門陽關，涉鄯善，北通伊吾千餘里，自伊吾北通車師前部、高昌壁千二百里，自高昌壁北通後部金滿城五百里，此西域之門户也。故戊己校尉更互屯焉」。案拓跋魏時，闞爽始立國於高昌，號高昌王，即以此壁得名。

〔一三〕【補注】徐松曰：隋書西域傳「高昌國者，漢車師前王庭，漢武帝遣兵西討，師旅頓弊，其中尤困者，因住焉。其地有漢時高昌壘」。案，元歐陽圭齋高昌偰氏家傳云「高昌者，今哈剌和綽也，和綽本言漢高昌，『高』之音近『和』，『昌』之音近『綽』，遂爲『和綽』也。哈剌，黑也。其地有黑山也」。所言高昌最詳。今名哈喇和卓，漢交河城東二十里，爲今吐魯番廣安城。廣安城又東六十里，爲哈喇和卓，即後漢之柳中，由此北入山，爲後部，東出即匈奴境。

又去胡來王唐兜，〔一〕國比大種赤水羌，〔二〕數相寇，不勝，告急都護。都護但欽不以時救助，〔三〕唐兜困急，怨欽，東守玉門關。〔四〕玉門關不内，即將妻子人民千餘人亡降匈奴。匈奴受之，而遣使上書言狀。是時，新都侯王莽秉政，遣中郎將王昌等使匈奴，告單于西域内屬，不當得受。單于謝罪，執二王以付使者。〔五〕莽使中郎王萌〔六〕待西域惡都奴界上逢受。〔七〕單于遣使送，〔八〕因請其罪。〔九〕使者以聞，莽不聽，詔下會西域諸國王，陳軍〔一〇〕斬姑句、唐兜以示之。

〔一〕【補注】錢大昭曰：婼羌國王號去胡來王。

〔二〕師古曰：比，近也，音頻寐反。【補注】徐松曰：後書西羌傳「羌爰劍子孫支分，凡百五十種，九種在賜支河首以西，及在蜀漢徼北，參狼種在武都，氂牛種在越嶲，白馬種在廣漢。又有五十二種，八十九種。舊唐書太宗紀「副總管薛萬均、薛萬徹破吐谷渾於赤水源」。

〔三〕【補注】徐松曰：匈奴傳言時平帝幼，則事在元始中。

〔四〕【補注】徐松曰：守猶敂也，敂關首欽。

〔五〕【補注】先謙曰：詳匈奴傳，「二王」彼傳作「二虜」。

〔六〕【補注】徐松曰：匈奴傳作「中郎將」，此奪「將」字。

〔七〕師古曰：逢受謂先至待之，逢見即受取也。【補注】徐松曰：息夫躬傳「願助戊己校尉保惡都奴之界」。匈奴傳注「惡都奴，西域之谷名」。先謙曰：逢受猶迎受，説詳匈奴傳。彼傳敍此事作「逆受」，逆猶迎也。

〔八〕【補注】徐松曰：匈奴傳作「送到國」。

〔九〕師古曰：請免其罪也。

〔一〇〕【補注】徐松曰：爲大會陳兵以示威。

至莽篡位，建國二年，〔一〕以廣新公甄豐爲右伯，〔二〕當出西域。〔三〕車師後王須置離聞之，與其右將股鞮、左將尸泥支謀曰：〔四〕「聞甄公爲西域太伯，當出，〔五〕故事給使者牛羊穀芻茭，導譯，〔六〕前五威將過，〔七〕所給使尚未能備。今太伯復出，國益貧，恐不能稱。」〔八〕欲亡入匈奴。戊己校尉刀護聞之，〔九〕召置離驗問，〔一〇〕辭服，乃械致都護但欽在所埒婁城。〔一一〕置離人民知其不還，皆哭而送之。至，欽則斬置離。置離兄輔國侯狐蘭支將置離衆二千餘人，驅畜産，舉國亡降匈奴。〔一二〕

〔一〕【補注】徐松曰：當作始建國。

〔二〕【補注】徐松曰：王莽傳「始建國二年，以符命言新室當分陝，立二伯，以豐爲右伯，平晏爲左伯」。

〔三〕【補注】徐松曰：王莽傳「豐當述職西出」。

〔四〕師古曰：鞮音丁奚反。

〔五〕【補注】錢大昭曰：稱太伯，尊之之辭。

〔六〕【補注】徐松曰：導，鄉導。譯，譯語者。

〔七〕【補注】徐松曰：王莽傳「始建國元年秋，遣五威將王奇等十二人，班符命四十二篇於天下。西出者至西域，盡改其王爲侯，北出者至匈奴庭」。

〔八〕師古曰：不副所求也。

〔九〕師古曰：刀音彫。【補注】先謙曰：官本「刀」作「刁」。

〔一〇〕【補注】先謙曰：「置」上疑脱「須」字，下同。

〔一一〕師古曰：埒婁，城名，埒音劣。婁音樓。【補注】徐松曰：當即後書班超傳所謂陳睦故城。所猶處也。

〔一二〕師古曰：盡率一國之衆也。

是時，莽易單于璽，單于恨怒，遂受狐蘭支降，遣兵與共寇擊車師，殺後城長，傷都護司馬，〔一〕及狐蘭兵復還入匈奴。〔二〕時戊己校尉刀護病，遣史陳良屯桓且谷備匈奴寇，〔三〕史終帶取糧食，〔四〕司馬丞韓玄領諸壁，右曲候任商領諸壘，〔五〕相與謀曰：「西域諸國頗背叛，〔六〕匈奴欲大侵，要死。可殺校尉，將人衆降匈奴。」〔七〕即將數千騎至校尉府，脅諸亭令燔積薪，〔八〕分告諸壁曰：「匈奴十萬騎來入，吏士皆持兵，後者斬！」得三百四人，〔九〕去校尉府數里止，晨火爇。〔一〇〕校尉開門擊鼓收吏士，〔一一〕良等隨入，遂殺校尉刀護及子男四人、諸昆弟子男，〔一二〕獨遺婦女小兒。〔一三〕止留戊己校尉城，〔一四〕遣人與匈奴南將軍相聞，〔一五〕南將軍以二千騎迎良等。良等盡脅略戊己校尉吏士男女二千餘人入匈奴。單于以良、帶爲烏賁都尉。〔一六〕

〔一〕【補注】徐松曰：言都護司馬以別於校尉司馬，疑有分治後城長國者。

〔二〕【補注】徐松曰：後城長國在後國西，故兵還匈奴，當經車師前國之北。先謙曰：「狐蘭」下疑更有「支」字。

〔三〕師古曰：且音子余反。

〔四〕【補注】徐松曰：劉昭百官志戊己校尉有丞無史，據此傳是有史二人。案漢制，護烏桓校尉，有擁節長史一人；護羌校尉，有擁節長史一人。此戊己校尉不言長史者，護烏桓、護羌二校尉，秩皆比二千石，其屬得置六百石之長史。西域官惟都護與副校尉爲比二千石，戊己校尉以六百石爲之，屬職同於長史，故後書即稱戊己校尉爲長史，則此二史者，或戊己之副，非其屬官也。

〔五〕【補注】徐松曰：戊己校尉屬有丞一人，司馬一人，候五人，此言司馬丞，或丞兼攝司馬也。劉昭百官志「大將軍營五部，部下有曲，有軍候一人，比六百石」。其餘將軍亦有部曲，右曲候，右部之曲候。説文「壘，軍壁也」。鄭氏周禮注「軍壁曰壘」。此分言者，壁壘非一處，故互文言之。領諸壁壘，即所謂總知營事。

〔六〕【補注】徐松曰：是時西域騷動，尚未顯然背叛，至始建國五年，焉耆先畔，殺都護，叛跡始著。

〔七〕如淳曰：言匈奴來侵，會當死耳，可降匈奴也。師古曰：要音一妙反。【補注】徐松曰：「要死」，匈奴傳作「恐并死」。

〔八〕師古曰：示爲㷭火也。【補注】徐松曰：亭，置㷭之地，即傳所謂亭燧，爲㷭火者。假爲寇至。

〔九〕【補注】錢大昭曰：南監本、閩本作「三四百人」。先謙曰：官本作「三四百人」。

〔一〇〕師古曰：古然字。【補注】徐松曰：即燔積薪。

〔一一〕【補注】徐松曰：見㷭火，故收吏士使入府。

〔一二〕【補注】徐松曰：殺刁護四子及其昆弟之子。

〔一三〕師古曰：遺，留置不殺也。

〔一四〕【補注】徐松曰：即校尉府所在也。案傳言「姑句馳出高昌壁」，是其時高昌有壁無城，而後書言「匈奴、車師共圍戊己校尉」，又校尉城不在交河城内明證。蓋前漢校尉城去交河城不遠，後漢因之，建初元年，段彭解戊己校尉之圍，而破車師於交河城是也。班超再定西域，復置戊己校尉，乃移治高昌壁耳。

〔一五〕【補注】徐松曰：匈奴傳作「與匈奴南犂汗王南將軍相聞」。南將軍蓋屬南犂汗王者。

〔一六〕師古曰：賁音奔。【補注】徐松曰：匈奴傳「玄商留南將軍所，良、帶徑至單于庭，人衆别置零吾水上田」。故惟以良、帶二人爲都尉。匈奴傳作「單于號良、帶曰烏桓都將軍」。是爲都尉官而寵以將軍之號。王莽傳「始建國二年十一月，立國將軍建奏『西域將欽上言，九月辛巳，戊己校尉史陳良、終帶共賊殺校尉刁護，劫略吏士，自稱廢漢大將軍，亡入匈奴』」。是其事也。建，孫建。欽，但欽。

後三歲，單于死，〔一〕弟烏絫單于咸立，〔二〕復與莽和親。莽遣使者多齎金幣賂單于，購求陳良、終帶等。單于盡收四人及手殺刀護者芝音妻子以下二十七人，皆械檻車付使者。到長安，莽皆燒殺之。其後莽復欺詐單于，和親遂絶。〔三〕匈奴大擊北邊，而西域亦瓦解。焉耆國近匈奴，先叛，殺都護但欽，莽不能討。〔四〕

〔一〕【補注】徐松曰：烏珠留若鞮單于也。匈奴傳「立二十一歲，建國五年死」。
〔二〕師古曰：絫音力追反。
〔三〕【補注】徐松曰：欺詐，謂前紿言侍子登在，今知其死。
〔四〕【補注】徐松曰：案莽傳事在始建國五年。

天鳳二年，〔一〕乃遣五威將王駿、〔二〕西域都護李崇〔三〕將戊己校尉〔四〕出西域，諸國皆郊迎，送兵穀，〔五〕焉耆詐降而聚兵自備。駿等將莎車、龜茲兵七千餘人，分爲數部入焉耆，焉耆伏兵要遮駿，及姑墨、尉犂、危須國兵爲反間，還共襲擊駿等，皆殺之。唯戊己校尉郭欽別將兵，後至焉耆。焉耆兵未還，欽擊殺其老弱，引兵還。莽封欽爲剼胡子。〔六〕李崇收餘士，還保龜茲。〔七〕數年〔八〕莽死，崇遂没，西域因絶。

〔一〕【補注】先謙曰：官本「二」作「三」。
〔二〕【補注】徐松曰：王莽傳作大使五威將。

〔三〕【補注】徐松曰：後漢紀作李宗。

〔四〕【補注】徐松曰：即郭欽。

〔五〕【補注】徐松曰：謂助兵與食。兵，如莎車、龜茲兵是。

〔六〕鄧展曰：劋音衫。師古曰：劋，絶也，音子小反。字本作剿，轉寫誤耳。【補注】錢大昭曰：「劋」，莽傳作「剿」。徐松曰：説文「劋，絶也」。又引夏書曰「天用劋絶其命」。蓋作「劋」者尚書正字，衞包改「劋」作「剿」，從刀，刀又誤作力，遂相承用「勦」，而「劋」廢矣。王莽傳「將遣大司空征伐劋絶之矣」，猶存古字。莽拜欽爲填外將軍，又封佐帥何封爲集胡男，皆見莽傳。

〔七〕【補注】徐松曰：近都護者龜茲爲大國，故依以爲重。

〔八〕【補注】徐松曰：自天鳳三年至更始元年，漢兵誅莽，凡八年。

最〔一〕凡國五十。〔二〕自譯長、〔三〕城長、〔四〕君、〔五〕監、〔六〕吏、〔七〕大禄、〔八〕百長、〔九〕千長、〔一〇〕都尉、〔一一〕且渠、〔一二〕當户、〔一三〕將、相至侯、王，〔一四〕皆佩漢印綬，凡三百七十六人。〔一五〕而康居、大月氏、安息、罽賓、烏弋之屬，皆以絶遠不在數中，其來貢獻則相與報，〔一六〕不督録總領也。

〔一〕【補注】徐松曰：漢書衞霍傳後有「最」，顔注「最，凡也」。先謙曰：最猶撮也。謂撮舉其數，最凡，猶都凡耳。若訓最爲凡，則不可通。

〔二〕【補注】徐松曰：據哀、平閒，分五十五國，除去不屬都護者五國，故曰五十。

〔三〕【補注】徐松曰：三十九人。

〔四〕【補注】徐松曰：三人。

〔五〕【補注】徐松曰：以君名者二十二人。
〔六〕【補注】徐松曰：以監名者二。
〔七〕【補注】徐松曰：以吏名者三。
〔八〕【補注】徐松曰：一人。
〔九〕【補注】徐松曰：傳無。
〔一〇〕【補注】徐松曰：八人。
〔一一〕【補注】徐松曰：以都尉名者六十二人。
〔一二〕【補注】徐松曰：二人。
〔一三〕【補注】徐松曰：傳無。
〔一四〕【補注】徐松曰：將四十九人，相一人，侯四十八人，王七人。
〔一五〕【補注】徐松曰：此即匈奴傳所謂西域諸國佩中國印綬者，合傳所載官數二百四十七人。又除不屬都護者，其數益懸。百長當户，皆在匈奴傳。
〔一六〕【補注】徐松曰：若康居貢獻，則都護吏至其國，罽賓奉獻，則送其使。

贊曰：〔一〕孝武之世，圖制匈奴，患其兼從西國，結黨南羌，〔二〕乃表河曲，〔三〕列西郡，〔四〕開玉門，通西域，以斷匈奴右臂，〔五〕隔絶南羌、月氏。單于失援，由是遠遁，而幕南無王庭。〔六〕

〔一〕【補注】徐松曰：漢紀武帝篇全録此文，稱爲「本志」，猶言本書也。
〔二〕師古曰：圖，謀也。從音子容反。

〔三〕【補注】王念孫曰：「曲」當爲「西」字之誤也。武帝所開四郡，皆在河西，故云表河西。食貨志云「初置張掖、酒泉郡，而上郡、朔方、西河、河西開田官，斥塞卒六十萬人戍田之」。霍去病傳云「開河西、酒泉之地」。後漢書西羌傳云「武開河西，列置四郡」。皆其證。四郡非在河曲中，不得言表河曲也。漢紀孝武紀作「河曲」，乃後人以誤本漢書改之。通典邊防八、御覽四夷部十三引此贊竝作「河西」。

〔四〕【補注】宋祁曰：新本「西」作「四」。錢大昭曰：作「四」，是也。四郡：武威、酒泉、張掖、敦煌。

〔五〕【補注】徐松曰：漢書以取烏孫爲斷匈奴右臂，劉歆上議，以武帝立五屬國，起朔方，伐朝鮮，起玄菟、樂浪以斷匈奴左臂。班超傳注云南面以西爲右也。

〔六〕【補注】先謙曰：幕，漠借字。武紀臣瓚注「沙土曰幕。」

遭值文、景玄默，養民五世，〔一〕天下殷富，財力有餘，士馬彊盛。〔二〕故能睹犀布、瑇瑁則建珠崖七部，〔三〕感枸醬、竹杖則開牂柯、越巂，〔四〕聞天馬、蒲陶則通大宛、安息。〔五〕自是之後，明珠、文甲、通犀、翠羽之珍盈於後宮，〔六〕蒲梢、龍文、魚目、汗血之馬充於黄門，〔七〕鉅象、師子、猛犬、大雀之羣食於外囿。〔八〕殊方異物，四面而至。於是廣開上林，穿昆明池，〔九〕營千門萬户之宮，〔一〇〕立神明通天之臺，〔一一〕興造甲乙之帳，〔一二〕落以隨珠和璧，〔一三〕天子負黼依，襲翠被，憑玉几，而處其中。〔一四〕設酒池肉林以饗四夷之客，〔一五〕作巴俞都盧、海中碭極、漫衍魚龍、角抵之戲以觀視之。〔一六〕及賂遺贈送，萬里相奉，師旅之費，不可勝計。〔一七〕至於用度不足，乃榷酒酤，筦鹽鐵，鑄白金，造皮幣，算至車船，租及六畜。〔一八〕民力屈，財用竭，〔一九〕因之以凶年，〔二〇〕寇盜並起，道路不通，直指之使始出，衣繡杖斧，斷斬於郡國，然後勝之。是以末年遂棄輪臺之地，而下哀痛之詔，豈非仁聖之所悔哉！且通西域，近有龍堆，遠則葱嶺，身熱、頭痛、縣度之阸。淮南、杜欽、揚雄之論，皆以爲此天地所以界別區域，絶外内也。〔二一〕書曰「西戎即序」，〔二二〕禹既就而序之，非上威服致其貢物也。〔二三〕

〔一〕【補注】徐松曰：高、惠、文、景至孝武爲五世。獨斷云呂后不入數。

〔二〕【補注】徐松曰：漢官儀「牧師諸苑三十六所，分置西北邊，分養馬三十萬頭」。

〔三〕師古曰：瑇音代。瑁音妹。【補注】王念孫曰：犀布連文，殊爲不類。布當爲象，象、布二字，篆文下半相似，故象譌作布，犀象、瑇瑁，皆兩粤所産，故曰「睹犀象、瑇瑁，則建珠崖七郡」也。下文云「明珠、文甲、通犀、翠羽之珍，鉅象、師子、猛犬、大雀之羣」，正與此犀象、瑇瑁相應，則當作「象」明矣。御覽珍寶部六引此已誤作犀布，漢紀孝武紀、通典邊防八引此並作「犀象」。徐松曰：地理志「粤地處近海，多犀象、瑇瑁、珠璣、銀銅、果布之湊」。「建珠崖七郡」，漢紀作「開犍爲、珠崖七部」。案，武紀及地理志「元鼎六年，定越以爲南海、蒼梧、鬱林、合浦、交阯、九真、日南，珠崖、儋耳郡」。元帝時，始棄珠崖、儋耳兩郡，則七郡當作九郡。漢紀數犍爲者亦非。

〔四〕師古曰：枸音矩。【補注】徐松曰：詳西南夷傳。武紀「元鼎六年，定西南夷，以爲武都、牂柯、越嶲、沈黎、文山郡」。

〔五〕【補注】徐松曰：通考引無「安息」二字。

〔六〕如淳曰：文甲，即瑇瑁也。通犀，中央色白，通兩頭。【補注】徐松曰：「文甲通犀」，漢紀作「文貝犀象」，東方朔傳「宫人簪瑇瑁，垂珠璣」。

〔七〕孟康曰：四駿馬名也。師古曰：梢馬音所交反。【補注】徐松曰：漢紀作「瓁瑜、琪瑠、蒲萄、龍文、魚目、汗血名馬」。東京賦「駙承華之蒲梢」。説文「駂馬赤鬣縞身，目若黄金，名曰吉皇之乘」。此龍文者，謂其文似龍，猶驔騱文如鼂魚矣。爾雅「馬二目白魚」。西京雜記「帝得貳師天馬，以玫瑰石爲鞍，鏤以金銀，鍮石以緣地，五色錦爲蔽泥」。漢舊儀「中黄門駙馬、大宛馬、汗血馬、乾河馬、天馬、果下馬」。顔注梢馬音，當作「蒲梢，馬名。梢音所交反」。

〔八〕師古曰：巨亦大。【補注】徐松曰：漢紀作「巨象、獅子、猛獸、大雀之羣，實於外圃」。本紀「元狩二年，南越獻馴象」。先謙曰：官本注「巨」作「鉅」。

〔九〕【補注】徐松曰：昆明池在上林苑中。本紀「元狩三年，減隴西、北地、上郡戍卒半，發謫吏穿昆明池」。黄圖云「昆明池在長安西，周四十里，有百艘樓船，建樓櫓戈船各數十，上建戈矛，四角悉垂幡葆麾蓋」。

〔一〇〕【補注】徐松曰：本紀「太初元年，起建章宫」。顔注「在未央宫西」。黄圖云「建章宫周二十餘里，千門萬户」。

〔一一〕【補注】徐松曰：神明臺在建章宫閶闔門内，通天臺亦曰候神臺，又曰「望仙臺，在甘泉宫」。武紀「元封二年，作通天臺」，顔注「通天臺者，言此臺高上通於天也」。漢舊儀云「高三十丈，望見長安城」。

〔一二〕師古曰：其數非一，以甲乙次第名之也。【補注】徐松曰：東方朔傳「推甲乙之帳，燔之於四通之衢」。應劭曰：帳多，故以甲乙第之。顔注蓋用應説。西京賦「大駕幸乎平樂，張甲乙而襲翠被」。

〔一三〕師古曰：落與絡同。【補注】徐松曰：漢紀作「絡以隋珠荆璧」。東方朔傳注引亦作「絡」。

〔一四〕師古曰：依讀曰扆。扆如小屏風，而畫爲黼文也。白與黑謂之黼，又爲斧形。襲，重衣也。被音皮義反。【補注】沈欽韓曰：西京雜記「漢制，天子玉几，冬則加綈飾其上，謂之綈几」。王文彬曰：左昭十二年傳杜注「翠被，以翠羽飾」。

〔一五〕【補注】徐松曰：酒池在長樂宫中東司馬門内，其水來自未央宫，自未央北墉出，經壽宫南，入長樂宫北墉，經長秋觀大夏殿之北，匯爲池」。黄圖云「太上皇廟在長安城中香室街酒池之北」。是酒池在香室街。寰宇記云「武帝作酒池，以誇羌胡，飲以鐵盃，重不能舉，皆抵牛飲」。案黄圖有秦酒池。長安志亦言「酒池，秦始皇造，漢武帝行舟於中」。是非自漢設之。

〔一六〕晉灼曰：都盧，國名也。李奇曰：都盧，體輕善緣者也。碭極，樂名也。師古曰：巴人，巴州人也。俞，水名，今渝州也。巴俞之人，所謂賨人也，勁鋭善舞，本從高祖定三秦有功，高祖喜觀其舞，因令樂人習之，故有巴俞之樂。漫衍者，即張衡西京賦所云「巨獸百尋，是爲漫延」者也。魚龍者，爲舍利之獸，先戲於庭極，畢，乃入殿前激水，化成比目魚，跳躍漱水，作霧障日，畢，化成黄龍八丈，出水敖戲於庭，炫燿日光。西京賦云「海鱗變而成龍」，即爲此色也。俞音踰，碭音大浪反，衍音弋戰反。視讀曰示。觀示者，視之令觀也。【補注】徐松曰：漢紀「俞」作「渝」，「衍」作「演」，「抵」作「觝」。武紀「元封三年，作角抵戲，三百里内皆來觀」。劉昭禮儀志注引蔡質漢儀曰「正月旦，天子幸德陽殿，臨軒，公、卿、將、大夫、百官悉就坐，賜作九賓徹樂。舍利從西方來，戲於庭極，畢，化爲比目魚，又化成黄龍，以兩大絲繩繫兩柱中，頭閒相去數丈，兩倡女對舞，行於繩上，對面道逢，切肩不傾，又蹋局出身，藏形於斗中。鐘磬並作，樂畢，作魚龍曼延」。蓋後漢相因，用之正旦，唯無角抵耳。巴俞並用於大喪禮。先謙曰：官本注「大」作「徒」，引宋祁曰，注文「八丈」，一作「入又」字。徒浪反，越本作「大浪」。

〔一七〕【補注】徐松曰：食貨志「渾邪王率數萬衆來降，漢發車二萬兩迎之，既至，受賞賜及有功之士，凡百餘鉅萬。天子爲伐胡，故盛養馬，馬之往來食長安者數萬匹，胡降者數萬人，皆得厚賞，衣食仰給縣官，縣官不給」。

〔一八〕【補注】徐松曰：如淳以租及六畜，爲若馬口錢。見昭紀注。

〔一九〕師古曰：屈音其勿反。【補注】徐松曰：漢紀「用」作「貨」。

〔二〇〕【補注】徐松曰：食貨志「是時山東被河災，及歲不登數年，人或相食，方二三千里」。

〔二一〕【補注】徐松曰：淮南王諫伐閩越書：「自三代之盛，胡越不與受正朔，非强弗能服，威弗能制也。以爲不居之地，不牧之民，不足以煩中國也」。杜欽論見此傳，揚雄論見匈奴傳。

〔二二〕師古曰：禹貢之辭也。序，次也。【補注】徐松曰：史記索隱引王肅尚書注「西戎，西域」。

〔二三〕【補注】徐松曰：魏書西域傳序引「非上威服」作「非盛威武」。

西域諸國，各有君長，兵衆分弱，無所統一，雖屬匈奴，不相親附。匈奴能得其馬畜旃罽，而不能統率與之進退。與漢隔絶，道里又遠，得之不爲益，棄之不爲損。盛德在我，無取於彼。故自建武以來，西域思漢威德，咸樂内屬。唯其小邑鄯善、車師，界迫匈奴，尚爲所拘。而其大國莎車、于闐之屬，數遣使置質于漢，願請屬都護。聖上遠覽古今，〔一〕因時之宜，羈縻不絶，辭而未許。〔二〕雖大禹之序西戎，周公之讓白雉，太宗之卻走馬，義兼之矣，亦何以尚兹！〔三〕

〔一〕【補注】周壽昌曰：聖上，稱光武也。與藝文志稱武帝同。通考引作「聖人」。

〔二〕【補注】徐松曰：後書西域傳「匈奴單于因王莽之亂，略有西域，唯莎車王延最强，不肯附屬。建武十四年，莎車王賢與鄯善王安並遣使詣闕貢獻。十七年，賢復遣使奉獻，請都護。二十一年，車師前王、鄯善、焉耆等十八國，俱遣子入侍，願得都護。天子以中國初定，北邊未服，皆還其侍子」。通考引作「聖人遠鑑古今」。

〔三〕師古曰：「西戎即序」，説以在前。昔周公相成王，越裳氏重九譯而獻白雉。至，王問周公，公曰：「德不加焉，則君子不饗其質；政不施焉，則君子不臣其遠。吾何以獲此物也？」譯曰：「吾受命國之黄耇曰，久矣天之無烈風雨雷也，意中國有聖人乎？盍往朝之，然後歸之」。王稱先王之神所致，以薦宗廟。太宗，漢文帝也。卻走馬，謂有人獻千里馬，不受，還之，賜道路費也。老子德經曰「天下有道，卻走馬以糞」，故贊引也。【補注】徐松曰：孟堅生於建武八年，明帝永平五年，始詣校書郎，修漢書，至建初乃成。是作書正當明帝、章帝時，而此贊稱光武爲聖上者，蓋叔皮之辭，孟堅因而不改。考叔皮卒於建武三十年，西域貢獻請都護，在十四年至二十一年，叔皮目擊時事，言之固詳也。先謙曰：官本注，「説」下「以」作「已」，「至」作「成」。

外戚傳第六十七上

自古受命帝王及繼體守文之君，〔一〕非獨内德茂也，蓋亦有外戚之助焉。夏之興也以塗山，〔二〕而桀之放也用末喜；〔三〕殷之興也以有娀又有㜪，〔四〕而紂之滅也嬖妲己；〔五〕周之興也以姜嫄及太任、太姒，〔六〕而幽王之禽也淫褒姒。〔七〕故易基乾坤，詩首關雎，〔八〕書美釐降，〔九〕春秋譏不親迎。〔一〇〕夫婦之際，人道之大倫也。〔一一〕禮之用，唯昏姻爲兢兢。〔一二〕夫樂調而四時和，陰陽之變，萬物之統也，可不慎與！〔一三〕人能弘道，末如命何。〔一四〕甚哉妃匹之愛，君不能得之臣，父不能得之子，況卑下乎！〔一五〕既驩合矣，或不能成子姓，〔一六〕成子姓矣，而不能要其終，〔一七〕豈非命也哉！孔子罕言命，蓋難言之。〔一八〕非通幽明之變，惡能識乎性命！〔一九〕

〔一〕師古曰：繼體謂嗣位也。守文言遵成法，不用武功也。

〔二〕師古曰：禹娶塗山氏之女而生啟也。

〔三〕師古曰：末喜，桀之妃，有施氏女也，美於色，薄於德，女子行，丈夫心。桀常置末喜於膝上，聽用其言，昏亂失道。

於是湯伐之，遂放桀，與末喜死於南巢。

〔四〕師古曰：有娀，國名，其女簡狄吞燕卵而生卨，爲殷始祖。有㜪氏女，湯妃也。娀音嵩。㜪音詵。【補注】先謙曰：官本考證云「又有㜪」三字及下文「太姒」二字，並史記所無，而漢書補之。先謙案：據考證作「又」，而官本正文「又」作「及」，南監本同。以下文例之，作「及」是。

〔五〕師古曰：妲己，紂之妃，有蘇氏女也，美好辯辭，興於姦宄，嬖幸於紂。紂用其言，毒虐衆庶。於是武王伐紂，戰於牧野，紂師倒戈，不爲之戰。武王克殷，致天之罰，斬妲己頭，縣之於小白旗，以爲紂之亡者，由此女也。

〔六〕師古曰：姜嫄，有邰氏之女，帝嚳之妃也，履大人迹而生后稷，爲周始祖。太任，文王母；太姒，武王母也。嫄音原。

〔七〕師古曰：謂黜申后而致犬戎，舉僞烽而諸侯莫救也。

〔八〕師古曰：基亦始。

〔九〕師古曰：釐，理也。尚書堯典稱舜之美，云「釐降二女于嬀汭」，言堯欲觀舜治迹，以己二女妻之，舜能以治降下二女，以成其德。

〔一〇〕師古曰：春秋公羊經：「隱二年，紀履須來逆女。」傳曰：「外逆女不書，此何以書？譏也。何譏爾？始不親迎也。」【補注】先謙曰：以上顔注，官本並無，南監本同。

〔一一〕師古曰：倫，理也。

〔一二〕師古曰：兢兢，戒慎也。

〔一三〕師古曰：與讀曰歟。

〔一四〕師古曰：末，無也。論語載孔子曰：「人能弘道，非道弘人。」又稱子路曰：「道之將興，命也；道之將廢，命也。公伯寮其如命何？」故引之。【補注】先謙曰：上及此注二條，官本無，南監本同。

〔一五〕師古曰：言雖君父之尊，不能奪其所好而移其本意。【補注】沈欽韓曰：秦策「父之於子也，令有必行者必不行者，曰去貴妻，賣愛妾，此令必行者也。因曰毋敢思也，此令必不行者也。」後書郅惲引此語。

〔一六〕師古曰：姓，生也。【補注】先謙曰：索隱「即趙飛燕等是。」

〔一七〕【補注】先謙曰：索隱「如栗姬、衛后等是。」

〔一八〕師古曰：論語曰「子罕言利與命與仁」。罕者，希也。

〔一九〕師古曰：惡音烏，謂於何也。論語稱子貢曰：「夫子之文章可得而聞也，夫子之言性與天道不可得而聞也已矣！」謂孔子不言性命及天道。而學者誤讀，謂孔子之言自然與天道合，非唯失於文句，實乃大乖意旨。【補注】先謙曰：上及此注二條，官本無，南監本同。

漢興，因秦之稱號，〔一〕帝母稱皇太后，祖母稱太皇太后，適稱皇后，〔二〕妾皆稱夫人。又有美人、良人、八子、七子、長使、少使之號焉。〔三〕至武帝制倢伃、娙娥、傛華、充依，各有爵位，〔四〕而元帝加昭儀之號，〔五〕凡十四等云。〔六〕昭儀位視丞相，爵比諸侯王。倢伃視上卿，比列侯。娙娥視中二千石，比關内侯。〔七〕傛華視真二千石，比大上造。〔八〕美人視二千石，比少上造。〔九〕八子視千石，比中更。〔一〇〕充依視千石，〔一一〕比左更。〔一二〕七子視八百石，比右庶長。〔一三〕良人視八百石，〔一四〕比左庶長。〔一五〕長使視六百石，比五大夫。〔一六〕少使視四百石，比公乘。〔一七〕五官視三百石。〔一八〕順常視二百石。無涓、共和、娛靈、保林、良使、夜者皆視百石。〔一九〕上家人子、中家人子視有秩斗食云。〔二〇〕五官以下，葬司馬門外。〔二一〕

〔一〕【補注】齊召南曰：自此以下，詳序宮中位號，班氏所自撰録也。後書云秦爵列九品，即據此傳。

〔二〕師古曰：適讀曰嫡。后亦君也。天曰皇天，地曰后土，故天子之妃，以后爲稱，取象二儀。【補注】王念孫曰：案，此文本作正適稱皇后，後人以適即是正，故删去正字。案大雅大明傳「紂，殷之正適也」。初學記儲宮部引白虎通義云「周以天子之正嫡爲王后，秦稱皇后，漢因之」。是古書多以正適連文，後漢皇后紀注、班固傳注、文選西都賦注、後漢皇后紀論注、藝文類聚后妃部、初學記中宮部、御覽皇親部一及十一，引此竝作「正適稱皇后」，通典職官十六同。

〔三〕師古曰：良，善也。八、七，祿秩之差也。長使、少使，主供使者。【補注】沈欽韓曰：魏書后妃傳，美人視三品。魏志，良人視千石。秦紀，昭王、孝文王母，芊八子、唐八子。許皇后傳有田八子。班倢伃、馮昭儀嘗爲少使、長使。

〔四〕師古曰：倢，言接幸於上也。伃，美稱也。娙娥，皆美貌也。傛傛猶言奕奕也，便習之意也。充依，言充後庭而依秩序也。倢音接，伃音予，字或從女，其音同耳。娙音五經反。傛音容。【補注】沈欽韓曰：褚補史記云「武帝時，幸夫人尹婕妤。邢夫人號娙娥，衆人謂之『娙何』」。傛、依字誤加人旁，周禮序官注「內司服有女御者，以衣服進，或當於王，廣其禮使無色過」。鄭正據充衣爲義也。宋書后妃傳「容華、充衣，前漢舊號」。隋書禮儀志「順儀、順容、順華、修儀、修容、修華、充儀、充容、充華，是爲九嬪」。其名皆本此。

〔五〕師古曰：昭顯其儀，示隆重也。

〔六〕師古曰：除皇后，自昭儀以下至秩百石，十四等。

〔七〕師古曰：中二千石，實得二千石也。中之言滿也。月得百八十斛，是爲一歲凡得二千一百六十石。言二千者，舉成數耳。

〔八〕師古曰：真二千石，月得百五十斛，一歲凡得千八百石耳。大上造，第十六爵。

〔九〕師古曰：二千石，月得百二十斛，一歲凡得一千四百四十石耳。少上造，第十五爵。

〔一〇〕師古曰：中更，第十三爵也。更音公衡反，其下亦同。【補注】錢大昭曰：案甾川王志傳云「以令置八子，秩比六百石，所以廣嗣重祖也」。蓋天子八子視千石，諸侯王之八子比六百石，故與傳不同。

〔一一〕【補注】王念孫曰：充依不當與八子同，視千石，當依漢紀作充依視九百石，此涉上千石而誤。文選注、御覽引此皆誤。

〔一二〕師古曰：左更，第十二爵。

〔一三〕師古曰：右庶長，第十一爵。

〔一四〕【補注】王念孫曰：良人，亦不當與七子同。視八百石，當依漢紀作良人視七百石，此亦涉上八百石而誤。御覽引此亦誤。文選西都賦注引此正作視七百石。

〔一五〕師古曰：左庶長，第十爵。

〔一六〕師古曰：五大夫，第九爵。

〔一七〕師古曰：公乘，第八爵。

〔一八〕師古曰：五官，所掌亦象外之五官也。【補注】沈欽韓曰：元后傳「王根聘取五官殷嚴、王飛君等」。

〔一九〕師古曰：涓，絜也。無涓，言無所不絜也。共讀曰恭，言恭順而和柔也。娱靈，可以娱樂情靈也。保，安也。保林，言其可安衆如林也。良使，使令之善者也。夜者，主職夜事。令音力成反。【補注】沈欽韓曰：晉書愍懷太子傳「考竟謝淑妃及太子保林蔣俊」，是東宮亦有保林之號。隋書后妃傳「寶林二十四員，吕正第五」。

〔二〇〕師古曰：家人子者，言採擇良家子以入宮，未有職號，但稱家人子也。斗食謂佐史也。謂之斗食者，言一歲不滿百石，日食一斗二升。

〔二一〕服虔曰：陵上司馬門之外。

高祖吕皇后，父吕公，單父人也。〔一〕好相人。高祖微時，吕公見而異之，乃以女妻高祖，生惠帝、魯元公主。高祖爲漢王，元年封呂公爲臨泗侯，二年立孝惠爲太子。

〔一〕師古曰：單音善。父音甫。

後漢王得定陶戚姬，愛幸，〔一〕生趙隱王如意。太子爲人仁弱，高祖以爲不類己，常欲廢之而立如意，「如意類我」。戚姬常從上之關東，日夜啼泣，欲立其子。〔二〕呂后年長，常留守，希見，益疏。如意且立爲趙王，留長安，幾代太子者數。〔三〕賴公卿大臣爭之，及叔孫通諫，用留侯之策，得無易。

〔一〕【補注】沈欽韓曰：西京雜記「戚夫人善鼓瑟，帝常擁戚夫人，倚瑟而弦歌，畢，每泣下流漣。夫人善爲翹袖折腰之舞，歌出塞、入塞、望歸之曲，侍婢數千皆習之，後宮齊首高唱，聲入雲霄」。

〔二〕【補注】沈欽韓曰：西京雜記「戚夫人侍兒賈佩蘭，後出爲扶風人段儒妻，案是時未有扶風。說在宮內時，見戚夫人侍高帝，常以趙王如意爲言，而高祖思之，幾半日不言，歎息悽愴而未知其術，輒使夫人擊筑，高祖歌大風詩以和之」。

〔三〕師古曰：幾音鉅依反。數音所角反。

呂后爲人剛毅，佐高帝定天下，兄二人皆爲列將，從征伐。長兄澤爲周呂侯，次兄釋之爲建成侯，逮高祖而侯者三人。高祖四年，臨泗侯呂公薨。

高祖崩，惠帝立，呂后爲皇太后，乃令永巷囚戚夫人，髡鉗衣赭衣，令舂。戚夫人舂且歌曰：「子爲王，母爲虜，終日舂薄莫，常與死爲伍！〔一〕相離三千里，當誰使告女？」〔二〕太后聞之大怒，曰：「乃欲倚女子邪？」〔三〕乃召趙王誅之。〔四〕使者三反，〔五〕趙相周昌不遣。太后召趙相，相徵至長安。使人復召趙王，王來。惠帝慈仁，知太后怒，自迎趙王霸上，入宮，挾與起居飲食。數月，帝晨出射，趙王不能蚤起，太后伺其獨居，使人持鴆飲之。遲帝還，趙王死。〔六〕太后遂斷戚夫人手足，去眼熏耳，飲瘖藥，〔七〕使居鞠域中，〔八〕名曰「人彘」。居數月，乃召惠帝視「人彘」。帝視而問知其戚夫人，乃大哭，因病，歲餘不能起。使人請太后曰：「此非人所爲。臣爲太后子，終不能復治天下！」〔九〕以此日飲爲淫樂，不聽政，七年而崩。

〔一〕師古曰：與死罪者爲伍也。

〔二〕師古曰：女讀曰汝，此下皆同。

〔三〕師古曰：乃亦汝。

〔四〕【補注】王念孫曰：案「誅之」上有「欲」字，而今本脱之，則文義不明。此時趙王尚未至，不得遽言誅之也。御覽皇親部二引此正作「欲誅之」，漢紀同。

〔五〕師古曰：反，還也。三還猶今言三回也。

〔六〕師古曰：遲音直二反，解在高紀。

〔七〕師古曰：去其眼精，以藥熏耳令聾也。瘖，不能言也，以瘖藥飲之也。飲音於禁反。瘖音於今反。

〔八〕師古曰：鞠域，如蹋鞠之域，謂窟室也。鞠音巨六反。【補注】先謙曰：史記作「廁中」。

〔九〕師古曰：令太后視事，己自如太子然。

太后發喪，哭而泣不下。〔一〕留侯子張辟彊爲侍中，年十五，〔二〕謂丞相陳平曰：「太后獨有帝，今哭而不悲，君知其解未？」〔三〕陳平曰：「何解？」辟彊曰：「帝無壯子，太后畏君等。今請拜吕台、吕産爲將，將兵居南北軍，及諸吕皆官，居中用事。如此則太后心安，君等幸脱禍矣！」〔四〕丞相如辟彊計請之，太后説，其哭乃哀。〔五〕吕氏權由此起。乃立孝惠後宫子爲帝，太后臨朝稱制。復殺高祖子趙幽王友、共王恢〔六〕及燕靈王建。〔七〕遂立周吕侯子台爲吕王，〔八〕台弟産爲梁王，建城侯釋之子禄爲趙王，〔九〕台子通爲燕王，又封諸吕凡六人皆爲列侯，追尊父吕公爲吕宣王，兄周吕侯爲悼武王。太后持天下八年，病犬禍而崩，語在五行志。病困，以趙王禄爲上將軍居北軍，梁王産爲相國居南軍，戒産、禄曰：「高祖與大臣約，非劉氏王者天下共擊之，今王吕氏，大臣不平。我即崩，恐其爲變，必據兵衛宫，慎毋送喪，爲人所制。」太后崩，太尉周勃、丞相陳平、朱虚侯劉章等共誅産、禄，悉捕諸吕男女，無少長皆斬之。而迎立代王，是爲孝文皇帝。

〔二〕師古曰：泣謂淚也。

〔二〕【補注】沈欽韓曰：法言重黎篇「或問甘羅之悟吕不韋，張辟彊之覺平勃，皆以十二齡」，恐彼連甘羅而誤。史記吕后紀亦云年十五。

〔三〕師古曰：解猶解説其意。

〔四〕師古曰：脱，免也。【補注】先謙曰：官本無此注，南監本同。

〔五〕師古曰：説讀曰悦。

〔六〕師古曰：共讀曰恭。

〔七〕【補注】周壽昌曰：何焯校本無「靈」字，「建」下多一「子」字，云宋小字本同。案何校是也。呂后紀「七年秋九月，燕王蔇」。表傳同，是建未爲后殺。惟傳云「王蔇，有美人子，太后使人殺之，絶後」。是宜作「建子」也。

〔八〕師古曰：台音土來反。

〔九〕【補注】先謙曰：成城通作。

孝惠張皇后。宣平侯敖尚帝姊魯元公主，有女。〔一〕惠帝即位，呂太后欲爲重親，〔二〕以公主女配帝爲皇后。欲其生子，萬方終無子，乃使陽爲有身，取後宮美人子名之，〔三〕殺其母，立所名子爲太子。

〔一〕【補注】王念孫曰：案此文本作「孝惠張皇后，宣平侯敖女也。敖尚帝姊魯元公主，有女」。今本脱「女也敖」三字，則上下文義不貫。此因兩敖字相亂而脱去三字。御覽皇親部二引此有「女也敖」三字，又皇親部十一、人事部百三十五，引首二句皆有「女也」二字。

〔二〕【補注】周壽昌曰：張后爲帝姊之女，以配帝故云重親。

〔三〕師古曰：名爲皇后子。

惠帝崩，太子立爲帝，四年，乃自知非皇后子，〔一〕出言曰：「太后安能殺吾母而名我！我壯即爲所爲。」〔二〕太后聞而患之，恐其作亂，乃幽之永巷，言帝病甚，左右莫得見。太后下詔廢之，語在高后紀。遂幽死，更立恒山王弘爲皇帝，而以呂禄女爲皇后。欲連根固本牢甚，〔三〕然而無益也。呂太后崩，大臣正之，卒滅呂氏。少帝恒山、淮南、濟川王，皆以非孝惠子誅。〔四〕獨置孝惠皇后，廢處北宮，〔五〕孝文後元年薨，葬安陵，不起墳。

〔一〕【補注】周壽昌曰：自知非后子，其不云非帝子，可知上吕后傳云乃立孝惠後宫子爲帝，亦明言爲惠帝子也。先謙曰：官本「子」作「所」，則從下「出」字斷句，南監本同，淩本云一本作「子」字。

〔二〕師古曰：爲其所爲，謂所生之母也。並音于僞反。【補注】陳景雲曰：壯後當爲其所爲，意欲報復也，尋下文語自明。王念孫曰：兩爲字皆讀平聲，爲所爲者，謂爲變也。爲變者，殺吕后以報母仇也。故下文云「太后恐其作亂」。史記作「我壯即爲變」，尤其明證矣。若讀爲爲去聲，而云爲所生之母，則辭不達意。周壽昌曰：王説是也，蒯通傳「爭欲爲陛下所爲」，語意類此。

〔三〕師古曰：牢，堅也。

〔四〕【補注】何焯曰：前所立者，吕后時已幽死，此云少帝恒山，即恒山王一人也。錢大昕曰：「淮南」當作「淮陽」。

〔五〕師古曰：置，留也。北宫在未央宫之北。

高祖薄姬，文帝母也。父吴人，秦時與故魏王宗女魏媪通，〔一〕生薄姬。而薄姬父死山陰，因葬焉。〔二〕及諸侯畔秦，魏豹立爲王，而魏媪内其女於魏宫。許負相薄姬，當生天子。是時項羽方與漢王相距滎陽，天下未有所定。豹初與漢擊楚，及聞許負言，心喜，因背漢而中立，與楚連和。〔三〕漢使曹參等虜魏王豹，以其國爲郡，而薄姬輸織室。豹已死，漢王入織室，見薄姬，有詔内後宫，〔四〕歲餘不得幸。

〔一〕【補注】周壽昌曰：媪亦當時女通稱，衛青傳「父鄭季與主家僮衛媪通」，是媪尚爲僮也。史良娣傳「良娣母爲王媪，末年皆稱曰王媪」，知媪與媼別。

〔二〕師古曰：山陰，會稽之縣。【補注】先謙曰：官本注無「之」字。

〔三〕師古曰：自謂當得天下。

〔四〕【補注】先謙曰：史記「有」下有「色」字，是。

始姬少時，與管夫人、趙子兒相愛，約曰：「先貴毋相忘！」已而管夫人、趙子兒先幸漢王。漢王四年，坐河南成皋靈臺，〔一〕此兩美人侍，相與笑薄姬初時約。漢王問其故，兩人俱以實告。漢王心悽然憐薄姬，是日召，欲幸之。對曰：「昨茸夢龍據妾胸。」〔二〕上曰：「是貴徵也，吾爲汝成之。」遂幸，有身。歲中生文帝，年八歲立爲代王。自有子後，希見。高祖崩，諸幸姬戚夫人之屬，吕后怒，皆幽之不得出宮。而薄姬以希見故，得出從子之代，爲代太后。太后弟薄昭從如代。〔三〕

〔一〕【補注】先謙曰：史記作「坐河南宫成皋臺」。

〔二〕【補注】先謙曰：史記作「夢蒼龍據吾腹」。

〔三〕師古曰：如，往也。

代王立十七年，高后崩。大臣議立後，疾外家吕氏彊暴，皆稱薄氏仁善，故迎立代王爲皇帝，尊太后爲皇太后，封弟昭爲軹侯。〔一〕太后母亦前死，葬櫟陽北。乃追尊太后父爲靈文侯，會稽郡致園邑三百家，〔二〕長丞以下使奉守寢廟，上食祠如法。〔三〕櫟陽亦置靈文夫人園，令如靈文侯園儀。太后蚤失父，其奉太后外家魏氏有力，〔四〕乃召復魏氏〔五〕賞賜各以親疏受之，薄氏侯者一人。

〔一〕師古曰：軹音只。【補注】先謙曰：昭後有罪自殺，見文紀。
〔二〕【補注】先謙曰：致同置。
〔三〕【補注】先謙曰：史記「使」作「吏」。
〔四〕師古曰：言太后爲外家所養也。
〔五〕師古曰：優復之也。復音方目反。

太后後文帝二歲，孝景前二年崩，〔一〕葬南陵。〔二〕用呂后不合葬長陵，〔三〕故特自起陵，近文帝。

〔一〕師古曰：言文帝崩後二歲，太后乃崩。
〔二〕師古曰：薄太后陵在霸陵之南，故稱南陵，即今所謂薄陵。
〔三〕師古曰：以呂后是正嫡，故薄不得合葬也。【補注】周壽昌曰：呂后之葬，本紀不載，史記集解「皇甫謐曰『合葬長陵』。皇覽曰『高帝呂后，山各一所』」，今據此言，則合葬爲信。

孝文竇皇后，〔一〕景帝母也，呂太后時以良家子選入宮。太后出宮人以賜諸王各五人，竇姬與在行中。〔二〕家在清河，願如趙，近家，〔三〕請其主遣宦者吏「必置我籍趙之伍中」。〔四〕宦者忘之，誤置籍代伍中。籍奏，詔可。當行，竇姬涕泣，怨其宦者，不欲往，相彊乃肯行。至代，代王獨幸竇姬，生女嫖。〔五〕孝惠七年，生景帝。

〔一〕【補注】周壽昌曰：初學記四引世王傳曰「竇氏少小頭禿，不爲家人所齒，遇七月七日夜，人皆看織女，獨不許后出。有光照室，爲后之瑞」。

〔二〕師古曰：與讀曰豫。

〔三〕師古曰：如，往也。

〔四〕師古曰：主遣宦者吏，謂宦者爲吏而主發遣宮人者也。籍謂名簿也。伍猶列也。

〔五〕師古曰：嫖音匹昭反。

代王王后生四男，先代王未入立爲帝而王后卒，及代王爲帝後，王后所生四男更病死。〔一〕文帝立數月，公卿請立太子，而竇姬男最長，立爲太子。竇姬爲皇后，女爲館陶長公主。〔二〕明年，封少子武爲代王，後徙梁，〔三〕是爲梁孝王。

〔一〕師古曰：更，互也，音公衡反。

〔二〕師古曰：年最長，故謂長公主。【補注】先謙曰：官本注「謂」下有「之」字。

〔三〕師古曰：初封代王，後更爲梁王。

竇皇后親蚤卒，葬觀津。〔一〕於是薄太后乃詔有司追封竇后父爲安成侯，母曰安成夫人，令清河置園邑二百家，長丞奉守，比靈文園法。〔二〕

〔一〕師古曰：觀津，清河之縣也。觀音工喚反。【補注】錢大昭曰：觀津，地理志屬信都國，郡國志屬安平國，顏以爲清河縣，非也。沈欽韓曰：御覽三百九十六、三輔決録曰「文帝竇后名漪，清河觀津人，父遭秦之亂，隱身漁釣，墜淵而卒。景帝即位，后登尊號，遣使者更填父所墜淵，而築起大墳，觀津城南青山是也。」案唐書竇建德傳「建德遣使往觀津祠竇青之墓，置守冢二十家」，誤以青爲竇父名。九域志，冀州武邑縣有觀津鎮。

〔二〕【補注】先謙曰：官本此下提行。

竇后兄長君。弟廣國字少君，年四五歲時，家貧，爲人所略賣，其家不知處。傳十餘家至宜陽，爲其主人入山作炭。莫臥岸下百餘人，岸崩，盡厭殺臥者，〔一〕少君獨脱不死。〔二〕自卜，數日當爲侯。〔三〕從其家之長安，〔四〕聞皇后新立，家在觀津，姓竇氏。廣國去時雖少，識其縣名及姓，又嘗與其姊采桑，墮，〔五〕用爲符信，上書自陳。皇后言帝，召見問之，具言其故，果是。復問其所識，〔六〕曰：「姊去我西時，與我決傳舍中，匄沐沐我，已，飯我，乃去。」〔七〕於是竇皇后持之而泣，侍御左右皆悲。乃厚賜之，家於長安。絳侯、灌將軍等曰：「吾屬不死，命乃且縣此兩人。〔八〕此兩人所出微，不可不爲擇師傅，又復放吕氏大事也。」〔九〕於是選長者之有節行者與居。竇長君、少君由此爲退讓君子，不敢以富貴驕人。

〔一〕師古曰：厭音一甲反。

〔二〕師古曰：脱，免也。【補注】先謙曰：官本無此注。

〔三〕【補注】周壽昌曰：劉攽云「日」當作「曰」，案劉説是也。竇廣國之至長安，得見竇后，當在文帝初，而廣國之封章武侯，實在景帝朝，安所云數日也？元后傳「使卜數者相政君」，顏注「數，計也。若言今之禄命書也」。

〔四〕師古曰：從其主家也。之，往也。
〔五〕師古曰：憻謂憻樹。
〔六〕師古曰：識，記也，音式志反。【補注】先謙曰：案史記作「又復問他，何以爲驗」。
〔七〕師古曰：乞沐具而爲之沐，沐訖，又飯食之也。飯音扶晚反。
〔八〕師古曰：恐其後擅權，則將相大臣當被害。
〔九〕師古曰：放音甫往反。

竇皇后疾，失明。文帝幸邯鄲慎夫人、尹姬，皆無子。文帝崩，景帝立，皇后爲皇太后，乃封廣國爲章武侯。長君先死，封其子彭祖爲南皮侯。吳楚反時，太后從昆弟子竇嬰俠，喜士，〔一〕爲大將軍，破吳楚，封魏其侯。竇氏侯者凡三人。

〔一〕師古曰：喜音許吏反。【補注】先謙曰：官本作「俠音許夾反」。

竇太后好黄帝、老子言，景帝及諸竇不得不讀老子尊其術。太后後景帝六歲，凡立五十一年，元光六年崩，〔一〕合葬霸陵。遺詔盡以東宮金錢財物賜長公主嫖。〔二〕至武帝時，魏其侯竇嬰爲丞相，後誅。

〔一〕師古曰：武紀建元六年，太皇太后崩。此傳云後景帝六歲是也。而以建元爲元光，則是參錯。又當言凡立四十五年，而云五十一。再三乖謬，皆是此傳誤。【補注】先謙曰：史記作「建元六年崩」。
〔二〕師古曰：東宮，太后所居。【補注】先謙曰：長公主事，詳東方朔傳。

孝景薄皇后，孝文薄太后家女也。景帝爲太子時，薄太后取以爲太子妃。景帝立，立薄妃爲皇后，無子無寵。立六年，薄太后崩，皇后廢。廢後四年薨，葬長安城東平望亭南。

孝景王皇后，武帝母也。父王仲，槐里人也。母臧兒，故燕王臧荼孫也，爲仲妻，生男信與兩女。而仲死，臧兒更嫁爲長陵田氏婦，生男蚡、勝。臧兒長女嫁爲金王孫婦，生一女矣，而臧兒卜筮曰兩女當貴，欲倚兩女，〔一〕奪金氏。金氏怒，不肯與決，〔二〕乃内太子宮。太子幸愛之，生三女一男。男方在身時，王夫人夢日入其懷，以告太子，太子曰：「此貴徵也。」〔三〕未生而文帝崩，景帝即位，王夫人生男。是時，薄皇后無子，後數歲，景帝立齊栗姬男爲太子，而王夫人男爲膠東王。

〔一〕師古曰：冀其貴而依倚之得尊寵也。倚音於綺反。【補注】先謙曰：史記作「因欲奇兩女」，索隱「漢書作『倚』」，是所見本與顏同。先謙案：高紀「吕媪怒吕公曰：『公始常欲奇此女，與貴人。』」本傳霍顯謂淳于衍曰：「將軍素愛小女成君，欲奇貴之」，句例皆與此同，班氏非不知文義者，無緣改奇爲倚，疑傳者誤改，顏馬遂據以爲説耳。

〔二〕【補注】周壽昌曰：言奪諸金氏，金氏怒而不肯也。決，别也。蘇武傳「與武決去」，顏注「決，别也」；「又因與武決」，注同。竇后傳「姊去我西時，與我決傳舍中」。元后傳「共辭王去，上與相對泣而決」。

〔三〕【補注】沈欽韓曰：漢武内傳「未生之時，景帝夢一赤彘，從雲中下，直入崇芳閣，景帝覺而坐閣下，果有赤龍如霧來，蔽户牖，宫内嬪御望閣下，有丹霞蓊蔚而起，霞滅，見赤龍盤迴棟閒。景帝使王夫人移居崇芳閣，改爲猗蘭殿。旬餘，景帝夢神女捧日以授王夫人，夫人吞之，十四月而生武帝」。御覽八十八漢武故事曰「景帝又夢見高祖，謂己曰：『王美人四子可名爲彘』，及生男曰，因名之焉。年七歲爲太子，上曰『彘者，徹也』。因改曰徹」。

長公主嫖有女，欲與太子爲妃，栗姬妒，而景帝諸美人皆因長公主見得貴幸，栗姬日怨怒，謝長主，不許。長主欲與王夫人，王夫人許之。會薄皇后廢，長公主日譖栗姬短。〔一〕景帝嘗屬諸姬子，〔二〕曰：「吾百歲後，善視之。」栗姬怒不肯應，言不遜，景帝心銜之而未發也。

〔一〕【補注】先謙曰：史記「主言『栗姬與諸夫人幸姬會，常使侍者祝唾其背，挾邪媚道』。景帝以故望之」。

〔二〕師古曰：諸姬子，諸姬所生之子也。屬音之欲反。此下皆同。

長公主日譽王夫人男之美，帝亦自賢之。又耳曩者所夢日符，〔一〕計未有所定。王夫人又陰使人趣大臣立栗姬爲皇后。〔二〕大行奏事，〔三〕文曰：「『子以母貴，母以子貴。』〔四〕今太子母號宜爲皇后。」帝怒曰：「是乃所當言邪！」〔五〕遂案誅大行，而廢太子爲臨江王。栗姬愈恚，不得見，以憂死。卒立王夫人爲皇后，〔六〕男爲太子。封皇后兄信爲蓋侯。

〔一〕師古曰：耳常聽聞而記之也。符猶瑞應。

〔二〕師古曰：趣音曰促。

〔三〕【補注】先謙曰：百官表「典客，景帝中六年更名大行令」，此景帝七年事，尚不稱大行，此從後追言之。

〔四〕【補注】周壽昌曰：本春秋公羊傳，時朝廷用公羊決事，故大行引之。

〔五〕師古曰：乃，汝也。言此事非汝所當得言。

〔六〕師古曰：卒，終也。

初，皇后始入太子家，後女弟兒姁亦復入，〔一〕生四男。兒姁早卒，四子皆爲王。〔二〕皇后長女爲平陽公主，次南宮公主，次隆慮公主。〔三〕

〔一〕師古曰：姁音許于反。諸婦人之名字，音皆同。
〔二〕師古曰：謂廣川惠王越，膠東康王寄，清河哀王乘，常山憲王舜。
〔三〕師古曰：慮音廬。

皇后立九年，景帝崩。武帝即位，爲皇太后，尊太后母臧兒爲平原君，封田蚡爲武安侯，勝爲周陽侯。王氏、田氏侯者凡三人。蓋侯信好酒，田蚡、勝貪，巧於文辭。蚡至丞相，追尊王仲爲共侯，〔一〕槐里起園邑二百家，長丞奉守。及平原君薨，從田氏葬長陵，亦置園邑如共侯法。

〔一〕師古曰：共讀曰恭。

初，皇太后微時所謂金王孫生女俗，在民間，蓋諱之也。〔一〕武帝始立，韓嫣白之。〔二〕帝曰：「何爲不蚤言？」乃車駕自往迎之。其家在長陵小市，直至其門，使左右入求之。家人驚恐，女逃匿。〔三〕扶將出拜，〔四〕帝下車立曰：〔五〕「大姊，何藏之深也？」〔六〕載至長樂宮，與俱謁太后，太后垂涕，女亦悲泣，帝奉酒，前爲壽。錢千萬，奴婢三百人，公田百頃，甲第，以賜姊。太后謝曰：「爲帝費。」因賜湯沐邑，號修成君。男女各一人，女嫁諸侯，〔七〕男號修成子仲，〔八〕以太后故，横於京師。〔九〕太后凡立二十五年，後景帝十五歲，元朔三年崩，〔一〇〕合葬陽陵。

〔一〕師古曰：言隨流俗而在閭巷，未顯貴。【補注】錢大昕曰：予謂俗，蓋金氏女之名。先謙曰：錢説是也。褚補外戚世家後云「皇太后在民間時所生子女者」，集解引徐廣云「名俗」。顔自誤訓耳。官本「謂」作「爲」，南監本同，古字本通，此謂乃借字。王孫，金氏子名。

〔二〕師古曰：嫣音偃。

〔三〕【補注】王念孫曰：「逃匿」下有「牀下」二字，而今本脱之。御覽封建部五引此正作「女逃匿牀下」。續史記外戚世家亦云「女亡匿内中牀下」。

〔四〕【補注】沈欽韓曰：説文「㸓，扶也」。集韻「或作摪，通作將」。

〔五〕【補注】先謙曰：立，當爲泣字之誤也。褚補史記云「武帝下車泣曰：『嚄！大姊，何藏之深也！』」情事宛然，下車則立，不待言，此泣脱其半耳。

〔六〕【補注】先謙曰：官本「藏」作「臧」，是。

〔七〕【補注】先謙曰：集解引徐廣云「嫁爲淮南王安太子妃」。

〔八〕【補注】周壽昌曰：後爲長安令義縱所捕案者，見酷吏傳。

〔九〕師古曰：横音胡孟反。

〔一〇〕【補注】先謙曰：官本考證云「史記作元朔四年，誤也，此與紀合」。

孝武陳皇后，長公主嫖女也。曾祖父陳嬰與項羽俱起，〔一〕後歸漢，爲堂邑侯。傳子至孫午，午尚長公主，生女。

〔一〕【補注】先謙曰：事詳羽傳。

初，武帝得立爲太子，長主有力，取主女爲妃。〔一〕及帝即位，立爲皇后，擅寵驕貴，十餘年而無子，〔二〕聞衞子夫得幸，幾死者數焉。〔三〕上愈怒。后又挾婦人媚道，〔四〕頗覺。元光五年，上遂窮治之，女子楚服等坐爲皇后巫蠱祠祭祝詛，大逆無道，相連及誅者三百餘人。楚服梟首於市。使有司賜皇后策曰：「皇后失序，惑於巫祝，〔五〕不可以承天命。其上璽綬，罷退居長門宮。」〔六〕

〔一〕【補注】沈欽韓曰：御覽八十八漢武故事曰「長公主抱著膝上，問曰：『兒欲得婦否？』膠東王曰：『欲得。』婦問曰：『阿嬌好否？』於是笑對曰：『若得阿嬌作婦，當作金屋貯之也。』」

〔二〕【補注】先謙曰：褚補史記「陳皇后求子與醫錢凡九千萬，然竟無子」。

〔三〕師古曰：幾音鉅依反。數音所角反。【補注】沈欽韓曰：謂欲致子夫於死，大長公主執囚衞青，欲殺之，亦因子夫也。

〔四〕【補注】沈欽韓曰：周官內宰「禁其奇衺」，鄭云「若今媚道」，賈氏云「鄭舉漢法證經」。列女傳「夏姬美好無匹，內挾伎術，蓋老而復壯者三」。此類也。

〔五〕師古曰：言失德義之序，而妄祝詛也。

〔六〕【補注】沈欽韓曰：文選長門賦序「陳皇后在長門宮，愁悶悲思，聞蜀郡成都司馬相如，天下工爲文，奉黃金百斤爲相如、文君取酒，而相如爲文，以悟主上，陳皇后復得親幸」。案末云復得親幸者，著述之體，皆著其效驗，說苑、國策皆然。

明年，堂邑侯午薨，主男須嗣侯。〔一〕主寡居，私近董偃。〔二〕十餘年，主薨。須坐淫亂，兄弟爭財，當死。自殺，國除。後數年，廢后乃薨，葬霸陵郎官亭東。〔三〕

〔一〕【補注】錢大昕曰：功臣表作季須。

〔二〕【補注】先謙曰：詳東方朔傳。

〔三〕【補注】沈欽韓曰：水經注「在長安東南三十里」。

孝武衛皇后字子夫，生微也。其家號曰衛氏，〔一〕出平陽侯邑。〔二〕子夫爲平陽主謳者。〔三〕武帝即位，數年無子。平陽主求良家女十餘人，飾置家。帝祓霸上，〔四〕還過平陽主。主見所侍美人，〔五〕帝不説。既飲，謳者進，帝獨説子夫。〔六〕帝起更衣，子夫侍尚衣〔七〕軒中，得幸。〔八〕還坐驩甚，賜平陽主金千斤。主因奏子夫送入宮。子夫上車，主拊其背曰：「行矣！〔九〕强飯勉之。〔一〇〕即貴，願無相忘！」入宮歲餘，不復幸。武帝擇宮人不中用者斥出之，子夫得見，涕泣請出。上憐之，復幸，遂有身，尊寵。召其兄衛長君、弟青侍中。而子夫生三女，元朔元年生男據，遂立爲皇后。

〔一〕【補注】先謙曰：衛青傳「父鄭季爲吏給事平陽侯家，與侯妾衛媼通，生青，故冒衛氏」。

〔二〕【補注】先謙曰：平陽侯曹壽。

〔三〕師古曰：齊歌曰謳，音一侯反。

〔四〕孟康曰：祓，除也。於霸水上自祓除，今三月上巳祓禊也。師古曰：祓音廢。禊音系。

〔五〕師古曰：侍，儲侍也。侍音丈紀反。【補注】先謙曰：侍字不合，史記作「侍」，是也。顔據誤文爲説。

〔六〕師古曰：説皆讀曰悦。

〔七〕如淳曰：以帷帳障尊者也。晉灼曰：代侍五尚之衣。師古曰：二説皆非也。尚，主也。時於軒中侍帝，權主衣裳。【補注】沈欽韓曰：六典「尚衣，宫官。晉令有崇德殿大監，尚衣、尚食大監，並銀章艾綬」。晉謂五尚之衣指此。先謙曰：官本無如、晉二注及「二説皆非也」五字，南監本同。

〔八〕師古曰：軒謂軒車，即今車之施幰者。【補注】何焯曰：案長廊有窗而周迴者曰軒，此軒中，蓋屋也，豈有帝方宴飲時上車更衣者乎？周壽昌曰：史丹傳「天子自臨軒檻」，注「軒檻，欄板也」。凡殿堂前檐特起曲椽無中梁者，天子不御正座而御平臺曰臨軒。左思魏都賦「周軒中天」，此軒中，主第旁室中也。

〔九〕師古曰：拊謂摩循之也。行矣，猶今言好去。

〔一〇〕師古曰：彊音其兩反。飯音扶晚反。

先是衛長君死，乃以青爲將軍，擊匈奴有功，封長平侯。青三子皆襁褓中，〔一〕皆爲列侯。及皇后姊子霍去病亦以軍功爲冠軍侯，至大司馬票騎將軍。青爲大司馬大將軍。衛氏支屬侯者五人。〔二〕青還，尚平陽主。〔三〕

〔一〕【補注】先謙曰：官本「皆」作「在」，是，南監本同。

〔二〕【補注】先謙曰：褚補史記云「天下歌之曰：『生男無喜，生女無怒，獨不見衛子夫霸天下！』」

〔三〕【補注】先謙曰：詳青傳。

皇后立七年，而男立爲太子。後色衰，趙之王夫人、中山李夫人有寵，皆蚤卒。後有尹倢伃、鉤弋夫人更幸。〔一〕衞后立三十八年，遭巫蠱事起，江充爲姦，太子懼不能自明，遂與皇后共誅充，發兵，兵敗，太子亡走。詔遣宗正劉長樂、執金吾劉敢奉策收皇后璽綬，自殺。黄門蘇文、姚定漢輿置公車令空舍，盛以小棺，瘞之城南桐柏。〔二〕衞氏悉滅。宣帝立，及改葬衞后，追謚曰思后，置園邑三百家，長丞周衞奉守焉。〔三〕

〔一〕師古曰：更，互也，音工衡反。【補注】先謙曰：褚補史記云「尹夫人與邢夫人同時並幸，有詔不得相見。尹夫人自請武帝，願望見邢夫人，帝許之。即令他夫人飾，從御者數十人，爲邢夫人來前。尹夫人前見之，曰：『此非邢夫人身也。』帝曰：『何以言之？』對曰：『視其身貌形狀，不足以當人主矣。』於是詔使夫人衣故衣，獨身來前。尹夫人望見之，曰：『此真是也。』於是乃低頭俛而泣，自痛其不如也」。

〔二〕師古曰：瘞，薶也。桐柏，亭名也。瘞音於例反。

〔三〕師古曰：葬在杜門外大道東，以倡優雜伎千人樂其園，故號千人聚。其地在今長安城内金城坊西北隅是。【補注】沈欽韓曰：注本皇覽及關中記，見長安志引。

孝武李夫人，本以倡進。〔一〕初，夫人兄延年性知音，善歌舞，武帝愛之。每爲新聲變曲，聞者莫不感動。〔二〕延年侍上起舞，歌曰：「北方有佳人，絶世而獨立，一顧傾人城，再顧傾人國。寧不知傾城與傾國，佳人難再得！」〔三〕上嘆息曰：「善！世豈有此人乎？」平陽主因言延年有女弟，上乃召見之，〔四〕實妙麗善舞。由是得幸，生一男，是爲昌邑哀王。李夫人少而蚤卒，上憐閔焉，圖畫其形於甘泉宮。及衛思后廢後四年，武帝崩，大將軍霍光緣上雅意，以李夫人配食，〔五〕追上尊號曰孝武皇后。

〔一〕師古曰：倡，樂人，音昌。【補注】先謙曰：官本無此注，南監本同。

〔二〕【補注】沈欽韓曰：御覽五百七十二引風俗通曰「張仲春，武帝時人，善雅歌，與李延年同時，每奏新歌，莫不稱善」。

〔三〕師古曰：非不悉惜城與國也，但以佳人難得，愛悦之深，不覺傾覆。【補注】先謙曰：官本無此注，南監本同。

〔四〕【補注】沈欽韓曰：西京雜記「武帝過，李夫人就取玉簪搔頭，自此後宮人搔頭皆用玉，玉價倍貴焉」。

〔五〕師古曰：緣，因也。雅意，素舊之意。【補注】先謙曰：官本無此注，南監本同。緣上雅意者，緣上以后禮葬夫人之意。

初，李夫人病篤，上自臨候之，夫人蒙被謝曰：「妾久寢病，形貌毀壞，不可以見帝。願以王及兄弟爲託。」上曰：「夫人病甚，殆將不起，一見我屬託王及兄弟，豈不快哉？」夫人曰：「婦人貌不修飾，不見君父。〔一〕妾不敢以燕媠見帝。」〔二〕上曰：「夫人弟一見我，〔三〕將加賜千金，而予兄弟尊官。」夫人曰：「尊官在帝，不在一見。」上復言欲必見之，夫人遂轉鄉歔欷而不復言。〔四〕於是上不説而起。〔五〕夫人姊妹讓之曰：〔六〕「貴人獨不可一見上屬託兄弟邪？何爲恨上如此？」〔七〕夫人曰：「所以不欲見帝者，乃欲以深託兄弟也。我以容貌之好，得從微賤愛幸於上。夫以色事人者，色衰而愛弛，〔八〕愛弛則恩絶。上所以攣攣顧念我者，乃以平生容貌也。〔九〕今見我毀壞，顏色非故，必畏惡吐棄我意，〔一〇〕尚肯復追思閔録其兄弟哉！」及夫人卒，上以后禮葬焉。〔一一〕其後，上以夫人兄李廣利爲貳師將軍，封海西侯，延年爲協律都尉。

〔一〕【補注】周壽昌曰：禮記「婦人不飾，不敢見舅姑」，夫人語本此。

〔二〕師古曰：婧與惰同，謂不嚴飾。

〔三〕師古曰：弟，但也。

〔四〕師古曰：鄉讀曰嚮，轉面而嚮裏也。歔音虛。欷音許既反。

〔五〕師古曰：説讀曰悦。【補注】先謙曰：官本無此及下二條注。

〔六〕師古曰：讓，責也。

〔七〕【補注】先謙曰：王念孫云：「恨讀爲很，很，違也，謂不從上意也，恨借字。晏子雜篇『君歡然與子邑，子必不受，以恨君何也？』新序節士篇『嚴恭承命，不以身恨君』。恨並與很同，説詳劉向傳。」

〔八〕師古曰：弛，解也，音式爾反。

〔九〕師古曰：孿音力全反，又讀曰戀。【補注】錢大昭曰：易小畜「九五，有孚孿如」，子夏傳作「戀」，敘傳云「既繫孿於世教」。隸釋唐公房及景君碑，皆以孿爲戀。

〔一〇〕【補注】王念孫曰：必畏惡，句。吐棄我意，句。「吐棄」上有「有」字，而今本脱之，則文義不明。御覽皇親部二引此正作「有吐棄我意」，漢紀同。

〔一一〕【補注】沈欽韓曰：長安志「李夫人墓亦名習仙臺，崇二十丈，周二百六十步」。河水注「李夫人冢，冢形三成，世謂之英陵」。

上思念李夫人不已，方士齊人少翁言能致其神。〔一〕乃夜張燈燭，設帷帳，〔二〕陳酒肉，而令上居他帳，遥望見好女如李夫人之貌，還幄坐而步。〔二〕又不得就視，上愈益相思悲感，爲作詩曰：「是邪，非邪？〔四〕立而望之，偏何姍姍其來遲！」〔五〕令樂府諸音家絃歌之。〔六〕上又自爲作賦，以傷悼夫人，其辭曰：

〔一〕【補注】周壽昌曰：封禪書「上有所幸王夫人，夫人卒，少翁以方蓋夜致王夫人」。是即前所云趙之王夫人，非李夫人也。王、李皆早卒，而王敘在李前，視李夫人先卒可知。李夫人有子爲昌邑哀王，其封以天漢四年，少翁之誅在元狩四年，距王封時已二十三年，王封十一年而薨，謚之曰哀，年必不永，即以二十歲分封，當少翁死時，王尚未生，即李夫人何以死也。通鑑據史記作王夫人，注曰「齊王閎之母」，亦明班史有誤也。鉤弋傳云寵姬王夫人男齊懷王，是胡注所本。或有以少翁作李少君者，尤誤，少君誅死更在少翁十數年前。王益之西漢年紀謂漢書、史記並誤，其考異云「少翁之死在元狩四年，而褚先王補云『元狩六年，帝欲王諸子，時齊王閎母王夫人病，帝自臨問之，曰：「子當王，安所置之？」王夫人曰：「願君雒陽。」帝曰：「先帝以來，無王雒陽者，關東之國，莫勝於齊，乃立閎爲齊王。」』是元狩六年王夫人尚無恙，而少翁之死已二年矣，豈得云致鬼如王夫人之貌乎？故於年紀除其姓，云上有所幸夫人云云」。案：王氏考核詳辨，然武帝分封三子，皆在元狩六年，齊王閎封時，不必其母猶存，封齊之語，或先有成約，後踐其言，未可定也。褚補史記，每有年與事不相應者，史公當武帝朝，此當不舛，似宜從史記作王夫人爲是，亦不必云無姓也。

〔二〕【補注】先謙曰：官本作「帳帷」。

〔三〕師古曰：夫人之神於幄中坐，又出而徐步。

〔四〕師古曰：言所見之狀定是夫人以否。【補注】先謙曰：官本無此注。

〔五〕師古曰：姍姍，行貌，音先安反。【補注】王先慎曰：詩桑柔「旟旐有偏」，釋文「偏作翩」。是偏與翩通作。韋昭周語注「翩翩，動摇不休止之意」。此偏亦當讀爲翩，言望之何偏然姍姍遲來也。顔未加注，則讀如本字矣。
〔六〕【補注】沈欽韓曰：拾遺記「武帝思懷李夫人不可復得，時穿昆明之池，泛翔禽之舟，帝自造歌曲，使女伶歌之，時日已西傾，涼風激水，女伶歌聲甚遒，因賦落葉哀蟬之曲曰：『羅袂兮無聲，玉墀兮塵生。虚房冷而寂莫，落葉依於重扃。望彼美之女兮，安得感余心之未寧。』帝息於延涼室，卧夢李夫人授帝蘅蕪之香，帝驚起，而香氣著衣枕，歷月不歇，遂改延涼室爲遺芳夢室」。

美連娟以脩嫮兮，〔一〕命樔絶而不長，〔二〕飾新宫以延貯兮，泯不歸乎故鄉。〔三〕慘鬱鬱其蕪穢兮，隱處幽而懷傷，釋輿馬於山椒兮，奄修夜之不陽。〔四〕秋氣潛以淒淚兮，桂枝落而銷亡，〔五〕神煢煢以遙思兮，精浮游而出畺。〔六〕託沈陰以壙久兮，惜蕃華之未央，〔七〕念窮極之不還兮，惟幼眇之相羊。〔八〕函菱荴以俟風兮，芳雜襲以彌章，〔九〕的容與以猗靡兮，縹飄姚虖愈莊。〔一〇〕燕淫衍而撫楹兮，連流視而娥揚，〔一一〕既激感而心逐兮，包紅顔而弗明。〔一二〕驩接狎以離别兮，宵寤夢之芒芒，〔一三〕忽遷化而不反兮，魄放逸以飛揚。何靈魂之紛紛兮，哀裴回以躊躇，〔一四〕埶路日以遠兮，遂荒忽而辭去。〔一五〕超兮西征，屑兮不見。〔一六〕寖淫敞莧，寂兮無音，〔一七〕思若流波，怛兮在心。〔一八〕

〔一〕師古曰：嫮，美也。連娟，孅弱也。嫮音互。娟音一全反。
〔二〕師古曰：樔，截也，音子小反。【補注】沈欽韓曰：甘誓作「勦絶」，釋文「勦子六反」。玉篇「子小反」，馬本作「巢」，與玉篇、切韻同。案説文「剿，絶也」，引夏書「天用剿絶其命」。廣雅「剿，夭也」。則剿乃正字，作巢者，或體，或乃省刀，此又加木旁，非也。説文「樔，澤中守草樓」。

〔三〕師古曰：新宮，待神之處。貯與佇同。佇，待也。泯然，滅絶意。【補注】何焯曰：新宮，即設帷帳也。

〔四〕孟康曰：山椒，山陵也，置輿馬於山陵也。師古曰：自慘鬱鬱以下，皆言夫人身處墳墓而隱翳也。修，長也。陽，明也。

〔五〕師古曰：淒淚，寒涼之意也。桂枝芳香，亦喻夫人也。憯音千感反。淚音戾。【補注】先謙曰：官本「潛」作「憯」，是。此注不誤，南監本作「僭」，尤非。淒淚與淒厲義同。

〔六〕【補注】錢大昭曰：畺，古疆字。書召誥「無疆惟休」，古文尚書作「畺」。王子侯表「以諸侯王畺土過制」，注「畺亦壃字」。

〔七〕師古曰：沈陰，言在地下也。壙與曠同。未央，猶未半也。言年歲未半，而早落蕃華，故痛惜之。蕃音扶元反。

〔八〕師古曰：惟，思也。幼眇，猶窈窕也。相羊，翺翔也。幼音一小反。相音襄。【補注】先謙曰：幼眇之眇，字與妙同，因今之窮極不反，而思幼妙之時。

〔九〕李奇曰：扶音敷。孟康曰：荄音綏，華中齊也。夫人之色如春華含荄敷散，以待風也。師古曰：雜襲，重積也。

〔一〇〕孟康曰：言夫人之顏色的然盛美，雖在風中縹姚，愈益端嚴也。師古曰：縹音匹妙反。【補注】王文彬曰：上二句以氣體言，此二句以顏色言，飄姚即飄摇，孟注以縹姚連文，誤。先謙曰：的，明也。

〔一一〕師古曰：追述平生歡宴之時也。娥揚，揚其娥眉。

〔一二〕晉灼曰：包，藏也。謂夫人藏其顏色不肯見帝屬其家室也。師古曰：此説非也。心逐者，帝自言中心追逐夫人不能已也。包紅顏者，言在墳墓之中不可見也。【補注】先謙曰：包紅顏而弗明，即上詩所云「是邪非邪」，顏説亦非。官本無晉注及「此説非也」四字，南監本同。

〔一三〕師古曰：言絶接狎之驩，而遂離别也。宵，夜也。芒芒，無知之貌也。芒音莫郎反。

〔一四〕師古曰：躊躇，住足也。躊音疇。躇合韻，音丈預反。

〔一五〕師古曰：荒音呼廣反。

〔一六〕師古曰：屑然，疾意也。以日爲喻，故言西征。

〔一七〕師古曰：芄古悅字。【補注】先謙曰：敂芄，猶惝怳。

〔一八〕師古曰：流波，言恩寵不絶也。怛，悼也，音丁曷反。【補注】王文彬曰：尋注意，思當爲恩之誤。

亂曰：〔一〕佳俠函光，隕朱榮兮，〔二〕嫉妒闒茸，將安程兮！〔三〕方時隆盛，年夭傷兮，〔四〕弟子增欷，洿沫悵兮。〔五〕悲愁於邑，喧不可止兮。〔六〕嚮不虛應，亦云已兮。〔七〕嫶妍太息，嘆稚子兮，〔八〕懰慄不言，倚所恃兮。〔九〕仁者不誓，豈約親兮？〔一〇〕既往不來，申以信兮。〔一一〕去彼昭昭，就冥冥兮，既下新宮，不復故庭兮。〔一二〕嗚呼哀哉，想魂靈兮！

〔一〕師古曰：亂，理也。總理賦中之意。

〔二〕孟康曰：佳俠，猶佳麗。

〔三〕師古曰：言嫉妒闒茸之徒，不足與夫人爲程品也。闒茸，衆賤之稱也。闒音吐獵反。茸音人勇反。【補注】先謙曰：官本「葺」作「茸」，注「獵」作「臘」，南監本同。

〔四〕師古曰：傷，合韻，音式向反。

〔五〕應劭曰：弟，夫人弟兄也。子，昌邑王也。孟康曰：洿沫，涕洟也。晉灼曰：沫音水沫面之沫，言涕淚洿集覆面下也。師古曰：沫，晉說是也。悵，惆悵也。洿音烏。洿，下也。沫音呼內反，字從午未之未也。【補注】先謙曰：官本「淚」作「洟」。

〔六〕師古曰：朝鮮之間謂小兒泣不止名爲喧，音許遠反。【補注】沈欽韓曰：喧當爲咺，方言「朝鮮洌水之閒，小兒泣而不止曰咺」。說文「朝鮮謂兒泣不止曰咺」。

〔七〕師古曰：嚮讀曰響。響之隨聲，必當有應，而今涕泣從自已耳，夫人不知之，是虛其應。【補注】先謙曰：官本注「從」作「徒」，是。南監本亦作「從」。

〔八〕孟康曰：夫人蒙被斂欲不見帝，哀其子小而孤也。晉灼曰：三輔謂憂愁面省瘦曰嫶冥，嫶冥猶嫶妍也。師古曰：嫶音在消反。

〔九〕孟康曰：恃平日之恩，知上必感念之也。師古曰：懰慄，哀愴之意也。懰音劉。慄音栗。

〔一〇〕如淳曰：仁者之行惠尚一不以爲恩施，豈有親親而反當以言約乎？

〔一一〕師古曰：死者一往不返，情念酷痛，重以此心爲信，不有忽忘也。信合韻音新。【補注】王鳴盛曰：躊躇與去、傷與悵、信與親爲韻，古無四聲之分，平仄通爲一音。顔云合韻，猶吴才老所謂叶韻，此字本無此音，改以叶之也。又趙昭儀居昭陽舍，壁帶往往爲黄金釭，顔云「釭音工，流俗讀之音江」，非也。釭、江皆從工得聲，何所別異？沈約以江居東、冬、鍾之後，音猶未變，至唐乃變爲似良反矣。顔不通古音，不能枚舉，聊一出之。

〔一二〕師古曰：故庭，謂平生(衍)[所]居室之庭也。復音扶目反。

其後李延年弟季坐姦亂後宮，廣利降匈奴，家族滅矣。

孝武鉤弋趙倢伃，昭帝母也，家在河間。武帝巡狩過河間，望氣者言此有奇女，天子亟使使召之。既至，女兩手皆拳，上自披之，手即時伸。由是得幸，號曰拳夫人。〔一〕先是其父坐法宫刑，爲中黄門，死長安，葬雍門。〔二〕

〔一〕【補注】先謙曰：正義引括地志云「鉤弋夫人，齊人，少好清淨，六年臥病，右手拳，飲食少。望氣者云，東北有貴人，推而得之，召到，姿色甚佳，武帝持其手，伸之得玉鉤」。

〔二〕師古曰：雍門在長安西北孝里西南，去長安三十里。廣記云趙父冢在門西也。

拳夫人進爲倢伃，居鉤弋宮，〔一〕大有寵，元始三年生昭帝，〔二〕號鉤弋子。任身十四月乃生，上曰：「聞昔堯十四月而生，今鉤弋亦然。」〔三〕乃命其所生門曰堯母門。後衛太子敗，而燕王旦、廣陵王胥多過失，寵姬王夫人男齊懷王、李夫人男昌邑哀王皆蚤薨，鉤弋子年五六歲，壯大多知，〔四〕上常言「類我」，又感其生與衆異，甚奇愛之，心欲立焉，以其年穉母少，恐女主顓恣亂國家，猶與久之。〔五〕

〔一〕師古曰：黃圖「鉤弋宮在城外」。漢武故事曰在直門南也。

〔二〕【補注】王念孫曰：元始當依景祐本作太始。朱一新曰：索隱「漢書云元始三年生昭帝，誤也。元始當爲太始」。據索隱說則唐時本已作元始，今景祐本作太始，當是據索隱改正也。

〔三〕【補注】王念孫曰：「鉤弋」下原有「子」字，上文云「生昭帝，號鉤弋子」，下文云「鉤弋子，年五六歲，壯大多知」，皆其證，今鉤弋子亦然，對上句「堯十四月而生」言之，下句云「乃命其所生門曰堯母門」，其所生者，鉤弋子所生也，脫去「子」字，則上下句皆不可通矣。御覽皇親部二引此已脫「子」字，漢紀孝武紀有「子」字。

〔四〕師古曰：壯大者，言其形體偉大。

〔五〕師古曰：與讀曰豫。

子。鉤弋倢伃從幸甘泉，有過見譴，以憂死，〔一〕因葬雲陽。〔二〕後上疾病，乃立鉤弋子爲皇太子。拜奉車都尉霍光爲大司馬大將軍，輔少主。明日，帝崩。昭帝即位，追尊鉤弋倢伃爲皇太后，發卒二萬人起雲陵，邑三千户。追尊外祖趙父爲順成侯，詔右扶風置園邑二百家，長丞奉守如法。順成侯有姊君姁，賜錢二百萬，奴婢第宅以充實焉。諸昆弟各以親疏受賞賜。

趙氏無在位者，唯趙父追封。

〔一〕師古曰：譴，責也，音口羨反。【補注】先謙曰：褚補史記「後數日，帝譴責鉤弋夫人，夫人脫簪珥叩頭，帝曰：『引持去，送掖庭獄』。夫人還顧，帝曰：『趣行，女不得活。』夫人死雲陽宮。時暴風揚塵，百姓感傷。其後帝閑居問左右曰：『人言云何？』左右對曰：『人言且立其子，何去其母乎？』帝曰：『然是非兒曹愚人所知也。往古國家所以亂，由主少母壯也，女主獨居驕蹇，淫亂自恣，莫能禁也，汝不聞呂后邪？』」

〔二〕師古曰：在甘泉宮南，今土俗人嘑爲女陵。

孝昭上官皇后。祖父桀，〔一〕隴西上邽人也。少時爲羽林期門郎，〔二〕從武帝上甘泉，天大風，車不得行，解蓋授桀。桀奉蓋，雖風常屬車；〔三〕雨下，蓋輒御。上奇其材力，遷未央廄令。〔四〕上嘗體不安，及愈，見馬，〔五〕馬多瘦，上大怒：「令以我不復見馬邪！」欲下吏，桀頓首曰：「臣聞聖體不安，日夜憂懼，意誠不在馬。」〔六〕言未卒，泣數行下。上以爲忠，由是親近，爲侍中，稍遷至太僕。武帝疾病，以霍光爲大將軍，太僕桀爲左將軍，皆受遺詔輔少主。以前捕斬反者莽通功，封桀爲安陽侯。

〔一〕【補注】錢大昭曰：桀字少叔，見李陵傳。

〔二〕【補注】先謙曰：百官表「期門掌執兵送從，羽林掌送從，次期門」。蓋先爲羽林，後爲期門也。

〔三〕師古曰：屬，連也，音之欲反。

〔四〕【補注】先謙曰：百官表「太僕屬官」。

〔五〕師古曰：見謂呈見之，音胡電反。【補注】先謙曰：官本無此及下條注，南監本同。

〔六〕師古曰：誠，實也。

初，桀子安取霍光女，結婚相親，光每休沐出，桀常代光入決事。昭帝始立，年八歲，帝長姊鄂邑蓋長公主居禁中，共養帝。〔一〕蓋主私近子客河間丁外人。〔二〕上與大將軍聞之，不絕主驩。有詔外人侍長主。〔三〕長主內周陽氏女，令配耦帝。〔四〕時上官安有女，即霍光外孫，安因光欲內之。光以爲尚幼，不聽。安素與丁外人善，說外人曰：「聞長主內女，安子容貌端正，誠因長主時得入爲后，〔五〕以臣父子在朝而有椒房之重，〔六〕成之在於足下，漢家故事常以列侯尚主，足下何憂不封侯乎？」外人喜，言於長主。長主以爲然，詔召安女入爲倢伃，安爲騎都尉。月餘，遂立爲皇后，年甫六歲。〔七〕

〔一〕師古曰：共音居用反。養音弋亮反。

〔二〕師古曰：子客，子之賓客也。外人，其名也。

〔三〕【補注】何焯曰：詔使侍主，故燕王旦得爲請爵號，此霍光不學，失之始也。

〔四〕【補注】周壽昌曰：淮南王舅趙兼封周陽侯，侯廢，遂氏周陽也。

〔五〕師古曰：以時得入。

〔六〕師古曰：椒房，殿名，在未央宮，皇后所居。

〔七〕師古曰：甫，始也。【補注】周壽昌曰：雖爲皇后，亦待年也。

安以后父封桑樂侯，食邑千五百户，遷車騎將軍，日以驕淫。受賜殿中，出對賓客言：「與我婿飲，〔一〕大樂！」見其服飾，使人歸，欲自燒物。安醉則裸行内，〔二〕與後母及父諸良人、侍御皆亂。〔三〕子病死，仰而罵天。數守大將軍光，爲丁外人求侯，〔四〕及桀欲妄官禄外人，〔五〕光執正，皆不聽。又桀妻父所幸充國爲太醫監，闌入殿中，下獄當死。冬月且盡，蓋主爲充國入馬二十匹贖罪，乃得減死論。於是桀、安父子深怨光而重德蓋主。知燕王旦帝兄，不得立，亦怨望，桀、安即記光過失予燕王，令上書告之，又爲丁外人求侯。燕王大喜，上書稱：「子路喪姊，期而不除，孔子非之。子路曰：『由不幸寡兄弟，不忍除之。』〔六〕故曰『觀過知仁』。〔七〕今臣與陛下獨有長公主爲姊，陛下幸使丁外人侍之，外人宜蒙爵號。」書奏，上以問光，光執不許。及告光罪過，上又疑之，愈親光而疏桀、安。桀、安寖恚，〔八〕遂結黨與謀殺光，誘徵燕王至而誅之，因廢帝而立桀。或曰：「當如皇后何？」安曰：「逐麋之狗，當顧菟邪！〔九〕且用皇后爲尊，一旦人主意有所移，雖欲爲家人亦不可得，〔一〇〕此百世之一時也。」事發覺，燕王、蓋主皆自殺。語在霍光傳。桀、安宗族既滅，皇后以年少不與謀，〔一一〕亦光外孫，故得不廢。皇后母前死，葬茂陵郭東，追尊曰敬夫人，置園邑二百家，長丞奉守如法。〔一二〕皇后自使私奴婢守桀、安家。〔一三〕

〔一〕【補注】周壽昌曰：漢呼女夫爲壻，本書始見。

〔二〕【補注】周壽昌曰：内亦房也。

〔三〕師古曰：良人謂妾也。侍御則兼婢矣。【補注】周壽昌曰：桀、安父子封侯，其姬妾得稱良人。趙充國傳「充國孫欽尚敬武公主，主亡子，主教欽良人習詐有身」。是主家妾可稱良人，侯家亦稱之。

〔四〕師古曰：守，求請之。

〔五〕師古曰：不由材德，故云妄。

〔六〕師古曰：事見禮記。由，子路之名。

〔七〕師古曰：論語云孔子曰：「人之過也，各於其黨，觀過斯知仁矣。」引此言者，謂子路厚於骨肉，雖違禮制，是其仁愛。

〔八〕師古曰：寖，漸也。

〔九〕師古曰：言所求者大，不顧小也。【補注】沈欽韓曰：淮南說林「逐鹿者，不顧兔」。

〔一〇〕師古曰：家人，言凡庶匹夫。

〔一一〕師古曰：與讀曰豫。

〔一二〕【補注】先謙曰：亦以光女故。

〔一三〕師古曰：廟記云上官桀、安冢竝在霍光冢東，東去夏侯勝冢二十步。

光欲皇后擅寵有子，帝時體不安，左右及醫皆阿意，言宜禁內，雖宮人使令皆爲窮絝，多其帶，〔一〕後宮莫有進者。

〔一〕服虔曰：窮絝，有前後當，不得交通也。師古曰：使令，所使之人也。絝，古袴字也。窮絝即今之緄襠袴也。令音力征反。緄音下昆反。

皇后立十歲而昭帝崩，后年十四五云。〔一〕昌邑王賀徵即位，尊皇后爲皇太后。光與太后共廢王賀，立孝宣帝。宣帝即位，爲太皇太后。〔二〕凡立四十七年，年五十二，建昭二年崩，合葬平陵。

〔一〕【補注】洪頤煊曰：昭紀「始元四年三月，立皇后上官氏」，此傳云「立爲皇后，年甫六歲」，則帝崩時，后年十五，「四」字當衍。

〔二〕【補注】何焯曰：「元」訛爲「宣」，當如劉原父說。

衛太子史良娣，〔一〕宣帝祖母也。太子有妃，有良娣，有孺子，〔二〕妻妾凡三等，子皆稱皇孫。史良娣家本魯國，有母貞君，兄恭。以元鼎四年入爲良娣，生男進，號史皇孫。〔三〕

〔一〕【補注】沈欽韓曰：西京雜記「宣帝被奴繫郡邸獄，臂上猶帶史良娣合采，婉轉絲繩，係身毒國寶鏡一枚，大如八銖錢，案漢無八銖錢。舊傳此鏡見妖魅，得配之者，爲天神所福。及即大位，每持此鏡，感咽移辰，常以虎魄笥盛之」。

〔二〕【補注】沈欽韓曰：魏書「孝文帝爲太子恂聘彭城劉長、滎陽鄭懿女爲左右孺子」。案左傳「南孺子之子」，列女傳四「衛夫人謂傅妾曰，孺子養我甚謹」。則通稱貴妾爲孺子矣。又王子侯表「東城侯遺爲孺子所殺」，則列侯亦有孺子。

〔三〕師古曰：進者，皇孫之名。

武帝末，巫蠱事起，衛太子及良娣、史皇孫皆遭害。史皇孫有一男，號皇曾孫，時生數月，猶坐太子繫獄，積五歲乃遭赦。治獄使者邴吉憐皇曾孫無所歸，載以附史恭。〔一〕恭母貞君年老，見孫孤，甚哀之，〔二〕自養視焉。

〔一〕【補注】錢大昭曰：「附」，南監本、閩本作「付」。先謙曰：官本作「付」，是。

〔二〕【補注】王先慎曰：外孫亦得稱孫。

後曾孫收養於掖庭，遂登至尊位，是爲宣帝。而貞君及恭已死，恭三子皆以舊恩封。長子高爲樂陵侯，曾爲將陵侯，玄爲平臺侯，及高子丹以功德封武陽侯，侯者凡四人。高至大司馬車騎將軍，丹左將軍，自有傳。

史皇孫王夫人，宣帝母也，名翁須，太始中得幸於史皇孫。皇孫妻妾無號位，皆稱家人子。征和二年，生宣帝。帝生數月，衞太子、皇孫敗，家人子皆坐誅，莫有收葬者，唯宣帝得全。即尊位後，追尊母王夫人謚曰悼后，祖母史良娣曰戾后，皆改葬，起園邑，長丞奉守。語在戾太子傳。地節三年，求得外祖母王媪，媪男無故，無故弟武皆隨使者詣闕。時乘黃牛車，故百姓謂之黃牛媪。

初，上即位，數遣使者求外家，久遠，多似類而非是。既得王媪，令太中大夫任宣與丞相御史屬雜考問鄉里識知者，皆曰王媪。媪言名妄人，〔一〕家本涿郡蠡吾平鄉，〔二〕年十四嫁爲同鄉王更得妻。更得死，嫁爲廣望王迺始婦，〔三〕產子男無故、武，女翁須。翁須年八九歲時，寄居廣望節侯子劉仲卿宅，〔四〕仲卿謂迺始曰：「予我翁須，自養長之。」媼爲翁須作縑單衣，〔五〕送仲卿家。仲卿教翁須歌舞，往來歸取冬夏衣。居四五歲，翁須來言「邯鄲賈長兒求歌舞者，仲卿欲以我與之」。媼即與翁須逃走，之平鄉。〔六〕仲卿載迺始共求媼，媼惶急，〔七〕將翁須歸，曰：「兒居君家，非受一錢也，〔八〕奈何欲予它人？」仲卿詐曰：「不也。」後數日，翁須乘長兒車馬過門，呼曰：「我果見行，〔九〕當之栁宿。」〔一〇〕媼與迺始之栁宿，見翁須相對涕泣，謂曰：「我欲爲汝自言。」〔一一〕翁須曰：「母置之，〔一二〕何家不可以居？〔一三〕自言無益也。」媼與迺始還求錢用，隨逐至中山盧奴，見翁須與歌舞等比五人同處，〔一四〕媼與翁須共宿。明日，迺始留視翁須，媼還求錢，欲隨至邯鄲。媼歸，糴買未具，迺始來歸曰：「翁須已去，我無錢用隨也。」因絕至今，不聞其問。〔一五〕賈長兒妻貞及從者師遂辭：〔一六〕「往二十歲，太子舍人侯明從長安來求歌舞者，請翁須等五人。長兒使遂送至長安，皆入太子家。」及廣望三老更始、劉仲卿妻其等四十五人辭，皆驗。〔一七〕宣奏王媼悼后母明白，上皆召見，賜無故、武爵關內侯，旬月間，賞賜以鉅萬計。頃之，制詔御史賜外祖母號爲博平君，以博平、蠡吾兩縣户萬一千爲湯沐邑。封舅無故爲平昌侯，武爲樂昌侯，食邑各六千户。〔一八〕

〔一〕【補注】周壽昌曰：「媼言」以下，至「皆入太子家」，任宣所録考問之辭。

〔二〕師古曰：蠡音禮。【補注】先謙曰：官本「蠡」作「蠡」，下同。南監本同。

〔三〕師古曰：廣望亦涿郡之縣。

〔四〕【補注】周壽昌曰：廣望節侯名忠，中山靖王子也。長子中嗣侯，仲卿或其次子。

〔五〕師古曰：縑即今之絹也。音兼。

〔六〕師古曰：之，往也。

〔七〕【補注】先謙曰：官本「惶」作「遑」。

〔八〕師古曰：言不嘗得其聘幣。

〔九〕師古曰：呼音火故反。【補注】先謙曰：官本無此注。

〔一〇〕蘇林曰：聚邑名也。在中山盧奴東北三十里。【補注】錢大昭曰：柳宿，武帝封中山靖王子劉蓋爲侯國。寰宇記「柳宿故城在望都縣東北四十三里」。

〔一一〕師古曰：言自訟理，不肯行。

〔一二〕師古曰：置之猶言在聽之，不須自言。【補注】先謙曰：官本注「在」作「任」，是。南監本同。

〔一三〕師古曰：言所去處，皆可安居。

〔一四〕師古曰：比音必寐反。

〔一五〕【補注】先謙曰：不聞其音問。

〔一六〕師古曰：辭，對辭。

〔一七〕師古曰：其者，仲卿妻之名。

〔一八〕【補注】錢大昕曰：外戚侯表「無故、武皆六百户」。

初，迺始以本始四年病死，後三歲，家乃富貴，追賜謚曰思成侯。詔涿郡治家室，置園邑四百家，長丞奉守如法。歲餘，博平君薨，謚曰思成夫人。詔徙思成侯合葬奉明顧成廟南，置園邑長丞，〔一〕罷涿郡思成園。王氏侯者二人，無故子接爲大司馬車騎將軍，而武子商至丞相，自有傳。

〔一〕師古曰：本號廣明，故戾太子傳云皇孫及王夫人皆葬廣明，其後以置園邑奉守，改曰奉明。

孝宣許皇后，元帝母也。父廣漢，昌邑人，少時爲昌邑王郎。從武帝上甘泉，誤取它郎鞌以被其馬，發覺，吏劾從行而盜，當死，有詔募下蠶室。〔一〕後爲宦者丞。〔二〕上官桀謀反時，廣漢部索，〔三〕其殿中廬有索長數尺可以縛人者數千枚，滿一篋緘封，〔四〕廣漢索不得，它吏往得之。〔五〕廣漢坐論爲鬼薪，輸掖庭，後爲暴室嗇夫。時宣帝養於掖庭，號皇曾孫，與廣漢同寺居。〔六〕時掖庭令張賀，本衞太子家吏，及太子敗，賀坐下刑，以舊恩養視皇曾孫甚厚。及曾孫壯大，賀欲以女孫妻之。是時，昭帝始冠，長八尺二寸。賀弟安世爲右將軍，與霍將軍同心輔政，聞賀稱譽皇曾孫，欲妻以女，安世怒曰：「曾孫乃衞太子後也，幸得以庶人衣食縣官，足矣，勿復言予女事。」於是賀止。時許廣漢有女平君，年十四五，當爲内者令歐侯氏子婦。〔七〕臨當入，歐侯氏子死。其母將行卜相，〔八〕言當大貴，母獨喜。賀聞許嗇夫有女，乃置酒請之，〔九〕酒酣，爲言「曾孫體近，下人，乃關内侯，〔一〇〕可妻也」。廣漢許諾。明日嫗聞之，怒。〔一一〕廣漢重令爲介，〔一二〕遂與曾孫，一歲生元帝。數月，曾孫立爲帝，平君爲倢伃，是時，霍將軍有小女，與皇太后有親。公卿議更立皇后，皆心儀霍將軍女，〔一三〕亦未有言。上乃詔求微時故劍，大臣知指，白立許倢伃爲皇后。既立，霍光以后父廣漢刑人不宜君國，歲餘乃封爲昌成君。

〔一〕孟康曰：「死罪囚欲就宮者聽之。」【補注】周壽昌曰：誤取一鞌耳，以盜劾，以死論，卒下蠶室，漢法治盜之嚴如此。

〔二〕【補注】先謙曰：少府屬官，見百官表。

〔三〕師古曰：部分搜索罪人也。索音山客反。

〔四〕師古曰：殿中廬，桀所止宿廬舍在宮中者也。緘，束篋也，音工咸反。

〔五〕師古曰：須得此繩索者，用爲桀之反具。【補注】先謙曰：「具」當作「證」。

〔六〕師古曰：寺者，掖庭之官舍。【補注】先謙曰：官本無注，南監本同。

〔七〕師古曰：歐侯，姓也。歐音烏溝反。

〔八〕師古曰：將領自隨而行卜。【補注】先謙曰：官本無此注。

〔九〕師古曰：請，召也。召嗇夫飲酒也。

〔一〇〕師古曰：言曾孫之身於帝爲近親，縱其人材下劣，尚作關内侯。書本或無人字。

〔一一〕師古曰：廣漢之妻不欲與曾孫。

〔一二〕師古曰：更令人作媒而結婚姻。重音直用反。【補注】先謙曰：令者，掖庭令也。賀爲令，己爲嗇夫，故重其媒介，不以嫗言中阻。顔注誤。

〔一三〕服虔曰：儀音蟺。晉灼曰：儀，向也。師古曰：晉説是也，謂附向之。【補注】沈欽韓曰：服音蟺者，韻會四紙「儀，語擬切，擬也」，引此傳文。宋玉高唐賦「惟高唐之大體兮，殊無物類之儀比」。是以儀爲擬之證。先謙曰：官本無服注六字及「晉説是也」四字。

霍光夫人顯欲貴其小女，道無從。〔一〕明年，許皇后當娠，病。女醫淳于衍者，霍氏所愛，嘗入宮侍皇后疾。衍夫嘗爲掖庭户衛，謂衍「可過辭霍夫人行，〔二〕爲我求安池監」。〔三〕衍如言報顯。顯因生心，辟左右，〔四〕字謂衍：「少夫幸報我以事，〔五〕我亦欲報少夫，可乎？」〔六〕衍曰：「夫人所言，何等不可者！」〔七〕顯曰：「將軍素愛小女成君，欲奇貴之，願以累少夫。」〔八〕衍曰：「何謂邪？」顯曰：「婦人免乳大故，十死一生。〔九〕今皇后當免身，可因投毒藥去也，〔一〇〕成君即得爲皇后矣。如蒙力事成，富貴與少夫共之。」衍曰：「藥雜治，當先嘗，安可？」〔一一〕顯曰：「在少夫爲之耳。將軍領天下，誰敢言者？緩急相護，但恐少夫無意耳！」衍良久曰：「願盡力。」即擣附子，齎入長定宮。皇后免身後，衍取附子并合大醫大丸以飲皇后，〔一二〕有頃曰：「我頭岑岑也，藥中得無有毒？」〔一三〕對曰：「無有。」遂加煩懣，崩。〔一四〕衍出，過見顯，相勞問，〔一五〕亦未敢重謝衍。〔一六〕後人有上書告諸醫侍疾無狀者，皆收繫詔獄，劾不道。顯恐事急，〔一七〕即以狀具語光，因曰：「既失計爲之，無令吏急衍！」光驚鄂，默然不應。其後奏上，署衍勿論。〔一八〕

〔一〕師古曰：從，因也，由也。無由得内其女。

〔二〕師古曰：過辭夫人，乃行入宮也。

〔三〕【補注】沈欽韓曰：安邑鹽池也。一統志「大安池在解州芮城縣南十五里，居民引以溉田，下流入於河」。或此安池。

〔四〕師古曰：辟音闢，謂屏去之。

〔五〕如淳曰：稱衍字曰少夫，親之也。晉灼曰：報我以事，謂求池監也。

〔六〕晉灼曰：報少夫謀弑許后事。

〔七〕師古曰：無事而不可。【補注】先謙曰：官本無此注。

〔八〕師古曰：累，託也，音力瑞反。

〔九〕師古曰：免乳爲產子也。大故，大事也。乳音人喻反。【補注】王先慎曰：續列女傳「免」作「挽」，下同。說文「挽，生子免身也」。免即挽之省。

〔一〇〕師古曰：去謂除去皇后也，音丘呂反。

〔一一〕師古曰：與衆醫共雜治之，人有先嘗者，何可行毒？

〔一二〕晉灼曰：大丸，今澤蘭丸之屬。

〔一三〕師古曰：岑岑，痺悶之意。

〔一四〕師古曰：懣音滿，又音悶。

〔一五〕師古曰：勞音來到反。

〔一六〕師古曰：恐人知覺之。【補注】沈欽韓曰：西京雜記「霍光妻遺淳于衍蒲桃錦二十四匹，散花綾二十五匹，綾出鉅鹿陳寶光家，寶光妻得其法，霍顯召入其第，使作之，機用一百二十鑷，六十日成一匹，匹直萬錢。又與走珠一琲，綠綾百端，錢百萬，金百兩，疑斤字。爲起第宅，奴婢不可勝數。衍猶怨曰：『吾爲爾成何功，而報我若是哉？』」

〔一七〕【補注】王念孫曰：案「急」上本無「事」字，恐急者，既恐且急，猶言惶遽耳。霍光傳「霍山謂顯曰：『聞民閒讙言霍氏毒殺許皇后，寧有是邪？』顯恐急，即具以實告」。文義正與此同。後人不達，而於「急」上加「事」字，失其旨矣。景祐本及漢紀孝宣紀、通鑑漢紀十六，皆無「事」字。

〔一八〕李奇曰：光題其奏也。師古曰：言之於帝，故解釋耳，光不自署也。【補注】先謙曰：胡注「霍光傳，薨後，帝始聞毒許后事。光於是時安敢言之於帝邪？李說是」。朱一新云：「此固當從李說，但胡駁亦未當，顏意但謂爲之善言請於帝耳，非必以毒后事告帝也。」

許后立三年而崩，謚曰恭哀皇后，葬杜南，是爲杜陵南園。〔一〕後五年，立皇太子，乃封太子外祖父昌成君廣漢爲平恩侯，位特進。後四年，復封廣漢兩弟，舜爲博望侯，延壽爲樂成侯。許氏侯者凡三人。廣漢薨，謚曰戴侯，無子，絕。葬南園旁，置邑三百家，長丞奉守如法。宣帝以延壽爲大司馬車騎將軍，輔政。元帝即位，復封延壽中子嘉爲平恩侯，奉戴侯後，亦爲大司馬車騎將軍。

〔一〕師古曰：即今之所謂小陵者，去杜陵十八里。

孝宣霍皇后，大司馬大將軍博陸侯光女也。母顯，既使淳于衍陰殺許后，顯因爲成君衣補，〔一〕治入宮具，勸光内之，果立爲皇后。

〔一〕師古曰：謂縫作嫁時衣被也。爲音于僞反。【補注】王念孫曰：案「成君」上脱「女」字，則文義不明，御覽引此正作「女成君」。周壽昌曰：衣補爲嫁衣，亦漢時語，注本作衣被，從顏注誤改也。王先慎曰：此承上傳文，不必有「女」字。續列女傳亦無，御覽節引，不得不加「女」字以明之，王據以爲脱文，非也。

初，許后起微賤，登至尊日淺，從官車服甚節儉，五日一朝皇太后於長樂宮，親奉案上食，以婦道共養。及霍后立，亦修許后故事。而皇太后親霍后之姊子，故常竦體，敬而禮之。皇后輦駕侍從甚盛，賞賜官屬以千萬計，與許后時縣絕矣。上亦寵之，顓房燕。〔一〕立三歲而光薨。後一歲，上立許后男爲太子，昌成君者爲平恩侯。顯怒恚不食，歐血，曰：「此乃民間時子，安得立？即后有子，反爲王邪！」復教皇后令毒太子。皇后數召太子賜食，保阿輒先嘗之，后挾毒不得行。後殺許后事頗泄，顯遂與諸壻昆弟謀反，發覺，皆誅滅。使有司賜皇后策曰：「皇后熒惑失道，懷不德，挾毒與母博陸宣成侯夫人顯謀欲危太子，無人母之恩，不宜奉宗廟衣服，不可以承天命。烏呼傷哉！〔二〕其退避宮，上璽綬有司。」霍后立五年，廢處昭臺宮。〔三〕後十二歲，徙雲林館，乃自殺，葬昆吾亭東。〔四〕

〔一〕師古曰：顓與專同。
〔二〕【補注】先謙曰：官本「烏」作「嗚」。
〔三〕師古曰：在上林中。
〔四〕師古曰：昆吾，地名，在藍田。【補注】沈欽韓曰：一統志「鼎湖宮、昆吾亭，俱在藍田縣西南」。杜甫詩「昆吾御宿自委蛇」是也。

初，霍光及兄驃騎將軍去病皆自以功伐封侯居位，宣帝以光故，封去病孫山、山弟雲皆爲列侯，侯者前後四人。〔一〕

〔一〕【補注】先謙曰：此下應提行，官本不誤。

孝宣王皇后。其先高祖時有功賜爵關内侯，自沛徙長陵，傳爵至后父奉光。奉光少時好鬭雞，宣帝在民間數與奉光會，相識。奉光有女年十餘歲，每當適人，所當適輒死，故久不行。及宣帝即位，召入後宮，稍進爲倢伃。是時，館陶主母華倢伃〔一〕及淮陽憲王母張倢伃、楚孝王母衞倢伃皆愛幸。

〔一〕師古曰：華音户花反。【補注】先謙曰：官本無注，「主」作「王」，南監本同。

霍皇后廢後，上憐許太子蚤失母，〔一〕幾爲霍氏所害，〔二〕於是乃選後宮素謹慎而無子者，遂立王倢伃爲皇后，令母養太子。自爲后後，希見無寵。封父奉光爲邛成侯。立十六年，宣帝崩，元帝即位，爲皇太后。封太后兄舜爲安平侯。後二年，奉光薨，謚曰共侯，葬長門南，置園邑二百家，長丞奉守如法。元帝崩，成帝即位，爲太皇太后。復爵太皇太后弟駿爲關内侯，食邑千户。王氏列侯二人，關内侯一人。舜子章，章從弟咸，皆至左右將軍。時成帝母亦姓王氏，故世號太皇太后爲邛成太后。

〔一〕師古曰：許后所生，故曰許太子。

〔二〕師古曰：幾音巨依反。【補注】先謙曰：官本無此注。

邛成太后凡立四十九年，年七十餘，永始元年崩，合葬杜陵，稱東園。〔一〕奉光孫勳坐法免。元始中，成帝太后下詔曰：「孝宣王皇后，朕之姑，深念奉質共脩之義，恩結于心。〔二〕惟邛成共侯國廢祀絕，朕甚閔焉。其封共侯曾孫堅固爲邛成侯。」至王莽乃絕。

〔一〕師古曰：雖同塋兆而別爲墳，王后陵次宣帝陵東，故曰東園也。
〔二〕師古曰：質讀曰贄。

外戚傳第六十七下

漢書九十七下

孝元王皇后，成帝母也。家凡十侯，五大司馬，〔一〕外戚莫盛焉。自有傳。

〔一〕師古曰：十侯者，陽平頃侯禁、禁子敬侯鳳、安成侯崇、平阿侯譚、成都侯商、紅陽侯立、曲陽侯根、高平侯逢時、安陽侯音、新都侯莽也。五大司馬者，鳳、音、商、根、莽也。一曰鳳嗣禁爲侯，不當重數。而十人者，淳于長即其一也。【補注】何焯曰：元后傳云「後又封太后姊子淳于長爲定陵侯，王氏親屬侯者凡十人。」則顏注後說是。周壽昌曰：家者，專指王家而言，不得併戚屬數之。禁、鳳父子繼侯當爲兩人，若必拘論，將莽之篡逆，亦不得列十侯内矣。

孝成許皇后，大司馬車騎將軍平恩侯嘉女也。元帝悼傷母恭哀后居位日淺而遭霍氏之辜，故選嘉女以配皇太子。初入太子家，上令中常侍黄門親近者侍送，還白太子懽說狀，〔一〕元帝喜謂左右：「酌酒賀我！」左右皆稱萬歲。久之，有一男，失之。及成帝即位，立許妃爲皇后，復生一女，失之。

〔一〕師古曰：說讀曰悅。

初，后父嘉自元帝時爲大司馬車騎將軍輔政，已八九年矣。及成帝立，復以元舅陽平侯王鳳爲大司馬大將軍，與嘉竝。杜欽以爲故事后父重於帝舅，〔一〕乃説鳳曰：「車騎將軍至貴，將軍宜尊重之敬之，無失其意。蓋輕細微眇之漸，必生乖忤之患，〔二〕不可不慎。衛將軍之日盛於蓋侯，〔三〕近世之事，語尚在於長老之耳，〔四〕唯將軍察焉。」久之，上欲專委任鳳，乃策嘉曰：「將軍家重身尊，不宜以吏職自絫。〔五〕賜黄金二百斤，以特進侯就朝位。」〔六〕後歲餘薨，謚曰恭侯。

〔一〕【補注】沈欽韓曰：公羊説「天子不臣王后之父」。御覽四百十「袁嶠與諸左軍解交曰：『皇后踐登正祚，臨御皇朝，將軍之於國，外姓之太上皇也。』」

〔二〕師古曰：眇亦細也。忤，違也。【補注】先謙曰：官本無此注。

〔三〕師古曰：衛將軍，衛青也。武帝衛皇后之弟。蓋侯，王信也，武帝之舅。

〔四〕【補注】先謙曰：謂衛氏以尊盛，卒被夷滅，嫌斥言之。

〔五〕師古曰：絫，古累字也，音力瑞反。

〔六〕【補注】周壽昌曰：此即後書續志所謂特侯也。後書鄧禹傳注引漢官儀曰「諸侯功德優盛，朝廷所敬者，位特進，在三公下」。

后聰慧，善史書，自爲妃至即位，常寵於上，後宮希得進見。皇太后及帝諸舅憂上無繼嗣，時又數有災異。劉向、谷永等皆陳其咎在於後宮，上然其言，於是省減椒房掖廷用度。〔一〕皇后乃上疏曰：

〔一〕師古曰：椒房殿，皇后所居。【補注】先謙曰：官本「廷」作「庭」，南監本同。

妾誇布服糲食，〔一〕加以幼稚愚惑，不明義理，幸得免離茅屋之下，備後宮埽除。蒙過誤之寵，居非命所當託，洿穢不修，曠職尸官，〔二〕數逆至法，踰越制度，當伏放流之誅，不足以塞責。乃壬寅日大長秋受詔：「椒房儀法，御服輿駕，所發諸官署，及所造作，遺賜外家羣臣妾，〔三〕皆如竟寧以前故事。」妾伏自念，入椒房以來，遺賜外家未嘗踰故事，每輒決上，〔四〕可覆問也。〔五〕今誠時世異制，長短相補，不出漢制而已，纖微之間未必可同。若竟寧前與黃龍前，豈相放哉？〔六〕家吏不曉，〔七〕今壹受詔如此，且使妾搖手不得。今言無得發取諸官，殆謂未央宮不屬妾，不宜獨取也。〔八〕言妾家府亦不當得，妾竊惑焉。〔九〕幸得賜湯沐邑以自奉養，亦小發取其中，何害於誼而不可哉？又詔書言服御所造，皆如竟寧前，吏誠不能揆其意，即且令妾被服所爲不得不如前。〔一〇〕設妾欲作某屏風張於某所，曰故事無有，或不能得，則必繩妾以詔書矣。〔一一〕此二事誠不可行，唯陛下省察。

〔一〕孟康曰：誇，大也，大布之衣也。糲，粗米也。師古曰：言在家時野賤也。誇音夸。糲音剌。【補注】先謙曰：官本無注末六字。

〔二〕師古曰：洿與汙同。曠，空也。尸，主也，妄主其官。

〔三〕師古曰：外家謂后之家族，言在外也。

〔四〕師古曰：每事皆奏決於天子，乃敢行也。上音時掌反。【補注】先謙曰：官本無注末五字，南監本同。

〔五〕師古曰：覆音芳目反。【補注】先謙曰：官本無此注。

〔六〕晉灼曰：竟寧，元帝時也。黄龍，宣帝時也。言二帝奢儉不同，豈相放哉？師古曰：放，依也，音甫往反。

〔七〕師古曰：家吏，皇后之官屬。

〔八〕師古曰：未央宫，天子之宫，故其財物皇后不得取也。今言者，謂詔書新有所限約之言。

〔九〕師古曰：此言，謂家吏之言。

〔一〇〕師古曰：詔書本云奢儉之制，如竟寧耳，而吏乃謂衣服處置一一如之也。被音皮義反。

〔一一〕師古曰：言或有所求，吏不肯備，因云詔書不許也。

官吏忮佷，必欲自勝。〔一〕幸妾尚貴時，猶以不急事操人，〔二〕況今日日益侵，又獲此詔，其操約人，豈有所訴？〔三〕陛下見妾在椒房，終不肯給妾纖微〔四〕内邪？若不私府小取，將安所仰乎？〔五〕舊故，中宫乃私奪左右之賤繒，及發乘輿服繒，言爲待詔補，已而貿易其中。〔六〕左右多竊怨者，甚恥爲之。又故事以特牛祠大父母，戴侯、敬侯皆得蒙恩以太牢祠，今當率如故事，唯陛下哀之！

〔一〕師古曰：官吏，奄人爲皇后吏也。忮，堅也。忮音之豉反。【補注】先謙曰：官本「官」並作「宦」。

〔二〕師古曰：尚貴時，謂昔被寵遇之時也。操，持也，音千高反。次下亦同。

〔三〕【補注】先謙曰：言今日益爲吏侵陵，又得此詔，其操持約束人，將至無所控訴也。

〔四〕師古曰：言皇后自有湯沐，故更無它纖毫給賜。

〔五〕師古曰：内邪，言内中所須者也。邪，語辭也。仰音牛向反。【補注】周壽昌曰：顔以「内邪」下屬，非，當以「終不肯給妾纖微内邪」爲句。纖微内，即上所云纖微之間也。疏詞婉宕，善用虚字，後又云「竟寧前於今世而比之，豈可邪？」亦其證也。先謙曰：百官公卿表，詹事屬有中長秋、私府令長丞。

〔六〕師古曰：託言此繒擬待别詔有所補浣，而私換易取其好者以自用。【補注】先謙曰：官本「賀」作「貿」，南監本同，言舊故時中宫嘗爲此。

今吏甫受詔讀記，〔一〕直豫言使后知之，非可復若私府有所取也。〔二〕其萌牙所以約制妾者，恐失人理。〔三〕今但損車駕，及毋若未央宫有所發，遺賜衣服如故事，則可矣。〔四〕其餘誠太迫急，奈何？妾薄命，〔五〕端遇竟寧前。〔六〕竟寧前於今世而比之，豈可耶？〔七〕故時酒肉有所賜外家，輒上表乃決。〔八〕又故杜陵梁美人歲時遺酒一石，肉百斤耳。〔九〕妾甚少之，遺田八子誠不可若是。〔一〇〕事率衆多，不可勝以文陳。〔一一〕俟自見，索言之，〔一二〕唯陛下深察焉！

〔一〕師古曰：甫，始也。

〔二〕師古曰：若謂如未奉詔之前也。【補注】先謙曰：謂吏言如此。

〔三〕師古曰：萌牙，言其初始發，意若草木之方生也。

〔四〕師古曰：言今止當減損車馬制度，及不得同未央宫輒有發取，妄遺賜人，於事則可。而后之衣服，自當如舊也。

〔五〕【補注】沈欽韓曰：玉臺新詠曹植有妾薄命詩二篇，本此。

〔六〕師古曰：端，正也。言不得以他時爲比例，而正依竟寧前也。

〔七〕師古曰：言今時國家制度衆事比竟寧前，不肯皆同也。

〔八〕【補注】先謙曰：決謂斷定也。上表乃決，即上文所謂每輒決上也。言雖酒肉微物，不能私賜予。

〔九〕蘇林曰：宣帝美人也。

〔一〇〕師古曰：當多於梁美人也。

〔一一〕師古曰：率猶計也，類也。言以文書陳之，不可勝書。

〔一二〕師古曰：俟，待也。自見，后自見於天子也。索，盡也。見音胡電反。索音先各反。【補注】沈欽韓曰：漢書儀「皇后五日一上食，賜上左右酒肉，留宿，明日平旦，歸中宮」。案此云自見，蓋五日之期也。先謙曰：官本無「俟待也」三字及注末十字，南監本同。

上於是采劉向、谷永之言以報曰：

皇帝問皇后，所言事聞之。夫日者衆陽之宗，天光之貴，王者之象，人君之位也。夫以陰而侵陽，虧其正體，是非下陵上，妻乘夫，賤踰貴之變與？〔一〕春秋二百四十二年，變異爲衆，莫若日蝕大。自漢興，日蝕亦爲呂、霍之屬見。以今揆之，豈有此等之效與？〔二〕諸侯拘迫漢制，牧相執持之也，〔三〕又安獲齊、趙七國之難？將相大臣裹誠秉忠，唯義是從，〔四〕又惡有上官、博陸、宣成之謀？〔五〕若乃徒步豪桀，非有陳勝、項梁之羣也；匈奴、夷狄，非有冒頓、郅支之倫也。方外内鄉，百蠻賓服，〔六〕殊俗慕義，八州懷德，雖使其懷挾邪意，猶不足憂，又況其無乎？求於夷狄無有，求於臣下無有，微後宮也，當何以塞之？〔七〕

〔一〕師古曰：與讀曰歟。
〔二〕師古曰：與讀曰歟。【補注】先謙曰：官本無上條及此注，南監本同。
〔三〕師古曰：牧，州牧也。相，諸侯王相也。
〔四〕師古曰：褱，古懷字。
〔五〕師古曰：惡，於何也。上官，上官桀、安也。博陸，博陸侯霍禹也。宣成，宣成侯夫人顯也。惡音烏。【補注】先謙曰：官本注無「惡於何也」四字，南監本同。
〔六〕師古曰：鄉讀曰嚮。內嚮，皆嚮中國也。
〔七〕師古曰：微，無也，猶言非也。塞，當也。【補注】先謙曰：官本無此注，南監本同。

日者，建始元年正月，〔一〕白氣出於營室。營室者，天子之後宮也。正月於尚書爲皇極。皇極者，王氣之極也。〔二〕白者西方之氣，其於春當廢。今正於王極之月，興廢氣於後宮，〔三〕視后妾無能懷任保全者，〔四〕以著繼嗣之微，賤人將起也。〔五〕至其九月，流星如瓜，出於文昌，貫紫宮，尾委曲如龍，臨於鉤陳，此又章顯前尤，著在內也。〔六〕其後則有北宮井溢，南流逆理，數郡水出，流殺人民。後則訛言傳相驚震，〔七〕女童入殿，咸莫覺知。〔八〕夫河者水陰，四瀆之長，今乃大決，没漂陵邑，〔九〕斯昭陰盛盈溢，違經絕紀之應也。乃昔之月，鼠巢于樹，野鵲變色。五月庚子，鳥焚其巢太山之域。〔一〇〕易曰：「鳥焚其巢，旅人先咲後號咷。喪牛于易，凶。」〔一一〕言王者處民上，如鳥之處巢也，不顧卹百姓，百姓畔而去之，若鳥之自焚也，雖先快意説咲，〔一二〕其後必號而無及也。百姓喪其君，若牛亡其毛也，故稱凶。泰山，王者易姓告代之處，今正於岱宗之山，甚可懼也。三月癸未，大風自西搖祖宗寢廟，揚裂帷席，折拔樹木，頓僵車輦，毀壞檻屋，災及宗廟，足爲寒心！四月己亥，日蝕東井，轉旋且索，與既無異。〔一三〕己猶戊也，亥復水也，〔一四〕明陰盛，咎在內。於戊己，虧君體，著絕世於皇極，顯禍敗及京都。於東井，變怪衆備，末重益大，來數益甚。〔一五〕成形之禍月以迫切，不救之患日寖婁深，〔一六〕咎敗灼灼若此，豈可以忽哉！〔一七〕

〔一〕師古曰：日者，猶言往日也。

〔二〕【補注】蘇輿曰：五行志引傳曰「皇之不極，是謂不建」，釋之云「皇，君也。極，中。建，立也」。班氏用今文説，據谷永傳「竊聞明王即位，正五事，建大中，以承天心」。亦與班義同。此蓋今文異説，所謂以災異説洪範也。「皇」大傳作「王」，二字通訓。

〔三〕【補注】先謙曰：官本「王」作「皇」。

〔四〕師古曰：視讀曰示。

〔五〕師古曰：著，明也。【補注】先謙曰：官本無此注及下條，南監本同。

〔六〕師古曰：尤，過也。

〔七〕【補注】先謙曰：官本「傳相」作「相傳」。

〔八〕師古曰：謂陳持弓也。

〔九〕師古曰：大阜曰陵。

〔一〇〕【補注】錢大昕曰：五行志「河平元年二月庚子，泰山山桑谷有鳶焚其巢」。此作「五月」誤。下文有三月、四月可證。

〔一一〕師古曰：咲，古笑字也。咷音桃。解並在谷永傳。

〔一二〕師古曰：説讀曰悦。

〔一三〕師古曰：轉旋且索，言須臾之間則欲盡也。既亦盡耳，春秋書「日有食之，既」。故詔引以爲言也。索音先各反。【補注】先謙曰：官本注無「音」字，南監本同。

〔一四〕張晏曰：己戊皆中宮，爲君。亥爲水，陰氣也。

〔一五〕【補注】先謙曰：數，頻數也。

〔一六〕師古曰：祲，甚也。婁，古屢字。

〔一七〕師古曰：灼灼，明白貌也。忽，怠忘也。【補注】先謙曰：官本無此注。

書云「高宗肜日，粵有雊雉。〔一〕祖己曰：『惟先假王正厥事。』」又曰：「雖休勿休，惟敬五刑，以成三德。」〔二〕即飭椒房及掖庭耳。〔三〕今皇后有所疑，便不便，其條刺，使大長秋來白之。〔四〕吏拘於法，亦安足過？〔五〕蓋矯枉者過直，古今同之。〔六〕且財帛之省，〔七〕特牛之祠，其於皇后，所以扶助德美，爲華寵也。咎根不除，災變相襲，〔八〕祖宗且不血食，何戴侯也？傳不云乎？『以約失之者鮮。』〔九〕審皇后欲從其奢與？〔一〇〕朕亦當法孝武皇帝也，如此則甘泉、建章可復興矣。世俗歲殊，時變日化，遭事制宜，因時而移，舊之非者，何可放焉！〔一一〕君子之道，樂因循而重改作。昔魯人爲長府，閔子騫曰：『仍舊貫如之何？何必改作！』〔一二〕蓋惡之也。詩云「雖無老成人，尚有典刑，曾是莫聽，大命以傾。〔一三〕孝文皇帝，朕之師也。皇太后，皇后成法也。假使太后在彼時不如職，今見親厚，又惡可以踰乎！〔一四〕皇后其刻心秉德，毋違先后之制度，力誼勉行，稱順婦道，〔一五〕減省羣事謙約，爲右。〔一六〕其孝東宮，毋闕朔望，〔一七〕推誠永究，爰何不臧！〔一八〕養名顯行，以息衆讙，〔一九〕垂則列妾，使有法焉。〔二〇〕皇后深惟毋忽！

〔一〕師古曰：彤音弋中反。

〔二〕師古曰：解竝在谷永傳。

〔三〕師古曰：謂祖己所言皆以戒後宮也。飭與敕同。

〔四〕師古曰：條謂分條之也。刺謂書之於刺板也。刺音千賜反。【補注】齊召南曰：「其條刺」三字一讀，「使大長秋來白之」爲一句。監本作「刺史」，非也。沈欽韓曰：釋名「書稱刺書，以筆刺簡之上也。畫姓名於奏上曰畫刺也」。

〔五〕【補注】先謙曰：過，責也。

〔六〕師古曰：矯，正也。枉，曲也。言意在正曲，遂過於直。

〔七〕【補注】錢大昭曰：「帛」南監本、閩本竝作「幣」。先謙曰：官本作「幣」。

〔八〕師古曰：襲，重累也。【補注】先謙曰：官本無此注及下二條，南監本同。

〔九〕師古曰：論語載孔子之言也。鮮，少也。謂能行儉約而有過失之事，如此者少也。鮮音先踐反。【補注】蘇輿曰：論語集解引某氏云「奢則驕溢招禍，儉約則無憂患」。以約爲儉約，其義最古。

〔一〇〕師古曰：與讀曰歟。

〔一一〕師古曰：放音甫往反。

〔一二〕師古曰：事見論語。長府，藏貨之府也。閔子騫，孔子弟子也，名損。仍，因也。貫，事也。言因舊事則可，何乃復更改作乎？【補注】先謙曰：官本無此注，南監本同。

〔一三〕師古曰：大雅蕩之詩也。老成人，舊故之臣也。典刑，常法也。言闇亂之時不用舊法，以至傾危。【補注】先謙曰：官本注末有「也」字，南監本同。

〔一四〕師古曰：言假令太后昔時不得其志，不依常理，而皇后今被親厚，何可踰於太后制度乎？婦不可踰姑也。惡音烏。

〔一五〕師古曰：稱，副也。

〔一六〕師古曰：以謙約爲先。

〔一七〕師古曰：東宮，太后所居也。朔望，朝謁之禮也。

〔一八〕師古曰：究，竟也。爰，于也。臧，善也。于何不善，言何事而不善也。

〔一九〕師古曰：讙，譁衆議也，音許元反。

〔二〇〕師古曰：言垂法於後宮，使皆遵行也。

是時大將軍鳳用事，威權尤盛。其後，比三年日蝕，〔一〕言事者頗歸咎於鳳矣。而谷永等遂著之許氏，許氏自知爲鳳所不佑。〔二〕久之，皇后寵亦益衰，而後宮多新愛。后姊平安剛侯夫人謁等爲媚道，〔三〕祝謯後宮有身者王美人及鳳等，〔四〕事發覺，太后大怒，下吏考問，謁等誅死，許后坐廢處昭臺宮，〔五〕親屬皆歸故郡山陽，后弟子平恩侯旦就國。凡立十四年而廢，在昭臺歲餘，還徙長定宮。〔六〕

〔一〕師古曰：比，頻也。【補注】先謙曰：官本「頻」作「類」。比三年日蝕，謂河平三年八月、四年三月、陽朔元年二月也。

〔二〕師古曰：佑，助也。【補注】先謙曰：鳳死於陽朔三年，后廢在鴻嘉三年，去鳳死四年矣。言此者，以見后之廢，由王氏肇端也。

〔三〕【補注】董教增曰：表未見此侯，惟邛成家有安平侯，王舜子章謚剛侯，然非平安也。錢大昕曰：予謂地理志千乘郡有平安侯國，當是王舜所封，若豫章郡之安平侯國，則長沙孝王子所封，涿郡之安平，又非侯國也。先謙曰：錢説是也。事在鴻嘉三年，剛侯章薨，釐侯淵嗣已四年，時事脗合，則「安平」當從此傳作「平安」無疑，然不以謁罪株連王氏，淵嗣侯如故，蓋當時寬典也。

〔四〕師古曰：謯，古詛字。

〔五〕師古曰：在上林苑中。

〔六〕師古曰：三輔黃圖「林光宮有長定宮」。

後九年，上憐許氏，下詔曰：「蓋聞仁不遺遠，誼不忘親。前平安剛侯夫人謁坐大逆罪，家屬幸蒙赦令，歸故郡。朕惟平恩戴侯，先帝外祖，魂神廢棄，莫奉祭祀，念之未嘗忘于心。其還平恩侯旦及親屬在山陽郡者。」是歲，廢后敗。先是廢后姊孊寡居，與定陵侯淳于長私通，〔一〕因爲之小妻。長紿之曰：〔二〕「我能白東宮，〔三〕復立許后爲左皇后。」〔四〕廢后因孊私賂遺長，數通書記相報謝。長書有誖謾，〔五〕發覺，天子使廷尉孔光持節賜廢后藥，自殺，葬延陵交道廄西。〔六〕

〔一〕師古曰：孊者，后姊之名也，音靡。

〔二〕師古曰：紿，誑也。

〔三〕【補注】周壽昌曰：趙后之立，實得長力，時長主往來通語東宮，故許后信之。

〔四〕【補注】沈欽韓曰：其後劉聰及周宣帝竟有此號。

〔五〕師古曰：誖，惑亂也。謾，媟汙也。誖音布內反。謾與慢同。【補注】先謙曰：事詳佞幸傳。

〔六〕【補注】沈欽韓曰：一統志「交道廄在西安府咸陽縣西北」。長安志「去長安六十里」。

孝成班倢伃，帝初即位選入後宮。始爲少使，蛾而大幸，〔一〕爲倢伃，居增成舍，〔二〕再就館，〔三〕有男，數月失之。成帝遊於後庭，〔四〕嘗欲與倢伃同輦載，〔五〕倢伃辭曰：「觀古圖畫，賢聖之君皆有名臣在側，三代末主乃有嬖女，〔六〕今欲同輦，得無近似之乎？」〔七〕上善其言而止。太后聞之，喜曰：「古有樊姬，今有班倢伃。」〔八〕倢伃誦詩及窈窕、德象、女師之篇。〔九〕每進見上疏，依則古禮。〔一〇〕

〔一〕如淳曰：蛾，無幾之頃也。師古曰：蛾與俄同，古字通用。

〔二〕應劭曰：後宮有八區，增成第三也。【補注】齊召南曰：案黃圖「武帝時，後宮八區：曰昭陽、飛翔、增成、合歡、蘭林、披香、鳳皇、鴛鴦等殿」。「鴛鴦」，西都賦、西京賦俱作「鴛鸞」。

〔三〕蘇林曰：外舍產子也。晉灼曰：謂陽禄與柘觀。

〔四〕【補注】沈欽韓曰：拾遺記「成帝於太液池旁」，起宵遊宮，以漆爲柱，鋪黑綈之幕，器服乘輿，皆尚黑色。宮中美御，皆服皁衣，自班倢伃已下，咸帶玄綬簪佩，雖加錦繡，更以木蘭紗綃罩之。至宵遊宮，乃秉燭，宴幸既罷，靜鼓自舞，而步不揚塵」。

〔五〕【補注】沈欽韓曰：藝文類聚引漢官儀曰「皇后、倢伃乘輦，餘皆以茵，四人輿以行」。

〔六〕師古曰：嬖，愛也，音必計反。【補注】先謙曰：官本無此及下條注，南監本同。

〔七〕師古曰：近音鉅斳反。

〔八〕張晏曰：楚王好田，樊姬爲不食禽獸之肉。

〔九〕師古曰：詩謂關雎以下也。窈窕、德象、女師之篇，皆古箴戒之書也。故傳云誦詩及窈窕以下諸篇，明詩外別有此篇耳。而説者便謂窈窕等即是詩篇，蓋失之矣。【補注】王先慎曰：續列女傳此下有「必三復之」四字，語意較足。

〔一〇〕師古曰：則，法也。【補注】先謙曰：官本無此注，南監本同。

自鴻嘉後，上稍隆於内寵。〔一〕倢伃進侍者李平，平得幸，立爲倢伃。上曰：「始衛皇后亦從微起。」乃賜平姓曰衛，所謂衛倢伃也。其後趙飛燕姊弟亦從自微賤興，〔二〕隃越禮制，寖盛於前。〔三〕班倢伃及許皇后皆失寵，稀復進見。鴻嘉三年，趙飛燕譖告許皇后、班倢伃挾媚道，祝詛後宮，詈及主上。許皇后坐廢。考問班倢伃，倢伃對曰：「妾聞『死生有命，富貴在天』。〔四〕修正尚未蒙福，爲邪欲以何望？使鬼神有知，不受不臣之愬；〔五〕如其無知，愬之何益？故不爲也。」上善其對，憐閔之，賜黄金百斤。

〔一〕【補注】周壽昌曰：谷永疏云「建始、河平之閒，許、班之貴，傾動前朝」。時尚未逮陽朔，至鴻嘉，許、班皆失寵矣。

〔二〕【補注】先謙曰：自亦從也，疑衍一字。

〔三〕師古曰：隃與踰同。寖，漸也。

〔四〕師古曰：論語載子夏對司馬牛之言也。【補注】先謙曰：官本無此注，南監本同。

〔五〕師古曰：祝詛主上是不臣也。

趙氏姊弟驕妒，倢伃恐久見危，求共養太后長信宮，〔一〕上許焉。倢伃退處東宮，作賦自傷悼，其辭曰：

〔一〕師古曰：共音居用反。養音弋向反。

承祖考之遺德兮，何性命之淑靈，〔一〕登薄軀於宮闕兮，充下陳於後庭。〔二〕蒙聖皇之渥惠兮，當日月之盛明，〔三〕揚光烈之翕赫兮，奉隆寵於增成。既過幸於非位兮，竊庶幾乎嘉時，〔四〕每寤寐而絫息兮，申佩離以自思，〔五〕陳女圖以鏡監兮，顧女史而問詩。悲晨婦之作戒兮，〔六〕哀褒、閻之爲郵；〔七〕美皇、英之女虞兮，榮任、姒之母周。〔八〕雖愚陋其靡及兮，敢舍心而忘茲？〔九〕歷年歲而悼懼兮，閔蕃華之不滋。〔一〇〕痛陽祿與柘館兮，仍襁褓而離災，〔一一〕豈妾人之殃咎兮？〔一二〕將天命之不可求。

〔一〕師古曰：何，任也，負也。

〔二〕師古曰：陳，列也。

〔三〕師古曰：渥，厚也。

〔四〕師古曰：嘉，善也。【補注】先謙曰：官本無此注，南監本同。

〔五〕師古曰：絫息，言懼而喘息也。離，袿衣之帶也。女子適人，父親結其離而戒之，故云自思也。絫，古累字。

〔六〕張晏曰：書云「牝雞之晨，惟家之索」，喻婦人無男事也。

〔七〕師古曰：小雅刺幽王之詩曰「赫赫宗周，褒姒滅之」，「閻妻煽方處」，故云爲郵。郵，過也。

〔八〕師古曰：皇，娥皇；英，女英，堯之二女也。女，妻也。虞，虞舜也。任，太任，文王之母；姒，太姒，武王之母也。女虞，女音尼據反。

〔九〕師古曰：舍，息也。

〔一〇〕師古曰：滋，益也。言時逝不留，華色落也。蕃音扶元反。

〔一一〕服虔曰：二館名也，生子此館，皆失之也。師古曰：二觀並在上林中。仍，頻也。離，遭也。【補注】沈欽韓曰：黄圖「上林苑有陽禄觀、陰德觀、柘觀」。先謙曰：本書館、觀通作。

〔一二〕【補注】錢大昭曰：「人」，閩本作「乂」，誤。周壽昌曰：妾人猶詩云我人也。

白日忽已移光兮，遂晻莫而昧幽，〔一〕猶被覆載之厚德兮，不廢捐於罪郵。〔二〕奉共養于東宮兮，託長信之末流，〔三〕共洒埽於帷幄兮，永終死以爲期。〔四〕願歸骨於山足兮，依松柏之餘休。〔五〕

〔一〕師古曰：晻與暗同，又音烏感反。莫讀曰暮。一曰莫，靜也，讀如本字。

〔二〕師古曰：言主上之恩比於天地，雖有罪過，不廢棄也。被音皮義反。

〔三〕師古曰：末流，謂恩顧之末也。一曰流謂等列也。共音居用反。養音弋向反。

〔四〕師古曰：共音居容反。洒音灑，又所寄反。埽音先到反。【補注】先謙曰：官本「又」下有「音」字，南監本同。

〔五〕師古曰：山足謂陵下也。休，蔭也。

重曰：〔一〕潛玄宮兮幽以清，應門閉兮禁闥扃。〔二〕華殿塵兮玉階菭，中庭萋兮緑草生。〔三〕廣室陰兮帷幄暗，房櫳虛兮風泠泠。〔四〕感帷裳兮發紅羅，紛綷縩兮紈素聲。〔五〕神眇眇兮密靚處，君不御兮誰爲榮？〔六〕俯視兮丹墀，思君兮履綦。〔七〕仰視兮雲屋，雙涕兮横流。〔八〕顧左右兮和顏，酌羽觴兮銷憂。〔九〕惟人生兮一世，忽一過兮若浮。已獨享兮高明，處生民兮極休。〔一〇〕勉虞精兮極樂，與福祿兮無期。〔一一〕綠衣兮白華，自古兮有之。〔一二〕

〔一〕師古曰：重者，情志未申，更作賦也。音直用反。

〔二〕師古曰：正門謂之應門。扃，短關也，音工熒反。【補注】王念孫曰：扃，亦閉也。淮南主術篇「中扃外閉」，亦以扃閉對文。

〔三〕師古曰：菭，水氣所生也。萋萋，青草貌也。菭音臺。萋音妻。【補注】周壽昌曰：本文實作「萋兮」，明注多一「萋」字。

〔四〕師古曰：櫳，疏檻也，音來東反。泠音零。

〔五〕師古曰：感，動也。言風動發帷裳羅綺也。綷縩，衣聲也。綷音千賄反。縩音蔡。【補注】王先慎曰：文選琴賦李注引「綷縩」作「翠粲」，列女傳作「倅傺」，並聲近通用。

〔六〕師古曰：靚字與靜同。

〔七〕孟康曰：丹墀，赤地也。師古曰：綦，履下飾也。言視殿上之地，則想君履綦之跡也。綦音其。

〔八〕師古曰：雲屋，言其黮䨴，狀若雲也。黮音徒感反。䨴音徒對反。【補注】沈欽韓曰：西京雜記「成帝設雲帳、雲幄、雲幙於甘泉紫殿，世謂三雲殿」。案：與上丹墀皆是思君之處，非泛指雲狀，顏說非。

〔九〕劉德曰：酒行疾如羽也。孟康曰：羽觴，爵也，作生爵形，有頭尾羽翼。如淳曰：以瑇瑁覆翠羽於下徹上見。師古曰：孟說是也。

〔一〇〕師古曰：享，當也。休，美也。【補注】先謙曰：謂所享處，於生人已爲極美，意知足而無怨也。

〔一一〕師古曰：此虞與娛同。

〔一二〕師古曰：綠衣，詩鄁風刺妾上僭夫人失位。白華，小雅篇，周人刺幽王黜申后也。【補注】先謙曰：官本考證云：案「鄁」應作「邶」。

至成帝崩，倢伃充奉園陵，薨，因葬園中。

孝成趙皇后，本長安宮人。〔一〕初生時，父母不舉，三日不死，乃收養之。及壯，屬陽阿主家，〔二〕學歌舞，號曰飛燕。〔三〕成帝嘗微行出，過陽阿主，作樂。上見飛燕而說之，〔四〕召入宮，大幸。有女弟復召入，俱爲倢伃，貴傾後宮。

〔一〕師古曰：本宮人以賜陽阿主家也。宮人者，省中侍使官婢，名曰宮人，非天子掖庭中也。事見漢舊儀。言長安者，以別甘泉等諸宮省也。【補注】沈欽韓曰：漢舊儀「宮人，擇官婢年八歲以上，侍皇后以下，年三十五出嫁」。

〔二〕師古曰：陽阿，平原之縣也，今俗書「阿」字作「河」，又或爲「河陽」，皆後人所妄改耳。【補注】先謙曰：官本考證云，案五行志作「河陽主家」，荀紀及列女傳亦作「河陽」。先謙案：據地理志，陽阿，上黨縣。平原郡有阿陽，無陽阿，河陽則屬河内郡，此師古偶然誤記，後人輒改平原之阿陽爲「陽阿」，以就顏說，謬矣。荀紀本亦作「陽阿」，互詳五行、地理兩志下。

〔三〕師古曰：以其體輕故也。【補注】先謙曰：官本無「故」字，南監本同。

〔四〕師古曰：説讀曰悦。【補注】先謙曰：官本無此注，南監本同。

許后之廢也，上欲立趙倢伃。皇太后嫌其所出微甚，難之。太后姊子淳于長爲侍中，數往來傳語，得太后指，上立封趙倢伃父臨爲成陽侯。後月餘，乃立倢伃爲皇后。〔一〕追以長前白罷昌陵功，封爲定陵侯。

〔一〕【補注】沈欽韓曰：西京雜記「趙飛燕爲皇后，其女弟在昭陽殿遺飛燕書曰：『今日嘉辰，貴姊懋膺洪册，謹上襚三十五條，以陳踊躍之心。』」

皇后既立，後寵少衰，而弟絶幸，爲昭儀。〔一〕居昭陽舍，〔二〕其中庭彤朱，而殿上髤漆，〔三〕切皆銅沓冒黄金塗，〔四〕白玉階，〔五〕壁帶往往爲黄金釭，函藍田璧，明珠、翠羽飾之，〔六〕自後宮未嘗有焉。姊弟顓寵十餘年，卒皆無子。〔七〕

〔一〕【補注】沈欽韓曰：西京雜記「趙后體輕腰弱，善行步進退，女弟昭儀不能及也。但昭儀弱骨豐肌，尤工笑語。二人竝色如紅玉，爲當時第一，皆擅寵後宮」。

〔二〕【補注】沈欽韓曰：西京雜記「昭陽殿，織珠爲簾，風至則鳴，如珩佩之聲。殿上設九金龍，皆銜九子金鈴。五色流蘇，帶以緑文紫綬，金銀花鑷。每好風日，幡旄光影，照耀一殿，鈴鑷之聲，驚動左右。設木畫屏風，文如蜘蛛絲縷，玉几玉牀，白象牙簟，緑熊席，毛二尺餘，人坐則没膝。其窗扉多是緑琉璃椽，桷皆刻作龍蛇縈其間，鱗甲分明，見者莫不兢慄。匠人丁緩、李菊，巧爲天下第一」。

〔三〕師古曰：以漆漆物謂之髤，音許求反，又許昭反。今關東俗，器物一再著漆者謂之捎漆。捎即髤聲之轉重耳。髤字或作鬃，音義亦與髤同。今關西俗云墨髤盤，朱髤盤，其音如此，兩義竝通。【補注】先謙曰：官本注「又」下有「音」字。「鬃」作「髹」，南監本同。

〔四〕師古曰：切，門限也，音千結反。沓，冒其頭也。塗，以金塗銅上也。沓音它合反。【補注】王念孫曰：「冒」字涉注文而衍，景祐本無「冒」字，是也。冒即沓也。注訓沓爲冒，則正文無「冒」字明矣。後漢書班固傳注、文選西都賦注、藝文類聚居處部一、御覽皇親部十引此皆無「冒」字，漢紀及續列女傳亦無。

〔五〕師古曰：階，所由升殿陛也。

〔六〕服虔曰：釭，壁中之横帶也。晉灼曰：以金環飾之也。師古曰：壁帶，壁之横木露出如帶者也。於壁帶之中，往往以金爲釭，若車釭之形也。其釭中著玉璧、明珠、翠羽耳。藍田，山名，出美玉。釭音工，流俗讀之音江，非也。

〔七〕師古曰：顓與專同。卒，終也。【補注】沈欽韓曰：西京雜記「慶安世，年十五，爲成帝侍郎，善鼓琴，能爲雙鳳離鸞之曲，趙后悅之，白上，得出入御內，絶見愛幸。趙后自以無子，常託以祈禱，別開一室，左右侍婢莫得至，以軿車載輕薄少年爲女子服，入後宮者日以十數，與之淫通，無時休息，有瘦怠者，輒差代之，而卒無子」。

末年，定陶王來朝，王祖母傅太后私賂遺趙皇后、昭儀，定陶王竟爲太子。

明年春，成帝崩。帝素彊，無疾病。是時楚思王衍、梁王立來朝，明旦當辭去，上宿供張白虎殿。〔一〕又欲拜左將軍孔光爲丞相，已刻侯印書贊。〔二〕昏夜平善，鄉晨，傅絝韈〔三〕欲起，因失衣，不能言，〔四〕晝漏上十刻而崩。民間歸罪趙昭儀，皇太后詔大司馬莽、丞相大司空曰：〔五〕「皇帝暴崩，羣衆讙譁怪之。掖庭令輔等在後庭左右，侍燕迫近，雜與御史、丞相、廷尉治問皇帝起居發病狀。」趙昭儀自殺。

〔一〕師古曰：白虎殿在未央宫中。供音居用反。張音竹亮反。
〔二〕師古曰：贊謂延拜之文。
〔三〕應劭曰：傅，著也。師古曰：鄉讀曰嚮。傅讀曰附。絝，古袴字也。韤音武伐反。
〔四〕【補注】周壽昌曰：失猶失音之失，言不能衣也。
〔五〕【補注】劉敞曰：是時孔光爲丞相，未拜，又無大司空，然則衍丞相五字也。王鳴盛曰：案即其夜於大行前，拜受丞相博山侯印綬，見孔光傳，何云未拜？

哀帝既立，尊趙皇后爲皇太后，封太后弟侍中駙馬都尉欽爲新成侯。趙氏侯者凡二人。後數月，司隸解光奏言：〔一〕

〔一〕【補注】錢大昭曰：成帝元延四年，省司隸校尉，綏和二年，哀帝復置，但爲司隸，故此不言校尉。

臣聞許美人及故中宫史曹宫皆御幸孝成皇帝，產子，子隱不見。

臣遣從事掾業、史望〔一〕驗問知狀者掖庭獄丞籍武，故中黄門王舜、吴恭、靳嚴，官婢曹曉、道房、張棄，故趙昭儀御者于客子、王偏、臧兼等，〔二〕皆曰宫即曉子女，前屬中宫，爲學事史，〔三〕通詩，授皇后。房與宫對食，〔四〕元延元年中宫語房曰：「陛下幸宫。」後數月，曉入殿中，見宫腹大，問宫。宫曰：「御幸有身。」其十月中，宫乳掖庭牛官令舍，〔五〕有婢六人。中黄門田客持詔記，〔六〕盛緑綈方底，〔七〕封御史中丞印，〔八〕予武曰：「取牛官令舍婦人新產兒，婢六人，盡置暴室獄，毋問兒男女，誰兒也！」〔九〕武迎置獄。

宮曰：「善臧我兒胞，〔一〇〕丞知是何等兒也！」〔一一〕後三日，客持詔記與武，問：「兒死未？手書對牘背。」〔一二〕武即書對：「兒見在，未死。」有頃，客出曰：「上與昭儀大怒，奈何不殺？」武叩頭啼曰：「不殺兒，自知當死；殺之，亦死！」即因客奏封事，曰：「陛下未有繼嗣，子無貴賤，唯留意！」奏入，客復持詔記予武曰：「今夜漏上五刻，持兒與舜，會東交掖門。」武因問客：「陛下得武書，意何如？」曰：「憆也。」〔一三〕武以兒付舜。舜受詔，內兒殿中，爲擇乳母，告「善養兒，且有賞，毋令漏泄！」舜擇棄爲乳母，時兒生八九日。後三日，客復持詔記，封如前予武，中有封小綠篋，記曰：「告武以篋中物書予獄中婦人，武自臨飲之。」〔一四〕武發篋中有裹藥二枚，赫蹏書，〔一五〕曰「告偉能：努力飲此藥，不可復入。女自知之！」〔一六〕偉能即宮。〔一七〕宮讀書已，曰：「果也，欲姊弟擅天下！我兒男也，額上有壯髮，類孝元皇帝。〔一八〕今兒安在？危殺之矣！〔一九〕奈何令長信得聞之？」〔二〇〕宮飲藥死。後宮婢六人召入，出語武曰：「昭儀言『女無過。〔二一〕寧自殺邪，若外家也？』〔二二〕我曹言願自殺。」〔二三〕即自繆死。〔二四〕武皆表奏狀。〔二五〕棄所養兒十一日，〔二六〕宮長李南以詔書取兒去，〔二七〕不知所置。〔二八〕

〔一〕師古曰：業者，掾之名，望者，史之名也，皆不言其姓。【補注】先謙曰：官本注在「者」下。

〔二〕【補注】先謙曰：官本「偏」作「偏」，南監本同。據下文「客子、偏、兼」，此「偏」，傳刻之誤。

〔三〕【補注】沈欽韓曰：周禮序官「女史八人。女史，女奴曉書者」。

〔四〕應劭曰：宮人自相與爲夫婦名對食，甚相妒忌也。

〔五〕師古曰：乳，産也，音而具反。下皆類此。

〔六〕【補注】先謙曰：胡注「詔記與詔書有别，詔記，後世謂之手記，出於上手，故曰詔記。若詔書則下爲之，以璽爲信耳」。

〔七〕師古曰：綈，厚繒也。緑，其色也。方底，盛書囊，形若今之筭幐耳。綈音大奚反。【補注】沈欽韓曰：御覽八百十六「漢舊儀曰『印綬盛以篋，篋以緑綈，白表赤裏』」。

〔八〕【補注】何焯曰：御史中丞在殿中蘭臺，周禮小宰「掌建邦之宫刑，以治王宫之政令，凡宫之糾禁」。鄭氏曰：「若今御史中丞，蓋漢宫中事，皆御史中丞所掌，故用其印封。」周壽昌曰：據此，御史中丞印當藏殿中，與御史大夫别一印也。漢凡定著令，即制詔御史，此益可證。

〔九〕【補注】先謙曰：毋當作毋，各本皆誤。

〔一〇〕師古曰：胞謂胎之衣也，音苞。

〔一一〕師古曰：意言是天子兒耳。

〔一二〕師古曰：牘，木簡也。時以爲詔記問之，故令於背上書對辭。

〔一三〕服虔曰：憆，直視貌也。師古曰：憆音丑庚反，字本作瞠，其音同耳。

〔一四〕師古曰：欽音於禁反。

〔一五〕孟康曰：蹏猶地也，染紙素令赤而書之，若今黄紙也。鄧展曰：赫音兄弟鬩牆之鬩。應劭曰：赫蹏，薄小紙也。晉灼曰：今爲薄小物爲鬩蹏。鄧音應説是也。師古曰：孟説非也。今書本赫字或作擊。【補注】沈欽韓曰：玉篇「幱㡿，赤紙也」。周壽昌曰：據此，西漢時已有紙可作書矣。赫狀其色赤，蹏狀其式小，孟説未爲非也。先謙曰：官本注無孟説及「鄧音應説是也」六字、「孟説非也」四字。「今」下「爲」作「謂」，南監本同。「裏」並作

「褢」，是。

〔一六〕師古曰：女讀曰汝。

〔一七〕【補注】周壽昌曰：宮字偉能。

〔一八〕師古曰：壯髮，當額前侵下而生，今俗呼爲圭頭者是也。

〔一九〕師古曰：危，險也。猶今人言險不殺耳。【補注】蘇輿曰：續列女傳作「已殺之乎？」先謙曰：危猶殆也。

〔二〇〕師古曰：謂太后。【補注】先謙曰：顧炎武云謂何道令太后得聞也。

〔二一〕師古曰：言我知汝無罪過也，女讀曰汝。

〔二二〕晉灼曰：寧便自殺，出至外舍死也。【補注】先謙曰：若猶或也。

〔二三〕師古曰：曹，輩也。

〔二四〕晉灼曰：繆音繆縛之繆。鄭氏曰：自縊也。師古曰：繆，絞也，音居虯反。

〔二五〕【補注】先謙曰：以宮及婢死狀奏。

〔二六〕師古曰：棄謂張棄也。

〔二七〕晉灼曰：漢儀注有女長御，比侍中。宮長豈此邪？

〔二八〕師古曰：終竟不知置何所也。

許美人前在上林涿沐館，〔一〕數召入飾室中若舍，〔二〕一歲再三召，留數月或半歲御幸，元延二年褱子，〔三〕其十一月乳，〔四〕詔使嚴持乳毉及五種和藥丸三，送美人所。後客子、偏、兼聞昭儀謂成帝曰：「常紿我言從宮中來，〔五〕即從中宮來，許美人兒何從生中？許氏竟當復立邪！」〔六〕懟，以手自擣，〔七〕以頭擊壁户柱，從牀上自投地，啼泣不肯食，曰：「今當安置我，欲歸耳！」帝曰：「今故告之，反怒爲！〔八〕殊不可曉也。」〔九〕帝亦不食。昭儀曰：「陛下自知是，不食爲何？〔一〇〕陛下常自言『約不負女』，〔一一〕今美人有子，竟負約，謂何？」帝曰：「約以趙氏，故不立許氏。使天下無出趙氏上者，毋憂也！」後詔使嚴持綠囊書予許美人，告嚴曰：「美人當有以予女，受來，置飾室中簾南。」〔一二〕美人以葦篋一合盛所生兒，緘封，及綠囊報書予嚴。嚴持篋書，置飾室簾南去。帝與昭儀坐，使客子解篋緘。未已，〔一三〕帝使客子、偏、兼皆出，自閉户，獨與昭儀在。須臾開户，嘑客子、偏、兼，使緘封篋及綠綈方底，推置屏風東。恭受詔，持篋方底予武，皆封以御史中丞印，曰：「告武：篋中有死兒，埋屏處，勿令人知。」武穿獄樓垣下爲坎，埋其中。

〔一〕【補注】沈欽韓曰：黄圖「涿沐觀在上林苑」。

〔二〕師古曰：或暫入，或留止也。【補注】周壽昌曰：言入飾室，或舍中也。下始云留數月或半歲，此祇言召入之地耳。注誤會本句意與下兩語背觸。飾室，即下「置飾室簾南」之飾室。舍如增成舍、甲舍、丙舍之類。

〔三〕師古曰：褱本懷字。

〔四〕師古曰：乳謂產子也，音而樹反。其下亦同。

〔五〕師古曰：給，誑也。中宮，皇后所居。【補注】先謙曰：「宮中」當作「中宮」，官本、南監本不誤。

〔六〕晉灼曰：昭儀前要帝不得立許美人爲皇后，而今有子中，許氏竟當復立爲皇后邪！此前約之言也。師古曰：此說非也。言美人在內中，何從得兒而生也，故言何從生中，次此下，乃始言約耳。

〔七〕師古曰：懟，怨怒也。擣，築也。懟音直類反。

〔八〕師古曰：故以許美人產子告汝，何爲反怒？

〔九〕師古曰：言其不可告語也。

〔一〇〕師古曰：何爲不食也。【補注】蘇輿曰：續列女傳「知」作「如」，於義爲長。先謙曰：官本「爲」作「謂」。

〔一一〕師古曰：女讀曰汝。次下亦同。

〔一二〕師古曰：簾，户簾也，音廉。

〔一三〕師古曰：緘，束篋之繩也，音居咸反。

故長定許貴人〔一〕及故成都、平阿侯家婢王業、任孋、公孫習前免爲庶人，〔二〕詔召入，屬昭儀爲私婢。成帝崩，未幸梓宮，〔三〕倉卒悲哀之時，昭儀自知罪惡大，知業等故許氏、王氏婢，恐事泄，而以大婢羊子等賜予業等各且十人，以慰其意，屬無道我家過失。〔四〕

〔一〕【補注】先謙曰：即許后，居長定宮後稱之。

〔二〕師古曰：孋音麗。【補注】先謙曰：成都侯王商，平阿侯王譚。

〔三〕師古曰：言未入斂也。

〔四〕師古曰：屬音之欲反。

元延二年五月，故掖庭令吾丘遵謂武曰：〔一〕「掖庭丞吏以下皆與昭儀合通，無可與語者，獨欲與武有所言。我無子，武有子，是家輕族人，得無不敢乎？〔二〕掖庭中御幸生子者輒死，又飲藥傷墮者無數，欲與武共言之大臣，票騎將軍貪耆錢，不足計事，〔三〕奈何令長信得聞之？」〔四〕遵後病困，謂武：「今我已死，前所語事，武不能獨爲也，慎語！」〔五〕

〔一〕師古曰：姓吾丘，名遵。
〔二〕蘇林曰：是家謂成帝也。不敢斥，故言是家。師古曰：遵自以無子，故無所顧懼，武既有子，恐禍相及，當止不敢言也。【補注】先謙曰：輕治人罪至族滅也，是家謂昭儀，何敢指帝乎？
〔三〕師古曰：耆讀曰嗜。【補注】錢大昕曰：票騎將軍謂曲陽侯王根也。
〔四〕【補注】先謙曰：句義與上文同。
〔五〕師古曰：言汝脱不能獨爲，勿漏泄其語。

皆在今年四月丙辰赦令前。臣謹案永光三年男子忠等發長陵傅夫人冢。事更大赦，〔一〕孝元皇帝下詔曰：「比朕不當所得赦也。」〔二〕窮治，盡伏辜，天下以爲當。〔三〕魯嚴公夫人殺世子，齊桓召而誅焉，春秋予之。〔四〕趙昭儀傾亂聖朝，親滅繼嗣，家屬當伏天誅。前平安剛侯夫人謁坐大逆，同產當坐，以蒙赦令，歸故郡。今昭儀所犯尤誖逆，罪重於謁，而同產親屬皆在尊貴之位，迫近幃幄，〔五〕羣下寒心，非所以懲惡崇誼示四方也。請事窮竟，丞相以下議正法。

〔一〕師古曰：更音工衡反。

〔二〕【補注】先謙曰：官本「比」作「此」，是，南監本與此同。

〔三〕【補注】先謙曰：以爲當於理也，當音丁浪反。

〔四〕師古曰：嚴公夫人謂哀（妻）〔姜〕也。予謂許予之也。解具在五行志。

〔五〕師古曰：近音鉅靳反。【補注】先謙曰：官本無此注。

哀帝於是免新成侯趙欽、欽兄子成陽侯訢，皆爲庶人，〔一〕將家屬徙遼西郡。時議郎耿育上疏言：

〔一〕【補注】錢大昕曰：外戚侯表「成陽節侯趙臨以皇后父侯，薨，子訢嗣。新成侯欽以皇太后弟封。建平元年，皆坐弟昭儀絶繼嗣免」。表以欽與訢皆爲昭儀之兄，傳以訢爲欽兄子，必有一誤。

臣聞繼嗣失統，廢適立庶，〔一〕聖人法禁，古今至戒。然大伯見歷知適，逡循固讓，〔二〕委身吴粵，權變所設，不計常法，致位王季，以崇聖嗣，卒有天下，〔三〕子孫承業，七八百載，功冠三王，道德最備，是以尊號追及大王。故世必有非常之變，然後乃有非常之謀。孝成皇帝自知繼嗣不以時立，念雖末有皇子，萬歲之後未能持國，〔四〕權柄之重，制於女主，女主驕盛則耆欲無極，〔五〕少主幼弱則大臣不使，〔六〕世無周公抱負之輔，恐危社稷，傾亂天下。知陛下有賢聖通明之德，仁孝子愛之恩，懷獨見之明，内斷於身，故廢後宮就館之漸，絶微嗣禍亂之根，〔七〕乃欲致位陛下以安宗廟。愚臣既不能深援安危，定金匱之計，〔八〕又不知推演聖德，述先帝之志，〔九〕乃反覆校省内，暴露私燕，〔一〇〕誣汙先帝傾惑之過，成結寵妾妒媚之誅，〔一一〕甚失賢聖遠見之明，逆負先帝憂國之意。

〔一〕師古曰：適讀曰嫡。次下亦同。

〔二〕師古曰：歷謂王季，即文王之父也。知適謂知其當爲適嗣也。

〔三〕師古曰：卒，終也。【補注】先謙曰：官本無此注。

〔四〕師古曰：末，晚暮也。萬歲，言晏駕也。

〔五〕師古曰：耆讀曰嗜。

〔六〕師古曰：不使，不可使從命也。【補注】王念孫曰：注說稍迂。爾雅「使，從也」。不使即不從也。管子小匡篇「魯請爲關內之侯，而桓公不使也」。史記龜策傳「大將不彊，卒不使令」。春秋繁露五行相勝篇「將帥不親，士卒不使」。不使皆謂不從。

〔七〕師古曰：微嗣者，謂幼主也。

〔八〕師古曰：愚臣謂解光等也。援，引也。金匱，言長久之法可藏於金匱石室者也。援音爰。

〔九〕師古曰：演，廣也，音弋善反。

〔一〇〕師古曰：私燕謂成帝閑宴之私也。覆音芳目反。

〔一一〕【補注】王念孫曰：妒媚二字，義不相屬，媚當爲娼，鄭注大學云「娼，妒也」。五行志「桓有妒娼之心」。史記五宗世家「王后以妒娼，不常侍病」。黥布傳贊「妒娼生患」。皆其證。隸書眉或作肙，見漢涼州刺史魏元丕碑。與冒相似，故書傳中娼字或譌作媚，顏氏家訓已辯之。

夫論大德不拘俗，立大功不合衆，此乃孝成皇帝至思所以萬萬於衆臣，陛下聖德盛茂所以符合於皇天也，豈當世庸庸斗筲之臣所能及哉！且褒廣將順君父之美，匡捄銷滅既往之過，〔一〕古今通義也。事不當時固爭，防禍於未然，各隨指阿從，以求容媚，晏駕之後，尊號已定，〔二〕萬事已訖，乃探追不及之事，〔三〕訐揚幽昧之過，〔四〕此臣所深痛也。

〔一〕師古曰：捄古救字。
〔二〕【補注】何焯曰：謂趙氏已稱太后。
〔三〕【補注】先謙曰：不及謂已往。
〔四〕師古曰：訐音居謁反。

願下有司議，即如臣言，宜宣布天下，使咸曉知先帝聖意所起。不然，空使謗議上及山陵，下流後世，遠聞百蠻，近布海内，甚非先帝託後之意也。蓋孝子善述父之志，善成人之事，唯陛下省察！」哀帝爲太子，亦頗得趙太后力，遂不竟其事。傅太后恩趙太后，趙太后亦歸心，〔一〕故成帝母及王氏皆怨之。

〔一〕師古曰：恩謂以厚恩接遇之。一曰，恩謂銜其立哀帝爲嗣之恩也。

哀帝崩，王莽白太后詔有司曰：「前皇太后與昭儀俱侍帷幄，姊弟專寵錮寢，執賊亂之謀，殘滅繼嗣以危宗廟，誖天犯祖，〔一〕無爲天下母之義。貶皇太后爲孝成皇后，〔二〕徙居北宮。」後月餘，復下詔曰：「皇后自知罪惡深大，朝請希闊，〔三〕失婦道，無共養之禮，而有狼虎之毒，〔四〕宗室所怨，海内之讎也。而尚在小君之位，誠非皇天之心。夫小不忍亂大謀，恩之所不能已者義之所割也，〔五〕今廢皇后爲庶人，就其園。」是日自殺。凡立十六年而誅。先是有童謠曰：「燕燕，尾涏涏，〔六〕張公子，時相見。木門倉琅根，燕飛來，啄皇孫。皇孫死，燕啄矢。」成帝每微行出，常與張放俱，而稱富平侯家，〔七〕故曰張公子。倉琅根，宫門銅鍰也。〔八〕

〔一〕師古曰：詩，違也。祖，先帝也。

〔二〕晉灼曰：使哀帝不母，罪之也。

〔三〕師古曰：請，謁也。闊猶闕也。

〔四〕師古曰：共讀曰供，音居用反。養音弋向反。其下並同。【補注】先謙曰：官本注「供」作「恭」。

〔五〕師古曰：言以義割恩也。

〔六〕師古曰：涏涏，光澤之貌也，音徒見反。【補注】沈欽韓曰：集韻「涏徒鼎切，汫涏小水，一曰波直貌」。類篇「又堂練切，涏涏，光直貌」。案：此字從聲當爲延，不當爲廷。玉篇亦云「涏又徒見切，好貌」。玉篇爲唐人所修，此字之誤久矣。先謙曰：官本「涏」作「涎」，南監本同。

〔七〕【補注】王念孫曰：「家」下當有「人」字，富平侯即張放，故帝與放俱，而稱富平侯家人也。脱去「人」字，則文義不明。五行志正作「稱富平侯家人」。

〔八〕師古曰：鍰讀與環同。

孝元傅昭儀，哀帝祖母也。父河内溫人，蚤卒，母更嫁爲魏郡鄭翁妻，生男惲。昭儀少爲上官太后才人，〔一〕自元帝爲太子，得進幸。元帝即位，立爲倢伃，甚有寵。爲人有材略，善事人，下至宫人左右，飲酒酹地，皆祝延之。〔二〕産一男一女，女爲平都公主，男爲定陶恭王。恭王有材蓺，尤愛於上。元帝既重傅倢伃，及馮倢伃亦幸，生中山孝王，上欲殊之於後宫，以二人皆有子爲王，上尚在，未得稱太后，乃更號曰昭儀，〔三〕賜以印綬，在倢伃上。昭其儀，尊之也。至成、哀時，趙昭儀、董昭儀皆無子，猶稱焉。〔四〕

〔一〕【補注】沈欽韓曰：蓋伎人之號。謝朓集有詠邯鄲才人嫁爲廝養卒婦。宋書后妃傳「晉武帝置才人，爵視千石」。

〔二〕師古曰：酹，以酒沃地也。祝延，祝之使長年也。酹音來外反。祝音之受反。【補注】沈欽韓曰：方言「延，永長也。凡施於年者謂之延」。論衡解除篇「令巫祝延，以解土神」。

〔三〕【補注】沈欽韓曰：新唐書后妃傳「昭儀在四妃下，居九嬪首」。然漢無妃號，故昭儀最尊。

〔四〕【補注】王先慎曰：猶稱，言由傅、馮沿用之。

元帝崩，傅昭儀隨王歸國，稱定陶太后。後十年，恭王薨，子代爲王。王母曰丁姬。傅太后躬自養視，既壯大，成帝無繼嗣。時中山孝王在。元延四年，孝王及定陶王皆入朝。傅太后多以珍寶賂遺趙昭儀及帝舅票騎將軍王根，陰爲王求漢嗣。皆見上無子，欲豫自結爲久長計，更稱譽定陶王。〔一〕上亦自器之，明年，遂徵定陶王立爲太子，語在哀紀。月餘，天子立楚孝王孫景爲定陶王，奉恭王後。太子議欲謝，少傅閻崇以爲「春秋不以父命廢王父命，〔一〕爲人後之禮不得顧私親，不當謝」。太傅趙玄以爲當謝，太子從之。詔問所以謝狀，尚書劾奏玄，左遷少府，以光禄勳師丹爲太傅。詔傅太后與太子母丁姬自居定陶國邸，下有司議皇太子得與傅太后、丁姬相見不，有司奏議不得相見。頃之，成帝母王太后欲令傅太后、丁姬十日一至太子家，成帝曰：「太子丞正統，〔二〕當共養陛下，不得復顧私親。」王太后曰：「太子小，而傅太后抱養之，今至太子家，以乳母恩耳，不足有所妨。」於是令傅太后得至太子家。丁姬以不小養太子，獨不得。

〔一〕師古曰：更音工衡反。

〔二〕師古曰：王父謂祖也。

〔三〕【補注】先謙曰：官本「丞」作「承」，南監本同。

成帝崩，哀帝即位。王太后詔令傅太后、丁姬十日一至未央宮。〔一〕高昌侯董宏希指，〔二〕上書言宜立丁姬爲帝太后，師丹劾奏「宏懷邪誤朝，不道」。上初即位，謙讓，從師丹言止。後乃白令王太后下詔，尊定陶恭王爲恭皇。哀帝因是曰：「春秋『母以子貴』，尊傅太后爲恭皇太后，丁姬爲恭皇后，各置左右詹事，食邑如長信宮、中宮。〔三〕追尊恭皇太后父爲崇祖侯，恭皇后父爲褒德侯。」後歲餘，遂下詔曰：「漢家之制，推親親以顯尊尊，定陶恭皇之號不宜復稱定陶。其尊恭皇太后爲帝太太后，丁后爲帝太后。」後又更號帝太太后爲皇太太后，稱永信宮，帝太后稱中安宮，而成帝母太皇太后本稱長信宮，成帝趙后爲皇太后，竝四太后，各

置少府、太僕，秩皆中二千石。爲恭皇立寢廟於京師，比宣帝父悼皇考制度，序昭穆於前殿。〔四〕

〔一〕【補注】先謙曰：據此，傅太后得見帝撓政，實王太后有以啟之，其後何武不從孔光之議，令傅太后得居北宮，哀帝遂無能自主矣。

〔二〕師古曰：希望天子意指也。

〔三〕【補注】先謙曰：官本「中」下「宮」作「官」，南監本同。

〔四〕如淳曰：「廟之前曰殿，半以後曰寢。」

傅太后父同產弟四人，曰子孟、中叔、子元、幼君。〔一〕子孟子喜至大司馬，封高武侯。中叔子晏亦大司馬，封孔鄉侯。幼君子商封汝昌侯，爲太后父崇祖侯後，更號崇祖曰汝昌哀侯。太后同母弟鄭惲前死，以惲子業爲陽信侯，〔二〕追尊惲爲陽信節侯。鄭氏、傅氏侯者凡六人，〔三〕大司馬二人，九卿二千石六人，侍中諸曹十餘人。

〔一〕師古曰：中讀曰仲。

〔二〕【補注】先謙曰：官本考證云，恩澤侯表作「陽新侯」。案信、新同字。

〔三〕【補注】王念孫曰：「六」當爲「四」，此涉下文六人而誤。四人者：一、傅喜，二、傅晏，三、傅商，四、鄭業也。並見上文。五行志注引此正作四人。

傅太后既尊，後尤驕，與成帝母語，至謂之嫗。與中山孝王母馮太后竝事元帝，追怨之，陷以祝詛罪，令自殺。元壽元年崩，合葬渭陵，稱孝元傅皇后云。

定陶丁姬，哀帝母也，易祖師丁將軍之玄孫。〔一〕家在山陽瑕丘，父至廬江太守。始定陶恭王先爲山陽王，而丁氏内其女爲姬。王后姓張氏，其母鄭禮，即傅太后同母弟也。太后以親戚故，欲其有子，然終無有。唯丁姬河平四年生哀帝。丁姬爲帝太后，兩兄忠、明。明以帝舅封陽安侯。忠蚤死，封忠子滿爲平周侯。太后叔父憲、望。望爲左將軍，憲爲太僕。明爲大司馬票騎將軍輔政。丁氏侯者凡二人，大司馬一人，將軍、九卿、二千石六人，侍中諸曹亦十餘人。丁、傅以一二年間暴興尤盛。然哀帝不甚假以權埶，權埶不如王氏在成帝世也。

〔一〕師古曰：始祖也。儒林傳「丁寬易家之始師」。【補注】周壽昌曰：「祖師」二字亦異稱，丁寬爲梁孝王將軍，距吳、楚，故稱將軍。先謙曰：官本注「始祖」作「祖始」，是。南監本同。

建平二年，丁太后崩。上曰：「詩云『穀則異室，死則同穴』。〔一〕昔季武子成寢，杜氏之墓在西階下，請合葬而許之。〔二〕附葬之禮，自周興焉。孝子事亡如事存，帝太后宜起陵恭皇之園。」遣大司馬票騎將軍明東送葬于定陶，貴震山東。

〔一〕師古曰：王國大車之詩也。穀，生也。

〔二〕師古曰：事見禮記。

哀帝崩，王莽秉政，使有司舉奏丁、傅罪惡。莽以太皇太后詔皆免官爵，丁氏徙歸故郡。莽奏貶傅太后號爲定陶共王母，丁太后號曰丁姬。

元始五年，莽復言「共王母、丁姬前不臣妾，〔一〕至葬渭陵，冢高與元帝山齊，懷帝太后、皇太太后璽綬以葬，〔二〕不應禮。禮有改葬，請發共王母及丁姬冢，取其璽綬消滅，徙共王母及丁姬歸定陶，葬共王冢次，〔三〕而葬丁姬復其故。」〔四〕太后以爲既已之事，不須復發。莽固爭之，〔五〕太后詔曰：「因故棺爲致椁作冢，〔六〕祠以太牢。」謁者護既發傅太后冢，崩壓殺數百人，開丁姬椁户，火出炎四五丈，〔七〕吏卒以水沃滅乃得入，燒燔椁中器物。莽復奏言：「前共王母生，僭居桂宮，皇天震怒，災其正殿；丁姬死，葬踰制度，今火焚其椁。此天見變以告，當改如媵妾也。臣前奏請葬丁姬復故，非是。〔八〕共王母及丁姬棺皆名梓宮，珠玉之衣非藩妾服，請更以木棺代，去珠玉衣，葬丁姬媵妾之次。」奏可。既開傅太后棺，臭聞數里。〔九〕公卿在位皆阿莽指，入錢帛，遣子弟及諸生四夷，凡十餘萬人，操持作具，助將作掘平共王母、丁姬故冢，二旬間皆平。莽又周棘其處以爲世戒云。〔一〇〕時有羣燕數千，銜土投丁姬穿中。〔一一〕丁、傅既敗，孔鄉侯晏將家屬徙合浦，宗族皆歸故郡。唯高武侯喜得全，自有傳。

〔一〕師古曰：不遵臣妾之道。

〔二〕師古曰：懷謂挾之以自隨也。

〔三〕【補注】先謙曰：顧炎武云，丁姬先已葬定陶，此「及丁姬」三字衍。

〔四〕師古曰：復音扶目反。

〔五〕【補注】錢大昭曰：「葬」當作「莽」。先謙曰：官本、南監本作「莽」。

〔六〕師古曰：致謂累也。

〔七〕師古曰：炎音弋贍反。

〔八〕師古曰：言尚太優僭也。

〔九〕【補注】沈欽韓曰：論衡死僞篇「洛陽丞臨棺聞臭而死。多藏食物，腐臭猥發，人不能堪，未爲怪也」。長安志「咸陽縣有漢傅太后廢陵」。水經注「在霸城西北，王莽奏毀其陵，今其處積土猶高，謂之增墀，又謂之增阜」。

〔一〇〕師古曰：以棘周繞也。

〔一一〕師古曰：穿謂壙中也。【補注】沈欽韓曰：小宗伯「卜葬兆甫竁」，注「鄭大夫讀竁爲穿，杜子春讀竁爲毳，皆謂葬穿壙也。今南陽名穿地爲竁，聲如腐脆之脆」。先謙曰：惠士奇云水經注引漢書「穿中」作「竁中」，則竁讀爲穿，信矣。說文「穿，通也。竁，穿地也」。文異義同。

孝哀傅皇后，定陶太后從弟子也。哀帝爲定陶王時，傅太后欲重親，取以配王。王入爲漢太子，傅氏女爲妃。哀帝即位，成帝大行尚在前殿，而傅太后封傅妃父晏爲孔鄉侯，與帝舅陽安侯丁明同日俱封。時師丹諫，以爲「天下自王者所有，親戚何患不富貴？而倉卒若是，其不久長矣！」晏封後月餘，傅妃立爲皇后。傅氏既盛，晏最尊重。哀帝崩，王莽白太皇太后下詔曰：「定陶共王太后與孔鄉侯晏同心合謀，背恩忘本，專恣不軌，與至尊同稱號，終沒，至乃配食於左坐，〔一〕誖逆無道。今令孝哀皇后退就桂宮。」後月餘，復與孝成趙皇后俱廢爲庶人，就其園自殺。

〔一〕應劭曰：若禮以其妃配者也。坐於左而並食。師古曰：坐音材臥反。

孝元馮昭儀，平帝祖母也。元帝即位二年，以選入後宮。時父奉世爲執金吾。昭儀始爲長使，數月至美人，後五年就館生男，拜爲倢伃。時父奉世爲右將軍光祿勳，奉世長男野王爲左馮翊，父子竝居朝廷，議者以爲器能當其位，非用女寵故也。而馮倢伃内寵與傅昭儀等。

建昭中上幸虎圈鬭獸，後宮皆坐。熊佚出圈，〔一〕攀檻欲上殿。左右貴人傅昭儀等皆驚走，馮倢伃直前當熊而立，左右格殺熊。上問：「人情驚懼，何故前當熊？」倢伃對曰：「猛獸得人而止，妾恐熊至御坐，故以身當之。」元帝嗟嘆，以此倍敬重焉。傅昭儀等皆慙。明年夏，馮倢伃男立爲信都王，尊倢伃爲昭儀。元帝崩，爲信都太后，與王俱居儲元宮。〔二〕河平中，隨王之國，後徙中山，是爲孝王。後徵定陶王爲太子，封中山王舅參爲宜鄉侯。參，馮太后少弟也。是歲，孝王薨，有一男，嗣爲王，時未滿歲，有眚病，〔三〕太后自養視，數禱祠解。〔四〕

〔一〕師古曰：佚字與逸同。

〔二〕師古曰：黄圖「在上林苑中」。

〔三〕孟康曰：災眚之眚，謂妖病也。服虔曰：身盡青也。蘇林曰：名爲肝厥，發時脣口手足十指甲皆青。師古曰：下云禱祠解舍，孟說是也。未滿歲者，謂爲王未滿歲也。眚音所領反，字不作青，服虔誤也。【補注】先謙曰：官本注脱「服虔」七字。下「虔」作「蘇」，南監本同。

〔四〕師古曰：解音懈。【補注】何焯曰：解，禳而解之也，顔音非。周壽昌曰：案前注「師古曰下云禱祠解舍」，是也。據注，本文「解」下脱「舍」字，解舍，或祀神解病之舍，如幸舍之類。

哀帝即位，遣中郎謁者張由將醫治中山小王。〔一〕由素有狂易病，〔二〕病發怒去，西歸長安。尚書簿責擅去狀，〔三〕由恐，因誣言中山太后祝詛上及太后。太后即傅昭儀也，素常怨馮太后，因是遣御史丁玄案驗，盡收御者官吏及馮氏昆弟在國者百餘人，分繫洛陽、魏郡、鉅鹿。數十日無所得，更使中謁者令史立〔四〕與丞相長史大鴻臚丞雜治。立受傅太后指，幾得封侯，〔五〕治馮太后女弟習及寡弟婦君之，死者數十人。巫劉吾服祝詛。醫徐遂成言習、君之曰：「武帝時醫修氏刺治武帝得二千萬耳，〔六〕今愈上，不得封侯，不如殺上，令中山王代，可得封。」立等劾奏祝詛謀反，大逆。責問馮太后，無服辭。立曰：「熊之上殿何其勇，今何怯也！」太后還謂左右：「此乃中語，前世事，〔七〕吏何用知之？是欲陷我效也！」〔八〕乃飲藥自殺。

〔一〕【補注】先謙曰：續志「灌謁者郎中，比三百石」。此「中郎」疑作「郎中」。

〔二〕師古曰：狂易者，狂而變易常性也。

〔三〕師古曰：簿責，以文簿一一責問也。

〔四〕師古曰：官爲中謁者令，姓史，名立。

〔五〕師古曰：幾讀曰冀。
〔六〕師古曰：刺治謂箴之。
〔七〕師古曰：中語，謂宮中之言語也。
〔八〕師古曰：效，徵驗也。

先未死，有司請誅之，上不忍致法，廢爲庶人，徙雲陽宮。既死，有司復奏「太后死在未廢前」。有詔以諸侯王太后儀葬之。宜鄉侯參、君之、習夫及子當相坐者，或自殺，或伏法。參女弁爲孝王后，有兩女，有司奏免爲庶人，與馮氏宗族徙歸故郡。張由以先告賜爵關內侯，史立遷中太僕。

哀帝崩，大司徒孔光奏「由前誣告骨肉，立陷人入大辟，爲國家結怨於天下，以取秩遷，獲爵邑，幸蒙赦令，請免爲庶人，徙合浦」云。〔一〕

〔一〕【補注】何焯曰：但罪由、立，不追復宜鄉爵邑及孝王后、中山太后號，以王氏自鳳廢野王，與馮氏亦有怨故也。使宜鄉侯平帝時尚在，必爲莽所深畏，亦夷滅之矣。

中山衞姬，平帝母也。父子豪，中山盧奴人，官至衞尉。子豪女弟爲宣帝倢伃，生楚孝王；長女又爲元帝倢伃，生平陽公主。成帝時，中山孝王無子，上以衞氏吉祥，以子豪少女配孝王，元延四年，生平帝。

年二歲，〔一〕孝王薨，代爲王。哀帝崩，無嗣，太皇太后與新都侯莽迎中山王立爲帝。莽欲顓國權，懲丁、傅行事，〔二〕以帝爲成帝後，母衛姬及外家不當得至京師。乃更立宗室桃鄉侯子成都爲中山王，奉孝王後，遣少傅左將軍甄豐賜衛姬璽綬，即拜爲中山孝王后，以苦陘縣爲湯沐邑。又賜帝舅衛寶、寶弟玄爵關内侯。賜帝三妹，謁臣號修義君，哉皮爲承禮君，鬲子爲尊德君，〔三〕食邑各二千户。莽長子宇非莽隔絶衛氏，恐久後受禍，即私與衛寶通書記，教衛后上書謝恩，因陳丁、傅舊惡，幾得至京師。〔四〕莽白太皇太后詔有司曰：「中山孝王后深分明爲人後之義，條陳故定陶傅太后、丁姬誖天逆理，上僭位號，〔五〕徙定陶王於信都，爲共王立廟於京師，如天子制，不畏天命，侮聖人言，〔六〕壞亂法度，居非其制，稱非其號。是以皇天震怒，火燒其殿，六年之間大命不遂，禍殃仍重。〔七〕竟令孝哀帝受其餘災，大失天心，夭命暴崩，又令共王祭祀絶廢，〔八〕精魂無所依歸。朕惟孝王后深説經義，明鏡聖法，懼古人之禍敗，近事之咎殃，畏天命，奉聖言，是乃久保一國，長獲天禄，而令孝王永享無疆之祀，福祥之大者也。朕甚嘉之。夫褒義賞善，聖王之制，其以中山故安户七千益中山后湯沐邑，加賜及中山王黄金各百斤，增傅相以下秩。」

〔一〕【補注】先謙曰：官本重「平帝」二字。「二」作「三」。

〔二〕師古曰：懲，創艾也。【補注】何焯曰：懲丁、傅者，太后之意；假以顓國權者，莽之私。

〔三〕師古曰：鬲音歷。

〔四〕師古曰：幾讀曰冀。
〔五〕師古曰：誖，違也。
〔六〕師古曰：論語稱孔子曰：『君子有三畏：畏天命，畏大人，畏聖人之言。小人不知天命而不畏也，狎大人，侮聖人之言。』故此文引之也。侮，古侮字。【補注】先謙曰：官本注止有「師古曰侮古侮字」七字，南監本同。
〔七〕師古曰：遂猶延也。重音直用反。
〔八〕【補注】何焯曰：謂徙定陶王景爲信都王也。

衛后日夜啼泣，思見帝，而但益戸邑。宇復教令上書求至京師。會事發覺，莽殺宇，盡誅衛氏支屬，衛寶女爲中山王后，免后，徙合浦。〔一〕唯衛后在，〔二〕王莽篡國，廢爲家人，後歲餘卒，莽孝王旁。

〔一〕師古曰：黜其后位而徙也。
〔二〕師古曰：中山孝王后也。

孝平王皇后，安漢公太傅大司馬莽女也。平帝即位，年九歲，〔一〕成帝母太皇太后稱制，而莽秉政。莽欲依霍光故事，以女配帝，太后意不欲也。莽設變詐，令女必入，因以自重，事在莽傳。太后不得已而許之，遣長樂少府夏侯藩、宗正劉宏、少府宗伯鳳、尚書令平晏納采，〔二〕太師光、大司徒馬宮、大司空甄豐、左將軍孫建、執金吾尹賞、行太常事太中大夫劉歆及太卜、太史令以下四十九人賜皮弁素績，〔三〕以禮雜卜筮，太牢祠宗廟，待吉月日。明年春，遣大司徒宮、大司空豐、左將軍建、右將軍甄邯、光禄大夫歆奉乘輿法駕，迎皇后於安漢公第。宮、〔四〕豐、歆授皇后璽紱，〔五〕登車稱警蹕，便時上林延壽門，〔六〕入未央宮前殿，羣臣就位行禮，大赦天下。益封父安漢公地滿百里，賜迎皇后及行禮者，自三公以下至騶宰執事長樂、未央宮、安漢公第者，皆增秩，賜金帛各有差。皇后立三月，以禮見高廟。尊父安漢公號曰宰衡，位在諸侯王上。賜公夫人號曰功顯君〔七〕食邑。封公子安爲褒新侯，臨爲賞都侯。

〔一〕【補注】劉攽曰：衍「年」字。王鳴盛曰：案莽傳亦有此一句。又元后傳於孺子嬰亦曰年二歲，後漢本紀亦云沖帝年三歲，質帝年九歲。年若干歲，古人亦自有如此句法，未必果是衍字。王先慎曰：「年」上脱「后」字，平帝年已見紀矣，此處不必補敘。續列女傳正作「后年九歲」。

〔二〕師古曰：官爲少府，姓宗伯名鳳也。納采者，禮記云婚禮納采問名，謂采擇其可者。

〔三〕師古曰：皮弁，以鹿皮爲冠，形如人手之弁合也。素績謂素裳也。朱衣而素裳。績字或作積。積謂襞積之，若今之襈爲也。【補注】沈欽韓曰：續志「執事者冠皮弁，緇麻衣，皁領袖，下素裳，所謂皮弁素積」。王先慎曰：續列女傳「績」作「積」。

〔四〕師古曰：本自莽第，以皇后在，是因呼曰宮。【補注】董教增曰：此當以第爲句，宮字連下豐歆讀，即前文大司徒宮、大司空豐、光禄大夫歆三人也。顔説失之。

〔五〕師古曰：紱所以繫璽。音弗。

〔六〕師古曰：取時日之便也，音頻面反。【補注】姚鼐曰：漢上林有兩處，一在城内，一在城外。城外之上林，武帝時所起，所包廣遠，在南山之下。若城内上林，高帝時即有之，蕭何所請令民入田者也。蓋景、武以後，不以爲豫遊之所，而屬大農以鑄錢藏幣，平準書「楊可告緡錢，上林財物重」是也。后自莽第入宫，皆在城内，無行至南山下上林之理，蓋在城内上林，去宫甚近，故可便時耳。顔注便時不明，章懷注楊震傳，引此解云「待吉時而後入」，其解似明而實非，蓋平后之便時，未嘗非欲待吉時，而此但言取便停住許時耳。此時非指吉時，如以此便時爲吉時以解楊震傳，尚亦可通，而以解魯丕傳之便時，不可通矣。

〔七〕【補注】先謙曰：「夫」上脱「太」字。

后立歲餘，平帝崩。莽立孝宣帝玄孫嬰爲孺子，莽攝帝位。尊皇后爲皇太后。三年，莽即真，以嬰爲定安公，改皇太后號爲定安公太后。太后時年十八矣，爲人婉瘱有節操，〔一〕自劉氏廢，常稱疾不朝會。莽敬憚傷哀，欲嫁之，乃更號爲黄皇室主，〔二〕令立國將軍成新公孫建世子襐飾將醫往問疾，〔三〕后大怒，笞鞭其旁侍御。因發病，不肯起，莽遂不復彊也。及漢兵誅莽，燔燒未央宫，后曰：「何面目以見漢家！」自投火中而死。

〔一〕師古曰：婉，順也。瘱，静也，音烏計反。

〔二〕師古曰：莽自謂土德，故云黄皇。室主者，若漢之稱公主。

〔三〕師古曰：襐，盛飾也，音丈，又音象。一曰襐，首飾也，在兩耳後，刻鏤而爲之。【補注】周壽昌曰：急就篇「襐飾，刻畫無等雙」。類篇「未笄冠者之首飾也」。此亦漢時語。

贊曰：易著吉凶而言謙盈之效，天地鬼神至于人道靡不同之。〔一〕夫女寵之興，繇至微而體至尊，〔二〕窮富貴而不以功，此固道家所畏，禍福之宗也。序自漢興，終于孝平，外戚後庭色寵著聞二十有餘人，然其保位全家者，唯文、景、武帝太后及邛成后四人而已。至如史良娣、王悼后、許恭哀后身皆夭折不辜，而家依託舊恩，不敢縱恣，是以能全。其餘大者夷滅，小者放流，烏呼！鑒茲行事，變亦備矣。

〔一〕師古曰：易謙卦曰「天道虧盈而益謙，地道變盈而流謙，鬼神害盈而福謙，人道惡盈而好謙」。

〔二〕師古曰：繇與由同。

元后傳第六十八

孝元皇后，王莽之姑也。〔一〕莽自謂黄帝之後，其自本曰：〔二〕黄帝姓姚氏，八世生虞舜。舜起嬀汭，以嬀爲姓。〔三〕至周武王封舜後嬀滿於陳，是爲胡公，十三世生完。完字敬仲，犇齊，〔四〕齊桓公以爲卿，姓田氏。十一世，田和有齊國，三世稱王，〔五〕至王建爲秦所滅。項羽起，封建孫安爲濟北王。〔六〕至漢興，安失國，齊人謂之「王家」，因以爲氏。

〔一〕【補注】周壽昌曰：後書張衡傳「永平中，爲侍中，上疏，以爲王莽本傳但應載篡事而已，至於編年月，紀災祥，宜爲元后本紀」。班氏立元后傳於諸后妃後，則當時未用其議也。蓋元后殂於莽建國五年，越十一年莽乃滅，若不於莽傳按年紀事，則十數年國統虛懸，事無所屬。此傳不先敘先世，而特書曰王莽之姑，明莽之覬，后實成之也。

〔二〕師古曰：述其本系。【補注】周壽昌曰：自本，莽自造之本系也。

〔三〕師古曰：嬀，水名也。水曲曰汭。言因水爲姓也。汭音而鋭反。【補注】先謙曰：官本考證引蕭該音義曰：「嬀汭，字書曰『嬀，舜姓也』。該案：舜居嬀水，因以爲姓」。先謙案：「水曲」官本、南監本作「曲水」。

〔四〕師古曰：犇，古奔字。

〔五〕【補注】宋祁曰：舊本「三」作「二」。

〔六〕【補注】周壽昌曰：項籍傳「羽方渡河救趙，安下濟北數城，引兵降，羽立安爲濟北王」。劉昭謂濟北前漢之舊國，亦據羽封安事言之。

文、景間，安孫遂字伯紀，處東平陵，〔一〕生賀，字翁孺。爲武帝繡衣御史，逐捕魏郡羣盜堅盧等黨與，及吏畏懦逗遛當坐者，〔二〕翁孺皆縱不誅。它部御史暴勝之等奏殺二千石，誅千石以下，〔三〕及通行飲食坐連及者，大部至斬萬餘人，語見酷吏傳。翁孺以奉使不稱免，〔四〕嘆曰：「吾聞活千人有封子孫，吾所活者萬餘人，後世其興乎！」

〔一〕師古曰：濟南之地。【補注】先謙曰：官本「地」作「縣」，是。

〔二〕師古曰：懦音乃喚反。逗音住，又音豆。

〔三〕師古曰：二千石者，奏而殺之，其千石以下，則得專誅。

〔四〕師古曰：不稱謂不副所委。

翁孺既免，而與東平陵終氏爲怨，〔一〕乃徙魏郡元城委粟里，爲三老，魏郡人德之。元城建公曰：〔二〕「昔春秋沙麓崩，晉史卜之，曰：『陰爲陽雄，土火相乘，〔三〕故有沙麓崩。後六百四十五年，宜有聖女興。其齊田乎！』〔四〕今王翁孺徙，正直其地，〔五〕日月當之。元城郭東有五鹿之虛，即沙鹿地也。〔六〕後八十年，當有貴女興天下」云。〔七〕王翁孺生禁，字稚君，少學法律長安，爲廷尉史。本始三年，生女政君，即元后也。禁有大志，不修廉隅，好酒色，多取傍妻，凡有四女八男：長女君俠，次即元后政君，次君力，次君弟；長男鳳孝卿，次曼元卿，譚子元，〔八〕崇少子，商子夏，立子叔，根稚卿，逢時季卿。唯鳳、崇與元后政君同母。母，適妻，魏郡李氏女也。〔九〕後以妒去，更嫁爲河內苟賓妻。

〔一〕【補注】沈欽韓曰：一統志「東平陵故城在濟南府歷城縣東，齊乘在濟南東七十五里，周二十餘里」。鄭樵撰氏族略，誤斷東平，遂以陵終氏爲複姓，云見此傳。其謬甚矣。

〔二〕服虔曰：元城人年老者也。

〔三〕李奇曰：此龜繇文也。陰，元后也。陽，漢也。王氏舜後，土也。漢，火也。故曰土火相乘，陰盛而沙麓崩。

〔四〕張晏曰：陰數八，八八六十四。土數五，故六百四十五歲也。春秋僖十四年，沙麓崩，歲在乙亥，至哀帝崩，元后始攝政，歲在庚申，沙麓崩後六百四十五歲。【補注】先謙曰：官本、南監本「哀帝」下，更有「元壽二年哀帝」六字。

〔五〕師古曰：直亦當。【補注】宋祁曰：注末當有「也」字。

〔六〕師古曰：虛讀曰墟。

〔七〕【補注】先謙曰：官本、南監本此下提行，無「王」字。案提行非是，「王」字蓋衍。

〔八〕【補注】宋祁曰：「譚」字上當有「次」字。先謙曰：長男外以一次字統之，不當更有次字。

〔九〕師古曰：適讀曰嫡。

初，李親任政君在身，〔一〕夢月入其懷。及壯大，婉順得婦人道。嘗許嫁未行，所許者死。後東平王聘政君爲姬，未入，王薨。〔二〕禁獨怪之，使卜數者相政君，〔三〕「當大貴，不可言。」禁心以爲然，乃教書，學鼓琴。五鳳中，獻政君，年十八矣，〔四〕入掖庭爲家人子。

〔一〕師古曰：任，懷任。

〔二〕【補注】錢大昭曰：東平王，王充論衡作趙王。偶會篇云「王莽姑正君，許嫁二夫，二夫死，當適趙，而王薨。氣未相加，遥賊三家，何其痛也」！又骨相篇云「王莽姑正君許嫁，至期當行，時夫輒死，如此者再，乃獻之趙王，趙王未娶，又薨」。

〔三〕師古曰：數，計也。若言今之禄命書也。數音所具反。

〔四〕【補注】沈欽韓曰：論衡骨相篇「清河南宫大有與正君父穉君善者，遇相正君曰『貴爲天下母』。是時宣帝世，元帝爲太子，穉君乃因魏郡都尉納之太子」。

歲餘，會皇太子所愛幸司馬良娣病，且死，謂太子曰：「妾死非天命，乃諸娣妾良人更祝詛殺我。」〔一〕太子憐之，且以爲然。及司馬良娣死，太子悲恚發病，忽忽不樂，因以過怒諸娣妾，莫得進見者。久之，〔二〕宣帝聞太子恨過諸娣妾，欲順適其意，乃令皇后擇後宫家人子可以虞侍太子者，〔三〕政君與在其中。〔四〕及太子朝，皇后乃見政君等五人，微令旁長御問知太子所欲。〔五〕太子殊無意於五人者，不得已於皇后，〔六〕彊應曰：「此中一人可。」〔七〕是時政君坐近太子，〔八〕又獨衣絳緣諸于，〔九〕長御即以爲。〔一〇〕皇后使侍中杜輔、掖庭令濁賢交送政君太子宫，〔一一〕見丙殿。得御幸，有身。先是者，太子後宫娣妾以十數，御幸久者七八年，莫有子，及王妃壹幸而有身。甘露三年，生成帝於甲館畫堂，〔一二〕爲世適皇孫。〔一三〕宣帝愛之，自名曰驁，字太孫，常置左右。

〔一〕師古曰：更音工衡反。

〔二〕【補注】宋祁曰：越本無「者」字。先謙曰：過猶責也。

〔三〕師古曰：此虞與娛同。
〔四〕師古曰：與讀曰豫。
〔五〕【補注】沈欽韓曰：漢舊儀「女御長如侍中」。
〔六〕師古曰：恐不副皇后意，故言不得已。
〔七〕師古曰：非其本心，故曰彊也。
〔八〕【補注】周壽昌曰：時政君方爲後宫家人子，乃能於皇后太子前坐耶？坐疑立字誤。
〔九〕師古曰：諸于，大掖衣，即袿衣之類也。
〔一〇〕【補注】錢大昭曰：「爲」下脱「是」字，閩本不脱。先謙曰：官本、南監本有「是」字。
〔一一〕師古曰：濁，姓也。交送，謂侍中、掖庭令雜爲使。
〔一二〕【補注】先謙曰：官本考證云「甲館」，成紀作「甲觀」。案館、觀字同。
〔一三〕師古曰：適讀曰嫡。

後三年，宣帝崩，太子即位，是爲孝元帝。立太孫爲太子，以母王妃爲婕妤，封父禁爲陽平侯。後三日，婕妤立爲皇后，禁位特進，禁弟弘至長樂衛尉。永光二年，禁薨，謚曰頃侯。長子鳳嗣侯，〔一〕爲衛尉侍中。皇后自有子後，希復進見。太子壯大，寬博恭慎，語在成紀。其後幸酒，樂燕樂，〔二〕元帝不以爲能。而傅昭儀有寵於上，生定陶共王。王多材藝，上甚愛之，坐則側席，行則同輦，〔三〕常有意欲廢太子而立共王。時鳳在位，與皇后、太子同心憂懼，賴侍中史丹擁右太子，〔四〕語在丹傳。上亦以皇后素謹慎，而太子先帝所常留意，故得不廢。

〔一〕【補注】沈欽韓曰：西京雜記「王鳳以五月五日生，其父欲不舉，曰『俗諺舉五日子，長及户則自害；不則害其父母』。其叔父曰『昔田文以此日生，其父曰勿舉，其母竊舉之，後爲孟嘗君，號其母爲薛公大家，以古事推之，非不祥也』。遂舉之」。

〔二〕師古曰：幸酒，好酒也。樂宴樂，好燕私之樂也。解具在成紀。

〔三〕師古曰：側席謂附近御坐。

〔四〕師古曰：右讀曰佑，助也。

元帝崩，太子立，是爲孝成帝。尊皇后爲皇太后，以鳳爲大司馬大將軍領尚書事，益封五千户。王氏之興自鳳始。又封太后同母弟崇爲安成侯，食邑萬户。鳳庶弟譚等皆賜爵關内侯，食邑。

其夏，黄霧四塞終日。〔一〕天子以問諫大夫楊興、博士駟勝等，對皆以爲「陰盛侵陽之氣也。高祖之約也，非功臣不侯，今太后諸弟皆以無功爲侯，非高祖之約，外戚未曾有也，故天爲見異」。〔二〕言事者多以爲然。鳳於是懼，上書辭謝曰：「陛下即位，思慕諒闇，〔三〕故詔臣鳳典領尚書事，上無以明聖德，下無以益政治。今有茀星天地赤黄之異，〔四〕咎在臣鳳，當伏顯戮，以謝天下。今諒闇已畢，大義皆舉，宜躬親萬機，以承天心。」因乞骸骨辭職。上報曰：「朕承先帝聖緒，涉道未深，不明事情，是以陰陽錯繆，日月無光，赤黄之氣，充塞天下。咎在朕躬，今大將軍乃引過自予，欲上尚書事，歸大將軍印綬，罷大司馬官，是明朕之不德也。朕委將軍以事，誠欲庶幾有成，顯先祖之功德。將軍其專心固意，輔朕之不逮，毋有所疑。」

〔一〕師古曰：塞，滿也。言四方皆滿。

〔二〕師古曰：見，顯示。【補注】先謙曰：官本、南監本無此注。

〔三〕師古曰：商書云「高宗諒闇」。諒，信；闇，默也。言居父喪信默，三年不言也。【補注】先謙曰：官本、南監本「諒信」下有「也」字。

〔四〕師古曰：茀與孛同。

後五年，諸吏散騎安成侯崇薨，謚曰共侯。有遺腹子奉世嗣侯，太后甚哀之。明年，河平二年，上悉封舅譚爲平阿侯，商成都侯，立紅陽侯，根曲陽侯，逢時高平侯。五人同日封，故世謂之「五侯」。太后同產唯曼蚤卒，〔一〕餘畢侯矣。太后母李親，苟氏妻，生一男名參，寡居。頃侯禁在時，太后令禁還李親。〔二〕太后憐參，欲以田蚡爲比而封之。〔三〕上曰：「封田氏，非正也。」以參爲侍中水衡都尉。〔四〕王氏子弟皆卿大夫侍中諸曹，分據執官滿朝廷。

〔一〕張晏曰：同父則爲同產，不必同母也。上言唯鳳、崇同母也。

〔二〕師古曰：召還王氏。

〔三〕李奇曰：田蚡與孝景王后同母異父，得封故也。師古曰：比，例也，音必寐反。

〔四〕【補注】周壽昌曰：此太后母再嫁苟賓所生子也。參死，子伋復爲侍中，陳湯傳所云參妻欲爲伋求封，以金賂湯，求爲奏者也。

大將軍鳳用事，上遂謙讓無所顓。〔一〕左右常薦光祿大夫劉向少子歆通達有奇異材。〔二〕上召見歆，誦讀詩賦，甚說之，〔三〕欲以爲中常侍，召取衣冠。臨當拜，左右皆曰：「未曉大將軍。」〔四〕上曰：「此小事，何須關大將軍？」左右叩頭爭之。上於是語鳳，鳳以爲不可，乃止。其見憚如此。

〔一〕師古曰：顓與專同，凡事皆不自專也。
〔二〕【補注】先謙曰：官本無「奇」字，引宋祁曰，舊本「異」字上有「奇」字，考異無，故削之。今越本亦無。
〔三〕師古曰：説讀曰悦。
〔四〕師古曰：曉猶白。

上即位數年，無繼嗣，體常不平。〔一〕定陶共王來朝，太后與上承先帝意，遇共王甚厚，賞賜十倍於它王，不以往事爲纖介。〔二〕共王之來朝也，天子留，不遣歸國。上謂共王：「我未有子，人命不諱，〔三〕一朝有它，且不復相見。〔四〕爾長留侍我矣！」其後天子疾益有瘳，共王因留國邸，旦夕侍上，上甚親重。大將軍鳳心不便共王在京師，會日蝕，鳳因言「日蝕陰盛之象，爲非常異。定陶王雖親，於禮當奉藩在國。今留侍京師，詭正非常，〔五〕故天見戒。〔六〕宜遣王之國」。上不得已於鳳而許之。〔七〕共王辭去，上與相對泣而決。〔八〕

〔一〕師古曰：言多疾疢。
〔二〕師古曰：往事，謂先帝時欲以代太子也。言無纖介之嫌怒。
〔三〕師古曰：人命無常，不可諱。【補注】宋祁曰：注「曰」字下當有「言」字，注末當有「也」字。
〔四〕師古曰：它謂晏駕也。

〔五〕師古曰：詭，違也。
〔六〕師古曰：見，顯示。【補注】先謙曰：官本無注。
〔七〕師古曰：言迫於鳳不得止。
〔八〕【補注】先謙曰：官本、南監本「泣」上有「涕」字。

京兆尹王章素剛直敢言，以爲鳳建遣共王之國非是，〔一〕乃奏封事言日蝕之咎矣。天子召見章，延問以事，章對曰：「天道聰明，佐善而災惡，〔二〕以瑞異爲符效。今陛下以未有繼嗣，引近定陶王，〔三〕所以承宗廟，重社稷，上順天心，下安百姓。此正義善事，當有祥瑞，何故致災異？災異之發，爲大臣顓政者也。今聞大將軍猥歸日蝕之咎於定陶王，〔四〕建遣之國，苟欲使天子孤立於上，顓擅朝事以便其私，非忠臣也。且日蝕，陰侵陽，臣顓君之咎，今政事大小皆自鳳出，天子曾不一舉手，〔五〕鳳不内省責，〔六〕反歸咎善人，推遠定陶王。〔七〕且鳳誣罔不忠，非一事也。前丞相樂昌侯商〔八〕本以先帝外屬，内行篤，有威重，位歷將相，國家柱石臣也，其人守正，不肯詘節隨鳳委曲，卒用閨門之事爲鳳所罷，〔九〕身以憂死，衆庶愍之。又鳳知其小婦弟張美人已嘗適人，〔一〇〕於禮不宜配御至尊，託以爲宜子，内之後宮，苟以私其妻弟。聞張美人未嘗任身就館也。〔一一〕且羌胡尚殺首子以盪腸正世，〔一二〕況於天子而近已出之女也！此三者皆大事，陛下所自見，足以知其餘，及它所不見者。〔一三〕鳳不可令久典事，宜退使就第，選忠賢以代之。」

〔一〕師古曰：建立其議也。
〔二〕【補注】先謙曰：官本、南監本「佐」並作「佑」。
〔三〕師古曰：近音巨斬反。
〔四〕師古曰：猥猶曲也。
〔五〕【補注】先謙曰：官本、南監本「一」作「壹」。
〔六〕【補注】宋祁曰：「省」字上當有「自」字。
〔七〕師古曰：遠音于萬反。
〔八〕師古曰：王商也。
〔九〕【補注】先謙曰：事詳商傳。
〔一〇〕師古曰：小婦，妾也。弟謂女弟，即妹也。
〔一一〕師古曰：是則不爲宜子，明鳳所言非實。
〔一二〕師古曰：盪，洗滌也。言婦初來所生之子或它姓。【補注】宋祁曰：腸當作腹。沈欽韓曰：列子湯問篇「越之東，有輒休之國，其長子生，則鮮而食之，謂之宜弟」。墨翟節葬作輆沐之國。
〔一三〕師古曰：以所見者譬之，則不見者可知。

自鳳之白罷商後遣定陶王也，上不能平。及聞章言，天子感寤，納之，謂章曰：「微京兆尹直言，吾不聞社稷計！〔一〕且唯賢知賢，君試爲朕求可以自輔者。」於是章奏封事，薦中山孝王舅琅邪太守馮野王「先帝時歷二卿，忠信質直，知謀有餘。野王以王舅出，以賢復入，明聖主樂進賢也」。上自爲太子時數聞野王先帝名卿，聲譽出鳳遠甚，方倚欲以代鳳。

〔一〕師古曰：微，無也。

初，章每召見，上輒辟左右。〔一〕時太后從弟長樂衛尉弘子侍中音〔二〕獨側聽，具知章言，以語鳳。鳳聞之，稱病出就第，上疏乞骸骨，謝上曰：「臣材駑愚戇，得以外屬兄弟七人封爲列侯，宗族蒙恩，賞賜無量。輔政出入七年，〔三〕國家委任臣鳳，所言輒聽，薦士常用。無一功善，陰陽不調，災異數見，咎在臣鳳奉職無狀，此臣一當退也。五經傳記，師所誦說，咸以日蝕之咎在於大臣非其人，易曰『折其右肱』，〔四〕此臣二當退也。河平以來，臣久病連年，數出在外，曠職素餐，此臣三當退也。〔五〕陛下以皇太后故不忍誅廢，臣猶自知當遠流放，又重自念，〔六〕兄弟宗族所蒙不測，當殺身靡骨死輦轂下，〔七〕不當以無益之故有離寢門之心。誠歲餘以來，所苦加侵，〔八〕日日益甚，〔九〕不勝大願，願乞骸骨，歸自治養，冀賴陛下神靈，未埋髮齒，期月之間，幸得瘳愈，復望帷幄，不然，必寘溝壑。〔一〇〕臣以非材見私，天下知臣受恩深也；以病得全骸骨歸，天下知臣被恩見哀，重巍巍也。〔一一〕進退於國爲厚，萬無纖介之議。〔一二〕唯陛下哀憐！」其辭指甚哀，太后聞之爲垂涕，不御食。

〔一〕師古曰：辟讀曰闢。
〔二〕師古曰：弘者，太后之叔父也。音則從父弟。
〔三〕【補注】周壽昌曰：杜欽傳，欽説鳳曰：「將軍深悼輔政十年，變異不已。」鳳自竟寧元年輔政，至陽朔初已十年，此當陽朔元年奏，則「七」字誤也。

〔四〕師古曰：豐卦九三爻辭也。肱，臂也。
〔五〕師古曰：空廢職任，徒受禄秩也。
〔六〕師古曰：重音直用反。
〔七〕師古曰：靡，碎也，音武皮反。
〔八〕師古曰：誠，實也。
〔九〕【補注】先謙曰：官本下「日」作「月」，引宋祁曰，越本「月」作「日」。先謙案：南監本作「日月」。
〔一〇〕【補注】先謙曰：「寘」當作「窴」，各本並誤。
〔一一〕師古曰：巍巍，高貌。重音直用反。
〔一二〕師古曰：論者不云疏斥外戚也。

上少而親倚鳳，弗忍廢，乃報鳳曰：「朕秉事不明，政事多闕，故天變屢臻，咸在朕躬。〔一〕將軍乃深引過自予，欲乞骸骨而退，則朕將何嚮焉！書不云乎？『公毋困我。』〔二〕務專精神，安心自持，期於亟瘳，稱朕意焉。」〔三〕於是鳳起視事。上使尚書劾奏章「知野王前以王舅出補吏，而私薦之，欲令在朝阿附諸侯；又知張美人體御至尊，而妄稱引羌胡殺子蕩腸，非所宜言。」遂下章吏。廷尉致其大逆罪，以爲「比上夷狄，欲絶繼嗣之端；背畔天子，私爲定陶王」。章死獄中，妻子徙合浦。

〔一〕【補注】先謙曰：官本「屢」作「婁」。此下有「師古曰婁古屢字」七字。
〔二〕師古曰：周書洛誥載成王告周公辭也。言公必須留京師，毋得遠去，而令我困。

〔三〕師古曰：亟，急。瘳，差也。

自是公卿見鳳，側目而視，郡國守相刺史皆出其門。〔一〕又以侍中太僕音爲御史大夫，列于三公。而五侯羣弟，爭爲奢侈，賂遺珍寶，四面而至；後庭姬妾，各數十人，僮奴以千百數，羅鍾磬，舞鄭女，作倡優，狗馬馳逐；大治第室，起土山漸臺，〔二〕洞門高廊閣道，連屬彌望。〔三〕百姓歌之曰：「五侯初起，曲陽最怒，〔四〕壞決高都，連竟外杜，〔五〕土山漸臺西白虎。」〔六〕奢僭如此。〔七〕然皆通敏人事，好士養賢，傾財施予，以相高尚。

〔一〕師古曰：言爲其家賓屬者，皆得大官。

〔二〕【補注】沈欽韓曰：列女貞順傳「燕昭王出遊，留夫人漸臺之上」，辯通傳「齊宣王置酒漸臺」。則臨水之臺，皆名漸臺，不專起於漢。黃圖云「一説漸臺星名，法星以爲臺」。

〔三〕師古曰：彌，竟也，言望之極目也。屬音之欲反。

〔四〕【補注】宋祁曰：怒音暖五反，上聲。

〔五〕服虔曰：壞決高都水入長安，高都水在長安西也。孟康曰：杜、鄠二縣之閒田畝一金。言其境自長安至杜陵也。李奇曰：長安有高都、(水)〔外〕杜里，既壞決高都作殿，復衍及外杜里。師古曰：成都侯商自擅穿帝城引水耳，曲陽無此事。又雖大作第宅，不得從長安，至杜陵也。按李説爲近是。【補注】沈欽韓曰：渭水注「泬水上承皇子陂，于樊川西北流逕杜縣之杜京西，又北逕下杜城，即杜伯國，又北逕長安城西，與昆明池水合，又北流注渭。亦謂是水爲潏水，亦曰高都水，前漢之末，王氏五侯大治池宇，引泬水入長安城，故百姓歌之」云云。案寰宇記，長安志並云下杜城在長安縣南一十五里，民閒俗言五家第宅相連，亦不爲過。又黃圖「長安城南出東頭第一門曰覆盎門，一號杜門，其南有下杜城」。漢書集注云水經注爲應劭語。「故杜陵之下聚落也，故曰下杜門」。所云外杜，當在於是，顔注不明。外杜，水經注作「五杜」。先謙曰：官本注按李説爲近是，無「按」字、「是」字，南監本與此同。

〔六〕師古曰：皆放效天子之制也。【補注】宋祁曰：浙本「西」字下有「象」字。王念孫曰：「西字下」，「下」當作「上」。案浙本是也，顔注放效二字，正釋象字，且此歌以四字爲句，脱去象字，則文義不明，而句法亦不協矣。下文曰「園中土山漸臺似類白虎殿」，似類，亦象也。渭水注、文選西征賦注、御覽人事部一百六引此皆作「象西白虎」，漢紀同。

〔七〕【補注】先謙曰：官本作「其奢侈如此」。南監本作「其奢僭如此」。

鳳輔政凡十一歲。陽朔三年秋，鳳病，天子數自臨問，親執其手，涕泣曰：「將軍病，如有不可言，平阿侯譚次將軍矣。」〔一〕鳳頓首泣曰：「譚等雖與臣至親，行皆奢僭，無以率導百姓，不如御史大夫音謹敕，〔二〕臣敢以死保之。」及鳳且死，上疏謝上，復固薦音自代，譚等五人必不可用。〔三〕天子然之。

〔一〕師古曰：不可言，謂死也，不欲斥言之。

〔二〕師古曰：敕，整也。

〔三〕【補注】先謙曰：官本「譚」上有「言」字。

初，譚倨，不肯事鳳，〔一〕而音敬鳳，卑恭如子，故薦之。鳳薨，天子臨弔贈寵，送以輕車介士，軍陳自長安至渭陵，謚曰敬成侯。子襄嗣侯，爲衛尉。御史大夫音竟代鳳爲大司馬車騎將軍，而平阿侯譚位特進，領城門兵。〔二〕谷永説譚，令讓不受城門職，由是與音不平，語在永傳。

〔一〕師古曰：倨，慢也，音據。

〔二〕【補注】先謙曰：官本「兵」作「外」。

音既以從舅越親用事，小心親職，歲餘，上下詔曰：「車騎將軍音宿衞忠正，勤勞國家，前爲御史大夫，以外親宜典兵馬，入爲將軍，不獲宰相之封，朕甚慊焉！其封音爲安陽侯，食邑與五侯等，俱三千户。」

初，成都侯商嘗病，欲避暑，從上借明光宮。〔一〕後又穿長安城，引内灃水注第中大陂以行船，立羽蓋，張周帷，輯濯越歌。〔二〕上幸商第，見穿城引水，意恨，内銜之，未言。後微行出，過曲陽侯第，又見園中土山漸臺似類白虎殿。〔三〕於是上怒，以讓車騎將軍音。〔四〕商、根兄弟欲自黥劓謝太后。上聞之大怒，乃使尚書責問司隸校尉、京兆尹「知成都侯商擅穿帝城，決引灃水，曲陽侯根驕奢僭上，赤墀青瑣，〔五〕紅陽侯立父子臧匿姦猾亡命，賓客爲羣盜，司隸、京兆皆阿縱不舉奏正法」。二人頓首省户下。〔六〕又賜車騎將軍音策書曰：「外家何甘樂禍敗，〔七〕而欲自黥劓，相戮辱於太后前，傷慈母之心，以危亂國！外家宗族彊，上一身寖弱日久，〔八〕今將一施之。〔九〕君其召諸侯，令待府舍。」〔一〇〕是日，詔尚書奏文帝時誅將軍薄昭故事。〔一一〕車騎將軍音藉稾請罪，〔一二〕商、立、根皆負斧質謝。上不忍誅，然後得已。

〔一〕師古曰：黄圖云明光宫在城内，近桂宫也。【補注】沈欽韓曰：黄圖「明光宫，武帝太初四年秋起，在長樂宫後，南與長樂宫相連屬」。西都賦「北彌明光而亘長樂」，西京賦「屬長樂與明光，徑北通乎桂宫」。此當是商所借，甘泉宫亦有明光宫。

〔二〕師古曰：輯與楫同，濯與櫂同，皆所以行船也。令執楫櫂人爲越歌也。輯爲櫂之短者也。今吴越之人呼爲橈，音饒。越歌，爲越之歌。【補注】沈欽韓曰：説苑善説篇「鄂君子晳乘青翰之舟，越人擁楫而歌」。先謙曰：官本、南監本「楫爲」作「楫謂」。

〔三〕師古曰：黄圖云在未央宫。

〔四〕【補注】先謙曰：專讓音者，以音柄政爲諸舅總領。

〔五〕孟康曰：以青畫户邊鏤中，天子制也。如淳曰：門楣格再重，如人衣領再重，裏者青，名曰青瑣，天子門制也。師古曰：孟説是。青瑣者，刻爲連環文，而青塗之也。【補注】沈欽韓曰：御覽百三十五引漢官儀曰「天子朱泥殿上，曰丹墀」。先謙曰：官本「連環」作「連瑣」，而下有「以」字。

〔六〕【補注】先謙曰：顧炎武云「省户，即禁門也」。蔡邕獨斷曰「禁中者，門户有禁，非侍御者不得入，故曰禁中。孝元皇后父陽平侯名禁，當時避之，故曰省中」。先謙案：上責問者商、立、根三人，下又云「商、立、根皆負斧質謝」，此不當止有二人，明「二」當爲「三」之誤。

〔七〕師古曰：言此罪過，並身自爲之。

〔八〕師古曰：寖，漸也。

〔九〕師古曰：行刑罰。

〔一〇〕師古曰：令總集音之府舍，待詔命。

〔一一〕【補注】周壽昌曰：事詳文紀注，昭，文帝母舅也。奏事，猶今決大獄定讞，必檢成案。

〔一二〕師古曰：自坐槀上，言就刑戮也。【補注】先謙曰：官本、南監本「藉」作「籍」，通用字。

久之，平阿侯譚薨，謚曰安侯，子仁嗣侯。太后憐弟曼蚤死，獨不封，曼寡婦渠供養東宮，子莽幼孤不及等比，〔一〕常以爲語。平阿侯譚、成都侯商及在位多稱莽者。久之，上復下詔追封曼爲新都哀侯，而子莽嗣爵爲新都侯。後又封太后姊子淳于長爲定陵侯。王氏親屬，侯者凡十人。

〔一〕師古曰：比音必寐反。【補注】宋祁曰：「婦」，舊本作「娣」。

上悔廢平阿侯譚不輔政而薨也，乃復進成都侯商以特進，領城門兵，置幕府，得舉吏如將軍。杜鄴説車騎將軍音令親附商，語在鄴傳。王氏爵位日盛，唯音爲修整，數諫正，有忠節，輔政八年，薨。弔贈如大將軍，謚曰敬侯。子舜嗣侯，爲太僕侍中。特進成都侯商代音爲大司馬衞將軍，而紅陽侯立位特進，領城門兵。商輔政四歲，病乞骸骨，天子閔之，更以爲大將軍，益封二千户，賜錢百萬。商薨，弔贈如大將軍故事，謚曰景成侯，子況嗣侯。紅陽侯立次當輔政，有罪過，語在孫寶傳。上乃廢立而用光禄勳曲陽侯根爲大司馬票騎將軍，歲餘益封千七百户。高平侯逢時無材能名稱，是歲薨，謚曰戴侯，子買之嗣侯。

綏和元年，上即位二十餘年無繼嗣，而定陶共王已薨，子嗣立爲王。王祖母定陶傅太后重賂遺票騎將軍根，爲王求漢嗣，根爲言，上亦欲立之，遂徵定陶王爲太子。時根輔政五歲矣，乞骸骨，上乃益封根五千户，賜安車駟馬，黄金五百斤，罷就第。

先是定陵侯淳于長以外屬能謀議，爲衛尉侍中，在輔政之次。是歲，新都侯莽告長伏罪與紅陽侯立相連，〔一〕長下獄死，立就國，語在長傳。故曲陽侯根薦莽以自代，上亦以爲莽有忠直節，〔二〕遂擢莽從侍中騎都尉光禄大夫爲大司馬。

〔一〕師古曰：伏罪，謂舊罪陰伏未發者也。

〔二〕【補注】先謙曰：官本、南監本奪「直」字。

歲餘，成帝崩，哀帝即位。太后詔莽就第，避帝外家。哀帝初優莽，不聽。莽上書固乞骸骨而退。上乃下詔曰：「曲陽侯根前在位，建社稷策。侍中太僕安陽侯舜往時護太子家，導朕，忠誠專壹，有舊恩。新都侯莽憂勞國家，執義堅固，庶幾與爲治，太皇太后詔休就第，〔一〕朕甚閔焉。其益封根二千户，舜五百户，莽三百五十户。以莽爲特進，朝朔望。」又還紅陽侯立京師。哀帝少而聞知王氏驕盛，心不能善，以初立，故優之。

〔一〕【補注】宋祁曰：越本無「太皇」字。

後月餘，司隸校尉解光奏：〔一〕「曲陽侯根宗重身尊，三世據權，五將秉政，天下輻湊自效。〔二〕根行貪邪，臧累鉅萬，縱横恣意，〔三〕大治第宅，〔四〕第中起土山，立兩市，殿上赤墀，户青瑣；〔五〕遊觀射獵，使奴從者被甲持弓弩，陳爲步兵；止宿離宫，水衡共張，〔六〕發民治道，百姓苦其役。内懷姦邪，欲筦朝政，〔七〕推親近吏主簿張業以爲尚書，蔽上壅下，內塞王路，外交藩臣，驕奢僭上，壞亂制度。案根骨肉至親，社稷大臣，〔八〕先帝棄天下，根不悲哀思慕，山陵未成，公聘取故掖庭女樂五官殷嚴、王飛君等，〔九〕置酒歌舞，捐忘先帝厚恩，背臣子義。及根兄子成都侯況幸得以外親繼父爲列侯侍中，不思報厚恩，亦聘取故掖庭貴人以爲妻，皆無人臣禮，大不敬不道。」於是天子曰：「先帝遇根、況父子，至厚也，今乃背忘恩義！」以根嘗建社稷之策，〔一〇〕遣就國。免況爲庶人，歸故郡。根及況父商所薦舉爲官者，皆罷。

〔一〕【補注】錢大昭曰：「校尉」二字衍。

〔二〕師古曰：效，獻也，獻其款誠。【補注】宋祁曰：浙本注文「獻」竝作「致」。

〔三〕師古曰：横音胡孟反。

〔四〕【補注】先謙曰：官本、南監本「第宅」作「室第」。

〔五〕【補注】王念孫曰：「户」下原有「下」字，「起土山，立兩市，殿上赤墀，户下青瑣」，皆相對爲文，今本脱「下」字，則句法參差矣。藝文類聚産業部、御覽資産部七引此皆有「下」字。

〔六〕師古曰：共音居用反。張音竹亮反。

〔七〕師古曰：筦與管同。

〔八〕師古曰：至親謂於成帝爲舅。

〔九〕如淳曰：五官，官名也。外戚傳曰五官視三百石。【補注】周壽昌曰：公聘取，言公然聘取爲妻，無顧忌也。

〔一〇〕師古曰：謂立哀帝爲嗣也。

後二歲，傅太后、帝母丁姬皆稱尊號。有司奏「新都侯莽前爲大司馬，貶抑尊號之議，虧損孝道，及平阿侯仁臧匿趙昭儀親屬，皆就國。」天下多冤王氏。

諫大夫楊宣上封事言：「孝成皇帝深惟宗廟之重，稱述陛下至德以承天序，聖策深遠，恩德至厚。惟念先帝之意，豈不欲以陛下自代，奉承東宮哉！〔一〕太皇太后春秋七十，數更憂傷，〔二〕敕令親屬引領以避丁、傅。〔三〕行道之人爲之隕涕，況於陛下，時登高遠望，獨不慙於延陵乎！」哀帝深感其言，復封商中子邑爲成都侯。元壽元年，日蝕。賢良對策多訟新都侯莽者，上於是徵莽及平阿侯仁還京師侍太后。曲陽侯根薨，國除。

〔一〕師古曰：言供養太后。
〔二〕師古曰：更，經也，音工衡反。
〔三〕師古曰：引領，自引首領而退也。

明年，哀帝崩，無子，太皇太后以莽爲大司馬，與共徵立中山王奉哀帝後，是爲平帝。帝年九歲，〔一〕常年被疾，太后臨朝，委政於莽，莽顓威福。紅陽侯立，莽諸父，平阿侯仁素剛直，莽内憚之，令大臣以罪過奏遣立、仁就國。莽日誑燿太后，言輔政致太平，羣臣奏請尊莽爲安漢公。後遂遣使者迫守立、仁令自殺，賜立謚曰荒侯，子柱嗣，仁謚曰剌侯，子術嗣。是歲，元始三年也。明年，莽風羣臣奏立莽女爲皇后。〔二〕又奏尊莽爲宰衡，莽母及兩子皆封爲列侯，語在莽傳。

〔一〕【補注】先謙曰：官本無「年」字。

〔二〕師古曰：風讀曰諷。

莽既外壹羣臣，令稱己功德，又内媚事旁側長御以下，賂遺以千萬數。白尊太后姊妹君俠爲廣恩君，君力爲廣惠君，君弟爲廣施君，皆食湯沐邑，日夜共譽莽。莽又知太后婦人厭居深宫中，莽欲虞樂以市其權，〔一〕乃令太后四時車駕巡狩四郊，〔二〕存見孤寡貞婦。春幸繭館，〔三〕率皇后列侯夫人桑，遵霸水而祓除；〔四〕夏遊篽宿、鄠、杜之間；〔五〕秋歷東館，望昆明，集黄山宫；冬饗飲飛羽，〔六〕校獵上蘭，〔七〕登長平館，〔八〕臨涇水而覽焉。太后所至屬縣，輒施恩惠，賜民錢帛牛酒，歲以爲常。太后從容言曰：〔九〕「我始入太子家時，見於丙殿，至今五六十歲尚頗識之。」〔一〇〕莽因曰：「太子宫幸近，可壹往遊觀，不足以爲勞。」於是太后幸太子宫，甚説。〔一一〕太后旁弄兒病在外舍，〔一二〕莽自親候之。其欲得太后意如此。

〔一〕張晏曰：以遊觀之樂易其權，若市買。師古曰：此虞與娱同。【補注】先謙曰：官本注無此字，南監本有。

〔二〕師古曰：邑外謂之郊，近二十里也。【補注】宋祁曰：「近」字下當有「郊」字。劉奉世曰：言郊不必二十里也，鄠槐里焉得云近？

〔三〕師古曰：漢宫閣疏云上林苑有繭觀，蓋蠶繭之所也。

〔四〕師古曰：桑，採桑也。遵，循也，謂緣水邊。【補注】先謙曰：續志「三月，皇后帥公卿諸侯夫人蠶，祠先蠶，禮用少牢。是月上巳，官民皆絜於東流水上，日洗濯祓，除去宿垢疢，爲大絜」。此祓禊之禮，亦緣西漢也。

〔五〕師古曰：篽宿苑在長安城南，今之御宿川是也。【補注】宋祁曰：「篽」，一本作「御」。

〔六〕師古曰：黄山宮在槐里。飛羽殿在未央宮中。羽字或作雨。【補注】沈欽韓曰：黄圖「豫中觀，武帝造，在昆明池中，亦曰昆明觀，即東館也」。館、觀字通。黄圖「未央宮有東明飛雨」。寰宇記引黄圖同，玉海作「飛羽」，蓋據此書改。案西都賦「後宮則有鴛鸞飛翔之列」。西京賦「後宮則昭陽飛翔」。疑翔字損，又訛羽爲雨。先謙曰：槐里縣有黄山宮，見地理志。

〔七〕師古曰：上蘭，觀名也，在上林中。

〔八〕師古曰：在長平坂也。【補注】先謙曰：長平觀見宣紀注。

〔九〕師古曰：從音千容反。

〔一〇〕師古曰：識，記也，音式志反。

〔一一〕師古曰：説讀曰悦。

〔一二〕服虔曰：官婢侍史生兒，取以作弄兒也。【補注】先謙曰：官本注「官」作「言」。

平帝崩，無子，莽徵宣帝玄孫選最少者廣戚侯子劉嬰，年二歲，託以卜相爲最吉。乃風公卿奏請立嬰爲孺子，〔一〕令宰衡安漢公莽踐祚居攝，〔二〕如周公傅成王故事。太后不以爲可，力不能禁，於是莽遂爲攝皇帝，改元稱制焉。俄而宗室安衆侯劉崇及東郡太守翟義等惡之，更舉兵欲誅莽。〔三〕太后聞之，曰：「人心不相遠也。〔四〕我雖婦人，亦知莽必以是自危，不可。」其後，莽遂以符命自立爲真皇帝，先奉諸符瑞以白太后，太后大驚。

〔一〕師古曰：風讀曰諷。

〔二〕【補注】先謙曰：官本「祚」作「阼」。

〔三〕師古曰：更音工衡反。

〔四〕師古曰：言所見者同。

初，漢高祖入咸陽〔一〕至霸上，秦王子嬰降於軹道，奉上始皇璽。及高祖誅項籍，即天子位，因御服其璽，世世傳受，號曰漢傳國璽。以孺子未立，〔二〕璽臧長樂宮。及莽即位，請璽，太后不肯授莽。莽使安陽侯舜諭指。舜素謹敕，太后雅愛信之。舜既見，太后知其爲莽求璽，怒罵之曰：「而屬父子宗族蒙漢家力，富貴累世，〔三〕既無以報，受人孤寄，乘便利時，奪取其國，〔四〕不復顧恩義。人如此者，狗豬不食其餘，〔五〕天下豈有而兄弟邪！且若自以金匱符命爲新皇帝，〔六〕變更正朔服制，亦當自更作璽，傳之萬世，何用此亡國不祥璽爲，而欲求之？我漢家老寡婦，旦暮且死，欲與此璽俱葬，終不可得！」太后因涕泣而言，旁側長御以下皆垂涕。舜亦悲不能自止，良久乃仰謂太后：「臣等已無可言者。〔七〕莽必欲得傳國璽，太后寧能終不與邪！」太后聞舜語切，恐莽欲脅之，乃出漢傳國璽，投之地〔八〕以授舜，曰：「我老已死，知而兄弟，今族滅也！」〔九〕舜既得傳國璽，奏之，莽大說，〔一〇〕乃爲太后置酒未央宮漸臺，大縱衆樂。

〔一〕【補注】王念孫曰：「高祖」上不當有「漢」字，此涉下文「漢傳國璽」而衍。北堂書鈔儀飾部二、御覽儀飾部三引此皆無「漢」字。

〔二〕【補注】宋祁曰：別本作「未即立」，或作「未即位」。

〔三〕師古曰：而，汝也。

〔四〕師古曰：孤寄，言以孤寄託之。

〔五〕師古曰：言惡賤。

〔六〕師古曰：若亦汝。

〔七〕師古曰：言不可諫止。

〔八〕【補注】沈欽韓曰：玉璽記「元后出璽投地，璽上螭一角缺」。後書曹皇后紀「魏受禪，遣使求璽綬，后怒不與，如此數輩，后乃呼使者入親數讓之，以璽抵軒下，因涕泣橫流曰：『天不祚爾！』」與元后事亦相類。

〔九〕【補注】宋祁曰：「知而」，越本「知」作「如」。考異更作「如」。先謙曰：官本「族滅」作「滅族」。今猶即也。

〔一〇〕師古曰：說讀曰悅。

莽又欲改太后漢家舊號，易其璽綬，恐不見聽，而莽疏屬王諫欲諂莽，上書言：「皇天廢去漢而命立新室，太皇太后不宜稱尊號，當隨漢廢，以奉天命。」莽乃車駕至東宮，親以其書白太后。太后曰：「此言是也！」〔一〕莽因曰：「此誖德之臣也，〔二〕罪當誅！」於是冠軍張永獻符命銅璧，文〔三〕言「太皇太后當爲新室文母太皇太后」。〔四〕莽乃下詔曰：「予視羣公，咸曰『休哉！〔五〕其文字非刻非畫，厥性自然』。予伏念皇天命予爲子，更命太皇太后爲『新室文母太皇太后』，協于新室〔六〕故交代之際，信於漢氏。哀帝之代，世傳行詔籌，爲西王母共具之祥，〔七〕當爲歷代爲母，昭然著明。予祗畏天命，敢不欽承！謹以令月吉日，親率羣公諸侯卿士，奉上皇太后璽紱，〔八〕以當順天心，光于四海焉。」太后聽許。莽於是鴆殺王諫，而封張永爲貢符子。

〔一〕師古曰：恚懟之辭也。

〔二〕師古曰：誖，乖也，音布內反。

〔三〕【補注】先謙曰：冠軍，南陽縣。

〔四〕服虔曰：銅璧，如璧形以銅爲之也。【補注】劉奉世曰：當云新室文母皇太后。

〔五〕師古曰：視讀曰示。休，美也。

〔六〕【補注】宋祁曰：熙寧監本作「協於新」，淳化本作「新室」。何焯曰：案此黄氏麻沙本所載，然宋景文公卒於仁宗時，遺奏請擇宗室爲匕鬯之主，安得見熙寧監本耶？但「室」字疑衍，姑存此説，以見宋本固有與予意同者矣。

〔七〕師古曰：共音居用反。

〔八〕師古曰：比紱謂璽之組也。【補注】先謙曰：「比」字誤，官本、南監本作「此」，並在「四海焉」下。

初，莽爲安漢公時，又諂太后，奏尊元帝廟爲高宗，太后晏駕後當以禮配食云。及莽改號太后爲新室文母，絶之於漢，不令得體元帝。墮壞孝元廟，〔一〕更爲文母太后起廟，獨置孝元廟故殿以爲文母篹食堂，〔二〕既成，名曰長壽宮。以太后在，故未謂之廟。莽以太后好出遊觀，乃車駕置酒長壽宮，請太后。既至，見孝元廟廢徹塗地，太后驚，泣曰：「此漢家宗廟，皆有神靈，與何治而壞之！〔三〕且使鬼神無知，又何用廟爲！如令有知，我乃人之妃妾，豈宜辱帝之堂以陳饋食哉！」私謂左右曰：「此人嫚神多矣，能久得祐乎！」飲酒不樂而罷。

〔一〕師古曰：墮，毁也，音火規反。

〔二〕孟康曰：篹音撰。晉灼曰：篹，具也。

〔三〕師古曰：與音曰預。言此何罪，於汝無所過預，何爲毀壞之！【補注】先謙曰：官本、南監本「音」下無「曰」字，「過」作「干」。

自莽篡位後，知太后怨恨，求所以媚太后無不爲，然愈不説。〔一〕莽更漢家黑貂，著黄貂，〔二〕又改漢正朔伏臘日。太后令其官屬黑貂，至漢家正臘日，〔三〕獨與其左右相對飲酒食。〔四〕

〔一〕師古曰：説音曰悦。

〔二〕孟康曰：侍中所著貂也。莽更漢制也。師古曰：更亦改。

〔三〕【補注】沈欽韓曰：通典「高堂隆議，王者各以其行之盛而祖，以其終而臘，火始於寅，盛於午，終於戌，故火行之君，以午祖，以戌臘」。宋祝穆事文類聚「國朝用漢臘，蓋冬至後第三戌大墓日也，是爲臘。古法遇閏歲，即以第四戌爲臘，不可在十一月也」。後書陳寵傳「其祖咸，於王莽時猶用漢家祖臘，曰，我先人豈知王氏臘乎？」

〔四〕【補注】王念孫曰：御覽服章部五引此「食」下有「肉」字，於義爲長。

太后年八十四，建國五年二月癸丑崩。三月乙酉，合葬渭陵。莽詔大夫揚雄作誄曰：「太陰之精，沙麓之靈，作合於漢，配元生成。」〔一〕著其協於元城沙麓。泰陰精者，〔二〕謂夢月也。太后崩後十年，漢兵誅莽。

〔一〕【補注】王先慎曰：揚雄文見類聚十五，古文苑二十。

〔二〕【補注】先謙曰：官本、南監本「泰」作「太」。

初，紅陽侯立就國南陽，與諸劉結恩，立少子丹爲中山太守。〔一〕世祖初起，丹降爲將軍，戰死。上閔之，封丹子泓爲武桓侯，至今。〔二〕

〔一〕【補注】何焯曰：後書王丹別是一人。周壽昌曰：中山自元帝永元二年，復爲國，平帝時，太皇太后立桃鄉侯爲中山王，奉孝王後。立之封紅陽，在成帝河平二年，平帝元始四年，子柱嗣侯，時中山國未廢，不能有太守，此或是王莽時。然莽已易中山曰常山，易太守爲卒正、連率、大尹之名，亦不得稱中山太守矣。

〔二〕師古曰：泓音於宏反。【補注】周壽昌曰：表云建武元年，泓以父丹爲將軍，戰死，往與上有舊，侯與傳同，而後書未載丹事。

司徒掾班彪曰：三代以來，〔一〕春秋所記，王公國君，與其失世，稀不以女寵。漢興，后妃之家呂、霍、上官，幾危國者數矣。〔二〕及王莽之興，由孝元后歷漢四世爲天下母，饗國六十餘載，羣弟世權，更持國柄，〔三〕五將十侯，卒成新都。位號已移於天下，而元后卷卷猶握一璽，〔四〕不欲以授莽，婦人之仁，悲夫！

〔一〕【補注】宋祁曰：「三代」字上，當有「自」字。

〔二〕師古曰：幾音巨依反。數音所角反。

〔三〕師古曰：更工衡反。【補注】先謙曰：官本注，「工」上有「音」字。

〔四〕師古曰：卷音其圓反，解在劉向傳。

王莽傳第六十九上

王莽字巨君，孝元皇后之弟子也。元后父及兄弟皆以元、成世封侯，居位輔政，家凡九侯、五大司馬，語在元后傳。〔一〕唯莽父曼蚤死，不侯。〔二〕莽羣兄弟皆將軍五侯子，乘時侈靡，〔三〕以輿馬聲色佚游相高，〔四〕莽獨孤貧，因折節爲恭儉。受禮經，師事沛郡陳參，勤身博學，被服如儒生。〔五〕事母及寡嫂，養孤兄子，行甚敕備。〔六〕又外交英俊，内事諸父，曲有禮意。陽朔中，世父大將軍鳳病，〔七〕莽侍疾，親嘗藥，亂首垢面，不解衣帶連月。鳳且死，以託太后及帝，拜爲黄門郎，遷射聲校尉。

〔一〕師古曰：外戚傳言十侯，此云九侯，以鳳本嗣禁爲侯。【補注】齊召南曰：案外戚及元后傳言十侯，自元后親屬計之，并數定陵侯淳于長也。此專言王氏，故云九侯。周壽昌曰：外戚傳云家凡十侯，此云九侯，益知淳于長之不能與也。先謙曰：官本、南監本注「九侯」作「九者」。

〔二〕師古曰：蚤，古早字。

〔三〕師古曰：乘，因也，因貴戚之時。【補注】先謙曰：官本注「戚」作「盛」，是。

〔四〕師古曰：佚字與逸同。

〔五〕師古曰：被音皮義反。

〔六〕師古曰：敕，整也。

〔七〕師古曰：謂伯父也，以居長嫡而繼統也。

久之，叔父成都侯商上書，願分户邑以封莽，及長樂少府戴崇、侍中金涉、胡騎校尉箕閎、上谷都尉陽竝、中郎陳湯，皆當世名士，咸爲莽言，上由是賢莽。永始元年，封莽爲新都侯，國南陽新野之都鄉，千五百户。遷騎都尉光禄大夫侍中，宿衛謹敕，爵位益尊，節操愈謙。散輿馬衣裘，振施賓客，〔一〕家無所餘。收贍名士，交結將相卿大夫甚衆。故在位更推薦之，〔二〕游者爲之談説，虚譽隆洽，傾其諸父矣。敢爲激發之行，處之不慙恧。〔三〕

〔一〕師古曰：振，舉也。

〔二〕師古曰：更音工衡反。

〔三〕師古曰：激，急動也。恧，愧也。激音工歷反。恧音女六反。

莽兄永爲諸曹，蚤死，有子光，莽使學博士門下。莽休沐出，振車騎，〔一〕奉羊酒，勞遺其師，恩施下竟同學。〔二〕諸生縱觀，長老嘆息。光年小於莽子宇，莽使同日内婦，賓客滿堂。須臾，一人言太夫人苦某痛，當飲某藥，比客罷者數起焉。〔三〕爲私買侍婢，〔四〕昆弟或頗聞知，莽因曰：「後將軍朱子元無子，〔五〕莽聞此兒種宜子，〔六〕爲買之。」即日以婢奉子元。其匿情求名如此。

〔一〕師古曰：振，整也。一曰，振，張起也。
〔二〕師古曰：竟，周徧也。
〔三〕師古曰：比音必寐反。數音所角反。
〔四〕【補注】先謙曰：官本、南監本「爲」作「嘗」，是。
〔五〕師古曰：謂朱博。
〔六〕師古曰：此兒謂所買婢也。

是時，太后姊子淳于長以材能爲九卿，先進在莽右。〔一〕莽陰求其罪過，〔二〕因大司馬曲陽侯根白之，長伏誅，莽以獲忠直，語在長傳。根因乞骸骨，薦莽自代，上遂擢爲大司馬。是歲，綏和元年也，年三十八矣。莽既拔出同列，繼四父而輔政，〔三〕欲令名譽過前人，遂克己不倦，聘諸賢良〔四〕以爲掾史，賞賜邑錢〔五〕悉以享士，愈爲儉約。母病，公卿列侯遣夫人問疾，莽妻迎之，衣不曳地，布蔽膝。〔六〕見之者以爲僮使，問知其夫人，皆驚。

〔一〕師古曰：名位居其右。(在)〔右〕，前也。
〔二〕【補注】先謙曰：官本「陰」作「因」。
〔三〕師古曰：鳳、商、音、根四人皆爲大司馬，而莽之諸父也。
〔四〕【補注】宋祁曰：「聘諸」當作「聘請」。
〔五〕【補注】先謙曰：邑錢謂國邑賦入。
〔六〕【補注】沈欽韓曰：方言「蔽厀，江、淮之間謂之褘，或謂之袚。魏宋南楚之間謂之大巾，自關東西謂之蔽厀，齊、魯之郊謂之袚」。釋器「衣蔽前謂之襜」。注「今蔽厀」。陳祥道禮書「劉熙曰：『韠以蔽前，婦人蔽厀亦如之。』」唐志「婦人蔽膝，皆如其夫」。案隋志，乘輿及公卿冕服者，韍隨裳色，玄衣纁裳則爵韠，若通天冠、遠遊冠、絳紗袍、朝服絳紗單衣者，並絳紗蔽膝。皇后六服，俱絳紗蔽膝。然則禮服仍存韍韠之名，常服則蔽膝也。

輔政歲餘，成帝崩，哀帝即位，尊皇太后爲太皇太后。太后詔莽就第，避帝外家。莽上疏乞骸骨，哀帝遣尚書令詔莽曰：「先帝委政於君而棄羣臣，朕得奉宗廟，誠嘉與君同心合意。今君移病求退，〔一〕以著朕之不能奉順先帝之意，〔二〕朕甚悲傷焉。已詔尚書待君奏事。」又遣丞相孔光、大司空何武、左將軍師丹、衛尉傅喜白太后曰：「皇帝聞太后詔，甚悲。大司馬即不起，皇帝即不敢聽政。」太后復令莽視事。

〔一〕師古曰：移書言病也。一曰，以病而移居也。

〔二〕師古曰：著，明也。

時哀帝祖母定陶傅太后、母丁姬在，高昌侯董宏上書言：「春秋之義，母以子貴，丁姬宜上尊號。」莽與師丹共劾宏誤朝不道，語在丹傳。後日，未央宮置酒，內者令爲傅太后張幄，坐於太皇太后坐旁。〔一〕莽案行，責內者令曰：「定陶太后藩妾，何以得與至尊並！」徹去，更設坐。傅太后聞之，大怒，不肯會，重怨恚莽。〔二〕莽復乞骸骨，哀帝賜莽黃金五百斤，安車駟馬，罷就第。公卿大夫多稱之者，上乃加恩寵，置使家，中黃門〔三〕十日一賜餐。下詔曰：「新都侯莽憂勞國家，執義堅固，朕庶幾與爲治。太皇太后詔莽就第，朕甚閔焉。其以黃郵聚户三百五十益封莽，〔四〕位特進，給事中，朝朔望，見禮如三公，〔五〕車駕乘緑車從。」〔六〕後二歲，傅太后、丁姬皆稱尊號，丞相朱博奏：「莽前不廣尊尊之義，抑貶尊號，虧損孝道，當伏顯戮，幸蒙赦令，不宜有爵土，請免爲庶人。」上曰：「以莽與太皇太后有屬，勿免，遣就國。」

〔一〕師古曰：坐，並音材卧反。

〔二〕師古曰：會謂至置酒所也。重音直用反。

〔三〕蘇林曰：使黄門在其家中爲使令。【補注】沈欽韓曰：置專使侯家，中黄門爲十日一賜餐也。六典「凡宦人無官品者，稱内給使」。杜甫詩「黄門飛鞚不動塵，御厨絡繹送八珍」，意蓋本此。蘇説非。

〔四〕服虔曰：黄郵在南陽棘陽縣。【補注】宋祁曰：郵，説文曰「郵，境上行書舍也」。倉頡篇曰「郵，過書之官也」。廣雅云「驛也」。益封莽，别本、越本無「莽」字。先謙曰：黄郵聚，見淯水注，地名也。宋釋郵義誤。

〔五〕師古曰：見天子之禮也。見音胡電反。

〔六〕師古曰：緑車，皇孫之車，天子出行，令莽乘之以從，所以寵也。

莽杜門自守，其中子獲殺奴，〔一〕莽切責獲，令自殺。在國三歲，吏上書冤訟莽者以百數。〔二〕元壽元年，日食，賢良周護、宋崇等對策深頌莽功德，上於是徵莽。

〔一〕師古曰：獲者，莽子之名也。今書本有作護字者，流俗所改耳。

〔二〕師古曰：言其合管朝政，不當就國也。【補注】宋祁曰：「吏」字下當有「民」字。

始莽就國，南陽太守以莽貴重，選門下掾宛孔休守新都相。〔一〕休謁見莽，莽盡禮自納，休亦聞其名與相答。後莽疾，休候之，莽緣恩意，進其玉具寶劍，欲以爲好。〔二〕休不肯受，莽因曰：「誠見君面有瘢，〔三〕美玉可以滅瘢，欲獻其瑑耳。」〔四〕即解其瑑，〔五〕休復辭讓。莽曰：「君嫌其賈邪？」〔六〕遂椎碎之，〔七〕自裹以進休，休乃受。及莽徵去，欲見休，休稱疾不見。〔八〕

〔一〕師古曰：姓孔名休，宛縣人。
〔二〕師古曰：結歡好也，音呼到反。
〔三〕師古曰：瘢，創痕也。痕音下恩反。
〔四〕【補注】宋祁曰：「耳」字當刪。
〔五〕服虔曰：瑑音衞。蘇林曰：劍鼻也。師古曰：瑑字本作璏，從王彘聲，後轉寫者訛也。瑑自雕瑑字耳，音象也。【補注】沈欽韓曰：攷工記玉人注「瑑，文飾也」。說文「璏，劍鼻也」。說苑善說篇「襄城君帶玉璏劍」。案，瑑爲文飾，若桓圭信圭之類。璏劍鼻者，即劍鐔。先謙曰：官本注「作璏」作「作彘」，「音象」作「音瑑」，南監本作「音篆」，是。
〔六〕師古曰：賈讀曰價，言其所有價直也。
〔七〕師古曰：椎音直追反，其字從木。
〔八〕【補注】沈欽韓曰：後書卓茂傳「休字子泉，王莽秉權，休去官歸家，及莽篡位，遣使齎玄纁束帛，請爲國師，遂歐血託病，杜門自絕」。案休之高節，賴范書甄明之。

莽還京師歲餘，哀帝崩，無子，而傅太后、丁太后皆先薨，太皇太后即日駕之未央宮收取璽綬，遣使者馳召莽。詔尚書，諸發兵符節，百官奏事，中黄門、期門兵皆屬莽。莽白：「大司馬高安侯董賢年少，不合衆心，收印綬。」賢即日自殺。太后詔公卿舉可大司馬者，大司徒孔光、大司空彭宣舉莽，前將軍何武、後將軍公孫禄互相舉。〔一〕太后拜莽爲大司馬，與議立嗣。安陽侯王舜，莽之從弟，其人修飭，〔二〕太后所信愛也，莽白以舜爲車騎將軍，使迎中山王奉成帝後，是爲孝平皇帝。帝年九歲，太后臨朝稱制，委政於莽。莽白趙氏前害皇子，傅氏驕僭，遂廢孝成趙皇后、孝哀傅皇后，皆令自殺，語在外戚傳。

〔一〕【補注】錢大昕曰：公卿表、何武傳俱云禄爲左將軍，此作後將軍，誤也。

〔二〕師古曰：飭讀與敕同。敕，整也。

莽以大司徒孔光名儒，相三主，太后所敬，天下信之，於是盛尊事光，引光女壻甄邯爲侍中奉車都尉。諸哀帝外戚及大臣居位素所不説者，〔一〕莽皆傅致其罪，〔二〕爲請奏，令邯持與光。光素畏慎，不敢不上之，莽白太后，輒可其奏。於是前將軍何武、後將軍公孫禄坐互相舉免，丁、傅及董賢親屬皆免官爵，徙遠方。紅陽侯立太后親弟，雖不居位，莽以諸父内敬憚之，畏立從容言太后，令己不得肆意，〔三〕乃復令光奏立舊惡：「前知定陵侯淳于長犯大逆罪，多受其賂，爲言誤朝；〔四〕後白以官婢楊寄私子爲皇子，衆言曰吕氏、少帝復出，紛紛爲天下所疑，難以示來世，成繦褓之功。請遣立就國。」太后不聽。莽曰：「今漢家衰，比世無嗣，〔五〕太后獨代幼主統政，誠可畏懼，力用公正先天下，尚恐不從，〔六〕今以私恩逆大臣議如此，羣下傾邪，亂從此起！宜可且遣就國，安後復徵召之。」〔七〕太后不得已，遣立就國。莽之所以脅持上下，皆此類也。

〔一〕師古曰：説讀曰悦。
〔二〕師古曰：傳讀曰附。附益而引致之令入罪。
〔三〕師古曰：肆，放也。【補注】先謙曰：官本、南監本無此注。
〔四〕師古曰：妄稱譽之，誤惑朝廷也。
〔五〕師古曰：比，頻也。
〔六〕師古曰：力，勉力。
〔七〕師古曰：安猶徐也。【補注】先謙曰：通鑑胡注「安，定也。安後猶言事定後也」。何焯云「安後謂國家少安之後，顏注非」。先謙案：二説並通。

於是附順者拔擢，忤恨者誅滅。王舜、王邑爲腹心，甄豐、甄邯主擊斷，平晏領機事，劉歆典文章，孫建爲爪牙。〔一〕豐子尋、歆子棻、〔二〕涿郡崔發、南陽陳崇皆以材能幸於莽。莽色厲而言方，〔三〕欲有所爲，微見風采，〔四〕黨與承其指意而顯奏之，莽稽首涕泣，固推讓焉，上以惑太后，下用示信於衆庶。

〔一〕【補注】周壽昌曰：傅介子等傳贊云「孫建以威重顯」。游俠傳「王莽素善强弩將軍孫建，建匿漕中叔，莽性果賊，無所容忍，然重建，竟不問」。建仕莽至立國將軍成新公，莽欲以其女平帝后改稱黃皇室主者，嫁建之子，其寵任可知。

〔二〕師古曰：棻或作⿰扌棻字，音扶云反。
〔三〕師古曰：外示凜厲之色，而假爲方直之言。【補注】先謙曰：官本「方」作「之」，引宋祁曰，「而言之」當作「而言方」。先謙案，南監本作「方」。
〔四〕師古曰：見音胡電反。

始，風益州令塞外蠻夷獻白雉，〔一〕元始元年正月，莽白太后下詔，以白雉薦宗廟。羣臣因奏言太后「委任大司馬莽定策安宗廟。故大司馬霍光有安宗廟之功，益封三萬户，疇其爵邑，比蕭相國。莽宜如光故事」。太后問公卿曰：〔二〕「誠以大司馬有大功當著之邪？〔三〕將以骨肉故欲異之也？」於是羣臣乃盛陳「莽功德致周成白雉之瑞，千載同符。聖王之法，臣有大功則生有美號，故周公及身在而託號於周。〔四〕莽有定國安漢家之大功，宜賜號曰安漢公，益户，疇爵邑，上應古制，下準行事，〔五〕以順天心」。太后詔尚書具其事。

〔一〕師古曰：風讀曰諷。下皆類此。
〔二〕【補注】宋祁曰：「問」字上當有「召」字。
〔三〕師古曰：著，明也。
〔四〕【補注】先謙曰：官本「託」作「記」，南監本仍作「託」。
〔五〕【補注】劉敞曰：行事，即已行之事。先謙曰：行事猶言故事。古制謂周公故事，指霍光。

莽上書言：「臣與孔光、王舜、甄豐、甄邯共定策，今願獨條光等功賞，寑置臣莽，勿隨輩列。」甄邯白太后下詔曰：「『無偏無黨，王道蕩蕩。』〔一〕屬有親者，義不得阿。君有安宗廟之功，不可以骨肉故蔽隱不揚。君其勿辭。」莽復上書讓。太后詔謁者引莽待殿東箱，莽稱疾不肯入。太后使尚書令恂詔之曰：「君以選故而辭以疾，〔二〕君任重，不可闕，以時亟起。」〔三〕莽遂固辭。〔四〕太后復使長信太僕閎承制召莽，莽固稱疾。左右白太后，宜勿奪莽意，但條孔光等，莽乃肯起。太后下詔曰：「太傅博山侯光宿衛四世，世爲傅相，忠孝仁篤，行義顯著，建議定策，益封萬户，以光爲太師，與四輔之政。〔五〕車騎將軍安陽侯舜積累仁孝，使迎中山王，折衝萬里，功德茂著，益封萬户，以舜爲太保。左將軍光禄勳豐宿衛三世，忠信仁篤，〔六〕使迎中山王，輔導共養，以安宗廟，〔七〕封豐爲廣陽侯，食邑五千户，以豐爲少傅。皆授四輔之職，疇其爵邑，各賜第一區。侍中奉車都尉邯宿衛勤勞，建議定策，封邯爲承陽侯，食邑二千四百户。」〔八〕四人既受賞，莽尚未起，羣臣復上言：「莽雖克讓，朝所宜章，以時加賞，明重元功，無使百僚元元失望。」太后乃下詔曰：「大司馬新都侯莽三世爲三公，典周公之職，建萬世策，功能爲忠臣宗，〔九〕化流海内，遠人慕義，越裳氏重譯獻白雉，〔一〇〕其以召陵、新息二縣户二萬八千益封莽，復其後嗣，疇其爵邑，〔一一〕封功如蕭相國。〔一二〕以莽爲太傅，幹四輔之事，號曰安漢公。以故蕭相國甲第爲安漢公第，定著於令，傳之無窮。」

〔一〕師古曰：尚書洪範之言也。蕩蕩，廣平之貌也。故引之。

〔二〕師古曰：選，善也。國家欲褒其善，加號疇邑，乃以疾辭。

〔三〕師古曰：亟，急也，音居力反。
〔四〕【補注】先謙曰：遂猶竟也。
〔五〕師古曰：與讀曰豫。
〔六〕師古曰：篤，厚也。
〔七〕師古曰：共音居用反。養音弋亮反。
〔八〕師古曰：承音蒸。【補注】先謙曰：官本「二」作「三」。
〔九〕【補注】先謙曰：官本、南監本「能」作「德」。
〔一〇〕【補注】宋祁曰：熙寧監本、越本無「裳」字。
〔一一〕師古曰：復音方目反。
〔一二〕【補注】宋祁曰：邵本云「封加如蕭相國」。劉敞曰：「封」字衍。

於是莽爲惶恐，不得已而起受策。〔一〕策曰：「漢危無嗣，而公定之；四輔之職，三公之任，而公幹之；羣僚衆位，而公宰之；功德茂著，宗廟以安，蓋白雉之瑞，周成象焉。〔二〕故賜嘉號曰安漢公，輔翼于帝，期於致平，〔三〕毋違朕意。」莽受太傅安漢公號，讓還益封疇爵邑事，云願須百姓家給，然後加賞。〔四〕羣公復爭，太后詔曰：「公自期百姓家給，是以聽之。其令公奉、舍人、賞賜皆倍故。〔五〕百姓家給人足，大司徒、大司空以聞。」莽復讓不受，而建言宜立諸侯王後及高祖以來功臣子孫，大者封侯，或賜爵關内侯，食邑，然後及諸在位，各有第序。上尊宗廟，增加禮樂；下惠士民鰥寡，恩澤之政，無所不施。〔六〕語在平紀。

〔一〕【補注】蘇輿曰：爲、僞同。

〔二〕師古曰：言莽致白雉之瑞，有周公相成王之象。

〔三〕師古曰：致太平。

〔四〕師古曰：給，足也。家給，家家自足。【補注】先謙曰：官本注「自」作「給」。

〔五〕師古曰：奉，所食之奉也。舍人，私府吏員也。倍故，數多於人各一倍也。奉音扶用反。【補注】先謙曰：官本注「於」下「人」作「故」，是。

〔六〕【補注】何焯曰：上尊宗廟，謂奏尊元帝廟爲高宗，以諂惑太后；下施恩澤，以明自言願須百姓家給，非空言飾讓，示信衆庶也。

莽既說衆庶，〔一〕又欲專斷，知太后猒政，乃風公卿〔二〕奏言：「往者，吏以功次遷至二千石，及州部所舉茂材異等吏，率多不稱，宜皆見安漢公。又太后不宜親省小事。」令太后下詔曰：「皇帝幼年，朕且統政，比加元服。〔三〕今衆事煩碎，朕春秋高，精氣不堪，殆非所以安躬體而育養皇帝者也。故選忠賢，立四輔，羣下勸職，永以康寧。孔子曰：『巍巍乎，舜禹之有天下而不與焉！』〔四〕自今以來，非封爵乃以聞，〔五〕他事，安漢公、四輔平決。州牧、二千石及茂材吏初除奏事者，輒引入至近署對安漢公，考故官，問新職，以知其稱否。」於是莽人人延問，致密恩意，厚加贈送，其不合指，顯奏免之，權與人主侔矣。

〔一〕師古曰：說讀曰悅。【補注】錢大昭曰：「庶」，南監本、閩本作「意」。先謙曰：官本作「意」。

〔二〕師古曰：風讀曰諷。

〔三〕師古曰：比至平帝加元服以來，太后且統政也。比音必寐反。【補注】宋祁曰：「元服」下當有「者」字。
〔四〕師古曰：論語載孔子之言也。巍巍，高貌也。言舜禹之治天下，委任賢臣以成其功，而不身親其事也。與讀曰豫。
〔五〕【補注】先謙曰：「非」字誤，官本、南監本作「惟」。

莽欲以虛名説太后，〔一〕白言「親承前孝哀丁、傅奢侈之後，百姓未贍者多，太后宜且衣繒練，頗損膳，以視天下」。〔二〕莽因上書，願出錢百萬，獻田三十頃，付大司農助給貧民。於是公卿皆慕效焉。莽帥羣臣奏言：「陛下春秋尊，久衣重練，減御膳，誠非所以輔精氣，育皇帝，安宗廟也。臣莽數叩頭省户下，白爭未見許。今幸賴陛下德澤，間者風雨時，甘露降，神芝生，蓂莢、朱草、嘉禾，休徵同時並至。〔三〕臣莽等不勝大願，願陛下愛精休神，闊略思慮，〔四〕遵帝王之常服，復太官之法膳，〔五〕使臣子各得盡驩心，備共養。唯哀省察！」莽又令太后下詔曰：「蓋聞母后之義，思不出乎門閾。〔六〕國不蒙佑，皇帝年在繦褓，未任親政，戰戰兢兢，懼於宗廟之不安。國家之大綱，微朕孰當統之？〔七〕是以孔子見南子，周公居攝，蓋權時也。〔八〕勤身極思，憂勞未綏，故國奢則視之以儉，〔九〕矯枉者過其正，而朕不身帥，將謂天下何！夙夜夢想，五穀豐孰，百姓家給，比皇帝加元服，委政而授焉。〔一〇〕今誠未皇于輕靡而備味，〔一一〕庶幾與百僚有成，其勗之哉！」〔一二〕每有水旱，莽輒素食，〔一三〕左右以白。太后遣使者詔莽曰：「聞公菜食，憂民深矣。今秋幸孰，公勤於職，以時食肉，愛身爲國。」

〔一〕師古曰：説讀曰悦。

〔二〕師古曰：繒練謂帛無文者。視讀曰示。

〔三〕師古曰：休，美也。徵，證也。

〔四〕師古曰：闊，寬也。略，簡也。

〔五〕【補注】先謙曰：官本「太」作「大」。

〔六〕師古曰：閾，門橛也，音域。【補注】宋祁曰：監本無「門」字。沈欽韓曰：列女傳「孟子母曰：婦人有閨内之修，而無境外之志」。

〔七〕師古曰：微，無也。

〔八〕師古曰：南子，衞靈公夫人。孔子欲説靈公以治道，故見南子也。

〔九〕師古曰：視讀曰示。【補注】王文彬曰：語見禮記檀弓。

〔一〇〕師古曰：比音必寐反。

〔一一〕師古曰：皇，暇也。靡，細也。

〔一二〕師古曰：勗，勉也。

〔一三〕師古曰：素食即菜食也，解在霍光傳。

莽念中國已平，唯四夷未有異，乃遣使者齎黄金幣帛，重賂匈奴單于，使上書言：「聞中國譏二名，〔一〕故名囊知牙斯今更名知，慕從聖制。」又遣王昭君女須卜居次入侍。所以誑耀媚事太后，下至旁側長御，方故萬端。

〔一〕【補注】沈欽韓曰：公羊定六年傳「曷爲謂之仲孫忌？譏二名，二名非禮也」。何休云，爲其難諱也。

莽既尊重，欲以女配帝爲皇后，以固其權，奏言：「皇帝即位三年，長秋宮未建，液廷媵未充。〔一〕乃者，國家之難，本從亡嗣，配取不正。請考論五經，定取禮，〔二〕正十二女之義，〔三〕以廣繼嗣。博采二王後及周公孔子世列侯在長安者適子女。」〔四〕事下有司，上衆女名，王氏女多在選中者。莽恐其與己女爭，即上言：「身亡德，子材下，不宜與衆女並采。」太后以爲至誠，乃下詔曰：「王氏女，朕之外家，其勿采。」庶民、諸生、郎吏以上守闕上書者日千餘人，公卿大夫或詣廷中，或伏省戶下，咸言：「明詔聖德巍巍如彼，安漢公盛勳堂堂若此，今當立后，獨奈何廢公女？天下安所歸命！願得公女爲天下母。」莽遣長史以下分部曉止公卿及諸生，〔五〕而上書者愈甚。太后不得已，聽公卿采莽女。莽復自白：「宜博選衆女。」公卿爭曰：「不宜采諸女以貳正統。」〔六〕莽白：「願見女。」太后遣長樂少府、宗正、尚書令納采見女，還奏言：「公女漸漬德化，有窈窕之容，〔七〕宜承大序，奉祭祀。」〔八〕有詔遣大司徒、大司空策告宗廟，雜加卜筮，皆曰：「兆遇金水王相，卦遇父母得位，〔九〕所謂『康强』之占，『逢吉』之符也。」〔一〇〕信鄉侯佟上言：〔一一〕「春秋，天子將娶於紀，則褒紀子稱侯，〔一二〕安漢公國未稱古制。」〔一三〕事下有司，皆（白）〔曰〕：「古者天子封后父百里，尊而不臣，以重宗廟，孝之至也。佟言應禮，可許。請以新野田二萬五千六百頃益封莽，滿百里。」莽謝曰：「臣莽子女誠不足以配至尊，復聽衆議，益封臣莽。伏自惟念，得託肺腑，〔一四〕獲爵土，如使子女誠能奉稱聖德，臣莽國邑足以共朝貢，〔一五〕不須復加益地之寵。願歸所益。」太后許之。有司奏「故事，聘皇后黄金二萬斤，〔一六〕爲錢二萬萬」。莽深辭讓，受四千萬，而以其三千三百萬予十一媵家。羣臣復言：「今皇后受聘，踰羣妾亡幾。」〔一七〕有詔，復益二千三百萬，合爲三千萬。莽復以其千萬分予九族貧者。

〔一〕師古曰：液與掖同音通用。【補注】先謙曰：官本「通」上有「古字」二字。

〔二〕師古曰：取皆讀曰娶。

〔三〕【補注】沈欽韓曰：列女傳「天子十二，諸侯九，大夫三，士二」。檀弓注「舜但三妃，夏后氏增以三三而九，合十二人」。春秋説云「天子取十二」，即夏制也。

〔四〕師古曰：適讀曰嫡。謂妻所生也。【補注】先謙曰：官本「生」下有「女」字。

〔五〕師古曰：分音扶問反。

〔六〕師古曰：皇后之位當在莽女也。【補注】先謙曰：官本注「皇」上有「言」字。

〔七〕師古曰：窈窕，幽閑也。

〔八〕【補注】先謙曰：官本「大」作「天」，是。

〔九〕孟康曰：金水相生也。張晏曰：金王則水相也。遇父母，謂泰卦乾下巛上，天下於地，是配享之卦。師古曰：王音于放反。【補注】劉攽曰：予謂但言父母得位，安知是泰卦乎？錢大昭曰：服虔云「卜法：横者爲土，立者爲木，邪向經者爲金，背金者爲火，因兆而細曲者爲水」。

〔一〇〕【補注】沈欽韓曰：洪範正義，馬融云「逢，大也」。

〔一一〕師古曰：王子侯表清河綱王子豹始封新鄉侯，傳爵至曾孫佟，王莽簒位賜姓王即謂此也。而此傳作信鄉侯，古者新、信同音故耳。佟音從冬反。【補注】先謙曰：官本、南監本「從」作「徒」。

〔一二〕師古曰：解在外戚恩澤侯表也。【補注】沈欽韓曰：公羊隱二年見經稱子，桓二年，稱紀侯，何休云「稱侯者，天子將娶于紀，與之奉宗廟，傳之無窮，重莫大焉，故封之百里」。穀梁解云時王所進。

〔一三〕師古曰：稱，副也，音尺孕反。其下亦同。

〔一四〕【補注】先謙曰：「胏胕」當作「柿附」，説詳劉向傳。

〔一五〕師古曰：共讀曰供。

〔一六〕【補注】沈欽韓曰：漢官儀「皇帝聘皇后，黄金萬斤」。後書梁皇后紀「依孝惠皇后故事，聘黄金二萬斤」。案宋書禮志尚書朱整議「漢高后制，聘后黄金二百斤，馬十二匹；夫人金五十斤，馬四匹」。宋志所徵是也。王莽、梁冀之世，盈廷譸諛，何所不至乎？

〔一七〕師古曰：亡幾，不多也。亡讀曰無。幾音居豈反。其下並同。

陳崇時爲大司徒司直，與張敞孫竦相善。竦者博通士，爲崇草奏，稱莽功德，〔一〕崇奏之，曰：

〔一〕師古曰：草謂創立其文也。

竊見安漢公自初束修，〔一〕值世俗隆奢麗之時，蒙兩宮厚骨肉之寵，〔二〕被諸父赫赫之光，〔三〕財饒埶足，亡所牾意，〔四〕然而折節行仁，克心履禮，拂世矯俗，確然特立；〔五〕惡衣惡食，陋車駑馬，妃匹無二，閨門之内，孝友之德，衆莫不聞；清靜樂道，溫良下士，〔六〕惠于故舊，篤于師友。孔子曰「未若貧而樂，富而好禮」，〔七〕公之謂矣。

〔一〕師古曰：束修謂初學官之時。

〔二〕師古曰：兩宮謂成帝及太后。

〔三〕師古曰：被音皮義反。

〔四〕師古曰：牾，逆也，無人能逆其意也。牾音五故反。【補注】先謙曰：正文及注「牾」，官本作「啎」，南監本作「悟」。

〔五〕師古曰：拂，違也。矯，正也。拂音佛。

〔六〕師古曰：下音胡嫁反。

〔七〕師古曰：論語云子貢問曰：「貧而無諂，富而無驕，何如？」孔子曰：「可也，未若貧而樂，富而好禮者也。」【補注】先謙曰：官本注無「云」字。南監本無此注。

及爲侍中，故定陵侯淳于長有大逆罪，公不敢私，建白誅討。〔一〕周公誅管蔡，季子鴆叔牙，〔二〕公之謂矣。

〔一〕師古曰：首言其事也。

〔二〕師古曰：解並在前。

是以孝成皇帝命公大司馬，委以國統。孝哀即位，高昌侯董宏希指求美，造作二統，〔一〕公手劾之，以定大綱。建白定陶太后不宜在乘輿幄坐，〔二〕以明國體。詩曰「柔亦不茹，剛亦不吐，不侮鰥寡，不畏强圉」，〔三〕公之謂矣。

〔一〕晉灼曰：欲令丁姬爲帝太后也。

〔二〕師古曰：坐音才臥反。

〔三〕師古曰：大雅蒸人之詩，美仲山甫之德。茹，食也。强圉，强梁圉扞也。【補注】宋祁曰：監本、越本無「不侮鰥寡」四字。先謙曰：官本、南監本「蒸人」作「烝民」。

深執謙退，推誠讓位。定陶太后欲立僭號，憚彼面刺幄坐之義，佞惑之雄，朱博之疇，懲此長、宏手劾之事，上下壹心，讒賊交亂，詭辟制度，遂成簒號，〔一〕斥逐仁賢，誅殘戚屬，而公被胥、原之訴，遠去就國，〔二〕朝政崩壞，綱紀廢弛，危亡之禍，不隧如髮。〔三〕詩云「人之云亡，邦國殄顇」，〔四〕公之謂矣。

〔一〕師古曰：詭，違也。辟讀曰僻。

〔二〕應劭曰：胥、原，子胥、屈原也。師古曰：遠去朝廷，而就其侯國。

〔三〕師古曰：弛，解也，音式爾反。隧音直類反。【補注】蘇輿曰：隧與墜同。

〔四〕師古曰：大雅瞻仰之詩也。殄，盡也。顇，病也。言爲政不善，賢人奔亡矣，天下邦國盡困病也。顇與萃同，音才醉反。【補注】先謙曰：官本、南監本「萃」作「悴」，是。

當此之時，宮亡儲主，董賢據重，加以傅氏有女之援，〔一〕皆自知得罪天下，結讎中山，〔二〕則必同憂，斷金相翼，〔三〕藉假遺詔，頻用賞誅，先除所憚，急引所附，遂誣往冤，更徵遠屬，事執張見，其不難矣！〔四〕賴公立入，即時退賢，及其黨親。當此之時，公運獨見之明，奮亡前之威，〔五〕盱衡厲色，振揚武怒，〔六〕乘其未堅，厭其未發，〔七〕震起機動，敵人摧折，雖有賁育不及持刺，〔八〕雖有樗里不及回知，〔九〕雖有鬼谷不及造次，〔一〇〕是故董賢喪其魂魄，遂自絞殺。人不還踵，日不移晷，〔一一〕霍然四除，更爲寧朝。非陛下莫引立公，非公莫克此禍。詩云「惟師尚父，時惟鷹揚，亮彼武王」，〔一二〕孔子曰「敏則有功」，〔一三〕公之謂矣。

〔一〕師古曰：謂哀帝傅皇后。

〔二〕張晏曰：傅太后譖中山馮太后，陷以祝詛之罪。

〔三〕師古曰：引易繫辭「二人同心，其利斷金」。翼，助也。

〔四〕師古曰：言哀帝既崩，丁、傅、董賢欲稱遺詔，樹立黨親，共立幼主，以據國權也。遠屬，國之宗室疏遠者也。【補注】宋祁曰：「徵」字當作「懲」，「其」字下當有「然」字，「矣」字當删。何焯曰：八句又虛設丁、傅、董賢不然之罪，以張大莽功。遂誣往冤者，言平帝必因馮太后故，不得立也。

〔五〕師古曰：無前謂無有敢當之者。

〔六〕孟康曰：眉上曰衡，盱衡，舉眉揚目也。師古曰：盱音許于反。

〔七〕師古曰：厭音一涉反。

〔八〕師古曰：孟賁、夏育皆古勇士也。持刺謂持兵(力)〔刃〕以刺。

〔九〕師古曰：樗里子名疾，秦惠王之弟也，爲秦相，時人號曰智囊。

〔一〇〕師古曰：鬼谷先生，蘇秦之師，善談説。

〔一一〕師古曰：還讀曰旋。晷，景也。言其速疾。

〔一二〕師古曰：大雅大明之詩也。師尚父，太公也。亮，助也。言太公武毅，若鷹之飛揚，佐助武王以克殷也。【補注】錢大昭曰：韓詩薛君章句「亮，相也」。此用韓詩。

〔一三〕師古曰：論語載孔子對子張之言也。敏，疾也。言應事速疾，乃能成功。【補注】先謙曰：官本「速疾」作「疾速」。南監本無此注。

於是公乃白内故泗水相豐、斄令邯，〔一〕與大司徒光、〔二〕車騎將軍舜建定社稷，奉節東迎，皆以功德受封益土，爲國名臣。書曰「知人則哲」，〔三〕公之謂也。

〔一〕師古曰：甄豐、甄邯也。斄讀曰邰。

〔二〕【補注】宋祁曰：「徒」當作「馬」。

〔三〕師古曰：虞書咎繇謨之辭也。哲，智也。

公卿咸歎公德，同盛公勳，皆以周公爲比，〔一〕宜賜號安漢公，益封二縣，公皆不受。傳曰申包胥不受存楚之報，晏平仲不受輔齊之封，〔二〕孔子曰「能以禮讓爲國乎何有」，〔三〕公之謂也。

〔一〕師古曰：比音必寐反。

〔二〕師古曰：申包胥，楚大夫也。吴師入郢，楚昭王出奔，包胥如秦乞師，秦出師以救楚。昭王反國欲賞，包胥辭曰：「吾爲君也，非爲身也。」遂不受。晏平仲，齊大夫晏嬰也。以道佐齊景公，景公欲封之，讓而不受。【補注】沈欽韓曰：晏子雜篇「晏子相齊，衣十升之布，食脱粟之食，五卵苔菜而已。左右以告公，公爲之封邑，使田無宇致臺與無鹽。晏子對曰：『自太公至於公之身，有數十公，苟能説其君以取邑，不至公之身，趣齊搏以求升土，不得容足而寓焉。』遂不受」。

〔三〕師古曰：論語載孔子之言也。解在董仲舒傳。【補注】先謙曰：南監本無此注。

將爲皇帝定立妃后，有司上名，公女爲首，公深辭讓，迫不得已然後受詔。父子之親天性自然，欲其榮貴甚於爲身，皇后之尊侔於天子，當時之會千載希有，然而公惟國家之統，揖大福之恩，〔一〕事事謙退，動而固辭。書曰「舜讓于德不嗣」，〔二〕公之謂矣。

〔一〕師古曰：揖謂讓而不當也。

〔二〕書曰虞書舜典之辭，言舜自讓德薄，不足以繼帝堯之事也。【補注】王念孫曰：「不嗣」本作「不台」，古文尚書「舜讓于德弗嗣」，今文作「不怡」，漢書皆用今文，故作「不台」。史記五帝紀「舜讓于德不懌」，徐廣曰「今文尚書作『不怡』，怡，懌也」。又自序曰「唐堯遜位，虞舜不台」，皆用今文也。文選典引有「于德不台，淵穆之讓」，李善曰「尚書曰『舜讓于德不嗣』，漢書音義韋昭曰『古文台爲嗣』」。後漢書班固傳注曰「前書『舜讓于德不台』，音義『台讀曰嗣』」。據此，則二李所見漢書皆作「不台」，顏依古文改爲「嗣」，而釋以僞孔傳，謬矣。朱一新曰：注「書曰」當作「師古曰」。

自公受策，以至于今，亹亹翼翼，日新其德，〔一〕增修雅素以命下國，後儉隆約以矯世俗，〔二〕割財損家以帥羣下，彌躬執平以逮公卿，〔三〕教子尊學以隆國化。僮奴衣布，〔四〕馬不秣穀，食飲之用，不過凡庶。詩云「溫溫恭人，如集于木」，〔五〕孔子曰「食無求飽，居無求安」，〔六〕公之謂矣。

〔一〕師古曰：亹亹，勉也。翼翼，敬也。亹音武匪反。

〔二〕師古曰：後，退也。矯，正也。後音千旬反。其字從彳。【補注】王引之曰：後儉與隆約對文，則後非退也。後讀爲遵，遵，循也。謂循儉尚約以矯世俗之奢侈也。遵與後古字通用，爾雅「遵，循也」。方言「逡，循也」。集韻「逡亦作後」。故遵儉之爲後儉，亦猶遵循之爲逡循。遵之通作後，亦猶逡之通作遵，晏子春秋外篇「晏子遵循而對」，遵循即逡巡。

〔三〕師古曰：彌讀與弭同。

〔四〕【補注】先謙曰：官本作「布衣」。王文彬云「左傳，魯季文子無衣帛之妾，無食粟之馬」。此衣布與秣穀對文，不當作布衣。

〔五〕師古曰：小雅小宛之詩。溫溫，柔貌也。如集于木，恐墮墜耳。

〔六〕師古曰：論語載孔子之言也。謂君子好學樂道，故志不在安飽。

克身自約，糴食逮給，〔一〕物物卬市，日闋亡儲。〔二〕又上書歸孝哀皇帝所益封邑，入錢獻田，〔三〕殫盡舊業，爲衆倡始。〔四〕於是小大鄉和，承風從化，〔五〕外則王公列侯，內則帷幄侍御，翕然同時，各竭所有，或入金錢，或獻田畝，以振貧窮，收贍不足者。昔令尹子文朝不及夕，魯公儀子不茹園葵，〔六〕公之謂矣。

〔一〕師古曰：纔得粗及僅足而已。

〔二〕師古曰：物物卬市，言其衣食所須，皆買之於市，不自營作，而不奪工商利也。闋，盡也。日闋，言當日即盡，不蓄積也。卬音牛向反。闋音空穴反。

〔三〕【補注】先謙曰：官本、南監本「入」下有「金」字。

〔四〕師古曰：倡音尺尚反。

〔五〕師古曰：鄉讀曰嚮。

〔六〕張晏曰：令尹子文自毀其家以紓楚國之難，仕而逃祿，朝不及夕也。師古曰：子文，楚令尹鬬穀於菟也。公儀子，魯國相公儀休也，拔其園葵，不奪園夫之利。食菜曰茹，音人諸反。【補注】沈欽韓曰：楚語，鬬且曰：「成王聞子文之朝不及夕也，每朝設脯一束，糗一筐，以羞子文」。張泛引左傳，非也。

開門延士，下及白屋，〔一〕婁省朝政，綜管衆治，〔二〕親見牧守以下，考迹雅素，〔三〕審知白黑。詩云「夙夜匪解，以事一人」，〔四〕易曰「終日乾乾，夕惕若厲」，〔五〕公之謂矣。

〔一〕師古曰：白屋，謂庶人以白茅覆屋者也。

〔二〕師古曰：婁，古屢字。【補注】先謙曰：官本、南監本注在「朝政」下。

〔三〕【補注】先謙曰：謂考覈其人生平。

〔四〕師古曰：大雅烝人之詩也。一人，天子也。解讀曰懈。【補注】先謙曰：官本注「烝人」作「烝民」。南監本無此注及下條注。

〔五〕師古曰：乾卦九三爻辭也。乾乾，自强之意。惕，懼也。厲，病也。

比三世爲三公，再奉送大行，〔一〕秉冢宰職，填安國家，〔二〕四海輻奏，〔三〕靡不得所。書曰「納於大麓，列風雷雨不迷」，〔四〕公之謂矣。此皆上世之所鮮，禹稷之所難，〔五〕而公包其終始，一以貫之，可謂備矣！〔六〕是以三年之間，化行如神，嘉瑞疊累，豈非陛下知人之効，得賢之致哉！故非獨君之受命也，臣之生亦不虛矣。是以伯禹賜玄圭，周公受郊祀，〔七〕蓋以達天之使，不敢擅天之功也。〔八〕揆公德行，爲天下紀；〔九〕觀公功勳，爲萬世基。基成而賞不配，紀立而褒不副，〔一〇〕誠非所以厚國家，順天心也。

〔一〕師古曰：比，頻也。
〔二〕師古曰：填音竹刃反。
〔三〕【補注】先謙曰：「奏」字誤，官本、南監本作「湊」。
〔四〕師古曰：虞書舜典敘舜之德。麓，録也。言堯使舜大録萬機之政。一曰，山足曰麓。言有聖德，雖遇風雷不迷惑也。【補注】先謙曰：官本、南監本「列」作「烈」。南監本無注。官本注「有」上有「舜」字。「風雷」作「雷風」。
〔五〕師古曰：鮮音先踐反。【補注】先謙曰：官本注在「所鮮」下，南監本無此及下條注。
〔六〕師古曰：論語稱孔子謂曾子曰「參乎，吾道一以貫之」，謂忠恕。【補注】先謙曰：官本注在「貫之」下。
〔七〕師古曰：尚書禹貢云「禹錫玄圭，告厥成功」，言賞治水功成也。禮記明堂位曰：「成王幼弱，周公踐天子之位以治天下。七年，乃致政於成王。成王以周公爲有勳勞於天下，封周公於曲阜，地方七百里，革車千乘，命魯公世世祀周公以天子禮樂。是以魯君孟春乘大路，旂十有二旒，日月之章，祀帝于郊，配以后稷，天子之禮也。」【補注】先謙曰：官本注「路」作「輅」。
〔八〕師古曰：言天降賢材以助王者，王者當申達其用，而不敢自專。
〔九〕師古曰：揆，度也。紀，理也。【補注】先謙曰：南監本無此注。
〔一〇〕師古曰：配，對也。

高皇帝襃賞元功，相國蕭何邑户既倍，又蒙殊禮，奏事不名，入殿不趨，封其親屬十有餘人。樂善無厭，班賞亡遴，〔一〕苟有一策，即必爵之，是故公孫戎位在充郎，選繇旄頭，壹明樊噲，封二千户。〔二〕孝文皇帝襃賞絳侯，益封萬户，賜黄金五千斤。孝武皇帝卹録軍功，裂三萬户以封衞青，青子三人，或在繈褓，皆爲通侯。孝宣皇帝顯著霍光，增户命疇，封者三人，延及兄孫。夫絳侯即因漢藩之固，杖朱虚之鯁，依諸將之遞，據相扶之埶，其事雖醜，要不能遂。〔三〕霍光即席常任之重，乘大勝之威，〔四〕未嘗遭時不行，陷假離朝，〔五〕朝之執事，亡非同類，割斷歷久，統政曠世，〔六〕雖曰有功，所因亦易，然猶有計策不審過徵之累。〔七〕及至青、戎，摽末之功，〔八〕一言之勞，然猶皆蒙丘山之賞。課功絳、霍，造之與因也；比於青、戎，地之與天也。而公又有宰治之效，乃當上與伯禹、周公等盛齊隆，兼其褒賞，豈特與若云者同日而論哉？〔九〕然曾不得蒙青等之厚，臣誠惑之！

〔一〕師古曰：遴與悉同。

〔二〕孟康曰：公孫戎奴也，高帝時爲旍頭郎。晉灼曰：楚漢春秋「上東圍項羽，聞樊噲反，旍頭公孫戎明之，卒不反，封戎二千户」。師古曰：此公孫戎耳，非戎奴也。戎奴自武帝時人，孟説誤矣。繇讀與由同。

〔三〕李奇曰：言勃之功不遂，而霍光據席常任也。晉灼曰：醜，衆也。言勃欲誅諸吕，其事雖衆，要不能以吕后在時而遂意也。師古曰：二説皆非也。遞，繞也，謂相圍繞也。言絳侯之時，漢家外有藩屏盤石之固，内有朱虚骨鯁之强，諸將同心圍繞扶翼，吕氏之黨雖欲作亂，心懷醜惡，事必不成。言勃之功不足多也。遞音帶。【補注】先謙曰：官本「帶」作「滯」，即、則字通作，下並同。

〔四〕【補注】先謙曰：官本「勝」作「滕」。

〔五〕服虔曰：言光未嘗陷假不遇，而離去朝也。莽嘗退就國，是陷假也。師古曰：假，升也。陷假者，被陷害而去所升之位也。【補注】王念孫曰：案師古訓假爲升，則陷假二字，義不相屬，乃云被陷害而去所升之位，其鑿也甚矣。余謂假讀爲瑕，陷瑕離朝，謂陷於瑕讁而去其位，服説是也。瑕與假古字通。淮南精神篇「審乎無瑕」，莊子德充符篇瑕作假。古今人表公肩瑕，檀弓作假。高祖功臣表中木夷侯吕瑕，史表作假。先謙曰：官本注末有「韋昭曰陷隧也假音下下猶瘕也」十三字。

〔六〕【補注】先謙曰：天子崩逝，更繼新君，是謂割斷也。此言景帝崩已歷久，武帝自統大政，又數十年。以喻莽當國統三絶，所遭倍艱。

〔七〕師古曰：光誤徵昌邑王，不得其人也。累音力瑞反。

〔八〕服虔曰：摽音刀末之摽，謂衞青、公孫戎也。師古曰：摽音匹遥反。【補注】宋祁曰：予案字林「摽，刀削末銅也，音匹幺反」。沈欽韓曰：淮南修務訓高注「摽讀刀摽之摽」，與服虔同，則漢謂刀末爲摽。續輿服志「佩刀皆以白珠鮫爲鏢口之飾」，注「通俗文『刀鋒曰鏢』」。集韻或省作剽。荀子賦篇賦箴云「長其尾而鋭其剽」，注「剽，末也，謂箴之鋒也。摽又鏢之借字」。公羊莊十三年傳「曹子摽劍」，何休云「摽，辟也。剽劍置地」。與趙岐孟子注「摽，摩也」，解同，非此義也。此指青功，下文「一言之勞」，方説戎。

〔九〕師古曰：若云，謂若向者所云絳、霍、青、戎也。

臣聞功亡原者賞不限，德亡首者褒不檢。〔一〕是故成王之與周公也，〔二〕度百里之限，〔三〕越九錫之檢，開七百里之宇，〔四〕兼商、奄之民，〔五〕賜以附庸殷民六族，〔六〕大路大旂，〔七〕封父之繁弱，夏后之璜，〔八〕祝宗卜史，〔九〕備物典策，〔一〇〕官司彝器，〔一一〕白牡之牲，〔一二〕郊望之禮。〔一三〕王曰：「叔父，建爾元子。」〔一四〕子父俱延拜而受之。〔一五〕可謂不檢亡原者矣。非特止此，六子皆封。〔一六〕詩曰：「亡言不讎，亡德不報。」〔一七〕報當如之，不如非報也。〔一八〕近觀行事，高祖之約非劉氏不王，然而番君得王長沙，下詔稱忠，定著於令，〔一九〕明有大信不拘於制也。春秋晉悼公用魏絳之策，諸夏服從。鄭伯獻樂，悼公於是以半賜之。絳深辭讓，晉侯曰：「微子，寡人不能濟河。夫賞，國之典，不可廢也。子其受之。」魏絳於是有金石之樂，春秋善之，〔二〇〕取其臣竭忠以辭功，君知臣以遂賞也。〔二一〕今陛下既知公有周公功德，不行成王之褒賞，〔二二〕遂聽公之固辭，不顧春秋之明義，則民臣何稱，萬世何述？誠非所以爲國也。臣愚以爲宜恢公國，令如周公，〔二三〕建立公子，令如伯禽。所賜之品，亦皆如之。諸子之封，皆如六子。即羣下較然輸忠，黎庶昭然感德。〔二四〕臣誠輸忠，民誠感德，則於王事何有？〔二五〕唯陛下深惟祖宗之重，敬畏上天之戒，儀形虞、周之盛，〔二六〕敕盡伯禽之賜，無遴周公之報，〔二七〕今天法有設，後世有祖，〔二八〕天下幸甚！

〔一〕師古曰：無原，謂不可測其本原也。無首，謂無出其上者也。檢，局也。【補注】先謙曰：王念孫云：「原，量也。有無量之功，故有不限之賞。說詳劉向傳，顏訓非」。

〔二〕【補注】先謙曰：官本、南監本「與」作「於」，是。

〔三〕師古曰：度亦踰越也。

〔四〕師古曰：解並在前也。

〔五〕師古曰：商，奄，二國名。

〔六〕師古曰：謂條氏、徐氏、蕭氏、索氏、長勺氏、尾勺氏也。

〔七〕師古曰：解已在前也。【補注】先謙曰：官本「在」作「見」。無「也」字，南監本亦無。

〔八〕師古曰：封父，古諸侯也。繁弱，大弓名也。半璧曰璜。父讀曰甫。

〔九〕師古曰：太祝、太宗、太卜、太史，凡四官。

〔一〇〕師古曰：既有備物，而加之策書也。一曰，典策，春秋之制也。

〔一一〕師古曰：官司，百官也。彝器，常用之器也。一曰，彝，祭宗廟酒器也。周禮有六彝。彝，法也，言器有所法象之貌耳。【補注】先謙曰：自商、奄之民至此，本左定四年傳。

〔一二〕師古曰：明堂位曰「季夏六月，以禘禮祀周公於太廟，牲用白牡」。

〔一三〕師古曰：郊即上祀帝於郊也。望謂望山川而祭之也。【補注】先謙曰：官本注「上祀」作「祀上」，是。

〔一四〕師古曰：魯頌閟宮之詩曰：「王曰叔父，建爾元子，俾侯于魯。」謂命周公以封伯禽爲魯公也。【補注】先謙曰：官本、南監本「爲」上有「而」字。

〔一五〕師古曰：謂周公拜前，魯公拜後。

〔一六〕師古曰：周公六子，伯禽之弟也。【補注】周壽昌曰：凡、蔣、邢、茅、胙、祭，周公之胤也。見左傳。

〔一七〕師古曰：大雅抑之詩也。讎，用也。有善言則用之，有德者必報之。一曰，讎，對也。賞當其言也。

〔一八〕服虔曰：報賞當如其德，不如德者，非報也。

〔一九〕師古曰：謂吴芮也。解在芮傳。番音蒲河反。

〔二〇〕師古曰：事見左傳襄十一年。微，無也。

〔二一〕【補注】先謙曰：遂，成也。

〔二二〕【補注】宋祁曰：「德」字下當有「而」字。

〔二三〕師古曰：恢，大也。

〔二四〕師古曰：較，明貌也。【補注】宋祁曰：「輸」，浙本作「諭」，下文「輸」同。

〔二五〕師古曰：言臻其極無闕遺。【補注】先謙曰：言王事無不舉也。顔訓意隔。

〔二六〕師古曰：儀形謂則而象之。【補注】先謙曰：官本「形」作「刑」。南監本與此同。

〔二七〕師古曰：敕，備也。遴與吝同。

〔二八〕師古曰：祖，始也。以此爲法之始。【補注】錢大昭曰：「今」當作「令」。先謙曰：官本、南監本作「令」。

太后以視羣公，〔一〕羣公方議其事，會呂寬事起。

〔一〕師古曰：視讀曰示。

初，莽欲擅權，白太后：「前哀帝立，背恩義，自貴外家丁、傅，撓亂國家，幾危社稷。〔一〕今帝以幼年復奉大宗，爲成帝後，宜明一統之義，以戒前事，爲後代法。」於是遣甄豐奉璽綬，即拜帝母衛姬爲中山孝王后，賜帝舅衛寶、寶弟玄爵關内侯，皆留中山，不得至京師。莽子宇，非莽隔絶衛氏，恐帝長大後見怨。宇即私遣人與寶等通書，教令帝母上書求入。語在衛后傳。莽不聽。宇與師吴章及婦兄呂寬議其故，〔二〕章以爲莽不可諫，而好鬼神，可爲變怪以驚懼之，章因推類説令歸政於衛氏。宇即使寬夜持血灑莽第，門吏發覺之，莽執宇送獄，飲藥死。宇妻焉懷子，〔三〕繫獄，須産子已，殺之。〔四〕莽奏言：「宇爲呂寬等所詿誤，流言惑衆，惡與管蔡同罪，〔五〕臣不敢隱其誅。」甄邯等白太后下詔曰：「夫唐堯有丹朱，周文王有管蔡，此皆上聖亡奈下愚子何，以其性不可移也。公居周公之位，輔成王之主，而行管蔡之誅，不以親親害尊尊，朕甚嘉之。昔周公誅四國之後，大化乃成，至於刑錯。〔六〕公其專意翼國，期於致平。」〔七〕莽因是誅滅衛氏，窮治呂寬之獄，連引郡國豪桀素非議己者，内及敬武公主、〔八〕梁王立、紅陽侯立、平阿侯仁，使者迫守，皆自殺。死者以百數，海内震焉。〔九〕大司馬護軍褒奏言：「安漢公遭子宇陷於管蔡之辜，子愛至深，爲帝室故不敢顧私。惟宇遭辠，喟然憤發作書八篇，以戒子孫。宜班郡國，令學官以教授。」事下羣公，請令天下吏能誦公戒者，以著官簿，比孝經。〔一〇〕

〔一〕師古曰：撓，擾也，音火高反。幾音鉅依反。【補注】先謙曰：官本「火」作「女」。南監本無此注。

〔二〕【補注】王先慎曰：故，事也。

〔三〕師古曰：焉，其名。

〔四〕師古曰：須，待也。

〔五〕【補注】宋祁曰：越本、邵本無「惡」字。先謙曰：南監本無「惡」字。

〔六〕師古曰：四國謂三監及淮夷耳。

〔七〕師古曰：翼，助也。

〔八〕師古曰：元帝女弟也。【補注】先謙曰：詳薛宣傳。

〔九〕【補注】何焯曰：先以恩結，復以威震。

〔一〇〕師古曰：著官簿，言用之得選舉也。【補注】周壽昌曰：孝文有孝經博士，司隸有孝經師，此孝經之著官簿者也，蓋立之學官。

四年春，郊祀高祖以配天，宗祀孝文皇帝以配上帝。四月丁未，莽女立爲皇后，大赦天下。遣大司徒司直陳崇等八人分行天下，覽觀風俗。〔一〕

〔一〕師古曰：行音下更反。【補注】先謙曰：官本考證云恩澤侯表王惲、閻遷、李翕、郝黨、陳崇、謝殷、逯（並）〔普〕、陳鳳，是八人也。先謙案：官本注在「大赦天下」下。南監本無注。

太保舜等奏言：「春秋列功德之義，太上有立德，其次有立功，其次有立言，唯至德大賢然後能之。其在人臣，則生有大賞，終爲宗臣，殷之伊尹，周之周公是也。」及民上書者八千餘人，咸曰：「伊尹爲阿衡，周公爲太宰，周公享七子之封，有過上公之賞。宜如陳崇言。」章下有司，有司請「還前所益二縣及黄郵聚、新野田，采伊尹、周公稱號，加公爲宰衡，位上公。掾史秩六百石。三公言事，稱『敢言之』。羣吏毋得與公同名。出從期門二十人，羽林三十人，前後大車十乘。賜公太夫人號曰功顯君，食邑二千户，黄金印赤韍。〔一〕封公子男二人，安爲襃新侯，臨爲賞都侯。加后聘三千七百萬，合爲一萬萬，以明大禮」。太后臨前殿，親封拜。安漢公拜前，二子拜後，如周公故事。莽稽首辭讓，出奏封事，願獨受母號，還安、臨印韍及號位户邑。事下太師光等，皆曰：「賞未足以直功，〔二〕謙約退讓，公之常節，終不可聽。」莽求見固讓。太后下詔曰：「公每見，叩頭流涕固辭，今移病，固當聽其讓，令眂事邪？〔三〕將當遂行其賞，遣歸就第也？」光等曰：「安、臨親受印韍，策號通天，其義昭昭。黄郵、召陵、新野之田爲入尤多，〔四〕皆止於公，公欲自損以成國化，宜可聽許。治平之化當以時成，宰衡之官不可世及。納徵錢，乃以尊皇后，非爲公也。功顯君户，止身不傳。襃新、賞都兩國合三千户，甚少矣。忠臣之節，亦宜自屈，而信主上之義。〔五〕宜遣大司徒、大司空持節承制，詔公亟入眡事。〔六〕詔尚書勿復受公之讓奏。」奏可。

〔一〕師古曰：此韍，印之組也。【補注】先謙曰：官本、南監本無「此」字。

〔二〕師古曰：直，當也。

〔三〕師古曰：眡，古視字。

〔四〕師古曰：召讀邵。【補注】先謙曰：官本「邵」上有「曰」字，是。

〔五〕師古曰：信讀曰申。

〔六〕師古曰：亟，急也，音居力反。

莽乃起眡事，上書言：「臣以元壽二年六月戊午倉卒之夜，以新都侯引入未央宮；庚申拜爲大司馬，充三公位；元始元年正月丙辰拜爲太傅，賜號安漢公，備四輔官；今年四月甲子復拜爲宰衡，位上公。臣莽伏自惟，爵爲新都侯，號爲安漢公，官爲宰衡、太傅、大司馬，爵貴號尊官重，一身蒙大寵者五，誠非鄙臣所能堪。據元始三年，天下歲已復，官屬宜皆置。〔一〕穀梁傳曰：『天子之宰，通于四海。』〔二〕臣愚以爲，宰衡官以正百僚平海內爲職，而無印信，名實不副。臣莽無兼官之材，今聖朝既過誤而用之，臣請御史刻宰衡印章曰『宰衡太傅大司馬印』，成，授臣莽，上太傅與大司馬之印。」太后詔曰：「可。韍如相國，〔三〕朕親臨授焉。」莽乃復以所益納徵錢千萬，遺與長樂長御奉供養者。〔四〕太保舜奏言：「天下聞公不受千乘之土，辭萬金之幣，散財施予千萬數，莫不鄉化。〔五〕蜀郡男子路建等輟訟慚怍而退，雖文王卻虞、芮何以加！〔六〕宜報告天下。」奏可。宰衡出，從大車前後各十乘，直事尚書郎、侍御史、謁者、中黄門、期門羽林。〔七〕宰衡常持節，所止，謁者代持之。〔八〕宰衡掾史秩六百石，三公稱「敢言之」。〔九〕

〔一〕如淳曰：前時飢，省官職，今豐，宜復之也。師古曰：復音扶目反。

〔二〕師古曰：宰，治也。治衆事者，謂大臣也。

〔三〕師古曰：韍亦謂組也。

〔四〕師古曰：太后之長御也。共音居用反。養音弋亮反。

〔五〕師古曰：鄉讀曰嚮。

〔六〕師古曰：卻，退也。虞、芮二國名也，竝在河之東。二國之君相與爭田，久而不平，聞文王之德，乃往斷焉。入周之境，則耕者讓畔，行者讓路，乃相謂曰：「我小人也，不可以履君子之庭。」遂相讓，以其所爭爲閑田而退。

〔七〕師古曰：自此以上皆從宰衡出。

〔八〕師古曰：相代而持也。【補注】先謙曰：言莽出所休止，則謁者代持。

〔九〕【補注】劉攽曰：宰衡以下，前已有其事，此復重出，當刪併從上。

是歲，莽奏起明堂、辟雍、靈臺，爲學者築舍萬區，作市、常滿倉，制度甚盛。〔一〕立樂經，益博士員，經各五人。徵天下通一蓺教授十一人以上，及有逸禮、古書、毛詩、周官、爾雅、天文、圖讖、鍾律、月令、兵法、史篇文字，〔二〕通知其意者，皆詣公車。網羅天下異能之士，至者前後千數，皆令記説廷中，將令正乖繆，壹異説云。羣臣奏言：「昔周公奉繼體之嗣，據上公之尊，然猶七年制度乃定。夫明堂、辟雍，墮廢千載莫能興，〔三〕今安漢公起于第家，輔翼陛下，四年于茲，功德爛然。〔四〕公以八月載生魄庚子〔五〕奉使朝，用書〔六〕臨賦營築，越若翊辛丑，〔七〕諸生、庶民大和會，十萬衆並集，平作二旬，大功畢成。〔八〕唐虞發舉，成周造業，誠亡以加。宰衡位宜在諸侯王上，賜以束帛加璧，大國乘車、安車各一，〔九〕驪馬二駟。」〔一〇〕詔曰：「可。其議九錫之法。」

〔二〕【補注】沈欽韓曰：案御覽五百三十四，黄圖曰「禮，小學在公宫之南，太學在城南，就陽位也，去城七里。王莽爲宰衡，起靈臺，作長門宫，疑當爲常滿倉。南去隄三百步。起國學于郭内之西南，案今本黄圖云，在長安西北七里。爲博士之官寺，門北出，正於其中央爲射宫，門出殿堂，南鄉爲牆，選士肄射於此中。北之外爲博士舍三十區，周環之。北之東爲常滿倉，倉之北爲會市，但列槐樹數百行爲隊，藝文類聚作「燧」。無牆屋，諸生朔望會此市，各持其郡所出質物，及經書傳記，笙磬樂器，相與買賣，雍容揖讓，或論議槐下。其東爲太學官寺，門南出，置令丞吏，詰姦宄，理詞訟。五經博士領弟子員三百六十，六經三十博士，弟子萬八百人，主事、高弟、侍講各二十四人，學士同舍，行無遠近，皆隨檐，雨不塗足，暑不暴首」。今本黄圖言漢太學不詳。

〔二〕孟康曰：史籀所作十五篇古文書也。師古曰：周宣王太史史籀所作大篆書也。籀音直救反。

〔三〕師古曰：墮，毁也，音火規反。

〔四〕師古曰：爛然，章明之貌。

〔五〕師古曰：載，始也。魄，月魄也。

〔六〕孟康曰：賦功役之書。

〔七〕師古曰：翊，明也。辛丑者，庚子之明日也。越，發語辭也。

〔八〕師古曰：平作，謂不促遽也。平字或作丕。丕亦大也。【補注】何焯曰：書「庶殷丕作」，字當爲丕也。王念孫曰：何説是也。上文云公以八月載生魄庚子奉使朝，用書臨賦營築，亦用雒誥文，隸書丕字或作丕，與平相近，因譌而爲平。後漢書劉元傳「右輔都尉嚴本」，「本」或作「平」，或作「丕」，耿秉傳「太醫令吉丕」，「丕」或作「平」，皆其證也。

〔九〕服虔曰：大國乘車，如大國王之乘車也。

〔一〇〕師古曰：驪馬，並駕也。

冬，大風吹長安城東門屋瓦且盡。

五年正月，祫祭明堂，諸侯王二十八人，列侯百二十人，宗室子九百餘人，徵助祭。〔一〕禮畢，封孝宣曾孫信等三十六人爲列侯，餘皆益户賜爵，金帛之賞各有數。是時，吏民以莽不受新野田而上書者，前後四十八萬七千五百七十二人，及諸侯王、公、列侯、宗室見者，皆叩頭言，宜亟加賞於安漢公。〔二〕於是莽上書曰：「臣以外屬，越次備位，未能奉稱。〔三〕伏念聖德純茂，承天當古，制禮以治民，作樂以移風，四海奔走，百蠻並輳，〔四〕辭去之日，莫不隕涕。非有款誠，豈可虛致？自諸侯王已下至於吏民，咸知臣莽上與陛下有葭莩之故，〔五〕又得典職，每歸功列德者，輒以臣莽爲餘言。臣見諸侯面言事於前者，未嘗不流汗而慚愧也。雖性愚鄙，至誠自知，德薄位尊，力少任大，夙夜悼栗，常恐汙辱聖朝。今天下治平，風俗齊同，百蠻率服，皆陛下聖德所自躬親，太師光、太保舜等輔政佐治，羣卿大夫莫不忠良，故能以五年之間至致此焉。臣莽實無奇策異謀。奉承太后聖詔，宣之于下，不能得什一；受羣賢之籌畫，而上以聞，不能得什伍。〔六〕當被無益之辜，所以敢且保首領須臾者，誠上休陛下餘光，而下依羣公之故也。〔七〕陛下不忍衆言，輒下其章於議者。臣莽前欲立奏止，恐其遂不肯止。今大禮已行，助祭者畢辭，不勝至願，願諸章下議者皆寢勿上，使臣莽得盡力畢制禮作樂事。事成，以傳示天下，與海内平之。即有所間非，則臣莽當被詿上誤朝之罪；〔八〕如無他譴，得全命賜骸骨歸家，避賢者路，是臣之私願也。惟陛下哀憐財幸！」〔九〕甄邯等白太后，詔曰：「可。唯公功德光於天下，是以諸侯王、公、列侯、宗室、諸生、吏民翕然同辭，連守闕庭，故下其章。諸侯、宗室辭去之日，復見前重陳，〔一〇〕雖曉喻罷遣，猶不肯去。告以孟夏將行厥賞，莫不驩悦，稱萬歲而退。今公每見，輒流涕叩頭言願不受賞，賞即加不敢當位。方制作未定，事須公而決，故且聽公。制作畢成，羣公以聞。究于前議，〔一一〕其九錫禮儀亟奏。」〔一二〕

〔一〕【補注】宋祁曰：淳化本「祭」字下有「祀」字。
〔二〕師古曰：亟，急也。
〔三〕師古曰：稱音尺證反。
〔四〕師古曰：轃，即臻字也。
〔五〕師古曰：葭，蘆也。莩者，其筩裏白皮也。言其輕薄而附著也，故以爲喻。葭音加。莩音孚。
〔六〕師古曰：言皆不曉，又遺忘也。
〔七〕師古曰：休，庇廕也。【補注】宋祁曰：晉灼音義作艸下休。
〔八〕師古曰：間音居莧反。

〔九〕師古曰：此財與裁同，通用。【補注】先謙曰：官本、南監本無「此通用」三字。

〔一〇〕師古曰：重音直用反。【補注】宋祁曰：「復見前重陳」，當依越本作「復重見前陳」。

〔一一〕師古曰：究，竟也。

〔一二〕師古曰：亟，急也。

於是公卿大夫、博士、議郎、列侯富平侯張純等〔一〕九百二人皆曰：「聖帝明王招賢勸能，德盛者位高，功大者賞厚。故宗臣有九命上公之尊，則有九錫登等之寵。〔二〕今九族親睦，百姓既章，萬國和協，黎民時雍，〔三〕聖瑞畢溱，太平已洽。〔四〕帝者之盛莫隆於唐虞，而陛下任之；忠臣茂功莫著於伊周，而宰衡配之。所謂異時而興，如合符者也。謹以六藝通義，經文所見，周官、禮記宜於今者，爲九命之錫。〔五〕臣請命錫。」奏可。策曰：

〔一〕【補注】宋祁曰：越本無「富平侯」三字。

〔二〕張晏曰：宗臣有勳勞爲上公，國所宗者也。周禮「上公九命」，九命，九賜也。師古曰：登等，謂升於常等也。【補注】先謙曰：官本、南監本注「賜」作「錫」。

〔三〕師古曰：章，明也。時，是也。雍亦和也。自此已上皆取堯典敘堯德之言也。【補注】先謙曰：官本無「自」字。

〔四〕師古曰：溱亦與臻同。【補注】先謙曰：官本無「亦」字。

〔五〕師古曰：禮含文嘉云：「九錫者，車馬、衣服、樂懸、朱户、納陛、武賁、鈇鉞、弓矢、秬鬯也。」

惟元始五年五月庚寅，太皇太后臨于前殿，延登，請詔之〔一〕曰：公進，虛聽朕言。〔二〕前公宿衛孝成皇帝十有六年，納策盡忠，白誅故定陵侯淳于長，以彌亂發姦，〔三〕

登大司馬，職在内輔。孝哀皇帝即位，驕妾窺欲，姦臣萌亂，公手劾高昌侯董宏，改正故定陶共王母之僭坐。自是之後，朝臣論議，靡不據經。以病辭位，歸于第家，爲賊臣所陷。就國之後，孝哀皇帝覺寤，復還公長安，臨病加劇，猶不忘公，復特進位。是夜倉卒，國無儲主，姦臣充朝，危殆甚矣。朕惟定國之計莫宜于公，引納于朝，即日罷退高安侯董賢，轉漏之間，〔四〕忠策輒建，綱紀咸張。綏和、元壽，再遭大行，萬事畢舉，禍亂不作。輔朕五年，人倫之本正，天地之位定。〔五〕欽承神祇，經緯四時，復千載之廢，矯百世之失，〔六〕天下和會，大衆方輯。〔七〕詩之靈臺，書之作雒，鎬京之制，商邑之度，於今復興。〔八〕昭章先帝之元功，明著祖宗之令德，推顯嚴父配天之義，修立郊禘宗祀之禮，以光大孝。是以四海雍雍，萬國慕義，蠻夷殊俗，不召自至，漸化端冕，奉珍助祭。〔九〕尋舊本道，遵術重古，動而有成，事得厥中。至德要道，通於神明，祖考嘉享。光耀顯章，天符仍臻，元氣大同。麟鳳龜龍，衆祥之瑞，七百有餘。遂制禮作樂，有綏靖宗廟社稷之大勳。普天之下，惟公是賴，官在宰衡，位在上公。〔一〇〕今加九命之錫，〔一一〕其以助祭，共文武之職，〔一二〕乃遂及厥祖。〔一三〕於戲，豈不休哉！〔一四〕

〔一〕【補注】沈欽韓曰：「請」當爲「親」。覲禮「侯氏降階東，北面再拜稽首，擯者延之曰升」，注云「從後詔，禮曰延。延，進也」。漢書儀「拜丞相，皇帝延登親詔之」。先謙曰：官本作「親」，南監本與此同。

〔二〕師古曰：進前虚己而聽也。

〔三〕師古曰：彌讀曰弭，弭，止也。【補注】先謙曰：官本注不重弭字。

〔四〕【補注】王先慎曰：言不移時刻也。

〔五〕張晏曰：定冠婚之儀，徙南北之郊也。

〔六〕張晏曰：封先代之後，立古文經，定迭毀之禮也。

〔七〕師古曰：輯與集字同。【補注】先謙曰：官本無「字」字。

〔八〕師古曰：靈臺，所以觀氣象者也。文王受命，作邑于豐，始立此臺，兆庶自勸，就其功作，故大雅靈臺之詩曰：「經始靈臺，經之營之，庶人攻之，不日成之。」作雒，謂周公營洛邑以爲王都，所謂成周也。周書洛誥曰：「召公既相宅，周公往營成周，使來告卜，作洛誥。」豐、鎬相近，故總曰鎬京。成周既成，遷殷頑民使居之，故云商邑之度也。

〔九〕師古曰：蠻夷漸染朝化而正衣冠，奉其國珍來助祭。

〔一〇〕【補注】先謙曰：官本「位在」作「位爲」。

〔一一〕【補注】周壽昌曰：莽九錫：一衣服，二車馬，三弓矢，四斧鉞，五秬鬯，六命珪，七朱户，八納陛，九虎賁，獨無樂懸。與公羊緯、禮緯及韓詩外傳所言皆不合，即武紀注引應劭説亦異，蓋皆有樂懸，無命珪也。此恐出王莽諸臣所臆造而爲之，不必應經典。

〔一二〕師古曰：共讀曰供。

〔一三〕師古曰：榮寵之命，上延其先祖也。

〔一四〕師古曰：於戲讀曰嗚呼。休，美也。

於是莽稽首再拜，受緑韍袞冕衣裳，〔一〕瑒琫瑒珌，〔二〕句履，〔三〕鸞路乘馬，〔四〕龍旂九旒，皮弁素積，〔五〕戎路乘馬，〔六〕彤弓矢，盧弓矢，〔七〕左建朱鉞，右建金戚，〔八〕甲冑一具，〔九〕秬鬯二卣，〔一〇〕圭瓚二，〔一一〕九命青玉珪二，〔一二〕朱户納陛。〔一三〕署宗官、祝官、卜官、史官，虎賁三百人，家令丞各一人，宗、祝、卜、史官皆置嗇夫，佐安漢公。在中府外第，虎賁爲門衛，當出入者傅籍。〔一四〕自四輔、三公有事府第，皆用傳。〔一五〕以楚王邸爲安漢公第，大繕治，通周衛。祖禰廟及寢皆爲朱户納陛。陳崇又奏：「安漢公祠祖禰，出城門，城門校尉宜將騎士從。入有門衛，出有騎士，所以重國也。」奏可。

〔一〕師古曰：此韍謂蔽膝也，或謂韍韠。韍音弗。韠音畢。

〔二〕孟康曰：瑒，玉名也，佩刀之飾，上曰琫，下曰珌。詩云「鞞琫有珌」是也。師古曰：瑒音蕩。琫音布孔反。珌音必。【補注】先謙曰：官本「瑒」作「瑒」。引劉攽曰，瑒字宜從易。宋祁同。蘇輿云：「説文『瑒，圭尺二寸，有瓚，以祠宗廟者也。从王昜聲』。非刀飾。案，瑒圭即周禮玉人之祼圭，瑒讀如暢，故魯語亦作鬯圭，從昜得聲，不宜從易，宋説非也。此瑒蓋璗之借字，説文『璗，金之美者，與玉同色』。禮，佩刀，諸侯璗琫而璆珌』。案詩毛傳亦云『諸侯璗琫而鏐珌』，與説文同。爾雅釋器『黄金謂之璗，其美者謂之鏐』。是諸侯飾刀，上下純用金，漢制，天子、諸侯竝飾黄金，續志『諸侯王黄金錯環挾半』。孟以瑒爲玉名，又非也。」

〔三〕孟康曰：今齊祀履舄頭飾也，出履一二寸。師古曰：其形岐頭。句音巨俱反。【補注】宋祁曰：韋昭曰，句履，頭飾，形如刀鼻，音劬。禮記作絇，亦是。沈欽韓曰：句即絇，儀禮士冠禮疏云「鄭云狀如刀衣鼻，在履頭者，此以漢法言之，今之屨頭，見有下鼻似刀衣鼻，故以爲況」。先謙曰：官本、南監本注無「一」字。

〔四〕師古曰：鸞路，路車之施鸞者也，解在禮樂志。四馬曰乘，音食證反。其下亦同。【補注】先謙曰：官本、南監本注無「其」字。

〔五〕師古曰：素積，素裳也。

〔六〕師古曰：戎路，戎車也。

〔七〕師古曰：彤，赤色。盧，黑色。

〔八〕師古曰：鉞戚皆斧屬。

〔九〕師古曰：冑，兜鍪。

〔一〇〕師古曰：秬鬯，香酒也。卣，中樽也，音攸，又音羊九反。【補注】宋祁曰：字書曰「秬，黑黍，一稃二米也」。

〔一一〕師古曰：以圭爲勺末。

〔一二〕師古曰：青者，春色，東方生而長育萬物也。

〔一三〕孟康曰：納，内也。謂鑿殿基際爲陛，不使露也。師古曰：孟説是也。尊者不欲露而升陛，故内之於霤下也。諸家之釋，文句雖煩，義皆不了，故無取云。【補注】陳景雲曰：宋均禮含文嘉注云「動作有禮，納陛以安其體」。文選魏公九錫文「納陛以登」，李周翰注「納陛者，致于殿兩階之閒便其上殿」。此蓋漢人相承之説。宋史呂端傳「真宗以端軀體洪大，宮庭階所稍峻，特令梓人爲納陛」。是納陛爲安體而設，信矣。小顏獨采孟解，宋均説亦不可廢。

〔一四〕師古曰：傳猶著也，音附。

〔一五〕孟康曰：傳，符也。師古曰：音張戀反。【補注】先謙曰：官本注末有「韋昭曰傳二封啓也」八字。

其秋，莽以皇后有子孫瑞，通子午道。〔一〕子午道從杜陵直絶南山，徑漢中。〔二〕

〔一〕張晏曰：時年十四，始有婦人之道也。子，水；午，火也。水以天一爲牡，火以地二爲牝，故火爲水妃，今通子午以協之。【補注】沈欽韓曰：元和志「子午關在長安縣南百里，王莽通子午道，因置此關」。長安志「子午鎮去縣南四十里，以南山子午谷爲名」。後書「安帝元初二年，罷子午道」。先謙曰：官本、南監本注「今」作「令」，是。

〔二〕師古曰：子，北方也。午，南方也。言通南北道相當，故謂之子午耳。今京城直南山，有谷通梁、漢道者，名子午谷。又宜州西界，慶州東界，有山名子午嶺，計南北直相當。此則北山者是子，南山者是午，共爲子午道。【補注】劉奉世曰：史文以從杜陵徑漢中爲子午道耳，顏之所見，非史意也。何焯曰：通梁、漢道者，即莽所爲，顏前説是也。第不當並舉在宜、慶二州界者耳，劉盡非之，又誤。先謙曰：官本「道」下無「者」字。

風俗使者八人還，言天下風俗齊同，詐爲郡國造歌謠，頌功德，凡三萬言。莽奏定著令。〔一〕又奏爲市無二賈，〔二〕官無獄訟，邑無盜賊，野無飢民，道不拾遺，男女異路之制，犯者象刑。〔三〕劉歆、陳崇等十二人皆以治明堂，宣教化，封爲列侯。〔四〕

〔一〕【補注】周壽昌曰：漢天子著令，藏御史府。高祖高后行之。成帝令太子得絶馳道，亦著令。至此莽公然奏請定著令矣。

〔二〕師古曰：言純質也。賈音價。

〔三〕師古曰：象刑，解在武紀及刑法志。

〔四〕【補注】先謙曰：官本考證云「陳崇等八人以宣教化封，劉歆、平晏、孔永、孫遷，以治明堂封」。

莽既致太平，北化匈奴，東致海外，南懷黄支，唯西方未有加。乃遣中郎將平憲等多持金幣誘塞外羌，使獻地，願内屬。憲等奏言：「羌豪良願等種，人口可萬二千人，願爲内臣，獻鮮水海、允谷鹽池，〔一〕平地美草皆予漢民，自居險阻處爲藩蔽。問良願降意，對曰：『太皇太后聖明，安漢公至仁，天下太平，五穀成孰，或禾長丈餘，或一粟三米，或不種自生，或蠒不蠶自成，甘露從天下，醴泉自地出，鳳皇來儀，神爵降集。從四歲以來，羌人無所疾苦，故思樂内屬。」宜以時處業，置屬國領護。」〔一〕事下莽，莽復奏曰：「太后秉統數年，恩澤洋溢，和氣四塞，絶域殊俗，靡不慕義。越裳氏重譯獻白雉，黄支自三萬里貢生犀，東夷王度大海奉國珍，匈奴單于順制作，去二名，今西域良願等復舉地爲臣妾，昔唐堯横被四表，〔二〕亦亡以加之。今謹案已有東海、南海、北海郡，未有西海郡，請受良願等所獻地爲西海郡。臣又聞聖王序天文，定地理，因山川民俗以制州界。漢家地廣二帝、三王，〔三〕凡十〔三〕〔二〕州，州名及界多不應經。堯典十有二州界，後定爲九州。漢家廓地遼遠，州牧行部，遠者三萬餘里，不可爲九。謹以經義正十二州名分界，以應正始。」奏可。又增法五十條，犯者徙之西海。徙者以千萬數，民始怨矣。

〔一〕【補注】先謙曰：詳地理志。

〔二〕【補注】先謙曰：處業，令安處有作業。

〔三〕【補注】錢大昭曰：横即光也。後漢書馮異傳亦云「横被四表」。

〔四〕服虔曰：唐虞及周要服之内方七千里，夏、殷方三千里，漢地南北萬三千里也。

泉陵侯劉慶上書〔一〕言：「周成王幼少，稱孺子，周公居攝。今帝富於春秋，宜令安漢公行天子事，如周公。」羣臣皆曰：「宜如慶言。」

〔一〕師古曰：王子侯年表「衆陵節侯賢，長沙定王子，本始四年戴侯真定嗣，二十二年薨，黄龍元年頃侯慶嗣。」此則是也。此傳及翟義傳並云泉陵，地理志泉陵屬零陵郡，而表作衆陵，表爲誤也。

冬，熒惑入月中。

平帝疾，莽作策，請命於泰畤，戴璧秉圭，願以身代。藏策金縢，置于前殿，敕諸公勿敢言。〔一〕十二月平帝崩，大赦天下。莽徵明禮者宗伯鳳等與定天下吏六百石以上皆服喪三年。〔二〕奏尊孝成廟曰統宗，孝平廟曰元宗。時元帝世絕，而宣帝曾孫有見王五人，〔三〕列侯廣戚侯顯等四十八人，〔四〕莽惡其長大，曰：「兄弟不得相爲後。」乃選玄孫中最幼廣戚侯子嬰，年二歲，託以爲卜相最吉。

〔一〕師古曰：詐依周公爲武王請命，作金縢也。

〔二〕【補注】何焯曰：雖曰欺僞，然臣爲君服喪三年，唯元始後議行之。

〔三〕師古曰：王之見在者。【補注】先謙曰：通鑑胡注「見在之王五人，謂淮陽王縯、中山王成都、楚王紆、信都王景、東平王開明也。」

〔四〕【補注】先謙曰：胡注謂廣戚侯顯、陽興侯寄、陵陽侯嘉、高樂侯修、平邑侯閔、平纂侯況、合昌侯輔、伊鄉侯開、就鄉侯不害、膠鄉侯武、宜鄉侯恢、昌城侯豐、樂安侯禹、陶鄉侯恢、釐鄉侯褒、昌鄉侯且、新鄉侯鯉、鄗鄉侯光、新城侯武、宜陵侯封、堂鄉侯護、成陵侯由、成陽侯衆、復昌侯休、安陸侯平、梧安侯譽、朝鄉侯充、扶鄉侯普、方城侯宣、當陽侯益、廣城侯疌、春城侯允、呂鄉侯尚、李鄉侯殷、宛鄉侯隆、壽泉侯承、杏山侯遵、嚴鄉侯信、武平侯璜、陵鄉侯曾、武安侯慢、富陽侯萌、西陽侯偃、桃鄉侯立、栗鄉侯元成、金鄉侯不害、平通侯且、西安侯漢、湖鄉侯開、重鄉侯少柏，凡五十人。而廣戚侯顯，孺子之父，栗鄉侯元成先已免侯，止四十八人耳。

是月，前煇光謝囂奏武功長孟通浚井得白石，〔一〕上圓下方，有丹書著石，〔二〕文曰「告安漢公莽爲皇帝」。符命之起，自此始矣。莽使羣公以白太后，太后曰：「此誣罔天下，不可施行！」太保舜謂太后：「事已如此，無可奈何，沮之力不能止。〔三〕又莽非敢有它，但欲稱攝以重其權，填服天下耳。」〔四〕太后聽許。舜等即共令太后下詔曰：「蓋聞天生衆民，不能相治，爲之立君，以統理之。君年幼稚，必有寄託而居攝焉，然後能奉天施而成地化，羣生茂育。書不云乎？『天工，人其代之。』〔五〕朕以孝平皇帝幼年，且統國政，幾加元服，委政而屬之。〔六〕今短命而崩，嗚呼哀哉！已使有司徵孝宣皇帝玄孫二十三人，差度宜者，以嗣孝平皇帝之後。〔七〕玄孫年在繈褓，不得至德君子，孰能安之？安漢公莽輔政三世，比遭際會，安光漢室，〔八〕遂同殊風，至于制作，與周公異世同符。今前煇光囂、武功長通上言丹石之符，朕深思厥意，云『爲皇帝』者，乃攝行皇帝之事也。夫有法成易，非聖人者亡法。其令安漢公居攝踐祚，〔九〕如周公故事，以武功縣爲安漢公采地，〔一〇〕名曰漢光邑。〔一一〕具禮儀奏。」

〔一〕師古曰：浚，抒治之也。囂音許驕反。浚音峻，抒音直呂反。【補注】先謙曰：胡注「武功縣本屬扶風，莽分屬前煇光」。

〔二〕師古曰：著音直略反。

〔三〕師古曰：沮，壞也，音才汝反。

〔四〕師古曰：填音竹刃反。【補注】先謙曰：官本「稱」作「居」。

〔五〕師古曰：虞書咎繇謨之辭也。言人代天理治工事也。【補注】先謙曰：官本、南監本注「天」下有「以」字。

〔六〕師古曰：屬，付也。幾音曰冀。屬音之欲反。
〔七〕師古曰：差度謂擇也。度音大各反。
〔八〕師古曰：比，頻也。
〔九〕【補注】先謙曰：官本「祚」作「阼」。
〔一〇〕師古曰：采，官也。以官受地，故謂之采。
〔一一〕【補注】何焯曰：漢光邑，光武中興之祥。先謙曰：地理志「武功，莽曰新光」，蓋篡後改之。

於是羣臣奏言：「太后聖德昭然，深見天意，詔令安漢公居攝。臣聞周成王幼少，周道未成，成王不能共事天地，修文武之烈。〔一〕周公權而居攝，則周道成，王室安；不居攝，則恐周隊失天命。〔二〕書曰：『我嗣事子孫，大不克共上下，遏失前人光，在家不知命不易。天應棐諶，乃亡隊命。』〔三〕説曰：〔四〕周公服天子之冕，南面而朝羣臣，發號施令，常稱王命。召公賢人，不知聖人之意，故不説也。〔五〕禮明堂記曰：『周公朝諸侯於明堂，天子負斧依南面而立。』〔六〕謂『周公踐天子位，六年朝諸侯，制禮作樂，而天下大服』也。召公不説。時武王崩，縗麤未除。〔七〕由是言之，周公始攝則居天子之位，非乃六年而踐阼也。書逸嘉禾篇曰：『周公奉鬯立于阼階，延登，贊曰：「假王莅政，勤和天下。」』此周公攝政，贊者所稱。〔八〕成王加元服，周公則致政。書曰『朕復子明辟』，〔九〕周公常稱王命，專行不報，故言我復子明君也。臣請安漢公居攝踐祚，〔一〇〕服天子韍冕，〔一一〕背斧依于戶牖之間，〔一二〕南面朝羣臣，聽政事。車服出入警蹕，民臣稱臣妾，皆如天子之制。郊祀天地，宗祀明堂，共祀宗廟，享祭羣神，贊曰『假皇帝』，〔一三〕民臣謂之『攝皇帝』，自稱曰『予』。平決朝事，常以皇帝之詔稱『制』，以奉順皇天之心，輔翼漢室，保安孝平皇帝之幼嗣，遂寄託之義，隆治平之化。〔一四〕其朝見太皇太后、帝皇后，皆復臣節。〔一五〕自施政教於其宮家國采，〔一六〕如諸侯禮故事。〔一七〕臣昧死請。」太后詔曰：「可。」明年，改元曰居攝。

〔一〕師古曰：共讀曰恭。烈，業也。

〔二〕師古曰：隊音直類反。

〔三〕師古曰：周書君奭之篇也。邵公爲保，周公爲師，相成王爲左右。邵公不悦，周公作君奭以告之。奭，召公名也。尊而呼之，故曰君也。言我恐後嗣子孫大不能恭承天地，絶失先王光大之道，不知受命之難。天所應輔唯在有誠，所以亡失其命也。共音恭。棐音匪。【補注】先謙曰：官本注「召」作「邵」。

〔四〕師古曰：謂説經義也。

〔五〕師古曰：召讀曰邵。説讀曰悦。次下並同。

〔六〕師古曰：依讀曰扆。此下亦同。

〔七〕師古曰：縗音千回反。

〔八〕師古曰：贊謂祭祝之辭也。

〔九〕師古曰：周書洛誥載周公告成王之辭，言我復還明君之政於子也。復音扶目反。

〔一〇〕【補注】先謙曰：官本「祚」作「阼」。

〔一一〕師古曰：此韍亦謂裳韍也。

〔一二〕【補注】先謙曰：通鑑「依」下有「立」字。

〔一三〕師古曰：贊謂祭祀之辭也。共音恭。

〔一四〕師古曰：遂，成也。

〔一五〕【補注】先謙曰：胡注「帝皇后謂平帝后。復，反也，還也」。

〔一六〕【補注】先謙曰：胡注「宮謂以安漢公第爲宮，家謂其家，國謂其所封新都國，采謂以武功縣爲采地」。

〔一七〕【補注】先謙曰：「禮」下脱「儀」字，官本、南監本有。

居攝元年正月，莽祀上帝於南郊，迎春於東郊，行大射禮於明堂，養三老五更，成禮而去。〔一〕置柱下五史，秩如御史，聽政事，侍旁記疏言行。

〔一〕師古曰：更音工衡反。

三月己丑，立宣帝玄孫嬰爲皇太子，號曰孺子。〔一〕以王舜爲太傅左輔，甄豐爲太阿右拂，〔二〕甄邯爲太保後承。又置四少，秩皆二千石。〔三〕

〔一〕【補注】何焯曰：先爲攝皇帝，而後立嬰，不復令有君臣之分也。又止立爲皇太子，不正其君之名，則予奪惟莽也。先謙曰：胡注「亦因周公輔成王，二叔流言，公將不利於孺子，而爲此號」。

〔二〕師古曰：拂讀曰弼。

〔三〕【補注】先謙曰：胡注「四少：少師、少傅、少阿、少保」。

四月，安衆侯劉崇與相張紹謀曰：〔一〕「安漢公莽專制朝政，必危劉氏。天下非之者，乃莫敢先舉，此宗室恥也。吾帥宗族爲先，海內必和。」紹等從者百餘人，遂進攻宛，不得入而敗。紹者，張竦之從兄也。竦與崇族父劉嘉詣闕自歸，莽赦弗罪。竦因爲嘉作奏曰：

〔一〕師古曰：安衆康侯月，長沙定王子，崇即月之玄孫子也，見王子侯表。【補注】周壽昌曰：漢宗室起義誅莽者始崇，而嚴鄉侯信、武平侯璜繼之，徐鄉侯快、陵鄉侯曾、扶恩侯貴等又繼之。王子侯表「建武二年，劉寵以崇從父弟紹封，建武十三年，子松嗣侯」。班氏作表時尚存，殆以崇爲宗室起義之最先者也。

建平、元壽之間，大統幾絶，宗室幾弃。〔一〕賴蒙陛下聖德，扶服振救，〔二〕遮扞匡衞，〔三〕國命復延，宗室明目。臨朝統政，發號施令，動以宗室爲始，登用九族爲先。並録支親，建立王侯，南面之孤，計以百數。收復絶屬，存亡續廢，〔四〕得比肩首，復爲人者，嬪然成行，〔五〕所以藩漢國，輔漢宗也。建辟雍，立明堂，班天法，流聖化，朝羣后，昭文德，宗室諸侯，咸益土地。天下喁喁，引領而歎，〔六〕頌聲洋洋，滿耳而入。〔七〕國家所以服此美，膺此名，饗此福，受此榮者，豈非太皇太后日昃之思，陛下夕惕之念哉！何謂？〔八〕亂則統其理，危則致其安，禍則引其福，絶則繼其統，幼則代其任，晨夜屑屑，寒暑勤勤，〔九〕無時休息，孳孳不已者，〔一〇〕凡以爲天下，厚劉氏也。〔一一〕臣無愚智，民無男女，皆諭至意。〔一二〕

〔一〕師古曰：幾亦音巨依反。【補注】先謙曰：官本無「亦」字。南監本無注。

〔二〕師古曰：陛下謂莽也。服音蒲北反。

〔三〕【補注】先謙曰：官本、南監本匡字不缺筆，此本皆存宋書。

〔四〕師古曰：復音扶目反。

〔五〕師古曰：嬪然，多貌也。行，列也。嬪音匹人反。行音下郎反。

〔六〕師古曰：喁喁，衆口向上也，音顒。

〔七〕師古曰：論語載孔子曰：「師摯之始，關雎之亂，洋洋乎盈耳哉！」故竦引之也。洋音羊，又音翔。【補注】先謙曰：南監本無此注。

〔八〕師古曰：先爲設問，復陳其事也。

〔九〕師古曰：屑屑猶切切，動作之意也。【補注】錢大昭曰：方言「迹迹屑屑，不安也。江、沅之閒謂之迹迹，秦晉謂之屑屑」。又屑，往勞也，郭注「屑屑，往來」，皆劬勞也。說文「屑，動作切切也」。廣雅「屑屑，不安也」。本書董仲舒傳「凡所爲屑屑，夙興夜寐」。後漢書王良傳「何其往來屑屑不憚煩也」。崔駰傳「吾亦病子屑屑而不已也」。

〔一〇〕師古曰：孳孳，不怠之意也，音與孜同。

〔一一〕師古曰：爲音于僞反。

〔一二〕師古曰：諭，曉也。

而安衆侯崇乃獨懷悖惑之心，操畔逆之慮，〔一〕興兵動衆，欲危宗廟，惡不忍聞，罪不容誅，誠臣子之仇，宗室之讎，國家之賊，天下之害也。是故親屬震落而告其罪，民人潰畔而弃其兵，進不跬步，退伏其殃。〔二〕百歲之母，孩提之子，〔三〕同時斷斬，懸頭竿杪，〔四〕珠珥在耳，首飾猶存，爲計若此，豈不誖哉！〔五〕

臣聞古者畔逆之國，既以誅討，而豬其宮室以爲汙池，納垢濁焉，〔六〕名曰凶虛，〔七〕雖生菜茹，而人不食。〔八〕四牆其社，覆上棧下，示不得通。〔九〕辨社諸侯，〔一〇〕出門見之，著以爲戒。〔一一〕方今天下聞崇之反也，咸欲騫衣手劍而叱之。其先至者，則拂其頸，〔一二〕衝其匈，刃其軀，切其肌；後至者，欲撥其門，仆其牆，〔一三〕夷其屋，焚其器，〔一四〕應聲滌地，則時成創。〔一五〕而宗室尤甚，言必切齒焉。何則？以其背畔恩義，而不知重德之所在也。宗室所居或遠，嘉幸得先聞，不勝憤憤之願，願爲宗室倡始，〔一六〕父子兄弟負籠荷鍤，馳之南陽，〔一七〕豬崇宮室，令如古制。及崇社宜如亳社，以賜諸侯，用永監戒。願下四輔公卿大夫議，以明好惡，視四方。〔一八〕

〔一〕師古曰：悖，乖也。【補注】先謙曰：官本注在「之心」下，南監本無。
〔二〕師古曰：半步曰跬，謂一舉足也，音宗縈反。【補注】朱謙曰：官本、南監本「宗」作「空」。
〔三〕師古曰：嬰兒始孩，人所提挈，故曰孩提也。孩者，小兒笑也。【補注】宋祁曰：景本作「一百歲」。
〔四〕師古曰：杪，末也，音莫小反。
〔五〕師古曰：誖，惑也，音布内反。
〔六〕李奇曰：掘其宮以爲池，用貯水也。師古曰：豬謂畜水汙下也。汙音烏。【補注】先謙曰：官本、南監本「而」作「則」，是。
〔七〕師古曰：虛讀曰墟。墟，故居也，言凶人所居也。
〔八〕師古曰：所食之菜曰茹，音人庶反。
〔九〕師古曰：棧謂以簀蔽之也。下則棧之，上則覆之，所以隔塞不通陰陽之氣。【補注】先謙曰：官本注末有「韋昭曰棧柴也」六字。
〔一〇〕孟康曰：辨，布也。布崇社國，國各作一，見以爲戒也。師古曰：辨讀曰班。

〔一一〕師古曰：著，明也。

〔一二〕師古曰：拂，戾也，音佛。【補注】王念孫曰：顔説望文生義，非其本指也。拂讀爲刜，刜，斫也。謂以劍斫其頸也。拂其頸，衝其匈，刃其軀，切其肌，皆承上文手劍而言。説文「刜，擊也」，廣雅「刜，斫也」。昭二十六年左傳「苑子刜林雍，斷其足」，正義「今江南猶謂刀擊爲刜」。齊語「刜令支斬孤竹」。楚辭九歎「執堂谿以刜蓬兮」，王注亦曰「刜，斫也」。作拂者，假借字耳。説苑雜言篇「干將鏌鎁，拂鐘不錚」，亦借拂爲刜也。若以拂其頸爲戾其頸，則上與「手劍」不相承，下與「衝其匈」三句皆不相比附矣。

〔一三〕師古曰：仆，倒也。【補注】宋祁曰：刃其軀，舊作扎其體。鄧展扎音近跣，晉灼音扎，字林曰「扎，切也」。

〔一四〕師古曰：夷，平也。【補注】先謙曰：官本無注。

〔一五〕師古曰：滌地猶言塗地。則時，即時也。創，傷也，音初良反。【補注】先謙曰：則、即字通。

〔一六〕師古曰：倡音先向反。

〔一七〕師古曰：籠所以盛土也。鍤，鍫也。【補注】先謙曰：官本「荷」作「倚」，引宋祁曰「倚當作荷。鍤或作臿，音丈涉反」。王念孫云：「倚字古讀阿上聲，老子『禍兮福所倚，福兮禍所伏』，禍倚爲韻，福伏爲韻，詳見唐韻正。是倚字古讀與禍相近，故字亦相通。説文『何，儋也』，是儋何字，本作何，作荷者，借字耳。借字本無一定，何必荷之是，而倚之非乎？」

〔一八〕師古曰：視讀曰示。

於是莽大説。〔一〕公卿曰：「皆宜如嘉言。」〔二〕莽白太后下詔曰：「惟嘉父子兄弟，雖與崇有屬，不敢阿私，或見萌牙，〔三〕相率告之，及其禍成，同共讎之，應合古制，忠孝著焉。其以杜衍户千封嘉爲師禮侯，〔四〕嘉子七人皆賜爵關内侯。」後又封竦爲淑德侯。長安謂之語曰：〔五〕「欲求封，過張伯松；〔六〕力戰鬥，不如巧爲奏。」莽又封南陽吏民有功者百餘人，汙池劉崇室宅。後謀反者，皆汙池云。

〔一〕師古曰：說讀曰悅。

〔二〕【補注】蘇輿曰：「曰皆」疑作「皆曰」。

〔三〕【補注】先謙曰：官本、南監本「牙」作「芽」。

〔四〕【補注】錢大昭曰：「師」當作「帥」，與率同。下文作率禮侯。王念孫曰：御覽封建部四引此正作「帥」。

〔五〕【補注】先謙曰：官本「謂」作「爲」，古字通作。

〔六〕師古曰：竦之字。

羣臣復白：「劉崇等謀逆者，以莽權輕也。宜尊重以填海内。」〔一〕五月甲辰，太后詔莽朝見太后稱「假皇帝」。

〔一〕師古曰：填音竹刃反。

冬十月丙辰朔，日有食之。

十二月，羣臣奏請：「益安漢公宮及家吏，置率更令，廟、廄、廚長丞，中庶子，虎賁以下百餘人，〔一〕又置衛士三百人。安漢公廬爲攝省，府爲攝殿，第爲攝宮。」奏可。〔二〕

〔一〕【補注】先謙曰：率更令，廄、廚、長丞，詹事屬官。廟長丞，奉常屬官。中庶子，太子太傅少傅屬官。虎賁，舊名期門，屬郎中令，元始元年，更名虎賁郎。今一仿其官制也。

〔三〕【補注】先謙曰：胡注「廬，殿中止宿之舍。府，治事之所。第，所居也」。

莽白太后下詔曰：「故太師光雖前薨，功效已列。太保舜、大司空豐、輕車將軍邯、步兵將軍建皆爲誘進單于籌策，又典靈臺、明堂、辟雍、四郊，定制度，開子午道，與宰衡同心說德，〔一〕合意并力，功德茂著。封舜子匡爲同心侯，林爲說德侯，光孫壽爲合意侯，豐孫匡爲并力侯。益邯、建各三千户。

〔一〕師古曰：說音悅。次下亦同。

是歲，西羌龐恬、傅幡等〔一〕怨莽奪其地作西海郡，反攻西海太守程永，永奔走。莽誅永，遣護羌校尉竇況擊之。

〔一〕師古曰：幡音敷元反，其字從巾。

二年春，竇況等擊破西羌。

五月，更造貨：錯刀，一直五千；契刀，一直五百；大錢，一直五十，與五銖錢並行。民多盜鑄者。禁列侯以下不得挾黄金，輸御府受直，〔一〕然卒不與直。

〔一〕【補注】先謙曰：百官表少府有御府令丞。

九月，東郡太守翟義都試，勒車騎，因發犇命，立嚴鄉侯劉信爲天子，〔一〕移檄郡國，言莽

「毒殺平帝，攝天子位，欲絕漢室，今共行天罰誅莽。」〔二〕郡國疑惑，衆十餘萬。莽惶懼不能食，晝夜抱孺子告禱郊廟，放大誥作策，〔三〕遣諫大夫桓譚等班於天下，諭以攝位當反政孺子之意。〔四〕遣王邑、孫建等八將軍擊義，分屯諸關，守阸塞。槐里男子趙明、霍鴻等起兵，以和翟義，〔五〕相與謀曰：「諸將精兵悉東，京師空，可攻長安。」衆稍多，至且十萬人，莽恐，遣將軍王奇、王級將兵拒之。以太保甄邯爲大將軍，受鉞高廟，領天下兵，左杖節，右把鉞，屯城外。王舜、甄豐晝夜循行殿中。〔六〕

〔一〕師古曰：東平煬王之子。

〔二〕師古曰：共讀作供。【補注】先謙曰：官本作「共讀曰恭」。南監本無「曰」字。

〔三〕師古曰：放，依也。大誥，周書篇名，周公所作也。放音甫往反。

〔四〕師古曰：諭，曉告也。【補注】先謙曰：官本「也」作「之」。

〔五〕師古曰：和音胡臥反。

〔六〕師古曰：行音下更反。

十二月，王邑等破翟義於圉。司威陳崇使監軍〔一〕上書言：「陛下奉天洪範，心合寶龜，〔二〕膺受元命，豫知成敗，(感)〔咸〕應兆占，是謂配天。配天之主，慮則移氣，言則動物，施則成化。臣崇伏讀詔書下日，竊計其時，聖思始發，而反虜仍破；〔三〕詔文始書，反虜大敗；制書始下，反虜畢斬。衆將未及齊其鋒芒，臣崇未及盡其愚慮，而事已決矣。」莽大說。〔四〕

〔一〕師古曰：爲使而監軍於外。【補注】先謙曰：官本注末有「韋昭曰圉故屬淮陽後屬陳留呂静曰圉音語」十八字。

〔二〕師古曰：心與龜合也。

〔三〕師古曰：思，慮也。

〔四〕師古曰：説讀曰悦。

三年春，地震。大赦天下。

王邑等還京師，西與王級等合擊明、鴻，皆破滅，語在翟義傳。莽大置酒未央宫白虎殿，勞賜將帥。詔陳崇治校軍功，第其高下。莽乃上奏曰：「明聖之世，國多賢人，故唐虞之時，可比屋而封，至功成事就，則加賞焉。至於夏后塗山之會，執玉帛者萬國，諸侯執玉，附庸執帛。周武王孟津之上，尚有八百諸侯。周公居攝，郊祀后稷以配天，宗祀文王於明堂以配上帝，是以四海之内各以其職來祭，蓋諸侯千八百矣。禮記王制千七百餘國，是以孔子著孝經曰：『不敢遺小國之臣，而況於公侯伯子男乎？故得萬國之歡心以事其先王。』〔一〕此天子之孝也。秦爲亡道，殘滅諸侯以爲郡縣，欲擅天下之利，故二世而亡。高皇帝受命除殘，考功施賞，建國數百，後稍衰微，其餘僅存。太皇太后躬統大綱，廣封功德以勸善，興滅繼絶以永世，是以大化流通，旦暮且成。遭羌寇害西海郡，反虜流言東郡，逆賊惑衆西土，忠臣孝子莫不奮怒，所征殄滅，盡備厥辜，〔二〕天下咸寧。今制禮作樂，〔三〕實考周爵五等，地四等，有明文；〔四〕殷爵三等，有其説，無其文。〔五〕孔子曰：『周監於二代，郁郁乎文哉！吾從周。』〔六〕臣請諸將帥當受爵邑者爵五等，地四等。」奏可。於是封者高爲侯伯，次爲子男，當賜爵關内侯者更名曰附城，〔七〕凡數百人。擊西海者以「羌」爲號，槐里以「武」爲號，翟義以「虜」爲號。

〔一〕【補注】先謙曰：官本無「其」字，引宋祁曰，邵本「先」字上有「其」字。

〔二〕【補注】王念孫曰：備讀爲伏。漢書言伏辜者多矣，字或作服，服、伏、備三字，古皆讀如匍匐之匐，說見六書音均表。故字亦相通。趙策「今騎射之服」，史記趙世家服作備，是其例也。

〔三〕【補注】宋祁曰：越本「寧」字下無「今」字。

〔四〕蘇林曰：爵五等：公、侯、伯、子、男也。地四等：公一等，侯伯二等，子男三等，附庸四等。

〔五〕師古曰：公一等，侯二等，伯子男三等。【補注】蘇輿曰：白虎通引含文嘉云「殷爵三等，周爵五等」，公羊說「春秋亦以伯子男統爲一等，合公與侯爲三」。繁露三代改制篇「周爵五等，春秋三等」。蓋今文家說如是，而云無其文者，詞不見於經也。

〔六〕師古曰：論語載孔子之言也。監，視也。二代，夏殷也。郁郁，文章貌。【補注】先謙曰：南監本無注。

〔七〕【補注】先謙曰：項安世家說云「漢人蓋以城字解庸也。古人庸即墉字，後人加土以別之。不成國者謂之附城，猶今言支郡爲屬城也」。胡注「王制，不能五十里者，不達於天子，附於諸侯，曰附庸」。鄭注「小城曰附庸，附庸者，以國事附於大國」。正義「庸，城也。謂小國之城不能自通，以其國事附於大國，故曰附庸」。項說本此。

羣臣復奏言：「太后修功録德，遠者千載，近者當世，或以文封，或以武爵，深淺大小，靡不畢舉。今攝皇帝背依踐祚，宜異於宰國之時，制作雖未畢已，〔一〕宜進二子爵皆爲公。春秋『善善及子孫』，『賢者之後，宜有土地』。成王廣封周公庶子六（子）〔人〕，皆有茅土。及漢家名相大將蕭、霍之屬，咸及支庶。兄子光，可先封爲列侯；諸孫，制度畢已，大司徒、大司空上名，如前詔書。」太后詔曰：「進攝皇帝子褒新侯安爲新舉公，賞都侯臨爲褒新公，封光爲衍功侯。」是時，莽還歸新都國，羣臣復白以封莽孫宗爲新都侯。莽既滅翟義，自謂威德日盛，獲天人助，遂謀即真之事矣。

〔一〕師古曰：已，止也。

九月，莽母功顯君死，意不在哀，令太后詔議其服。〔一〕少阿、羲和劉歆與博士諸儒七十八人皆曰：「居攝之義，所以統立天功，興崇帝道，成就法度，安輯海内也。〔二〕昔殷成湯既没，而太子蚤夭，其子太甲幼少不明，伊尹放諸桐宫而居攝，以興殷道。周武王既没，周道未成，成王幼少，周公屏成王而居攝，以成周道。〔三〕是以殷有翼翼之化，〔四〕周有刑錯之功。〔五〕今太皇太后比遭家之不造，〔六〕委任安漢公宰尹羣僚，衡平天下。〔七〕遭孺子幼少，未能共上下，〔八〕皇天降瑞，出丹石之符，是以太皇太后則天明命，詔安漢公居攝踐祚，將以成聖漢之業，與唐虞三代比隆也。攝皇帝遂開祕府，會羣儒，制禮作樂，卒定庶官，茂成天功。〔九〕聖心周悉，卓爾獨見，發得周禮，以明因監，〔一〇〕則天稽古，而損益焉，猶仲尼之聞韶，〔一一〕日月之不可階，〔一二〕非聖哲之至，孰能若兹！綱紀咸張，成在一匱，〔一三〕此其所以保佑聖漢，安靖元元之效也。今功顯君薨，禮『庶子爲後，爲其母緦』。傳曰『與尊者爲體，不敢服其私親也』。

攝皇帝以聖德承皇天之命，受太后之詔居攝踐祚，〔一四〕奉漢大宗之後，上有天地社稷之重，下有元元萬機之憂，不得顧其私親。故太皇太后建厥元孫，俾侯新都，〔一五〕爲哀侯後。明攝皇帝與尊者爲體，承宗廟之祭，奉共養太皇太后，不得服其私親也。周禮曰『王爲諸侯緦縗』，『弁而加環絰』，〔一六〕同姓則麻，異姓則葛。攝皇帝當爲功顯君緦縗，弁而加麻環絰，如天子弔諸侯服，〔一七〕以應聖制。」莽遂行焉，凡壹弔再會，而令新都侯宗爲主，服喪三年云。

〔一〕【補注】何焯曰：權奸貪位奪情，自王莽始。

〔二〕師古曰：輯字與集同。

〔三〕師古曰：屛猶擁也。【補注】劉敞曰：予謂屛者，即荀子所言屛成王而及武王。屛猶卻也。

〔四〕師古曰：商頌殷武之詩曰「商邑翼翼，四方之極」，言商邑禮俗，翼翼然可則傚，乃四方之中正也。

〔五〕師古曰：謂成康之世，囹圄空虛。

〔六〕師古曰：比，頻也。周頌閔予小子之篇曰「遭家不造」，造，成也。故議者引之。

〔七〕師古曰：宰，治也。尹，正也。衡，平也，言如稱之衡。

〔八〕師古曰：共讀曰恭。上下謂天地。

〔九〕師古曰：茂，美也。

〔一〇〕李奇曰：殷因於夏禮，周監於二代。

〔一一〕師古曰：孔子至齊郭門之外，遇一嬰兒，挈一壺，相與俱行，其視精，其心正，其行端。孔子謂御曰：「趣驅之，趣驅之，韶樂方作。」孔子至彼而及韶，聞之三月不知肉味。言天縱多能而識微也，故取喻耳。

〔一二〕師古曰：論語載子貢敘孔子德云：「他人賢者，丘陵也，猶可踰也。仲尼，日月也，無得而踰焉。」又曰：「夫子之不可及，猶天之不可階而升也。」

〔一三〕師古曰：論語云孔子曰：「譬如爲山，未成一匱，止吾止也。譬如平地，雖覆一匱，進，吾往也。」匱者，織草爲器，所以盛土也。言人修德行道，有若爲山，雖于平地，始覆一匱之土而作不止，可以得成，故吾欲往觀之。今此議者，謂莽修行政化，致於太平，本由一匱也。【補注】劉攽曰：子謂此言莽制作已成，尚有未足，欲留之者也。當引書云「譬如爲山九仞，功虧一匱」以解之。先謙曰：官本、南監本注「謂」作「云」。官本注「修德行道」作「修行道德」。

〔一四〕【補注】先謙曰：官本「祚」作「阼」。

〔一五〕師古曰：建，立也。元，長也。謂立莽孫宗爲新都侯也。俾，使也。

〔一六〕師古曰：於弁上加環絰也。謂之環者，言其輕細如環之形。【補注】先謙曰：胡注記曰「緦麻十五升去其半，有事其縷，無事其布，曰緦」。賈疏云「凡五服之絰，皆兩股絞之，言環絰則與絞絰有異，謂以麻爲體，又以一股麻爲糾，而横纏之如環然，故謂之環絰」。

〔一七〕【補注】沈欽韓曰：前引喪服，庶子爲後，爲其母緦，是强擠其母爲妾，不知漢非莽之大宗也。此據周官司服，王爲諸侯緦衰，强以其貴壓母，不知正統之親，非諸侯可比也。此奏成於劉歆手中，陳咸云「三綱絶者，當在是矣」。

司威陳崇奏，衍功侯光私報執金吾竇況，令殺人，〔一〕況爲收繫，致其法。莽大怒，切責光。光母曰：「女自眡孰與長孫、中孫？」〔二〕遂母子自殺，及況皆死。初，莽以事母、養嫂、撫兄子爲名，及後悖虐，復以示公義焉。〔三〕令光子嘉嗣爵爲侯。

〔一〕【補注】先謙曰：官本、南監本「人」作「之」，胡注「私報，私屬之也」。霍顯云「少夫幸報我以事」。

〔二〕師古曰：長孫、中孫，莽子宇及獲字也。皆爲莽所殺，故云然。中讀曰仲。【補注】先謙曰：官本、南監本「字」

作衍。

〔三〕服虔曰：不舍光罪爲公義。【補注】劉奉世曰：莽不服喪，亦以示公義。

莽下書曰：「遏密之義，訖于季冬，〔一〕正月郊祀，八音當奏。王公卿士，樂凡幾等？五聲八音，條各云何？其與所部儒生各盡精思，悉陳其義。」

〔一〕張晏曰：平帝以元始五年十二月崩，至此再朞年也。師古曰：虞書：「放勳乃徂，百姓如喪考妣，三載，四海遏密八音。」遏，止也。密，靜也。謂不作樂也。故莽引之。【補注】劉奉世曰：平帝崩，至居攝之年十二月，實三朞，非再朞也。蓋莽自謂義經遏密，實非三朞，不以二十五月也。或曰，此事當在三年冬，誤記於此年耳。

是歲廣饒侯劉京、〔一〕車騎將軍千人扈雲、太保屬臧鴻奏符命。〔二〕京言齊郡新井，雲言巴郡石牛，鴻言扶風雍石，莽皆迎受。十一月甲子，莽上奏太后曰：「陛下至聖，遭家不造，遇漢十二世三七之阸，承天威命，詔臣莽居攝，受孺子之託，任天下之寄。臣莽兢兢業業，懼於不稱。〔三〕宗室廣饒侯劉京上書言：『七月中，齊郡臨淄縣昌興亭長辛當一暮數夢，曰：「吾，天公使也。天公使我告亭長曰：『攝皇帝當爲真。』即不信我，此亭中當有新井。」亭長晨起視亭中，誠有新井，〔四〕入地且百尺。』十一月壬子，直建冬至，〔五〕巴郡石牛，戊午，雍石文，皆到于未央宮之前殿。臣與太保安陽侯舜等視，天風起，塵冥，風止，得銅符帛圖於石前，文曰：『天告帝符，獻者封侯。承天命，用神令。』騎都尉崔發等眡說。〔六〕及前孝哀皇帝建平二年六月甲子下詔書，更爲太初元將元年，案其本事，甘忠可、夏賀良讖書臧蘭臺。〔七〕臣莽以爲元將元年者，大將居攝改元之文也，於今信矣。尚書康誥「王若曰：『孟侯，朕其弟，小子封。』」〔八〕此周公居攝稱王之文也。〔九〕春秋隱公不言即位，攝也。此二經周公、孔子所定，蓋爲後法。孔子曰：「畏天命，畏大人，畏聖人之言。」〔一〇〕臣莽敢不承用！臣請共事神祇宗廟，奏言太皇太后、孝平皇后，皆稱假皇帝。〔一一〕其號令天下，天下奏言事，毋言「攝」。以居攝三年爲初始元年，〔一二〕漏刻以百二十爲度，〔一三〕用應天命。臣莽夙夜養育隆就孺子，〔一四〕令與周之成王比德，宣明太皇太后威德於萬方，期於富而教之。孺子加元服，復子明辟，如周公故事。」奏可。衆庶知其奉符命，指意羣臣博議別奏，以視即真之漸矣。〔一五〕

〔一〕【補注】先謙曰：地理志，齊郡有廣饒縣。

〔二〕師古曰：千人，官名也，屬車騎將軍。扈其姓，雲其名。

〔三〕師古曰：兢兢，慎也。業業，危也。

〔四〕師古曰：諴，實也。

〔五〕師古曰：壬子之日冬至，而其日當建。

〔六〕師古曰：眂，古視字也。視其文而説其意也。【補注】周壽昌曰：發，涿郡安平人，篆之兄，駰之叔祖也。後書崔駰傳稱其以佞巧幸於莽，位至大司空。其母師氏能通經學百家之言，莽寵以殊禮，賜號義成夫人，金印紫綬，文軒丹轂，顯於新世。此事莽傳未載。

〔七〕師古曰：蘭臺，掌圖籍之所。

〔八〕師古曰：孟，長也。孟侯者，言爲諸侯之長也。封者，衞康叔名。

〔九〕【補注】蘇輿曰：此雖莽假借其文，蓋今文説寔如此，故其仿大誥文，直作攝皇帝若曰。見翟方進傳。王肅僞孔，以大誥之王爲成王，不知書凡言周公述王命者，上皆言周公以別之，如多方、多士篇是也。大誥、康誥不然，知王是周公。莽故特假引二篇文也。莽稱引多今文説，皆可徵驗。

〔一〇〕師古曰：論語載孔子之言也，已解在上。

〔一一〕師古曰：共音曰恭。

〔一二〕【補注】先謙曰：通鑑作「始初」。考異云「莽傳作『初始』，荀紀及韋莊美嘉號録、宋庠紀元通譜皆作『始初』」。

〔一三〕【補注】何焯曰：用夏賀良僞書。

〔一四〕師古曰：隆，長也。成就之使其長大也。【補注】劉奉世曰：此居攝二年冬也，至此始請以居攝三年爲初始元年，似是二年冬事，疑傳有差誤。

〔一五〕師古曰：視讀曰示。

期門郎張充等六人〔一〕謀共劫莽，立楚王。〔二〕發覺，誅死。

〔一〕【補注】先謙曰：平帝元始元年，期門更名虎賁，此史駁文。

〔二〕【補注】先謙曰：胡注「楚王紆，宣帝曾孫」。

梓潼人哀章〔一〕學問長安，素無行，好爲大言。見莽居攝，即作銅匱，爲兩檢，〔二〕署其一曰「天帝行璽金匱圖」，其一署曰「赤帝行璽某傳予黄帝金策書」。〔三〕某者，高皇帝名也。書言「王莽爲真天子，皇太后如天命」。圖書皆書莽大臣八人，又取令名王興、王盛，章因自竄姓名，〔四〕凡爲十一人，皆署官爵，爲輔佐。章聞齊井、石牛事下，即日昏時，衣黄衣，持匱至高廟，以付僕射。〔五〕僕射以聞。戊辰，莽至高廟拜受金匱神嬗。〔六〕御王冠，謁太后，還坐未央宮前殿，下書曰：「予以不德，託于皇初祖考黄帝之後，皇始祖考虞帝之苗裔，而太皇太后之末屬。皇天上帝隆顯大佑，成命統序，符契圖文，金匱策書，神明詔告，屬予以天下兆民。〔七〕赤帝漢氏高皇帝之靈，承天命，傳國金策之書，予甚祗畏，敢不欽受！以戊辰直定，〔八〕御王冠，即真天子位，定有天下之號曰新。其改正朔，易服色，變犧牲，殊徽幟，異器制。〔九〕以十二月朔癸酉爲建國元年正月之朔，〔一〇〕以雞鳴爲時。〔一一〕服色配德上黄，犧牲應正用白，〔一二〕使節之旄旛皆純黄，其署曰『新使五威節』，以承皇天上帝威命也。」

〔一〕師古曰：梓潼，廣漢之縣也。潼音童。【補注】周壽昌曰：後書劉元傳注引風俗通曰「哀姓，魯哀公之後，因謚以爲姓」。

〔二〕【補注】先謙曰：胡注引毛晃云「檢，書檢，印窠封題也」。

〔三〕【補注】宋祁曰：越本、邵本云赤帝璽，無一「行」字。先謙曰：胡注予讀曰與。

〔四〕師古曰：竄謂廁著也。

〔五〕【補注】先謙曰：胡注高廟有令、有僕射。先謙案，奉常有高廟令，無高廟僕射也。

〔六〕師古曰：嬗，古禪字。言有神命使漢禪位於莽也。

〔七〕師古曰：屬，委付也，音之欲反。

〔八〕師古曰：於建除之次，其日當定。【補注】錢大昭曰：魏文帝受禪，以十月二十九日辛未，直成日成定，皆取吉祥。周壽昌曰：淮南天文訓云「寅爲建，卯爲除，辰爲滿，巳爲平，主生；午爲定，未爲執，主陷；申爲破，主衡；酉爲危，主杓；戌爲成，主少德；亥爲收，主大德；子爲開，主太歲；丑爲閉，主太陰」。今日者書，以隨月日爲轉移，十二幹無定屬，大要以除危定執爲吉，建滿平收爲次，成開亦吉，閉破則凶。足知其法自漢已然，莽信時日小數，故取諸此也。上云「十一月壬子，直建冬至」，注云「其日當建」，與此同。隋律曆志云「後魏景明中，并州人王顯達獻古銅權一枚，上銘八十一字，其銘云『律權石，重四鈞』，又云『黄帝初祖，德帀于虞。虞帝始祖，德帀于辛。歲在大梁，龍集戊辰。〔戊辰〕直定，天命有人。據土德授，正號即真。改正建丑，長壽隆崇。同律度量衡，稽當前人。龍在己巳，歲次實沈，初班天下，萬國永遵。子子孫孫，享傳億年』」。是權亦莽此日所制，故有「戊辰直定」四字也。

〔九〕師古曰：徽幟，通謂旌旗之屬也。幟音式志反。

〔一〇〕【補注】宋祁曰：「癸酉」字下當有「改元」二字。劉攽曰：莽改年爲始建國，但云建國者誤也，皆當有「始」字。何焯曰：魏曹叡景初元年，改用建丑之月爲正，凡三年而子芳嗣位，改元正始，復用建寅之月爲正。雖以叡忌日在正月爲辭，其亦以莽嘗自謂代漢得地統，中覺而改耶？

〔一一〕【補注】先謙曰：胡注以丑時爲十二時之始。

〔一二〕【補注】先謙曰：胡注「以土繼火，故尚黄。萬物紐牙於丑，其色白，故應正用白」。

王莽傳第六十九中

漢書九十九中

始建國元年〔一〕正月朔，〔二〕莽帥公侯卿士奉皇太后璽韍，〔三〕上太皇太后，順符命，去漢號焉。

〔一〕【補注】先謙曰：顧炎武云「荀悦漢紀記莽事，自始建國元年以後，則云其二年，其三年，以至其十五年，以別於正統，而盡没其天鳳、地皇之號」。

〔二〕【補注】先謙曰：莽以十二月爲歲首，此不與其改正朔。

〔三〕師古曰：韍謂璽之組，音弗。【補注】王先慎曰：元后傳「韍」作「紱」，字通。先謙曰：官本、南監本注在「上太皇太(皇)〔后〕」下。

初，莽妻宜春侯王氏女，立爲皇后。〔一〕本生四男：宇、獲、安、臨。二子前誅死，安頗荒忽，〔二〕乃以臨爲皇太子，安爲新嘉辟。〔三〕封宇子六人：千爲功隆公，壽爲功明公，吉爲功成公，宗爲功崇公，世爲功昭公，利爲功著公。大赦天下。

〔一〕師古曰：王訢爲丞相，初封宜春侯，傳爵至孫咸。莽妻，咸之女。

〔二〕師古曰：荒音呼廣反。

〔三〕師古曰：辟，君也。謂之辟者，取爲國君之義，音壁。

莽乃策命孺子曰：「咨爾嬰，昔皇天右乃太祖，〔一〕歷世十二，享國二百一十載，歷數在于予躬。詩不云乎，『侯服于周，天命靡常。』〔二〕封爾爲定安公，永爲新室賓。於戲！〔三〕敬天之休，〔四〕往踐乃位，毋廢予命。」又曰：「其以平原、安德、漯陰、鬲、重丘，凡户萬，〔五〕地方百里，爲定安公國。立漢祖宗之廟於其國，與周後並，〔六〕行其正朔、服色。〔七〕世世以事其祖宗，永以命德茂功，享歷代之祀焉。〔八〕以孝平皇后爲定安太后。」讀策畢，莽親執孺子手，流涕歔欷，〔九〕曰：「昔周公攝位，終得復子明辟，今予獨迫皇天威命，不得如意！」哀歎良久。中傅將孺子下殿，〔一〇〕北面而稱臣。百僚陪位，莫不感動。

〔一〕師古曰：右讀曰佑。佑，助也。

〔二〕師古曰：大雅文王之詩也。言殷之後嗣，乃爲諸侯，服事周室，是天命無常也。謂微子爲宋公也。

〔三〕師古曰：於戲音曰嗚呼。

〔四〕師古曰：休，美也。

〔五〕師古曰：五縣也。漯音它合反。鬲音與隔同。【補注】先謙曰：一統志「平原故城在今濟南府平原縣南，安德故城今陵縣治，漯陰故城在臨邑縣西，鬲縣故城在德州北，重丘故城在德州東」。官本、南監本注在「爲定安公國」下。

〔六〕【補注】先謙曰：並謂齊同。

〔七〕【補注】先謙曰：胡注「此皆空言」。

〔八〕【補注】先謙曰：命、名字通，命德猶名德，與茂功對文。

〔九〕師古曰：歔音虛。欷音許氣反。

〔一〇〕【補注】先謙曰：官本考證云，後書注引前書音義「中傅，宦者也」。

又按金匱，輔臣皆封拜。〔一〕以太傅、左輔、驃騎將軍安陽侯王舜爲太師，封安新公；〔二〕大司徒就德侯平晏爲太傅，就新公；少阿、羲和、京兆尹紅休侯劉歆爲國師，嘉新公；〔三〕廣漢梓潼哀章爲國將，美新公：是爲四輔，位上公。太保、後承承陽侯甄邯〔四〕爲大司馬，承新公；丕進侯王尋爲大司徒，章新公；步兵將軍成都侯王邑爲大司空，隆新公：是爲三公。大阿、右拂、大司空、衞將軍廣陽侯甄豐〔五〕爲更始將軍，廣新公；京兆王興爲衞將軍，奉新公；輕車將軍成武侯孫建爲立國將軍，成新公；京兆王盛爲前將軍，崇新公：是爲四將。凡十一公。〔六〕王興者，故城門令史。〔七〕王盛者，賣餅。莽按符命求得此姓名十餘人，兩人容貌應卜相，徑從布衣登用，以視神焉。〔八〕餘皆拜爲郎。是日，封拜卿大夫、侍中、尚書官凡數百人。諸劉爲郡守，〔九〕皆徙爲諫大夫。

〔一〕【補注】先謙曰：哀章所獻金匱圖、金策書也。

〔二〕【補注】宋祁曰：驃字當去旁馬字。

〔三〕【補注】宋祁曰：「少阿」，晉灼音義作「少倚」，阿訓倚，取阿衡一字也，音依倚之倚，李奇音奇。「紅休」，南本作「林」。

〔四〕師古曰：承陽音烝。【補注】宋祁曰：「承」，南本作「丞」。先謙曰：官本、南監本「後承」之「承」作「丞」，注「烝」下有「陽」字。竝在「承新公」下。

〔五〕師古曰：拂讀曰弼。【補注】先謙曰：官本、南監本注在「廣新公」下。

〔六〕【補注】先謙曰：四輔、三公、四將，爲十一公。

〔七〕【補注】先謙曰：胡注「城門令史，事城門校尉，掌文書」。

〔八〕師古曰：視讀曰示。

〔九〕【補注】先謙曰：通鑑「守」下有「者」字。

改明光宮爲定安館，定安太后居之。以故大鴻臚府爲定安公第，〔一〕皆置門衛使者監領。敕阿乳母不得與語，〔二〕常在四壁中，〔三〕至於長大，不能名六畜。後莽以女孫宇子妻之。

〔一〕【補注】宋祁曰：邵本無「故」字，新本添。

〔二〕【補注】王念孫曰：「阿」下當有「保」字，謂敕阿保及乳母也。李尋傳云「諸保阿乳母」，史傳皆以阿保竝言，若云敕阿乳母，則於文爲不詞，於事爲不備矣。漢紀孝平紀正作「敕阿保乳母」。

〔三〕孟康曰：令定安公居四壁中，不得有所見。

莽策羣司曰：「歲星司肅，東嶽太師典致時雨，〔一〕青煒登平，考景以晷。〔二〕熒惑司悊，南嶽太傅典致時奧，〔三〕赤煒頌平，考聲以律。〔四〕太白司艾，西嶽國師典致時陽，〔五〕白煒象平，考量以銓。〔六〕辰星司謀，北嶽國將典致時寒，〔七〕玄煒和平，考星以漏。〔八〕月刑元股左，司馬典致武應，考方法矩，〔九〕主司天文，欽若昊天，敬授民時，力來農事，以豐年穀。〔一〇〕日德元厷右，司徒典致文瑞，考圜合規，〔一一〕主司人道，五教是輔，帥民承上，宣美風俗，五品乃訓。〔一二〕斗平元心中，司空典致物圖，考度以繩，〔一三〕主司地里，平治水土，掌名山川，衆殖鳥獸，蕃茂草木。」〔一四〕各策命以其職，如典誥之文。〔一五〕

〔一〕應劭曰：貌之不恭，是謂不肅。肅，敬也。厥罰常雨。常雨，水也。故申戒厥任，欲使雨澤以時也。晉灼曰：衆物生於東方，故戒太師也。【補注】先謙曰：典，主也。「獄」字誤，官本、南監本皆作「嶽」，下同。

〔二〕服虔曰：煒音暉。如淳曰：青氣之光輝也。晉灼曰：言青陽之氣始升而上，以成萬物也。春秋分立表以正東西，東，日之始出也，故考景以晷屬焉。

〔三〕應劭曰：視之不明，是謂不悊。悊，智也。厥罰常燠。燠，暑也。晉灼曰：南方盛陽之位。太傅，師尊之稱，故戒之也。師古曰：奧音於六反。【補注】先謙曰：官本注「盛陽」作「陽盛」。末有「韋昭曰司悊南方曰視君視明則臣聰悊」十六字。

〔四〕晉灼曰：頌，寬頌也。夏，假也。物假大，乃宣平也。六月陰氣之始，故爲地統。地之中數六，六爲律，律有形有色，色尚黃，故考聲以律屬焉。師古曰：頌讀曰容。

〔五〕應劭曰：言之不從，是謂不艾。艾，安也。厥罰常陽。陽，旱也。師古曰：艾讀曰乂。

〔六〕應劭曰：量，斗斛也。銓，權衡也。晉灼曰：象，形也。萬物無不成形於西方，大小輕重皆可知，故稱量屬焉。

〔七〕應劭曰：聽之不聽，是謂不謀。謀，圖也。厥罰常寒。晉灼曰：北，伏也。陽氣伏於下，陰主殺，故戒國將。

〔八〕應劭曰：推五星行度以漏刻也。晉灼曰：和，合也。萬物皆合藏於北方，水又主平，故曰和平。曆度起於斗分，日月紀於攝提，攝提值斗杓所指以建時節，故考星屬焉。

〔九〕張晏曰：月爲刑，司馬主武，又典天，故使主威刑也。

〔一〇〕師古曰：欽，敬也。若，順也。力來，勸勉之也。來音郎代反。【補注】先謙曰：力來猶勞來。

〔一一〕張晏曰：日爲陽位。晉灼曰：肱，圜也。五教在寬，則和氣感物，四靈見象，故文瑞屬焉。師古曰：厷，古肱字。【補注】先謙曰：官本、南監本注，「圜」上「肱」作「厷」。

〔一二〕師古曰：五教，謂父義、母慈、兄友、弟恭、子孝也。五品即五常，謂仁、義、禮、智、信。

〔一三〕張晏曰：斗，北斗也。主齊七政。司空主水土，土爲中，故責之。孟康曰：易「河出圖，洛出書」，司空主水土，責以其物也。晉灼曰：中央爲四季土。土者信，信者直，故爲繩。

〔一四〕【補注】先謙曰：衆殖猶言繁育。

〔一五〕【補注】先謙曰：言其餘衆職皆如之。

置大司馬司允，〔一〕大司徒司直，大司空司若，〔二〕位皆孤卿。更名大司農曰羲和，後更爲納言，大理曰作士，太常曰秩宗，大鴻臚曰典樂，〔三〕少府曰共工，〔四〕水衡都尉曰予虞，與三公司卿凡九卿，分屬三公。每一卿置大夫三人，一大夫置元士三人，凡二十七大夫，八十一元士，分主中都官諸職。〔五〕更名光祿勳曰司中，太僕曰太御，衛尉曰太衛，執金吾曰奮武，中尉曰軍正，〔六〕又置大贅官，主乘輿服御物，〔七〕後又典兵秩，位皆上卿，號曰六監。改郡太守曰大尹，都尉曰太尉，〔八〕縣令長曰宰，御史曰執法，公車司馬曰王路四門，長樂宮曰常樂室，未央宮曰壽成室，前殿曰王路堂，〔九〕長安曰常安。更名秩百石曰庶士，三百石曰下士，四百石曰中士，五百石曰命士，六百石曰元士，千石曰下大夫，比二千石曰中大夫，二千石曰上大夫，中二千石曰卿。車服黻冕，各有差品。〔一〇〕又置司恭、司徒、〔一一〕司明、司聰、司中大夫及誦詩工、徹膳宰，以司過。策曰：「予聞上聖欲昭厥德，罔不慎修厥身，用綏于遠，是用建爾司于五事。毋隱尤，毋將虛，〔一二〕好惡不愆，立于厥中。〔一三〕於戲，勗哉！」〔一四〕令王路設進善之旌，非謗之木，欲諫之鼓。〔一五〕諫大夫四人常坐王路門受言事者。

〔一〕師古曰：允，信也。【補注】先謙曰：官本、南監本注，併入下條，在「孤卿」下。

〔二〕師古曰：若，順也。

〔三〕【補注】周壽昌曰：桓譚爲莽掌樂大夫，殆即此官。

〔四〕師古曰：共音曰龔。【補注】先謙曰：官本注「音」作「讀」。

〔五〕【補注】宋祁曰：或無「官」字。

〔六〕【補注】劉攽曰：中尉廢久，此安得更名？蓋是中壘校尉，脱兩字。周壽昌曰：軍正，漢有此官，但非莽所改耳。

〔七〕師古曰：贅，聚也。言財物所聚也，音之鋭反。【補注】劉奉世曰：贅讀如虎賁綴衣之綴。沈欽韓曰：立政「綴衣」，傳云「掌衣服」。案顧命「出綴衣于庭」，傳云「帷帳」。下云「狄設黼扆綴衣」，連文則謂帷帳者是。古文苑揚雄雍州牧箴「牧臣司雍，敢告贅衣」。崔瑗北軍中候箴「贅衣近侍，常伯之人」。公羊襄十六年傳「君若贅旒然」，鄭取以解商頌綴旒，則綴、贅通用。顔解爲贅聚，謬。先謙曰：官本注「音」上有「贅」字。

〔八〕【補注】周壽昌曰：太尉亦漢舊制，但廢置不常。此則秩如漢都尉耳。

〔九〕服虔曰：如言路寢也。

〔一〇〕師古曰：此黻謂衣裳之黻。

〔一一〕【補注】劉攽曰：「徒」改「從」。齊召南曰：案此「司徒」當作「司從」，與聰、明、恭一例，舊本、別本俱誤耳。

〔一二〕師古曰：尤，過也。將，助也。虛謂虛美也。言勿隱吾過而助爲虛美。【補注】王先慎曰：將，順也。言毋將順其虛美也。

〔一三〕師古曰：愆，違也。

〔一四〕師古曰：於戲讀曰嗚呼。勗，勉也。【補注】先謙曰：南監本無注。

〔一五〕師古曰：非音曰誹。【補注】王念孫曰：「欲」當依景祐本及賈誼傳作「敢」。

封王氏齊縗之屬爲侯，大功爲伯，小功爲子，緦麻爲男，其女皆爲任。〔一〕男以「睦」、女以「隆」爲號焉，〔二〕皆授印韍。〔三〕令諸侯立太夫人、夫人、世子，亦受印韍。

〔一〕師古曰：任，充也。男服之義，男亦任也，音壬。

〔二〕師古曰：睦、隆，皆其受封邑之號，取嘉名也。

〔三〕師古曰：韍亦印之組。次下並同。

又曰：「天無二日，土無二王，百王不易之道也。漢氏諸侯或稱王，至于四夷亦如之，違於古典，繆於一統。〔一〕其定諸侯王之號皆稱公，及四夷僭號稱王者皆更爲侯。」

〔一〕【補注】先謙曰：胡注「王大一統，王者有天下之號，諸侯及四夷稱之，非古也」。

又曰：「帝王之道，相因而通；盛德之祚，百世享祀。予惟黄帝、帝少昊、帝顓頊、帝嚳、帝堯、帝舜、帝夏禹、皋陶、伊尹咸有聖德，假于皇天，〔一〕功烈巍巍，光施于遠。〔二〕予甚嘉之，營求其後，將祚厥祀。」惟王氏，虞帝之後也，出自帝嚳；劉氏，堯之後也，出自顓頊。〔三〕於是封姚恂爲初睦侯，奉黄帝後；〔四〕梁護爲脩遠伯，奉少昊後；〔五〕皇孫功隆公千，奉帝嚳後，劉歆爲祁烈伯，奉顓頊後；國師劉歆子疊爲伊休侯，奉堯後；〔六〕嬀昌爲始睦侯，奉虞帝後；山遵爲褒謀子，奉皋陶後；伊玄爲褒衡子，奉伊尹後。漢後定安公劉嬰，位爲賓。周後衞公姬黨，更封爲章平公，亦爲賓。殷後宋公孔弘，運轉次移，〔七〕更封爲章昭侯，位爲恪。〔八〕夏後遼西姒豐，封爲章功侯，亦爲恪。〔九〕四代古宗，宗祀于明堂，以配皇始祖考虞帝。〔一〇〕周公後褒魯子姬就，宣尼公後褒成子孔鈞，已前定焉。

〔一〕師古曰：假，至也，升也，音工雅反。

〔二〕【補注】宋祁曰：「施」，一本作「化」。

〔三〕【補注】先謙曰：官本考證云，案謂舜出于嚳，堯出顓頊，莽于是直誣古帝矣。

〔四〕服虔曰：姚，舜姓，故封爲黄帝後。【補注】宋祁曰：字書「恂，信也，音詢」。

〔五〕服虔曰：以爲伯益之後，故封之。

〔六〕師古曰：上言紅休侯劉歆爲國師嘉新公，今此云劉歆爲祁烈伯，又言國師劉歆子爲伊休侯，是則祁烈伯自别一劉歆，非國師也。【補注】宋祁曰：「伊休」疑是「紅休」。先謙曰：歆是紅休侯，此自其子疊别封伊休，宋説非。

〔七〕【補注】先謙曰：言隨時運而更位次。

〔八〕師古曰：恪，敬也。言待之加敬，亦如賓也。周以舜後并杞、宋爲三恪也。

〔九〕服虔曰：姒，夏姓。

〔一〇〕【補注】劉奉世曰：「四代」以下十七字，其義不倫，莽方封先聖後，未當及此，且已有後文，此字當衍。

莽又曰：「予前在攝時，建郊宮，定祧廟，立社稷，〔一〕神祇報況，〔二〕或光自上復于下，流爲烏，〔三〕或黄氣熏烝，昭燿章明，以著黄、虞之烈焉。〔四〕自黄帝至于濟南伯王，而祖世氏姓有五矣。〔五〕黄帝二十五子，分賜厥姓十有二氏。虞帝之先，受姓曰姚，其在陶唐曰嬀，在周曰陳，在齊曰田，在濟南曰王。予伏念皇初祖考黄帝、皇始祖考虞帝，以宗祀于明堂，〔六〕宜序於祖宗之親廟。其立祖廟五，親廟四，后夫人皆配食。郊祀黄帝以配天，黄后以配地。〔七〕以新都侯東弟爲大禖，歲時以祀。〔八〕家之所尚，種祀天下。〔九〕姚、嬀、陳、田、王氏凡五姓者，皆黄、虞苗裔，予之同族也。書不云乎？『惇序九族。』〔一〇〕其令天下上此五姓名籍于秩宗，皆以爲宗室。世世復，無有所與。〔一一〕其元城王氏，勿令相嫁娶，〔一二〕以别族理親焉。」封陳崇爲統睦侯，奉胡王後；〔一三〕田豐爲世睦侯，奉敬王後。〔一四〕

〔一〕師古曰：遠祖曰祧，音吐堯反。

〔二〕師古曰：況，賜也。

〔三〕師古曰：復音扶目反。

〔四〕師古曰：烈，餘業反。自云承黄、虞之後。【補注】先謙曰：官本注「反」作「也」，是。

〔五〕師古曰：濟南伯王，莽之高祖。【補注】周壽昌曰：莽自述爲楚項所封濟北王田安之後，安失國，齊人謂之王家，因以爲氏。安孫遂，字伯紀，處東平陵，實濟南之地，莽所稱濟南伯王，即此人，因其字伯紀，謂之伯王。郊祀志「合七十年而伯王出焉」，史記注「伯王指秦始皇。伯讀曰霸」。莽信符命，借此伯王以爲祥也。

〔六〕【補注】宋祁曰：南本云，皇姓始祖考，「以」當作「已」。

〔七〕孟康曰：黄帝之后也。

〔八〕師古曰：禖，祀也。立此大祠，常以歲時祀其先也。【補注】先謙曰：官本「弟」作「第」。

〔九〕師古曰：言國已立大禖祠先祖矣，其衆庶之家所尚者，各令傳祀勿絶，普天之下同其法。【補注】劉奉世曰：此謂莽家所尚之種祀，示令天下傳以爲種祠，不得不奉祀，亦猶漢高之枌榆社也。

〔一〇〕師古曰：虞書咎繇謩之辭也。惇，厚也。

〔一一〕師古曰：復音方目反。與讀曰預。

〔一二〕師古曰：元城王氏不得與四姓昏娶，以其同祖也。餘它王氏，則不禁焉。【補注】周壽昌曰：特别元城者，莽本娶王咸之女爲妻，以示他王氏得相嫁娶，且明己非婚同姓也。先謙曰：官本、南監本注，在「理親焉」下。

〔一三〕孟康曰：追王陳胡公。

〔一四〕孟康曰：追王陳敬仲。

天下牧守皆以前有翟義、趙明等領州郡，懷忠孝，封牧爲男，守爲附城。又封舊恩戴崇、金涉、箕閎、楊並等子皆爲男。〔一〕

〔一〕【補注】先謙曰：官本「楊」作「陽」。案此數人並見上卷，作「陽」是，「楊」，傳寫誤也。

遣騎都尉囂等〔一〕分治黄帝園位於上都橋畤，〔二〕虞帝於零陵九疑，胡王於淮陽陳，敬王於齊臨淄，愍王於城陽莒，〔三〕伯王於濟南東平陵，孺王於魏郡元城，〔四〕使者四時致祠。其廟當作者，以天下初定，且祫祭於明堂太廟。

〔一〕師古曰：囂音許驕反。

〔二〕師古曰：橋山之上，故曰橋時也。【補注】劉攽曰：「都」當作「郡」。先謙曰：橋山黄帝陵，見地理志上郡陽周下。

〔三〕服虔曰：齊愍王。

〔四〕師古曰：莽之高祖名遂字伯紀，曾祖名賀字翁孺，故謂之伯王、孺王。

以漢高廟爲文祖廟。〔一〕莽曰：「予之皇始祖考虞帝受嬗于唐，〔二〕漢氏初祖唐帝，世有傳國之象，〔三〕予復親受金策於漢高皇帝之靈。惟思褒厚前代，何有忘時？漢氏祖宗有七，〔四〕以禮立廟于定安國。其園寢廟在京師者，勿罷，祠薦如故。予以秋九月親入漢氏高、元、成、平之廟。諸劉更屬籍京兆大尹，〔五〕勿解其復，各終厥身，〔六〕州牧數存問，勿令有侵冤。」

〔一〕師古曰：欲法舜受終於文祖。

〔二〕師古曰：嬗，古禪字。

〔三〕師古曰：堯傳舜，漢傳莽，自以舜後，故言有傳國之象。

〔四〕蘇林曰：漢本祀祖宗有四，莽以元帝、成帝、平帝爲宗，故有七。【補注】先謙曰：官本「祖宗」作「宗祖」。

〔五〕【補注】先謙曰：易代之後，不隸於宗正。

〔六〕師古曰：復音方目反。

又曰：「予前在大麓，至于攝假，〔一〕深惟漢氏三七之阸，赤德氣盡，思索廣求，〔二〕所以輔劉延期之〔述〕〔術〕，靡所不用。以故作金刀之利，幾以濟之。〔三〕然自孔子作春秋以爲後王法，至于哀之十四而一代畢，協之於今，亦哀之十四也。〔四〕赤世計盡，終不可强濟。皇天明威，黃德當興，隆顯大命，屬予以天下。〔五〕今百姓咸言皇天革漢而立新，〔六〕廢劉而興王。夫「劉」之爲字「卯、金、刀」也，正月剛卯，金刀之利，皆不得行。〔七〕博謀卿士，僉曰天人同應，昭然著明。其去剛卯莫以爲佩，除刀錢勿以爲利，承順天心，快百姓意。」乃更作小錢，徑六分，重一銖，文曰「小錢直一」，與前「大錢五十」者爲二品，並行。欲防民盜鑄，乃禁不得挾銅炭。

〔一〕師古曰：大麓者，謂爲大司馬、宰衡時，妄引「舜納于大麓，烈風雷雨不迷」也。攝假，謂初爲攝皇帝，又爲假皇帝。

〔二〕師古曰：索亦求也，音山客反。【補注】先謙曰：官本注「客」作「各」，是。南監本無注。

〔三〕師古曰：幾讀曰冀。

〔四〕張晏曰：漢哀帝即位六年，平帝五年，居攝三年，凡十四年。

〔五〕師古曰：屬音之欲反。

〔六〕師古曰：革，改也。

〔七〕服虔曰：剛卯，以正月卯日作佩之，長三尺，廣一寸，四方，或用五，或用金，或用桃，著革帶佩之。今有五在者，銘其一面曰「正月剛卯」。金刀，莽所鑄之錢也。晉灼曰：剛卯長一寸，廣五分，四方。當中央從穿作孔，以采絲茸其底，如冠纓頭蕤。刻其上面，作兩行書，文曰「正月剛卯既央，靈殳四方，赤青白黃，四色是當。帝令祝融，以教夔、龍，庶疫剛癉，莫我敢當」。其一銘曰「疾日嚴卯，帝令夔化，順爾固伏，化茲靈殳。既正既直，既觚既方，庶疫剛癉，莫我敢當」。師古曰：今往往有土中得玉剛卯者，案大小及文，服說是也。莽以劉字上有卯，下有金，旁又有刀，故禁剛卯及金刀也。【補注】沈欽韓曰：說文「毅，改大剛卯也，以逐精鬼」。癉與疸同。爾雅釋文孫炎云「疸，疫病也」。續志以爲雙印，蓋剛卯佩兩也，長寸二分，方六分。乘輿諸侯王公侯以白玉，其下以黑犀、象牙。周壽昌曰：吳志注虞翻別傳云「古大篆卯字讀當爲柳，古柳、卯同字」。裴松之謂「翻言爲然，故劉、留、聊、柳，同用此字，以從聲故也。與日辰卯字同音異。然漢書王莽傳論卯金刀，故以日辰之卯，今未能詳正」。據此，則裴雖主虞義，而亦未廢莽説也。先謙曰：官本注「三尺」作「三寸」。「用五」、「有五」、「五」並作「玉」。「茸」作「葺」，是。吴氏大澂古玉圖攷有玉剛卯四，文字相類，多減筆假借。文云「酉月剛卯，央□四方，赤青白黃，四色是當，帝命執成。借只爲執。□□□卯，庶疫剛癉，借月爲疫。莫我敢當」。其四文不可識。吴云所見玉剛卯從無三寸長一寸廣者，似以晉説爲長，顔是服，不可解。

是歲四月，徐鄉侯劉快結黨數千人起兵於其國。〔一〕快兄殷，故漢膠東王，時改爲扶崇公。快舉兵攻即墨，殷閉城門，自繫獄。吏民距快，快敗走，至長廣死。〔二〕莽曰：「昔予之祖濟南愍王困於燕寇，自齊臨淄出保于莒。宗人田單廣設奇謀，獲殺燕將，復定齊國。今即墨士大夫復同心殄滅反虜，予甚嘉其忠者，憐其無辜。其赦殷等，非快之妻子它親屬當坐者皆勿治。弔問死傷，賜亡者葬錢，人五萬。殷知大命，深疾惡快，以故輒伏厥辜。其滿殷國户萬，地方百里。」又封符命臣十餘人。

〔一〕師古曰：快，膠東恭王子也。而王子侯表作「炔」，字從火，與此不同，疑表誤。【補注】宋祁曰：越本無「是歲」二字。韋昭云：徐鄉，東萊縣也。沈欽韓曰：一統志「徐鄉故城在登州府黄縣西南五十里」。

〔二〕【補注】沈欽韓曰：一統志「長廣故城在登州府萊陽縣東」。

莽曰：「古者，設廬井八家，一夫一婦田百畝，什一而稅，則國給民富而頌聲作。〔一〕此唐虞之道，三代所遵行也。秦爲無道，厚賦稅以自供奉，罷民力以極欲，〔二〕壞聖制，廢井田，是以兼并起，貪鄙生，强者規田以千數，弱者曾無立錐之居。又置奴婢之市，與牛馬同蘭，〔三〕制於民臣，顓斷其命。姦虐之人因緣爲利，至略賣人妻子，〔四〕逆天心，誖人倫，〔五〕繆於『天地之性人爲貴』之義。〔六〕書曰『予則奴戮女』，〔七〕唯不用命者，然後被此辜矣。〔八〕漢氏減輕田租，三十而稅一，常有更賦，罷癃咸出，〔九〕而豪民侵陵，分田劫假。厥名三十稅一，實什稅五也。〔一〇〕父子夫婦終年耕芸，〔一一〕所得不足以自存。故富者犬馬餘菽粟，驕而爲邪；貧者不厭糟糠，窮而爲姦。〔一二〕俱陷于辜，刑用不錯。〔一三〕予前在大麓，始令天下公田口井，〔一四〕時則有嘉禾之祥，遭反虜逆賊且止。今更名天下田曰『王田』，奴婢曰『私屬』，皆不得賣買。其男口不盈八，而田過一井者，分餘田予九族鄰里鄉黨。故無田，今當受田者，如制度。敢有非井田聖制，無法惑衆者，投諸四裔，以禦魑魅〔一五〕，如皇始祖考虞帝故事。」

〔一〕師古曰：給，足也。

〔二〕師古曰：罷讀曰疲。

〔三〕師古曰：蘭謂遮蘭之，若牛馬蘭圈也。【補注】先謙曰：蘭，闌借字。

〔四〕【補注】沈欽韓曰：方言「就室曰搜，於道曰略。略，强取」。左襄四年傳注「不以道取曰略」。

〔五〕師古曰：誖，亂也，誖音布内反。

〔六〕師古曰：孝經稱孔子曰「天地之性人爲貴」，故引之。性，生也。

〔七〕師古曰：夏書甘誓之辭也。奴戮，戮之以爲奴也。説書者以爲帑，子也，戮及妻子。此説非也。泰誓云「囚奴正士」，豈及子之謂乎？女讀曰汝。【補注】先謙曰：官本「帑」作「孥」。

〔八〕【補注】先謙曰：官本「辜」作「辠」。
〔九〕師古曰：更音工衡反。罷音疲。癃音隆。
〔一〇〕師古曰：解並在食貨志。
〔一一〕師古曰：芸字與耘同。
〔一二〕師古曰：厭，飽也。
〔一三〕師古曰：錯，置也，音千故反。【補注】宋祁曰：越本「辜」作「辠」。
〔一四〕師古曰：計口而爲井田。
〔一五〕師古曰：魑，山神也。魅，老物精也。魑，音螭。魅音媚。【補注】先謙曰：語本左文十八年傳，杜注「裔，邊也」。

是時百姓便安漢五銖錢，以莽錢大小兩行難知，又數變改不信，皆私以五銖錢市買。譌言大錢當罷，莫肯挾。莽患之，復下書：「諸挾五銖錢，言大錢當罷者，比非井田制，投四裔。」〔一〕於是農商失業，食貨俱廢，民人至涕泣於市道。及坐賣買田宅奴婢，鑄錢，自諸侯卿大夫至于庶民，抵罪者不可勝數。

〔一〕【補注】先謙曰：非讀曰誹。

秋，遣五威將王奇等十二人班符命四十二篇於天下。〔一〕德祥五事，符命二十五，福應十二，凡四十二篇。其德祥言文、宣之世黃龍見於成紀、新都，〔二〕高祖考王伯墓門梓柱生枝葉之屬。〔三〕符命言井石、金匱之屬。福應言雌雞化爲雄之屬。其文爾雅依託，皆爲作說，〔四〕大歸言莽當代漢有天下云。〔五〕總而説之曰：「帝王受命，必有德祥之符瑞，協成五命，申以福應，〔六〕然後能立巍巍之功，傳于子孫，永享無窮之祚。故新室之興也，德祥發於漢三七九世之後。〔七〕肇命於新都，受瑞於黄支，〔八〕開王於武功，定命於子同，〔九〕成命於巴宕，〔一〇〕申福於十二應，天所以保祐新室者深矣，固矣！〔一一〕武功丹石出於漢氏平帝末年，火德銷盡，土德當代，皇天眷然，去漢與新，以丹石始命於皇帝。皇帝謙讓，以攝居之，未當天意，故其秋七月，天重以三能文馬，〔一二〕皇帝復謙讓，未即位，故三以鐵契，四以石龜，五以虞符，六以文圭，七以玄印，八以茂陵石書，九以玄龍石，十以神井，十一以大神石，十二以銅符帛圖。申命之瑞，寖以顯著，〔一三〕至于十二，以昭告新皇帝。皇帝深惟上天之威不可不畏，故去攝號，猶尚稱假，改元爲初始，欲以承塞天命，克厭上帝之心。〔一四〕然非皇天所以鄭重降符命之意，〔一五〕故是日天復決其以勉書。〔一六〕又侍郎王盱見人衣白布單衣，赤繢方領，〔一七〕冠小冠，立于王路殿前，謂盱曰：『今日天同色，以天下人民屬皇帝。』〔一八〕盱怪之，行十餘步，人忽不見。至丙寅暮，漢氏高廟有金匱圖策：『高帝承天命，以國傳新皇帝。』明旦，宗伯忠孝侯劉宏以聞，乃召公卿議，未決，而大神石人談曰：『趣新皇帝之高廟受命，毋留！』〔一九〕於是新皇帝立登車，之漢氏高廟受命。受命之日，丁卯也。丁，火，漢氏之德也。卯，劉姓所以爲字也。明漢劉火德盡，而傳於新室也。皇帝謙謙，既備固讓，十二符應迫著，命不可辭，〔二〇〕懼然祗畏，葦然閔漢氏之終不可濟，〔二一〕亹亹在左右之不得從意，〔二二〕爲之三夜不御寢，三日不御食。延問公侯卿大夫，僉曰：『宜奉如上天威命。』於是乃改元定號，海内更始。〔二三〕新室既定，神祇懽喜，申以福應，吉瑞累仍。〔二四〕詩曰『宜民宜人，受禄于天，保右命之，自天申之。』〔二五〕此之謂也。」五威將奉符命，齎印綬，王侯以下及吏官名更者，〔二六〕外及匈奴、西域，徼外蠻夷，皆即授新室印綬，因收故漢印綬。賜吏爵人二級，民爵人一級，女子百户羊酒，蠻夷幣帛各有差。大赦天下。

〔一〕【補注】齊召南曰：案五威將十二人，其將一人各有帥五人，故下文云「五威將帥七十二人還奏事」也。

〔二〕【補注】沈欽韓曰：文紀「十五年，黄龍見於成紀」，宣紀黄龍元年，不言龍見，師古引漢注云「此年二月，黄龍見廣漢郡」。地理志廣漢郡有新都縣，則莽所指新都矣。成都府志「故城在今新都縣東二里」。

〔三〕【補注】先謙曰：「王伯」當作「伯王」。

〔四〕師古曰：爾雅，近正也。謂近於正經，依古義而爲之説。

〔五〕【補注】王先慎曰：四十二篇書不傳，惟五行志中載自説德祥事云「初元四年，莽生之歲也，當漢九世火德之戹，而有此祥，興於高祖考之門，門爲開通，梓猶子也，言王氏當有賢子，開通祖統，起於柱石大臣之位，受命而王之符也」。得此可見一班，比附時事，歸美於己而已。

〔六〕師古曰：五命謂五行之次，相承以受命也。申，重也。

〔七〕蘇林曰：二百一十歲，九天子也。【補注】何焯曰：孝惠、孝文爲一世，哀平爲一世，蘇注謂九天子，非也。

〔八〕孟康曰：獻生犀。【補注】宋祁曰：注文「孟康曰」下當有「黄支」二字。

〔九〕孟康曰：梓潼縣也，莽改也。

〔一〇〕晉灼曰：巴郡宕渠縣也。

〔一一〕【補注】先謙曰：官本「祐」作「佑」。

〔一二〕服虔曰：三台星也。晉灼曰：許慎説，文馬縞身金精，周成王時，犬戎獻之。師古曰：能音台。【補注】沈欽韓曰：晉説有脱誤。説文「馼馬，赤鬣縞身，目若黃金，名曰馼，吉皇之乘，周文王時，犬戎獻之。西伯獻紂，以全其身」。藝文類聚九十三，六韜曰「商王拘周伯昌于羑里，太公與散宜生以金千鎰得犬戎文馬，毫毛朱鬣，目如黃金，名雞斯之乘，以獻商王」。

〔一三〕師古曰：寖，漸也。

〔一四〕師古曰：塞，當也。厭，滿也。

〔一五〕師古曰：鄭重猶言頻煩也。重音直用反。

〔一六〕孟康曰：哀章所作策書也。言數有瑞應，莽自謙居攝，天復決其疑，勸勉令爲真也。晉灼曰：勉字當爲龜。是曰自復有龜書及天下金匱圖策事也。師古曰：孟説是。【補注】宋祁曰：别本無「復決其」三字。邵本無「其」字。先謙曰：官本、南監本「其」下有「所」字。

〔一七〕師古曰：繢者，會五采也。以布爲單衣，以赤加繢爲其方領也。盱音許于反。繢音胡内反。【補注】王引之曰：正文明言赤繢，則非五采也。赤繢方領，謂以赤色之組爲方領也。説見經義述聞周官「繢純」下。

〔一八〕師古曰：同色者，言五方天神共齊其謀，同其顔色也。字或作包，包者，言天總包括天下人衆而與莽也。其義兩通。屬，委也，音之欲反。

〔一九〕師古曰：趣讀曰促。

〔二〇〕師古曰：迫，促也。著，明也。

〔二一〕師古曰：懼音瞿。瞿然，自失之意也。葦然，變動之貌也。瞿音居具反。

〔二二〕師古曰：亹亹，自勉之意。左右，助也。言欲助漢室而迫天命，不得從其本意也。左右音曰佐佑也。【補注】先謙曰：左右音佐佑，則不當云在左右，「在」字疑傳寫加之也。顔音佐佑，所見本亦必無「在」字。

〔二三〕【補注】先謙曰：「海内」上疑有「與」字。

〔二四〕師古曰：申，重也。仍，頻也。

〔二五〕師古曰：大雅假樂之詩也。言有功德宜於衆人者，則受天之福禄，天乃保安而佑助之，命以邦國也。申謂重其意也。右讀曰佑。

〔二六〕師古曰：更，改也。

五威將乘乾文車，〔一〕駕坤六馬，〔二〕背負鷩鳥之毛，服飾甚偉。〔三〕每一將各置左右前後中帥，凡五帥。衣冠車服駕馬，各如其方面色數。〔四〕將持節，稱太一之使；帥持幢，稱五帝之使。莽策命曰：「普天之下，迄于四表，〔五〕靡所不至。」其東出者，至玄菟、樂浪、高句驪、夫餘；〔六〕南出者，隃徼外，歷益州，〔七〕貶句町王爲侯；西出者，至西域，盡改其王爲侯；北出者，至匈奴庭，授單于印，改漢印文，去「璽」曰「章」。單于欲求故印，陳饒椎破之，語在匈奴傳。單于大怒，而句町、西域後卒以此皆畔。饒還，拜爲大將軍，封威德子。

〔一〕鄭氏曰：畫天文象於車也。

〔二〕鄭氏曰：坤爲牝馬。六，地數。

〔三〕師古曰：鷩鳥，雉屬，即鵔鸃也。今俗呼之山雞，非也。鷩音鼈。

〔四〕師古曰：色者，東方青，南方赤也。數者，若木數三，火數二之類也。

〔五〕師古曰：迄亦至也。

〔六〕師古曰：夫餘，亦東北夷也。樂音洛。浪音郎。夫音扶。

〔七〕師古曰：隃字與踰同。

冬，靁，〔一〕桐華。

〔一〕師古曰：古雷字。

置五威司命，中城四關將軍。司命司上公以下，中城主十二城門。策命統睦侯陳崇曰：「咨爾崇。夫不用命者，亂之原也；大姦猾者，賊之本也；鑄僞金錢者，妨寶貨之道也；驕奢踰制者，兇害之端也；漏泄省中及尚書事者，『機事不密則害成』也；〔一〕拜爵王庭，謝恩私門者，禄去公室，政從亡矣：〔二〕凡此六條，國之綱紀。是用建爾作司命，〔三〕『柔亦不茹，剛亦不吐，不侮鰥寡，不畏强圉』，〔四〕帝命帥繇，統睦于朝。」〔五〕命說符侯崔發曰：「『重門擊柝，以待暴客』。〔六〕女作五威中城將軍，〔七〕中德既成，天下說符。」〔八〕命明威侯王級曰：「繞霤之固，南當荆楚。〔九〕女作五威前關將軍，振武奮衛，明威于前。」命尉睦侯王嘉曰：「羊頭之阸，北當燕趙。〔一〇〕女作五威後關將軍，壺口捶扼，尉睦于後。」〔一一〕命掌威侯王奇曰：〔一二〕「肴黽之險，東當鄭衛。〔一三〕女作五威左關將軍，函谷批難，掌威于左。」〔一四〕命懷羌子王福曰：「汧隴之阻，西當戎狄。〔一五〕女作五威右關將軍，成固據守，懷羌于右。」

〔一〕師古曰：易上繫之辭曰「君不密則失臣，臣不密則失身，機事不密則害成」，故引之。

〔二〕【補注】何焯曰：莽深畏備其下，故有第六條。

〔三〕【補注】錢大昭曰：「司命」上疑脱「五威」二字。周壽昌曰：陳崇本官司直，此復作司命，即新置之五威司命也。

〔四〕師古曰：引詩大雅美仲山甫之辭，其義並解於上。

〔五〕師古曰：帥，循也。繇讀與由同。

〔六〕師古曰：易下繫之辭也。擊柝，謂擊木以守夜也。暴客，謂姦暴之人來爲寇害者也。柝音他各反。【補注】宋祁曰：柝亦作柝。

〔七〕師古曰：女讀曰汝。其下並同。【補注】宋祁曰：「中」，或作「關」。

〔八〕師古曰：説音悦。

〔九〕服虔曰：隘險之道。師古曰：謂之繞霤者，言四面塞阸，其道屈曲，谿谷之水，回繞而霤也。其處即今商州界七盤十二繞是也。霤音力救反。【補注】沈欽韓曰：長安志「繯坡在藍田縣東南」，通典「七盤十二繯，藍關之險路也」，注「十二繯謂爲十二繞」。寰宇記商州，引此注文不誤。士喪禮注「繯，屈也」。濡水注「盧龍之險，峻阪縈折，故有九繯之名」，亦取之爲號矣。

〔一〇〕師古曰：羊頭，山名，在上黨壺關縣。【補注】沈欽韓曰：元和志「羊頭山在潞州長子縣東五十六里」。

〔一一〕師古曰：壺口亦山名也。捶(院)〔扼〕，謂據險阸而捶擊也。捶音之蘂反。

〔一二〕【補注】王念孫曰：「堂威」，當依下文作「掌威」，後放此。隸書掌字或作堂，與堂相似而誤。

〔一三〕師古曰：肴，肴山也。黽，黽池也。皆在陜縣之東。黽音莫善反。

〔一四〕師古曰：批謂糾閉之也。函谷故關，今在桃林縣界。批音步結反。【補注】宋祁曰：「掌」當作「堂」。先謙曰：官本考證引蕭該曰：「案晉灼音義作『批難』。字林云『擊也，父迷反』。廣雅曰『批，擊也』。釋名曰『批兩指相裨助共擊也』」。先謙案：宋説誤，見上。

〔一五〕師古曰：汧，扶風汧縣，有吴山、汧水之阻。隴謂隴阺也。汧隴相連。汧音苦堅反。阺音丁禮反。

又遣諫大夫五十人分鑄錢於郡國。

是歲長安狂女子碧呼道中〔一〕曰：「高皇帝大怒，趣歸我國。不者，九月必殺汝！」〔二〕莽收捕殺之。治者掌寇大夫陳成自免去官。〔三〕真定劉都等謀舉兵，發覺，皆誅。真定、常山大雨雹。〔四〕

〔一〕師古曰：碧者，女子名也。呼，叫也，音火故反。

〔二〕師古曰：趣讀曰促。

〔三〕師古曰：狂妄之人，職在掌寇，故云治者。

〔四〕師古曰：雨音于具反。

二年二月，赦天下。

五威將帥七十二人還奏事，漢諸侯王爲公者，悉上璽綬爲民，無違命者。封將爲子，帥爲男。

初設六筦之令。〔一〕命縣官酤酒，賣鹽鐵器，鑄錢，諸采取名山大澤衆物者稅之。又令市官收賤賣貴，賒貸予民，收息百月三。〔二〕犧和置酒士，郡一人，乘傳督酒利。〔三〕禁民不得挾弩鎧，徙西海。〔四〕

〔一〕師古曰：筦亦管字也。管，主也。【補注】先謙曰：官本有「韋昭曰謂禁地而猶開一路以專之如筦者」十七字。

〔二〕如淳曰：出百錢與民用，月收其息三錢也。師古曰：貸音吐戴反。

〔三〕師古曰：督，視察之。傳音張戀反。【補注】先謙曰：官本「視察」作「察視」，是。

〔四〕【補注】先謙曰：通鑑作「犯者徙西海」，此疑脱。

匈奴單于求故璽，莽不與，遂寇邊郡，殺略吏民。

十一月，立國將軍建奏：「西域將欽上言，〔一〕九月辛巳，戊己校尉史陳良、終帶共賊殺校尉刁護，〔二〕劫略吏士，自稱廢漢大將軍，〔三〕亡入匈奴。又今月癸酉，不知何一男子〔四〕遮臣建車前，自稱『漢氏劉子輿，成帝下妻子也。〔五〕劉氏當復，〔六〕趣空宫。』〔七〕收繫男子，即常安姓武字仲。皆逆天違命，〔八〕大逆無道。請論仲及陳良等親屬當坐者。奏可。〔九〕漢氏高皇帝比箸戒云，罷吏卒，爲賓食，〔一〇〕誠欲承天心，全子孫也。其宗廟不當在常安城中，及諸劉爲諸侯者當與漢俱廢。陛下至仁，久未定。前故安衆侯劉崇、徐鄉侯劉快、〔一一〕陵鄉侯劉曾、〔一二〕扶恩侯劉貴等〔一三〕更聚衆謀反。〔一四〕今狂狡之虜或妄自稱亡漢將軍，或稱成帝子子輿，至犯夷滅，連未止者，此聖恩不蚤絶其萌牙故也。臣愚以爲漢高皇帝爲新室賓，享食明堂。成帝，異姓之兄弟，平帝，婿也，皆不宜復入其廟。元帝與皇太后爲體，〔一五〕聖恩所隆，禮亦宜之，臣請漢氏諸廟在京師者皆罷。諸劉爲諸侯者，以户多少就五等之差；其爲吏者皆罷，待除於家。〔一六〕上當天心，稱高皇帝神靈，〔一七〕塞狂狡之萌。」莽曰：「可。嘉新公國師以符命爲予四輔，明德侯劉龔、率禮侯劉嘉等凡三十二人皆知天命，或獻天符，或貢昌言，〔一八〕或捕告反虜，厥功茂焉。諸劉與三十二人同宗共祖者勿罷，賜姓曰王。」唯國師以女配莽子，故不賜姓。改定安太后號曰黃皇室主，絶之於漢也。

〔一〕師古曰：但欽也。

〔二〕師古曰：刁音貂。【補注】宋祁曰：刁並注改作刀。

〔三〕【補注】先謙曰：顧炎武云：「自稱漢大將軍也。下文亡漢將軍同此意。自莽言謂之，廢漢，亡漢耳。」

〔四〕【補注】先謙曰：不知何，謂不知何處，言何省文。漢鐃歌「艾而張羅夷於何」，亦謂夷於何所也。

〔五〕師古曰：下妻猶言小妻。【補注】洪頤煊曰：小妻，妾也。下妻非小妻，後漢光武紀「建武七年，詔，吏人遭飢死，及爲青、徐賊所掠爲奴婢下妻，欲去留者，恣聽之」。「十三年詔，益州民或依託爲下妻，欲去者恣聽之」。說文「嬬，一曰下妻也」，下妻非妾。王昌傳「郎緣是詐稱真子輿，云母故成帝謳者」。亦非妾屬。先謙曰：官本、南監本注未有「也」字。

〔六〕師古曰：復音扶福反。

〔七〕師古曰：趣讀曰促。

〔八〕【補注】宋祁曰：「男」或作「妻」字。一本無「違」字。

〔九〕【補注】先謙曰：可孫建所奏，此下當更有「又奏」二字。

〔一〇〕師古曰：比，頻也。言高帝頻戒云，勿使吏卒守漢廟，欲爲寄食之賓於王氏廟中。【補注】沈欽韓曰：尚書大傳「始奏肆夏，納以（教）〔孝〕成，舜爲賓客，而禹爲主人。樂正進贊曰，尚考太室之義，唐爲虞賓，至今〔衍于四海〕」。案此賓食之義也。先謙曰：官本、南監本「箸」作「著」。

〔一一〕師古曰：並解於上。

〔二〕師古曰：楚思王子。
〔三〕師古曰：不知誰子孫。【補注】周壽昌曰：不見王子侯表，曾、貴起兵誅莽事，亦未載傳中。
〔四〕師古曰：更音工衡反。
〔五〕師古曰：夫婦一體也。
〔六〕師古曰：罷黜其職，各使退歸，而言在家待遷除。
〔七〕師古曰：稱音尺孕反。
〔八〕師古曰：昌，當也。【補注】先謙曰：官本「當」作「善」，是。

冬十二月，雷。

更名匈奴單于曰降奴服于。莽曰：「降奴服于知〔一〕威侮五行，〔二〕背畔四條，〔三〕侵犯西域，延及邊垂，爲元元害，辠當夷滅。命遣立國將軍孫建等凡十二將，十道並出，共行皇天之威，罰于知之身。〔四〕惟知先祖故呼韓邪單于稽侯狦〔五〕累世忠孝，保塞守徼，不忍以一知之罪，滅稽侯狦之世。今分匈奴國土人民以爲十五，立稽侯狦子孫十五人爲單于。遣中郎將藺苞、戴級馳之塞下，召拜當爲單于者。諸匈奴人當坐虜知之法者，皆赦除之。」遣五威將軍苗訢、虎賁將軍王況出五原，厭難將軍陳欽、震狄將軍王巡出雲中，〔六〕振武將軍王嘉、平狄將軍王萌出代郡，相威將軍李棽、鎮遠將軍李翁出西河，〔七〕誅貉將軍陽俊、討穢將軍嚴尤出漁陽，奮武將軍王駿、定胡將軍王晏出張掖，及偏裨以下百八十人。募天下囚徒、丁男、甲卒三十萬人，轉衆郡委輸五大夫衣裘、兵器、糧食，長吏送自負海江淮至北邊，使者馳傳督趣，以軍興法從事，〔八〕天下騷動。先至者屯邊郡，須畢具乃同時出。

〔一〕師古曰：知者，莽改單于之名也，本名囊知牙斯。
〔二〕師古曰：引夏書甘誓之文。
〔三〕師古曰：四條，莽所與作制者，事在匈奴傳。
〔四〕師古曰：共讀曰恭。
〔五〕師古曰：狦音刪，又音先安反。【補注】先謙曰：官本注末有「韋昭曰狦惡健犬也」八字。
〔六〕師古曰：厭音一涉反。
〔七〕師古曰：棽音所林反。【補注】先謙曰：官本注末有「韋昭曰棽音疏禁反字林曰棽支條棽麗也」十七字。
〔八〕師古曰：傳音張戀反。趣音促。【補注】劉奉世曰：五大夫不可曉，疑衍。先謙曰：胡注言事誅斬也。

莽以錢幣訖不行，〔一〕復下書曰：「民以食爲命，以貨爲資，是以八政以食爲首。寶貨皆重則小用不給，皆輕則僦載煩費，〔二〕輕重大小各有差品，則用便而民樂。」於是造寶貨五品，〔三〕語在食貨志。百姓不從，但行小大錢二品而已。盜鑄錢者不可禁，乃重其法，一家鑄錢，五家坐之，沒入爲奴婢。吏民出入，持布錢以副符傳，〔四〕不持者，廚傳勿舍，關津苛留。〔五〕公卿皆持以入宮殿門，欲以重而行之。

〔一〕師古曰：訖，竟也。
〔二〕師古曰：僦，送也，一曰賃也，音子就反。
〔三〕【補注】先謙曰：謂錢貨、銀貨、龜貨、貝貨、布貨，共五品。

〔四〕師古曰：舊法，行者持符傳，即不稽留。今更令持布錢，與符相副，乃得過也。傳音張戀反。其下亦同。

〔五〕師古曰：廚，行道飲食處。傳，置驛之舍也。苛，問也，音何。【補注】蘇輿曰：苛與何同音通訓。周禮射人「不敬者苛罰之」，鄭注「苛謂詰問之」。廣雅釋詁「何，問也」。

是時爭爲符命封侯，其不爲者相戲曰：「獨無天帝除書乎？」〔一〕司命陳崇白莽曰：「此開姦臣作福之路而亂天命，宜絕其原。」莽亦厭之，遂使尚書大夫趙並驗治，非五威將率所班，皆下獄。

〔一〕【補注】沈欽韓曰：除書，唐宋謂之除目，杜甫集有秦州見除目詩。其循例遷換，亦曰熟除。六一居士集「得熟除以張奎替知滁州」。

初，甄豐、劉歆、王舜爲莽腹心，倡導在位，〔一〕襃揚功德；「安漢」、「宰衡」之號及封莽母、兩子、兄子，皆豐等所共謀，而豐、舜、歆亦受其賜，並富貴矣，非復欲令莽居攝也。〔二〕居攝之萌，出於泉陵侯劉慶、前煇光謝囂、長安令田終術。莽羽翼已成，意欲稱攝。豐等承順其意，莽輒復封舜、歆兩子及豐孫。豐等爵位已盛，心意既滿，又實畏漢宗室、天下豪桀。而疏遠欲進者，並作符命，莽遂據以即真，舜、歆內懼而已。豐素剛强，莽覺其不說，〔三〕故徙大阿、右拂、大司空豐，託符命文，爲更始將軍，〔四〕與賣餅兒王盛同列。豐父子默默。時子尋爲侍中京兆大尹茂德侯，即作符命，言新室當分陜，立二伯，〔五〕以豐爲右伯，太傅平晏爲左伯，如周召故事。莽即從之，拜豐爲右伯。當述職西出，未行，尋復作符命，言故漢氏平帝后黃皇室主爲尋之妻。莽以詐立，心疑大臣怨謗，欲震威以懼下，因是發怒曰：「黃皇室主天下母，此何謂也！」收捕尋。尋亡，豐自殺。尋隨方士入華山，歲餘捕得，辭連國師公歆子侍中東通靈將、五司大夫隆威侯棻，〔六〕棻弟右曹長水校尉伐虜侯泳，大司空邑弟左闕將軍堂威侯奇，〔七〕及歆門人侍中騎都尉丁隆等，牽引公卿黨親列侯以下，死者數百人。尋手理有「天子」字，莽解其臂入視之，曰：「此一大子也，〔八〕或曰一六子也。六者，戮也。明尋父子當戮死也。」乃流棻于幽州，放尋于三危，殛隆于羽山，〔九〕皆驛車載其屍傳致云。

〔一〕師古曰：倡音赤上反。【補注】先謙曰：官本引蕭該曰：「『所班』舊作『所辨』。案韋昭曰『辨，布也，音班，或作班』。」

〔二〕【補注】宋祁曰：或無「貴」字。

〔三〕師古曰：説讀曰悦。

〔四〕師古曰：拂讀曰弼。

〔五〕師古曰：分陝者，欲依周公、召公故事，自陝以東，周公主之，自陝以西，召公主之。陝即今陝州，是其地也。伯，長也。陝音式冉反。

〔六〕【補注】劉奉世曰：東通靈將、五司大夫亦疑其譌，非史本文。沈欽韓曰：東通靈將，蓋五威將職東方者，五司大夫即前司恭等大夫。此似五斗米道符籙中結銜，莽之妖妄，其事當然，劉氏疑其譌，未審也。

〔七〕【補注】錢大昭曰：「闕」當作「關」。先謙曰：官本、南監本作「關」。「堂」亦當作「掌」。

〔八〕【補注】先謙曰：官本「大」作「天」，引宋祁曰，「天」或作「大」。

〔九〕師古曰：效舜之罰共工等也。殛，誅也，音居力反。

莽爲人侈口蹷顄，〔一〕露眼赤精，大聲而嘶。〔二〕長七尺五寸，好厚履高冠，以氂裝衣，〔三〕反膺高視，瞰臨左右。〔四〕是時有用方技待詔黄門者，或問以莽形貌，待詔曰：「莽所謂鴟目虎吻豺狼之聲者也，故能食人，亦當爲人所食。」問者告之，莽誅滅待詔，而封告者。後常翳雲母屏面，〔五〕非親近莫得見也。

〔一〕師古曰：侈，大也。蹷，短也。顄，頤也。蹷音其月反。顄音胡感反。【補注】沈欽韓曰：方言「頷，頤頜也」，注謂頷車也。沈彤釋骨云「頷，説文作顄，與頤同訓，蓋從口内言之。若從口外言，則兩旁爲頷，頷前爲頤，不容相假，故内經無通稱者」。先謙曰：官本、南監本無二音字。

〔二〕師古曰：嘶，聲破也，音先奚反。【補注】沈欽韓曰：方言「聲散曰㾷」。説文「㾷，散聲也」。徐鍇以馬鳴聲爲㾷。㾷、嘶通用。

〔三〕師古曰：毛之强曲者曰氂，以裝褚衣中，令其張起也。氂音力之反，字或作斄，音義同。【補注】沈欽韓曰：釋言「氂，罽也」，邢疏「舍人云，氂，所謂毛罽也，胡人續羊毛而作衣」。尚書正義引孫炎云「毛氂爲罽」。然則以氂裝衣，亦以氈褐爲著耳，豈謂長毛强曲使衣張起乎？先謙曰：官本、南監本注「斄」作「斄」。

〔四〕師古曰：瞰謂遠視也，音口濫反。

〔五〕師古曰：屏面即便面，蓋扇之類也。解在張敞傳。

是歲，以初睦侯姚恂爲寧始將軍。

三年，莽曰：「百官改更，職事分移，律令儀法，未及悉定，且因漢律令儀法以從事。令公卿大夫諸侯二千石舉吏民有德行通政事能言語明文學者各一人，詣王路四門。」〔一〕

〔一〕【補注】宋祁曰：「路」字下有「門」字。

遣尚書大夫趙並使勞北邊，還言五原北假膏壤殖穀，〔一〕異時常置田官。乃以並爲田禾將軍，發戍卒屯田北假以助軍糧。

〔一〕師古曰：北假，地名也。膏壤，言其土肥美也。殖，生也。

是時諸將在邊，須大衆集，〔一〕吏士放縱，而內郡愁於徵發，民棄城郭流亡爲盜賊，并州、平州尤甚。〔二〕莽令七公六卿號皆兼稱將軍，〔三〕遣著武將軍逯並等填名都，〔四〕中郎將、繡衣執法各五十五人，分填緣邊大郡，督大姦猾擅弄兵者，皆便爲姦於外，撓亂州郡，〔五〕貨賂爲市，侵漁百姓。莽下書曰：「虜知罪當夷滅，故遣猛將分十二部，將同時出，一舉而決絕之矣。內置司命軍正，外設軍監十有二人，誠欲以司不奉命，令軍人咸正也。今則不然，各爲權勢，恐猲良民，〔六〕妄封人頸，得錢者去。〔七〕毒蠚並作，農民離散。〔八〕司監若此，可謂稱不？〔九〕自今以來，敢犯此者，輒捕繫，以名聞。」然猶放縱自若。

〔一〕師古曰：須，待也。

〔二〕【補注】先謙曰：胡注「此時未有平州，漢末公孫度自稱平州牧，魏始分幽州置平州，『平』字誤也」。錢大昕云：「路博德傳云『西河平州人』。平州，縣名，屬西河郡，在并州部內，故云并州平州也。地理志作平周，蓋古字通用，胡注恐未然」。沈欽韓云：「平州蓋莽分幽州所置，公孫度自立爲平州牧，本此。錢氏以爲西河之縣在并州部內，故云，若僅并州一縣流亡，豈足概莽之亂」。

〔三〕【補注】先謙曰：胡注「七公，四輔及三公也。六卿，羲和、作士、秩宗、典樂、共工、予虞」。

〔四〕師古曰：逯音録。填音竹刃反。此下亦同。

〔五〕師古曰：撓音火高反，其字從手。

〔六〕師古曰：猲，以威力脅之也，音呼葛反。

〔七〕如淳曰：權臣妄以法枉良人爲僮僕，封其頸以別之也。得顧錢，乃去封。

〔八〕師古曰：蠚音呼各反。

〔九〕師古曰：稱音尺孕反。

而藺苞、戴級到塞下，招誘單于弟咸、咸子登入塞，脅拜咸爲孝單于，賜黃金千斤，錦繡甚多，遣去；將登至長安，拜爲順單于，留邸。〔一〕

〔一〕【補注】王先慎曰：始拜咸子助爲順單于，助病死，以登代助爲順單于，見匈奴傳。

太師王舜自莽篡位後病悸，寖劇，死。〔一〕莽曰：「昔齊太公以淑德累世，爲周氏太師，蓋予之所監也。〔二〕其以舜子延襲父爵，爲安新公，延弟褒新侯匡爲太師將軍，永爲新室輔。」

〔一〕師古曰：心動曰悸。寖，漸也。悸音葵季反。【補注】宋祁曰：「悸」舊作「喘」。王念孫曰：此本作「病喘悸」，舊本、新本各脱其一字耳。喘、悸二形不相似，無緣彼此互譌，故知原有兩字，而新舊本各脱其一也。韋昭注酷吏傳云「心中喘息曰悸」，是也。見宋祁校本。御覽疾病部四引此正作「病喘悸」。

〔二〕師古曰：監謂視見也。

爲太子置師友各四人，秩以大夫。以故大司徒馬宫爲師疑，故少府宗伯鳳爲傅丞，博士袁聖爲阿輔，京兆尹王嘉爲保拂，〔一〕是爲四師；故尚書令唐林爲胥附，〔二〕博士李充爲犇走，〔三〕諫大夫趙襄爲先後，中郎將廉丹爲禦侮，是爲四友。又置師友祭酒及侍中、諫議、六經祭酒各一人，凡九祭酒，〔四〕秩上卿。琅邪左咸爲講春秋、潁川滿昌爲講詩、長安國由爲講易、平陽唐昌爲講書、沛郡陳咸爲講禮、崔發爲講樂祭酒。遣謁者持安車印綬，即拜楚國龔勝爲太子師友祭酒，〔五〕勝不應徵，不食而死。

〔一〕師古曰：拂讀曰弼。

〔二〕【補注】周壽昌曰：胥附即疏附，胥、疏一音。

〔三〕師古曰：犇，古奔字。

〔四〕【補注】先謙曰：師友、侍中、諫議三祭酒，並六經六祭酒，爲九祭酒。

〔五〕【補注】先謙曰：即，就也，就家拜之。

寧始將軍姚恂免，侍中崇祿侯孔永爲寧始將軍。

是歲，池陽縣有小人景，長尺餘，或乘車馬，或步行，據持萬物，〔一〕小大各相稱，〔二〕三日止。

〔一〕【補注】錢大昭曰：「據」，南監本、閩本作「操」。先謙曰：官本作「操」，是。

〔二〕師古曰：車馬及物皆稱其人之形。

瀕河郡蝗生。〔一〕

〔一〕師古曰：謂緣河南北諸郡。瀕音頻，又音賓。

河決魏郡，泛清河以東數郡。先是，莽恐河決爲元城冢墓害。〔一〕及決東去，元城不憂水，故遂不隄塞。〔二〕

〔一〕【補注】先謙曰：胡注「莽曾祖賀以下冢墓，在魏郡元城」。

〔二〕【補注】何焯曰：莽事事期以利己，故百姓不附。

四年二月，赦天下。

夏，赤氣出東南，竟天。

厭難將軍陳歆〔一〕言捕虜生口，虜犯邊者皆孝單于咸子角所爲。莽怒，斬其子登於長安，以視諸蠻夷。〔二〕

〔一〕【補注】錢大昭曰：匈奴傳作陳欽。

〔二〕師古曰：視音曰示。

大司馬甄邯死，寧始將軍孔永爲大司馬，侍中大贅侯輔爲寧始將軍。

莽每當出，輒先搜索城中，名曰「橫搜」。〔一〕是月，橫搜五日。

〔一〕師古曰：索音山各反。橫音胡孟反。【補注】沈欽韓曰：案莽出當搜索，則官吏入宮殿者，亦當露索也。漢儀，三公領兵入見，令虎賁執刀挾之。見後書伏后紀、三國志魏武紀注。唐猶然，見唐書王及善傳及文昌雜録。樂記鄭注「横，充也」。釋言「桄，大也」。疏云孫叔然本作「光」，尚書疏引釋言亦作「光」。虞書「光被四表」，莽傳及後書安帝詔、馮異傳俱作「横被」，案光、充，皆大之通訓。此横挍即乃大挍耳。

莽至明堂，授諸侯茅土。下書曰：「予以不德，襲于聖祖，爲萬國主。思安黎元，在于建侯，分州正域，以美風俗。〔一〕追監前代，爰綱爰紀。惟在堯典，十有二州，衞有五服。〔二〕詩國十五，抪徧九州。〔三〕殷頌有『奄有九有』之言。〔四〕禹貢之九州無并、幽，周禮司馬則無徐、梁。〔五〕帝王相改，各有云爲。或昭其事，或大其本，厥義著明，其務一矣。昔周二后受命，故有東都、西都之居。予之受命，蓋亦如之。其以洛陽爲新室東都，常安爲新室西都。邦畿連體，各有采任。州從禹貢爲九，爵從周氏有五。諸侯之員千有八百，附城之數亦如之，以俟有功。諸公一同，〔六〕有衆萬户，土方百里。侯伯一國，衆户五千，土方七十里。子男一則，〔七〕衆户二千有五百，土方五十里。附城大者食邑九成，衆户九百，土方三十里。自九以下，降殺以兩，〔八〕至於一成。〔九〕五差備具，合當一則。今已受茅土者，公十四人，〔一〇〕侯九十三人，伯二十一人，子百七十一人，男四百九十七人，凡七百九十六人。附城千五百一十一人。九族之女爲任者，八十三人。及漢氏女孫中山承禮君、遵德君、修義君更以爲任。十有一公，九卿，十二大夫，二十四元士。定諸國邑采之處，使侍中講禮大夫孔秉等與州部衆郡曉知地理圖籍者，共校治于壽成朱鳥堂。予數與羣公祭酒上卿親聽視，咸已通矣。夫褒德賞功，所以顯仁賢也；九族和睦，所以褒親親也。予永惟匪解，思稽前人，〔一一〕將章黜陟，以明好惡，安元元焉。」以圖簿未定，未授國邑，且令受奉都内，月錢數千。〔一二〕諸侯皆困乏，至有庸作者。

〔一〕【補注】宋祁曰：「分」字下當有「九」字。

〔二〕師古曰：並解於上。

〔三〕師古曰：謂周南、召南、衞、王、鄭、齊、魏、唐、秦、陳、鄶、曹、豳、魯、商，凡十五國也。一曰，周南、召南、邶、鄘、衞、王、鄭、齊、魏、唐、秦、陳、鄶、曹、豳，是爲十五國。捬音普胡反。【補注】宋祁曰：國字當作「曰」。沈欽韓曰：廣雅「捬，布也」。

〔四〕師古曰：商頌玄鳥之詩，美湯有功德，故能覆有九州。

〔五〕【補注】宋祁曰：淳化本無「無并」二字。

〔六〕【補注】王文彬曰：左襄二十五年傳「列國一同，自是以衰」。周官匠人「方百里爲同」。先謙曰：官本「同」作「國」。

〔七〕【補注】沈欽韓曰：大宗伯職注「鄭司農云則者，法也」。周書作雒解「苴以白茅，以爲土封，受則土於周室」。

〔八〕師古曰：兩兩而降也。殺音所例反。【補注】王文彬曰：左襄公二十六年傳「自上以下，隆殺以兩」，謂以兩數相減。此自九以下，而七、而五、而三，以至於一也。顔説未晰。

〔九〕如淳曰：十里爲成。

〔一〇〕【補注】錢大昭曰：十四人者：謂安新公王延、就新公平晏、嘉新公劉歆、美新公哀章、承新公甄邯、章新公王尋、隆新公王邑、奉新公王興、成新公孫建、崇新公王盛、章平公姫黨、宣威公蘭苞、揚威公戴級、安定公劉嬰也。廣新公甄豐，有罪國除，不在數内。莽之宗室，公如新舉公安、褒新公臨、功隆公千、功明公壽、功成公吉、功崇公宗、功昭公世，功著公利，亦不在十四人之内。

〔一一〕師古曰：解音曰懈。稽，考也。【補注】先謙曰：官本「音」作「讀」。

〔一二〕師古曰：奉音扶用反。

中郎區博諫莽曰：〔一〕井田雖聖王法，其廢久矣。周道既衰，而民不從。秦知順民之心，可以獲大利也，故滅廬井而置阡陌，遂王諸夏，訖今海内未厭其敝。今欲違民心，追復千載絶迹，〔二〕雖堯舜復起，而無百年之漸，弗能行也。天下初定，萬民新附，誠未可施行。」莽知民怨，〔三〕乃下書曰：「諸名食王田，皆得賣之，勿拘以法。犯私買賣庶人者，且一切勿治。」

〔一〕師古曰：區，姓也，音一侯反。

〔二〕師古曰：復音扶目反。

〔三〕【補注】王念孫曰：通典食貨一作「莽知民愁」。案作愁者原文，作怨者，後人不曉古義而改之也。愁即怨也，説文「慍，怨也」。今本怨作怒，乃後人所改。據詩綿正義及一切經音義卷五、卷九、卷十三、卷十九引訂正。「恚，恨也」。廣雅「慍、愁，恚也」。後漢書明帝紀云「百姓愁怨，情無告訴」。是愁與怨，同義。秦策云「上下相愁，民無所聊」，謂上下相怨也。淮南詮言訓云「己之所生，乃反愁人」，謂反怨人也。下文「天下愈愁」，即承此愁字而言，則本作愁明矣。又「莽知民愁」四字，食貨志凡兩見。

初，五威將帥出，改句町王以爲侯，王邯怨怒不附。〔一〕莽諷牂柯大尹周歆詐殺邯。邯弟承起兵攻殺歆。先是，莽發高句驪兵，當伐胡，不欲行，郡强迫之，皆亡出塞，因犯法爲寇。遼西大尹田譚追擊之，爲所殺。州郡歸咎於高句驪侯騶。嚴尤奏言：「貉人犯法，不從騶起，正有它心，宜令州郡且尉安之。〔一〕今猥被以大罪，恐其遂畔，〔二〕夫餘之屬必有和者，〔四〕匈奴未克，夫餘、穢貉復起，此大憂也。」莽不尉安，穢貉遂反，詔尤擊之。尤誘高句驪侯騶至而斬焉，傳首長安。莽大説，下書曰：「乃者，命遣猛將，共行天罰，〔五〕誅滅虜知，分爲十二部，或斷其右臂，或斬其左腋，或潰其胸腹，或紬其兩脅。〔六〕今年刑在東方，〔七〕誅貉之部先縱焉。捕斬虜騶，平定東域，虜知殄滅，在于漏刻。此乃天地羣神社稷宗廟佑助之福，公卿大夫士民同心將率虓虎之力也。〔八〕予甚嘉之。其更名高句驪爲下句驪，布告天下，令咸知焉。」於是貉人愈犯邊，東北與西南夷皆亂云。

〔一〕師古曰：邯，句町王之名也，音下甘反。

〔二〕師古曰：假令騶有惡心，亦當且慰安。【補注】先謙曰：正，即也。解詳終軍傳。

〔三〕師古曰：猥，多也，厚也。被，加也，音皮義反。【補注】先謙曰：猥猶猝也，説詳文三王傳。

〔四〕師古曰：和，應也，音胡卧反。

〔五〕師古曰：共讀曰恭。

〔六〕師古曰：紬音與抽同。

〔七〕張晏曰：是歲在壬申，刑在東方。

〔八〕師古曰：虓音火交反。

莽志方盛，以爲四夷不足吞滅，專念稽古之事，復下書曰：「伏念予之皇始祖考虞帝，受終文祖，在璇璣玉衡以齊七政，〔一〕遂類于上帝，禋于六宗，望秩于山川，徧于羣神，巡狩五嶽，羣后四朝，敷奏以言，明試以功。〔二〕予之受命即真，到于建國五年，已五載矣。陽九之阸既度，百六之會已過。歲在壽星，填在明堂，倉龍癸酉，德在中宮。〔三〕觀晉掌歲，龜策告從，〔四〕其以此年二月建寅之節東巡狩，具禮儀調度。」〔五〕羣公奏請募吏民人馬布帛綿，〔六〕又請內郡國十二買馬，發帛四十五萬匹，輸常安，前後毋相須。〔七〕至者過半，莽下書曰：「文母太后體不安，其且止待後。」

〔一〕【補注】先謙曰：官本「璇」作「璿」。

〔二〕師古曰：解並在前。

〔三〕服虔曰：倉龍，太歲也。張晏曰：太歲起於甲寅爲龍，東方倉。癸德在中宮也。晉灼曰：壽星，角亢也。東宮倉龍，房心也。心爲明堂，填星所在，其國昌。莽自謂土也，土行主填星。癸德在中宮，宮又土也。

〔四〕孟康曰：觀辰星進退。掌，主也。晉灼曰：國語晉文公以卯出酉入，過五鹿得土，歲在壽星，其日戊申。莽欲法之，以爲吉祥。正以二月建寅之節東巡狩者，取萬物生之始也。視晉識太歲所在，宿度所合，卜筮皆吉，故法之。【補注】錢大昕曰：孟說非也。觀、晉二卦名，易稽覽圖有主歲卦。後漢書蘇竟傳「今年比卦部歲」。乾鑿度「求卦主歲術常以太歲爲歲紀歲，七十六爲一紀，二十紀爲一蔀首。即置積蔀首歲數，加所入紀歲數，以三十二除之，不足除者以乾坤始數二卦而得一歲，未算即主歲之卦也」。據後漢書黃瓊傳注。沈欽韓曰：案晉語，董因對文公曰：「歲在大梁，將集天行。元年始受，實沈之星也。實沈之虛，晉人是居，所以興也。君之行也，歲在大火。大火，閼伯之星也，是謂大辰。韋昭云：魯僖二十三年，歲星在大梁之次，公以辰出而以參入。元年謂文公即位之年。魯僖二十四年，歲星在實沈。案大火於辰在卯，大梁於辰在酉，故晉灼云卯出酉入也。

〔五〕師古曰：調音徒釣反。

〔六〕【補注】先謙曰：官本無「帛」字。
〔七〕師古曰：須，待也。

是歲，改十一公號，以「新」爲「心」，後又改「心」爲「信」。〔一〕

〔一〕【補注】先謙曰：據此知本書信、新通作，古本通用。

五年二月，文母皇太后崩，葬渭陵，與元帝合而溝絶之。〔一〕立廟於長安，新室世世獻祭。元帝配食，坐於牀下。莽爲太后服喪三年。

〔一〕如淳曰：葬於司馬門内，作溝絶之。

大司馬孔永乞骸骨，賜安車駟馬，以特進就朝位。同風侯逯並爲大司馬。〔一〕

〔一〕【補注】沈欽韓曰：廣韻逯字注云「又姓，王莽大司馬逯並」。元和姓纂又作杕，云「王莽大司馬杕」。並見姓苑。逯、杕聲同而異。作逯者，風俗通云「漢有大司空逯並」，廣韻又引之。

是時，長安民聞莽欲都雒陽，不肯繕治室宅，〔一〕或頗徹之。莽曰：「玄龍石文曰『定帝德，國雒陽』，〔二〕符命著明，敢不欽奉！以始建國八年，歲纏星紀，〔三〕在雒陽之都。其謹繕脩常安之都，勿令壞敗。敢有犯者，輒以名聞，請其罪。」

〔一〕師古曰：繕，補也。
〔二〕【補注】周壽昌曰：此光武建都之兆。

〔三〕孟康曰：纏，居也。星紀，在斗、牽牛間。師古曰：纏，踐歷也，音直連反。

是歲，烏孫大小昆彌遣使貢獻。大昆彌者，中國外孫也。其胡婦子爲小昆彌，而烏孫歸附之。莽見匈奴諸邊並侵，意欲得烏孫心，乃遣使者引小昆彌使置大昆彌使上。保成師友祭酒滿昌劾奏使者曰：「夷狄以中國有禮誼，故詘而服從。大昆彌，君也，今序臣使於君使之上，非所以有夷狄也。奉使大不敬！」莽怒，免昌官。

西域諸國以莽積失恩信，焉耆先畔，殺都護但欽。

十一月，彗星出，二十餘日，不見。

是歲，以犯挾銅炭者多，除其法。

明年，改元曰天鳳。

天鳳元年正月，赦天下。

莽曰：「予以二月建寅之節行巡狩之禮，太官齎糒乾肉，內者行張坐臥，〔一〕所過毋得有所給。〔二〕予之東巡，必躬載耒，每縣則耕，以勸東作。〔三〕予之南巡，必躬載耨，每縣則薅，以勸南僞。〔四〕予之西巡，必躬載銍，每縣則穫，以勸西成。予之北巡，必躬載拂，每縣則粟，以勸蓋藏。〔五〕畢北巡狩之禮，即于土中居雒陽之都焉。敢有趨讙犯法，輒以軍法從事。」〔六〕羣公奏言：「皇帝至孝，往年文母聖體不豫，躬親供養，衣冠稀解。因遭棄羣臣悲哀，顔色未復，飲食損少。今一歲四巡，道路萬里，春秋尊，非糒乾肉之所能堪。且無巡狩，須閡大服，以安聖體。〔七〕臣等盡力養牧兆民，奉稱明詔。」〔八〕莽曰：「羣公、羣牧、羣司、諸侯、庶尹願盡力相帥養牧兆民，欲以稱予，繇此敬聽，〔九〕其勗之哉！毋食言焉。更以天鳳七年，歲在大梁，倉龍庚辰，行巡狩之禮。〔一〇〕厥明年，歲在實沈，倉龍辛巳，即土之中雒陽之都。」乃遣太傅平晏、大司空王邑之雒陽，營相宅兆，圖〔一一〕起宗廟、社稷、郊兆云。

〔一〕師古曰：糒，乾飯也。張坐臥，謂帷帳茵席也。糒音備。【補注】宋祁曰：淳化本無「内」字，新本「肉」字下去「内者行」。先謙曰：胡注「内者令時屬共工」。續漢志「内者令掌布張諸衣物」。

〔二〕師古曰：言自齎食及帷帳以行，在路所經過，不須供費也。

〔三〕師古曰：耒，耕曲木也，音力對反。【補注】宋祁曰：「耒」字下當有「耜」字。王先慎曰：此皆四字句，宋説非。先謙曰：官本、南監本注「耕」作「耜」。

〔四〕師古曰：耨，鉏也。薅，耘去草也。耨音奴豆反。薅音火高反。僞讀曰訛。訛，化也。【補注】錢大昭曰：僞字古亦省作爲。史記「平秩南譌」，司馬貞本作「南爲」。淮南天文訓「歲大旱，禾不爲」，高誘曰「爲，成也」。禾成於夏，故云南爲。上下文東作、西成，皆言農事，不當訓訛爲化。

〔五〕師古曰：拂音佛，所以擊治禾者也，今謂之連枷。粟謂治粟。【補注】沈欽韓曰：方言「僉、宋魏之間謂之攝」，郭云「今連枷所以打穀者」，又云「殳，自關而西或謂之拂」。案此則枷是打禾麥牀，拂是擊稾之杖。今田家於牀打不盡者，復以竹片削其餘穀，明其二物也。齊語「耒耜枷芟」，韋昭云「枷，拂也」。説文「拂，擊禾連枷也」，又「枷，拂也」。廣雅拂謂之枷，則混言之。

〔六〕劉德曰：趨讙，走呼也。

〔七〕師古曰：闋，盡也，音口決反。

〔八〕師古曰：稱，副也。

〔九〕師古曰：繇讀與由同。【補注】先謙曰：官本「聽」作「德」。

〔一○〕【補注】何焯曰：莽至明堂猶横揆五日，況肯出行萬里耶？皆虚爲此文，以示墜典無所不舉，又借臣下之言輟行，仍言天鳳七年當出。上下相蒙，益彰姦僞，而乃有愚蔽之甚，私喜其術者，此南北五代所以多故也。

〔一一〕【補注】先謙曰：胡注「相息亮反。宅，居也。壇域塋界皆曰兆」。

三月壬申晦，日有食之。大赦天下。策大司馬逯並曰：「日食無光，干戈不戢，其上大司馬印韍，就侯氏朝位。〔一〕太傅平晏勿領尚書事，省侍中諸曹兼官者。以利苗男訢爲大司馬。」〔二〕

〔一〕【補注】先謙曰：胡注「免官以侯爵就朝位」。

〔二〕如淳曰：利苗，邑名。【補注】沈欽韓曰：案「訢」上脱「苗」字。

莽即真，尤備大臣，抑奪下權，朝臣有言其過失者，輒拔擢。孔仁、趙博、費興等以敢擊大臣，故見信任，〔一〕擇名官而居之。公卿入宮，吏有常數，太傅平晏從吏過例，掖門僕射苛問不遜，〔二〕戊曹士收繫僕射。〔三〕莽大怒，使執法發車騎數百圍太傅府，捕士，即時死。大司空士夜過奉常亭，亭長苛之，告以官名，亭長醉曰：「寧有符傳邪？」〔四〕士以馬箠擊亭長，〔五〕亭長斬士，亡，郡縣逐之。家上書，〔六〕莽曰：「亭長奉公，勿逐。」大司空邑斥士以謝。〔七〕國將哀章頗不清，莽爲選置和叔，〔八〕敕曰：「非但保國將閨門，當保親屬在西州者。」諸公皆輕

賤，而章尤甚。〔九〕

〔一〕師古曰：費音扶味反。

〔二〕師古曰：僕射苛問平晏，其言不遜。

〔三〕應劭曰：莽自以土行，故使太傅置戊曹士。士，掾也。蘇林曰：士者，曹掾，屬公府，諸曹次第之名也。師古曰：應説是。【補注】先謙曰：官本引蕭該曰「戊，予案春秋説曰『土，戊也』。五行書曰，戊己屬土。王莽自以土行。音懋」。

〔四〕師古曰：傳音張戀反。

〔五〕師古曰：箠，策也，音止蘂反。

〔六〕師古曰：亭長家上書自治。【補注】周壽昌曰：治當作理，言自申理也。唐諱治爲理，後人回改，故此轉誤作治。

〔七〕【補注】劉攽曰：前云斬士，後云斥士，則非斬也，疑是「斫」字。

〔八〕師古曰：特爲置此官。【補注】沈欽韓曰：莽置國將，主北嶽，和叔亦宅朔方，爲國將之副。後有太師羲仲景尚，太傅羲叔士孫喜，國師和仲曹放，知四輔屬官，皆依虞書置之。先謙曰：胡注「莽以國將主冬，故置和叔之官」。

〔九〕【補注】錢大昭曰：哀章，廣漢梓潼人，故曰西州。

四月，隕霜，殺屮木，〔一〕海瀕尤甚。〔二〕六月，黄霧四塞。七月，大風拔樹，飛北闕直城門屋瓦。〔三〕雨雹，殺牛羊。

〔一〕師古曰：屮，古草字。

〔二〕師古曰：邊海之地也，瀕音頻，又音賓。

〔三〕師古曰：北闕直城門瓦皆飛也。直城門，長安城門名也。解在成紀。

莽以周官王制之文，置卒正、連率、大尹，職如太守；屬令、屬長，職如都尉。〔一〕置州牧、部監二十五人，見禮如三公。〔二〕監位上大夫，各主五郡。公氏作牧，侯氏卒正，伯氏連率，子氏屬令，男氏屬長，皆世其官。其無爵者爲尹。分長安城旁六鄉，置帥各一人。分三輔爲六尉郡，〔三〕河東、河内、弘農、河南、潁川、南陽爲六隊郡，〔四〕置大夫，職如太守；屬正，職如都尉。更名河南大尹曰保忠信卿。〔五〕益河南屬縣滿三十。置六郊州長各一人，〔六〕人主五縣。及它官名悉改。大郡至分爲五。〔七〕郡縣以亭爲名者三百六十，以應符命文也。緣邊又置竟尉，以男爲之。〔八〕諸侯國閒田，爲黜陟增減云。〔九〕莽下書曰：「常安西都曰六鄉，衆縣曰六尉。義陽東都曰六州，〔一〇〕衆縣曰六隊。粟米之内曰内郡，〔一一〕其外曰近郡。有鄣徼者曰邊郡。合百二十有五郡。九州之内，縣二千二百有三。公作甸服，是爲惟城；諸在侯服，是爲惟寧；在采、任諸侯，是爲惟翰；〔一二〕在賓服，是爲惟屏；〔一三〕在揆文教，奮武衛，是爲惟垣；在九州之外，是爲惟藩：〔一四〕各以其方爲稱，總爲萬國焉。」其後，歲復變更，一郡至五易名，而還復其故。吏民不能紀，每下詔書，輒繫其故名，曰：「制詔陳留大尹、太尉：其以益歲以南付新平。〔一五〕新平，故淮陽。以雍丘以東付陳定。陳定，故梁郡。〔一六〕以封丘以東付治亭。治亭，故東郡。以陳留以西付祈隧。祈隧，故滎陽。〔一七〕陳留已無復有郡矣。大尹、太尉，皆詣行在所。」其號令變易，皆此類也。

〔一〕【補注】先謙曰：胡注「王制，三十國爲卒，卒有正；十國爲連，連有率」。

〔二〕【補注】王念孫曰：此文本作「置州牧，其禮如三公。郡監二十五人。監位上大夫，各主五郡」。其禮如三公，謂州牧之禮秩如三公也。下文云「州牧位三公」，是其證。郡監以下，謂分天下爲百二十五郡，見下文。郡監二十五人，人主五郡也。今本「其禮」誤作「見禮」，「郡監」誤作「部監」，而「部監二十五人」又誤在「見禮如三公」之上，遂致文不成義。後漢隗囂傳注所引，已與今本同。漢紀作「置州牧，其禮如三公。郡監二十五人，位上大夫，各主五郡」。足正今本之失。朱一新曰：王以漢紀正今本，是也。但謂「見禮」當作「其禮」，殊誤。見禮謂朝見之禮，本傳中即已數見，何煩改字？

〔三〕師古曰：三輔黄圖云：「渭城、安陵以西，北至栒邑、義渠十縣，屬京尉大夫府，居故長安寺；高陵以北十縣，屬師尉大夫府，居故廷尉府；新豐以東至湖十縣，屬翊尉大夫府，居城東；霸陵、杜陵東至藍田，西至武功、郁夷十縣，屬光尉大夫府，居城南；茂陵、槐里以西，至汧十縣，屬扶尉大夫府，居城西；長陵、池陽以北，至雲陽、祋祤十縣，屬列尉大夫府，居城北。」

〔四〕師古曰：隊音遂。【補注】劉奉世曰：河南當爲滎陽，莽所分以爲六隊之一也。下文自有河南大尹更爲保忠信卿。周壽昌曰：此莽仿周官之制，略爲沿革，大司徒屬「鄉老，二鄉則公一人，鄉大夫每鄉卿一人」。疏云「司徒掌六鄉者」。鄭注「王置六鄉，則公有三人也」。鄭司農云，百里内爲六鄉，外爲六遂」。遂人鄭注「六遂之地，自遠郊以達於畿中，有公邑、家邑、小都、大都焉」，疏云「其以六鄉爲正，六遂爲副」。莽之六隊，即六遂也，古遂、隊字通，易震卦「震遂泥」，釋文荀本作隊。書費誓「魯人三郊三遂」，史記作隧。隊是隧省文。考工記匠人「廣二尺深二尺謂之隧」，釋文「隧本作遂」。知莽以六遂作六隊也。

〔五〕【補注】先謙曰：地理志河南郡下，「卿」誤「鄉」，説詳彼注。

〔六〕【補注】劉奉世曰：當爲六郊，衍「州」字。何焯曰：州長準周官，與前州牧準虞書者不同，劉以爲衍字，誤也，故下文亦稱六州。

〔七〕【補注】錢大昕曰：莽所改郡縣名，地理志具書之，而郡之分析，則不備書。攷本傳有翼平連率田況，夙夜連率韓博，壽良卒正王閎。翼平者，北海壽光縣也。夙夜者，東萊不夜縣也。壽良者，東郡縣也。是分北海爲翼平郡，東萊爲夙夜郡，東郡爲壽良郡矣。後書邳彤傳引東觀記云「王莽別鉅鹿爲和成郡，居下曲陽，志皆未之及也」。至河南之滎陽別爲祈隧，亦見於本傳。汝南分爲賞都，則地理志已言之。

〔八〕師古曰：竟音曰境。

〔九〕師古曰：閈音閑。以擬有功封賜，有罪黜陟也。

〔一〇〕【補注】劉奉世曰：州當爲郊。錢大昕曰：地理志「雒陽莽曰宜陽」，即此義陽也。

〔一一〕師古曰：禹貢，去王城四百里納粟，五百里納米，皆在甸服之內。

〔一二〕師古曰：采，采服也。任，男服也。

〔一三〕師古曰：賓服即古衞服也，取諸侯賓服以爲名。

〔一四〕師古曰：凡此惟城以下，取詩大雅板之篇云「价人惟藩，大師惟垣，大邦惟屏，大宗惟翰，懷德惟寧，宗子惟城」，以爲名號也。解在諸侯王表。【補注】先謙曰：官本「王」下有「年」字，南監本無此句。

〔一五〕蘇林曰：陳留圉縣，莽改曰益歲。【補注】錢大昕曰：地理志圉縣屬淮陽，不屬陳留，豈莽時改屬乎？圉縣，莽曰益歲，今志亦無之。

〔一六〕【補注】周壽昌曰：據此，漢梁國至莽時已稱郡矣。

〔一七〕【補注】劉奉世曰：此祈隧即莽六隊之一也。莽蓋分河南之滎陽置郡。

令天下小學，戊子代甲子爲六旬首。〔一〕冠以戊子爲元日，〔二〕昏以戊寅之旬爲忌日。〔三〕

百姓多不從者。

〔一〕【補注】周壽昌曰：禮郊特牲「日用甲，用日之始也」。古皆以甲子爲六旬首，此則莽所造王光曆也。

〔二〕師古曰：冠音工喚反。元，善也。

〔三〕師古曰：昏謂娶妻也。【補注】錢大昕曰：戊寅旬中無子，故忌之。何焯曰：莽自以土德，故改戊子爲六旬首。戊寅支剋幹，故爲忌日。

匈奴單于知死，弟咸立爲單于，求和親。莽遣使者厚賂之，詐許還其侍子登，因購求陳良、終帶等。單于即執良等付使者，檻車詣長安。莽燔燒良等於城北，令吏民會觀之。

緣邊大飢，人相食。諫大夫如普行邊兵，〔一〕還言「軍士久屯塞苦，邊郡無以相贍。今單于新和，宜因是罷兵」。校尉韓威進曰：「以新室之威而吞胡虜，無異口中蚤蝨。臣願得勇敢之士五千人，不齎斗糧，飢食虜肉，渴飲其血，可以橫行。」莽壯其言，以威爲將軍。然采普言，徵還諸將在邊者。免陳欽等十八人，又罷四關填都尉諸屯兵。〔二〕會匈奴使還，單于知侍子登前誅死，發兵寇邊，莽復發軍屯。於是邊民流入內郡，爲人奴婢，乃禁吏民敢挾邊民者棄市。

〔一〕師古曰：行音下更反。

〔二〕【補注】先謙曰：胡注「莽置四關，各有鎮都尉領屯兵」。

益州蠻夷殺大尹程隆，三邊盡反。遣平蠻將軍馮茂將兵擊之。〔一〕

〔一〕【補注】錢大昭曰：當從西南夷傳作「馮茂」。先謙曰：官本、南監本作「馮」。

寧始將軍侯輔免，講易祭酒戴參爲寧始將軍。

二年二月，置酒王路堂，公卿大夫皆佐酒。〔一〕大赦天下。

〔一〕師古曰：助行酒。

是時，日中見星。

大司馬苗訢左遷司命，以延德侯陳茂爲大司馬。

訛言黄龍墮死黄山宫中，〔一〕百姓奔走往觀者有萬數。莽惡之，〔二〕捕繫問語所從起，不能得。

〔一〕【補注】王念孫曰：「譌言」上脱「民」字，則語意不完。漢紀孝平紀、通鑑漢紀三十，皆有「民」字。或謂民字與下文百姓相複，非也。古人之文，往往如是，「子庶民，則百姓勸」，豈嫌於複乎？

〔二〕師古曰：莽自謂黄德，故有此妖。

單于咸既和親，求其子登屍，莽欲遣使送致，恐咸怨恨害使者，乃收前言當誅侍子者故將軍陳欽，以他辠繫獄。欽曰：「是欲以我爲説於匈奴也。」〔一〕遂自殺。莽選儒生能顓對者〔二〕濟南王咸爲大使，五威將琅邪伏黯等爲帥，使送登屍。敕令掘單于知墓，棘鞭其屍。又令匈奴卻塞於漠北，責單于馬萬匹，牛三萬頭，羊十萬頭，及稍所略邊民生口在者皆還之。〔三〕莽好爲大言如此。咸到單于庭，陳莽威德，責單于背畔之辠，應敵從横，單于不能詘，遂致命而還之。〔四〕入塞，咸病死，封其子爲伯，伏黯等皆爲子。

〔一〕師古曰：説，解説也。託言以其前建議誅侍子，今故殺之。

〔二〕師古曰：顓與專同。專對，謂應對無方，能專其事。

〔三〕【補注】劉攽曰：「稍所略」非辭，當云「所鈔略」，傳寫誤爾。周壽昌曰：非誤也，此正莽大言匈奴未敢恣掠，但稍有略於邊民也。

〔四〕【補注】劉奉世曰：「之」字衍。

莽意以爲制定則天下自平，故鋭思於地里，制禮作樂，講合六經之説。公卿旦入暮出，論議連年不決，〔一〕不暇省獄訟冤結民之急務。縣宰缺者，數年守兼，〔二〕一切貪殘日甚。〔三〕中郎將、繡衣執法在郡國者，並乘權埶，傳相舉奏。〔四〕又十一公士〔五〕分布勸農桑，班時令，案諸章，冠蓋相望，交錯道路，召會吏民，逮捕證左，郡縣賦斂，遞相賕賂，白黑紛然，〔六〕守闕告訴者多。莽自見前顓權以得漢政，故務自攬衆事，〔七〕有司受成苟免。〔八〕諸寶物名、帑藏、錢穀官，皆宦者領之；〔九〕吏民上封事書，宦官左右開發，尚書不得知。〔一〇〕其畏備臣下如此。又好變改制度，政令煩多，當奏行者，〔一一〕輒質問乃以從事，〔一二〕前後相乘，憒眊不渫。〔一三〕莽常御燈火至明，猶不能勝。尚書因是爲姦寢事，〔一四〕上書待報者連年不得去，拘繫郡縣者逢赦而後出，衞卒不交代三歲矣。穀常貴，邊兵二十餘萬人仰衣食，縣官愁苦。〔一五〕五原、代郡

尤被其毒，起爲盜賊，數千人爲輩，轉入旁郡。莽遣捕盜將軍孔仁將兵與郡縣合擊，歲餘乃定，邊郡亦略將盡。〔一六〕

〔一〕【補注】先謙曰：官本、南監本「論議」作「議論」。

〔二〕師古曰：不拜正官，權令人守兼。

〔三〕【補注】宋祁曰：「甚」下當有「是時」二字。

〔四〕【補注】先謙曰：官本「傳」作「傅」，引宋祁曰，「傳」疑作「傅」。周壽昌云傳猶轉也。觀下有「遞相賕賂」語，下卷有「傳相監趣」語，則傳字是。

〔五〕【補注】先謙曰：胡注「漢公府各有掾屬，莽置十一公，改掾曰士」。

〔六〕師古曰：白黑謂清濁也。紛然，亂意也，言清濁不分也。【補注】先謙曰：胡注「白黑色之易別者，且紛然不能分，謂繆亂之甚」。

〔七〕師古曰：擥與擥同，其字從手。

〔八〕師古曰：莽事事自決，成熟乃以付吏，吏苟免罪責而已。

〔九〕師古曰：帑音他莽反，又音奴。

〔一〇〕【補注】先謙曰：胡注「舊上封事者，先由尚書乃奏御。莽恐尚書壅蔽，令宦官左右發其封，自省之」。

〔一一〕【補注】先謙曰：「奏」字誤，官本、南監本作「奉」。

〔一二〕師古曰：質，正也。

〔一三〕師古曰：乘，積也，登也。憒眊，不明也。渫，散也，徹也。憒音工內反。眊音莫報反。【補注】王念孫曰：不散不徹，皆與憒眊義不相屬，余謂渫者，治也，言事務煩多，故莽憒眊而不能治也。井九三「井渫不食」，荀爽曰「渫去穢濁，清潔之意也」。釋文引黄穎云「渫，治也」。史記屈原傳「易曰『井渫不食』」，集解引向秀曰「渫者，浚治去泥濁也」。皆其證。先謙曰：胡注「前者省決未了，而後者復來，謂之相乘」。

〔一四〕【補注】沈欽韓曰：説文「寢，病臥也」。案會意病臥則事廢，故事不行謂之寢也。先謙曰：胡注「上書者，尚書不以聞，而竊寢其事」。

〔一五〕師古曰：仰音牛向反。

〔一六〕師古曰：言其逃亡，結爲盜賊，在者少也。

邯鄲以北大雨霧，水出，深者數丈，〔一〕流殺數千人。

〔一〕【補注】劉攽曰：霧字疑非。周壽昌曰：謂大雨且大霧也。

立國將軍孫建死，司命趙閎爲立國將軍。寧始將軍戴參歸故官，南城將軍廉丹爲寧始將軍。

三年二月乙酉，地震，大雨雪，〔一〕關東尤甚，深者一丈，竹栢或枯。〔二〕大司空王邑上書言：「視事八年，功業不效，司空之職尤獨廢頓，至乃有地震之變。願乞骸骨。」莽曰：「夫地有動有震，震者有害，動者不害。春秋記地震，易繫坤動，動静辟脅，萬物生焉。〔三〕災異之變，各有云爲。天地動威，以戒予躬，公何辜焉，而乞骸骨，非所以助予者也。使諸吏散騎司禄大衛脩寧男遵諭予意焉。」

〔一〕師古曰：雨音于具反。

〔二〕【補注】王念孫曰：或，當爲咸字之誤也。漢紀孝平紀、北堂書鈔天部四引傳正作「咸」。

〔三〕師古曰：辟音闢。闢，開也。脅，收斂也。易上繫之辭曰：「夫坤，其動也闢，其靜也翕，是以廣生焉。」故莽引之也。翕脅之聲相近，義則同。【補注】先謙曰：官本「音闢」作「讀曰」。

五月，莽下吏禄制度，曰：「予遭陽九之阸，百六之會，國用不足，民人騷動，自公卿以下，一月之禄十緵布二匹，〔一〕或帛一匹。予每念之，未嘗不戚焉。今阸會已度，府帑雖未能充，略頗稍給，〔二〕其以六月朔庚寅始，賦吏禄皆如制度。」〔三〕四輔公卿大夫士，下至輿僚，凡十五等。僚禄一歲六十六斛，稍以差增，上至四輔而爲萬斛云。莽又曰：「『普天之下，莫非王土；率土之賓，莫非王臣。』〔四〕蓋以天下養焉。周禮膳羞百有二十品，今諸侯各食其同、國、則；〔五〕辟、任、附城食其邑；〔六〕公、卿、大夫、元士食其采。〔七〕多少之差，咸有條品。歲豐穰則充其禮，〔八〕有災害則有所損，與百姓同憂喜也。其用上計時通計，天下幸無災害者，太官膳羞備其品矣；即有災害，以什率多少而損膳焉。〔九〕東岳太師立國將軍保東方三州一部二十五郡；〔一〇〕南嶽太傅前將軍保南方二州一部二十五郡；西嶽國師寧始將軍保西方一州二部二十五郡；北嶽國將衛將軍保北方二州一部二十五郡；大司馬保納卿、言卿、仕卿、作卿、京尉、扶尉、兆隊、右隊、中部左洎前七部；〔一一〕大司徒保樂卿、典卿、宗卿、秩卿、翼尉、光尉、左隊、前隊、中部、右部，有五郡；大司空保予卿、虞卿、共卿、工卿、師尉、列尉、祈隊、後隊、中部洎後十郡；〔一二〕及六司，六卿，皆隨所屬之公保其災害，〔一三〕亦以十率多少而損其禄。郎、從官、中都官吏食禄都内之委者，〔一四〕以太官膳羞備損而爲節。〔一五〕諸侯、辟、任、附城、羣吏亦各保其災害。幾上下同心，〔一六〕勸進農業，安元元焉。」莽之制度煩碎如此，課計不可理，吏終不得禄，各因官職爲姦，受取賕賂以自共給。〔一七〕

〔一〕孟康曰：緵，八十緵也。師古曰：緵音子公反。【補注】沈欽韓曰：説文「綜，機縷也」。字通爲緵、總。玉篇「緵，縷也」。晏子雜下篇「十總之布，一豆之食，足於中免矣」。先謙曰：「八十緵」，南監本同，官本作「八十縷」，是也。下有「韋昭曰四秉曰莒十莒曰緵十緵爲秅四百秉也」十九字。

〔二〕【補注】周壽昌曰：「略頗稍」三字連文，魏其田韓傳贊有云「向猶頗有存者」，句法相似。

〔三〕【補注】先謙曰：胡注「賦，布也，與也」。

〔四〕師古曰：莽引小雅北山之詩也。【補注】先謙曰：官本「賓」作「濱」。

〔五〕師古曰：謂公食同，侯伯食國，子男食則也。【補注】先謙曰：官本「今」作「令」。

〔六〕師古曰：辟，君也。任，公主也。辟音壁。任音壬。【補注】宋祁曰：如淳曰「辟，公主也。任，宗室女也」。蕭該案爾雅曰「皇、王、后、辟，君也」。

〔七〕師古曰：謂因官職而食地也。

〔八〕師古曰：穰音人掌反。

〔九〕【補注】宋祁曰：「什」下當有「計」字。周壽昌曰：什即十也，即所計數也，不能再有計字。觀下云「亦以十率多少而損其禄」，可證。

〔一〇〕【補注】先謙曰：官本「岳」作「嶽」，與下一律，是。

〔一一〕服虔曰：大司馬保此官，皆如郡守也。晉灼曰：左與前故特七部。師古曰：洎亦臮字也。臮，及也。隊音遂。此下並同。

〔一二〕師古曰：共讀曰龔。【補注】劉攽曰：此文誤。但當云大司馬保納言卿、作仕卿；大司徒保典樂卿、秩宗卿；大司空保予虞卿、共工卿，不合分爲兩也。劉奉世曰：其言七部，亦當云七郡，然其有二十二郡，尚未及二十五郡，疑字當有誤。王念孫曰：上文七部，當爲十郡，合五部十郡，共二十五郡也。先謙曰：官本「龔」作「供」。南監本無注。

〔一三〕【補注】劉奉世曰：莽所六司，又已有六卿，此當但云司卿，即所謂三公司卿，曰司允、司直、司若者也。後人不曉，又妄加兩「六」字耳。先謙曰：胡注「六司即前所置六監也」。

〔一四〕【補注】先謙曰：胡注「委，積也」。

〔一五〕師古曰：言隨其多少。

〔一六〕師古曰：幾音曰冀。

〔一七〕師古曰：共讀曰供。

是月戊辰，長平館西岸崩，邕涇水不流，毀而北行。〔一〕遣大司空王邑行視，〔二〕還奏狀，羣臣上壽，以爲河圖所謂「以土填水」，〔三〕匈奴滅亡之祥也。乃遣并州牧宋弘、游擊都尉任萌等將兵擊匈奴，〔四〕至邊止屯。

〔一〕師古曰：邕讀曰壅。【補注】先謙曰：胡注「長平館即長平觀，在涇水之南。涇水東南流入渭，爲岸所壅，故毀而北行」。

〔二〕師古曰：行音下更反。

〔三〕師古曰：填讀與鎮同。

〔四〕【補注】先謙曰：官本「萌」作「明」。

七月辛酉，霸城門災，民閒所謂青門也。〔一〕

〔一〕師古曰：三輔黃圖云「長安城東出南頭名霸城門，俗以其色青，名曰青門」。

戊子晦，日有食之。大赦天下。復令公卿大夫諸侯二千石舉四行各一人，〔一〕大司馬陳茂以日食免，武建伯嚴尤爲大司馬。〔二〕

〔一〕師古曰：依漢光禄之四科。【補注】劉奉世曰：四行，蓋前已舉德行、言語、政事、文學，今復令舉之，非光禄四行。

〔二〕如淳曰：莽之伯、子、男號也。

十月戊辰，王路朱鳥門鳴，晝夜不絕，崔發等曰：「虞帝闢四門，通四聰。〔一〕門鳴者，明當修先聖之禮，招四方之士也。」於是令羣臣皆賀，所舉四行從朱鳥門入而對策焉。

〔一〕師古曰：虞書敘舜之德也。「闢四門，明四目，達四聰」，故引之。

平蠻將軍馮茂擊句町，士卒疾疫，死者什六七，賦斂民財什取五，益州虛耗而不克，徵還下獄死。更遣寧始將軍廉丹與庸部牧史熊〔一〕擊句町，頗斬首，有勝。莽徵丹、熊，丹、熊願益調度，必克乃還。復大賦斂，就都大尹馮英不肯給，〔二〕上言「自越嶲遂久仇牛、同亭邪豆之屬反畔以來，積且十年，〔三〕郡縣距擊不已。續用馮茂，苟施一切之政。僰道以南，山險高深，茂多毆衆遠居，〔四〕費以億計，吏士離毒氣死者什七。〔五〕今丹、熊懼於自詭期會，〔六〕調發諸郡兵穀，復訾民取其十四，〔七〕空破梁州，功終不遂。〔八〕宜罷兵屯田，〔九〕明設購賞」。莽怒，免英官。後頗覺寤，曰：「英亦未可厚非。」復以英爲長沙連率。

〔一〕【補注】先謙曰：胡注「莽置州牧部監，州自是州，部自是部。今史熊爲庸部牧，則又若州部牧爲一」。

〔二〕【補注】錢大昭曰：就都故廣漢。先謙曰：莽於蜀郡廣都縣置就都大尹。

〔三〕服虔曰：遂久，縣也。仇牛等，越巂旁夷。【補注】沈欽韓曰：一統志「遂久廢縣，在寧遠府鹽源縣西」。

〔四〕師古曰：毆讀與驅同。

〔五〕師古曰：離，遭也。

〔六〕師古曰：詭，責也。自以爲憂責。

〔七〕師古曰：發人訾財，十取其四也。【補注】王先慎曰：訾，量也。見齊語高注、列子説符張注。

〔八〕師古曰：遂，成也。

〔九〕【補注】宋祁曰：宜或作一日者，非是。

翟義黨王孫慶捕得，莽使太醫、尚方與巧屠共刳剝之，〔一〕量度五藏，〔二〕以竹筳導其脈，知所終始，〔三〕云可以治病。〔四〕

〔一〕師古曰：刳，剖也，音口胡反。

〔二〕師古曰：度音徒各反。

〔三〕師古曰：筳，竹挺也，音庭。【補注】先謙曰：官本注併入下注爲一。

〔四〕師古曰：以知血脈之原，則盡攻療之道也。【補注】宋祁曰：蕭該音義：「鄭氏曰『筳音平訂之訂。筳，草也』。予案字書曰『訂，評議也，音亭』。字林曰『筳，繀絲管也，大丁反』。」

是歲，遣大使五威將王駿、西域都護李崇將戊己校尉出西域，諸國皆郊迎貢獻焉。諸國前殺都護但欽，駿欲襲之，命佐帥何封、戊己校尉郭欽別將。〔一〕焉耆詐降，伏兵擊駿等，皆死。欽、封後到，襲擊老弱，從車師還入塞。莽拜欽爲填外將軍，〔二〕封剿胡子，〔三〕何封爲集胡男。西域自此絕。

〔一〕師古曰：別領兵在後也。將音子亮反。
〔二〕師古曰：填音竹刃反。
〔三〕師古曰：剿音子小反。【補注】先謙曰：官本注本有「韋昭曰又作劋音芟」八字。

王莽傳第六十九下

漢書九十九下

四年五月，莽曰：「保成師友祭酒唐林、故諫議祭酒琅邪紀逡，〔一〕孝弟忠恕，敬上愛下，博通舊聞，德行醇備，至於黃髮，靡有愆失。〔二〕其封林爲建德侯，逡爲封德侯，位皆特進，見禮如三公。〔三〕賜弟一區，錢三百萬，〔四〕授几杖焉。」

〔一〕師古曰：逡音千旬反，字或從彳，其音同耳。

〔二〕師古曰：黃髮，老稱，謂白髮盡落，更生黃者。

〔三〕師古曰：朝見之禮。

〔四〕【補注】先謙曰：官本「弟」作「第」。

六月，更授諸侯茅土於明堂，曰：「予制作地理，建封五等，考之經蓺，合之傳記，通於義理，〔一〕論之思之，至於再三，自始建國之元以來九年于茲，乃今定矣。予親設文石之平，〔二〕陳菁茅四色之土，〔三〕欽告于岱宗泰社后土、先祖先妣，以班授之。〔四〕各就厥國，養牧民人，用成功業。其在緣邊，若江南，〔五〕非詔所召，遣侍于帝城者，納言掌貨大夫且調都内故錢，予其禄，〔六〕公歲八十萬，侯伯四十萬，子男二十萬。」然復不能盡得。莽好空言，慕古法，多封爵人，性實遴嗇，〔七〕託以地理未定，故且先賦茅土，用慰喜封者。

〔一〕【補注】宋祁曰：「考之」、「合之」下，各當添「於」字。「通」字下當添「之」字。

〔二〕【補注】沈欽韓曰：後書西都賦「左墄右平」，注引決疑要注曰「墄者爲階級，平者以文磚相亞次也」。

〔三〕師古曰：尚書禹貢「苞匭菁茅」，儒者以爲菁，菜名也。茅，三脊茅也。而莽此言以菁茅爲一物，則是謂善茅爲菁茅也。土有五色，而此云四者，中央之土不以封也。菁音精。【補注】沈欽韓曰：管子輕重丁篇「江淮之間，一茅三脊，名曰菁茅」，故書疏引鄭注「菁茅，茅之有毛刺者」。周書作洛篇「乃建大社于周中，其壝東青土，南赤土，西白土，北驪土，中央舋以黄土。將建諸侯，鑿取其方一面之土，燾以黄土，苴以白茅，以爲土封，故曰受列土于周室」。案：此則方色土上，皆冒黄土，僞孔傳大略亦同。顔見此云四色之土，遂謂黄土不封，誤也。

〔四〕師古曰：欽，敬也。班，布也。

〔五〕【補注】先謙曰：若，及也。

〔六〕師古曰：調謂發取之，音徒釣反。次下亦同。

〔七〕師古曰：遴讀與吝同。

是歲，復明六筦之令。每一筦下，爲設科條防禁，犯者罪至死，吏民抵罪者浸衆。〔一〕又一切調上公以下諸有奴婢者，率一口出錢三千六百，天下愈愁，盜賊起。〔二〕納言馮常以六筦諫，〔三〕莽大怒，免常官。置執法左右刺姦。選用能吏侯霸等分督六尉、六隊，〔四〕如漢刺史，與三公士郡一人從事。

〔一〕【補注】先謙曰：官本、南監本「浸」作「寖」。

〔二〕【補注】宋祁曰：「起」上當有「興」字。

〔三〕【補注】周壽昌曰：前有納言掌貨大夫，後又有納言將軍嚴尤、秩宗將軍嚴茂，知前之稱納卿、言卿、秩卿、宗卿，劉氏以爲誤者，洵不虛也。

〔四〕師古曰：督，察也。隊音遂。

臨淮瓜田儀等爲盜賊，依阻會稽長州，〔一〕琅邪女子吕母亦起。初，吕母子爲縣吏，爲宰所冤殺。〔二〕母散家財，以酤酒買兵弩，〔三〕陰厚貧窮少年，得百餘人，遂攻海曲縣，殺其宰〔四〕以祭子墓。引兵入海，其衆浸多，後皆萬數。莽遣使者即赦盜賊，〔五〕還言「盜賊解，輒復合。問其故，皆曰愁法禁煩苛，不得舉手。力作所得，不足以給貢稅。閉門自守，又坐鄰伍鑄錢挾銅，姦吏因以愁民。〔六〕民窮，悉起爲盜賊」。莽大怒，免之。其或順指，言「民驕黠當誅」，及言「時運適然，且滅不久」，莽説，輒遷之。〔七〕

〔一〕服虔曰：姓瓜田，名儀。師古曰：長州即枚乘所云長州之苑。【補注】先謙曰：通鑑胡注「今蘇州長洲縣，即長州地」。

〔二〕師古曰：宰，縣令。【補注】先謙曰：莽改縣令長曰宰。

〔三〕師古曰：酤音姑。

〔四〕【補注】先謙曰：李賢云「海曲故城在密州莒縣東」。齊召南云「案通鑑即書新市王匡、王鳳，南陽馬武，潁川王常、成丹等，南郡張霸，江夏羊牧等，起兵於呂母之後」。

〔五〕【補注】先謙曰：胡注「即，就也。就其相聚爲盜處而赦之」。

〔六〕【補注】王念孫曰：愁讀爲揫。子由反。揫，斂也。言民坐鄰伍鑄錢挾銅，姦吏遂借此以斂取民財。故下句云「民窮悉起爲盜賊」也。爾雅「揫，斂聚也」。鄉飲酒義「秋之爲言愁也」，鄭注「愁讀爲揫，揫，斂也」。是揫與愁古字通。

〔七〕師古曰：説讀曰悦。

是歲八月，莽親之南郊，鑄作威斗。〔一〕威斗者，以五石銅爲之，〔二〕若北斗，長二尺五寸，欲以厭勝衆兵。〔三〕既成，令司命負之，莽出在前，入在御旁。〔四〕鑄斗日，大寒，百官人馬有凍死者。

〔一〕【補注】沈欽韓曰：南史何承天傳「張永嘗開玄武湖，遇古冢，冢上得一銅斗，有柄，文帝以訪朝士，承天曰『此亡新威斗，王莽三公亡，皆賜之，一在冢外，一在冢內。時三公居江左者，惟甄邯爲大司徒，必邯之墓』。俄而永又啓冢內，更得一斗，復有一石，銘『大司徒甄邯之墓』」。案莽篡位，以太保後承甄邯爲大司馬，建國三年，邯死，鑄威斗，在天鳳四年。承天言官位，年不符，恐涉傅會。魏志甄皇后傳「中山無極人，漢太保甄邯後」。寰宇記「甄邯墳在無極縣西南三十五里」。

〔二〕李奇曰：以五色藥石及銅爲之。蘇林曰：以五色銅鑛冶之。師古曰：李説是也。若今作鍮石之爲。

〔三〕師古曰：厭音一葉反。

〔四〕【補注】王念孫曰：此本作「莽出則在前，入則御旁」。御，侍也。此常訓，不煩引證。言出則在前，入則侍側也。後人不曉御字之義，而改「入則御旁」爲「入在御旁」，又刪去上句「則」字，其失甚矣。通鑑已與今本同，御覽人事部百二十七、器物部十引此竝作「出則在前，入則御旁」。

五年正月朔，北軍南門災。〔一〕

〔一〕【補注】先謙曰：胡注「北軍壘門之南出者也」。

以大司馬司允費興爲荆州牧，見，問到部方略，興對曰：「荆、楊之民〔一〕率依阻山澤，以漁采爲業。〔二〕閒者，國張六筦，稅山澤，妨奪民之利，連年久旱，百姓飢窮，故爲盜賊。興到部，欲令明曉告盜賊歸田里，假貸犂牛種食，〔三〕闊其租賦，〔四〕幾可以解釋安集。」〔五〕莽怒，免興官。

〔一〕【補注】先謙曰：官本、南監本「楊」作「揚」。
〔二〕師古曰：漁謂捕魚也。采謂采取蔬果之屬。
〔三〕師古曰：貸音土戴反。
〔四〕師古曰：闊，寬也。
〔五〕師古曰：幾讀曰冀。

天下吏以不得奉禄，並爲姦利，郡尹縣宰家累千金。莽下詔曰：「詳考始建國二年胡虜猾夏以來，諸軍吏及緣邊吏大夫以上爲姦利增產致富者，收其家所有財產五分之四，以助邊急。」公府士馳傳天下，考覆貪饕，〔一〕開吏告其將，奴婢告其主，〔二〕幾以禁姦，〔三〕姦愈甚。

〔一〕師古曰：傳音張戀反。饕音吐高反。
〔二〕【補注】先謙曰：開導使言。

〔三〕師古曰：幾讀曰冀。

皇孫功崇公宗坐自畫容貌，被服天子衣冠，刻印三，一曰「維祉冠存己夏處南山臧薄冰」，〔一〕二曰「肅聖寶繼」，〔二〕三曰「德封昌圖」。〔三〕又宗舅呂寬家前徙合浦，私與宗通，發覺按驗，宗自殺。莽曰：「宗屬爲皇孫，爵爲上公，知寬等叛逆族類，而與交通；刻銅印三，文意甚害，不知厭足，窺欲非望。春秋之義，『君親毋將，將而誅焉。』〔四〕迷惑失道，自取此辜，烏呼哀哉！宗本名會宗，以制作去二名，今復名會宗。貶厥爵，改厥號，賜謚爲功崇繆伯，以諸伯之禮葬于故同穀城郡。」〔五〕宗姊妨爲衞將軍王興夫人，祝詛姑，殺婢以絕口。事發覺，莽使中常侍𪗋惲責問妨，〔六〕并以責興，皆自殺。事連及司命孔仁妻，亦自殺。仁見莽免冠謝，莽使尚書劾仁：「乘乾車，駕巛馬，〔七〕左蒼龍，右白虎，前朱雀，〔八〕後玄武，右杖威節，左負威斗，號曰赤星，〔九〕非以驕仁，乃以尊新室之威命也。仁擅免天文冠，大不敬。」有詔勿劾，更易新冠，其好怪如此。〔一〇〕

〔一〕文穎曰：祉，福祚也。冠存己，欲襲代也。應劭曰：夏處南山，就陰涼也。臧薄冰，亦以除暑也。

〔二〕應劭曰：莽自謂承聖舜後，能肅敬，得天寶龜以立宗，欲繼其緒。

〔三〕蘇林曰：宗自言以德見封，當遂昌熾，受天下圖籍。

〔四〕師古曰：春秋公羊傳之辭也。以公子牙將爲殺逆而誅之，故云然也。親謂父母也。【補注】先謙曰：官本、南監本「殺」作「弒」。

〔五〕師古曰：同者，宗所封一同之地。

〔六〕師古曰：蔕音帶，又音徒蓋反。

〔七〕【補注】錢大昭曰：巛，古坤字。

〔八〕【補注】先謙曰：官本「雀」作「鳥」，引宋祁曰，「鳥」當作「雀」。

〔九〕【補注】沈欽韓曰：熒惑司罰，故以號司命之官。

〔一〇〕師古曰：言莽性好爲鬼神怪異之事。

以直道侯王涉爲衛將軍。涉者，曲陽侯根子也。根，成帝世爲大司馬，薦莽自代，莽恩之，〔一〕以爲曲陽非令稱，〔二〕乃追謚根曰直道讓公，涉嗣其爵。

〔一〕師古曰：懷其舊恩也。

〔二〕師古曰：令，善也。曲陽之名，非善稱也。

是歲，赤眉力子都、樊崇等〔一〕以饑饉相聚，起於琅邪，轉鈔掠，衆皆萬數。遣使者發郡國兵擊之，不能克。

〔一〕【補注】劉攽曰：力當作刀。齊召南曰：案通鑑作刀子都。然本文及後書並作力，姓譜曰「力姓，黄帝臣力牧之後」，似力字不誤。

六年春，莽見盜賊多，乃令太史推三萬六千歲曆紀，六歲一改元，布天下。下書曰：「紫閣圖曰『太一黄帝皆僊上天，〔一〕張樂崑崙虔山之上。〔二〕後世聖主得瑞者，當張樂秦終南山之上。』〔三〕予之不敏，奉行未明，乃今諭矣。復以寧始將軍爲更始將軍，以順符命。易不云乎？『日新之謂盛德，生生之謂易。』〔四〕予其饗哉！」欲以誑燿百姓，銷解盜賊。衆皆笑之。〔五〕

〔一〕師古曰：僊，古仙字。上，升也。【補注】王念孫曰：此本作「皆僊而上天」，今本脱「而」字，則句法局促不伸。初學記地部上、御覽時序部一，引此竝作「僊而上天」。

〔二〕【補注】沈欽韓曰：穆天子傳「吉日辛酉，天子升於崑崙之丘，以觀黄帝之宫」。山海經「黄帝取峚山之玉榮，投之鍾山之陽」。「虔」疑「峚」之訛。

〔三〕服虔曰：長安南山，詩所謂終南，故秦地，故言秦也。

〔四〕李奇曰：易道生諸當生者也。師古曰：下繫之辭。體化合變，故曰日新。

〔五〕【補注】宋祁曰：笑當作咲。

初獻新樂於明堂、太廟。〔一〕羣臣始冠麟韋之弁。〔二〕或聞其樂聲，曰：「清厲而哀，〔三〕非興國之聲也。」

〔一〕【補注】先謙曰：胡注「新樂，莽所作」。

〔二〕李奇曰：鹿皮冠。【補注】沈欽韓曰：説文「麟，大牡鹿也」。詩正義陸璣疏云「并州界有麟，大小如鹿，非瑞應麟也」。

〔三〕【補注】先謙曰：官本「哀」作「衰」。

是時，關東饑旱數年，力子都等黨衆寖多，〔一〕更始將軍廉丹擊益州不能克，徵還。更遣復位後大司馬護軍郭興、庸部牧李曅擊蠻夷若豆等，太傅犧叔士孫喜清潔江湖之盗賊。〔二〕而匈奴寇邊甚。莽乃大募天下丁男及死罪囚、吏民奴，〔三〕名曰豬突豨勇，以爲鋭卒。一切稅天下吏民，訾三十取一，縑帛皆輸長安。令公卿以下至郡縣黄綬皆保養軍馬，〔四〕多少各以秩爲差。又博募有奇技術可以攻匈奴者，將待以不次之位。言便宜者以萬數：或言能度水不用舟楫，〔五〕連馬接騎，濟百萬師；或言不持斗糧，服食藥物，三軍不飢；或言能飛，一日千里，可窺匈奴。莽輒試之，取大鳥翮爲兩翼，〔六〕頭與身皆著毛，通引環紐，飛數百步墮。莽知其不可用，苟欲獲其名，皆拜爲理軍，賜以車馬，待發。

〔一〕師古曰：寖，漸也。

〔二〕【補注】先謙曰：胡注「莽以太傅主夏，故置羲叔官」。案清潔猶言平靖。官本「犧」作「羲」。

〔三〕【補注】周壽昌曰：凡吏民之奴也。

〔四〕師古曰：保者，言不許其有死失。

〔五〕師古曰：楫所以刺舟也，音集，其字從木。

〔六〕師古曰：羽本曰翮，音胡隔反。

初，匈奴右骨都侯須卜當，其妻王昭君女也，嘗内附。莽遣昭君兄子和親侯王歙誘呼當至塞下，〔一〕脅將詣長安，强立以爲須卜善于後安公。〔二〕始欲誘迎當，大司馬嚴尤諫曰：「當在匈奴右部，兵不侵邊，單于動靜，輒語中國，此方面之大助也。于今迎當置長安稾街，一胡人耳，〔三〕不如在匈奴有益。」莽不聽。既得當，欲遣尤與廉丹擊匈奴，皆賜姓徵氏，號二徵將軍，當誅單于輿而立當代之。〔四〕出車城西橫廄，〔五〕未發。尤素有智略，非莽攻伐西夷，〔六〕數諫不從，著古名將樂毅、白起不用之意及言邊事凡三篇，奏以風諫莽。〔七〕及當出廷議，尤固言匈奴可且以爲後，先憂山東盜賊。莽大怒，乃策尤曰：「視事四年，蠻夷猾夏不能遏絕，寇賊姦宄不能殄滅，不畏天威，不用詔命，皃很自臧，持必不移，〔八〕懷執異心，非沮軍議。〔九〕未忍致于理，其上大司馬武建伯印韍，〔一〇〕歸故郡。」以降符伯董忠爲大司馬。

〔一〕【補注】先謙曰：官本、南監本「嘗」作「當」，是。

〔二〕師古曰：善于者，匈奴之號也。後安公者，中國之爵。兩加之。

〔三〕師古曰：稾街，蠻夷館所在也，解在陳湯傳。稾音工早反。

〔四〕師古曰：輿者，時見爲單于之名。

〔五〕【補注】先謙曰：車，疑作軍。

〔六〕【補注】先謙曰：官本、南監本「西」作「四」，是。

〔七〕師古曰：風讀曰諷。

〔八〕師古曰：皃，古貌字也。皃很，言其很戾見於容貌也。臧，善也。自以爲善，而固持其所見，不可移易。

〔九〕師古曰：沮，壞也，音材汝反。

〔一〇〕師古曰：韍者，印之組。

翼平連率田況〔一〕奏郡縣訾民不實，〔二〕莽復三十稅一。以況忠言憂國，進爵爲伯，賜錢二百萬。衆庶皆詈之。〔三〕青、徐民多棄鄉里流亡，老弱死道路，壯者入賊中。

〔一〕【補注】先謙曰：胡注「據地理志，北海壽光縣，莽曰翼平」。
〔二〕師古曰：舉百姓訾財，不以實數。
〔三〕【補注】宋祁曰：詈當作駡。

夙夜連率韓博上言：〔一〕「有奇士，長丈，大十圍，來至臣府，曰欲奮擊胡虜。自謂巨毋霸，出於蓬萊東南，五城西北，〔二〕昭如海瀕，〔三〕軺車不能載，三馬不能勝。即日以大車四馬，建虎旗，載霸詣闕。霸卧則枕鼓，以鐵箸食，〔四〕此皇天所以輔新室也。願陛下作大甲高車，賁育之衣，遣大將一人與虎賁百人迎之於道。京師門户不容者，開高大之，以視百蠻，〔五〕鎮安天下。」博意欲以風莽。〔六〕莽聞惡之，留霸在所新豐，〔七〕更其姓曰巨母氏，謂因文母太后而霸王符也。〔八〕徵博下獄，以非所宜言，棄市。

〔一〕【補注】錢大昕曰：地理志「不夜縣莽曰夙夜」。此云連率，則莽嘗置爲郡矣。
〔二〕【補注】沈欽韓曰：元和志「登州蓬萊縣，漢武帝於此望蓬萊山，因築城以蓬萊爲名」。又「大人故城在黄縣東北二十里」，此因巨毋霸名傳也。
〔三〕師古曰：昭如，海名也。瀕，涯也，音頻，又音賓。
〔四〕【補注】宋祁曰：南本云「卧則枕數尺鐵」，非是。

〔五〕師古曰：視音曰示。

〔六〕晉灼曰：諷言毋得簒盜而霸。【補注】周壽昌曰：班固幽通賦「巨滔天而泯夏兮」，亦以巨稱莽。

〔七〕師古曰：在所，謂其見到之處。

〔八〕師古曰：莽字巨君，若言文母出此人，使我致霸王。

明年改元曰地皇，從三萬六千歲曆號也。〔一〕

〔一〕【補注】蘇輿曰：御覽七十八引項峻始學記云「天地立，有天皇，十二頭，號曰天靈，治萬八千歲。地皇十二頭，治萬八千歲」。此合天地皇曆數之。

地皇元年正月乙未，赦天下。下書曰：「方出軍行師，敢有趨讙犯法者，輒論斬，毋須時，〔一〕盡歲止。」〔二〕於是春夏斬人都市，百姓震懼，道路以目。〔三〕

〔一〕師古曰：趨讙，謂趨走而讙譁也。須，待也。

〔二〕師古曰：至此歲盡而止。

〔三〕【補注】周壽昌曰：漢制，春夏不決囚也。

二月壬申，日正黑。莽惡之，下書曰：「乃者日中見昧，陰薄陽，黑氣爲變，〔一〕百姓莫不驚怪。兆域大將軍王匡〔二〕遣吏考問上變事者，欲蔽上之明，是以適見于天，〔三〕以正于理，塞大異焉。」

〔一〕【補注】宋祁曰：蕭該音義曰：「昧，字林云『日旁作未，言昧爽且明也。日闇昧云昧，（升勺）〔斗杓〕後星也，音芒太反』。予案易曰『日中見沫』，非音昧也，當音芒太反。」

〔二〕【補注】劉奉世曰：兆域二字無理，當是「北城」字，衍「大」字。前有南城將軍，此王匡，又別一王匡也。周壽昌曰：劉説是也。惟云衍「大」字或不然，觀下莽賜諸州牧號爲大將軍，是莽有大將軍之制可證。

〔三〕師古曰：適音謫。謫，責也，音徒厄反。見音胡電反。

莽見四方盜賊多，復欲厭之，〔一〕又下書曰：「予之皇初祖考黄帝定天下，將兵爲上將軍，建華蓋，立斗獻，〔二〕内設大將，外置大司馬五人，大將軍二十五人，偏將軍百二十五人，裨將軍千二百五十人，校尉萬二千五百人，司馬三萬七千五百人，候十一萬二千五百人，〔三〕當百二十二萬五千人，〔四〕士吏四十五萬人，士千三百五十萬人，〔五〕應協於易『弧矢之利，以威天下』。〔六〕予受符命之文，稽前人，將條備焉。」〔七〕於是置前後左右中大司馬之位，賜諸州牧號爲大將軍，郡卒正、連帥、大尹爲偏將軍，屬令長裨將軍，〔八〕縣宰爲校尉。乘傳使者經歷郡國，日且十輩，〔九〕倉無見穀〔一〇〕以給，傳車馬不能足，賦取道中車馬，〔一一〕取辦於民。

〔一〕師古曰：厭音一葉反。

〔二〕師古曰：獻音犧。謂斗魁及杓末，如勺之形也。【補注】沈欽韓曰：崔豹古今注「黄帝與蚩尤戰於涿鹿之野，常有五色雲飛，金枝玉葉止於帝上，有花葩之象，故因而作華蓋」。先謙曰：官本「犧」作「羲」。

〔三〕【補注】先謙曰：官本、南監本「候」作「侯」。

〔四〕晉灼曰：當亦官名也。師古曰：當百，官名，百非其數。

〔五〕晉灼曰：自五大司馬至此，皆以五乘之也。師古曰：晉説非也。從上計之，或五或十，或兩或二。

〔六〕師古曰：易下繫辭曰「弦木爲弧，剡木爲矢，弧矢之利，以威天下」。言所立將率，以合此意。木弓曰弧。

〔七〕師古曰：稽，考也，考法於前人也。

〔八〕【補注】宋祁曰：卒字當作率。

〔九〕師古曰：傳音張戀反。次下亦同。

〔一〇〕師古曰：見謂見在也。

〔一一〕師古曰：於道中行者，即執取之，以充事也。【補注】劉攽曰：以給當屬上句。

七月，大風毀王路堂。〔一〕復下書曰：「乃壬午餔時，有列風雷雨發屋折木之變，〔二〕予甚弁焉，予甚栗焉，予甚恐焉。〔三〕伏念一旬，迷乃解矣。〔四〕昔符命文立安爲新遷王，〔五〕臨國雒陽，爲統義陽王。是時予在攝假，謙不敢當，而以爲公。其後金匱文至，議者皆曰：『臨國雒陽爲統，謂據土中爲新室統也，宜爲皇太子。』自此後，臨久病，雖瘳不平，朝見挈茵輿行。〔六〕見王路堂者，張於西廂及後閤更衣中，〔七〕又以皇后被疾，臨且去本就舍，妃妾在東永巷。〔八〕壬午，列風毀王路西廂及後閤更衣中室。昭寧堂池東南榆樹大十圍，東僵，擊東閤，閤即東永巷之西垣也。皆破折瓦壞，發屋拔木，予甚驚焉。又候官奏〔九〕月犯心前星，厥有占，予甚憂之。伏念紫閣圖文，太一、黄帝皆得瑞以僊，後世褒主當登終南山。〔一〇〕所謂新遷王者，乃太一新遷之後也。〔一一〕統義陽王乃用五統以禮義登陽上遷之後也。臨有兄而稱太子，名不正。宣尼公曰：『名不正，則言不順，至於刑罰不中，民無所錯手足。』〔一二〕惟即位以來，陰陽未和，風雨不時，數遇枯旱蝗螟爲災，穀稼鮮耗，百姓苦飢，〔一三〕蠻夷猾夏，寇賊姦宄，人民正營，無所錯手足。〔一四〕深惟厥咎，在名不正焉。其立安爲新遷王，臨爲統義陽王，〔一五〕幾以保全二子，〔一六〕子孫千億，外攘四夷，内安中國焉。」

〔一〕【補注】先謙曰：未央宮前殿，莽改曰王路堂。

〔二〕師古曰：列風，列暴之風。【補注】先謙曰：官本、南監本「列暴」作「暴烈」。

〔三〕師古曰：弁，疾也。一曰弁，撫手也。言驚懼也。【補注】周壽昌曰：禮「弁行，剡剡起屨」，疏「弁，急也」。弁亦同卞，集韻「卞，躁疾貌」，左傳定三年「邾莊公卞急而好潔」。

〔四〕師古曰：先言列風雷雨，後言迷乃解矣，蓋取舜「納于大麓，列風雷雨不迷」以爲言也。

〔五〕服虔曰：安，莽第三子也。遷音仙，莽改汝南新蔡曰新遷。師古曰：遷猶僊耳，不勞假借音。【補注】錢大昕曰：予謂遷之讀仙，乃是古音。律曆志「少陰者西方」。西，遷也，陰氣遷落物。西、遷聲相轉，猶尚書大傳云「西方，鮮方也」。莽稱「紫閣圖文，太一、黄帝皆得瑞以遷」。今本或作僊。所謂新遷者，乃太一新遷之後也。諸遷字皆作僊解，故知服音爲是。

〔六〕服虔曰：有疾以執茵輿之行也。晉灼曰：漢儀注「皇后、婕妤乘輦，餘者以茵，四人舉以行」。豈今之板輿而鋪茵乎？師古曰：晉説非也。此直謂坐茵褥之上，而令四人對舉茵之四角，輿而行，何謂板輿乎？【補注】先謙曰：官本「挈」作「挐」。

〔七〕李奇曰：張，帳也。晉灼曰：「更衣中，謂朝賀易衣服處，室屋名也。」【補注】周壽昌曰：「中」下疑脱「室」字，下云「後閣更衣中室」可見。

〔八〕師古曰：言臨侍疾，故去其本所居，而來就此止息，是以妃妾在東永巷也。

〔九〕【補注】先謙曰：候官，謂候視天文之官。
〔一〇〕李奇曰：褒主，大主也。
〔一一〕服虔曰：太一、黄帝欲令安追繼其後也。
〔一二〕師古曰：論語載孔子對子路之言。錯，安置也，音千故反。莽追謚孔子爲褒成宣尼公。【補注】先謙曰：官本無「所」字。
〔一三〕師古曰：鮮，少也。耗，虚也。鮮音先踐反。耗音火到反。
〔一四〕師古曰：正營，惶恐不安之意也。正音征。【補注】先謙曰：通鑑「正」作「征」。
〔一五〕【補注】先謙曰：言正名以順符命文也。
〔一六〕師古曰：幾讀曰冀。

是月，杜陵便殿乘輿虎文衣〔一〕廢臧在室匣中者〔二〕出，自樹立外堂上，〔三〕良久乃委地。吏卒見者以聞，莽惡之，下書曰：「寶黄廝赤，〔四〕其令郎從官皆衣絳。」

〔一〕【補注】沈欽韓曰：續志「虎賁武騎，皆鶡冠，虎文單衣。襄邑歲獻，織成虎文」。葢送大行者，皆藏陵寢也。
〔二〕師古曰：匣，匱也，音狎。
〔三〕師古曰：樹，豎也。
〔四〕服虔曰：以黄爲寶，自用其行氣也。廝赤，廝役賤者皆衣赤，賤漢行也。

望氣爲數者多言有土功象，莽又見四方盜賊多，欲視爲自安能建萬世之基者，〔一〕乃下書曰：「予受命遭陽九之戹，百六之會，府帑空虚，百姓匱乏，宗廟未修，且祫祭於明堂太廟，夙夜永念，非敢寧息。深惟吉昌莫良於今年，予乃卜波水之北，郎池之南，惟玉食。〔二〕予又卜金水之南，明堂之西，〔三〕亦惟玉食。予將新築焉。」〔四〕於是遂營長安城南，〔五〕提封百頃。九月甲申，莽立載行視，〔六〕親舉築三下。司徒王尋、大司空王邑持節，及侍中常侍執法杜林等數十人將作。〔七〕崔發、張邯說莽曰：「德盛者文縟，〔八〕宜崇其制度，宣視海內，〔九〕且令萬世之後無以復加也。」莽乃博徵天下工匠諸圖畫，以望法度筭，〔一〇〕及吏民以義入錢穀助作者，駱驛道路。〔一一〕壞徹城西苑中建章、承光、包陽、大臺、儲元宮及平樂、當路、陽祿館，凡十餘所，〔一二〕取其材瓦，以起九廟。是月，大雨六十餘日。令民入米六百斛爲郎，其郎吏增秩賜爵至附城。九廟：一曰黃帝太初祖廟，二曰帝虞始祖昭廟，〔一三〕三曰陳胡王統祖穆廟，四曰齊敬王世祖昭廟，五曰濟北愍王王祖穆廟，凡五廟不墮云；〔一四〕六曰濟南伯王尊禰昭廟，七曰元城孺王尊禰穆廟，八曰陽平頃王戚禰昭廟，九曰新都顯王戚禰穆廟。殿皆重屋。太初祖廟東西南北各四十丈，高十七丈，餘廟半之。爲銅薄櫨，〔一五〕飾以金銀琱文，〔一六〕窮極百工之巧。帶高增下，〔一七〕功費數百鉅萬，卒徒死者萬數。

〔一〕師古曰：視音示。

〔二〕劉德曰：長安南也。晉灼曰：黃圖「波、浪，二水名也。在甘泉苑中」。師古曰：晉說非也。黃圖有西波池、郎池，皆在石城南上林中。玉食，謂龜爲玉兆之文而墨食也。波音波皮反。【補注】沈欽韓曰：據黃圖，石城當作古城。波、郎，二水名，因爲池在上林苑中，晉云在甘泉苑中，故誤。案池上有郎池觀，蘇輿曰：語仿洛誥。詩王風正義引鄭注云「觀，召公所卜之處，皆可長久居民，使服田相食」。顏以食爲墨食，因謂玉爲玉兆，與古義不合。案洪範云「惟辟玉食」，此語所本，言惟此地宜於玉食也。先謙曰：官本、南監本「浪」作「郎」，波皮之(皮)〔波〕作「彼」，是。

〔三〕【補注】沈欽韓曰：渭水注「霸水又北會兩川，又北故渠右出焉。霸水又北逕王莽九廟南」。又云「昆明故渠東逕河池陂北，又東合泬水，亦曰漕渠，又東逕長安縣南，東逕明堂南」。案諸書俱不著金水，推其地望，疑即昆明渠也。黄圖「漢明堂在長安西南七里」。

〔四〕【補注】先謙曰：官本、南監本「新」作「親」，是。

〔五〕師古曰：蓋所謂金水之南，明堂之西。

〔六〕師古曰：立載，謂立而乘車也。行音下更反。

〔七〕師古曰：將領築作之人。

〔八〕師古曰：文，禮文也。縟，繁也，音辱。

〔九〕師古曰：視讀曰示。

〔一〇〕【補注】沈欽韓曰：見周髀筭經。

〔一一〕師古曰：駱驛，言不絕。

〔一二〕師古曰：自建章以下至陽禄，皆上林苑中館。【補注】劉攽曰：建章與宫同名，疑當是字誤。

〔一三〕【補注】王念孫曰：「帝虞」當爲「虞帝」。

〔一四〕師古曰：墮，毁也，音火規反。

〔一五〕師古曰：薄櫨，柱上枅，即今所謂楮也。櫨音盧。

〔一六〕師古曰：琱字與彫同。

〔一七〕師古曰：本因高地而建立之，其旁下者更增築。【補注】宋祁曰：帶當作本。王念孫曰：因高地而立廟，不得謂之帶高，帶當爲席，劉向傳「呂產、呂祿席太后之寵」，蒯通傳「乘利席勝」，師古竝云「席，因也」。然則席高增下，即因高增下，故此注云本因高地而建立之，其旁下者更增築也。隸書席字或作廗，見漢司隸從事郭究碑、益州太守高眹脩周公禮殿記。俗作廗，鹽鐵論論功篇「旃席爲蓋」今本席作廗。顏氏家訓書證篇論俗書云，席中加帶，正謂此也。又脫其广而爲帶矣。

鉅鹿男子馬適求等謀舉燕趙兵以誅莽，〔一〕大司空士王丹發覺以聞。莽遣三公大夫逮治黨與，〔二〕連及郡國豪傑數千人，皆誅死，封丹爲輔國侯。

〔一〕師古曰：馬適，姓也。求，名也。

〔二〕師古曰：逮，逮捕之也。已解於上。

自莽爲不順時令，百姓怨恨，莽猶安之，又下書曰：「惟設此壹切之法以來，常安六鄉巨邑之都，枹鼓稀鳴，盜賊衰少，〔一〕百姓安土，歲以有年，此乃立權之力也。今胡虜未滅誅，蠻僰未絕焚，江湖海澤麻沸，盜賊未盡破殄，〔二〕又興奉宗廟社稷之大作，民衆動搖。今復壹切行此令，盡二年止之，以全元元，救愚姦。」

〔一〕師古曰：巨，大也。枹，所以擊鼓者也，音孚，其字從木。

〔二〕師古曰：麻沸，言如亂麻而沸涌。

是歲，罷大小錢，更行貨布，長二寸五分，廣一寸，直貨錢二十五。〔一〕貨錢徑一寸，重五銖，枚直一。兩品並行。敢盜鑄錢及偏行布貨，伍人知不發舉，皆沒入爲官奴婢。〔二〕

〔一〕【補注】錢大昕曰：食貨志作貨泉，錢即泉字。

〔二〕師古曰：伍人，同伍之人，若今伍保者也。【補注】宋祁曰：淳化本、景本「入」字下有「官」字。周壽昌曰：下「犯鑄錢」下，亦有「没入爲官奴婢」語，「入」下並無「官」字也。

太傅平晏死，以予虞唐尊爲太傅。尊曰：「國虚民貧，咎在奢泰。」乃身短衣小褏，乘牝馬柴車，〔一〕藉稾，瓦器，〔二〕又以歷遺公卿。〔三〕出見男女不異路者，尊自下車，以象刑赭幡污染其衣。〔四〕莽聞而説之，〔五〕下詔申敕公卿思與厥齊。〔六〕封尊爲平化侯。

〔一〕師古曰：柴車即棧車。【補注】先謙曰：胡注「漢之盛，乘牸牝者，禁不得聚會，鄉閭阡陌皆然，朝市之閒，從可知矣。唐尊爲上公，而乘牝馬，亦以矯世也」。

〔二〕師古曰：藉稾，去蒲蒻也。瓦器，以瓦爲食器。

〔三〕師古曰：以瓦器盛食，遺公卿也。

〔四〕師古曰：赭幡，以赭汁漬巾幡。

〔五〕師古曰：説讀曰悦。

〔六〕師古曰：令與尊同，此操行也。論語稱孔子曰「見賢思齊」，故莽云然。

是時，南郡張霸、江夏羊牧、王匡等起雲杜緑林，號曰下江兵，〔一〕衆皆萬餘人。武功中水鄉民三舍墊爲池。〔二〕

〔一〕晉灼曰：本起江夏雲杜縣，後分西上，入南郡，屯藍口，故號下江兵也。【補注】先謙曰：官本「口」作「田」，是。

〔二〕師古曰：墊，陷也，音丁念反。【補注】錢大昭曰：中水鄉，地理志「在右扶風美陽」。

二年正月，以州牧位三公，刺舉怠解，〔一〕更置牧監副，秩元士，冠法冠，行事如漢刺史。

〔一〕師古曰：解讀曰懈。

是月，莽妻死，謚曰孝睦皇后，葬渭陵長壽園西，令永侍文母，名陵曰億年。初莽妻以莽數殺其子，涕泣失明，莽令太子臨居中養焉。莽妻旁侍者原碧，莽幸之。後臨亦通焉，恐事泄，謀共殺莽。臨妻愔，國師公女，〔一〕能爲星，〔二〕語臨宮中且有白衣會。〔三〕臨喜，以爲所謀且成。後貶爲統義陽王，出在外第，愈憂恐。會莽妻病困，臨予書曰：「上於子孫至嚴，前長孫、中孫年俱三十而死。〔四〕今臣臨復適三十，誠恐一旦不保中室，則不知死命所在！」〔五〕莽候妻疾，見其書，大怒，疑臨有惡意，不令得會喪。既葬，收原碧等考問，具服姦、謀殺狀。莽欲祕之，使殺案事使者司命從事，埋獄中，〔六〕家不知所在。賜臨藥，臨不肯飲，自刺死。使侍中票騎將軍同説侯林賜魂衣璽韍，〔七〕策書曰：「符命文立臨爲統義陽王，此言新室即位三萬六千歲後，爲臨之後者乃當龍陽而起。前過聽議者，以臨爲太子，有列風之變，輒順符命，立爲統義陽王。在此之前，自此之後，不作信順，弗蒙厥佑，夭年隕命，嗚呼哀哉！迹行賜謚，謚曰繆王。」又詔國師公：「臨本不知星，事從愔起。」愔亦自殺。

〔一〕師古曰：愔音一尋反。

〔二〕【補注】周壽昌曰：爲，治也。言能治星學也。後書廣陵思王荆傳「私迎能爲星者與謀議」。何敞傳「敞通經傳，能爲天官」。皆此類。

〔三〕【補注】周壽昌曰：漢稱未仕之服爲白衣，後書崔駰傳「憲諫以爲不宜與白衣會」是也。臨聞而喜者，疑白衣爲喪服，不知民庶會於宫中，爲莽敗亂之兆也。先謙曰：胡注「晉天文志木與金合爲白衣之會，土與金合亦爲白衣之會。言宫中者，以所會之舍，占而知之」。

〔四〕師古曰：中讀曰仲。

〔五〕李奇曰：中室，臨之母也。晉灼曰：長樂宫中殿也。師古曰：二説皆非也。中室，室中也。臨自言欲於室中自保全，不可得耳。【補注】周壽昌曰：中室當依李訓。莽時内宫俱稱室，如元后稱新室，文母平帝后稱黄皇室主，故臨亦稱其母爲中室也。

〔六〕【補注】先謙曰：胡注「司命從事，司命之屬官」。

〔七〕師古曰：説讀曰悦。【補注】沈欽韓曰：説文「褮，鬼衣也」。玉篇「褮、袨，並鬼衣」。疑鬼當爲魂。周禮司服「大喪，共奠衣服」，鄭云「今坐上魂衣也」。疏守祧職云「遺衣服藏焉」。鄭云「大斂之餘也，至祭祀之時則出而陳於坐上」。愚謂以此傳證之，蓋如後世魂帛象人形，設靈床上者。

是月，新遷王安病死。初，莽爲侯就國時，幸侍者增秩、懷能、開明。懷能生男興，增秩生男匡、女曅，開明生女捷，皆留新都國，以其不明故也。〔一〕及安疾甚，莽自病無子，爲安作奏，使上言：「興等母雖微賤，屬猶皇子，不可以棄。」章視羣公，〔二〕皆曰：「安友于兄弟，〔三〕宜及春夏加封爵。」於是以王車遣使者迎興等，封興爲功脩公，匡爲功建公，曅爲睦脩任，捷爲睦逮任。〔四〕孫公明公壽病死，〔五〕旬月四喪焉。〔六〕莽壞漢孝武、孝昭廟，分葬子孫其中。

〔一〕師古曰：言侍者或與外人私通，所生子女不可分明也。【補注】周壽昌曰：莽爲侯就國時，僞爲謹飭，其私幸侍者所生子女，未敢顯言於人，其不明之故在此。若侍者與人私通，本文中並無此言，莽雖不足道，然謂其侍者私通外人，自知所生子女不明，而故留之，莽之佷惡，未必容此也。

〔二〕師古曰：視讀曰示，以所上之章徧示之。

〔三〕師古曰：友，愛也。善兄弟曰友。

〔四〕【補注】先謙曰：捷後爲匈奴後安公奢妻，見匈奴傳。據彼傳作陸逯任。李奇曰：陸逯，邑也。師古曰：逯音録。莽男封皆冠功，女皆冠睦，彼陸是睦之譌，此逯又逯之譌也。

〔五〕【補注】錢大昭曰：「公明」當作「功明」，壽所封國名。

〔六〕【補注】先謙曰：莽妻與臨、安、壽爲四。

魏成大尹李焉〔一〕與卜者王況謀，況謂焉曰：「新室即位以來，民田奴婢不得賣買，數改錢貨，徵發煩數，軍旅騷動，四夷並侵，百姓怨恨，盜賊並起，漢家當復興。君姓李，李者徵，徵火也，〔二〕當爲漢輔。」因爲焉作讖書，言「文帝發忿，居地下趣軍，北告匈奴，南告越人。〔三〕江中劉信，執敵報怨，復續古先，四年當發軍。江湖有盜，自稱樊王，姓爲劉氏，萬人成行，〔四〕不受赦令，欲動秦、雒陽。十一年當相攻，太白揚光，歲星入東井，其號當行」。〔五〕又言莽大臣吉凶，各有日期。會合十餘萬言。焉令吏寫其書，吏亡告之。莽遣使者即捕焉，獄治皆死。

〔一〕【補注】錢大昭曰：魏成，故魏郡。

〔二〕師古曰：徵音竹里反。【補注】先謙曰：南監本亦作「者」，官本作「音」，是。

〔三〕師古曰：趣讀曰促。

〔四〕師古曰：行音胡郎反。

〔五〕師古曰：號謂號令也。

三輔盜賊麻起，〔一〕乃置捕盜都尉官，令執法謁者追擊長安中，建鳴鼓攻賊幡，〔二〕而使者隨其後。遣太師犧仲景尚、更始將軍護軍王黨將兵擊青、徐，國師和仲曹放助郭興擊句町。〔三〕轉天下穀幣詣西河、五原、朔方、漁陽，每一郡以百萬數，欲以擊匈奴。

〔一〕師古曰：言起者如亂麻也。【補注】錢大昭曰：麻言多而難理也，上云「江湖海澤麻沸」，亦此意。

〔二〕【補注】周壽昌曰：長安，莽改常安，此又稱長安，史臣隨筆書也。

〔三〕【補注】先謙曰：胡注「莽以太師主春，其屬置犧仲官，國師主秋，故置和仲，諸將軍皆置護軍」。

秋，隕霜殺菽，關東大饑，蝗。

民犯鑄錢，伍人相坐，没入爲官奴婢。其男子檻車，兒女子步，以鐵鎖琅當其頸，傳詣鍾官，以十萬數。〔一〕到者易其夫婦，〔二〕愁苦死者什六七。孫喜景尚曹放等〔三〕擊賊不能克，軍師放縱，百姓重困。〔四〕

〔一〕師古曰：琅當，長鏁也。鍾官，主鑄錢之官也。【補注】王念孫曰：鎖字後人所加，琅當其頸，即鎖其頸，不得又加鎖字。御覽刑法部十引有鎖字，則所見本已誤，白帖四十五引作「以鐵琅當其頸」，無鎖字。先謙曰：以鐵鎖琅當其頸，猶言以鐵鎖鎖其頸耳。若云以鐵鎖其頸，知是何等鐵器乎？不詞甚矣。

〔二〕師古曰：改相配匹，不依其舊也。

〔三〕【補注】先謙曰：汪遠孫云：「前作士孫喜，此脱『士』字。」周壽昌云：「『喜』，宋本作『憙』。」先謙案：官本作「憙」。

〔四〕師古曰：重音直用反。

莽以王況讖言荆楚當興，李氏爲輔，〔一〕欲厭之，〔二〕乃拜侍中掌牧大夫李棽爲大將軍、揚州牧，賜名聖，〔三〕使將兵奮擊。

〔一〕【補注】先謙曰：後書李通傳「通素聞父守説讖云『劉氏復興，李氏爲輔』。」蓋況語流傳，遂成事實矣。亦見光武紀。

〔二〕師古曰：厭音一葉反。

〔三〕師古曰：改其舊名，以聖代讖。棽音所林反。

上谷儲夏自請願説瓜田儀，〔一〕莽以爲中郎，使出儀。〔二〕儀文降，未出而死。〔三〕莽求其尸葬之，爲起冢、祠室，謚曰瓜寧殤男，幾以招來其餘，〔四〕然無肯降者。

〔一〕服虔曰：儲夏，人姓也。【補注】劉奉世曰：注脱一「名」字。

〔二〕師古曰：説之令自出。

〔三〕師古曰：上文書言降，而身未出。

〔四〕師古曰：幾讀曰冀。

閏月丙辰，大赦天下，天下大服民私服在詔書前亦釋除。〔一〕

〔二〕張晏曰：莽妻本以此歲死，天下大服也。私服，自喪其親。皆除之。

郎陽成脩獻符命，言繼立民母，又曰：「黄帝以百二十女致神僊。」莽於是遣中散大夫、謁者各四十五人分行天下，〔一〕博采鄉里所高有淑女者上名。

〔一〕師古曰：行音下更反。【補注】先謙曰：百官志「中散大夫，秩六百石」。時屬司中。

莽夢長樂宮銅人五枚起立，〔一〕莽惡之，念銅人銘有「皇帝初兼天下」之文，即使尚方工鐫滅所夢銅人膺文。〔二〕又感漢高廟神靈，〔三〕遣虎賁武士入高廟，拔劍四面提擊，〔四〕斧壞户牖，〔五〕桃湯赭鞭鞭灑屋壁，〔六〕令輕車校尉居其中，又令中軍北壘居高寢。〔七〕

〔一〕【補注】先謙曰：史記正義、三輔舊事云：「聚天下兵器鑄銅人十二，各重二十四萬斤，漢世在長樂宮門。」水經注：「後董卓毀其九爲錢，其在者三，魏明欲徙之洛陽，重不可勝，停霸水西，石虎取置鄴宮，苻堅又徙之長安，毀二爲錢，其一未至而苻堅亂，百姓推置陜北河中。」

〔二〕師古曰：鐫，鑿也，音子全反。【補注】先謙曰：十二枚鐫其五。

〔三〕師古曰：謂夢見譴責。【補注】周壽昌曰：莽建國元年，長安狂女子碧呼道中曰：「高皇帝大怒，趣歸我國，不者，九月必殺女。」莽感此事也。顔謂夢見譴責，無據，莽果夢譴責，肯告人耶？

〔四〕師古曰：提，擲也，音徒計反。

〔五〕師古曰：以斧斫壞之。

〔六〕師古曰：桃湯灑之，赭鞭鞭之也。赭，赤也。【補注】沈欽韓曰：王肅喪服要記「孔子語魯哀公曰：『寧設三桃湯乎？』公曰：『桃湯起於衞女，嫁楚，道聞夫死，因進到夫家，治三桃湯，以沐死者』。」

〔七〕師古曰：徙北軍壘之兵士於高廟寢中屯居也。【補注】先謙曰：百官表「中壘校尉掌北軍壘門内外」，此當作北軍中壘。

或言黃帝時建華蓋以登僊，莽乃造華蓋九重，高八丈一尺，金瑵羽葆，〔一〕載以祕機四輪車，〔二〕駕六馬，力士三百人黃衣幘，〔三〕車上人擊鼓，輓者皆呼「登僊」，莽出，令在前。百官竊言「此似輭車，非僊物也」。〔四〕

〔一〕師古曰：瑵讀曰爪。謂蓋弓頭爲爪形。

〔二〕服虔曰：蓋高八丈，其杠皆有屈膝，可上下屈申也。師古曰：言潛爲機關，不使外見，故曰祕機也。

〔三〕【補注】王念孫曰：「幘」上脱「赤」字，御覽車部引作「黃衣赤幘」，續志云「武吏常赤幘，成其威也」。朱一新曰：莽賤漢行，恐不用赤幘，御覽不足據，續志乃漢制，未可以證莽制。

〔四〕師古曰：輭車，載喪車，音而。【補注】沈欽韓曰：既夕注「載柩車」。周禮謂之蜃車，遂師注「蜃車，柩路四輪，迫地而行，有似於蜃，因取名焉」。疏云「以二軸而貫四輪」。此亦四輪，故云似輭車。先謙曰：官本、南監本「輭」作「輀」。

是歲，南郡秦豐衆且萬人。〔一〕平原女子遲昭平能說經博以八投，〔二〕亦聚數千人在河阻中。莽召問羣臣禽賊方略，皆曰：「此天囚行尸，命在漏刻。」〔三〕故左將軍公孫祿徵來與議，〔四〕祿曰：「太史令宗宣典星曆，候氣變，以凶爲吉，亂天文，誤朝廷。太傅平化侯飾虛僞以媮名位，『賊夫人之子』，〔五〕國師嘉信公〔六〕顛倒五經，毀師法，令學士疑惑。明學男張邯、地理侯孫陽造井田，使民棄土業。犧和魯匡設六筦，以窮工商。説符侯崔發阿諛取容，令下情不上通。宜誅此數子以慰天下！」又言：「匈奴不可攻，當與和親，臣恐新室憂不在匈奴，而在封域之中也。」莽怒，使虎賁扶祿出。然頗采其言，左遷魯匡爲五原卒正，以百姓怨非故。〔七〕六筦非匡所獨造，莽厭衆意而出之。〔八〕

〔一〕【補注】先謙曰：豐號楚黎王，見光武紀。

〔二〕服虔曰：博奕經，以八箭投之。【補注】王念孫曰：「經博」當爲「博經」，故服注云博奕經以八箭投之。奕字疑衍。

〔三〕【補注】先謙曰：胡注「言其得罪於天，死在須臾，其猖狂爲盜，特尸行耳」。

〔四〕師古曰：與讀曰豫。

〔五〕師古曰：論語稱子路使子羔爲費宰，孔子曰「賊夫人之子」，言羔未知政道，而使宰邑，所以爲賊害也。故祿引此而言。【補注】宋祁曰：「侯」下當有「唐尊」二字。

〔六〕【補注】錢大昭曰：是劉歆也，初封嘉新，後改。

〔七〕【補注】周壽昌曰：非讀曰誹。

〔八〕師古曰：厭，滿也，音一豔反。

初，四方皆以飢寒窮愁起爲盜賊，稍稍羣聚，常思歲熟得歸鄉里。〔一〕衆雖萬數，亶稱巨人、從事、三老、祭酒，〔二〕不敢略有城邑，轉掠求食，日闋而已。〔三〕諸長吏牧守皆自亂鬬中兵而死，〔四〕賊非敢欲殺之也，而莽終不諭其故。〔五〕是歲，大司馬士按章豫州，〔六〕爲賊所獲，賊送付縣。士還，上書具言狀。莽大怒，下獄以爲誣罔。因下書責七公曰：〔七〕「夫吏者，理也。宣德明恩，以牧養民，仁之道也。抑强督姦，捕誅盜賊，義之節也。〔八〕今則不然。盜發不輒得，至成羣黨，遮略乘傳宰士。〔九〕士得脱者，又妄自言『我責數賊「何故爲是」？〔一〇〕賊曰「以貧窮故耳」。賊護出我』。今俗人議者率多若此。惟貧困飢寒，犯法爲非，大者羣盜，小者偷穴，不過二科，〔一一〕今乃結謀連黨以千百數，是逆亂之大者，豈飢寒之謂邪？七公其嚴敕卿大夫、卒正、連率、庶尹，謹牧養善民，急捕殄盜賊。有不同心并力，疾惡黠賊，而妄曰飢寒所爲，輒捕繫，請其罪。」於是羣下愈恐，莫敢言賊情者，亦不得擅發兵，賊由是遂不制。

〔一〕【補注】先謙曰：官本、南監本「熟」作「孰」，是。
〔二〕師古曰：亶讀曰但。言不爲大號。
〔三〕師古曰：闋，盡也。隨日而盡也。闋音空穴反。【補注】先謙曰：胡注「言羣盜攻剽所得，日給口體而已」。
〔四〕師古曰：中，傷也。
〔五〕師古曰：不曉此意也。
〔六〕師古曰：有上章相告者，就而按治之。
〔七〕【補注】先謙曰：官本考證云「七公，四輔三公也」。
〔八〕師古曰：督謂察視也。
〔九〕師古曰：傳音張戀反。
〔一〇〕師古曰：數音所具反。
〔一一〕師古曰：穴謂穿牆爲盜也。【補注】先謙曰：惟，思也。

唯翼平連率田況素果敢，發民年十八以上四萬餘人，授以庫兵，與刻石爲約。赤糜聞之，不敢入界。〔一〕況自劾奏，莽讓況：〔二〕「未賜虎符而擅發兵，此弄兵也，厥辠乏興。〔三〕以況自詭必禽滅賊，故且勿治。」〔四〕後況自請出界擊賊，所嚮皆破。莽以璽書令況領青、徐二州牧事。況上言：「盜賊始發，其原甚微，非部吏、伍人所能禽也。〔五〕咎在長吏不爲意，縣欺其郡，郡欺朝廷，實百言十，實千言百，朝廷忽略，不輒督責，遂至延曼連州，〔六〕乃遣將率，多發使者，傳相監趣。〔七〕郡縣力事上官，應塞詰對，〔八〕共酒食，具資用，以救斷斬，〔九〕不給復憂盜賊治官事。〔一〇〕將率又不能躬率吏士，戰則爲賊所破，吏氣寖傷，徒費百姓。〔一一〕前幸蒙赦令，賊欲解散，或反遮擊，恐入山谷轉相告語，故郡縣降賊，皆更驚駭，恐見詐滅，因饑饉易動，旬日之間更十餘萬人，此盜賊所以多之故也。今雒陽以東，米石二千。竊見詔書，欲遣太師、更始將軍，二人爪牙重臣，多從人衆，道上空竭，〔一二〕少則亡以威視遠方。〔一三〕宜急選牧、尹以下，明其賞罰，收合離鄉。小國無城郭者，〔一四〕徙其老弱置大城中，積藏穀食，并力固守。賊來攻城，則不能下，所過無食，埶不得羣聚。如此，招之必降，擊之則滅。今空復多出將率，郡縣苦之，反甚於賊。宜盡徵還乘傳諸使者，以休息郡縣。委任臣況以二州盜賊，必平定之。」莽畏惡況，〔一五〕陰爲發代，遣使者賜況璽書。使者至，見況，因令代監其兵。況隨使者西，到，拜爲師尉大夫，況去，齊地遂敗。

〔一〕師古曰：糜，眉也。以朱塗眉，故曰赤眉。古字通用。

〔二〕師古曰：讓，責也。
〔三〕師古曰：擅發之罪，與乏軍興同科也。
〔四〕師古曰：詭，責也。自以爲憂責。
〔五〕【補注】先謙曰：言盜發雖少，亦宜兵力禽捕。胡注「部吏，部盜賊之吏，郡賊曹、縣游徼、鄉亭長之類是也。伍人，同伍之人，若今伍保者也」。
〔六〕師古曰：延音弋戰反。曼與蔓同。
〔七〕師古曰：趣讀曰促。
〔八〕師古曰：力，勤也。塞，當也。
〔九〕師古曰：交懼斬死之刑也。共讀曰供。【補注】宋祁曰：交懼斷死罪之刑也。
〔一〇〕師古曰：給，暇也。
〔一一〕師古曰：寖，漸也。
〔一二〕【補注】先謙曰：胡注「言牢稟不給也」。
〔一三〕師古曰：視讀曰示。
〔一四〕【補注】先謙曰：小國，諸列侯國也。
〔一五〕【補注】先謙曰：畏惡其能。

三年正月，九廟蓋構成，納神主。莽謁見，大駕乘六馬，以五采毛爲龍文衣，著角，長三尺。〔一〕華蓋車，元戎十乘在前。因賜治廟者司徒、大司空錢各千萬，侍中、中常侍以下皆封。封都匠仇延爲邯淡里附城。〔二〕

〔一〕師古曰：以被馬上也。

〔二〕師古曰：都匠，大匠也。邯音胡敢反。淡音大敢反。豐盛之意。

二月，霸橋災，數千人以水沃救，不滅。莽惡之，下書曰：「夫三皇象春，五帝象夏，三王象秋，五伯象冬。皇王，德運也；伯者，繼空續乏以成曆數，故其道駮。〔一〕惟常安御道多以所近爲名。〔二〕乃二月癸巳之夜，甲午之辰，火燒霸橋，從東方西行，至甲午夕，橋盡火滅。大司空行視考問，〔三〕或云寒民舍居橋下，〔四〕疑以火自燎，爲此災也。〔五〕其明旦即乙未，立春之日也。予以神明聖祖黃虞遺統受命，至于地皇四年爲十五年。正以三年終冬絶滅霸駮之橋，欲以興成新室統壹長存之道也。又戒此橋空東方之道。〔六〕今東方歲荒民飢，道路不通，東岳太師亟科條，〔七〕開東方諸倉，賑貸窮乏，以施仁道。其更名霸館爲長存館，霸橋爲長存橋。」

〔一〕師古曰：伯皆讀曰霸。【補注】先謙曰：官本無「皆」字。

〔二〕【補注】先謙曰：常安即長安。霸水古名茲水，秦繆公改名以章霸功，莽意取此義也。

〔三〕師古曰：行音下更反。【補注】先謙曰：官本無注。

〔四〕師古曰：舍，止宿也。

〔五〕師古曰：燎謂炙令腝也。

〔六〕【補注】先謙曰：謂天示鑒戒。

〔七〕師古曰：亟，急也，音己力反。【補注】先謙曰：官本無注末四字。

是月，赤眉殺太師犧仲景尚，關東人相食。

四月，遣太師王匡、更始將軍廉丹東，〔一〕祖都門外，〔二〕天大雨，霑衣止。〔三〕長老歎曰：「是爲泣軍！」〔四〕莽曰：「惟陽九之阸，與害氣會，究于去年。枯旱霜蝗，飢饉薦臻，〔五〕百姓困乏，流離道路，于春尤甚，予甚悼之。今使東嶽太師特進褒新侯開東方諸倉，賑貸窮乏。太師公所不過道，分遣大夫謁者並開諸倉，以全元元。太師公因與廉丹大使五威司命位右大司馬更始將軍平均侯之兗州，填撫所掌，〔六〕及青、徐故不軌盜賊未盡解散，後復屯聚者，皆清潔之，期於安兆黎矣。」〔七〕太師、更始合將銳士十餘萬人，所過放縱。東方爲之語曰：「寧逢赤眉，不逢太師！太師尚可，更始殺我！」卒如田況之言。

〔一〕師古曰：東謂東出也。

〔二〕師古曰：祖道送匡、丹於都門外。【補注】先謙曰：官本、南監本注無「於」字。

〔三〕【補注】先謙曰：官本「止」作「上」，南監本與此同。

〔四〕【補注】沈欽韓曰：御覽三百六十八引六韜曰「雨霑衣裳者謂之潤兵，不霑者謂之泣兵」。又十一引魏武兵書按要曰「大軍將行，雨霑衣冠，是謂灑兵，其師有慶。大將始行，雨薄不濡衣冠，是謂天泣，其將大凶，其卒敗亡」。案此傳云天大雨霑衣，則與兵書言不符。

〔五〕師古曰：薦讀曰荐。荐，仍也。

〔六〕師古曰：之，往也。填音竹刃反。【補注】先謙曰：更始將軍即廉丹也。疑「廉丹」二字在「侯」下。

〔七〕師古曰：黎，衆也。

莽又多遣大夫謁者分教民煮草木爲酪，酪不可食，重爲煩費。〔一〕莽下書曰：「惟民困乏，雖溥開諸倉以賑贍之，〔二〕猶恐未足。其且開天下山澤之防，諸能采取山澤之物而順月令者，其恣聽之，勿令出稅。至地皇三十年如故，是王光上戊之六年也。〔三〕如令豪吏猾民辜而攉之，小民弗蒙，非予意也。〔四〕易不云乎？『損上益下，民説無疆。』〔五〕書云：『言之不從，是謂不艾。』〔六〕咨虖羣公，可不憂哉！」〔七〕

〔一〕師古曰：重音直用反。
〔二〕師古曰：溥與普同。【補注】先謙曰：官本無此注。
〔三〕孟康曰：戊，土也。莽所作曆名。【補注】錢大昭曰：案隸續新莽侯鉦有「新始建國地皇上戊二年」之文。莽自以土行，故令太傅府置戊曹，以戊子代甲子爲六旬之首，冠用戊子爲元日，昏以戊寅之旬爲忌日，令太史推三萬六千曆紀，六歲一改元，遂改元爲地皇。沈欽韓曰：「王光」不可通，當爲天元之訛。容齋隨筆云「韓莊敏縝一銅斗，銘云『新始建國天鳳上戊六年』。又紹興中，郭金州得一鉦，銘云『新始建國地皇上戊二年』」。則知莽紀年皆以戊，不必循常歲干支之次也。
〔四〕師古曰：辜攉謂獨專其利，而令它人犯者得罪辜也。
〔五〕師古曰：益卦彖辭也。言損上以益下，則人皆歡悦無窮竟。
〔六〕師古曰：洪範之言。艾讀曰乂。乂，治也。
〔七〕師古曰：咨者，歎息之言。

是時下江兵盛，新市朱鮪、平林陳牧等皆復聚衆，攻擊鄉聚。莽遣司命大將軍孔仁部豫州，納言大將軍嚴尤、秩宗大將軍陳茂擊荆州，各從吏士百餘人，乘船從渭入河，〔一〕至華陰乃出乘傳，到部募士。尤謂茂曰：「遣將不與兵符，必先請而後動，是猶紲韓盧而責之獲也。」〔二〕

〔一〕【補注】先謙曰：官本「船」作「舡」，引宋祁曰，越本「士」作「七」，「舡」當作「船」。

〔二〕師古曰：紲，繫也。韓盧，古韓國之名犬也。黑色曰盧。

夏，蝗從東方來，蜚蔽天，〔一〕至長安，入未央宮，緣殿閣。莽發吏民設購賞捕擊。

〔一〕師古曰：蜚，古飛字也。【補注】先謙曰：官本注末無「也」字。

莽以天下穀貴，欲厭之，〔一〕爲大倉，置衞交戟，名曰「政始掖門」。

〔一〕師古曰：厭音一葉反。

流民入關者數十萬人，乃置養贍官稟食之。〔一〕使者監領，與小吏共盜其稟，飢死者十七八。先是，莽使中黄門王業領長安市買，〔二〕賤取於民，民甚患之。業以省費爲功，賜爵附城。莽聞城中飢饉，以問業，業曰：「皆流民也。」乃市所賣粱飰肉羹，持入視莽，〔三〕曰：「居民食咸如此。」莽信之。

〔一〕師古曰：稟，給也。食讀曰飤。

〔二〕【補注】沈欽韓曰：唐德宗宮市之前，先有此事。

〔三〕師古曰：視讀曰示。

冬，無鹽索盧恢等舉兵反城，〔一〕廉丹、王匡攻拔之，斬首萬餘級。莽遣中郎將奉璽書勞丹、匡，進爵爲公，封吏士有功者十餘人。

〔一〕師古曰：索盧，姓也。恢，名也。反城，據城以反也。一曰反音幡。今語賊猶曰幡城。索音先各反。

赤眉別校董憲等衆數萬人在梁郡，王匡欲進擊之，廉丹以爲新拔城罷勞，〔一〕當且休士養威。匡不聽，引兵獨進，丹隨之。合戰成昌，〔二〕兵敗，匡走。丹使吏持其印韍符節付匡曰：「小兒可走，吾不可！」遂止，戰死。校尉汝雲、王隆等二十餘人別鬬，聞之，皆曰：「廉公已死，吾誰爲生？」馳犇賊，皆戰死。〔三〕莽傷之，下書曰：「惟公多擁選士精兵，衆郡駿馬倉穀帑藏皆得自調，〔四〕忽於詔策，離其威節，騎馬呵譟，〔五〕爲狂刃所害，烏呼哀哉！賜謚曰果公。」

〔一〕師古曰：罷讀曰疲。

〔二〕師古曰：成昌，地名也。【補注】先謙曰：胡注「據後漢書當在無鹽縣界」。

〔三〕師古曰：犇，古奔字也。

〔四〕師古曰：謂發取也，音徒釣反。

〔五〕師古曰：忽謂怠忘也。譟，羣呼也，音先到反。

國將哀章謂莽曰：「皇祖考黃帝之時，中黃直爲將，破殺蚩尤。〔一〕今臣居中黃直之位，願平山東。」莽遣章馳東，與太師匡并力。又遣大將軍陽浚守敖倉，〔二〕司徒王尋將十餘萬屯雒陽填南宮，〔三〕大司馬董忠養士習射中軍北壘，〔四〕大司空王邑兼三公之職。司徒尋初發長安，宿霸昌廄，〔五〕亡其黃鉞。尋士房揚素狂直，乃哭曰：「此經所謂『喪其齊斧』者也！」〔六〕自劾去，莽擊殺揚。

〔一〕【補注】先謙曰：中黃直，黃帝將，攻破蚩尤。見御覽三百二十八引玄女兵法。

〔二〕【補注】錢大昭曰：此疑即誅貉將軍陽俊也。浚、俊不同，未知孰是。

〔三〕師古曰：填音竹刃反。

〔四〕【補注】先謙曰：亦當作北軍中壘。

〔五〕師古曰：霸昌觀之廄也。三輔黃圖曰在城外也。【補注】沈欽韓曰：正義「括地志云，漢霸昌廄在雍州萬年縣東北三十八里」。

〔六〕應劭曰：齊，利也。亡其利斧，言無以復斷斬也。師古曰：此易巽卦上九爻辭。【補注】沈欽韓曰：御覽七百六十三志林曰「齊當爲齋，凡師出必齋戒，入廟受斧，故云齋也」。案釋言「劑、翦，齊也」。郭云南方人呼翦刀爲劑刀。說文「翦，齊斷也」。齊斧之字義取斬斷，虞喜言齋戒，非也。錢坫云：「易資斧，子夏作齊斧。攷工記『通四方之珍異以資之』，注『故書資作齊』。是資與齊通。」

四方盜賊往往數萬人攻城邑，殺二千石以下。太師王匡等戰數不利。莽知天下潰畔，事窮計迫，乃議遣風俗大夫司國憲等分行天下，〔一〕除井田奴婢山澤六筦之禁，即位以來詔令不便於民者皆收還之。待見未發，〔二〕會世祖與兄齊武王伯升、宛人李通等〔三〕帥舂陵子弟數千人，招致新市平林朱鮪、陳牧等合攻拔棘陽。是時嚴尤、陳茂破下江兵，成丹王常等數千人別走，入南陽界。

〔一〕師古曰：行音下更反。

〔二〕【補注】先謙曰：待召見，未發行。

〔三〕師古曰：世祖謂光武皇帝。【補注】錢大昕曰：伯升，光武之兄，故字而不名。劉聖公，光武所事也，故亦稱字。

十一月，有星孛于張，東南行，五日不見。莽數召問太史令宗宣，諸術數家皆繆對，言天文安善，羣賊且滅。莽差以自安。

四年正月，漢兵得下江王常等以爲助兵，〔一〕擊前隊大夫甄阜、屬正梁丘賜，皆斬之，殺其衆數萬人。初，京師聞青、徐賊衆數十萬人，訖無文號旌旗表識，〔二〕咸怪異之。好事者竊言：「此豈如古三皇無文書號謚邪？」〔三〕莽亦心怪，以問羣臣，羣臣莫對。唯嚴尤曰：「此不足怪也。自黃帝、湯、武行師，必待部曲旌旗號令，今此無有者，直飢寒羣盜，犬羊相聚，不知爲之耳。」莽大說，〔四〕羣臣盡服。及後漢兵劉伯升起，皆稱將軍，攻城略地，既殺甄阜，移書稱說。莽聞之憂懼。

〔一〕【補注】先謙曰：詳後書常傳。

〔二〕師古曰：文謂文章，號謂大位號也。一曰，號謂號令也。識讀與幟同，音式志反。【補注】王先慎曰：上言旌旗，則表識所以題別，不當讀爲幟。先謙曰：官本注「忒」作「式」。
〔三〕師古曰：欲其事成，故云然也。
〔四〕師古曰：說讀曰悅。

漢兵乘勝遂圍宛城。初，世祖族兄聖公先在平林兵中。三月辛巳朔，〔一〕平林、新市、下江兵將王常、朱鮪等共立聖公爲帝，改年爲更始元年，拜置百官。莽聞之愈恐。欲外視自安，〔二〕乃染其須髮，〔三〕進所徵天下淑女杜陵史氏女爲皇后，〔四〕聘黄金三萬斤，車馬奴婢雜帛珍寶以巨萬計。莽親迎於前殿兩階間，成同牢之禮于上西堂。備和嬪、美御、和人三，位視公；嬪人九，視卿；美人二十七，視大夫；御人八十一，視元士：凡百二十人，皆佩印韍，執弓韣。〔五〕封皇后父諶爲和平侯，拜爲寧始將軍，諶子二人皆侍中。是日，大風發屋折木。羣臣上壽曰：「乃庚子雨水灑道，辛丑清靚無塵，〔六〕其夕穀風迅疾，從東北來。〔七〕辛丑，巽之宫日也。巽爲風爲順，后誼明，母道得，溫和慈惠之化也。易曰『受茲介福，于其王母。』〔八〕禮曰：『承天之慶，萬福無疆。』〔九〕諸欲依廢漢火劉，皆沃灌雪除，殄滅無餘雜矣。百穀豐茂，庶草蕃殖，〔一〇〕元元驩喜，兆民賴福，天下幸甚！」莽日與方士涿郡昭君等於後宫考驗方術，縱淫樂焉。大赦天下，然猶曰：「故漢氏舂陵侯羣子劉伯升與其族人婚姻黨與，妄流言惑衆，悖畔天命，及手害更始將軍廉丹、前隊大夫甄阜、屬正梁丘賜，及北狄胡虜逆輿洎南徼虜若豆、孟遷，不用此書。〔一一〕有能捕得此人者，皆封爲上公，食邑萬户，賜寶貨五千萬。」

〔一〕【補注】周壽昌曰：後書光武紀作二月，惠棟以爲後書誤者，非也。莽改曆以建丑爲正月，則莽之三月正漢改夏正後之二月也。下四月，後書作三月同。

〔二〕師古曰：視讀曰示。

〔三〕【補注】周壽昌曰：染須髮見於書者，自莽始。

〔四〕【補注】王念孫曰：「杜陵」上原有「立」字，謂於所徵淑女中，選立史氏女爲后也。今本脱「立」字，則文不成義。御覽皇王部十四引此有「立」字，通鑑同。

〔五〕師古曰：禮記月令「仲春之月，玄鳥至之日，以太牢祠于高禖，天子親往，后妃率九嬪御，乃禮天子所御。帶以弓韣，授以弓矢，于高禖之前」。韣，弓衣也。帶之者，求男子之祥也，故莽依放之焉。韣音獨。

〔六〕師古曰：靚即靜字也。

〔七〕師古曰：穀風即谷風。

〔八〕師古曰：晉卦六二爻也。介，大也。王母，君母。

〔九〕師古曰：禮之祝詞。【補注】沈欽韓曰：士冠禮三醮辭，惟「萬」字爲異。

〔一〇〕師古曰：蕃，滋也。殖，生也。

〔一一〕師古曰：輿，匈奴單于名也。泊，及也。若豆、孟遷，蠻夷之名也。言伯升已下，孟遷以上，不在赦令之限也。【補注】先謙曰：「泊」字誤，官本、南監本作「洎」。

又詔：「太師王匡、國將哀章、司命孔仁、兗州牧壽良、卒正王閎、揚州牧李聖亟進所部州郡兵〔一〕凡三十萬衆，迫措青、徐盜賊。〔二〕納言將軍嚴尤、秩宗將軍陳茂、車騎將軍王巡、〔三〕左隊大夫王吳亟進所部州郡兵凡十萬衆，迫措前隊醜虜。〔四〕明告以生活丹青之信，〔五〕復迷惑不解散，皆并力合擊，殄滅之矣！大司空隆新公，宗室戚屬，前以虎牙將軍東指則反虜破壞，西擊則逆賊靡碎，〔六〕此乃新室威寶之臣也。如黠賊不解散，將遣大司空將百萬之師征伐剿絕之矣！」〔七〕遣七公幹士隗顓等七十二人分下赦令曉諭云。顓等既出，因逃亡矣。〔八〕

〔一〕師古曰：亟，急也。

〔二〕師古曰：措讀與笮同，音莊客反。下亦放此。

〔三〕【補注】宋祁曰：「車騎」，監本作「車馬」。劉奉世曰：車馬將軍非官名，字之誤也。尤、茂前云大將軍，此云將軍，未知孰誤，然其它多如此者。

〔四〕【補注】錢大昕曰：莽改南陽爲前隊。所云醜虜，指光武兄弟也。孟堅於王莽指斥之詞，無所隱諱，所以著莽之惡，於光武盛德，初無損也。

〔五〕師古曰：生活，謂來降者，不殺之也。丹青之信，言明著也。

〔六〕師古曰：靡，散也，音武皮反。

〔七〕師古曰：剿，截也，音予小反。【補注】先謙曰：官本、南監本注「予」作「子」，是。

〔八〕【補注】周壽昌曰：隗顓即隗囂也。後書囂傳云「國師劉歆引囂爲士，歆死，囂歸鄉里」。此云逃亡，與後傳異。

四月，世祖與王常等別攻潁川，下昆陽、郾、定陵。〔一〕莽聞之愈恐，遣大司空王邑馳傳之洛陽，〔二〕與司徒王尋發衆郡兵百萬，號曰「虎牙五威兵」，平定山東。得顓封爵，政決於邑，除用徵諸明兵法六十三家術者，〔三〕各持圖書，受器械，備軍吏。傾府庫以遣邑，多齎珍寶猛獸，欲視饒富，用怖山東。〔四〕邑至雒陽，州郡各選精兵，牧守自將，定會者四十二萬人，餘在道不絕，車甲士馬之盛，自古出師未嘗有也。

〔一〕師古曰：三縣之名也。郾音一扇反。

〔二〕師古曰：傳音張戀反。

〔三〕【補注】先謙曰：藝文志「兵書五十三家，七百九十篇」。班自注「省十家、二百七十一篇」，是七略載言兵法者，有六十三家也。後書光武紀亦云「莽徵天下能爲兵法者六十三家數百人，並以爲軍吏」。

〔四〕師古曰：視讀曰示。

六月，邑與司徒尋發雒陽，欲至宛，道出潁川，過昆陽。昆陽時已降漢，漢兵守之。嚴尤、陳茂與二公會，二公縱兵圍昆陽。嚴尤曰：「稱尊號者在宛下，宜亟進。〔一〕彼破，諸城自定矣。」邑曰：「百萬之師，所過當滅，今屠此城，喋血而進，〔二〕前歌後舞，顧不快邪！」遂圍城數十重。城中請降，不許。嚴尤又曰：「『歸師勿遏，圍城爲之闕』，〔三〕可如兵法，使得逸出，以怖宛下。」邑又不聽。會世祖悉發郾、定陵兵數千人來救昆陽，尋、邑易之，〔四〕自將萬餘人行陳，〔五〕敕諸營皆按部毋得動，獨迎，與漢兵戰，不利。大軍不敢擅相救，漢兵乘勝殺尋。昆陽中兵出竝戰，邑走，軍亂。天風蜚瓦，〔六〕雨如注水，大衆崩壞號謼，〔七〕虎豹股栗，〔八〕士卒犇走，各還歸其郡。邑獨與所將長安勇敢數千人還雒陽。關中聞之震恐，盜賊竝起。

〔一〕師古曰：亟，急也。
〔二〕師古曰：喋音牒。
〔三〕師古曰：此兵法之言也。遏，遮也。闕，不合也。【補注】沈欽韓曰：曹操注軍爭篇「司馬法曰，圍其三面，闕其一面，所以示生路也」。
〔四〕師古曰：輕易之也，易音亦豉反。
〔五〕師古曰：巡行軍陳也。行音下更反。
〔六〕師古曰：蜚，古飛字。【補注】先謙曰：官本「天」作「大」，是。
〔七〕師古曰：謼音火故反。
〔八〕師古曰：言戰懼甚。【補注】周壽昌曰：此虎豹，皆王邑軍中所有，即前云多齎珍寶猛獸也。

又聞漢兵言，莽鴆殺孝平帝。莽乃會公卿以下於王路堂，開所爲平帝請命金縢之策，泣以視羣臣。〔一〕命明學男張邯稱說其德及符命事，因曰：「易言：『伏戎于莽，升其高陵，三歲不興。』〔二〕『莽』，皇帝之名。『升』謂劉伯升。『高陵』謂高陵侯子翟義也。言劉升、翟義爲伏戎之兵於新皇帝世，猶殄滅不興也。」羣臣皆稱萬歲。又令東方檻車傳送數人，言「劉伯升等皆行大戮」。臣知其詐也。〔三〕

〔一〕師古曰：視讀曰示。
〔二〕師古曰：同人卦九三爻辭也。莽，平草也。言伏兵戎於草莽之中，升高陵而望，不敢前進，至于三歲不能起也。
〔三〕【補注】先謙曰：官本、南監本「臣」作「民」，是。

先是，衛將軍王涉素養道士西門君惠。〔一〕君惠好天文讖記，爲涉言：「星孛掃宮室，劉氏當復興，國師公姓名是也。」涉信其言，以語大司馬董忠，數俱至國師殿中廬道語星宿，〔二〕國師不應。後涉特往，對歆涕泣言：「誠欲與公共安宗族，〔三〕奈何不信涉也！」歆因爲言天文人事，東方必成。涉曰：「新都哀侯小被病，〔四〕功顯君素耆酒，〔五〕疑帝本非我家子也。〔六〕董公主中軍精兵，涉領宮衞，伊休侯主殿中，如同心合謀，共劫持帝，東降南陽天子，可以全宗族；不者，俱夷滅矣！」伊休侯者，歆長子也，爲侍中五官中郎將，莽素愛之。歆怨莽殺其三子，又畏大禍至，遂與涉、忠謀，欲發。歆曰：「當待太白星出，乃可。」忠以司中大贅起武侯孫伋亦主兵，復與伋謀，伋歸家，顔色變，不能食。妻怪問之，語其狀。妻以告弟雲陽陳邯，邯欲告之。七月，伋與邯俱告，莽遣使者分召忠等。時忠方講兵都肄，〔七〕護軍王咸謂忠謀久不發，恐漏泄，不如遂斬使者，勒兵入。忠不聽，遂與歆、涉會省户下。莽令[illegible]惲責問，皆服。中黄門各拔刃將忠等送廬，忠拔劒欲自刎，侍中王望傳言大司馬反，黄門持劒共格殺之。省中相驚傳，勒兵至郎署，皆拔刃張弩。更始將軍史諶行諸署，〔八〕告郎吏曰：「大司馬有狂病，發，已誅。」皆令弛兵。〔九〕莽欲以厭凶，〔一〇〕使虎賁以斬馬劒挫忠，〔一一〕盛以竹器，傳曰「反虜出」。下書赦大司馬官屬吏士爲忠所詿誤，謀反未發覺者。收忠宗族，以醇醯毒藥、尺白刃叢棘并一坎而埋之。〔一二〕劉歆、王涉皆自殺。莽以二人骨肉舊臣，惡其内潰，〔一三〕故隱其誅。伊休侯疊又以素謹，歆訖不告，〔一四〕但免侍中中郎將，更爲中散大夫。後日殿中鉤盾士山僊人掌旁有白頭公青衣，〔一五〕郎吏見者私謂之國師公。衍功侯喜素善卦，〔一六〕莽使筮之，曰：「憂兵火。」莽曰：「小兒安得此左道？是乃予之皇祖叔父子僑欲來迎我也。」

〔一〕【補注】沈欽韓曰：御覽七百二十，新論曰「曲陽侯王根迎方士西門君惠，從其學養生却老之〔得〕〔術〕」。

〔二〕師古曰：廬者，宿止之處。道謂説之也。

〔三〕師古曰：誠，實也。【補注】宋祁曰：族字或作姓。

〔四〕【補注】周壽昌曰：哀侯即王曼，莽之父也。小被病，言幼小即病。

〔五〕師古曰：耆讀曰嗜。

〔六〕如淳曰：言莽母洛薄嗜酒，淫逸得莽耳，非王氏子也。設此詐欲以自別不受誅。

〔七〕師古曰：肄，習也。大習兵也。肄音亦二反。

〔八〕師古曰：行音下更反。【補注】劉奉世曰：或言更始，或言寧始，未知孰誤。王鳴盛曰：考莽官本有更始將軍，但上文言拜諶爲寧始將軍，其事已在劉聖公改元爲更始之後，當是寧始，此作更始，并下文「更始將軍諶度渭橋」，恐皆寧字之訛。先謙曰：官本「弩」作「弓」。

〔九〕師古曰：弛，放也。

〔一〇〕師古曰：厭，當也，音一葉反。

〔一一〕師古曰：挫讀曰剉，音千臥反。

〔一二〕【補注】先謙曰：官本、南監本「僰」作「棘」，是。

〔一三〕師古曰：王涉，骨肉也。劉歆，舊臣。

〔一四〕師古曰：訖猶竟也。歆竟不以所謀告之。

〔一五〕鄭氏曰：僊人以掌承露承盛也。【補注】先謙曰：官本、南監本作「以掌承承露盤」，是也。

〔一六〕【補注】錢大昭曰：當是王光之子。

莽軍師外破，大臣内畔，左右亡所信，不能復遠念郡國，欲謼邑與計議。〔一〕崔發曰：「邑素小心，今失大衆而徵，恐其執節引決，宜有以大慰其意。」於是莽遣發馳傳諭邑：〔二〕「我年老毋適子，〔三〕欲傳邑以天下。敕亡得謝，見勿復道。」〔四〕邑到，以爲大司馬。大長秋張邯爲大司徒，崔發爲大司空，司中壽容苗訢爲國師，同説侯林爲衛將軍。莽憂懣不能食，〔五〕亶飲酒，啗鰒魚。〔六〕讀軍書倦，因馮几寐，不復就枕矣。〔七〕性好時日小數，及事迫急，亶爲厭勝。遣使壞渭陵、延陵園門罘罳，曰：「毋使民復思也。」〔八〕又以墨洿色其周垣。〔九〕號將至曰「歲宿」，申水爲「助將軍」，〔一〇〕右庚「刻木校尉」，前丙「耀金都尉」，又曰：「執大斧，伐枯木；流大水，滅發火。」如此屬不可勝記。

〔一〕師古曰：謼音呼。【補注】先謙曰：官本作「謼古呼字」。

〔二〕師古曰：謂諭告之。傳音張戀反。

〔三〕師古曰：適讀曰嫡。【補注】先謙曰：官本「毋」作「無」。

〔四〕【補注】先謙曰：毋謝失師罪，相見亦勿道前事也。

〔五〕師古曰：懣音滿，又音悶。

〔六〕師古曰：亶音但。下亦類此。鰒，海魚也，音雹。【補注】先謙曰：曹操亦喜食鰒魚，宋蘇軾鰒魚行云「兩雄一律盜漢家，嗜好亦若肩相差也」。

〔七〕師古曰：馮讀曰憑。【補注】宋祁曰：枕字當作次。

〔八〕【補注】王念孫曰：此本作「毋使民復思漢也」，今本脱「漢」字，則文義不明。御覽皇王部十四、居處部十三引此正作「復思漢」。漢紀孝平紀、穀水注竝同。

〔九〕師古曰：洿染之變其舊色也。洿音一故反。

〔一〇〕【補注】周壽昌曰：宋小字本「至」作「軍」。先謙曰：南監本作「軍」，是。

秋，太白星流入太微，燭地如月光。成紀隗崔兄弟共劫大尹李育，〔一〕以兄子隗囂爲大將軍，攻殺雍州牧陳慶、安定卒正王旬，〔二〕并其衆，移書郡縣，數莽罪惡萬於桀紂。

〔一〕師古曰：成紀，隴西之縣。【補注】沈欽韓曰：成紀屬天水郡，顔誤隴西。先謙曰：據後書隗囂傳崔與兄義也。

〔二〕【補注】先謙曰：囂傳作安定大尹王向。

是月，析人鄧曄、于匡起兵南鄉百餘人。〔一〕時析宰將兵數千屯鄡亭，備武關。〔二〕曄、匡謂宰曰：「劉帝已立，君何不知命也！」宰請降，盡得其衆。曄自稱輔漢左將軍，匡右將軍，拔析、丹水，攻武關，都尉朱萌降。進攻右隊大夫宋綱，殺之，西拔湖。〔三〕莽愈憂，不知所出。崔發言：「周禮及春秋左氏，國有大災，則哭以厭之。〔四〕故易稱『先號咷而後笑』。〔五〕宜呼嗟告天以求救。」莽自知敗，乃率羣臣至南郊，陳其符命本末，仰天曰：「皇天既命授臣莽，何不殄滅衆賊？即令臣莽非是，願下雷霆誅臣莽！」因搏心大哭，氣盡，伏而叩頭。又作告天策，自陳功勞，千餘言。諸生小民會旦夕哭，爲設飧粥，〔六〕甚悲哀及能誦策文者除以爲郎，至五千餘人。豐惲將領之。

〔一〕師古曰：析，南陽之縣。南鄉，析縣之鄉名。析音先歷反。【補注】沈欽韓曰：一統志「南鄉故城在南陽府淅川縣東南，本漢淅縣及順陽鄉地，後漢建武中置縣」。

〔二〕師古曰：鄡音口堯反。

〔三〕師古曰：湖，弘農之縣也，本屬京兆。

〔四〕師古曰：周禮春官之屬女巫氏之職曰：「凡邦之大災，歌哭而請。」哭者所以告哀也。春秋左氏傳宣十二年「楚子圍鄭，旬有七日，鄭人卜行成，不吉；卜臨于太宮，且巷出車，吉。國人大臨，守陴者皆哭。」故發引之以爲言也。厭音一葉反。

〔五〕師古曰：同人九五爻辭。號咷，哭也。咷音逃。

〔六〕師古曰：飧，古飡字，音千安反。

莽拜將軍九人，皆以虎爲號，號曰「九虎」，將北軍精兵數萬人東，內其妻子宮中以爲質。時省中黃金萬斤者爲一匱，尚有六十匱，黃門、鉤盾、臧府、中尚方處處各有數匱。長樂御府、中御府及都內、平準帑藏錢帛珠玉財物甚衆，〔一〕莽愈愛之，〔二〕賜九虎士人四千錢。衆重怨，無鬬意。〔三〕九虎至華陰回谿，距隘，北從河，南至山。于匡持數千弩，乘堆挑戰。〔四〕鄧曄將二萬餘人從閿鄉南出棗街、作姑，〔五〕破其一部，北出九虎後擊之。六虎敗走，史熊、王況詣闕歸死，莽使使責死者安在，皆自殺；其四虎亡。〔六〕三虎郭欽、陳翬、成重收散卒，保京師

倉。〔七〕

〔一〕師古曰：御府有令丞，少府之屬官也，掌珍物。中御府者，皇后之府藏也。平準令丞屬大司農，亦珍貨所在也。【補注】先謙曰：官本、南監本「藏」並作「臧」。

〔二〕【補注】周壽昌曰：愛惜不能舍也。孟子「百姓皆以王爲愛也」，注「愛，嗇也」。魯語「人以其子爲愛」，注「愛，吝也」。

〔三〕師古曰：重音直用反。【補注】先謙曰：官本無此注。

〔四〕【補注】沈欽韓曰：紀要「風陵堆在華州潼關衞城東三里，黄河北岸」。

〔五〕師古曰：閿讀與聞同。作姑，邪道所由也。【補注】沈欽韓曰：一統志「桑鄉峪在陝州閿鄉縣西南六十里」。中山經「陽華之山，緒姑之水出於其陰」。緒姑即作姑也。紀要「籍姑城，括地志在韓城縣北三十五里」。史記「秦靈公十二年城籍姑」。作、(藉)〔籍〕聲同。先謙曰：官本注末有「韋昭曰閿音旻」六字。

〔六〕師古曰：六人敗走，二人詣闕自殺，四人亡。

〔七〕師古曰：九人之中，六人敗走，三人保倉也。京師倉在華陰灌北渭口也。暈音暉。【補注】沈欽韓曰：紀要「永豐倉在華州華陰縣東北，或曰即渭口倉也。本漢置倉之地」。案水經注「小赤水即山海經之灌水也。灌水又北注于渭」。一統志「小赤水在華州西」。即顏所云灌北渭口也。

鄧曄開武關迎漢，丞相司直李松將二千餘人至湖，與曄等共攻京師倉，未下。曄以弘農掾王憲爲校尉，將數百人北度渭，入左馮翊界，降城略地。李松遣偏將軍韓臣等徑西至新豐，與莽波水將軍戰，波水走。〔一〕韓臣等追奔，遂至長門宮。王憲北至頻陽，所過迎降。〔二〕大姓櫟陽申碭、下邽王大皆率衆隨憲。屬縣斄嚴春〔三〕茂陵董喜、藍田王孟、槐里汝臣、盩厔王扶、陽陵嚴本、杜陵屠門少之屬，〔四〕衆皆數千人，假號稱漢將。

〔一〕【補注】錢大昕曰：考范史，波水將軍即竇融也。孟堅修史時，竇氏方貴盛，故隱其名。
〔二〕師古曰：所至之處，人皆來迎而降附也。
〔三〕師古曰：屬縣，三輔諸縣也。斄屬右扶風。斄讀與邰同。其人姓嚴名春。
〔四〕師古曰：姓屠門，名少。

時李松鄧曄以爲京師小小倉尚未可下，何況長安城，當須更始帝大兵到。即引軍至華陰，治攻具。而長安旁兵四會城下，聞天水隗氏兵方到，皆爭欲先入城，貪立大功鹵掠之利。〔一〕

〔一〕【補注】先謙曰：胡注「言入城誅莽，既立大功，又得鹵掠，貪二者之利也」。

莽遣使者分赦城中諸獄囚徒，皆授兵，殺豨飲其血，與誓曰：「有不爲新室者，社鬼記之！」更始將軍史諶將度渭橋，皆散走。諶空還。衆兵發掘莽妻子父祖冢，燒其棺椁及九廟、明堂、辟雍，火照城中。或謂莽曰：「城門卒，東方人，不可信。」莽更發越騎士爲衛，門置六百人，各一校尉。

十月戊申朔，兵從宣平城門入，民間所謂都門也。〔一〕張邯行城門，逢兵見殺。〔二〕王邑、王林、王巡、䢵惲等分將兵距擊北闕下。漢兵貪莽封力戰者七百餘人。〔三〕會日暮，官府邸第盡犇亡。二日己酉，城中少年朱弟、張魚等恐見鹵掠，趨讙並和，〔四〕燒作室門，〔五〕斧敬法闥，〔六〕謼曰：「反虜王莽，何不出降？」〔七〕火及掖廷承明，黃皇室主所居也。莽避火宣室前殿，火輒隨之。宮人婦女謕謼曰：「當奈何！」時莽紺袀服，〔八〕帶璽韍，持虞帝匕首。〔九〕天文郎桉拭於前，〔一〇〕日時加某，莽旋席隨斗柄而坐，曰：「天生德於予，漢兵其如予何！」〔一一〕莽時不食，少氣困矣。〔一二〕

〔一〕師古曰：長安城東門出北頭第一門也。【補注】先謙曰：官本注末無「也」字。

〔二〕師古曰：行音下更反。

〔三〕師古曰：獲莽當得封，故貪之而力戰。

〔四〕師古曰：衆羣行讙而自相和也。和音呼臥反。

〔五〕【補注】先謙曰：程大昌云：「未央宮西北織室、暴室之類，黃圖謂爲尚方工作之所者也。作室門，則工徒出入之門，蓋未央宮之便門也」。

〔六〕師古曰：敬法，殿名也。闥，小門也。謂斧斫之也。

〔七〕師古曰：謼音火故反。其下亦同。

〔八〕師古曰：謕，古啼字也。紺，深青而揚赤色也。袀，純也。純爲紺服也。袀音均，又弋旬反。【補注】先謙曰：官本「弋」作「式」。

〔九〕【補注】先謙曰：胡注「虞帝安得有匕首？蓋莽自爲之以愚人也」。

〔一〇〕師古曰：拭，所以占時日。天文郎，今之用拭者也。音式。【補注】沈欽韓曰：拭當爲式，唐六典「太卜令用式之法，其局，以楓木爲天，棗心爲地，刻十二辰，下布十二辰，以加占爲常，以月將加卜時，視日辰陰陽，以立四課」。案今六壬及地師並用式。周壽昌曰：周禮春官「太史太師抱天時，與太師同車」。鄭司農注云「大出師，則太史主抱式，以知天時，處吉凶」。莽篤信周官，故用此制。蓋栻即今之星盤也，以木爲之。藝文志五行家有羨門式法二十卷，羨門式二十卷，即此。亦作梮。博雅「曲道栻，梮也」。梮有天地，所以推陰陽，占吉凶也」。先謙曰：官本「桉拭」作「按栻」。

〔一一〕師古曰：論語稱孔子曰：「天生德於予，桓魋其如予何！」故莽引之以爲言也。

〔一二〕【補注】先謙曰：少猶稍也。

三日庚戌，晨旦明，羣臣扶掖莽，自前殿南下椒除，〔一〕西出白虎門，和新公王揖奉車待門外。莽就車，之漸臺，〔二〕欲阻池水，猶抱持符命、威斗，公卿大夫、侍中、黃門郎從官尚千餘人隨之。王邑晝夜戰，罷極，〔三〕士死傷略盡，馳入宮，間關至漸臺，〔四〕見其子侍中睦解衣冠欲逃，邑叱之令還，父子共守莽。軍人入殿中，謼曰：「反虜王莽安在？」有美人出房曰：「在漸臺。」衆兵追之，圍數百重。臺上亦弓弩與相射，稍稍落去，矢盡，無以復射，短兵接。王邑父子、〔五〕𨶏惲、王巡戰死，莽入室。下餔時，衆兵上臺，〔六〕王揖、趙博、苗訢、唐尊、王盛、中常侍王參等皆死臺上。商人杜吳殺莽，〔七〕取其綬。校尉東海公賓就，故大行治禮，〔八〕見吳問綬主所在。曰：「室中西北陬間。」〔九〕就識，斬莽首。〔一〇〕軍人分裂莽身，支節肌骨臠分，爭相殺者數十人。〔一一〕公賓就持莽首詣王憲。憲自稱漢大將軍，城中兵數十萬皆屬焉，舍東宮，〔一二〕妻莽後宮，乘其車服。

〔一〕服虔曰：邪行閣道下者也。師古曰：除，殿陛之道也。椒，取芬香之名也。

〔二〕【補注】先謙曰：胡注「此未央宮之漸臺也。水經『未央宮臺在滄池中，建章漸臺在太液池中』。程大昌云：『漸者，漬也。言臺在水中受其漸漬也。凡臺之環浸於水者，皆可名漸臺。』漸子廉反」。

〔三〕師古曰：罷讀曰疲。

〔四〕師古曰：間關，猶言崎嶇展轉也。

〔五〕【補注】先謙曰：「平」字誤。官本、南監本作「子」。

〔六〕【補注】先謙曰：胡注「晡後，謂之下晡。見天文志」。

〔七〕【補注】周壽昌曰：三輔故事作「屠兒杜虞手殺莽」。東觀漢記亦作「杜虞」。吳、虞古字通。

〔八〕師古曰：公賓，姓也。就，名也。以先經治禮，故識天子綬也。【補注】錢大昭曰：廣韻「魯有公賓庚」。沈欽韓曰：續志「鴻臚大行令，主治禮郎四十七人」。

〔九〕師古曰：陬，隅也，音子侯反，又音鄒。

〔一〇〕【補注】沈欽韓曰：東觀記「杜虞殺莽於漸臺，東海公賓就得其首，傳詣宛，封滑侯」。

〔一一〕師古曰：三輔舊事云「臠，切千段也」。【補注】沈欽韓曰：徐陵集與楊僕射書曰「四冢分蚩尤，千刀剸王莽」。先謙曰：官本注末無「也」字。

〔一二〕師古曰：舍，止宿也。

六日癸丑，李松、鄧曄入長安，將軍趙萌、申屠建亦至，〔一〕以王憲得璽綬不輒上，多挾宮女，建天子鼓旗，收斬之。傳莽首詣更始，縣宛市，百姓共提擊之，〔二〕或切食其舌。

〔一〕【補注】沈欽韓曰：東觀記作申屠志。

〔三〕師古曰：提，擲也，音徒計反。

莽楊州牧李聖、司命孔仁兵敗山東，〔一〕聖格死，仁將其衆降，已而歎曰：「吾聞食人食者死其事。」拔劍自刺死。及曹部監杜普、陳定大尹沈意、九江連率賈萌〔二〕皆守郡不降，爲漢兵所誅。賞都大尹王欽及郭欽守京師倉，聞莽死，乃降，更始義之，皆封爲侯。太師王匡、國將哀章降雒陽，傳詣宛，斬之。嚴尤、陳茂敗昆陽下，走至沛郡譙，自稱漢將，召會吏民。尤爲稱説王莽篡位天時所亡聖漢復興狀，茂伏而涕泣。聞故漢鍾武侯劉聖聚衆汝南〔三〕稱尊號，尤、茂降之。以尤爲大司馬，茂爲丞相。十餘日敗，尤、茂并死。郡縣皆舉城降，天下悉歸漢。

〔一〕【補注】先謙曰：官本、南監本「楊」作「揚」。

〔二〕【補注】沈欽韓曰：寰宇記、吉州安福縣下。輿地志云「豫章太守賈萌與安成侯張普興兵誅王莽，普乃背約詣莽自陳，萌遂伐普於新茨之野」。案水經注「贛水又逕豫章郡北爲津步，步有故守賈萌廟，萌與安成侯張普爭地，爲普所害，即日靈見津渚，故民爲立廟」。寰宇記「洪州南昌縣龍沙廟，即西漢末太守賈萌也。萌與安成侯張普共謀誅王莽，普反告，王莽收萌而殺之。時人感歎，故爲立廟以祭」。全祖望云：「御覽引謝承後漢書謂是討莽而死，又引安成紀謂爭地而死，王莽傳則是爲莽九江太守拒漢而死，其亦異矣！豈同時先後之間有二賈萌，又皆爲南州牧守耶？」

〔三〕【補注】先謙曰：通鑑考異云「劉聖」後書劉玄傳作「望」。

初，申屠建嘗事崔發爲詩，〔一〕建至，發降之。後復稱説，〔二〕建令丞相劉賜斬發以徇。史諶、王延、王林、王吳、趙閎亦降，復見殺。初，諸假號兵人人望封侯。申屠建既斬王憲，又揚言三輔黠共殺其主。吏民惶恐，屬縣屯聚，建等不能下，馳白更始。

〔一〕師古曰：就發學詩。

〔二〕師古曰：妄言符命不順漢。

二年二月，更始到長安，下詔大赦，非王莽子，他皆除其罪，故王氏宗族得全。三輔悉平，更始都長安，居長樂宮。府藏完具，獨未央宮燒攻莽三日，死則案堵復故。更始至，歲餘政教不行。明年夏，赤眉樊崇等衆數十萬人入關，立劉盆子，稱尊號，攻更始，更始降之。赤眉遂燒長安宮室市里，害更始。民飢餓相食，死者數十萬，長安爲虛，〔一〕城中無人行。宗廟園陵皆發掘，唯霸陵、杜陵完。六月，世祖即位，然後宗廟社稷復立，天下艾安。〔二〕

〔一〕師古曰：虛讀曰墟。

〔二〕師古曰：艾讀曰乂。【補注】劉攽曰：王莽三十八爲大司馬，五十一居攝，五十四即真，六十八誅死。居攝三年號初始元年，始建國五，天鳳六，地皇四。

贊曰：王莽始起外戚，折節力行，以要名譽，宗族稱孝，師友歸仁。及其居位輔政，成、哀之際，勤勞國家，直道而行，動見稱述。豈所謂「在家必聞，在國必聞」，「色取仁而行違」者邪？〔一〕莽既不仁而有佞邪之材，又乘四父歷世之權，〔二〕遭漢中微，國統三絕，而太后壽考爲之宗主，故得肆其姦慝，以成篡盜之禍。〔三〕推是言之，亦天時，非人力之致矣。及其竊位南面，處非所據，顛覆之埶險於桀紂，而莽晏然自以黄、虞復出也。乃始恣睢，奮其威詐，〔四〕滔天虐民，窮凶極惡，〔五〕毒流諸夏，亂延蠻貉，猶未足逞其欲焉。是以四海之内，囂然喪其樂生之心，〔六〕中外憤怨，遠近俱發，城池不守，支體分裂，遂令天下城邑爲虚，〔七〕丘壠發掘，害徧生民，辜及朽骨，自書傳所載亂臣賊子無道之人，考其禍敗，未有如莽之甚者也。昔秦燔詩書以立私議，莽誦六蓺以文姦言，〔八〕同歸殊塗，俱用滅亡，皆炕龍絶氣，非命之運，〔九〕紫色蠅聲，餘分閏位，〔一〇〕聖王之驅除云爾！〔一一〕

〔一〕師古曰：論語載孔子對子張之言也。不仁之人假仁者之色，而所行則違之。朋黨比周，故能在家在國皆有名譽。故贊引之。

〔二〕【補注】先謙曰：鳳、音、商、根，相繼秉政，皆莽諸父。

〔三〕師古曰：肆，放也，極也。

〔四〕師古曰：睢音呼季反。

〔五〕師古曰：滔，漫也。

〔六〕師古曰：囂然，衆口愁貌也。音五高反。【補注】先謙曰：官本無注末四字。

〔七〕師古曰：虚讀曰墟。

〔八〕師古曰：以六經之事，文飾姦言。

〔九〕服虔曰：易曰「亢龍有悔」，謂無德而居高位也。蘇林曰：非命，非天命之命也。【補注】先謙曰：炕，亢借字。官本作「亢」，南監本同此。

〔一〇〕應劭曰：紫，間色；鼃，邪音也。服虔曰：言莽不得正王之命，如歲月之餘分爲閏也。師古曰：鼃者，樂之淫聲，非正曲也。近之學者，便謂鼃之鳴，已失其義。又欲改此贊鼃聲爲蠅聲，引詩「匪雞則鳴，蒼蠅之聲」，尤穿鑿矣。

〔一一〕蘇林曰：聖王，光武也。爲光武驅除也。師古曰：言驅逐蠲除，以待聖人也。

敘傳第七十上〔一〕

〔一〕師古曰：自敘漢書以後分爲下卷。【補注】齊召南曰：案南史蕭琛傳「琛爲宣城太守，有北僧南渡，惟齎一瓠蘆，中有漢書序傳。僧云：『三輔舊書，相傳以爲班固真本。』琛固求得之，其中多有異今者，而紙墨甚古，文字多如龍舉之例，非隸非篆，琛甚秘之。及爲江夏太守，以書餉鄱陽王範，獻於東宫」。又劉之遴傳「太子以漢書真本令之遴與張纘、到溉、陸襄等參校異同，之遴録其異狀數十事，其大略云『案古本漢書稱永平十六年五月二十一日己酉郎班固上，而今本無上書年月日字。又案古本敘傳號爲中篇，今本稱爲敘傳。又今本敘傳載班彪事行，而古本云彪自有傳』」。案此説可疑。後書固傳「固自永平中始受詔，潛精積思二十餘年，至建初中始成」。然則永平十六年乃初受詔，豈容即表上於朝乎？又其父彪以建武中爲徐令司徒掾望都長，自不合列傳，於前書所謂真本，必非實也，意者好事之徒所爲耶。永平中何由有紙？即此足破其妄。漢書自初出即已盛行，八表、天文志闕，曹大家且受詔以完其業，然則今本漢書確足據矣。稱敘傳爲中篇，有何義乎？先謙曰：官本、南監本無顏注十三字。

班氏之先，與楚同姓，令尹子文之後也。〔一〕子文初生，棄於瞢中，而虎乳之。〔二〕楚人謂乳「穀」，謂虎「於檡」，〔三〕故名穀於檡，字子文。楚人謂虎「班」，其子以爲號。〔四〕秦之滅楚，遷晉、代之間，因氏焉。〔五〕

鳳反。

〔一〕【補注】宋祁曰：今越本無「之」字。

〔二〕師古曰：瞢，雲瞢澤也。春秋左氏傳曰：「楚若敖娶於䢵，生鬬伯比。若敖卒，從其母畜於䢵，淫於䢵子之女，生子文焉。䢵夫人使棄諸瞢中，獸乳之，䢵子田，見之，懼而歸，夫人以告，遂使收之。」瞢與夢同，並音莫風反，又音莫鳳反。

〔三〕如淳曰：穀音構。牛羊乳汁曰構。師古曰：穀讀如本字，又音乃苟反。於音烏。檡字或作菟，並音塗。【補注】宋祁曰：淳化本作「楚人謂乳爲穀，謂虎爲於檡」。先謙曰：穀當作㝅，説文「㝅，乳也，从子𣪊聲」。左莊三十年釋文「㝅，奴走反。漢書作穀，音同」。是唐本亦有作穀者。方言「虎，江淮、南楚間，或謂之於䖘」。左傳䖘作菟，省借字。本書作檡，亦雙聲借字。玉篇「檡、樗，棗也」。

〔四〕師古曰：子文之子鬬班，亦爲楚令尹。【補注】先謙曰：通鑑胡注「左傳莊三十年，申公鬬班殺令尹子元，而鬬穀於菟爲令尹，恐班非子文之子」。何焯云：「春秋傳作般，與班同，非殺令尹子元之申公鬬班也。」

〔五〕師古曰：遂以班爲姓。

始皇之末，班壹避墜於樓煩，〔一〕致馬牛羊數千羣。值漢初定，與民無禁，當孝惠、高后時，以財雄邊，〔二〕出入弋獵，旌旗鼓吹，年百餘歲，以壽終，故北方多以「壹」爲字者。〔三〕

〔一〕師古曰：墜，古地字。樓煩，鴈門之縣。

〔二〕師古曰：國家不設衣服車旗之禁，故班氏以多財而爲邊地之雄豪。

〔三〕師古曰：馬邑人聶壹之類也。今流俗書本多改此傳壹字爲懿，非也。

壹生孺。孺爲任俠，州郡歌之。孺生長，官至上谷守。長生回，以茂材爲長子令。〔一〕回生況，舉孝廉爲郎，積功勞，至上河農都尉，〔二〕大司農奏課連最，入爲左曹越騎校尉。〔三〕成帝之初，女爲倢伃，致仕就第，貲累千金，徙昌陵。昌陵後罷，〔四〕大臣名家皆占數于長安。〔五〕

〔一〕師古曰：上黨之縣。長讀如本字。

〔二〕師古曰：上河，地名。農都尉者，典農事。【補注】先謙曰：此官亦見馮參傳。

〔三〕【補注】先謙曰：百官表「越騎校尉掌越騎」。左右曹，加官，諸曹受尚書事」。

〔四〕【補注】先謙曰：事詳成紀，劉向、陳湯諸傳。

〔五〕師古曰：占，度也。自隱度家之曰數而著名籍也。占音之贍反。【補注】周壽昌曰：後書班彪傳云「扶風安陵人」。先謙曰：「之」下「曰」字誤，官本、南監本作「口」。

況生三子，伯、斿、穉。伯少受詩於師丹。〔一〕大將軍王鳳薦伯宜勸學，〔二〕召見宴昵殿，〔三〕容貌甚麗，誦說有法，拜爲中常侍。〔四〕時上方鄉學，〔五〕鄭寬中、張禹朝夕入說尚書、論語於金華殿中，〔六〕詔伯受焉。既通大義，又講異同於許商，遷奉車都尉。數年，金華之業絕，〔七〕出與王、許子弟爲羣，〔八〕在於綺襦紈絝之間，非其好也。〔九〕

〔一〕【補注】周壽昌曰：儒林傳「師丹傳齊詩學」，則伯所受者齊詩。

〔二〕【補注】周壽昌曰：勸學，勸上學也。此蓋如後世侍講、侍讀之類。後書馬嚴傳「除子鱄爲郎，令勸學省中」。楊秉傳「以明尚書徵入勸講」皆是。三國志蜀尹默、譙周爲勸學從事，見本傳。晉孟嘉爲勸學從事，見嘉傳。梁元帝在荆州置勸學從事，見玉海。蓋州郡則加從事之稱。

〔三〕張晏曰：親戚宴飲會同之殿。【補注】宋祁曰：張晏解與師古同。字林「昵，近也，乃吉反」。

〔四〕【補注】先謙曰：中常侍加官，得入禁中。見百官表。

〔五〕師古曰：鄉讀曰嚮。

〔六〕師古曰：金華殿在未央宮。【補注】先謙曰：寬中見儒林傳。

〔七〕【補注】先謙曰：謂輟不講説。

〔八〕【補注】先謙曰：王，成帝母家。許，成帝后家。

〔九〕晉灼曰：白綺之襦，冰紈之絝也。師古曰：紈，素也。綺，今細綾也。並貴戚子弟之服。

家本北邊，志節忼慨，數求使匈奴。河平中，單于來朝，上使伯持節迎於塞下。會定襄大姓石、李羣輩報怨，殺追捕吏，〔一〕伯上狀，因自請願試守期月。〔二〕上遣侍中中郎將王舜馳傳代伯護單于，〔三〕并奉璽書印綬，即拜伯爲定襄太守。〔四〕定襄聞伯素貴，年少，自請治劇，畏其下車作威，吏民竦息。伯至，請問耆老父祖故人有舊恩者，〔五〕迎延滿堂，日爲供具，〔六〕執子孫禮。〔七〕郡中益弛。〔八〕諸所賓禮皆名豪，懷恩醉酒，共諫伯宜頗攝録盜賊，具言本謀亡匿處。伯曰：「是所望於父師矣。」〔九〕乃召屬縣長吏，選精進掾史，〔一〇〕分部收捕，〔一一〕及它隱伏，旬日盡得。郡中震栗，咸稱神明。〔一二〕歲餘，上徵伯。伯上書願過故郡上父祖冢。有詔，太守都尉以下會。〔一三〕因召宗族，各以親疏加恩施，散數百金。北州以爲榮，長老紀焉。〔一四〕道病中風，〔一五〕既至，以侍中光禄大夫養病，〔一六〕賞賜甚厚，數年未能起。

〔一〕師古曰：報私怨而殺人，吏追捕之，又殺吏。【補注】宋祁曰：「慷」字越本作「忼」。「石季」越本作「石李」。「報怨殺」，淳化本及越本作「報怨寇追殺」。先謙曰：官本「李」作「季」，「忼」不作「慷」，與宋所見異。

〔二〕師古曰：欲守定襄太守。期音基。
〔三〕師古曰：傳音張戀反。
〔四〕師古曰：即，就也。就其所居而拜。
〔五〕師古曰：請，召也。
〔六〕師古曰：酒食之具也。供音居用反。
〔七〕【補注】蘇輿曰：執子孫禮，極言其敬謹。魏志孔融傳注「高密鄭玄，稱之鄭公，執子孫禮」。
〔八〕師古曰：弛，解也。見伯不用威刑，故自解縱。【補注】先謙曰：官本注「弛」作「㢮」。益，漸也。
〔九〕師古曰：齒爲諸父，尊之如師，故曰父師。
〔一〇〕師古曰：精明而進趨也。
〔一一〕師古曰：分音扶問反。
〔一二〕師古曰：桌，古栗字。
〔一三〕師古曰：同赴其所。
〔一四〕師古曰：紀，記也。
〔一五〕師古曰：中，傷也。爲風所傷。
〔一六〕師古曰：受其秩俸，而在家自養也。

會許皇后廢，班倢伃供養東宮，〔一〕進侍者李平爲倢伃，而趙飛燕爲皇后，伯遂稱篤。久之，上出過臨候伯，伯惶恐，起眡事。〔二〕

〔一〕李奇曰：元后，成帝母。【補注】先謙曰：事詳外戚傳。

〔二〕師古曰：眡，古視字。【補注】周壽昌曰：成帝以微行臨候，故伯惶恐也。

自大將軍薨後，〔一〕富平、定陵侯張放、淳于長等始愛幸，出爲微行，行則同輿執轡；入侍禁中，設宴飲之會，及趙、李諸侍中皆引滿舉白，〔二〕談关大噱。〔三〕時乘輿幄坐張畫屏風，〔四〕畫紂醉踞妲己〔五〕作長夜之樂。上以伯新起，數目禮之，〔六〕因顧指畫而問伯：「紂爲無道，至於是虖？」伯對曰：「書云『乃用婦人之言』，〔七〕何有踞肆於朝？〔八〕所謂衆惡歸之，不如是之甚者也。」〔九〕上曰：「苟不若此，此圖何戒？」伯曰：「『沈湎于酒』，微子所以告去也；〔一〇〕『式號式謼』，大雅所以流連也。〔一一〕詩書淫亂之戒，其原皆在於酒。」上乃喟然歎曰：「吾久不見班生，今日復聞讜言！」〔一二〕放等不懌，〔一三〕稍自引起更衣，因罷出。時長信庭林表適使來，聞見之。〔一四〕

〔一〕師古曰：王鳳。

〔二〕服虔曰：舉滿桮，有餘白瀝者，罰之也。孟康曰：舉白，見驗飲酒盡不也。師古曰：謂引取滿觴而飲，飲訖，舉觴告白盡不也。一說，白者，罰爵之名也。飲有不盡者，則以此爵罰之。魏文侯與大夫飲酒，令曰：「不釂者，浮以大白。」於是公乘不仁舉白浮君是也。【補注】先謙曰：官本注「是也」作「者也」。

〔三〕師古曰：关，古笑字也。噱噱，笑聲也，音其畧反。或曰，噱謂脣口之中，大笑則見，此說非。

〔四〕師古曰：坐音材臥反。

〔五〕【補注】沈欽韓曰：初學記二十五劉向別録曰：「臣向與黃門侍郎歆所校列女傳，種類相從，爲七篇。以著禍福榮辱之效，是非得失之分，畫之於屏風四堵。」案，如言，則畫紂醉踞妲己者，亦嬖孽傳之一耳。

〔六〕師古曰：目視而敬之。

〔七〕師古曰：今文尚書泰誓之辭。

〔八〕師古曰：肆，放也，陳也。

〔九〕師古曰：論語稱孔子曰：「紂之不善，不如是之甚也。是以君子惡居下流，天下之惡皆歸焉。」故伯引此爲言。

〔一〇〕師古曰：微子，殷之卿士，封於微，爵稱子也。殷紂錯亂天命，微子作誥，告箕子、比干而去紂。其誥曰：「用沈酗于酒，用亂敗厥德于下。我其發出狂，吾家耄遜于荒。」事見尚書微子篇。

〔一一〕師古曰：大雅蕩之詩曰：「式號式謼，俾晝作夜。」言醉酒號呼，以晝爲夜也。流連，言作詩之人嗟嘆，而泣涕流連也。而説者乃以流連爲荒亡，蓋失之矣。大雅所以流連，不謂飲酒之人也。謼音火故反。【補注】何焯曰：沈湎二語對「引滿舉白」，式號二語對「談笑大噱」。周壽昌曰：謼，毛詩作呼。伯所引是齊詩説。説苑貴德篇「詩云『式號式呼，俾晝作夜』，言闕行也」。則魯詩説謼亦作呼。流連，顔謂不指飲酒説，是也。然亦無訓爲泣涕者，詩「泣涕漣漣」，作漣不作連。大雅此篇「天不湎爾以酒」，下專指酒説，流連往復，以致戒耳。先謙曰：官本「荒」作「流」。

〔一二〕師古曰：讜言，善言也，音黨。

〔一三〕師古曰：懌，悦也，音亦。

〔一四〕孟康曰：長信，太后宮名也。庭林表，宮中婦人官名也。師古曰：長信宮庭之林表也。林表官名耳，庭非官稱也。【補注】宋祁曰：林表，晉灼曰應劭書作材表，宮人之有材能者，表其師也。張晏曰：林，君也。表，外也。於宮外傳威儀也。沈欽韓曰：十四等號無林表，此蓋給事長信庭之宮者名林表。先謙曰：沈説是。

後上朝東宮，太后泣曰：「帝間顔色瘦黑，〔一〕班侍中本大將軍所舉，宜寵異之，益求其比，以輔聖德。〔二〕宜遣富平侯且就國。」上曰：「諾。」車騎將軍王音聞之，以風丞相御史〔三〕奏富平侯罪過，上乃出放爲邊都尉。〔四〕後復徵入，太后與上書曰：「前所道尚未效，〔五〕富平侯反復來，其能默虖？」〔六〕上謝曰：「請今奉詔。」〔七〕是時許商爲少府，師丹爲光祿勳，上於是引商、丹入爲光祿大夫，伯遷水衡都尉，與兩師並侍中，〔八〕皆秩中二千石。每朝東宮，常從；及有大政，俱使諭指於公卿。上亦稍厭游宴，復修經書之業，太后甚悅。丞相方進復奏，富平侯竟就國。會伯病卒，年三十八，朝廷愍惜焉。

〔一〕師古曰：閒謂比日也。

〔二〕師古曰：比，類也，音必寐反。

〔三〕師古曰：風讀曰諷。【補注】先謙曰：通鑑考異云「案放傳丞相宣、御史大夫方進奏放過惡，音以正月乙巳薨，方進以三月丁酉爲御史大夫」。然則風丞相御史者，疑非音也。周壽昌云：「放傳作『上諸舅皆害其寵，不專屬音』爲是。」

〔四〕【補注】先謙曰：續志云「邊郡往往置都尉及屬國都尉，稍有分縣，治民比郡」。

〔五〕張晏曰：謂上所言「班侍中本大將軍所舉，宜寵異之」。

〔六〕如淳曰：富平侯張放復來，太后安能默然不以爲言。

〔七〕【補注】先謙曰：今猶即也。

〔八〕如淳曰：兩師，許商、師丹。【補注】錢大昕曰：公卿表「元延元年，侍中光祿大夫趙彪大伯爲侍中水衡都尉，三年卒」。計其年，正許商、師丹除侍中光祿大夫之時也。伯爲水衡都尉，表失載，疑趙彪即班伯之譌。

斿博學有俊材，左將軍師丹舉賢良方正，〔一〕以對策爲議郎，遷諫大夫、右曹中郎將，與劉向校祕書。每奏事，〔二〕斿以選受詔進讀羣書。〔三〕上器其能，賜以祕書之副。時書不布，〔四〕自東平思王以叔父求太史公、諸子書，大將軍白不許。語在東平王傳。〔五〕斿亦早卒，有子曰嗣，顯名當世。〔六〕

〔一〕【補注】先謙曰：官本作「史丹」。据公卿表「成帝河平三年，史丹爲左將軍，永始三年薨」。「綏和二年，師丹爲左將軍」，踰年而哀帝即位，則舉斿者蓋史丹，非師丹也。建始三年，詔舉賢良方正，在史丹爲左將軍前四年，而云左將軍史丹舉者，從其後官書之。劉向校祕書，成紀亦書於河平三年。斿由議郎遷至中郎將與向校書，自是後數年事，若成帝末始對策，則不及與向共事矣。

〔二〕師古曰：斿每奏校書之事。

〔三〕師古曰：於天子前讀書。

〔四〕師古曰：謂不出之於羣下。

〔五〕師古曰：此言東平王求書不得，而斿獲賜祕書，明見寵異。

〔六〕【補注】先謙曰：嗣事見下。

穉少爲黄門郎中常侍，方直自守。成帝季年，立定陶王爲太子，數遣中盾請問近臣，〔一〕穉獨不敢荅。〔二〕哀帝即位，出穉爲西河屬國都尉，遷廣平相。

〔一〕師古曰：盾讀曰允。百官表云詹事之屬官也。漢書儀云秩四百石，主徼巡宮中。【補注】先謙曰：官本引蕭該音義曰：「中盾，韋昭曰『太子宮中盾長也』。該案盾音允。」先謙案：即中允，音近字通。淮南俶真訓「引楯萬物，羣英萌生」，高誘注「楯讀允恭之允」。與此同。官本、南監本注「書」作「舊」。

〔二〕師古曰：言其慎。

王莽少與穉兄弟同列友善，兄事斿而弟畜穉。〔一〕斿之卒也，修緦麻，賻賵甚厚。〔二〕平帝即位，太后臨朝，莽秉政，方欲文致太平，〔三〕使使者分行風俗，采頌聲，〔四〕而穉無所上。〔五〕琅邪太守公孫閎言災害於公府，大司空甄豐遣屬馳至兩郡諷吏民，〔六〕而劾閎空造不祥，穉絕嘉應，嫉害聖政，皆不道。太后曰：「不宣德美，宜與言災害者異罰。且後宮賢家，我所哀也。」〔七〕閎獨下獄誅。穉懼，上書陳恩謝罪，願歸相印，入補延陵園郎，太后許焉。食故祿終身。由是班氏不顯莽朝，亦不罹咎。〔八〕

〔一〕師古曰：事斿如兄，遇穉如弟。

〔二〕師古曰：送終者布帛曰賻，車馬曰賵。賻音附。賵音芳鳳反。【補注】沈欽韓曰：儀禮喪服「朋友麻」，鄭注「朋友有同道之恩，相爲服緦之經帶」。

〔三〕師古曰：言欲以文教致太平。【補注】劉敞曰：公羊春秋說「文致太平者，以春秋亂世，但聖人作文致之，如太平耳」。莽政既惡，而飾虛以自章大，是亦文致也，豈謂文教致太平乎？沈欽韓曰：何休說定六年傳云「定哀之間，文致太平」。疏云，實不太平，但作太平文而已。此公羊家例，漢人常用。

〔四〕師古曰：行音下更反。

〔五〕師古曰：不稱符瑞及歌頌。

〔六〕師古曰：遣言祥應而隱除災害。【補注】先謙曰：官本注末有「也」字。

〔七〕師古曰：班倢伃有賢德，故哀閔其家。

〔八〕師古曰：櫂，遭也。

初，成帝性寬，進入直言，是以王音、翟方進等繩法舉過，〔一〕而劉向、杜鄴、王章、朱雲之徒肆意犯上，〔二〕故自帝師安昌侯，諸舅大將軍兄弟及公卿大夫、後宮外屬史許之家有貴寵者，莫不被文傷詆。〔三〕唯谷永嘗言「建始、河平之際，許、班之貴，傾動前朝，熏灼四方，賞賜無量，空虛內臧，女寵至極，不可尚矣；今之後起，天所不饗，什倍於前。」永指以駮譏趙、李，亦無間云。〔四〕

〔一〕師古曰：論天子之過失。

〔二〕師古曰：肆，極也。

〔三〕師古曰：詆，毀也，音丁禮反。

〔四〕師古曰：雖谷永嘗有此言，而意專在趙、李耳。自餘劉向之徒，又皆不論班氏也。間，非也，音居莧反。

穉生彪。彪字叔皮，幼與從兄嗣共遊學，家有賜書，內足於財，好古之士自遠方至，父黨楊子雲以下莫不造門。〔一〕

〔一〕師古曰：造，至也，音千到反。【補注】先謙曰：官本、南監本「楊」作「揚」。

嗣雖修儒學，然貴老嚴之術，〔一〕桓生欲借其書，〔二〕嗣報曰：「若夫嚴子者，絕聖棄智，修生保真，清虛澹泊，歸之自然，〔三〕獨師友造化，而不爲世俗所役者也。漁釣於一壑，則萬物不奸其志；〔四〕栖遲於一丘，則天下不易其樂。不絓聖人之罔，〔五〕不齅驕君之餌，〔六〕蕩然肆志，談者不得而名焉，〔七〕故可貴也。今吾子已貫仁誼之羈絆，繫名聲之韁鎖，〔八〕伏周、孔之軌躅〔九〕馳顔、閔之極摯，〔一〇〕既繫攣於世教矣，〔一一〕何用大道爲自眩曜？〔一二〕昔有學步於邯鄲者，曾未得其髣髴，又復失其故步，遂匍匐而歸耳！〔一三〕恐似此類，故不進。」〔一四〕嗣之行己持論如此。

〔一〕師古曰：老，老子也。嚴，莊周也。

〔二〕師古曰：桓譚。

〔三〕師古曰：澹泊，安靜也。澹音徒濫反。泊音步各反，又音魄。

〔四〕師古曰：奸，犯也，音干。

〔五〕師古曰：絓讀與挂同。聖人謂周、孔也。

〔六〕應劭曰：齅音六畜之畜。師古曰：齅古嗅字也。餌謂爵禄。君所以制使其臣，亦猶釣魚之設餌也。【補注】宋祁曰：齅，字書火又反。注文「設」，一作「投」。沈欽韓曰：説文「齅，以鼻就臭也，讀若畜牲之畜」。與應劭音同。

〔七〕師古曰：肆，放也。

〔八〕師古曰：韁，如馬韁也，音薑。【補注】宋祁曰：絆，字書音半。

〔九〕鄭氏曰：躅，迹也。三輔謂牛蹄處爲躅。師古曰：躅音文欲反。【補注】宋祁曰：鄭云躅音拘揭之揭。先謙曰：官本注無「師古曰躅」四字，疑奪。

〔一〇〕劉德曰：摯，至也，人行之所極至。

〔一一〕【補注】錢大昕曰：攣，古戀字。説文無戀。

〔一二〕師古曰：言用老子、莊周之道何爲？但欲以名自炫曜耳。眩音州縣之縣。【補注】宋祁曰：曜字下，浙本有「也」字。先謙曰：爲讀曰僞。顔注上屬，非。

〔一三〕師古曰：匍音扶。匐音蒲北反。【補注】沈欽韓曰：莊子秋水篇「壽陵餘子學於邯鄲，未得國能，又失其故行，直匍匐而歸耳」。

〔一四〕師古曰：言不與其書。

叔皮唯聖人之道然後盡心焉。〔一〕年二十，遭王莽敗，世祖即位於冀州。時隗囂據壟擁衆，招輯英俊，〔二〕而公孫述稱帝於蜀漢，天下雲擾，〔三〕大者連州郡，小者據縣邑，囂問彪曰：「往者周亡，戰國並爭，天下分裂，數世然後乃定，其抑者從横之事復起於今乎？〔四〕將承運迭興在於一人也？〔五〕願先生論之。」對曰：「周之廢興與漢異。昔周立爵五等，諸侯從政，〔六〕本根既微，枝葉强大，〔七〕故其末流有從横之事，其埶然也。漢家承秦之制，並立郡縣，主有專己之威，臣無百年之柄，至於成帝，假借外家，〔八〕哀、平短祚，國嗣三絶，危自上起，傷不及下。〔九〕故王氏之貴，傾擅朝廷，能竊號位，而不根於民。〔一〇〕是以即真之後，天下莫不引領而歎，〔一一〕十餘年間，外内騷擾，遠近俱發，假號雲合，咸稱劉氏，不謀而同辭。方今雄桀帶州城者，皆無七國世業之資。〔一二〕詩云：『皇矣上帝，臨下有赫，鑒觀四方，求民之莫。』〔一三〕今民皆謳吟思漢，鄉仰劉氏，已可知矣。」〔一四〕囂曰：「先生言周、漢之埶，可也，至於但見愚民習識劉氏姓號之故，而謂漢家復興，疏矣！昔秦失其鹿，劉季逐而掎之，〔一五〕時民復知漢虜！」〔一六〕既感顯言，又惑狂狡之不息，〔一七〕乃著王命論以救時難。其辭曰：

〔一〕張晏曰：固不欲言父諱，舉其字耳。【補注】周壽昌曰：班氏常譏太史公先黄老而後六經，故特於嗣論莊子後，爲其父表明此語。後書云「彪性沈重好古」。

〔二〕師古曰：輯與集同。【補注】宋祁曰：「壟」字下當有「右」字。周壽昌曰：後書作擁衆天水。先謙曰：壟，隴借字。

〔三〕師古曰：言盗賊擾亂，如雲而起。

〔四〕師古曰：抑，語辭。【補注】周壽昌曰：抑，疑辭也。左昭十三年傳「其抑亦將卒以祚吴乎」？語義正同。亦作意廣雅「意，疑也」。韓詩云「抑，意也」。先謙曰：後書彪傳作「意者」。

〔五〕師古曰：迭，互也，音大結反。

〔六〕師古曰：言諸侯之國各别爲政。【補注】先謙曰：官本「别」作「分」。

〔七〕師古曰：本根謂王室也。枝葉謂諸侯。

〔八〕師古曰：假音工暇反。借音子夜反。

〔九〕【補注】先謙曰：官本考證云，後書於此條問荅字句，稍有增損。「危自上起」三句，後書倒載於「王氏擅朝，因竊位號」之下。又「方今雄桀帶州城者，皆無七國世業之資」下，後書節詩云「皇矣上帝」四句。又王命論全文，後書但載其目，而不述其文也。

〔一〇〕師古曰：言無據援。

〔一一〕【補注】先謙曰：官本「歎」作「數」。

〔一二〕【補注】宋祁曰：「城」或作「域」。王念孫曰：作域者是也。雄桀帶州域者，謂雄桀竝立，各帶一州之域也。周官大司徒「九州之地域」。史記天官書「天則有列宿，地則有州域」。漢書食貨志「有國彊者兼州域」。若作州城，則非其指矣。域與城字形相似而誤。管子八觀篇「國域大而田野淺狹」。吕氏春秋勿躬篇「平原廣域」。史記天官書「爲其環域千里内占」。

大宛傳「漢遣驃騎破匈奴西域」。今本「域」字竝誤作「城」。漢紀孝平紀、後書班彪傳、宋書符瑞志竝作「州域」。

〔一三〕師古曰：大雅皇矣之詩也。皇，大也。上帝，天也。莫，定也。言大矣天之視下，赫然甚明，監察衆國，求人所定而授之。

〔一四〕師古曰：鄉讀曰嚮。

〔一五〕師古曰：掎，偏持其足也。音居蟻反。【補注】先謙曰：謂幸捷而得之，故王命論特駁正此語。

〔一六〕【補注】沈欽韓曰：「漢」當作「秦」。先謙曰：沈獻疑亦有因，然後書亦作「漢」，則時民，當謂今時之人。

〔一七〕【補注】宋祁曰：韋昭音義作火旁息，音熹既反。字林音息。是以今漢書止作息字。先謙曰：官本「[illegible]」作「愍」，此沿避唐諱。

昔在帝堯之禪曰：「咨爾舜，天之曆數在爾躬。」舜亦以命禹。〔一〕臮于稷契，咸佐唐虞，〔二〕光濟四海，奕世載德，〔三〕至于湯武，而有天下。雖其遭遇異時，禪代不同，至于應天順民，其揆一也。〔四〕是故劉氏承堯之祚，氏族之世，著乎春秋。〔五〕唐據火德，而漢紹之，始起沛澤，則神母夜號，以章赤帝之符。由是言之，帝王之祚，必有明聖顯懿之德，豐功厚利積絫之業，〔六〕然後精誠通於神明，流澤加於生民，故能爲鬼神所福饗，天下所歸往，未見運世無本，功德不紀，〔七〕而得屈起在此位者也。〔八〕世俗見高祖興於布衣，不達其故，以爲適遭暴亂，得奮其劍，游説之士至比天下於逐鹿，幸捷而得之，不知神器有命，不可以智力求也。〔九〕悲夫！此世所以多亂臣賊子者也。若然者，豈徒闇於天道哉？又不覩之於人事矣！

〔一〕師古曰：事見論語。

〔二〕師古曰：契讀與卨同，字本作偰。【補注】宋祁曰：尚書音巨沿反。周壽昌曰：臬即暨。史記夏本紀「蠙珠臬魚」，注「臬，古暨字也」。

〔三〕師古曰：載，乘也。言相因不絕。【補注】先謙曰：官本「乘」作「承」。南監本與此同。

〔四〕師古曰：言堯舜以文德相禪，湯武以征伐代興，各上應天命，下順人心。

〔五〕師古曰：謂士會歸晉，其處者爲劉氏。【補注】顧炎武曰：案左昭二十九年傳「陶唐氏既衰，其後有劉累者，學擾龍於豢龍氏以事孔甲」。如師古注，則又其苗裔也。蘇輿曰：士會二語，確是後人增益，當引昭二十九年傳爲注，文選李注兼引兩處。

〔六〕師古曰：絫，古累字。【補注】宋祁曰：「師古曰」下，當有「豊古酆字」四字。先謙曰：宋說不可解，當是所見本作「酆」，此文豊、酆誤倒耳。

〔七〕師古曰：不紀，不爲人所記。

〔八〕師古曰：屈起，特起也，屈音其勿反。【補注】先謙曰：屈，崛借字，文選作「崛起」。

〔九〕劉德曰：神器，璽也。李奇曰：帝王賞罰之柄也。師古曰：李說是也。【補注】劉奉世曰：神器者，聖人之大寶曰位是也。

夫餓饉流隸，飢寒道路，〔一〕思有裋褐之褻，儋石之畜，〔二〕所願不過一金，然終於轉死溝壑。何則？貧窮亦有命也。況虖天子之貴，四海之富，神明之祚，可得而妄處哉？故雖遭罹阸會，竊其權柄，〔三〕勇如信、布，彊如梁、籍，成如王莽，然卒潤鑊伏質，亨醢分裂，〔四〕又況幺麿，尚不及數子，〔五〕而欲闇奸天位者虖！〔六〕是故駑蹇之乘不騁千里之塗，燕雀之疇不奮六翮之用，楶梲之材不荷棟梁之任，〔七〕斗筲之子不秉帝王之重，〔八〕易曰「鼎折足，覆公餗」，〔九〕不勝其任也。

〔一〕師古曰：隸，賤隸。

〔二〕師古曰：褻謂親身之衣也，音先列反。一説云衣破壞之餘曰褻。儋石，解在蒯通傳，音丁濫反。畜讀曰蓄。【補注】先謙曰：官本「裋」作「短」。注「列」作「到」，「濫」作「擸」。引蕭該音義曰：「字林曰『褻，衷衣也，丈篋反』。」錢大昕云：「説文『裋，豎使布長襦』，貢禹、貨殖傳並有『裋褐不完』之語，作短非。」王念孫云：「褻與褻不同字。褻，親身衣也，從衣，埶聲，讀若漏泄之泄。先列反。褻，重衣也，字本作褺，從衣，執聲，讀若重疊之疊。大篋反。其執字或在衣中作褻，轉寫小異耳，與褻衣之褻字從埶者不同。此言短褐之褻，謂飢寒之人，思得短褐以爲重衣，非謂親身之褻衣也。漢紀及文選竝作『短褐之襲』，李善注『説文曰襲，重衣也。字林曰襲大篋反』。舊本反譌作也，據宋祁引蕭該音義改。此即褺之借字也。何以明之？説文『褺，重衣也，從衣執聲』，一切經音十五『褻與褺同。徒俠反』，引通俗文曰『重衣曰褻』。宋祁引蕭該音義曰：『字林曰褻，重衣也，舊本重衣作衷衣，乃後人誤以爲褻衣而改之，今據説文、玉篇、廣韻訂正。大篋反。』舊本「大」譌作「丈」，據文選注引改。正與李善所引同，則襲爲褺之借字明矣。説文以襲爲左衽袍，以褺爲重衣。今經史中重衣之字皆作襲，而褺字遂廢，唯此一處作褻，與褺同。乃古字之僅存者，而師古云『褻謂親身衣也，先列反』，是直不辨褻、褻之爲兩字矣。廣韻褻在十七薛，襲在二十六緝，褺在三十帖，褺與襲聲相近，故漢紀、文選皆作襲，若褻與襲，則聲遠而不可通矣。」蘇輿云：「裋褐，短褐。原有兩本：秦紀『寒者利裋褐』，據汲古本。徐廣云：『一作短』，索隱『裋一音豎，短而且狹，故謂之短褐』。孟嘗君傳『士不得短褐』，索隱『短亦音豎』。並據單行本。案，小司馬並作豎音，則所見本作短，今刻秦紀索隱譌作裋耳。或謂古無短褐字，非也，杜甫詩如『賜浴皆長纓，與宴非短褐』，『諸生舊短褐，旅泛一浮萍』之類，玩其屬對，竝作長短之短用，必有所本。可見唐時史、漢有作短褐之本。文選注引韋昭云『短謂裋，裋，襦也，短丁管反』。則韋見本已作短。」

〔三〕師古曰：罹亦遭也，音離。

〔四〕師古曰：質，鍖也，伏於鍖上而斬之也，鍖音竹林反。

〔五〕鄭氏曰：䐶音麽，小也。晉灼曰：此骨偏䐶之䐶也。師古曰：鄭音是也。幺、䐶，皆微小之稱也。幺音一堯反。麽音莫可反。骨偏䐶自音麻，與此義不相合，晉説失之。【補注】錢大昕曰：説文無麽字，徐鉉等新附。而有髍字，髍，㾫病也，與䐶同。幺言其小，䐶言其病。童謡所稱「見一蹇人，言欲上天」，隗囂少病蹇，以是刺之也。晉説得之。王念孫曰：錢説非也。䐶之言靡也，張揖注上林賦曰「靡，細也」。幺䐶二字連文，俱是微小之意。廣雅「紗、麽，小也」，紗與幺同，漢紀、文選竝作幺麽，不及數子。李善注引鶡冠子曰「無道之君，任用幺麽；有道之君，任用俊雄」。見道端篇。又引通俗文曰「不長曰幺，細小曰麽」。作䐶者，古字假借耳。幺䐶不及數子，謂囂勇不如信、布，彊不如梁、籍，成不如王莽，非譏其病蹇也。若以䐶爲病蹇，則上與幺字不相比附，下與不及數子之文不相連屬矣。説文「䐶，㾫病也。㾫，半枯也」。此即今偏枯之病，亦非蹇病也。顏注「自音麻」，麻當爲摩，各本皆譌，據説文、玉篇、廣韻改。案鄭氏曰䐶音麽，玉篇「麽亡可切，又亡波切」。是䐶、麽古同聲，顏必分平上二讀，非也。沈欽韓曰：郭璞爾雅注「豕子最後生者，俗呼爲幺豚」，字林「幺，小豚」。隋書律曆志「凡日不全爲餘，積以成餘者曰秒。度不全爲分，積以成分者曰蔑。其有不成秒曰麽，不成蔑曰幺」。

〔六〕師古曰：奸音干。【補注】宋祁曰：奸，字詁「古文干字」。

〔七〕師古曰：楶即薄櫨，所謂枅也。棁，梁上短柱也。楶音節，字亦或作節。棁音之説反。【補注】先謙曰：官本引蕭該音義曰：「韋昭『楶音節，一名檽，即柱上方木也』。鄭氏『楶音贅』。應劭曰，爾雅曰『棁，朱檽也』。音之劣反。」

〔八〕師古曰：斗筲，言小器也，解在公孫劉田傳。筲音山交反。【補注】先謙曰：官本引蕭該音義曰：「字林曰『筲，飯筥也，受五升，秦云山交反』。該案：䈰或作筲，論語曰『斗筲之人，何足算也』。」

〔九〕師古曰：鼎卦九四爻辭也。餗，食也，音速。【補注】先謙曰：官本引蕭該音義曰：「字林曰『餗，鼎實也』。韋昭音義餗字作鬻，曰『菜羹曰鬻，音速』。該案：字林餗，或作鬻，字異，音訓則一。」

當秦之末，豪桀共推陳嬰而王之，嬰母止之曰：「自吾爲子家婦，而世貧賤，〔一〕卒富貴不祥，〔二〕不如以兵屬人，〔三〕事成少受其利，不成禍有所歸。」嬰從其言，而陳氏以寧。王陵之母亦見項氏之必亡，而劉氏之將興也。是時陵爲漢將，而母獲於楚，有漢使來，陵母見之，謂曰：「願告吾子，漢王長者，必得天下，子謹事之，無有二心。」遂對漢使伏劍而死，以固勉陵。其後果定於漢，陵爲宰相封侯。夫以匹婦之明，〔四〕猶能推事理之致，探禍福之機，而全宗祀於無窮，垂策書於春秋，〔五〕而況大丈夫之事虖！是故窮達有命，吉凶由人，嬰母知廢，陵母知興，審此四者，帝王之分決矣。〔六〕

〔一〕師古曰：而，汝也。

〔二〕【補注】錢大昭曰：卒讀與猝同。

〔三〕師古曰：屬，委也，音之欲反。

〔四〕師古曰：凡言匹夫匹婦，謂凡庶之人，一夫一婦當相配匹。

〔五〕師古曰：春秋，史書記事之總稱。

〔六〕師古曰：分音扶問反。【補注】蘇輿曰：此承興廢言之。「四」，當從文選作「二」。

蓋在高祖，其興也有五：〔一〕一曰帝堯之苗裔，二曰體貌多奇異，三曰神武有徵應，四曰寬明而仁恕，五曰知人善任使。加之以信誠好謀，達於聽受，見善如不及，用人如由己，從諫如順流，趣時如嚮赴；〔二〕當食吐哺，納子房之策；拔足揮洗，揖酈生之説；寤戍卒之言，斷懷土之情；〔三〕高四皓之名，割肌膚之愛；〔四〕舉韓信於行陳，收陳平於亡命，英雄陳力，羣策畢舉：此高祖之大略，所以成帝業也。若乃靈瑞符應，又可略聞矣。初劉媪任高祖而夢與神遇，〔五〕震電晦冥，有龍蛇之怪。及其長而多靈，有異於衆，是以王、武感物而折券，吕公覩形而進女；秦皇東游以厭其氣，吕后望雲而知所處；〔六〕始受命則白蛇分，西入關則五星聚。故淮陰、留侯謂之天授，非人力也。

〔一〕師古曰：王命論敘高祖之德，及班氏漢書敘目所稱引，事皆具見本書，不須更解，以穢篇籍。其有辭句隱互，尋覽難知者，則具釋焉。浮汎之説蓋無取也。【補注】宋祁曰：注文「汎」字，浙本作「冗」字。

〔二〕師古曰：嚮讀曰響，如響之赴聲也。【補注】先謙曰：文選作響。

〔三〕師古曰：洛陽近沛，高祖來都關中，故云斷懷土之情也。斷音丁喚反。【補注】周壽昌曰：婁敬戍隴西，過雒陽，見高祖言便宜，故稱戍卒。

〔四〕晉灼曰：不立戚夫人子。

〔五〕師古曰：任謂懷任也。【補注】蘇輿曰：任，文選作姙，字通。

〔六〕師古曰：厭音一葉反。【補注】先謙曰：官本引蕭該音義曰：「韋昭曰『厭，合也』。劉氏曰『厭，當也』。」

歷古今之得失，驗行事之成敗，稽帝王之世運，考五者之所謂，取舍不厭斯位，符瑞不同斯度，〔一〕而苟昧於權利，越次妄據，〔二〕外不量力，内不知命，則必喪保家之主，失天年之壽，遇折足之凶，伏鈇鉞之誅。〔三〕英雄誠知覺寤，畏若禍戒，〔四〕超然遠覽，淵然深識，收陵、嬰之明分，絶信、布之覬覦，〔五〕距逐鹿之瞽説，審神器之有授，毋貪不可幾，爲二母之所咲，〔六〕則福祚流于子孫，天禄其永終矣。

〔一〕劉德曰：厭，當也。師古曰：音一涉反。【補注】朱一新曰：厭，顔音誤。文選李善注「音一黶反」。

〔二〕師古曰：昧，貪也。【補注】王念孫曰：於字衍。「苟昧權利」以下，句法相同，首句多一於字，則累於詞矣。漢紀、文選皆無於字。

〔三〕師古曰：鈇音方于反。

〔四〕師古曰：若，順也。【補注】王念孫曰：畏順禍戒，殊爲不詞，禍戒可以言畏，不可以言順也。今案上文云，喪保家之主云云，所謂禍戒。若猶此也，言畏此禍戒。若字即指上四者而言，隱四年公羊傳「公子翬恐若其言聞乎桓」，謂此其言也。莊四年傳「有明天子，則哀公得爲若行乎？」謂此行也。論語公冶長篇「君子哉，若人！」謂此人也。

〔五〕師古曰：分音扶問反。覬音冀。覦音踰。【補注】先謙曰：官本引蕭該音義曰：「字書曰『覬，聿也。覦，欲也』。」按聿乃幸之誤。

〔六〕師古曰：不可幾，謂不可庶幾而望也。一説幾讀曰冀。【補注】朱一新曰：幾當讀如後説，文選正作冀。

知隗囂終不寤，乃避墜於河西。〔一〕河西大將軍竇融嘉其美德，訪問焉。〔二〕舉茂材，爲徐令，〔三〕以病去官。後數應三公之召。仕不爲禄，所如不合；〔四〕學不爲人，博而不俗；言不爲華，述而不作。

〔一〕師古曰：墬，古地字。【補注】先謙曰：官本引蕭該音義曰：「隗囂，諸詮『上五罪反，下許妖反』。」

〔二〕師古曰：每事皆與謀。

〔三〕【補注】周壽昌曰：後書「融還京師，光武問融，融舉之，帝雅聞彪材，因召見，舉司隸茂材」。

〔四〕師古曰：如，往也。不苟得禄，故所往之處，不合其意。

有子曰固，弱冠而孤，〔一〕作幽通之賦，以致命遂志。〔二〕其辭曰：

〔一〕師古曰：謂年二十也。

〔二〕劉德曰：致，極也。陳吉凶性命，遂明己之意。

系高頊之玄胄兮，氏中葉之炳靈，〔一〕繇凱風而蟬蛻兮，雄朔野以颺聲。〔二〕皇十紀而鴻漸兮，有羽儀於上京。〔三〕巨滔天而泯夏兮，考遘愍以行謠，〔四〕終保己而貽則兮，里上仁之所廬。〔五〕懿前烈之純淑兮，窮與達其必濟，〔六〕咨孤矇之眇眇兮，將圮絶而罔階，〔七〕豈余身之足殉兮？愇世業之可懷。〔八〕

〔一〕應劭曰：系，連也。胄，緒也。言己高陽顓頊之連緒也。顓頊北方水位，故稱玄。中葉，謂令尹子文也。虎乳故曰炳靈。【補注】王先慎曰：系，木也。玄，遠也。言本高項之遠胄也。應説證玄字太泥。

〔二〕應劭曰：凱風，南風也。朔，北方也。言先祖自楚遷北，若蟬之蛻也。師古曰：繇讀與由同。由，從也。蛻音稅。颺讀與揚同。【補注】先謙曰：官本注「從」上無「由」字，「颺」下無「讀」字，引宋祁曰「注文『颺』字下當有『讀』字」。先謙案：文選繇作飖，凱作颽，同，曹大家注「飖，飄飖也」，繇通借字，顔注非。

〔三〕應劭曰：十紀，漢十世也。張晏曰：易曰「鴻漸于陸，其羽可以爲儀」。成帝時，班況女爲倢伃，父子並在京師爲朝臣也。晉灼曰：皇，漢皇也。【補注】先謙曰：官本注「以」作「用」。

〔四〕應劭曰：巨，王莽字巨君也。張晏曰：彪遇王莽之敗，憂思歌謠也。師古曰：滔，漫也，言不畏天也。泯，滅也。夏，諸夏也。考，班固自言其父也。遘，遇也。惄，憂也。徒歌曰謠。【補注】沈欽韓曰：班彪北征賦云「余遭世之顛覆兮，羅填塞之阸災」。李善引流別論曰「更始時，班彪避難涼州，發長安至安定，作北征賦」。即此事也。

〔五〕師古曰：言其父遭時濁亂，以道自安，終遺盛法而處仁者所居也。論語稱孔子曰「里仁爲美，擇不處仁，焉得智？」故引以爲辭。【補注】先謙曰：善注引曹大家曰：「里、廬，皆居處名也。言我父早終，遺我善法則。何謂善法則乎？言爲我擇居處也。」

〔六〕師古曰：固自言美前人之餘業，窮則獨善，達能兼濟也。濟合韻音子齊反。

〔七〕師古曰：眇眇，細微也。圮，毀也。固自言孤弱，懼將毀絕先人之跡，無階路以自成。【補注】先謙曰：文選矇作蒙，此通借字，官本引蕭該音義曰：「韋昭曰『圮，毀也，音敷委反』。字書『父已反』。」

〔八〕師古曰：殉，營也。愇字與韙同。韙，是也。懷，思也。愇音于匪反。【補注】先謙曰：官本引蕭該音義曰：「字林曰『殉，殺生送死也』。說文『愇，籀文韙，韙，是也』。劉氏及廣雅並云『愇，恨也』。」先謙案：文選愇作違，曹大家注「違，恨也。違或作愇，愇亦恨也」。案訓愇爲恨，施之此文不順，仍以訓是爲合。

靖潛處以永思兮，經日月而彌遠，匪黨人之敢拾兮，庶斯言之不玷。〔一〕魂煢煢與神交兮，精誠發於宵寐，夢登山而迥眺兮，覿幽人之髣髴，〔二〕攬葛藟而授余兮，眷峻谷曰勿隧。〔三〕昒昕寤而仰思兮，心蒙蒙猶未察，〔四〕黃神邈而靡質兮，儀遺讖以臆對。〔五〕曰乘高而遻神兮，道遐通而不迷，〔六〕葛緜緜於樛木兮，詠南風以爲綏，〔七〕蓋惴惴之臨深兮，乃二雅之所祇。〔八〕既諄爾以吉象兮，又申之以炯戒：〔九〕盍孟晉以迨羣兮？辰倏忽其不

再。〔一〇〕

〔一〕師古曰：拾音負拾之拾。應劭曰：拾，更也。自謙不敢與鄉人更進也。師古曰：竫，古靜字也。拾音其業反。玷，缺也。更音工衡反。【補注】先謙曰：官本上「師古」作「蘇林」，是。

〔二〕張晏曰：幽人，神人也。師古曰：覿，見也，音迪。【補注】先謙曰：官本「與」作「其」，引宋祁曰「其字當作與」。

〔三〕師古曰：攬，執取也。言入峻谷者當攀葛藟，可以免於顛墜，猶處時俗者當據道義，然後得用自立。故設此喻，託以夢也。葛藟，蔓也。一說，藟，葛屬也。葛之與藟，皆有蔓焉。攬音攬，其字從手。藟音力水反。【補注】先謙曰：隧、墜借字，下同。文選作墜。官本「攀」作「據」，無「葛藟蔓也」四字，「焉」作「爲」，引宋祁曰「據葛藟，當作攀。蔓爲，當作蔓焉」。

〔四〕孟康曰：昒昕，早旦也。覺寤思念，未知其吉凶也。師古曰：昒音忽。昕音欣。【補注】先謙曰：官本引蕭該音義曰：「鄧展昒音昧。該案，字書『昒，尚冥也，音勿』。諸詮方昧反。」劉奉世曰：但以察合韻音蔡，則協韻矣。

〔五〕應劭曰：黃帝善占夢，久遠無從得問，準其讖書，以意求其象也。賈誼曰「讖言其度」。應劭曰：臆，胸臆也。師古曰：對，合韻音丁忽反。【補注】周壽昌曰：臆對即賈誼鵩賦曰「請對以意」。意亦作臆。先謙曰：官本引蕭該音義曰：「蒼頡篇曰『讖書，河洛書也』。該案，諸詮音楚鴆反。」先謙案：善注淮南子曰「黃神嘯吟」，高誘注「黃帝之神也」。又兩應劭，有一誤。

〔六〕師古曰：登山見神，故曰乘高也。遌，遇也，音五故反，又音五各反。

〔七〕應劭曰：周南國風，其詩曰：「南有樛木，葛藟纍之，樂只君子，福履綏之。」師古曰：樛木，下垂之木也。綏，安也。樛音居虬反。纍音力追反。【補注】先謙曰：官本引蕭該音義曰：「樛亦作朻，韋昭曰『朻，下曲也，居驑反』。」

〔八〕師古曰：詩小雅小宛之篇曰：「惴惴小心，如臨于谷。」惴惴，恐懼之貌也。小旻篇曰：「戰戰兢兢，如臨深淵，如履薄冰」。言恐墜陷也。故云二雅之所祇。惴音之瑞反。【補注】先謙曰：曹大家注「祇，敬也」。

〔九〕師古曰：誶，告也。炯，明也。誶音碎。炯音公迥反。【補注】先謙曰：官本「吉」作「告」，引宋祁曰「告當作吉」。蕭該音義曰：「説文曰『誶，讓也，息悴反』。」先謙案：文選誶作訊，字通用，詳賈誼傳。曹大家注「登高爲吉象，深谷爲炯戒也」。

〔一〇〕服虔曰：盍，何不也。孟，勉也。晉，進也。逭，及也。何不早進仕以及輩也。師古曰：辰，時也。倏忽，疾也。言時疾過，不再來也。倏音式六反。【補注】宋祁曰：晉或作晉，亦作晉。沈欽韓曰：孟，勉。釋詁文。

承靈訓其虛徐兮，竚盤桓而且俟，〔一〕惟天墜之無窮兮，鱻生民之晦在。〔二〕紛屯亶與蹇連兮，何艱多而智寡！〔三〕上聖寤而後拔兮，豈羣黎之所御！〔四〕昔衛叔之御昆兮，昆爲寇而喪予。〔五〕管彎弧欲斃讎兮，讎作后而成己。〔六〕變化故而相詭兮，孰云豫其終始！〔七〕雍造怨而先賞兮，丁繇惠而被戮；〔八〕桌取弔于逌吉兮，王膺慶於所慼。〔九〕畔回穴其若茲兮，北叟頗識其倚伏。〔一〇〕單治裏而外凋兮，張修襮而內逼，〔一一〕欥中龢爲庶幾兮，顏與冉又不得。〔一二〕溺招路以從己兮，謂孔氏猶未可，安慆慆而不葩兮，卒隕身虖世旤。〔一三〕游聖門而靡救兮，顧覆醢其何補？〔一四〕固行行其必凶兮，免盜亂爲賴道；〔一五〕形氣發于根柢兮，柯葉彙而靈茂。〔一六〕恐罔蝄之責景兮，慶未得其云已。〔一七〕

〔一〕孟康曰：虛徐，懷疑也。張晏曰：竚，久也。俟，待也。

〔二〕晉灼曰：鱻，古鮮字也。應劭曰：晦，無幾也。師古曰：墜，古地字也。鱻，少也。言天地長久，而人壽短促也。鱻音先踐反。【補注】先謙曰：官本引蕭該音義曰：「晦，韋昭音謀鬼反，又音梅。字林曰『晦，微視美目貌』。」先謙案：説文「晦，背脊肉也」。非此文義。文選作晦，善注「曹大家曰晦，亡幾也」。又引莊子曰「天與地無窮，人死有時晦」。則脢爲晦傳寫之誤無疑。

〔三〕孟康曰：世艱難多，智者少，故遇禍也。師古曰：易屯卦六二爻辭曰「屯如亶如」。蹇卦六四爻辭曰「往蹇來連」，皆謂險難之時也。亶音竹延反。連音力善反。【補注】先謙曰：文選亶作邅。

〔四〕師古曰：黎，衆也。言上聖之人猶遇紛難，覩機能寤，然後自拔。文王羑里，孔子於匡是也。至於衆庶，豈能豫禦之哉？【補注】先謙曰：文選寤作迕，曹大家曰「迕，觸也」。言觸艱難，與顏解異。

〔五〕孟康曰：御，迎也。昆，兄也。衛叔武迎兄成公，成公令前驅，射殺之。師古曰：御音五駕反。衛叔，解在五行志。

〔六〕師古曰：謂管仲射桓公中帶鉤，桓公反國，以爲相也。

〔七〕師古曰：詭，違也。【補注】先謙曰：曹大家注「詭，反也。事變如此，誰能預知其始終吉凶也」。

〔八〕師古曰：雍，雍齒也。丁，丁公也。繇讀與由同。

〔九〕應劭曰：栗，孝景姬也。有子而以妬見廢。王，宣帝王倢伃也，以無子爲憂，而以謹敕得母元帝也。師古曰：逌，古攸字也。攸亦所也。

〔一〇〕師古曰：畔，亂貌也。回穴，轉旋之意也。叟，老人稱也。淮南子曰：「北塞上之人，其馬無故亡入胡中，人皆弔之。其父曰：『此何詎不爲福？』居數月，其馬將胡駿馬而歸，人皆賀之。對曰：『此何詎不爲禍？』家富馬良，其子好騎，墮而折髀，人皆弔之。對曰：『此何詎不爲福？』居一年，胡夷大入，丁壯者皆控弦而戰，塞上之人死者十九，此獨以跛之故，父子相保。」老子德經曰：「禍兮福所倚，福兮禍所伏。」故頗識其倚伏。倚音於綺反。【補注】先謙曰：文選畔作叛。曹大家注「叛，亂也。迴，邪也。穴，僻也。禍福相反。韓詩曰謀猶迴穴」。

〔一一〕應劭曰：單，單豹也。靜居其所，以理五內，處深山，爲虎所食。張，張毅也。外修恭敬，斯徒馬圉皆與亢禮，不勝其勞，內熱而死。師古曰：襮，表也。單音善。襮音布谷反。【補注】先謙曰：官本引蕭該音義曰：「晉灼曰『襮音素衣朱襮』。該案，詩音博。字林曰『襮，黼衿也，方沃反』。」先謙案：曹大家注「治裏，謂導氣也」。單、張事見莊子。

〔一二〕師古曰：昳，古聿字也。龢，古和字也。聿，曰也。曰中和之道可以庶幾免於禍難，而顏回早死，冉耕惡疾，爲善之人又不得其報也。【補注】錢大昕曰：昳从曰，不从日。詩「遹求厥寧」。說文引作昳。先謙曰：官本「曰」皆作「由」。引宋祁曰：「注文聿，由也，由中和。二『由』字，皆當作『曰』字」。

〔一三〕鄧展曰：滔滔，亂貌也。葩，避也。師古曰：溺，桀溺也。路，子路也。論語稱「長沮、桀溺耦而耕，孔子過之，使子路問津焉。桀溺曰：『子，孔丘之徒歟？』對曰：『然。』曰：『慆慆者，天下皆是也。而誰以易之？且而與其從避人之士，豈若從避世之士哉？』」言天下皆亂，汝將用誰變易之乎？避人之士謂孔子，避世之士溺自謂也。而子路安之，卒不能避，乃遇蒯聵之亂，身死敵也。慆音土高反。葩音扶味反，字本作腓，其音同。【補注】先謙曰：官本引蕭該音義曰：「葩，牛羊腓字之腓，葩，假借，腓，避也。韋昭曰『葩，避也，音肥』。晉灼音義作遯，云『遯，避也』。曹大家注幽通賦云『葩，避也』。」

〔一四〕師古曰：禮記曰：「孔子哭子路於中庭。既哭，進使者而問故。使者曰：『醢之矣。』遂命覆醢。」賦言子路游於聖人之門，而孔子不能救之以免於難，雖爲覆醢，無所補益。【補注】王先慎曰：顧當作雖，文選不誤，玩顏注，正文亦本作雖。先謙曰：官本注「禮記曰」作「禮記云」，「游」下無「於」字。

〔一五〕師古曰：論語稱「閔子侍側，誾誾如也；子路，行行如也。子樂，曰：『若由也，不得其死然。』又稱子路曰：『君子尚勇乎？』曰：『君子義以爲上，君子有勇而無義爲亂，小人有勇而無義爲盜。』」賦言子路稟行行之性，其凶必也，所以免爲於亂盜者，賴聞道於孔子也。行行，剛强之貌。行音胡浪反。【補注】王先慎曰：注「免爲於」當作「免於爲」。先謙曰：官本引蕭該音義曰：「行行，諸詮音胡浪反」。先謙案：官本「尚勇」作「上勇」，言子路不得其死，固由天定，僅免於爲亂盜而死，爲賴聞道於孔子耳。

〔一六〕師古曰：柢，本也。彙，盛也。靈，善也。言草木本根氣强，則枝葉盛而善美；人之先祖有大功德，則胤緒亦蕃昌也。柢音丁計反。茂合韻音莫口反。【補注】先謙曰：官本引蕭該音義曰：「彙，服虔曰『彙，類也，音近卉』。服虔音卉，應劭音謂，該案：字書音謂。」先謙案：文選「靈」作「零」，善注引曹大家曰「零，落也」。明班賦本作零，此靈乃零之借字，顏釋爲善，非也。言柯葉或零或茂，各從其類，皆根柢所發。與下文意相應。

〔一七〕師古曰：慶，發語辭，讀與羌同。已，止也。莊子云：「罔兩問景曰：『曩子行，今子止，曩子坐，今子起，何其無特操歟？』景曰：『吾有待而然。吾所待，又有待而然。』」賦言景之行止皆隨於形，草木枝葉各稟根柢，人之餘慶資以積善，亦猶此也。【補注】先謙曰：文選「慶」作「羌」，發語辭也。顏復言餘慶積善，乃釋其文義，或以爲前後異解，非也。此文謂根本各殊，其後之衰盛相因，捷效無比。恐罔兩之問景，羌未足以喻言，亦不專屬積善解。

黎淳耀于高辛兮，芈彊大於南汜；〔一〕嬴取威於百儀兮，姜本支虖三止：〔二〕既仁得其信然兮，卬天路而同軌。〔三〕東厸虐而殲仁兮，王合位虖三五；〔四〕戎女烈而喪孝兮，伯徂歸於龍虎：〔五〕發還師以成性兮，重醉行而自耦。〔六〕震鱗漦于夏庭兮，帀三正而滅周；〔七〕巽羽化于宣宮兮，彌五辟而成災。〔八〕

〔一〕應劭曰：黎，楚之先也。醇，美也。高辛，帝嚳之號。芈，楚姓。汜，崖也。師古曰：言黎在高辛之時爲火正，有美光耀，故其後嗣霸有楚國於南方也。汜，江水之別也，音祀。召南之詩曰「江有汜」。芈音弭。【補注】先謙曰：官本注「醇」作「淳」，「崖」作「涯」，是。汜水涯義，與張良傳同，顏訓失之。

〔二〕應劭曰：嬴，秦姓也，伯益之後也。伯益爲虞，有儀鳥獸百物之功，秦所由取威於六國也。姜，齊姓也。止，禮也。齊，伯夷之後。伯夷爲秩宗，典天地人鬼之禮也。【補注】劉奉世曰：百儀，則柏翳也，語訛耳。王念孫曰：廣雅「威，德也」。周頌有客篇「既有淫威，降福孔夷」，正義言「有德故易福」。風俗通義十反篇「書曰『天威棐諶』，言天德輔誠也」。呂氏春秋應同篇「黃帝曰『因天之威，與元同氣』」。是威與德同義。此言伯益有儀百物之德，而嬴氏以興，故曰嬴取威於百儀，非謂取威於六國也。劉云百儀即柏翳，不知百儀與三止相對爲文，鄭語「伯夷能禮於神以佐堯，伯翳能議百物以佐舜」。地理志「伯翳」作「伯益」，「議」作「儀」。且儀字古讀俄，見唐韻。不得與翳通也。先謙曰：官本引蕭該音義曰：「止，文選作趾。」先謙案：趾，蓋止之通借字。禮者人所止也，故以止爲禮。

〔三〕劉德曰：人道既然，仰視天道，又同法也。師古曰：仁得，謂求仁而得仁。卬讀曰仰。

〔四〕應劭曰：東厶，紂也。殲，盡也。王，武王也。欲合五位三所，即國語歲月日星辰之所在也。師古曰：厶，古鄰字也。仁即三仁也。國語稱泠州鳩對景王曰：「昔武王伐殷，歲在鶉火，月在天駟，日在析木之津，辰在斗杓，星在天黿。星與日辰之位皆在北維，顓頊之所建也，我姬氏出自天黿。又析木者，有建星及牽牛焉，則我皇妣大姜之姪伯陵之後，逢公之所憑神也。歲之所在，則我有周之分野也。月之所在，辰爲農祥也，我太祖后稷之所經緯也。王欲合是五位三所而用之。」五位，謂歲日月辰星也。三所，謂逢公所憑神，周分野所在，后稷所經緯也。【補注】先謙曰：官本注上「欲合」作「欲從」。「王」上無「也」字，南監本與此同。

〔五〕孟康曰：伯，晉文公也。歲在卯出，歷十九年，過一周，歲在酉入；卯爲龍，酉爲虎也。師古曰：戎女，驪戎之女，謂驪姬也。烈，酷也。孝謂太子申生也。伯讀曰霸，言文公霸諸侯也。徂，往也。言以龍往出，以獸歸入也。【補注】劉敞曰：重耳之出也，歲在大火，故云龍，及其入也，在大梁，故曰虎，非卯酉也。先謙曰：官本、南監本「獸」作「虎」。

〔六〕師古曰：發，武王名也。性，命也。武王初觀兵於孟津，八百諸侯不期而會，皆曰紂可伐矣。武王曰：「爾未知天性。」還師二年，紂殺比干，囚箕子，武王乃伐克之，於是成天命也。重謂重耳，晉文公名也。耦，合也。文公初出奔至齊，齊桓公妻之，有馬二十乘。文公欲安之，齊姜乃與子犯謀，醉而遣之，後遂反國，與時會也。【補注】先謙曰：此雙承上文言之。性，文選作命。官本注末有「應劭曰耦與天時偶會也」十字。先謙案，耦，妻也。言文公醉行，自其妻遣之，顏、應説非。

〔七〕應劭曰：易震爲龍，鱗蟲之長也。㯋，沫也。師古曰：謂褒姒也，解在五行志。三正，歷夏、殷、周也。㯋音丑之反。正音之盈反。

〔八〕應劭曰：易巽爲雞，羽蟲也。宣帝時，未央宮路軨廄中雌雞化爲雄，元后統政之祥也。至平帝，歷五世而王莽簒位。【補注】宋祁曰：注末當有「五辟宣元成哀平也」八字。

道悠長而世短兮，夐冥默而不周，〔一〕胥仍物而鬼諏兮，乃窮宙而達幽。〔二〕媯巢姜於孺筮兮，旦算祀于挈龜。〔三〕宣、曹興敗於下夢兮，魯、衛名謚於銘謠。〔四〕妣聆呱而刻石兮，許相理而鞫條。〔五〕道混成而自然兮，術同原而分流。〔六〕神先心以定命兮，命隨行以消息。〔七〕斡流遷其不濟兮，故遭罹而贏縮。〔八〕三樂同於一體兮，雖移盈然不忒。〔九〕洞參差其紛錯兮，斯衆兆之所惑。〔一〇〕周、賈盪而貢憤兮，齊死生與旤福，〔一一〕抗爽言以矯情兮，信畏犧而忌服。〔一二〕

〔一〕劉德曰：夐，遠也。周，至也。冥默，玄深不可通至也。【補注】先謙曰：官本引蕭該音義曰：「夐冥，晉灼曰『夐音目夐夐而喪精，呵縣反』。該案，目夐夐而喪精，出王延壽靈光殿賦。諸詮音呼政反。韋昭曰『夐，遠也，呼迥反』。」先謙案：文選悠作脩。曹大家注言「王道長遠，人世促短，當時冥默不能見微意之所至也」。

〔二〕應劭曰：胥，須也。仍，因也。諏，謀也。易曰：「人謀鬼謀，百姓與能。」往古來今曰宙。聖人須因卜筮，然後謀鬼神，極古今，通幽微也。【補注】先謙曰：官本引蕭該音義曰：「諏，字林曰『諏，聚謀也，子于反』。諸詮『祖侯反』。韋昭曰『天宙所愛曰宙』。」曹大家注幽通賦云「往古來今謂之宙，聖人所以能極數而知來者，皆因卜筮謀於鬼神」。

〔三〕應劭曰：媯，陳姓也。巢，居也。姜，齊姓也。孺，少也。陳完少時，其父厲公使周史卜，得居有齊國之卦也。李奇曰：算，數也。祀，年也。周公卜居洛，得世三十，年七百也。師古曰：挈，刻也。詩大雅緜緜之篇曰「爰挈我龜」，言刻開之，灼而卜之。挈音口計反。【補注】劉敞曰：算祀挈龜，亦言田完耳。其兆有五世八世，是祀也。王念孫曰：祀者，年也。故左傳曰「卜年七百」，宣三年。又曰「載祀六百」。若五世八世，乃父子相傳之代，不得謂之祀。且旦者，周公之名也。若謂算祀挈龜，指田完言之，則「旦」字當作何解？弗思甚矣。旦與嫣相對爲文，此賦以上下句對文者，皆各指一事言之，劉謂兩句皆指田完，謬矣。先謙曰：文選挈作契。

〔四〕應劭曰：周宣王牧人夢衆魚與旟旐之祥，而中興。曹伯陽國人夢衆君子立于社宮，謀亡曹，而曹亡也。孟康曰：魯文成之世，童謠言「稠父喪勞，宋父以驕」。後昭公名稠，遂死於野井。定公名宋，即位而驕。衛靈公掘地得石椁，其銘曰「靈公」，遂以爲謚。【補注】沈欽韓曰：衛靈得石椁，見莊子則陽篇。先謙曰：官本注「旐」作「旌」。

〔五〕應劭曰：姒，叔向之母也。石，叔向之子也。聽其嗁聲刻，知其後必滅羊舌氏。許負相周亞夫，從理入口，當餓死。鞠，窮也。條，亞夫所封也。師古曰：鞠，告也。【補注】先謙曰：官本引蕭該音義曰：「該案，曹大家本作劾石，曹注『舉罪曰劾』。」先謙案：二義並通，然應説尤合。文選鞠作鞫，善注引毛傳曰「鞫，告也」。

〔六〕師古曰：大道混壹，歸於自然，人之所趨雖有流別，本則同耳。【補注】先謙曰：曹大家注「大道神明，混沌而成。言人生而心志在内，聲音在外，骨體有形，事變有會，更相爲表裏，合成一體，此其自然之道。至於術學論其成敗，考其負勝，觀其富貴，各取一槩。故或聽聲音，或見骨體，或占色理，或觀威儀，或察心志，或省言行，或考卜筮，或本先祖，如水同源而分流也」。較顔解爲切。

〔七〕師古曰：言神明之道，雖在人心之前已定命矣，然亦隨其所行，以致禍福。【補注】宋祁曰：别本皆無「命」字。

〔八〕師古曰：斡，轉也。言人之生各有遭遇，不能必濟，免於困厄，各隨其所逢以致贏虧也。

〔九〕孟康曰：晉大夫欒書，書子黶，黶子盈。書賢而覆黶，黶惡而害盈也。師古曰：欒書，欒武子也。黶，欒桓子也。盈，欒懷子也。春秋左氏傳稱「秦伯問於士鞅曰：「晉大夫其誰先亡？」對曰：「其欒氏乎！欒黶汰虐以甚，猶可以免。其在盈乎！武子之德在人，如周人之思邵公，愛其甘棠，況其子乎？欒黶死，盈之善未能及人。武子所施没矣，黶之惡實彰，將於是乎在。」其後至襄公二十一年，終爲范宣子所逐，而出奔楚，自楚適齊。二十三年，自齊入于晉，晉人遂滅欒氏也。【補注】先謙曰：文選作「雖移易而不忒」。

〔一〇〕師古曰：衆兆，兆庶也。【補注】先謙曰：洞，明也。言報應參差紛錯，士鞅獨深明之，衆人不能無惑。

〔一一〕孟康曰：莊周、賈誼也。貢，惑也。憤，亂也。放盪惑亂死生旤福之正也。【補注】先謙曰：官本引蕭該音義曰：「貢，晉灼音義作心旁貢。字林曰『憤，憒也』。李奇曰『憤，懣也』。孟康曰『憤，惑也』。該案：貢，合作心旁貢」。先謙案：此及文選作貢，案注皆讀爲憤，曹大家注「貢，憒也」。

〔一二〕孟康曰：莊周不欲爲犧牛，賈誼惡忌服鳥也。師古曰：抗，舉也。爽，差也。謂二人雖舉言齊死生，壹禍福，而心實不然，是差謬也。【補注】先謙曰：善注引項岱曰：「抗極過差之言，以矯枉其情耳。」

所貴聖人之至論兮，順天性而斷誼。〔一〕物有欲而不居兮，亦有惡而不避，〔二〕守孔約而不貳兮，乃輶德而無累。〔三〕三仁殊而一致兮，夷、惠舛而齊聲。〔四〕木偃息以蕃魏兮，申重繭以存荆。〔五〕紀焚躬以衛上兮，皓頤志而弗營。〔六〕侯屮木之區別兮，苟能實而必榮。要没世而不朽兮，乃先民之所程。〔七〕

〔一〕師古曰：斷誼，謂以誼斷之。斷音丁喚反。

〔二〕師古曰：言富貴人之所欲，不以其道，則君子不居。死亡人之所惡，處得其節，則君子不避也。

〔三〕師古曰：孔，甚也。輶，輕也。言守其甚約，執心不貳，舉德至輕，無所累惑，斯爲可矣。詩大雅烝人之篇曰「德輶如毛，人鮮克舉之」。輶音弋九反，又音猶。【補注】先謙曰：官本注「人」作「民」。

〔四〕師古曰：三仁，紂賢臣也。論語稱「微子去之，箕子爲之奴，比干諫而死」。孔子曰：「殷有三仁焉。」夷，伯夷也。

惠，柳下惠也。論語又稱「逸人伯夷、叔齊、虞仲、夷逸、朱張、柳下惠、少連」。賦言微子、箕子、比干所行各異，而並稱仁。伯夷不義武王伐殷，至于不食周粟而死。柳下惠三黜不去，戀父母之邦。志執乖舛，俱有令名。【補注】先謙曰：官本引蕭該音義曰「舛，字林『充絹反』，錯也」。

〔五〕師古曰：木，段干木也。客居魏，魏文侯敬而禮之，過其閭未嘗不軾也。秦欲伐魏，或諫曰：「魏君賢者是禮，國人稱人，未可圖也。」秦遂止兵。申，謂申包胥。荆即楚也。繭，足下傷起如繭也。楚昭王時，吳師入郢，昭王出奔，申包胥如秦乞師，踰越險阻，曾繭重胝，立於秦庭，號哭七日。秦哀公出師救楚而敗吳師，昭王反國，將賞包胥。包胥辭曰：「吾所以重繭爲君耳，非爲身也。」逃不受賞。【補注】先謙曰：官本注「稱人」作「稱仁」。「眡」作「胝」，是。引宋祁曰，注文「胝」，舊本作「眡」。

〔六〕師古曰：紀，紀信也。脱漢王於難而爲項羽所燒。晧，四晧也，處商洛深山，高祖求之不得，自養其志，無所營屈。【補注】王引之曰：顔説營字之義未當，營者，惑也。說文本作䁝，云惑也，字亦作熒，又作榮。言自養其志而不惑於利禄也。高誘注呂氏春秋尊師篇、淮南原道篇並云「營，惑也」。否象傳「不可榮以禄」，虞翻本「榮作營，營，惑也」。言不可惑以禄也。說見經義述聞。大戴禮文王官人篇「煩亂以事而志不營」，又曰「臨之以貨色而不可營」。淮南俶真篇「耳目不耀，思慮不營」。東都賦「形神寂漠，耳目弗營」。漢老子銘「樂居下位，禄執弗營」。堂邑令費鳳碑「退己進弟，不營榮禄」。義並與此同。下文云「四晧遯秦，古之逸民，不營不拔，嚴平鄭真」，即此所謂晧頤志而弗營也。文選「弗營」作「弗傾」，蓋後人不曉營字之義而改之耳。先謙曰：官本「晧」並作「皓」。

〔七〕應劭曰：侯，維也。張晏曰：苟能有仁義之道，必有榮名也。師古曰：侯，發語辭也。爾雅曰「伊、惟，侯也」。程，正也。言人之操行，所尚不同，立德立言，期于不朽，亦猶蘭蕙松栝，各有本性，馨烈材幹，並擅貞芳。此乃古昔賢人以爲正道也。論語稱子夏曰「君子之道，譬諸草木，區以別矣」，故賦引之。【補注】宋祁曰：侯，周詩曰「侯文王孫子」，毛傳曰「侯，維也」。先謙曰：官本「栝」作「柏」。

觀天罔之紘覆兮，實棐諶而相順，〔一〕謨先聖之大繇兮，亦厶悳而助信。〔二〕虞韶美而儀鳳兮，孔忘味於千載。〔三〕素文信而底麟兮，漢賓祚于異代。〔四〕精通靈而感物兮，神動氣而入微。養游睇而猨號兮，李虎發而石開。〔五〕非精誠其焉通兮，苟無實其孰信！〔六〕操末技猶必然兮，矧湛躬於道真！〔七〕

〔一〕應劭曰：棐，輔也。諶，誠也。相，助也。師古曰：尚書大誥曰：「天棐諶辭。」詩大雅蕩之篇曰：「天生烝人，其命匪諶。」易上繫辭曰：「天之所助者，順也。」賦言天道惟誠是輔，唯順是助，故引以爲辭也。棐讀與匪同。諶音上林反。【補注】先謙曰：文選順作訓，通用字，善注引項岱曰：「天網大覆人上，非不信也」。

〔二〕劉德曰：厶，近也。師古曰：謨，謀也。繇，道也。厶，古鄰字。詩小雅巧言之篇曰：「秩秩大繇，聖人謨之。」論語稱孔子曰：「德不孤，必有鄰。」易上繫辭曰：「人之所助者，信也。」賦言若能謀聖人之大道，有德者必爲同志所依，履信者必獲他人之助。謨音摹，又音莫。【補注】先謙曰：文選繇作猷。

〔三〕師古曰：韶，舜樂名也。虞書舜典曰：「簫韶九成，鳳皇來儀。」論語云：「孔子在齊聞韶，三月不知肉味。」賦言孔子去舜千歲也。

〔四〕應劭曰：底，致也。孔子作春秋素王之文，有視明禮修之信，而致麟。漢封其後爲褒成，又紹嘉公係殷後，爲二代之客。【補注】先謙曰：官本、南監本「係」作「孫」。

〔五〕師古曰：養，養由基也，楚之善射者。游睇，流眄也。楚王使由基射猨，操弓而眄之，猨抱木而號，知其必見中也。李，李廣也，夜遇石，以爲猛獸而射之，中石没羽也。【補注】周壽昌曰：陳思王集自誡令曰「昔雄渠李廣，武發石開」句本此。先謙曰：官本「微」作「徹」。引宋祁曰，「徹」當作「微」。游，蕭本作流。音義曰：「該案，春秋作『養由』，今漢書作『流』，由與流亦互用。」先謙案：文選作流。沈欽韓云：「事見呂覽博志篇高誘注，引此作養流睇。」

〔六〕師古曰：信，合韻音新。

〔七〕師古曰：矧，況也。湛讀曰耽。躬，親也。射者微技，猶能精誠感於猿石，況立身種德，親耽大道而不倦者乎！【補注】先謙曰：官本引蕭該音義曰：「湛，文選作酖。」先謙案：今文選作耽。湛與沈同。

登孔、顥而上下兮，緯羣龍之所經，〔一〕朝貞觀而夕化兮，猶諠己而遺形，〔二〕若胤彭而偕老兮，訴來哲以通情。〔三〕

〔一〕應劭曰：顥，太顥也。孔，孔子也。羣龍喻羣聖也。自伏羲下訖孔子，終始天道備矣。孟康曰：孔，甚也。顥，大也。聖人作經，賢者緯之也。師古曰：應說孔、顥，是也。孟說經緯，是也。顥音胡老反。

〔二〕應劭曰：貞，正也。觀，見也。諠，忘也。易曰「天地之道，貞觀者也。」張晏曰：言朝觀大道而夕死可也。師古曰：形已尚可遺忘，況外物者哉？諠音許元反，又音許遠反。【補注】先謙曰：官本注「大」作「天」。

〔三〕師古曰：彭，彭祖也。老，老聃也。言有繼續彭祖之志，升躡老聃之跡者，則可與言至道而通情也。【補注】何焯曰：謂死而不朽，不啻彭祖之壽，可以俟百世後之人也。注非。

亂曰：天造屮昧，立性命兮，〔一〕復心弘道，惟賢聖兮。〔二〕渾元運物，流不處兮，〔三〕保身遺名，民之表兮。舍生取誼，亦道用兮，〔四〕憂傷夭物，忝莫痛兮！〔五〕昊爾太素，曷渝色兮？〔六〕尚粤其幾，淪神域兮！〔七〕

〔一〕應劭曰：天道始造萬物，草創於冥昧之中，皆立其性命也。師古曰：易屯卦彖辭曰「天造草昧」，故賦引之。

〔二〕應劭曰：易曰：「復其見天地之心乎！」論語曰：「人能弘道。」師古曰：復音扶目反。【補注】先謙曰：官本引蕭該音義曰：「復一作腹，張晏曰『以道爲腹心也，弘道，達於天地之性命也』。」

〔三〕師古曰：渾元，天地之氣也。處，止也。渾音胡昆反。

〔四〕應劭曰：孟子曰：「生我所欲也，義我所欲也，二者不可得兼，舍生而取義也。」師古曰：舍，置也。【補注】先謙曰：言能保身而貽令名，固爲民表，不幸而舍生取義，亦合於道用也。

〔五〕晉灼曰：忝，没也。言死莫痛於是也。師古曰：此説非也。忝，辱也。言不達性命，自取憂傷，爲物所天，既辱且痛，莫過於是。【補注】先謙曰：官本「没」作「設」。「死」下有「者」字。「取」作「與」。

〔六〕服虔曰：守死善道，不染流俗，是爲浩爾太素，何有變渝者哉？師古曰：渝音踰。【補注】先謙曰：官本「爲」作「謂」。

〔七〕應劭曰：尚，上也。粤，於也。易曰：「知幾，其神乎！」淪，入也。師古曰：尚，庶幾也，願也。【補注】先謙曰：曹大家注「太素，不染也。不變則庶幾於神道之幾微，而入於神明之域矣」。

永平中爲郎，典校祕書，專篤志於博學，以著述爲業。或譏以無功，〔一〕又感東方朔、楊雄自論以不遭蘇、張、范、蔡之時，曾不折之以正道，明君子之所守，故聊復應焉。其辭曰：

〔一〕【補注】先謙曰：善注引項岱曰：「譏固無功勞於時，仕不富貴也。」

賓戲主人曰：「蓋聞聖人有壹定之論，列士有不易之分，〔一〕亦云名而已矣。〔二〕故太上有立德，其次有立功。夫德不得後身而特盛，功不得背時而獨章，〔三〕是以聖喆之治，棲棲皇皇，〔四〕孔席不煗，墨突不黔。〔五〕由此言之，取舍者昔人之上務，著作者前列之餘事耳。〔六〕今吾子幸游帝王之世，躬帶冕之服，〔七〕浮英華，湛道德，〔八〕矕龍虎之文，舊矣。〔九〕卒不能攄首尾，奮翼鱗，振拔洿塗，跨騰風雲，〔一〇〕使見之者景駭，聞之者嚮震。〔一一〕徒樂枕經籍書，紆體衡門，〔一二〕上無所蒂，下無所根，獨攄意虖宇宙之外，鋭思於豪芒之内，潛神默記，恒以年歲。〔一三〕然而器不賈於當己，用不效於一世，〔一四〕雖馳辯如濤波，摛藻如春華，〔一五〕猶無益於殿最。〔一六〕意者，且運朝夕之策，定合會之計，〔一七〕使存有顯號，亡有美謚，不亦優虖？」

〔一〕【補注】先謙曰：文選列作烈。善注淮南子曰「士有一定之論，女有不易之行」。

〔二〕如淳曰：唯貴得名也。

〔三〕【補注】先謙曰：善注言貴及身與時也。

〔四〕師古曰：不安之意也。

〔五〕師古曰：孔，孔子。墨，墨翟也。突，竈突也。黔，黑也。言志在明道，不暇安居。【補注】先謙曰：官本引蕭該音義曰：「煖，吕靜曰『煖，温也，乃卵反』。黔，字林曰『黧黑也，音荅，又音匡炎反』」。先謙案：善注引文子曰：「墨子無黔突，孔子無煖席。」

〔六〕劉德曰：取者，施行道德；舍者，守靜無爲也。

〔七〕師古曰：帶，大帶也。冕，冠也。

〔八〕師古曰：湛讀曰沈。英華，謂名譽也。言外則有美名善譽，内則履道崇德也。

〔九〕孟康曰：矕，被也。易曰「大人虎變，其文炳也」，言文章之盛久也。晉灼曰：矕，視也。言目厭見其文久矣。師古曰：尋其下句，孟説是也。矕音莫限反。

〔一〇〕師古曰：攄，申也。洿，停水也。塗，泥也。以龍爲喻也。洿音一故反，又音烏。【補注】先謙曰：官本引蕭該音義曰：「攄，字林曰『攄，舒也，尹於反，又擬也』」。

〔一一〕師古曰：嚮讀曰響。見景則駭，聞嚮則震。合韻音之人反。【補注】先謙曰：官本嚮作享，引宋祁曰，「享」當作「嚮」，注同。先謙案：善注言「見之者雖景而必駭，聞之者雖響而必震，驚懼之甚，不俟形聲也」。

〔一二〕師古曰：紆，屈也。衡門，横一木於門上。【補注】先謙曰：官本引蕭該音義曰：「籍才亦反。韋昭音義作葅字，慈固反。説文曰『葅，茅籍也，從草祖』。若如韋昭音，則漢書本作葅字」。先謙案：籍、藉通用字。枕藉對文。藉，薦也。

〔一三〕如淳曰：恒音亘竟之亘。師古曰：宇宙之外，言宏廣也。豪芒之内，喻纖微也。恒音工贈反。【補注】先謙曰：文選恒作緪。善注引如説亦作緪，又引方言曰「緪，竟也」。

〔一四〕劉德曰：賈，讎也。師古曰：當己，謂及己身尚在，猶言當年也。賈音古，又音工暇反。讎音上究反。【補注】先謙曰：官本作齒九反。引宋祁曰，詩曰「賈用不售」，賈音古，齒九反。越本作上究反。一本作止九反。

〔一五〕師古曰：大波曰濤。摛，布也。藻，文辭也。

〔一六〕師古曰：殿音丁見反。【補注】先謙曰：文選有「也」字，善注引漢書音義曰「上功曰最，下功曰殿」。

〔一七〕【補注】先謙曰：合會，猶際會也。下文所謂「因勢合變，偶時之會」。

主人逌爾而咲曰：〔一〕「若賓之言，斯所謂見埶利之華，闇道德之實，守穾奧之熒燭，未卬天庭而覩白日也。〔二〕曩者王塗蕪穢，周失其御，侯伯方軌，戰國横騖，於是七雄虓闞，分裂諸夏，〔三〕龍戰而虎爭。游説之徒，風颺電激，並起而救之，〔四〕其餘猋飛景附，煜霅其間者，蓋不可勝載。〔五〕當此之時，搦朽摩鈍，鉛刀皆能壹斷，〔六〕是故魯連飛一矢而蹶千金，虞卿以顧眄而捐相印也。〔七〕夫啾發投曲，感耳之聲，合之律度，淫[扌黽]而不可聽者，非韶、夏之樂也；〔八〕因埶合變，偶時之會，風移俗易，乖忤而不可通者，非君子之法也。〔九〕及至從人合之，衡人散之，〔一〇〕亡命漂説，羈旅騁辭，〔一一〕商鞅挾三術以鑽孝公，李斯奮時務而要始皇，〔一二〕彼皆躡風雲之會，〔一三〕履顛沛之埶，〔一四〕據徼乘邪以求一日之富貴，〔一五〕朝爲榮華，夕而焦瘁，〔一六〕福不盈眦，旤益於世，〔一七〕凶人且以自悔，〔一八〕況吉士而是賴虖！〔一九〕且功不可以虛成，名不可以僞立，韓設辯以徼君，〔二〇〕呂行詐以賈國。〔二一〕説難既酋，其身乃囚；秦貨既貴，厥宗亦隧。〔二二〕是故仲尼抗浮雲之志，孟軻養浩然之氣，〔二三〕彼豈樂爲迂闊哉？道不可以貳也。〔二四〕方今大漢洒埽羣穢，夷險芟荒，〔二五〕廓帝紘，恢皇綱，基隆於羲、農，規廣於黃、唐；其君天下也，炎之如日，威之如神，函之如海，養之如春。〔二六〕是以六合之內，莫不同原共流，沐浴玄德，〔二七〕稟卬太和，枝附葉著，〔二八〕譬猶屮木之殖山林，鳥魚之毓川澤，〔二九〕得氣者蕃滋，失時者苓落，〔三〇〕參天墬而施化，豈云人事之厚薄哉？〔三一〕今子處皇世而論戰國，耀所聞而疑所覿，〔三二〕欲從旄敦而度高虖泰山，懷氿濫而測深虖重淵，亦未至也。」〔三三〕

〔一〕師古曰：逌，古攸字也。攸，咲貌也。

〔二〕應劭曰：爾雅「東南隅謂之穾，西南隅謂之奧。」師古曰：穾、奧，室中之二隅也。熒燭，熒熒小光之燭也。卬讀曰仰。穾音烏了反，其字從穴夭聲也。【補注】宋祁曰：注文舊無「燭熒熒」三字，浙本添。先謙曰：官本引蕭該音義曰：「郭璞曰『穾音突』。該謂依儀禮宜音徒骨反。」

〔三〕應劭曰：七雄，秦及六國也。師古曰：虓音呼交反。闞音呼敢反。【補注】先謙曰：官本引蕭該音義曰：「虓，案字林音孝」。

〔四〕師古曰：颺讀與揚同。【補注】先謙曰：官本引蕭該音義曰：「風颺，該案韋昭音義作風颮，云颮風之聚隗者也，音庖。今漢書並作風颮而雹激也。説文曰『颰或作颮』，颮音甫堯反。」先謙案，文選作颮。

〔五〕師古曰：猋，疾風也。熛雪，光貌也。熛音于及反。雪音下甲反。熛又音育。【補注】先謙曰：官本引蕭該音義曰：「熛雪，韋昭熛音呼夾反。雪音于俠反。服虔曰『熛音近霍，叔音爲育，雪音暈遹之暈』。字林曰『雪，震電也，一曰衆言也，于甲反。熛音弋叔反，又于立反』。」

〔六〕師古曰：搦，按也，音女角反。斲音丁煥反。【補注】先謙曰：官本注「煥」作「喚」，引蕭該音義曰：「搦，韋昭曰『搦女擢反』。説文曰『搦，按也』。史記曰『搦髓腦，湔浣腸胃』。先謙案：善注引韓詩外傳曰『陳饒謂宋燕曰『鉛刀畜之，而干將用之，不亦難乎？』』晉書譙王丞謂王敦曰『鉛刀豈無一割之用』，語本此。

〔七〕應劭曰：魯連，齊人也。齊圍燕，燕將保於聊城。魯連係帛書於矢射與之，爲陳利害。燕將得之，泣而自殺。讒切魏新垣衍，使不尊秦爲帝。秦時圍邯鄲，爲卻五十里，趙遂以安。趙王以千金爲魯連壽，不受。魏齊爲秦所購，迫急走趙，趙相虞卿與齊有故，然愍其窮，於是解相印，間行與奔魏公子無忌也。李奇曰：蹷，蹋也，距也。師古曰：蹶音厥，又音其月反。

〔八〕李奇曰：繩，不正之音也。師古曰：啾發，啾啾小聲而發也。投曲，趣合屈曲也。感耳，動應衆庶之耳也。然而不合律度，君子所不聽也。淫繩，非正之聲也，不謂繩黽之鳴也。啾音子由反。【補注】宋祁曰：一本無「也」字。先謙曰：官本引蕭該音義曰：「韋昭曰『若繩黽之聲也』。」先謙案：善注引項岱曰：「投曲，投合歌曲也，文義甚順。顏注屈曲，蓋寫誤。」

〔九〕師古曰：雖偶當時之會，而不可以移風易俗。【補注】先謙曰：文選「偶時之會」作「遇時之容」，不如本書義長。

〔一〇〕師古曰：從音子庸反。

〔一一〕師古曰：漂，浮也，音匹遙反。【補注】先謙曰：善注引項岱曰：「委君之徒，謂之亡命。」

〔一二〕應劭曰：王、霸、富國强兵，爲三術也。師古曰：王一也，霸二也，富國强兵三也。

〔一三〕【補注】王念孫曰：風雲，當依文選作風塵，此涉上文「跨騰風雲」而誤，風塵之會，謂七國兵爭時也。商鞅、李斯之遇合，與下文所稱周望、漢良者不同，皆不得言風雲之會。

〔一四〕師古曰：顛沛，僵仆也。

〔一五〕師古曰：徼，要也。據可以要迎之時也。徼音工堯反。徼字或作激。激，發也。【補注】宋祁曰：浙本去「以」字。王念孫曰：據可以要迎之時，不得謂之據。要，老子釋文云「徼，小道也，古弔反」。班固西都賦「徼道綺錯」，謂小道相錯也。然則據徼乘邪云云，猶言據小道乘邪途，以求富貴耳。

〔一六〕師古曰：焦音在消反。瘁與悴同。

〔一七〕李奇曰：當富貴之間，視不滿目，故言不盈眥也。【補注】先謙曰：官本引蕭該音義曰：「眥，字林曰『眥，目匡也，才賜反』。」先謙案：官本「益」作「溢」，文選同，益字誤。韓愈詩「榮華不滿眼，咎責塞兩儀」，即用此文。

〔一八〕【補注】先謙曰：商鞅、李斯臨死皆自悔歎也。

〔一九〕師古曰：賴，利也。

〔二〇〕【補注】先謙曰文選徼作激，非。

〔二一〕師古曰：賈，市賈也，音古。

〔二二〕應劭曰：酋音酋豪之酋。酋，雄也。説難，韓非書篇名也。呂不韋効千金於秦，立子楚爲王，封十萬户侯，以陰事自殺也。師古曰：呂不韋初見子楚在趙，而云「此奇貨可居」，故班氏謂子楚爲秦貨耳。安説效千金乎？應説失之矣。【補注】王先慎曰：史記韓非傳「非作孤憤、五蠹、内外儲、説林、説難十餘萬言，秦王見之，曰：『寡人得見此人與遊，死不恨矣。』李斯曰：『此韓非之所著書也。』秦因急攻韓，韓乃遣非使秦，秦王未任用，李斯害之，下吏治非。」故云「説難既酋，其身乃囚」也。先謙曰：官本引蕭該音義曰：「酋，鄭氏曰『酋，執也』。韋昭曰『酋，終也』。王念孫云『酋，執也』，執當作孰，與熟同。據方言、廣雅及月令、鄭語注改酋讀爲就。就，成也。言說難之書既成，而其身乃囚也。太元元文曰『酋，西方也，秋也，物皆成象而就也』。又曰『酋考其就』。范望曰『考，成也，物咸成就也』。史記魯世家『魯公伯禽卒，子考公酋立』，索隱曰『酋，世本作就，就與酋聲近而義同，故字亦相通也』。韋訓酋爲終，終與就義相近，故爾雅酋、就竝訓爲終。鄭訓酋爲熟，則於義稍疏，應訓爲雄，則於義甚疏，而顏獨取其說，誤矣」。朱一新云：「酋，本有就義，不煩改讀，王云酋讀爲就，亦非。」先謙案：文選善注引應劭曰「酋，好也」。與顏引異。隧，文選亦作墜。

〔二三〕張晏曰：孔子云：「不義而富且貴，於我如浮雲。」孟子曰：「我善養吾浩然之氣，而無害，則塞乎天地之間也。」師古曰：浩然，純壹之氣也。

〔二四〕師古曰：迂，遠也，音于。

〔二五〕師古曰：洒音所蟹反，汛也。汛音信。【補注】錢大昭曰：選注引晉灼曰「發，開也」。今諸本皆作芟字。案，左隱六年傳「芟夷，蘊崇之」。說文引作癹，云以足蹋夷艸。此芟字，晉灼本作發，亦癹字之譌。

〔二六〕師古曰：函，容也，讀與含同。

〔二七〕師古曰：原，水泉之本也。流者，其末流也。

〔二八〕師古曰：卬讀曰仰。著音直略反。

〔二九〕師古曰：殖，生也，長也。毓與育同。

〔三〇〕師古曰：苓與零同。【補注】沈欽韓曰：管子宙合篇「苓，落也。盛而不落者，未之有也」。

〔三一〕師古曰：墜，古地字。

〔三二〕師古曰：覿，見也，音徒歷反。

〔三三〕應劭曰：爾雅，前高曰旄丘，如覆敦者敦丘，側出曰氿泉，正出曰濫泉。師古曰：敦音丁回反。度音徒各反。氿音軌。【補注】宋祁曰：注文「前高」字下當有「後下」字，「正出」當作「上出」字。先謙曰：官本引蕭該音義曰：「旄，爾雅曰『前高後下曰旄丘』。詩有旄丘篇，字林曰『前高後下曰堥』，音此與爾雅同。堥音毛，又亡周反。今人呼爲務音，乖僻多矣。『氿濫』，舊作『汎檻』。韋昭曰『水側出曰氿泉，音軌。湧出曰濫泉，音檻』。」

賓曰：「若夫鞅、斯之倫，衰周之凶人，既聞命矣。敢問上古之士，處身行道，輔世成名，可述於後者，默而已虖？」

主人曰：「何爲其然也！昔咎繇謨虞，箕子訪周，〔一〕言通帝王，謀合聖神；殷說夢發於傅巖，周望兆動於渭濱，〔二〕齊甯激聲於康衢，漢良受書於邳沂，〔三〕皆竢命而神交，匪詞言之所信，〔四〕故能建必然之策，展無窮之勳也。近者陸子優繇，新語以興；〔五〕董生下帷，發藻儒林；劉向司籍，辯章舊聞；〔六〕揚雄覃思，法言、大玄；〔七〕皆及旹君之門闈，究先聖之壼奧，〔八〕婆娑虖術蓺之場，休息虖篇籍之囿，以全其質而發其文，用納虖聖聽，〔九〕列炳於後人，斯非其亞與！〔一〇〕若乃夷抗行於首陽，惠降志於辱仕，〔一一〕顏耽樂於簞瓢，孔終篇於西狩，〔一二〕聲盈塞於天淵，真吾徒之師表也。且吾聞之：壹陰壹陽，天墜之方；〔一三〕乃文乃質，王道之綱；有同有異，聖喆之常。故曰：慎修所志，守爾天符，〔一四〕委命共己，味道之腴，〔一五〕神之聽之，名其舍諸！〔一六〕賓又不聞龢氏之璧韞於荊石，〔一七〕隨侯之珠藏於蚌蛤虖？〔一八〕歷世莫眡，不知其將含景耀，吐英精，曠千載而流夜光也。〔一九〕應龍潛於潢汙，魚黿媟之，〔二〇〕不覿其能奮靈德，合風雲，超忽荒，而蹻顥蒼也。〔二一〕故夫泥蟠而天飛者，應龍之神也；先賤而後貴者，龢、隨之珍也；〔二二〕旹闇而久章者，君子之真也。〔二三〕若乃牙、曠清耳於管絃，離婁眇目於豪分；〔二四〕逢蒙絕技於弧矢，班輸榷巧於斧斤；〔二五〕良、樂軼能於相馭，烏獲抗力於千鈞；〔二六〕龢、鵲發精於鍼石，研、桑心計於無垠。〔二七〕僕亦不任廁技於彼列，〔二八〕故密爾自娛於斯文。〔二九〕

〔一〕師古曰：訪亦謀。

〔二〕師古曰：說，傅說也。解已在前。望謂太公望，即呂尚也。釣於渭水，文王將出獵，卜之，曰：「所得非龍非螭、非豹非羆，乃帝王之輔。」果遇呂尚於渭陽，與語大悅，曰：「吾太公望子久矣。」故號曰太公望。

〔三〕鄭氏曰：五達曰康，四達曰衢。晉灼曰：沂，崖也。下邳水之崖也。師古曰：齊甯，甯戚也。聲激，謂叩角所歌也。沂音牛斤反。【補注】先謙曰：官本引蕭該音義曰：「康，韋昭曰『五達爲康，呼坑反』。該案，事出爾雅。」該讀康如字，未詳韋氏音。沂，韋昭作恨，曰「恨，限也，謂橋也，吾恩反」。王念孫云：「恨當爲垠，文選亦作垠。下邳，縣名，非水名，則不得言邳崖，韋本作垠而訓爲橋，是也。良受書於老父，本在橋上，非在水濱。邳垠，即良傳所云下邳圯上也。服虔曰：『圯音頤，楚人謂橋曰圯』。圯垠語之轉作沂者，借字耳。」先謙案：晉說是，詳在張良傳。

〔四〕師古曰：信合韻音新。【補注】先謙曰：官本引蕭該音義曰：「詞，字書曰古辭字。」

〔五〕鄭氏曰：優繇，不仕也。師古曰：繇讀與由同。【補注】先謙曰：繇與游同，文選作游。

〔六〕【補注】先謙曰：朱琦云：「辯章即平章，書『平章百姓』，今文作辯，班用今文，故文選典引亦作辯章。說文『辯，治也』。」

〔七〕師古曰：覃，大也，深也。【補注】先謙曰：官本、南監本「大」作「太」。

〔八〕應劭曰：宮中門謂之闈，宮中巷謂之壼。師古曰：壼音苦本反。

〔九〕【補注】先謙曰：文選聽作德。

〔一〇〕師古曰：亞，次也。與讀曰歟。

〔一一〕師古曰：夷，伯夷也。惠，柳下惠也。辱仕謂爲士師三黜也。

〔一二〕師古曰：謂作春秋止於獲麟也。狩合韻音守。【補注】先謙曰：官本引蕭該音義曰：「簞瓢，字書曰『簞笥也。一曰小筐，丁安反。瓢，蠡也，父幺反』。」

〔一三〕師古曰：墜，古地字。

〔一四〕【補注】先謙曰：善注文子曰「不言之師，不通之道，若或通焉，謂之天符」。

〔一五〕師古曰：共讀曰恭。腴，肥也。

〔一六〕師古曰：舍，廢也。諸，之也。言修志委命，則明神聽之，祐以福禄，自然有名，永不廢也。

〔一七〕師古曰：龢，古和字也。韞亦臧也，音於粉反。

〔一八〕師古曰：蜯即蚌字也，音平項反。蛤音工合反。【補注】先謙曰：官本引蕭該音義曰：「蜯蛤，字書『蜯，蜃厲也，步頂反。蛤，燕雀化所作也，秦曰牡礪』。」先謙案：「厲」當爲「屬」，「頂」當爲「項」，「秦」當爲「蜯」，「礪」當爲「蠣」。

〔一九〕【補注】先謙曰：文選無「夜」字。

〔二〇〕師古曰：應龍，龍有翼者。潢汙，停水也。媟謂侮狎之也。潢音黃。汙音烏。

〔二一〕師古曰：躆，以足據持也。顥，顥天也。元氣顥汗，故曰顥天。其色蒼蒼，故曰蒼天。躆音戟。【補注】先謙曰：官本引蕭該音義曰：「躆，案字書無足旁豦字，猶應是踞字。字書『踞，蹲也，己恕反』。顥，字林曰『顥，白貌也，音昊』。楚辭『昊白顥顥』。該案，爾雅曰『春曰蒼天，夏曰昊天』。今作顥者，此古書假借用耳」。先謙案：善注，項岱曰：「忽荒，天上也」。案忽荒，猶惚恍，謂不可覩聞之境耳。

〔二二〕【補注】先謙曰：官本「隨」作「隋」。

〔二三〕師古曰：時闇，有時而闇也。【補注】何焯曰：此本禮記中庸篇「闇然而日章也」，注非。

〔二四〕師古曰：牙，伯牙也。曠，師曠也。離婁，明目者也。眇，細視也。

〔二五〕師古曰：逢蒙，古善射者也。班輸，即魯公輸班也。一説，班，魯班也，與公輸氏爲二人也，皆有巧蓺也。古樂府云：「誰能爲此器，公輸與魯班。」榷，專也，一曰競也。榷音角。【補注】先謙曰：官本引蕭該音義曰：「榷巧，韋昭曰『榷，猶專也』。該案，音較。晉灼音義作搉字，云劉氏云『搉，效也，咸言極也』。晉灼曰『搉，見也，盡也』。」

〔二六〕師古曰：良，王良也。樂，伯樂也。軼與逸同。相，相馬也。馭，善馭也。烏獲，壯士也。

〔二七〕孟康曰：研，古之善計也。桑，桑弘羊也。師古曰：和，秦醫和也。鵲，扁鵲也。研，計研也，一號計倪，亦曰計然。垠，厓也。【補注】先謙曰：官本引蕭該音義曰：「鍼，字林曰『鍼，所以縫也，之心反』。」先謙案：計研，詳在貨殖傳。

〔二八〕【補注】沈欽韓曰：僕，文選作走。服虔曰：走，孟堅自謂也。蓋本作走字。

〔二九〕師古曰：密，靜也，安也。

敘傳第七十下

固以爲唐虞三代，詩書所及，世有典籍，故雖堯舜之盛，必有典謨之篇，然後揚名於後世，冠德於百王，〔一〕故曰「巍巍乎其有成功，〔二〕焕乎其有文章也！」〔三〕漢紹堯運，以建帝業，至於六世，史臣乃追述功德，私作本紀，〔四〕編於百王之末，廁於秦、項之列。太初以後，闕而不録，故探篹前記，綴輯所聞，〔五〕以述漢書，起元高祖，〔六〕終于孝平王莽之誅，十有二世，二百三十年，綜其行事，旁貫五經，上下洽通，〔七〕爲春秋考紀、表、志、傳，凡百篇。〔八〕其敘曰：〔九〕

〔一〕師古曰：德爲百王之上也。
〔二〕【補注】先謙曰：官本句末有「也」字。
〔三〕師古曰：此篇論語載孔子美堯舜之言也。
〔四〕師古曰：謂武帝時司馬遷作史記。
〔五〕師古曰：篹與撰同。輯與集同。
〔六〕【補注】先謙曰：官本、南監本「元」作「于」。

〔七〕師古曰：固所撰諸表序及志，經典之義在於是也。

〔八〕師古曰：春秋考紀，謂帝紀也。而俗之學者不詳此文，乃云漢書一名春秋考紀，蓋失之矣。【補注】劉奉世曰：顔説亦非也。考，成也。言以編年之故，而後成紀、表、志、傳，非止於紀也，語兼於下。齊召南曰：案，奉世糾師古之違似非也。李賢注後書引前書音義曰：「春秋考紀，謂帝紀也。言考覈時事，具四時以立言，如春秋之經。」較師古注尤明，不必以成訓考也。

〔九〕師古曰：自「皇矣漢祖」以下諸敘，皆班固自論撰漢書意，此亦依放史記之敘目耳。史遷則云爲某事作某本紀、某列傳。班固謙不言（然）〔作〕而改言述，蓋避作者之謂聖，而取述者之謂明也。但後之學者不曉此爲漢書敘目，見有述字，因謂此文追述漢書之事，乃呼爲「漢書述」，失之遠矣。摯虞尚有此惑，其餘曷足怪乎！【補注】先謙曰：文選目録於此書紀、傳贊稱「史述贊」，善注引皆作「漢書述」，並其證也。

皇矣漢祖，纂堯之緒，實天生德，聰明神武。秦人不綱，罔漏于楚，〔一〕爰茲發迹，斷蛇奮旅。神母告符，朱旗乃舉，粵蹈秦郊，嬰來稽首。革命創制，三章是紀，應天順民，五星同晷。〔二〕項氏畔換，黜我巴、漢，〔三〕西土宅心，戰士憤怨。〔四〕乘釁而運，席卷三秦，割據河山，保此懷民。〔五〕股肱蕭、曹，社稷是經，爪牙信、布，腹心良、平，龔行天罰，赫赫明明。〔六〕述高紀第一。

〔一〕師古曰：言秦失綱維，故高祖因時而起。罔漏于楚，謂項羽雖有害虐之心，終免於患也。一説，楚王陳涉初起，後又破滅也。【補注】王念孫曰：高祖不爲項羽所害，豈得謂之漏罔？且與上「秦人不綱」誤分兩事。陳勝破滅，尤與罔漏之義無涉，二説皆謬。罔漏于楚，謂陳勝作亂，而秦不能制也。此但言秦罔漏於陳勝，下乃言高祖起兵之事。

李注文選引項岱曰「網漏於楚，謂陳涉反而不能誅」是也。

〔二〕師古曰：晷，景也。【補注】王念孫曰：五星光不及地，則不得有景，顔説非也。晷即軌字。軌，道也。五星同道，謂高帝元年五星聚東井也。淮南本經篇「五星循軌，而不失其行」，高注云「軌，道也」，廣雅、周語注竝同。是其證。軌、晷聲相同，故字相通。説文「氿，音軌。水厓枯土也」，引爾雅「水醮曰氿」。今爾雅作「厬」。氿之通作「厬」，猶軌之通作「晷」矣。御覽天部五引此正作「五星同軌」。

〔三〕孟康曰：畔，反也。換，易也。不用義帝要，換易與高祖漢中也。師古曰：此説非也。畔換，强恣之貌，猶言跋扈也。詩大雅皇矣篇曰「無然畔換」。【補注】蘇輿曰：毛作「畔援」，鄭箋「畔援，猶拔扈也」。玉篇人部引詩作「伴換」，云「伴換猶跋扈也」。案，班用齊詩，疑齊作「畔換」。孟爲「換」字作訓，顔本鄭箋爲説。釋文「援，鄭胡喚反」，是換、援聲義竝近，伴、畔通字。先謙曰：顔説本韋昭，見善注引。

〔四〕劉德曰：宅，居也。西方人皆居心於高祖，猶係心也。書曰「惟衆宅心」。晉灼曰：西土，關西也。高祖入關，約法三章，秦民大悦，皆宅心高祖。【補注】周壽昌曰：宅，説文「所託也」。古宅、託字同。猶言歸心。

〔五〕師古曰：保，安也。懷人，懷德之人也。

〔六〕【補注】先謙曰：龔，恭借字。文選作「恭」。

孝惠短世，高后稱制，罔顧天顯，吕宗以敗。〔一〕述惠紀第二，高后紀第三。

〔一〕劉德曰：罔，無也。顧，念也。顯，明也。言吕氏無念天之明道者，徒念王諸吕，以至於敗亡。【補注】何焯曰：罔顧天顯，謂殺三趙王及燕王也。

太宗穆穆，允恭玄默，化民以躬，帥下以德。農不供貢，辠不收孥，〔一〕宮不新館，陵不崇墓。〔二〕我德如風，民應如屮，〔三〕國富刑清，登我漢道。〔四〕述文紀第四。

〔一〕張晏曰：除民田租之稅，是不供貢也。

〔二〕師古曰：墓，合韻音謨。

〔三〕師古曰：論語稱孔子曰「君子之德風，小人之德屮也」，故引以爲辭。

〔四〕師古曰：登，成也。

孝景涖政，諸侯方命，〔一〕克伐七國，王室以定。匪怠匪荒，務在農桑，著于甲令，民用寧康。〔二〕述景紀第五。

〔一〕孟康曰：尚書云「方命圮族」，言鯀之惡，壞其族類。吳楚七國亦然。【補注】王念孫曰：正文、注文之「方命」，皆本作「放命」。今文尚書作「放命」，本字也。古文尚書作「方命」，借字也。釋文「馬云『方，放也』」。正義曰「鄭、王以方爲放，謂放棄教命」。是馬、鄭、王皆讀方爲放也。漢書皆用今文，孟注所引亦是今文，故皆作「放命」。後人見古文而不見今文，故皆改爲「方命」耳。文選五等論「放命者七臣」，李善曰「班固『漢書述』曰『孝景涖政，諸侯放命』。韋昭曰『放命，不承天子之制』」。今本李注「放命」作「方命」，「韋昭曰放命」作「韋昭曰方，放命」，皆與正文不合，明後人所改。御覽皇王部十三引此亦作「放命」，則所見皆是未改之本，今據以訂正。傅喜傳「同心背畔，放命圮族」，朱博傳「今晏放命圮族」，其字皆作「放」。桓九年穀梁傳亦云「則是放命也」。今本「放」譌作「故」，據范注及唐石經改。周壽昌曰：注釋圮族，不釋方命，於本文無涉。

〔二〕師古曰：甲令，即景紀令甲也。

世宗曄曄，思弘祖業，〔一〕疇咨熙載，髦俊並作。〔二〕厥作伊何？百蠻是攘，〔三〕恢我疆宇，外博四荒。〔四〕武功既抗，亦迪斯文，〔五〕憲章六學，統壹聖真。封禪郊祀，登秩百神；〔六〕協律改正，饗茲永年。〔七〕述武紀第六。

〔一〕師古曰：曄曄，盛貌也。

〔二〕師古曰：疇，誰也。咨，謀也。熙，興也。載，事也。謀於衆賢，誰能任用，故能興其事業也。作，起也。【補注】先謙曰：官本、南監本「誰」下「能」作「可」，是。

〔三〕師古曰：攘，卻也。

〔四〕師古曰：恢，廣也。博，大也。

〔五〕劉德曰：迪，進也。

〔六〕【補注】宋祁曰：「秩」當作「祭」。先謙曰：官本「百」作「而」。

〔七〕張晏曰：改正謂從建寅之月也。

孝昭幼沖，冢宰惟忠。燕、蓋譸張，實叡實聰，〔一〕臯人斯得，邦家和同。述昭紀第七。

〔一〕如淳曰：譸音輈。應劭曰：譸張，誑也。【補注】先謙曰：蓋，蓋主。事見燕王旦傳。

中宗明明，夤用刑名，〔一〕時舉傅納，聽斷惟精。〔二〕柔遠能邇，燀燿威靈，〔三〕龍荒幕朔，莫不來庭。〔四〕丕顯祖烈，尚於有成。〔五〕述宣紀第八。

〔一〕鄧展曰：夤，敬也。【補注】沈欽韓曰：釋詁「寅，進也」。玉篇「夤，進也」。鄧以爲敬，非。

〔二〕李奇曰：時，是也。於是時也，選用賢者。師古曰：傅讀曰敷。虞書舜典曰「敷納以言」。敷，陳也，謂有陳言者則納而用之。【補注】劉奉世曰：時舉，謂時而颺之也。

〔三〕師古曰：虞書舜典曰「柔遠能邇」。柔，安也。能，善也。故引之云。燀，熾也，音充善反。

〔四〕孟康曰：謂白龍堆荒服沙幕也。師古曰：龍，匈奴祭天龍城，非謂白龍堆也。朔，北方也。

〔五〕師古曰：丕，大也。烈，業也。

孝元翼翼，高明柔克，〔一〕賓禮故老，優繇亮直。〔二〕外割禁囿，內損御服，離宮不衛，山陵不邑。〔三〕閹尹之呰，穢我明德。〔四〕述元紀第九。

〔一〕師古曰：翼翼，敬也。尚書洪範云「高明柔克」，謂人雖有高明之度，而當執柔，乃能成德也。敘言元帝有柔克之姿也。

〔二〕師古曰：故老謂貢禹、薛廣德也。優繇謂寬容也。亮直謂朱雲也。繇讀與由同。【補注】齊召南曰：顏注誤。朱雲折檻，事在成帝時。此言元帝聽貢禹之言，外割禁囿，內損御服云爾，連下二句讀，其義自明。賓禮故老，謂于定國、韋玄成、薛廣德之屬也。蘇輿曰：優繇即優游，與優容義同。先謙曰：官本注無「讀」字。

〔三〕張晏曰：不徙民著縣也。

〔四〕如淳曰：任弘恭、石顯使爲政，以病其治也。師古曰：謂宦人爲閹者，言其精氣奄閉不泄也。一曰王奄閉門者。尹，正也。呰與疵同。【補注】先謙曰：官本「呰」作「呰」。注「宦」作「宮」，「王」作「主」，是。引蕭該音義曰：「韋昭『呰』作『搉』字，云『子爾反』。劉氏云『搉，效也，或言極也』。晉灼曰『搉，見也，盡也，使爲政以病其治也』。今漢書本或誤作『疵』字，或作『呰』字。」蘇輿曰：搉與呰、疵，聲形均別，無緣轉誤。說文「疵，病也」。言惟用閹尹秉政，爲國疵病，有污主德耳。後書左周黃傳贊「瓊名夙知，累章國疵」，與此同義。晉注言「使爲政以病其治」，仍與如合，於搉義無涉也。

孝成煌煌，臨朝有光，威儀之盛，如圭如璋。〔一〕壼闈恣趙，朝政在王，〔二〕炎炎燎火，亦允不陽。〔三〕述成紀第十。

〔一〕【補注】何焯曰：徒稱其儀貌，則爽德可知。

〔二〕師古曰：趙謂趙皇后及昭儀也。王謂外家王鳳、王音等。

〔三〕張晏曰：天子盛威，若燎火之陽，今委政王氏，不炎熾矣。師古曰：允，信也。【補注】宋祁曰：邵本「如」字作「燎」，「亦」字作「光」。先謙曰：文選「亦」作「光」。據宋說，所見本「燎」作「如」。

孝哀彬彬，克攬威神，〔一〕彫落洪支，底剭鼎臣。〔二〕婉孌董公，惟亮天功，大過之困，實橈實凶。〔三〕述哀紀第十一。

〔一〕師古曰：彬彬，文質備也。言哀帝忿孝成之時權在臣下，故自攬持其威神也。攬，執取也，其字從手。【補注】先謙曰：官本此下有「如淳曰攬音籃」六字。

〔二〕服虔曰：彫落洪支，廢退王氏也。底，致也。周禮有屋誅，誅大臣於屋下，不露也。易曰「鼎折足，其形渥，凶」，謂誅朱博、王嘉之屬也。晉灼曰：剭，刑也。師古曰：剭者，厚刑，謂重誅也，音握。服言屋下，失其義也。【補注】劉奉世曰：洪支，謂東平王雲，非王氏也。

〔三〕應劭曰：以董賢爲三公，乃欲共成天功也。易大過卦「棟橈，凶」，言以小材而爲棟梁，不堪其任，至於折橈而凶也。師古曰：婉孌，美貌。亮，助也。尚書舜典曰「賫亮天功」，故引之也。橈，曲也，音女教反。【補注】先謙曰：官本、南監本「橈」並作「撓」。

孝平不造，新都作宰，不周不伊，喪我四海。〔一〕述平紀第十二。

〔一〕師古曰：造，成也。遭家業不成。周頌曰「閔予小子，遭家不造」，故引之也。言其自號寧衡，而無周公、伊尹之忠也。【補注】先謙曰：官本、南監本「寧」作「宰」，是。

漢初受命，諸侯並政，制自項氏，十有八姓。述異姓諸侯王表第一。〔一〕

〔一〕【補注】先謙曰：政讀曰征，與「諸侯力政」義同。

太祖元勳，啓立輔臣，支庶藩屏，侯王並尊。述諸侯王表第二。

侯王之祉，祚及宗子，公族蕃滋，支葉碩茂。〔一〕述王子侯表第三。

〔一〕師古曰：茂，合韻音莫口反。

受命之初，贊功剖符，奕世弘業，爵土乃昭。〔一〕述高惠高后孝文功臣侯表第四。

〔一〕師古曰：贊功，佐命之功也。奕，大也。

景征吳楚，武興師旅，後昆承平，亦有紹土。〔一〕述景武昭宣元成哀功臣侯表第五。〔二〕

〔一〕師古曰：言景、武之時以軍功，故封侯者多，昭、宣以後雖承平，尚有以勳獲爵土者。【補注】宋祁曰：監本、浙本、越本作「亦猶有紹」。王念孫曰：監本、浙本、越本是也。紹字在小韻，楚、旅二字在語韻，二韻古聲相近，故漢人多有通用者。下文曰「河圖命庖，雒書賜禹，八卦成列，九疇逌敘。世代寔寶，光演文武，春秋之占，咎徵是舉。告往知來，王事之表」。又曰「大上四子：伯兮早天，仲氏王代，斿宅于楚。戊實淫軼，平陸乃紹」。又曰「宗幽既昏，淫于褒女，戎敗我驪遂亡豐鄗」。又曰「西戎即序，夏后是表。周穆觀兵，荒服不旅」。皆以語小二韻通用。本傳而外，可無須別證也。後人不知古音，而改爲「亦有紹土」，則文不成義矣。據顔注云「尚有」，則正文原有「猶」字明矣。紹，繼也。原注當云「尚有能繼之者」，而今本云「尚有以勳獲爵士者」，蓋既改正文爲「亦有紹土」，遂并改注文耳。先謙曰：官本注末有「也」字。

〔三〕【補注】錢大昭曰：「哀」字衍，功臣表至成帝止。

亡德不報，爰存二代，〔一〕宰相外戚，昭韙見戒。〔二〕述外戚恩澤侯表第六。

〔一〕應劭曰：二代，二王後也。師古曰：二代，謂殷、周也。言德澤深遠，故至漢朝其子孫又受茅土，以奉祭祀。

〔二〕張晏曰：韙，是也。明其是者，戒其非也。【補注】先謙曰：官本此下有「韋昭曰昭明也韙是也」九字。

漢迪於秦，有革有因，〔一〕觕舉僚職，並列其人。〔二〕述百官公卿表第七。

〔一〕劉德曰：迪，至也。【補注】蘇輿曰：如劉説當云秦迪於漢。方言「由迪，正也。東齊青、徐之閒，相正謂之由迪」。然則迪亦正也，謂漢正秦之制度。

〔二〕晉灼曰：觕音麤觕之觕。師古曰：觕音才户反。謂大略也。【補注】先謙曰：觕舉僚職，謂先述百官，並列其人，後敘公卿大臣姓名也。

篇章博舉，通于上下，〔一〕略差名號，九品之敘。述古今人表第八。

〔一〕【補注】先謙曰：上下謂古今。

元元本本，數始於一，〔一〕產氣黃鍾，造計秒忽。〔二〕八音七始，五聲六律，〔三〕度量權衡，曆算逌出。〔四〕官失學微，六家分乖，〔五〕壹彼壹此，庶研其幾。述律曆志第一。

〔一〕張晏曰：數之元本，起於初九之一也。

〔二〕劉德曰：秒，禾芒也。忽，蜘蛛網細者也。師古曰：秒音眇，其字從禾。【補注】先謙曰：計亦算也。

〔三〕劉德曰：七始，天地四方人之始也。師古曰：解在禮樂志。

〔四〕師古曰：逌，古攸字也。攸，所也。

〔五〕劉德曰：六家，謂黃帝、顓頊、夏、殷、周、魯曆也。

上天下澤，春靁奮作，〔一〕先王觀象，爰制禮樂。厥後崩壞，鄭衛荒淫，風流民化，湎湎紛紛。〔二〕略存大綱，以統舊文。述禮樂志第二。

〔一〕劉德曰：兌下乾上履，坤下震上豫。履，禮也。豫，樂也。取易象制禮作樂。師古曰：易象曰「上天下澤履，雷出地奮豫」，故具引其文。

〔二〕師古曰：言上風既流，下人則化也。湎湎，流移也。紛紛，雜亂也。湎音莫踐反。【補注】錢大昕曰：即呂刑「泯泯棼棼」也。湎、泯聲相近。詩「緜緜其麃」，韓詩作「民民」。

靁電皆至，天威震耀，五刑之作，是則是效，〔一〕威實輔德，刑亦助教。季世不詳，背本爭末，〔二〕吳、孫狙詐，申、商酷烈。〔三〕漢章九法，太宗改作，〔四〕輕重之差，世有定籍。述刑法志第三。

〔一〕劉德曰：震下離上，噬嗑，利用獄。雷電，取象天威也。師古曰：易象辭曰「雷電，噬嗑，先王以明罰敕法」，故引之。

〔二〕師古曰：不詳謂不盡用刑之理也。周書呂刑曰「告爾詳刑」。【補注】周壽昌曰：詳與祥同。易履「上九，視履考祥」，祥，釋文「本又作『詳』。」左成十六年「詳以事神」，正義「詳者，祥也，古字同耳」。下述霍金傳亦云「漸化不詳」，詳即祥也。先謙曰：官本「詳刑」作「祥刑」，南監本與此同。

〔三〕師古曰：狙音千豫反。

〔四〕張晏曰：改除肉刑也。

厥初生民，食貨惟先。〔一〕割制廬井，定爾土田，什一供貢，下富上尊。商以足用，茂遷有無，貨自龜貝，至此五銖。揚搉古今，監世盈虛。〔二〕述食貨志第四。

〔一〕【補注】錢大昭曰：閩本「惟」作「爲」。

〔二〕師古曰：揚，舉也。搉，引也。揚搉者，舉而引之，陳其趣也。搉音居學反。【補注】王念孫曰：揚搉猶辜搉也。廣雅「揚搉，都凡也」。揚搉古今，猶約略古今，非舉而引之之謂也。上文曰「略存大綱，以統舊文。述禮樂志第二」。下文曰「略表山川，彰其剖判。述地理志第八」。皆是此意。莊子徐無鬼篇「則可不謂有大揚搉乎」？淮南俶真篇「作物豈可謂無大揚搉乎？」高誘注「揚搉猶無慮，大數名也」。莊子釋文引許慎注「揚搉，粗略法度也」。然則大揚搉者，猶言大略也。左思蜀都賦「請爲左右揚搉而陳之」，劉逵注「韓非有揚搉篇，班固曰『揚搉古今』，其義一也」。然則揚搉而陳之，猶言約略而陳之也。人表張晏注「略舉揚較，以起失謬」。較與搉同，或謂之大較。史記律書「世儒闇於大較」，索隱「較音角。大較猶大略耳，或但謂之較」。文選養生論「較而論之」，李善注「角較而論之」，猶言約而論之耳。提封、無慮、辜搉、揚搉，皆大數之名，故廣雅通訓爲都凡也。

昔在上聖，昭事百神，類帝禋宗，望秩山川，明德惟馨，永世豐年。季末淫祀，營信巫史，〔一〕大夫臚岱，侯伯僭畤，〔二〕放誕之徒，緣間而起。〔三〕瞻前顧後，正其終始。述郊祀志第五。

〔一〕鄧展曰：營，惑也。

〔二〕鄭氏曰：臚岱，季氏旅於太山是也。應劭曰：僭畤，秦文公造四畤祭天是也。師古曰：旅，陳也。臚，亦陳也。臚，旅聲相近，其義一耳。【補注】周壽昌曰：史記封禪書，襄公造西畤，文公造鄜畤。楊子法言問黎篇「昔者襄公始僭西畤，以祭白帝」。是造西畤爲秦襄公，非文公。先謙曰：官本注「四」作「西」，是。

〔三〕師古曰：謂方士言神仙之術也。

炫炫上天，縣象著明，〔一〕日月周輝，星辰垂精。百官立法，宮室混成，〔二〕降應王政，景以燭形。〔三〕三季之後，厥事放紛，〔四〕舉其占應，覽故考新。述天文志第六。

〔一〕師古曰：炫炫，光耀之貌，音胡畎反。縣，古懸字。

〔二〕張晏曰：星辰有宮室百官，各應其象以見咎徵也。

〔三〕張晏曰：王政失於此，星辰變於彼，猶景之象形。

〔四〕師古曰：三季，三代之末也。放，失也。紛，亂也。

河圖命庖，洛書賜禹，八卦成列，九疇逌敘。〔一〕世代寔寶，〔二〕光演文武，春秋之占，咎徵是舉。告往知來，王事之表。述五行志第七。

〔一〕李奇曰：河圖即八卦也。洛書即洪範九疇也。師古曰：庖，庖犧也。逌，古攸字。【補注】宋祁曰：「庖」當作「宓」。

〔二〕【補注】先謙曰：官本、南監本「世」作「三」。

坤作墬埶，高下九則，〔一〕自昔黃、唐，經略萬國，變定東西，疆理南北。〔二〕三代損益，降及秦、漢，革剗五等，制立郡縣。〔三〕略表山川，彰其剖判。述地理志第八。

〔一〕張晏曰：易曰「地埶坤」。劉德曰：九則，九州土田上中下九等也。師古曰：墬，古地字。易象曰「地埶坤，君子以厚德載物」。高下謂地形也。一曰，地之肥瘠。

〔二〕師古曰：變，和也。疆理謂立封疆而統理之。【補注】錢大昭曰：「變」當作「燮」，注同。先謙曰：官本、南監本並作「燮」。

〔三〕晉灼曰：剗音剗削之剗。師古曰：音初限反。【補注】先謙曰：官本注末有「服虔曰剗音剪韋昭曰剗音鏟剗削也」十五字。

夏乘四載，百川是導。〔一〕唯河爲囏，災及後代。商竭周移，秦決南涯，〔二〕自茲歫漢，北亡八支。〔三〕文陻棗野，武作瓠歌，〔四〕成有平年，後遂滂沱。〔五〕爰及溝渠，利我國家。述溝洫志第九。

〔一〕師古曰：四載，解在溝洫志。

〔二〕服虔曰：河竭而商亡。移亦河移徙也。如淳曰：秦始皇本紀「決河灌大梁，遂滅之，通爲溝，入淮、泗」。

〔三〕服虔曰：本有九河，今塞，餘有一也。【補注】齊召南曰：案此，則八支湮塞在秦漢之閒矣。緯書謂齊桓公塞八支以自廣，終無所據。先謙曰：官本、南監本「岠」作「距」。

〔四〕服虔曰：陻音因。文帝塞河於酸棗也。張晏曰：河決瓠子，武帝親臨，悼功不成而作歌。

〔五〕劉德曰：成帝治河已平，改元曰河平元年。【補注】先謙曰：官本注末有「韋昭曰成帝時河復決王延八世塞之河水平因改年曰河平」二十四字。考證云，案舊本誤衍「八」字，當云王延世塞之。

虙羲畫卦，書契後作，〔一〕虞夏商周，孔纂其業，纂書刪詩，綴禮正樂，〔二〕彖系大易，因史立法。〔三〕六學既登，遭世罔弘，〔四〕羣言紛亂，諸子相騰。〔五〕秦人是滅，漢修其缺，劉向司籍，九流以別。〔六〕爰著目録，略序洪烈。〔七〕述蓺文志第十。

〔一〕師古曰：虙讀與伏同。

〔二〕師古曰：纂與撰同。

〔三〕師古曰：謂修春秋定帝王之文。

〔四〕師古曰：罔，無也。無能弘大正道也。

〔五〕師古曰：騰，馳也。

〔六〕應劭曰：儒、道、陰陽、法、名、墨、從横、雜、農，凡九家。

〔七〕師古曰：洪，大也。烈，業也。

上嫚下暴，惟盜是伐，〔一〕勝、廣熛起，梁、籍扇烈。〔二〕赫赫炎炎，遂焚咸陽，宰割諸夏，命立侯王，誅嬰放懷，詐虐以亡。述陳勝項籍傳第一。

〔一〕師古曰：易上繫辭云「小人而乘君子之器，盜思奪之矣；上嫚下暴，盜思伐之矣」。引此言者，謂秦胡亥之時。

〔二〕師古曰：飛火曰熛。扇，熾也。烈，猛也。言陳勝初起而項羽益盛也。熛音必遙反。【補注】先謙曰：官本、南監本「益」作「烈」。

張、陳之交，斿如父子，〔一〕攜手遯秦，拊翼俱起。〔二〕據國爭權，還爲豺虎，〔三〕耳諫甘公，〔四〕作漢藩輔。述張耳陳餘傳第二。

〔一〕【補注】先謙曰：斿即游字。竇嬰傳「其游如父子然」。

〔二〕應劭曰：遯，逃也。師古曰：遯，古遁字也。拊翼，以雞爲喻，言知將旦，則鼓擊其翼而鳴也。

〔三〕師古曰：言反相吞噬也。

〔四〕【補注】錢大昭曰：「諫」當作「謀」。先謙曰：官本、南監本作「謀」。古書謀、諫字形近相亂。甘公事見耳傳。

三枿之起，本根既朽，〔一〕枯楊生華，曷惟其舊！〔二〕橫雖雄材，伏于海隝，沐浴尸鄉，北面奉首，旅人慕殉，義過黃鳥。〔三〕述魏豹田儋韓信傳第三。

〔一〕劉德曰：詩云「包有三枿」。爾雅曰「烈、枿，餘也」。謂木斫髡而復枿生也。喻魏、齊、韓皆滅而復起，若髡木更生也。師古曰：枿音五葛反。【補注】錢大昭曰：說文「櫱，伐木餘也」。引商書「若槙木之有甹櫱」，重文作「櫱」。「梓」，古文「櫱」。又弓部「甹，木生條也」。亦引商書作「枿」。古文言「由枿」，是枿即梓字，隸變爲枿爾。

〔二〕應劭曰：易云「枯楊生華」，暫貴之意也。曷惟其舊，言不能久也。師古曰：枯楊生華，大過卦九五爻辭也。舊，合韻音臼。

〔三〕劉德曰：黃鳥之詩刺秦穆公要人從死，言今橫不要而有從者，故曰過之。

信惟餓隸，布實黥徒，越亦狗盜，芮尹江湖。〔一〕雲起龍襄，化爲侯王，〔二〕割有齊、楚，跨制淮、梁。〔三〕綰自同閈，鎮我北疆，〔四〕德薄位尊，非胙惟殃。〔五〕吴克忠信，胤嗣乃長。述韓彭英盧吴傳第四。

〔一〕張晏曰：吴芮爲番陽令，在江湖之間。尹，主也。

〔二〕師古曰：襄，舉也。【補注】齊召南曰：劉之遴所校真本云「淮陰毅毅，伏劍周章，邦之傑兮，實維英、彭，仕爲侯王，雲起龍驤」。與今本大異。以理推之，「邦」字是高祖諱，又信、越、布後並誅滅，史官安得盛稱其美，必好事者爲之也。又案之遴言真本高五子、文三王、景十三王、孝武六子、宣元六王，悉次外戚下，外戚次帝紀下。如所云是十二紀之後，即次外戚傳、諸王傳矣。其然，豈其然乎？

〔三〕張晏曰：韓信前王齊，徙楚。英布王淮南，彭越王梁也。

〔四〕應劭曰：閈音扞。盧綰與高祖同里，楚名里門爲閈。師古曰：左氏傳云「高其閈閎」，舊通語耳，非專楚也。

〔五〕【補注】先謙曰：胙同祚。文選作「祚」。

賈廑從旅，爲鎮淮、楚。〔一〕澤王琅邪，權激諸吕。〔二〕濞之受吴，疆土踰矩，〔三〕雖戒東南，終用齊斧。〔四〕述荆燕吴傳第五。

〔一〕張晏曰：劉賈晚乃從軍也。晉灼曰：廑，無幾也。師古曰：二説皆非也。廑，古以爲勤字。言賈從軍有勤勞也。

〔二〕【補注】錢大昭曰：謂用田生之計，先王諸吕，而激之并王澤也。

〔三〕師古曰：矩，法制也。

〔四〕張晏曰：齊斧，越斧也，以整齊天下也。晉灼曰：雖戒勿反而反，竟用此斧於吴也。師古曰：易云「喪其齊斧」，故引以爲辭。【補注】周壽昌曰：戒東南者，高祖謂濞曰：「漢後五十年，東南有亂，豈若耶？」

太上四子，伯兮早夭，仲氏王代，斿宅于楚。〔一〕戊實淫軼，平陸乃紹。〔二〕其在于京，奕世宗正，〔三〕劬勞王室，用侯陽成。〔四〕子政博學，三世成名。〔五〕述楚元王傳第六。

〔一〕師古曰：詩衞風云「伯兮朅兮」，鄘風又曰「仲氏任只」。此序方論高祖兄伯及仲，故引二句爲之辭也。【補注】錢大昭曰：斿與游同，楚元王交字也。

〔二〕師古曰：楚王戊爲薄太后服，姦，削東海郡，遂與吴共反而誅。景帝更立平陸侯禮，續元王之後也。【補注】先謙曰：官本「景帝」作「文帝」，引宋祁曰「注文，浙本改『文帝』作『景帝』」。

〔三〕師古曰：正合韻音征。【補注】錢大昭曰：劉辟彊、劉德父子，並爲宗正。

〔四〕【補注】錢大昭曰：宣帝以劉德親親，行謹厚，封爲陽成侯。

〔五〕師古曰：謂劉德、劉向、劉歆，俱有名聞。

季氏之詘，辱身毁節，信于上將，議臣震栗。〔一〕欒公哭梁，田叔殉趙，見危授命，誼動明主。布歷燕、齊，叔亦相魯，民思其政，或金或社。〔二〕述季布欒布田叔傳第七。

〔一〕張晏曰：申意於上將。上將，樊噲也。欲以十萬衆横行匈奴中，布曰：「噲可斬也。」時議臣皆恐。師古曰：信讀曰申。

〔二〕李奇曰：魯人愛田叔，死，送之以金。齊貴欒布，爲生立社。

高祖八子，二帝六王。三趙不辜，〔一〕淮厲自亡，燕靈絕嗣，齊悼特昌。掩有東土，〔二〕自岱徂海，支庶分王，前後九子。六國誅斃，適齊亡祀。城陽、濟北，後承我國。〔三〕赳赳景王，匡漢社稷。〔四〕述高五王傳第八。

〔一〕【補注】周壽昌曰：謂隱王如意、共王恢、幽王友。一爲高后所殺，二爲高后所逼自殺也。

〔二〕【補注】先謙曰：掩與奄同。

〔三〕張晏曰：濟北王志，吳楚反後徙王菑川。元朔中，齊國絕，悼惠王後唯有城陽、菑川，武帝乃割臨菑環悼惠王冢，以與菑川，令奉祀也。師古曰：適讀曰嫡。

〔四〕師古曰：赳赳，武貌，音糾。

猗與元勳，包漢舉信，〔一〕鎮守關中，足食成軍，營都立宮，定制修文。平陽玄默，繼而弗革，〔二〕民用作歌，化我淳德。漢之宗臣，是謂相國。〔三〕述蕭何曹參傳第九。

〔一〕劉德曰：包，取也。師古曰：包漢，謂勸高祖且王漢中也。舉信，舉韓信也。信合韻音新。

〔二〕師古曰：革，改也。言曹參爲相，守靜無爲，一遵蕭何約束，不變改也。

〔三〕【補注】周壽昌曰：漢初相國，惟此兩人，後皆爲丞相。

留侯襲秦，作漢腹心，〔一〕圖折武關，解阸鴻門。〔二〕推齊銷印，〔三〕毆致越、信；〔四〕招賓四老，惟寧嗣君。陳公擾攘，歸漢乃安，〔五〕斃范亡項，走狄擒韓，〔六〕六奇既設，我罔艱難。〔七〕安國廷爭，致仕杜門。絳侯矯矯，誅呂尊文。亞夫守節，吳楚有勳。述張陳王周傳第十。

〔一〕劉德曰：襲秦，椎始皇於博狼沙中。

〔二〕師古曰：圖折武關，謂從沛公入武關，說令爲疑兵。又啗秦將以利，勸因其怠懈擊之類也。

〔三〕【補注】先謙曰：推齊，謂信欲爲假齊王，因而推之，後遂奉詔封信也。銷印，沮酈食其謀封六國後。

〔四〕師古曰：敺與驅同。越，彭越也。信亦韓信也。謂於垓下圍項羽時也。信合韻音新。

〔五〕師古曰：攘音人養反。

〔六〕師古曰：走狄，謂解平城之圍也。禽韓，僞游雲夢也。

〔七〕師古曰：罔，無也。

舞陽鼓刀，滕公廄騶，〔一〕潁陰商販，曲周庸夫，攀龍附鳳，並乘天衢。〔二〕述樊酈滕灌傅靳周傳第十一。

〔一〕師古曰：鼓刀謂屠狗也。

〔二〕師古曰：乘，登也。

北平志古，司秦柱下，〔一〕定漢章程，律度之緒。建平質直，犯上干色；〔二〕廣阿之廑，食厥舊德。〔三〕故安執節，責通請錯，蹇蹇帝臣，匪躬之故。〔四〕述張周趙任申屠傳第十二。

〔一〕師古曰：志，記也，謂多記古事也。司，主也。

〔二〕師古曰：周昌先封建成侯，蓋謂此也。平字當爲成，傳寫誤耳。

〔三〕張晏曰：任敖也。吏遇呂后不謹，敖擊傷主吏也。師古曰：廑亦勤字也。易訟卦六三爻辭曰「食舊德」，食猶饗也。

〔四〕師古曰：易蹇卦六二爻辭曰「王臣蹇蹇，匪躬之故」。此言申屠嘉召責鄧通，請誅朝錯，皆不爲己身，實有蹇蹇之節也。

食其監門，長揖漢王，畫襲陳留，進收敖倉，塞隘杜津，王基以張。〔一〕賈作行人，百越來賓，從容風議，博我以文。〔二〕敬繇役夫，遷京定都，〔三〕内强關中，外和匈奴。叔孫奉常，與時抑揚，税介免冑，禮義是創。〔四〕或悊或謀，觀國之光。〔五〕述酈陸朱婁叔孫傳第十三。〔六〕

〔一〕師古曰：杜亦塞也。謂説令塞白馬津。

〔二〕李奇曰：作新語也。師古曰：論語稱顔回喟然歎曰「夫子博我以文」，謂以文章開博我也。此言陸賈嘗之越也。從音千容反。風讀曰諷。【補注】齊召南曰：師古謂從容二句亦指使越，非也。此二句指賈著新語，每奏一篇，高祖稱善。李説得之。

〔三〕師古曰：繇讀與由同。言劉敬由戍卒而來納説。

〔四〕師古曰：税，舍也。介，甲也。創，始造之也。創合韻音初良反。【補注】何焯曰：義疑作儀。錢大昭曰：説文「誼，人所宜也」。「義，己之威儀也」。漢書仁義作誼，威儀作義，正與説文同，何説非也。

〔五〕師古曰：詩小雅小旻之篇曰「或悊或謀」，言有智者，有謀者。易觀卦六四爻辭曰「觀國之光，利用賓于王」。故合而爲言。

〔六〕師古曰：本傳作朱、劉，終書其賜姓也。此言朱、婁，本其舊族耳。

淮南僭狂，二子受殃。安辯而邪，賜頑以荒，敢行稱亂，窘世薦亡。〔一〕述淮南衡山濟北傳第十四。

〔一〕師古曰：窘，仍也。薦讀曰荐。荐，再也。長遷死雍，其子安又自殺也。【補注】錢大昭曰：小雅正月云「又窘陰雨」，鄭箋「窘，仍也」。

蒯通壹說，三雄是敗，覆酈驕韓，田横顛沛。被之拘係，乃成患害。〔一〕充、躬罔極，交亂弘大。〔二〕述蒯伍江息夫傳第十五。

〔一〕師古曰：言伍被初不從王反，王繫其父母，乃進邪謀，終以遇害也。

〔二〕師古曰：小雅青蠅之詩云「讒言罔極，交亂四國」。此敘言江充、息夫躬之惡，引以爲辭也。

萬石温温，幼寤聖君，〔一〕宜爾子孫，夭夭伸伸，〔二〕慶社于齊，不言動民。〔三〕衞、直、周、張，淑慎其身。〔四〕述萬石衞直周張傳第十六。

〔一〕鄧展曰：爾雅「寤、逢，遇也」。師古曰：此説非也。言萬石幼而恭謹，感寤高祖，以見識拔也。爾雅云「遻，遇之也」，非謂寤也。詩小雅小宛之篇曰「温温恭人」。【補注】先謙曰：官本注「遇」下無「之」字。宋翔鳳云，案今爾雅釋詁「遘、逢、遇，遻也」。「遘、逢、遇、遻，見也」。蓋鄧氏所據爾雅，「遻」字作「寤」。詩東門之池「可與晤歌」毛傳「晤，遇也」。古晤、寤字通。詩「寤辟有摽」，説文日部引作「晤辟有摽」。「可與晤言」，列女傳二卷引作「可與寤言」，則毛公時爾雅「遻」亦作「寤」也。寤亦與遻通。遻，説文作「啎，逆也」。左傳「莊公寤生」，蓋謂逆生。此正謂萬石幼遇高祖耳，不必言感寤也。釋言「逜，寤也」，郭注云「相干寤」。音義「逜五故反」。

〔二〕師古曰：詩周南螽斯之篇曰「宜爾子孫振振兮」，論語稱孔子「燕居，伸伸如也，夭夭如也」，謂和舒之貌。此言萬石子孫既多，又皆和睦，故引以爲辭也。夭音於驕反。

〔三〕鄧展曰：慶爲齊相，齊爲立社也。

〔四〕師古曰：衞詩燕燕之篇曰「終温且惠，淑慎其身」。淑，善也。引此詩言以美四人也。

孝文三王，代孝二梁，〔一〕懷折亡嗣，孝乃尊光。〔二〕内爲母弟，外扞吴楚，怙寵矜功，僭欲失所，思心既霿，牛旤告妖。〔三〕帝庸親親，厥國五分，〔四〕德不堪寵，四支不傳。〔五〕述文三王傳第十七。

〔一〕師古曰：代孝王參及梁孝王武、梁懷王揖。

〔二〕師古曰：折謂夭也。孝亦謂梁孝王也。

〔三〕師古曰：霿，僭霿也，音莫候反。解在五行志。【補注】錢大昭曰：五行志云「思心之不容，是謂不聖，厥咎霿，時則有牛旤」。先謙曰：牛旤亦見本傳。

〔四〕師古曰：庸，用也。用親親之道，故分梁爲五國，立孝王男五人爲王。太子買爲梁王，次子明爲濟川王，彭離爲濟東王，定爲山陽王，不識爲濟陰王。

〔五〕晉灼曰：子，父母之四支也。師古曰：此説非也。謂孝王支子四人封爲王者皆絶於身，不傳胤嗣，唯梁恭王買有後耳。其事具在本傳。【補注】先謙曰：官本注「曰」下「子」作「支」，是。

賈生矯矯，弱冠登朝。〔一〕遭文叡聖，屢抗其疏，暴秦之戒，三代是據。建設藩屏，以强守圉。〔二〕吴楚合從，賴誼之慮。〔三〕述賈誼傳第十八。

〔一〕師古曰：矯矯，高舉之貌也，合韻音驕。

〔二〕師古曰：圉合韻音御。

〔三〕師古曰：勸文帝大封梁、淮陽。梁卒距吴楚，不得令西也。從音子庸反。【補注】先謙曰：得令二字當乙。

子絲慷慨，激辭納說，〔一〕擥轡正席，顯陳成敗。〔二〕錯之瑣材，智小謀大，〔三〕旤如發機，先寇受害。〔四〕述爰盎朝錯傳第十九。

〔一〕師古曰：爰盎字絲。此加子者，子是嘉稱，以偶句耳。

〔二〕師古曰：擥，執取也。其字從手，亦或作擥。【補注】錢大昭曰：擥轡，謂諫帝西馳下峻坂。正席，謂引却慎夫人坐也。

〔三〕師古曰：易下繫辭曰：「德薄而位尊，智小而謀大，力少而任重，鮮不及矣。」此敘言朝錯所以及旤。

〔四〕師古曰：發機，言其速也。吳楚未敗之前，錯已誅死。【補注】先謙曰：官本「受」作「後」。

釋之典刑，國憲以平。馮公矯魏，增主之明。〔一〕長孺剛直，義形於色，下折淮南，上正元服。〔二〕莊之推賢，於茲爲德。述張馮汲鄭傳第二十。

〔一〕張晏曰：矯辭以免魏尚也。師古曰：張說非也。矯，正也，正言其事。

〔二〕師古曰：淮南王謀反，憚黯正直。武帝不冠不見黯。故云下折淮南，上正元服也。元，首也，故謂冠爲元服。

榮如辱如，有機有樞，〔一〕自下摩上，惟德之隅。〔二〕賴依忠正，君子采諸。〔三〕述賈鄒枚路傳第二十一。

〔一〕劉德曰：易曰「樞機之發，榮辱之主也」。張晏曰：乍榮乍辱，如辭也。

〔二〕師古曰：詩大雅抑之篇曰「抑抑威儀，惟德之隅」，言有廉隅也。此敘言賈山直詞刺上，亦爲方正也。一曰，隅謂得道德之一隅也。

〔三〕師古曰：諸，之也。

魏其翩翩，好節慕聲，〔一〕灌夫矜勇，武安驕盈，凶德相挻，旣敗用成。〔二〕安國壯趾，王恢兵首，〔三〕彼若天命，此近人咎。〔四〕述竇田灌韓傳第二十二。

〔一〕師古曰：翩翩，自喜之貌。

〔二〕師古曰：挻謂柔挻也，音式延反。【補注】先謙曰：官本引蕭該音義曰：「韋昭曰『相挻，極也』。淮南子曰『陶人之剋挻植』，許慎曰『挻，抑也』。太玄經曰『與陰陽挻其化』，宋忠曰『挻，和』。方言曰『挻，取也』。聲類曰『挻，一曰柔也』。老子曰『挻植以爲器』。」

〔三〕孟康曰：易「壯于趾，征凶」。安國臨當爲丞相，墮車，蹇。後爲將，多所傷失而憂死。此爲不宜征行而有凶也。師古曰：「壯于趾」，大壯初九爻辭也。壯，傷也。趾，足也。直謂墮車蹇耳，不言不宜征行也。

〔四〕師古曰：彼，韓安國也。此，王恢也。壯趾，天命也。謀兵，人咎也。

景十三王，承文之慶。〔一〕魯恭館室，江都訬輕；〔二〕趙敬險詖，中山淫醟；〔三〕長沙寂漠，廣川亡聲；膠東不亮，常山驕盈。〔四〕四國絕祀，河間賢明，〔五〕禮樂是修，爲漢宗英。述景十三王傳第二十三。

〔一〕師古曰：言景帝庸主耳，所以子皆得王者，由文帝之德慶流子孫也。慶合韻音卿。【補注】何焯曰：長沙之後，光武中興，中山之後，昭烈分鼎。皆文之慶也。朱一新曰：言文帝由藩邸而登天位，故景帝諸王皆得王封，所謂承文之慶耳。顔注誤。

〔二〕師古曰：訬謂輕狡也，音初教反。【補注】先謙曰：官本引蕭該音義曰：「蘇林曰『訬音少年輕薄毀鈔息憙之鈔』。

如淳音樵。」錢大昭云：說文「訬，訬擾也。一曰訬獪」。淮南子脩務訓云「越人有重遲者，而人謂之訬」，高誘曰「訬輕利急，音杪」。

〔三〕師古曰：詖，辯也，一曰，佞也。醟，酗酒也，音詠，合韻音榮。

〔四〕師古曰：亮，信也。聞淮南謀反，作戰具守備，後辭及之，發病死，是爲不信於漢朝。

〔五〕李奇曰：臨江哀王閼、臨江閔王榮、膠西于王端、清河哀王乘皆無子，國除。

李廣恂恂，實獲士心，控弦貫石，威動北鄰，〔一〕躬戰七十，遂死于軍。敢怨衞青，見討去病。〔二〕陵不引決，忝世滅姓。〔三〕蘇武信節，不詘王命。〔四〕述李廣蘇建傳第二十四。

〔一〕師古曰：北鄰謂匈奴也。

〔二〕【補注】先謙曰：李敢。

〔三〕師古曰：忝，辱也。

〔四〕師古曰：信讀曰申。

長平桓桓，上將之元，〔一〕薄伐獫允，恢我朔邊，〔二〕戎車七征，衝輣閑閑，〔三〕合圍單于，北登闐顏。票騎冠軍，猋勇紛紜，〔四〕長驅六舉，電擊雷震，〔五〕飲馬翰海，封狼居山，西規大河，列郡祈連。〔六〕述衞青霍去病傳第二十五。

〔一〕師古曰：桓桓，武貌也。元，首也。

〔二〕師古曰：恢，廣也。

〔三〕鄧展曰：輣，兵車名也。師古曰：輣音彭。

〔四〕師古曰：如猋之勇，紛紜然盛也。

〔五〕師古曰：六舉，凡六出擊匈奴也。震合韻音之入反。

〔六〕張晏曰：置郡至祈連山。

抑抑仲舒，再相諸侯，〔一〕身修國治，致仕縣車，下帷覃思，論道屬書，〔二〕讜言訪對，爲世純儒。〔三〕述董仲舒傳第二十六。

〔一〕師古曰：爾雅云「抑抑，密也」。

〔二〕師古曰：屬音之欲反。

〔三〕師古曰：讜，善言也。訪對，謂對所訪也。讜音黨。

文豔用寡，子虛烏有，寓言淫麗，託風終始，〔一〕多識博物，有可觀采，蔚爲辭宗，賦頌之首。〔二〕述司馬相如傳第二十七。

〔一〕師古曰：寓，寄也。風讀曰諷。

〔二〕師古曰：蔚，文綵盛也，音鬱。【補注】先謙曰：官本「綵」作「采」，是。南監本與此同。

平津斤斤，晚躋金門，〔一〕既登爵位，禄賜頤賢，〔二〕布衾疏食，用儉飭身。〔三〕卜式耕牧，以求其志，忠寤明君，乃爵乃試。兒生亹亹，束髮修學，〔四〕偕列名臣，從政輔治。述公孫弘卜式兒寬傳第二十八。

〔一〕師古曰：斤斤，明察也。躋，升也。金門，金馬門也。

〔二〕師古曰：頤，養也，謂引招賢人而養之。【補注】宋祁曰：注末當有「也」字。

〔三〕師古曰：飭，整也，讀與敕同。

〔四〕師古曰：亹亹，勉也。

張湯遂達，〔一〕用事任職，媚茲一人，日旰忘食，〔二〕既成寵禄，亦羅咎慝。安世溫良，塞淵其德，〔三〕子孫遵業，全祚保國。述張湯傳第二十九。

〔一〕【補注】先謙曰：遂、達二字義同，猶言貴顯。

〔二〕師古曰：詩大雅下武之篇曰「媚茲一人，應侯慎德」。一人，天子也。媚，愛也。此敘言張湯見愛於武帝。【補注】錢大昭曰：湯每朝奏事，語國家用日旰，天子忘食。

〔三〕師古曰：詩鄁風燕燕之篇曰「仲氏任只，其心塞淵」。淵，深也。塞，實也。謂其德既實且深也。此敘言子孺亦有之。

杜周治文，唯上淺深，〔一〕用取世資，幸而免身。延年寬和，列于名臣。欽用材謀，有異厥倫。〔二〕述杜周傳第三十。

〔一〕師古曰：言觀天子之意。

〔二〕師古曰：倫，類也。言異其本類。

博望杖節，收功大夏；貳師秉鉞，身釁胡社。〔一〕致死爲福，每生作戤。〔二〕述張騫李廣利傳第三十一。

〔一〕李奇曰：李廣利，胡殺之以其血塗社也。師古曰：釁者，以血祭耳，非塗之血也。

〔二〕師古曰：每，貪也。張騫致死封侯，李廣利求生而死也。【補注】錢大昭曰：賈誼傳服鳥賦云「品庶每生」，孟康曰「每，貪也」。

烏呼史遷，薰胥以刑！〔一〕幽而發憤，乃思乃精，錯綜羣言，古今是經，〔二〕勒成一家，〔三〕大略孔明。〔四〕述司馬遷傳第三十二。

〔一〕晉灼曰：齊、韓、魯詩作「薰」。薰，帥也，從人得罪相坐之刑也。師古曰：晉説近是矣。詩小雅雨無正之篇曰「若此無罪，淪胥以鋪」。胥，相也。鋪，徧也。言無罪之人，遇於亂政，横相牽率，徧得罪也。韓詩「淪」字作「薰」，薰者，謂相薰蒸，亦漸及之義耳。此敘言史遷因坐李陵，横得罪也。【補注】先謙曰：官本引蕭該音義曰：「韋昭曰『腐刑必薰之，餘殘曰胥』。」王念孫云：晉説是也。淪、薰聲相近，故爾雅、毛詩訓淪爲率，韓詩訓薰爲帥。帥與率同。薰胥以刑，謂相率而入於刑也。若以薰胥爲相薰蒸，則望文生義而失其本旨矣。説詳經義述聞「淪胥以鋪」下。錢大昭云：後漢書注引韓詩云「薰胥以痛」，薰，帥也。胥，相也。痛，病也。言此無罪之人，而使有罪者相帥而病，是其太甚。

〔二〕【補注】錢大昭曰：自序云「協六經異傳，齊百家雜説」，是錯綜羣言也。

〔三〕【補注】錢大昭曰：自序云「爲太史公書序略，以拾遺補蓺，成一家言」。又報任安書云「亦欲以究天人之際，通古今之變，成一家之言」。

〔四〕師古曰：孔，甚也。

孝武六子，昭、齊亡嗣。〔一〕燕剌謀逆，廣陵祝詛。昌邑短命，昏賀失據。〔二〕戾園不幸，宣承天序。〔三〕述武五子傳第三十三。

〔一〕如淳曰：昭帝及齊王無嗣也。師古曰：嗣合韻音祚。

〔二〕【補注】錢大昭曰：昏謂改封海昏侯，失據，易繫詞云「非所據而據焉，身必危」。

〔三〕師古曰：序合韻音似豫反。

六世耽耽，其欲浟浟，〔一〕文武方作，是庸四克。〔二〕助、偃、淮南，數子之德，不忠其身，善謀於國。〔三〕述嚴朱吾丘主父徐嚴終王賈傳第三十四。

〔一〕師古曰：六者謂武帝也。易頤卦六四爻辭曰「虎視耽耽，其欲浟浟」。耽耽，威視之貌也。浟浟，欲利之貌也。耽音丁含反。浟音滌。今易「浟」字作「逐」。【補注】先謙曰：官本引蕭該音義曰：「耽，蘇林音潭。晉灼音義及今漢書本作『悠悠』。應劭曰『易曰虎視耽耽』。字林曰『耽，視近而忘遠也，音大含反。』應劭曰『耽，近也。悠，遠也。言武帝內興文學，外耀神武，耽耽悠悠而盛也』。余謂耽當音當含反。」沈欽韓云：易釋文「逐逐」，子夏作「攸攸」，志林云「攸」當爲「逐」。蘇林音迪。荀作「悠悠」，劉作「跾」，云遠也。說文「跾」，音式六反。案，說文「跾，疾也，長也」。徐鍇以爲倏忽字。今此浟字，與蘇林同音，蓋攸字變加水。先謙案：注「六者」當爲「六世」。

〔二〕晉灼曰：方，並也。師古曰：言並任文武之臣，是用克開四方也。【補注】先謙曰：四克，謂四征而克之。

〔三〕師古曰：淮南，謂淮南王安諫武帝不宜興兵討越也。

東方贍辭，詼諧倡優，〔一〕譏苑扞偃，〔二〕正諫舉郵，〔三〕懷肉汙殿，〔四〕弛張沈浮。述東方朔傳第三十五。

〔一〕師古曰：詼音恢。

〔二〕【補注】錢大昭曰：諫帝起上林苑，拒董偃宴宣室。

〔三〕師古曰：郵與尤同。尤，過也。

〔四〕【補注】錢大昭曰：懷肉，割肉遺細君。汙殿，嘗醉入殿中，小遺殿上。

葛繹内寵，屈氂王子。〔一〕千秋時發，宜春舊仕。〔二〕敞、義依霍，庶幾云已。〔三〕弘惟政事，萬年容己。咸睡厥誨，孰爲不子？〔四〕述公孫劉田楊王蔡陳鄭傳第三十六。

〔一〕師古曰：公孫賀妻，衞皇后姊，故云内寵也。

〔二〕張晏曰：千秋訟衞太子冤，發言值時也。師古曰：宜春侯王訢也。

〔三〕如淳曰：若此人等無益於治，可爲庶幾而已也。師古曰：敞，楊敞。義，蔡義。

〔四〕【補注】先謙曰：弘，鄭弘。容己謂阿世取容。陳萬年教戒其子咸，咸睡，頭觸屏風，萬年大怒，咸叩頭謝曰「具曉所言，大要教咸諂也」。是萬年先失父道，不得以不子責咸。

王孫羸葬，建乃斬將。雲廷訐禹，福逾刺鳳，〔一〕是謂狂狷，敞近其衷。〔二〕述楊胡朱梅云傳第三十七。

〔一〕師古曰：逾，遠也。

〔二〕師古曰：衷，中也。論語稱孔子曰「不得中行而與之，必也狂狷乎！」此言朱雲以上蓋狂狷耳，云敞之操近於中行也。衷音竹仲反。【補注】沈欽韓曰：云敞仕王莽世，與梅福高蹈不屈者，一龍一豬之異。乃云敞近中行，其是非謬於聖人之旨矣。

博陸堂堂，受遺武皇，〔一〕擁毓孝昭，末命導揚。〔二〕遭家不造，立帝廢王，權定社稷，配忠阿衡。懷祿耽寵，漸化不詳，〔三〕陰妻之逆，至子而亡。〔四〕秺侯狄孥，虔恭忠信，〔五〕奕世載德，貤于子孫。〔六〕述霍光金日磾傳第三十八。

〔一〕師古曰：論語稱孔子曰「堂堂乎張也」，蓋美子張儀形盛也，故引之。

〔二〕劉德曰：武帝臨終之命，也光能導達顯揚也。【補注】先謙曰：官本、南監本「命」下「也」作「霍」，是。

〔三〕【補注】先謙曰：詳與祥同。

〔四〕師古曰：陰謂覆蔽之。【補注】先謙曰：官本注末有「也」字。

〔五〕師古曰：匈奴休屠王之子，故曰狄孥。秺音妬。信合韻音新。

〔六〕師古曰：貤，延也，音弋豉反。

兵家之策，惟在不戰。營平皤皤，立功立論，〔一〕以不濟可，上諭其信。〔二〕武賢父子，虎臣之俊。述趙充國辛慶忌傳第三十九。

〔一〕師古曰：皤皤，白髮貌也，音蒲何反。【補注】何焯曰：言其言并可爲萬古法也。

〔二〕師古曰：春秋左氏傳，晏子對齊景公曰：「君所謂可，而有不焉；臣獻其不，以成其可。」此敘言宣帝令擊西羌，充國不從，固上屯田之策也。

義陽樓蘭，長羅昆彌，安遠日逐，義成郅支。陳湯誕節，救在三哲；〔一〕會宗勤事，疆外之桀。述傅常鄭甘陳段傳第四十。

〔一〕鄭氏曰：三哲，謂劉向、谷永、耿育皆訟救湯也。師古曰：誕節，言其放縱不拘也。

不疑膚敏，應變當理，〔一〕辭霍不婚，逡遁致仕。〔二〕疏克有終，散金娯老。定國之祚，于其仁考。廣德、當、宣，近於知恥。〔三〕述雋疏于薛平彭傳第四十一。

〔一〕劉德曰：膚，美也。敏，疾也。言於闕下卒變，定方遂詐，非衞太子也。師古曰：詩大雅文王之篇曰「殷士膚敏」，謂微子也，故引以爲辭。

〔二〕師古曰：遁讀與巡同。

〔三〕晉灼曰：當宣帝時始仕，至元帝時以歲惡民流，便乞骸骨去。此爲知恥。師古曰：此説非也。當爲平當也。宣，彭宣也。言廣德、平當、彭宣三人不苟于祿位，並爲知恥也。本傳贊曰：「薛廣德保懸車之榮，平當逡巡有恥，彭宣見險而止：異乎『苟患失之』者矣。」

四皓遯秦，古之逸民，不營不拔，嚴平、鄭真。〔一〕吉困于賀，〔二〕涅而不緇；禹既黄髮，以德來仕。〔三〕舍惟正身，勝死善道；郭欽、蔣詡，近遯之好。〔四〕述王貢兩龔鮑傳第四十二。

〔一〕應劭曰：爵祿不能營其志，威武不能屈其身也。易曰「不可榮以祿」，又曰「確乎不可拔也」。【補注】宋祁曰：「營」當作「榮」。

〔二〕【補注】先謙曰：賀謂昌邑。

〔三〕師古曰：論語稱孔子曰：「不曰白乎？涅而不緇。」涅，汙泥也。可以染皁。緇，黑色也。言天性潔白者，雖處汙涅之中，其色不變也。緇合韻音側仕反。

〔四〕應劭曰：易曰「好遯君子，吉」，言遭暴亂之世，好以和順遯去，不離其害也。

扶陽濟濟，聞詩聞禮。玄成退讓，仍世作相。〔一〕漢之宗廟，叔孫是謨，革自孝元，諸儒變度。〔二〕國之誕章，博載其路。〔三〕述韋賢傳第四十三。

〔一〕師古曰：仍，(類)〔頻〕也。

〔二〕如淳曰：造迭毀之義也。師古曰：謨，謀也，合韻音慕。【補注】先謙曰：官本「義」作「議」，是。南監本與此同。

〔三〕師古曰：誕，大也。謂憲章之大者，故廣載之。

高平師師，惟辟作威，圖黜凶害，天子是毗。〔一〕博陽不伐，含弘光大，天誘其衷，慶流苗裔。〔二〕述魏相丙吉傳第四十四。

〔一〕鄧展曰：師師，相師法也。師古曰：尚書洪範云「惟辟作威」，言威權者，唯人君得作之耳。詩小雅節南山之篇曰「尹氏太師，惟周之氐，秉國之鈞，四方是維，天子是毗」。言大臣之職，輔佐天子者也。此敘言魏相欲崇君道而黜私權，故引書詩以爲言也。

〔二〕【補注】何焯曰：言吉之保全宣帝，天啓之也。

占往知來，幽贊神明，〔一〕苟非其人，道不虛行。〔二〕學微術昧，或見仿佛，疑殆匪闕，違衆迕世，〔三〕淺爲尤悔，深作敦害。〔四〕述眭兩夏侯京翼李傳第四十五。

〔一〕師古曰：易上繫辭曰「神以知來，知以藏往」，言蓍卦之德兼神知也。說卦曰「昔者聖人之作易也，幽贊於神明而生蓍」，言欲深致神明之道，助以成教，故爲蓍卜也。

〔二〕師古曰：下繫之辭也。言人能弘道，非其人則不能傳。

〔三〕師古曰：論語稱孔子曰：「多聞闕疑，慎言其餘則寡尤；多見闕殆，慎行其餘則寡悔。」殆，危也。謂有疑則闕之也。此敘言術士不闕疑殆，故遭禍難也。

〔四〕師古曰：尤，過也。敦，厚也。【補注】周壽昌曰：敦、憝同。說文「憝，怨也，从心，敦聲」，或亦省作敦。

廣漢尹京，克聰克明；延壽作翊，既和且平。矜能訐上，俱陷極刑。翁歸承風，帝揚厥聲。〔一〕敞亦平平，文雅自贊；〔二〕尊實赳赳，邦家之彥；〔三〕章死非辠，士民所歎。述趙尹韓張兩王傳第四十六。

〔一〕張晏曰：受任爲右扶風，卒，宣帝下詔褒揚，賜金百斤。

〔二〕師古曰：平讀曰便。便，辯也。贊，助也，以文雅助治述也。一說，贊，進也，以文雅自進也。【補注】先謙曰：官本、南監本「述」作「術」，是。

〔三〕師古曰：赳赳，材勁貌也，音糾。

寬饒正色，國之司直。豐繄好剛，輔亦慕直。〔一〕皆陷狂狷，不典不式。〔二〕崇執言責，隆持官守。〔三〕寶曲定陵，並有立志。〔四〕述蓋諸葛劉鄭毋將孫何傳第四十七。〔五〕

〔一〕師古曰：繄，是也，音烏奚反。

〔二〕師古曰：典，經也。式，法也。

〔三〕如淳曰：崇爲尚書僕射，是言責之官也。哀帝及傅太后欲封從弟商，崇諫不聽也。晉灼曰：隆諫武庫兵不宜以給董賢家，此爲持官守也。

〔四〕鄧展曰：孫寶曲橈定陵侯淳于長也。晉灼曰：何並斬侍中王林卿奴，是立志也。【補注】何焯曰：有立志，謂不撓於鍾廷尉。鍾威不入關，卒收之，非若寶之言及杜穉季而氣索也。

〔五〕師古曰：本傳毋將隆在孫寶下。今此敍云「毋將孫何」，是敍誤也。

長倩懙懙，覯霍不舉，〔一〕遇宣乃拔，傅元作輔，不圖不慮，見蹪石、許。〔二〕述蕭望之傳第四十八。

〔一〕蘇林曰：懙懙，行步安舒也。師古曰：不肯露索而見霍光，故不得大官也。懙音弋於反。【補注】錢大昭曰：論語「與與如也」，敍傳本此。說文「懙，趣步懙懙也」。

〔二〕師古曰：詩小雅雨無正之篇云「旻天疾威，不慮不圖」也。慮，思也。圖，謀也。言幽王見天之威，不思謀也。此敍言望之思謀不詳，卒爲石顯及許史所蹎蹪也。蹪音竹二反。【補注】宋祁曰：「見」字當作「蹎」。何焯曰：見蹪於石顯、史高耳。「許」字乃不經校勘之過，或本「史」字，傳寫訛。沈欽韓曰：五行志「爲佞臣石顯、許章等所譖」。

子明光光，發迹西疆，列於禦侮，厥子亦良。述馮奉世傳第四十九。

宣之四子，淮陽聰敏，〔一〕舅氏蘧蒢，幾陷大理。〔二〕楚孝惡疾，東平失軌，〔三〕中山凶短，母歸戎里。〔四〕元之二王，孫後大宗，〔五〕昭而不穆，大命更登。〔六〕述宣元六王傳第五十。

〔一〕師古曰：敏，疾也，合韻音美。

〔二〕師古曰：蘧蒢，口柔，觀人顏色而爲辭佞者也。言淮陽憲王舅張博爲諂辭，幾陷王於大罪也。蘧音渠。蒢音除。

幾音鉅依反。

〔三〕師古曰：惡疾謂眚病也。軌，法則也。【補注】何焯曰：馮昭義傳注中言平帝幼被眚病，不謂楚王囂也，注非。

〔四〕張晏曰：戎氏女，歸戎氏之里也。

〔五〕孟康曰：謂哀、平帝。【補注】先謙曰：官本「哀」下有「帝」字。

〔六〕鄧展曰：昭而不穆，有父無子。張晏曰：大命，帝位也。師古曰：更音工衡反。【補注】何焯曰：謂哀、平皆後成帝，不相傳世。

樂安褏褏，古之文學，〔一〕民具爾瞻，困于二司。〔二〕安昌貨殖，朱雲作娸。〔三〕博山惇慎，受莽之疚。〔四〕述匡張孔馬傳第五十一。

〔一〕師古曰：褏褏，盛貌也，音弋敍反。學合韻音下教反。【補注】先謙曰：官本、南監本「敍」作「救」，是。

〔二〕師古曰：詩小雅節南山之篇曰赫赫師尹，民具爾瞻，言師尹之任，位尊職重，下所瞻望，而乃爲不善乎，深責之也。此敘言匡衡失德，不終相位，故引以爲辭耳。二司者，司隸校尉王尊劾奏衡追奏石顯揚著先帝任用傾覆之臣，司隸校尉王駿劾奏衡專地盜土也。司合韻音先寺反。

〔三〕晉灼曰：娸，醜也。師古曰：朱雲廷言欲斬張禹，是爲醜惡之娸，音欺，合韻音丘吏反。【補注】先謙曰：官本「之娸」下更有「娸」字。

〔四〕師古曰：疚，病也。孔光後更曲意從莽之欲，以病其德行也。

樂昌篤實，不橈不詘，遘閔既多，是用廢黜。〔一〕武陽殷勤，輔導副君，既忠且謀，饗茲舊勳。高武守正，因用濟身。〔二〕述王商史丹傅喜傳第五十二。

〔一〕師古曰：詩鄘柏舟曰「遘閔既多，受侮不少」。遘，遇也。閔，病也。謂見病害甚衆也。此敘言王商深爲王鳳所排陷也。【補注】先謙曰：官本、南監本「橈」作「撓」。

〔二〕師古曰：言傅喜不阿附傅太后，故得免禍。

高陽文法，揚鄉武略，政事之材，道德惟薄，位過厥任，鮮終其祿。〔一〕博之翰音，鼓妖先作。〔二〕述薛宣朱博傳第五十三。

〔一〕師古曰：鮮，少也，音先踐反。【補注】先謙曰：官本「踐」作「典」。

〔二〕劉德曰：易曰「翰音登于天，貞凶」。上九處非其位，亢極，故「何可長也？」位在上高，故曰翰音。博拜時聞有鼓聲也。師古曰：「翰音登于天」，中孚卦上九爻辭也。翰音高飛而且鳴，喻居非其位，聲過其實也。【補注】先謙曰：官本「且」作「自」。

高陵修儒，任刑養威，用合時宜，器周世資。義得其勇，如虎如貔，進不跬步，宗爲鯨鯢。〔一〕述翟方進傳第五十四。

〔一〕師古曰：半步曰跬，音空橤反。

統微政缺，災眚屢發。永陳厥咎，戒在三七。〔一〕鄴指丁、傅，略窺占術。述谷永杜鄴傳第五十五。

〔一〕【補注】蘇輿曰：三七，取永元延元年對中語。

哀、平之卹，丁、傅、莽、賢。武、嘉戚之，乃喪厥身。〔一〕高樂廢黜，咸列貞臣。述何武王嘉師丹傳第五十六。

〔一〕【補注】先謙曰：戚，憂也。

淵哉若人！實好斯文。初擬相如，獻賦黃門，輟而覃思，草法纂玄，〔一〕斟酌六經，放易象論，〔二〕潛于篇籍，以章厥身。〔三〕述楊雄傳第五十七。〔四〕

〔一〕師古曰：輟，止也。纂與撰同。言止不復作賦，草創法言及撰太玄經也。

〔二〕師古曰：放音甫往反。論，論語也。【補注】錢大昭曰：斟酌二字首見周語云「而後王斟酌焉」。荀子富國篇云「節其流開其源，而時斟酌焉」。律曆志云「斟酌建指，以齊七政」。楊雄傳云「皆斟酌其本，相與放依而馳騁云」。白虎通云「言周公輔成王，能斟酌文武之道而成之也」。後漢書章帝贊云「左右蓺文，斟酌律禮」。班彪傳云「因斟酌前史，而譏正得失」。班固兩都賦云「騰酒車而斟酌」。魏志袁渙傳云「常談曰：『世治則禮詳，世亂則禮簡。』全在斟酌之間耳」。

〔三〕師古曰：章，明也。

〔四〕【補注】先謙曰：官本「楊」作「揚」，南監本與此同。

獷獷亡秦，滅我聖文，〔一〕漢存其業，六學析分。是綜是理，是綱是紀，師徒彌散，著其終始。〔二〕述儒林傳第五十八。

〔一〕師古曰：獷獷，麤惡之貌。言無親也。獷音穬，又音九永反。【補注】錢大昭曰：說文「獷，犬獷獷不可附也」。

〔三〕師古曰：散謂分派也。

誰毁誰譽，譽其有試。〔一〕泯泯羣黎，化成良吏。〔二〕淑人君子，時同功異。没世遺愛，民有餘思。述循吏傳第五十九。

〔一〕師古曰：論語稱孔子曰：「吾之於人，誰毁誰譽，如有所譽，其有所試。」此敘言人之從政，可試而知，故引以爲辭也。

〔二〕師古曰：黎，衆也。言羣衆無知，從吏之化而成俗也。【補注】錢大昭曰：書吕刑「泯泯棼棼」。

上替下陵，姦軌不勝，猛政横作，刑罰用興。曾是强圉，掊克爲雄，〔一〕報虐以威，殃亦凶終。〔二〕述酷吏傳第六十。

〔一〕師古曰：詩大雅蕩之篇曰「曾是强圉，曾是掊克」。强圉，强梁禦善也。掊克，好聚斂，克害人也。言任用此人爲虐於下也。掊音平侯反。

〔二〕師古曰：尚書吕刑曰「皇帝哀矜庶戮之不辜，報虐以威」。言哀閔不辜之人横被殺戮，乃報荅爲虐者以威而誅絶也。

四民食力，罔有兼業，〔一〕大不淫侈，細不匱乏，蓋均無貧，遵王之法。〔二〕靡法靡度，民肆其詐，〔三〕偪上并下，荒殖其貨。〔四〕侯服玉食，敗俗傷化。〔五〕述貨殖傳第六十一。

〔一〕【補注】蘇輿曰：言專一其業，管子所謂四民不得雜處也。

〔二〕師古曰：論語稱孔子曰「蓋均無貧」，言爲政平均不相陵奪，則無貧匱之人也，故引之。【補注】先謙曰：官本「貧匱」作「匱乏」。

〔三〕師古曰：肆，極也。

〔四〕師古曰：荒，大也。【補注】蘇輿曰：言諸侯大夫競爲僭侈，其流及於士庶，於是商通難得之貨，工作亡用之器，故云荒殖其貨。數語當與傳序參觀。

〔五〕張晏曰：玉食，珍食也。

開國承家，有法有制，家不臧甲，國不專殺。〔一〕矧乃齊民，作威作惠，〔二〕如台不匡，禮法是謂！〔三〕述斿俠傳第六十二。〔四〕

〔一〕師古曰：殺，合韻音所例反。

〔二〕師古曰：矧，況也。齊民，齊等之人也。

〔三〕如淳曰：台，我也。我，國家也。師古曰：匡，正也。台音怡。【補注】王念孫曰：案台字若訓爲我，則「如我不匡，禮法是謂」二句，文意上下不相聯屬矣。今案，如台猶柰何也。言游俠之徒，以齊民而作威作惠如此，柰何不匡之以禮法也。湯誓「夏罪，其如台？」史記殷本紀作「有罪，其柰何？」高宗肜日「乃曰：其如台！」史記作「乃曰：其柰何！」西伯戡黎「今王其如台？」史記作「今王其柰何？」是古謂柰何爲如台也。盤庚「卜稽曰，其如台？」亦謂「卜問曰，其柰何」也。法言問道篇「莊周、申、韓不乖寡聖人，而漸諸篇，則顔氏之子，閔氏之孫，其如台？」言莊周、申、韓若不詆訾聖人，則顔、閔之徒其柰之何也？班固典引「伊考自遂古，乃降戾爰茲，作者七十有四人，今其如台而獨闕也」，言今其柰何而獨闕也。說者皆訓台爲我，而其義遂不可通。段玉裁古文尚書撰異辨之詳矣。

〔四〕【補注】先謙曰：官本、南監本「斿」作「游」。

彼何人斯，竊此富貴！營損高明，作戒後世。〔五〕述佞幸傳第六十三。

〔一〕師古曰：詩小雅巧言之篇，刺讒人也。其詩曰「彼何人斯？居河之麋」。賤而惡之也。此敘亦深疾佞幸之人，故引詩文以譏之。營，惑也。

於惟帝典，戎夷猾夏；〔一〕周宣攘之，亦列風雅。〔二〕宗幽既昏，淫於褒女，〔三〕戎敗我驪，遂亡酆鄗。〔四〕大漢初定，匈奴强盛，圍我平城，寇侵邊境。〔五〕至于孝武，爰赫斯怒，王師雷起，霆擊朔野。〔六〕宣承其末，乃施洪德，震我威靈，五世來服。〔七〕王莽竊命，是傾是覆，備其變理，爲世典式。述匈奴傳第六十四。

〔一〕師古曰：於，歎辭也。帝典，虞書舜典也。載舜命咎繇作士，戒之曰：「蠻夷猾夏。」猾，亂也。夏，諸夏也。於讀曰烏。

〔二〕師古曰：攘，卻也。

〔三〕師古曰：宗幽，幽王居宗周也。

〔四〕張晏曰：申侯與戎共伐周，敗於驪山下，遂殺幽王。平王東徙都成周。

〔五〕師古曰：境合韻音竟。

〔六〕師古曰：霆，疾雷也，音廷。

〔七〕師古曰：自宣至平，凡五帝。

西南外夷，種別域殊。南越尉佗，自王番禺。攸攸外寓，閩越、東甌。〔一〕爰洎朝鮮，燕之外區。漢興柔遠，與爾剖符。〔二〕皆恃其岨，乍臣乍驕，孝武行師，誅滅海隅。述西南夷兩越朝鮮傳第六十五。

〔一〕師古曰：攸攸，遠貌。【補注】王念孫曰：寓當爲㝢字之誤也。說文，㝢，籀文「宇」字。閩越、東甌皆在漢之南徼外，故曰外㝢。王粲鶡賦「震聲發乎外㝢」。猶下文言燕之外區也。若作寄寓之寓，則義不可通。劉逵吳都賦注引此作「悠悠外宇」，故知寓爲㝢之譌。張衡思玄賦「怨高陽之相㝢兮」，風俗通義祀典篇「營㝢夷泯」，今本㝢字竝譌作寓。而此字師古無音，則所見本已譌作寓矣。

〔二〕師古曰：柔，安也。剖符，謂封之也。

西戎即序，夏后是表。〔一〕周穆觀兵，荒服不旅。〔二〕漢武勞神，圖遠甚勤。王師驒驒，致誅大宛。〔三〕姼姼公主，乃女烏孫，〔四〕使命乃通，條支之瀕。〔五〕昭、宣承業，都護是立，總督城郭，〔六〕三十有六，修奉朝貢，各以其職。述西域傳第六十六。

〔一〕張晏曰：表，外也。禹就敘以爲外國也。師古曰：此說非也。表，明也。明以德化也。

〔二〕張晏曰：觀，示也。旅，陳也。犬戎終王而朝周，穆王以不享征之，是以荒服不陳於廷也。

〔三〕鄭氏曰：驒驒，盛也。師古曰：此說非也。小雅四牡之詩曰「四牡騑騑，驒驒駱馬」。驒驒，喘息之貌。馬勞則喘，此敘言漢遠征西域，人馬疲弊也。驒音它丹反。

〔四〕孟康曰：姼音題。姼姼，愓愓，愛也。師古曰：此說非也。姼音上支反。姼姼，好貌也。魏詩葛屨之篇曰「好人提提」，音義同耳。女，妻也，音乃據反。言漢以好女配烏孫也。【補注】錢大昭曰：爾雅釋訓云「忯忯、愓愓，愛也」。郭璞曰「忯忯，未詳」。釋文引李巡云「忯忯，和適之愛」。忯本或作姼，是姼姼即爾雅之忯忯也。孟康注本此。說文「姱，美女也」。或作婝，從氏。通作㤅，説文「㤅，愛也」。

〔五〕師古曰：瀕，涯也，音頻，又音賓。

〔六〕【補注】何焯曰：總督二字本此，故前代惟邊境乃稱之。

詭矣禍福，刑于外戚。〔一〕高后首命，呂宗顛覆。薄姬碊魏，宗文產德。〔二〕竇后違意，考盤于代。〔三〕王氏仄微，世武作嗣。子夫既興，扇而不終。〔四〕鉤弋憂傷，孝昭以登。上官幼尊，類禡厥宗。〔五〕史娣、王悼，身遇不祥，及宣饗國，二族後光。恭哀產元，夭而不遂。邛成乘序，履尊三世。〔六〕飛燕之妖，禍成厥妹。丁、傅僭恣，自求凶害。中山無辜，乃喪馮、衛。〔七〕惠張、景薄，武陳、宣霍，成許、哀傅，平、王之作，事雖歆羨，非天所度。〔八〕怨咎若茲，如何不恪。〔九〕

述外戚傳第六十七。

〔一〕師古曰：詭，違也。言禍福相違，終始不一也。

〔二〕如淳曰：薄姬在魏，許負相，當生天子。魏豹聞負言，不與漢，遂禽而死也。師古曰：碊，古墜字。

〔三〕師古曰：詩衛風曰「考盤在澗」，考，成也。盤，樂也。此敘言竇姬初欲適趙，而向代，違其本意，卒以成樂也。

〔四〕師古曰：扇，熾也。

〔五〕應劭曰：詩云「是類是禡」。禮，將征伐，告天而祭謂之類，告以事類也。至所征伐之地，表而祭之謂之禡。禡者，馬也。馬者兵之首，故祭其先神也。言上官后雖幼尊貴，家族以惡逆誅滅也。師古曰：禡音莫暇反。【補注】王先慎曰：此言上官宗族，賴后得以血食。外戚傳，桀、安宗族既滅，皇后母前死，追尊曰敬夫人，置園邑二百家，長、丞奉守如法。皇后自使私奴婢守桀、安冢是也。

〔六〕張晏曰：至成帝乃崩也。師古曰：乘序，謂登至尊之處也。

〔七〕師古曰：馮昭儀，中山孝王母也，爲傅氏所陷。衞姬，中山孝王后也，爲王莽所滅。

〔八〕師古曰：作，起也。度，居也。言惠帝至平帝王皇后七人，時雖處尊位，人心羡慕，以非天意所居，故終用不昌也。度音徒各反。【補注】王先慎曰：「事雖歆羡」四字，與上下文義不貫，「事」疑作「人」，顏注「人心羡慕」，是所見本正作「人」字。先謙曰：注「惠帝」下，當脱「張皇后」三字。

〔九〕師古曰：恪，敬也。

元后娠母，月精見表。〔一〕遭成之逸，政自諸舅。〔二〕陽平作威，誅加卿宰。〔三〕成都煌煌，假我明光。〔四〕曲陽敲敲，亦朱其堂。〔五〕新都亢極，作亂以亡。述元后傳第六十八。

〔一〕師古曰：娠音身。

〔二〕師古曰：言成帝貪自逸樂，而委政於王氏。

〔三〕師古曰：謂王商及王章也。

〔四〕師古曰：煌煌，熾貌。【補注】先謙曰：謂王商從帝借明光宮避暑。

〔五〕師古曰：敲敲，氣盛也，音許驕反。【補注】錢大昭曰：説文「歊歊，气出皃，从欠」，不從文。先謙曰：官本、南監本「敲」作「歊」。朱堂，謂僭上赤墀。

咨爾賊臣，篡漢滔天，行驕夏癸，虐烈商辛。〔一〕僞稽黄、虞，繆稱典文。〔二〕衆怨神怒，惡復誅臻。〔三〕百王之極，究其姦昏。述王莽傳第六十九。

〔一〕張晏曰：桀名癸，紂名辛。

〔二〕師古曰：稽，考也。

〔三〕張晏曰：復，周也。臻，至也。十二歲歲星一復，莽稱帝十三歲而見誅也。左氏傳曰「美惡周必復」。師古曰：復音扶目反。

凡漢書，敘帝皇，〔一〕列官司，建侯王。〔二〕準天地，統陰陽，〔三〕闡元極，步三光。〔四〕分州域，物土疆，〔五〕窮人理，該萬方。〔六〕緯六經，綴道綱，〔七〕總百氏，贊篇章。〔八〕函雅故，通古今，〔九〕正文字，惟學林。〔一〇〕述敘傳第七十。

〔一〕張晏曰：十二紀也。

〔二〕張晏曰：百官表及諸侯王表也。

〔三〕張晏曰：準天地，天文志也。統，合也。陰陽，五行志也。

〔四〕張晏曰：闡，大也。元，始也。極，至也。三光，日月星也。大推上極元始以來，及星辰度數，謂律曆志。

〔五〕張晏曰：地理及溝洫志也。

〔六〕張晏曰：人理，古今人表。萬方，謂郊祀志有日月星辰天下山川人鬼之神。

〔七〕張晏曰：蓺文志也。

〔八〕師古曰：贊，明也。

〔九〕張晏曰：包含雅訓之故，及古今之語。

〔一〇〕師古曰：信惟文學之林藪也。凡此總説帝紀、表、志、列傳，備有天地鬼神人事，政治道德，術蓺文章。汎而言之，盡在漢書耳，亦不皆如張氏所説也。【補注】蘇輿曰：班書多存古字，以視學者，故云「正文字」。後來史家尠遵斯例，以歐、宋修唐書，猶不免有別俗字，吴縝所以有「字書非是」之糾也。

後記

上海師範大學古籍整理研究所於一九八三年成立後不久，即將漢書補注整理列入所重點科研項目，沙宗復、王禮賢先生爲項目負責人，參加整理的有方誠斌、牟家義、辛品蓮先生。項目組成員本著高度責任心，查對資料，精心校勘，徐光烈先生作了認真復審，歷數番寒暑，幾近完稿。然因出版事宜未落實，整理工作不得不中輟。整理稿件遂庋藏於篋櫝，束之高閣。二十年來，古籍所數度搬遷，項目組成員或退休，或調離，或作古。整理稿亦隨所幾經播徙，幸未散佚，工作底本、校點長編悉數俱存。二〇〇六年夏，中國宋史學會年會在我校召開，會間，我與上海古籍出版社王立翔副總編談起此整理稿。王立翔先生回社後即與其他社領導商議，拍板允諾予以出版。於是將舊稿找出，根據出版社要求，作進一步加工，由許沛藻先生通讀審定。經一年餘努力，方始畢役。其間，我們申請到了全國高校古委會項目資助，爲漢書補注整理工作的完成提供了財力支持。撫今思昔，本書從整理到出版，先後歷二十餘年。值此出版之際，寫上幾句，聊作後記，以告慰先師程應鏐及徐光烈先生等爲整理漢書補注傾注過心血的老一輩古籍整理人。

戴建國